O controle de constitucionalidade
no direito brasileiro

Luís Roberto **Barroso**

Ministro do Supremo Tribunal Federal. Professor Titular da
Universidade do Estado do Rio de Janeiro — UERJ.
Doutor e Livre-Docente pela UERJ.
Mestre em Direito pela Yale Law School.
Professor do Centro Universitário de Brasília — UniCEUB.
Visiting Scholar — Universidade de Harvard (2011).
Senior Fellow — Harvard Kennedy School.

O controle de constitucionalidade *no direito brasileiro*

Exposição sistemática da doutrina e análise crítica da jurisprudência

9ª edição
2022

Av. Paulista, 901, 4º andar
Bela Vista – São Paulo – SP – CEP 01310-100

SAC | sac.sets@saraivaeducacao.com.br

DADOS INTERNACIONAIS DE CATALOGAÇÃO NA PUBLICAÇÃO (CIP)
ODILIO HILARIO MOREIRA JUNIOR - CRB-8/9949

B277c	Barroso, Luís Roberto
	O controle de constitucionalidade no direito brasileiro: exposição sistemática da doutrina e análise crítica da jurisprudência / Luís Roberto Barroso. – 9. ed. – São Paulo : SaraivaJur, 2022.
	480 p.
	ISBN 978-65-5559-904-6 (Impresso)
	1. Direito Constitucional. 2. Constituição Federal. 3. Controle de constitucionalidade. I. Título.
2022-2094	CDD 342
	CDU 342

Índices para catálogo sistemático:
1. Direito Constitucional   342
2. Direito Constitucional   342

Diretoria executiva	Flávia Alves Bravin
Diretoria editorial	Ana Paula Santos Matos
Gerência editorial e de projetos	Fernando Penteado
Gerência editorial	Thais Cassoli Reato Cézar
Novos projetos	Aline Darcy Flôr de Souza
	Dalila Costa de Oliveira
Edição	Jeferson Costa da Silva (coord.)
	Daniel Pavani Naveira
Produção editorial	Daniele Debora de Souza (coord.)
	Cintia Aparecida dos Santos
	Rosana Peroni Fazolari
	Daniela Nogueira Secondo
Arte e digital	Mônica Landi (coord.)
	Camilla Felix Cianelli Chaves
	Claudirene de Moura Santos Silva
	Deborah Mattos
	Guilherme H. M. Salvador
	Tiago Dela Rosa
Projetos e serviços editoriais	Daniela Maria Chaves Carvalho
	Emily Larissa Ferreira da Silva
	Kelli Priscila Pinto
	Klariene Andrielly Giraldi
Diagramação	SBNigri Artes e Textos Ltda.
Revisão	Carmem Becker
Capa	Deborah Mattos
Produção gráfica	Marli Rampim
	Sergio Luiz Pereira Lopes
Impressão e acabamento	Gráfica Paym

Data de fechamento da edição: **4-8-2022**

Dúvidas? Acesse www.saraivaeducacao.com.br

Nenhuma parte desta publicação poderá ser reproduzida por qualquer meio ou forma sem a prévia autorização da Saraiva Educação. A violação dos direitos autorais é crime estabelecido na Lei n. 9.610/98 e punido pelo art. 184 do Código Penal.

| CL | 607903 | CAE | 807643 |

Para Judith e Roberto,
Ana Paula e Nelson Diz,
Tereza, Luna e Bernardo.

ÍNDICE

Nota à 9ª edição	17
Introdução	21

Capítulo I — CONCEITOS FUNDAMENTAIS, REFERÊNCIA
HISTÓRICA E DIREITO COMPARADO 23
   I — GENERALIDADES. CONCEITO. PRESSUPOSTOS 23
   II — O PRIMEIRO PRECEDENTE: *MARBURY V. MADISON* 25
      1. O contexto histórico 25
      2. O conteúdo da decisão 27
      3. As consequências de *Ma rbury v. Madison* 31
   III — O FENÔMENO DA INCONSTITUCIONALIDADE 33
      1. Existência, validade e eficácia dos atos jurídicos e das leis 34
         1.1. O plano da existência 34
         1.2. O plano da validade 35
         1.3. O plano da eficácia 36
      2. Nulidade da norma inconstitucional 37
      3. *Kelsen v. Marshall*: a tese da anulabilidade da norma inconstitucional 41
      4. Algumas atenuações à teoria da inconstitucionalidade como nulidade 42
   IV — ESPÉCIES DE INCONSTITUCIONALIDADE 47
      1. Inconstitucionalidade formal e material 48
         1.1. Inconstitucionalidade formal 48
         1.2. Inconstitucionalidade material 50
      2. Inconstitucionalidade por ação e por omissão 53
         2.1. Inconstitucionalidade por ação 53
         2.2. Inconstitucionalidade por omissão 54
            2.2.1. Da legislação como faculdade e como dever jurídico 55
            2.2.2. Da omissão total 57

2.2.3. Da omissão parcial... 59
3. Outras classificações 62
V — MODALIDADES DE CONTROLE DE CONSTITUCIONALIDADE 63
1. Quanto à natureza do órgão de controle 65
   1.1. Controle político 65
   1.2. Controle judicial 67
2. Quanto ao momento de exercício do controle 68
   2.1. Controle preventivo 68
   2.2. Controle repressivo 69
3. Quanto ao órgão judicial que exerce o controle 70
   3.1. Controle difuso 70
   3.2. Controle concentrado 71
4. Quanto à forma ou modo de controle judicial 72
   4.1. Controle por via incidental 72
   4.2. Controle por via principal ou ação direta 73
VI — LEGITIMIDADE DO CONTROLE DE CONSTITUCIONALIDADE 75
VII — SISTEMA BRASILEIRO DE CONTROLE DE CONSTITUCIONALIDADE .. 85
1. Antecedentes do modelo em vigor 85
2. O sistema de controle judicial de constitucionalidade na Constituição de 1988 88
3. Atuação do Executivo e do Legislativo no controle de constitucionalidade 91
   3.1. Controle de constitucionalidade pelo Poder Executivo 91
      3.1.1. O poder de veto (CF, art. 66, § 1º) 91
      3.1.2. Possibilidade de descumprimento de lei inconstitucional 92
      3.1.3. Possibilidade de propositura de ação direta 97
   3.2. Controle de constitucionalidade pelo Poder Legislativo 98
      3.2.1. Pronunciamento da Comissão de Constituição e Justiça 98
      3.2.2. Rejeição do veto do Chefe do Executivo.... 98
      3.2.3. Sustação de ato normativo do Executivo.... 98

3.2.4. Juízo prévio acerca das medidas provisórias. 99
3.2.5. Aprovação de emenda constitucional superadora da interpretação fixada pelo Supremo Tribunal Federal 100
3.2.6. Possibilidade de propositura de ação direta por órgãos do Legislativo 101
3.2.7. Possibilidade de revogação da lei inconstitucional, mas não da declaração de inconstitucionalidade por ato legislativo 101
4. A questão da modulação dos efeitos temporais............. 102
5. Técnicas de decisão em controle de constitucionalidade .. 106
   5.1. Decisões interpretativas 107
      5.1.1. Interpretação conforme à Constituição....... 107
      5.1.2. Declaração de inconstitucionalidade parcial sem redução de texto 108
      5.1.3. Declaração de inconstitucionalidade sem a pronúncia de nulidade e apelo ao legislador.. 110
      5.1.4. Declaração de lei ainda constitucional em trânsito para a inconstitucionalidade 111
   5.2. Decisões manipulativas.. 112
      5.2.1. Decisões manipulativas aditivas 113
      5.2.2. Decisões manipulativas substitutivas 114
6. A súmula vinculante 115
   6.1. Introdução 115
   6.2. Objeto.. 118
   6.3. Requisitos e procedimento 119
   6.4. Eficácia.. 121
7. Precedentes vinculantes 125
   7.1. Aspectos gerais 125
   7.2. *Ratio decidendi* ou *holding* 129
   7.3. *Obiter dictum* 129
   7.4. Distinção entre precedentes................................... 130
   7.5. Categorias adotadas pelo CPC/2015 131

Capítulo II — CONTROLE DE CONSTITUCIONALIDADE POR VIA INCIDENTAL 133
I — Características 133
  1. Pronúncia de invalidade em caso concreto 133
    1.1. Quem pode suscitar a inconstitucionalidade 133
    1.2. Onde pode ser suscitada a questão constitucional .. 135
    1.3. Que normas podem ser objeto de controle incidental 136
  2. Questão prejudicial 137
  3. Controle difuso 138
    3.1. Qualquer juiz ou tribunal pode exercer controle incidental 138
    3.2. Maioria absoluta e reserva de plenário 140
    3.3. Procedimento da declaração incidental de inconstitucionalidade perante órgão fracionário de tribunal 143
    3.4. Controle difuso pelo Superior Tribunal de Justiça e pelo Supremo Tribunal Federal 146
      3.4.1. Cabimento do recurso extraordinário 148
      3.4.2. Objeto do recurso extraordinário 152
      3.4.3. A repercussão geral 156
      3.4.4. A reserva de plenário 176
      3.4.5. Cabimento simultâneo dos recursos especial e extraordinário 177
II — Efeitos da decisão 178
  1. Eficácia subjetiva e objetiva. Inexistência de coisa julgada em relação à questão constitucional 178
  2. Eficácia temporal 180
  3. Decisão pelo Supremo Tribunal Federal e o papel do Senado Federal 184
III — O mandado de injunção 188
  1. Generalidades 188
  2. Competência 189
  3. Legitimação 191

4. Objeto	195
5. Procedimento	200
6. A decisão e seus efeitos	201
IV — Reclamação	212
1. Natureza	212
2. Objeto	214
3. Cabimento e requisitos	215
3.1. Requisitos gerais	215
3.2. Requisitos específicos	217
4. Legitimidade ativa e passiva	222
5. Procedimento	222

Capítulo III — CONTROLE DE CONSTITUCIONALIDADE POR VIA DE AÇÃO DIRETA 223

I — Características gerais	223
1. Pronunciamento em abstrato acerca da validade da norma	223
2. Questão principal	224
3. Controle concentrado	226
II — A ação direta de inconstitucionalidade	226
1. Competência	227
2. Legitimação	229
3. Objeto	244
4. Processo e julgamento	259
4.1. Procedimento	259
4.2. Medida cautelar	264
4.3. Decisão final	268
5. Efeitos da decisão	270
5.1. A coisa julgada e seu alcance	270
5.2. Limites objetivos da coisa julgada e efeitos objetivos da decisão	273
5.3. Limites subjetivos da coisa julgada e efeitos subjetivos da decisão	277

5.4. Efeitos transcendentes.. 282
5.5. Efeitos temporais... 285
    5.5.1. A questão da modulação dos efeitos temporais.. 286
    5.5.2. Outras questões... 292
6. Repercussão da decisão em controle abstrato sobre situações já constituídas... 296
    6.1. Distinção entre os efeitos da decisão no plano abstrato e no plano concreto................................... 297
    6.2. Decisão em controle abstrato e coisa julgada........ 298
    6.3. O debate acerca da relativização da coisa julgada. 305

III — A AÇÃO DECLARATÓRIA DE CONSTITUCIONALIDADE.................. 310
1. Generalidades... 310
2. Competência... 313
3. Legitimação... 314
4. Objeto... 316
5. Processo e julgamento.. 317
    5.1. Procedimento.. 317
    5.2. Medida cautelar... 318
    5.3. Decisão final.. 320
6. Efeitos da decisão.. 321
    6.1. Limites objetivos da coisa julgada e efeitos objetivos da decisão.. 321
    6.2. Limites subjetivos da coisa julgada e efeitos subjetivos da decisão.. 323
    6.3. Efeitos temporais.. 324
7. Repercussão da decisão em controle abstrato sobre as situações já constituídas.. 325
    7.1. Distinção entre os efeitos da decisão no plano abstrato e no plano concreto................................... 325
    7.2. Decisão em controle abstrato e coisa julgada........ 328

IV — A AÇÃO DIRETA DE INCONSTITUCIONALIDADE POR OMISSÃO.......... 329
1. Generalidades.. 329
2. O fenômeno da inconstitucionalidade por omissão........ 332

3. Competência...	335
4. Legitimação...	337
5. Objeto...	339
6. Processo e julgamento..	343
6.1. Procedimento..	343
6.2. Medida cautelar...	345
6.3. Decisão final...	347
7. Efeitos da decisão..	348
7.1. Da omissão inconstitucional total......................	348
7.2. Da omissão inconstitucional parcial...................	353
7.3. Efeitos objetivos, subjetivos e temporais............	357

Capítulo IV — DUAS HIPÓTESES ESPECIAIS DE CONTROLE CONCENTRADO: ARGUIÇÃO DE DESCUMPRIMENTO DE PRECEITO FUNDAMENTAL E AÇÃO DIRETA INTERVENTIVA... 359

I — Arguição de descumprimento de preceito fundamental......	359
1. Generalidades...	359
2. Espécies..	363
3. Pressupostos de cabimento..	366
3.1. Pressupostos gerais...	366
3.1.1. Descumprimento de preceito fundamental.	366
3.1.2. Inexistência de outro meio idôneo (subsidiariedade)..	373
3.2. Pressuposto específico da arguição incidental: relevância da controvérsia constitucional sobre lei ou ato normativo..	378
4. Competência...	380
5. Legitimação...	381
6. Objeto...	384
6.1. Atos do Poder Público e atos privados...............	385
6.2. Atos normativos...	386
6.2.1. Direito federal, estadual e municipal..........	386

    6.2.2. Direito pré-constitucional 388
    6.2.3. Atos infralegais 391
  6.3. Atos administrativos 393
  6.4. Atos jurisdicionais 395
  6.5. Controle da omissão legislativa 396
7. Processo e julgamento 398
  7.1. Procedimento 398
  7.2. Medida liminar 399
  7.3. Decisão final 401
8. Efeitos da decisão 402
9. Estudo de casos: as ADPFs 45, 54, 347 e 709 405
  9.1. A ADPF 45/DF 406
  9.2. A ADPF 54/DF 407
  9.3. A ADPF 347 MC 408
  9.4. A ADPF 709 MC 409
II — A AÇÃO DIRETA INTERVENTIVA 411
  1. Generalidades 411
    1.1. A intervenção federal 411
    1.2. A ação direta interventiva 413
  2. Competência 415
  3. Legitimação 416
  4. Objeto 418
  5. Processo e julgamento 421
    5.1. Procedimento 421
    5.2. Medida cautelar 422
    5.3. Decisão final 423
  6. Efeitos da decisão 423
CONCLUSÃO 429

Post Scriptum — POPULISMO, AUTORITARISMO E RESISTÊNCIA DEMOCRÁTICA: AS CORTES CONSTITUCIONAIS NO JOGO DO PODER 432
  I — INTRODUÇÃO 432

II — A DEMOCRACIA NO MUNDO: A ASCENSÃO DO POPULISMO AUTORITÁRIO 432
  1. A democracia e suas três dimensões 432
  2. A democracia como ideologia vitoriosa do século XX e a recessão democrática atual 434
  3. Três fenômenos diversos: populismo, extremismo e autoritarismo 437
  4. Algumas causas da erosão democrática 441
III — A DEMOCRACIA NO BRASIL: AMEAÇAS, RESISTÊNCIA E SUPERAÇÃO... 443
  1. O cenário da ascensão de Jair Bolsonaro 444
  2. Ameaças às instituições 445
  3. A resistência democrática 447
IV – COMO AS DEMOCRACIAS SOBREVIVEM 449
  1. O papel decisivo (e ambíguo) das supremas cortes e cortes constitucionais 449
  2. Histórias de sucesso e de derrota na resistência democrática 451
  3. As cortes constitucionais no jogo do poder 458
V — CONCLUSÃO 460

Bibliografia 461

NOTA À 9ª EDIÇÃO

I. AS INOVAÇÕES DESTA EDIÇÃO

Feliz com a acolhida dada a este livro pelo público em geral – professores, estudantes e candidatos em concursos públicos –, tenho o prazer de apresentar esta nova edição. Nela inseri uma atualização ampla da jurisprudência acerca do controle de constitucionalidade e como ela impactou a compreensão de alguns institutos. Também foram atualizados dados e estatísticas mencionados no texto e fez-se o registro das mudanças legislativas e regimentais, particularmente, nesse último caso, as que impactaram a figura da repercussão geral (Emenda Regimental n. 54/2020) e a utilização ampliada do Plenário Virtual pelo Supremo Tribunal Federal (Emenda Regimental n. 53/2020).

Uma vez mais, sou especialmente grato à Professora Patrícia Perrone Campos Mello pela valiosa colaboração na atualização deste livro e por sua parceria acadêmica e profissional de muitos anos, em coautoria de trabalhos diversos e como minha assessora no Supremo Tribunal Federal. Patrícia é um dos grandes nomes da nova geração de constitucionalistas brasileiros e é uma sorte para mim tê-la por perto.

II. O *POST SCRIPTUM*: POPULISMO, AUTORITARISMO E RESISTÊNCIA DEMOCRÁTICA: AS CORTES CONSTITUCIONAIS NO JOGO DO PODER

Esta edição traz, também, um *Post Scriptum* tratando de um dos temas mais candentes da atualidade: a ascensão do populismo autoritário no mundo, suas repercussões no Brasil e os riscos democráticos envolvidos. O constitucionalismo democrático foi a ideologia vitoriosa do século XX, tendo derrotado as alternativas que se apresentaram ao longo das décadas: o comunismo, o fascismo, o nazismo, os regimes militares e os fundamentalismos religiosos. Nessas primeiras décadas do século XXI, no entanto, alguma coisa parece não estar indo bem, num quadro que vem sendo descrito como de recessão democrática.

O texto publicado como *Post Scriptum* identifica três fenômenos que estão por trás desse processo histórico: o populismo, o extremismo e o autoritarismo, assim como suas causas políticas, econômico-sociais e culturais-identitárias. Após uma análise do contexto mundial, o texto coloca o foco na experiência brasileira dos últimos anos, narrando as ameaças à legalidade constitucional e a reação das instituições. Na parte final discutem-se os limites e possibilidades das cortes constitucionais no seu papel de defesa do constitucionalismo e da democracia.

III. UMA REFLEXÃO SOBRE O DENOMINADO PROTAGONISMO DO SUPREMO TRIBUNAL FEDERAL

Em eventos internacionais recentes de que participei, fui indagado por interlocutores sobre o "ativismo judicial" do Supremo Tribunal Federal. Gostaria de fazer uma reflexão sobre esse tema, para ajudar as pessoas a compreenderem o que se passa no Brasil, por quais razões, com quais vantagens e quais desvantagens. A primeira coisa a fazer é distinguir judicialização de ativismo judicial. *Judicialização* significa a possibilidade de se levar um tema ao Judiciário. É produto do arranjo institucional do país, dos direitos que consagra e das ações que permitem a sua tutela. A judicialização, portanto, é um fato. Já o *ativismo judicial* é uma atitude, uma maneira proativa e expansiva de interpretar a Constituição, levando alguns princípios abstratos para reger situações que não foram expressamente contempladas, seja pelo constituinte seja pelo legislador[1].

Feita essa distinção básica, quais as razões que levam, não ao ativismo – que é raro – mas ao protagonismo do Supremo Tribunal Federal brasileiro? Analiso abaixo algumas delas:

1. A primeira: *uma Constituição extremamente abrangente e detalhada*, que cuida não apenas dos temas materialmente constitucionais mais óbvios – separação e competências dos Poderes, organização do Estado e definição dos direitos fundamentais –, mas também: do sistema tributário, do sistema previdenciário, do sistema de saúde, dos servidores públicos e suas diversas carreiras, da intervenção do Estado no domínio econômico, da proteção ambiental, da proteção das comunidades indígenas, do teto de gastos etc. Levar uma matéria para a Constituição significa, em ampla medida, retirá-la da política e trazê-la para o Direito. E isso, naturalmente, potencializa a judicialização.

2. A segunda: *o acesso amplo ao Supremo por meio de diversas ações diretas*. O modelo de controle de constitucionalidade no Brasil combina o sistema incidental e difuso com o sistema principal e concentrado no Supremo Tribunal Federal. E a Constituição prevê um conjunto amplo de ações diretas que permitem o acesso imediato ao Supremo: ação direta de inconstitucionalidade, ação direta de inconstitucionalidade por omissão, ação declaratória de constitucionalidade, arguição de descumprimento de precei-

---

1. Sobre o tema, v. Luís Roberto Barroso, Contramajoritário, representativo e iluminista: os papéis dos tribunais constitucionais na democracia. *Rev. Direito e Práxis* 9:2171, 2018.

to fundamental e ação direta interventiva. Isso faz com que em relação a muitas matérias, em lugar de dar a última palavra, julgando recursos extraordinários, o Supremo dê a primeira palavra acerca de leis, atos administrativos autônomos e mesmo políticas públicas, em alguns casos.

3. A terceira: *grande número de legitimados ativos, com direito de propositura de ações diretas.* É relativamente fácil o acesso ao Supremo Tribunal Federal, por meio de qualquer dessas ações diretas. É que, exceto quanto à ação interventiva, que é incomum, um conjunto amplo de atores institucionais e sociais pode ajuizar ações diretas. Aí se incluem: o Presidente da República, o Procurador-Geral da República, as mesas do Senado e da Câmara, os Governadores de Estado, as mesas de Assembleias Legislativas, todos os partidos políticos com representação parlamentar (são 30), o Conselho Federal da OAB, todas as entidades de classe de âmbito nacional e todas as confederações sindicais. Nós estamos falando de centenas de legitimados. Isso faz com que praticamente qualquer interesse minimamente relevante chegue ao Supremo Tribunal Federal.

Aliás, esse contexto de Constituição abrangente e acesso fácil torna difícil, muitas vezes, traçar com precisão a linha de fronteira entre Direito e Política. E traz, também, grande exposição pública para o Supremo, com ampla cobertura da imprensa, já que o Tribunal tem que decidir questões que vão desde a demarcação de terras indígenas até as pesquisas com células-tronco embrionárias, passando pela legitimidade ou não da importação de pneus ou da queima de palha da cana. Sempre com algum interesse relevante sendo contrariado.

Tome-se um exemplo do presente: uma ADPF questionando a política ambiental adotada nos últimos anos. A Constituição consagra o meio ambiente saudável como um direito fundamental e a sua proteção como um dever do Estado. Uma arguição de preceito fundamental pede que se declare um estado de coisas inconstitucional nessa matéria no Brasil. Nos últimos anos, o desmatamento da Amazônia passou de 4.600 km^2 em 2012 para uma previsão de 15.391 km^2 em 2022. Mais do que triplicou. O Brasil tem acordos internacionais e legislação interna, com metas de redução de desmatamento. A pergunta que surge: Deve o Supremo Tribunal Federal intervir ou não nessa matéria? O voto já proferido e as discussões já iniciadas sugerem que sim. Mas há quem discorde.

4. A quarta: *ampla competência criminal originária e por habeas corpus do Supremo Tribunal Federal.* O STF tem uma competência criminal originária para julgamento de um conjunto de agentes públicos, inclusive todos os membros do Congresso. Houve um momento, em 2017, em que tramitavam 527 processos criminais contra parlamentares no STF, entre inquéritos e ações penais. O Brasil tem um quadro grave de corrupção estrutural, sistêmica e

institucionalizada difícil de vencer. Se o STF age com rigor, gera tensão com o Congresso. Se age de forma branda, gera tensões com a sociedade. *It's a no win situation.* Uma decisão de 2018 restringiu o foro privilegiado aos casos de crimes praticados no exercício do cargo e em razão do cargo. A mudança jurisprudencial trouxe uma redução de 80% no número de processos criminais no STF. Também chegam ao Tribunal milhares de *habeas corpus*.

5. A quinta: *transmissão dos julgamentos pela televisão aberta*. Essa é uma das singularidades que mais impressionam as pessoas em outros países: o fato de os julgamentos do STF serem transmitidos ao vivo e a cores pela televisão. Há inconveniências nesse modelo: (i) é mais fácil formar consensos em uma deliberação reservada; (ii) os votos ficaram mais longos; (iii) quando há alguma divergência mais áspera – o que não é comum, mas acontece vez por outra – ela é motivo de comentários e intrigas. Há vantagens: no imaginário social da América do Sul, prevalece a crença de que por trás de qualquer porta fechada estão ocorrendo tenebrosas transações. A imagem de 11 (onze) pessoas debatendo aberta e francamente a melhor solução para um caso, com argumentos expostos na frente de todos, é boa para a justiça. Há uma finalidade didática de compreensão da justiça. E, também, evita-se a interpretação feita com a intermediação da imprensa, porque o público tem acesso direto ao que foi dito, evitando distorções. Uma característica do sistema brasileiro é que, ao menos nos casos mais relevantes, o Ministro vota não apenas para os colegas, mas para o público em geral, tentando demonstrar a racionalidade das escolhas que são feitas.

Em suma: no Brasil existe uma judicialização ampla da vida, o Supremo Tribunal Federal, por isso mesmo, acaba tendo uma posição de protagonismo e de grande exposição pública. Como julga questões polêmicas com grande visibilidade, é objeto de avaliações muitas vezes duras da população, porque sempre há um grupo insatisfeito. Se ele julga um conflito entre comunidades indígenas e fazendeiros, um desses grupos assumirá uma posição severamente crítica do decidido. Se ele julga uma questão entre governo e ambientalistas em relação a alguma grande obra, ocorre o mesmo. A despeito da judicialização ampla, são poucas as decisões que podem ser consideradas tecnicamente ativistas. Eu situaria nessa categoria, com destaque, a decisão que permitiu as uniões homoafetivas, abrindo caminho para o casamento de pessoas do mesmo sexo e a que criminalizou a homofobia. Decisões que impediram a posse de Ministros de Estado e de outros agentes públicos também podem ser enquadradas nessa categoria. São situações excepcionais, em conjunturas complexas, que estão longe de constituir a regra.

Luís Roberto Barroso
1º de agosto de 2022

INTRODUÇÃO[1]

O direito constitucional brasileiro, nos últimos anos, passou por uma revolução profunda e silenciosa. A redemocratização do país abriu as portas para um mundo plural e efervescente. Alguns marcos desse processo de transformação virtuosa foram a conquista de efetividade pelas normas constitucionais, o reconhecimento de normatividade aos princípios e o desenvolvimento de novas ideias e categorias na interpretação constitucional. Temas como neoconstitucionalismo, pós-positivismo e argumentação jurídica, entre outros, ocupam hoje um espaço importante no debate teórico nacional.

Em meio à enxurrada de modernidades, pareceu-me boa a hora para revisitar um dos capítulos mais tradicionais do direito constitucional, lançando sobre ele o olhar da maturidade. A jurisdição constitucional, em geral, e o controle de constitucionalidade, de modo particular, são instrumentos essenciais para o desenvolvimento prático e a concretização das ideias que hoje animam o constitucionalismo, como dignidade da pessoa humana, centralidade dos direitos fundamentais e participação democrática no exercício do poder.

Este livro procura ordenar as minhas próprias anotações e reflexões sobre a fiscalização jurisdicional de constitucionalidade, à vista das mudanças constitucionais e legislativas, e tendo em conta a vasta jurisprudência que se produziu nos últimos anos. Nele também se materializa um pouco da experiência acumulada ao longo de intensa atuação perante o Supremo Tribunal Federal. Por muitos anos, como advogado, em causas às vezes polêmicas, às vezes difíceis, algumas impossíveis. "As fáceis já pegaram todas", disse-me certa vez um experiente advogado e professor eminente. E, na última década, como Ministro da Corte. Não tenho qualquer pretensão revolucionária em relação ao conhecimento convencional na matéria. Mas penso que a rearrumação didática dos conceitos pode ser útil à compreensão do sistema e à exploração de suas melhores potencialidades.

Já ultrapassado o trigésimo aniversário da promulgação da Constituição de 1988, a teoria constitucional no Brasil continua a viver um momen-

---

1 Sou grato à FAPERJ — Fundação Carlos Chagas Filho de Amparo à Pesquisa do Estado do Rio de Janeiro — pela bolsa concedida ao acadêmico Eduardo Mendonça, que prestou preciosa ajuda na pesquisa e revisão da 1ª edição deste trabalho, que é de 2003. De lá para cá, Eduardo concluiu mestrado e doutorado pela UERJ, tornando-se um dos nomes mais brilhantes da novíssima geração de constitucionalistas. Até a 6ª edição, contei com suas pesquisas, reflexões e interlocução construtiva. Um parceiro e tanto.

to venturoso de ascensão científica e institucional. A Constituição passou para o centro do sistema jurídico, desfrutando de uma supremacia que já não é tão somente formal, mas também material, axiológica. Tornou-se a lente através da qual devem ser lidos e interpretados todas as normas e institutos do direito infraconstitucional. Nesse contexto, o direito constitucional passou a ser não apenas um modo de olhar o direito, mas também de pensar e de desejar o mundo: baseado na busca por justiça material, nos direitos fundamentais, na tolerância e na percepção do próximo, do outro, tanto o igual como o diferente.

À luz de tais premissas, toda interpretação jurídica é também interpretação constitucional. Qualquer operação de realização do direito envolve a aplicação direta ou indireta da Constituição. Direta, quando uma pretensão se fundar em uma norma constitucional; e indireta quando se fundar em uma norma infraconstitucional, por duas razões: a) antes de aplicar a norma, o intérprete deverá verificar se ela é compatível com a Constituição, porque, se não for, não poderá fazê-la incidir; e b) ao aplicar a norma, deverá orientar seu sentido e alcance à realização dos fins constitucionais.

Lembro-me dos dias difíceis de pouco mais de três décadas atrás, quando a Constituição era um documento menor, submissa aos atos institucionais e aos desmandos da ditadura. Percorremos um longo caminho. Nesse percurso, o direito constitucional passou da desimportância ao apogeu em menos de uma geração. Um triunfo incontestável, absoluto, que merece ser celebrado. Mas com humildade. Na vida devemos ser janela, e não espelho. A Constituição deve servir como uma forma de olhar para a vida, e não para si mesmo. A propósito: se você acredita na dignidade da pessoa humana, nas possibilidades transformadoras do direito e na ética como fundamento de um mundo melhor, seu lugar pode ser aqui. Continuamos recrutando.

Luís Roberto Barroso

Capítulo I
CONCEITOS FUNDAMENTAIS, REFERÊNCIA HISTÓRICA E DIREITO COMPARADO

I — GENERALIDADES. CONCEITO. PRESSUPOSTOS

O ordenamento jurídico é um sistema. Um sistema pressupõe ordem e unidade[1], devendo suas partes conviver de maneira harmoniosa. A quebra dessa harmonia deverá deflagrar mecanismos de correção destinados a restabelecê-la. O controle de constitucionalidade é um desses mecanismos, provavelmente o mais importante, consistindo na verificação da compatibilidade entre uma lei ou qualquer ato normativo infraconstitucional e a Constituição. Caracterizado o contraste, o sistema provê um conjunto de medidas que visam a sua superação, restaurando a unidade ameaçada. A declaração de inconstitucionalidade consiste no reconhecimento da invalidade de uma norma e tem por fim paralisar sua eficácia.

Em todo ato de concretização do direito infraconstitucional estará envolvida, de forma explícita ou não, uma operação mental de controle de constitucionalidade. A razão é simples de demonstrar. Quando uma pretensão jurídica funda-se em uma norma que não integra a Constituição — uma lei ordinária, por exemplo —, o intérprete, antes de aplicá-la, deverá certificar-se de que ela é constitucional. Se não for, não poderá fazê-la incidir, porque no conflito entre uma norma ordinária e a Constituição é esta que deverá prevalecer. Aplicar uma norma inconstitucional significa deixar de aplicar a Constituição.

Duas premissas são normalmente identificadas como necessárias à existência do controle de constitucionalidade: a supremacia e a rigidez constitucionais. A *supremacia da Constituição* revela sua posição hierárquica mais elevada dentro do sistema, que se estrutura de forma escalonada, em diferentes níveis. É ela o fundamento de validade de todas as demais normas. Por força dessa supremacia, nenhuma lei ou ato normativo — na verdade, nenhum ato jurídico — poderá subsistir validamente se estiver em desconformidade com a Constituição.

---

1. Claus-Wilhelm Canaris, *Pensamento sistemático e conceito de sistema na ciência do direito*, 1996, p. 12 e s.

A *rigidez constitucional* é igualmente pressuposto do controle. Para que possa figurar como parâmetro, como paradigma de validade de outros atos normativos, a norma constitucional precisa ter um processo de elaboração diverso e mais complexo do que aquele apto a gerar normas infraconstitucionais. Se assim não fosse, inexistiria distinção formal entre a espécie normativa objeto de controle e aquela em face da qual se dá o controle. Se as leis infraconstitucionais fossem criadas da mesma maneira que as normas constitucionais, em caso de contrariedade ocorreria a revogação do ato anterior e não a inconstitucionalidade.

Um dos fundamentos do controle de constitucionalidade é a proteção dos direitos fundamentais, inclusive e sobretudo os das minorias, em face de maiorias parlamentares eventuais. Seu pressuposto é a existência de valores materiais compartilhados pela sociedade que devem ser preservados das injunções estritamente políticas. A questão da legitimidade democrática do controle judicial é um dos temas que têm atraído mais intensamente a reflexão de juristas, cientistas políticos e filósofos da Constituição, e a ele se dedicará um tópico desta exposição.

Duas observações são ainda pertinentes neste tópico. Em primeiro lugar, deve-se registrar que, nas últimas décadas, a doutrina e a jurisprudência têm dado atenção, igualmente, à denominada inconstitucionalidade por omissão, que consiste na não edição de ato exigido pela Constituição. O tema será estudado em detalhe mais adiante. E, em segundo, cabe observar que a expressão "controle de constitucionalidade" é com frequência empregada em relação a atos materialmente normativos, isto é, àqueles que disciplinam condutas e têm caráter geral e abstrato. As leis, emanadas do Poder Legislativo, são o exemplo mais típico de atos dessa natureza, mas também se incluem nessa categoria atos editados pelo Executivo (como as medidas provisórias e certos tipos de atos normativos administrativos) e pelo Judiciário (como os regimentos internos dos tribunais). Mas não são apenas estes.

De fato, os atos materialmente administrativos, em geral oriundos do Executivo (mas, eventualmente, também do Legislativo e do Judiciário), sujeitam-se, da mesma forma, ao teste de constitucionalidade e são invalidáveis por juízes e tribunais. O mesmo se passa com as decisões judiciais, que comportam recursos tendo por fundamento sua contrariedade à Constituição. De modo que, em sentido amplo, o controle de constitucionalidade é exercido sobre atos de quaisquer dos Poderes. Todavia, estas duas últimas hipóteses — impugnação de atos administrativos ou de decisões judiciais — são muito mais corriqueiras, não tendo a complexidade e as implicações da declaração de inconstitucionalidade de uma norma. Por esta razão não exigem estudo à parte.

Por fim, uma nota conceitual e terminológica. As locuções *jurisdição constitucional* e *controle de constitucionalidade* não são sinônimas, embora sejam frequentemente utilizadas de maneira intercambiável. Trata-se, na verdade, de uma relação entre gênero e espécie. *Jurisdição constitucional* designa a aplicação da Constituição por juízes e tribunais. Essa aplicação poderá ser direta, quando a norma constitucional discipline, ela própria, determinada situação da vida. Ou indireta, quando a Constituição sirva de referência para atribuição de sentido a uma norma infraconstitucional ou de parâmetro para sua validade. Neste último caso estar-se-á diante do controle de constitucionalidade, que é, portanto, uma das formas de exercício da jurisdição constitucional.

II — O PRIMEIRO PRECEDENTE: *MARBURY V. MADISON*[2]

1. O contexto histórico

Nas eleições realizadas no final de 1800, nos Estados Unidos, o Presidente John Adams e seus aliados federalistas foram derrotados pela oposição republicana, tanto para o Legislativo como para o Executivo. Thomas Jefferson viria a ser o novo Presidente[3]. No apagar das luzes de seu governo, John Adams e o Congresso, no qual os federalistas ainda detinham maioria, articularam-se para conservar sua influência política através do Poder Judiciário. Assim, em 13 de fevereiro de 1801, fizeram aprovar uma

---

2. Nowak e Rotunda, *Constitutional law*, 2000; Laurence Tribe, *American constitutional law*, 2000; Stone, Seidman, Sunstein e Tushnet, *Constitutional law*, 1996; Gerald Gunther, *Constitutional law*, 1985; Lockhart, Kamisar, Choper, Shiffrin, *Constitutional law*, 1986 (com Suplemento de 2000); Glennon, Lively, Haddon, Roberts, Weaver, *A constitutional law anthology*, 1997; Murphy, Fleming e Harris, II, *American constitutional interpretation*, 1986; Kermit L. Hall (editor), *The Oxford guide to United States Supreme Court decisions*, 1999; Roy P. Fairfield (editor), *The federalist papers*, 1981; Susan Bloch e Maeva Marcus, John Marshall's selective use of history in Marbury v. Madison, 1986 *Wisconsin Law Review*, 301; Lockard e Murphy, *Basic cases in constitutional law*, 1992; Bartholomew e Menez, *Summaries of leading cases on the constitution*, 1983; Kermit L. Hall (editor), *The Oxford companion to the Supreme Court of the United States*, 1992.

3. Jefferson havia vencido no voto popular, mas empatara com Aaron Blurr na votação do Colégio Eleitoral. A decisão final coube, assim, à Câmara dos Representantes, que elegeu Jefferson em 17 de fevereiro de 1801, para tomar posse em 4 de março.

lei de reorganização do Judiciário federal (*the Circuit Court Act*), por via da qual, dentre outras providências: a) reduzia-se o número de Ministros da Suprema Corte, para impedir uma nova nomeação pelo Presidente que entrava[4]; b) criavam-se dezesseis novos cargos de juiz federal, todos preenchidos com federalistas aliados do Presidente derrotado.

Logo à frente, em 27 de fevereiro de 1801, uma nova lei (*the Organic Act of the District of Columbia*) autorizou o Presidente a nomear quarenta e dois juízes de paz, tendo os nomes indicados sido confirmados pelo Senado em 3 de março, véspera da posse de Thomas Jefferson. John Adams, assim, assinou os atos de investidura (*commissions*) dos novos juízes no último dia de governo, ficando seu Secretário de Estado, John Marshall, encarregado de entregá-los aos nomeados. Cabe o registro de que o próprio Marshall havia sido indicado pelo Presidente que saía para ocupar o cargo de Presidente da Suprema Corte (*Chief Justice*). E, embora seu nome tivesse sido aprovado pelo Senado e ele já tivesse prestado compromisso desde 4 de fevereiro de 1801, permaneceu no cargo de Secretário de Estado até o último dia do mandato de Adams. Pois bem: tendo um único dia para entregar os atos de investidura a todos os novos juízes de paz, Marshall não teve tempo de concluir a tarefa antes de se encerrar o governo, e alguns dos nomeados ficaram sem recebê-los.

Thomas Jefferson tomou posse, e seu Secretário de Estado, James Madison, seguindo orientação do Presidente, recusou-se a entregar os atos de investidura àqueles que não os haviam recebido. Entre os juízes de paz nomeados e não empossados estava William Marbury, que propôs ação judicial (*writ of mandamus*), em dezembro de 1801, para ver reconhecido seu direito ao cargo. O pedido foi formulado com base em uma lei de 1789 (*the Judiciary Act*), que havia atribuído à Suprema Corte competência originária para processar e julgar ações daquela natureza. A Corte designou a sessão de 1802 (*1802 term*) para apreciar o caso.

Sucede, contudo, que o Congresso, já agora de maioria republicana, veio a revogar a lei de reorganização do Judiciário federal (*the Circuit Court*

---

4. O Ministro William Cushing, que havia sido nomeado por George Washington, já estava idoso, com a saúde precária, e supunha-se que sua substituição seria iminente. Nada obstante, embora incapacitado e tendo escrito apenas dezenove acórdãos ao longo dos vinte e um anos em que esteve na Suprema Corte, ali permaneceu até sua morte, que só ocorreu em 1810. V. Kermit L. Hall, *The Oxford companion to the Supreme Court of the United States*, 1992, p. 213-4.

Act, de 1801), extinguindo os cargos que haviam sido criados e destituindo seus ocupantes. Para impedir questionamentos a essa decisão perante a Suprema Corte, o Congresso suprimiu a sessão da Corte em 1802, deixando-a sem se reunir de dezembro de 1801 até fevereiro de 1803. Esse quadro era agravado por outros elementos de tensão, dentre os quais é possível destacar dois: a) Thomas Jefferson não considerava legítima qualquer decisão da Corte que ordenasse ao governo a entrega dos atos de investidura, e sinalizava que não iria cumpri-la; b) a partir do início de 1802, a Câmara deflagrou processo de *impeachment* de um juiz federalista, em uma ação política que ameaçava estender-se até os Ministros da Suprema Corte[5].

Foi nesse ambiente politicamente hostil e de paixões exacerbadas que a Suprema Corte se reuniu em 1803 para julgar *Marbury v. Madison*, sem antever que faria história e que este se tornaria o mais célebre caso constitucional de todos os tempos.

2. O conteúdo da decisão

Marbury v. Madison foi a primeira decisão na qual a Suprema Corte afirmou seu poder de exercer o controle de constitucionalidade, negando aplicação a leis que, de acordo com sua interpretação, fossem inconstitucionais. Assinale-se, por relevante, que a Constituição não conferia a ela ou a qualquer outro órgão judicial, de modo explícito, competência dessa natureza. Ao julgar o caso, a Corte procurou demonstrar que a atribuição decorreria logicamente do sistema. A argumentação desenvolvida por Marshall acerca da supremacia da Constituição, da necessidade do *judicial review* e da competência do Judiciário na matéria é tida como primorosa. Mas não era pioneira nem original.

De fato, havia precedentes identificáveis em períodos diversos da história, desde a Antiguidade[6], e mesmo nos Estados Unidos o argumento já

---

5. A Câmara votou pelo *impeachment* do juiz federal de New Hampshire, John Pickering, e o Senado decretou sua destituição em março de 1804. No dia seguinte a essa votação, a Câmara aprovou o *impeachment* do Ministro da Suprema Corte Samuel Chase, por partidarismo político, mas o Senado, em julgamento realizado em 1805, não reuniu a maioria constitucional necessária para seu afastamento.

6. Mauro Cappelletti, em seu clássico *O controle judicial de constitucionalidade das leis no direito comparado*, 1984, p. 46 e s., reconhecendo, embora, o caráter pioneiro e original do *judicial review* como contribuição do direito norte-americano, aponta a existência de precedentes de "supremacia constitucional" em outros e mais antigos sistemas jurí-

havia sido deduzido no período colonial, com base no direito inglês[7], ou em cortes federais inferiores e estaduais[8]. Além disso, no plano teórico, Alexander Hamilton, no *Federalista* n. 78, havia exposto analiticamente a tese, em 1788[9]. Nada obstante, foi com *Marbury v. Madison* que ela ganhou o mundo e enfrentou com êxito resistências políticas e doutrinárias de matizes diversos[10].

---

dicos, como o ateniense e o medieval. Conclui, assim, que a corajosa decisão de John Marshall, que iniciou, na América e no mundo, algo de novo e de importante, foi um "ato amadurecido através de séculos de história: história não apenas americana, mas universal". No mesmo sentido, Linares Quintana, *Derecho constitucional y instituciones políticas*, 1960, v. 1, p. 489 e s.

7. Kermit L. Hall (editor), *The Oxford guide to United States Supreme Court decisions*, 1999, p. 174: "Advogados, durante o período colonial, (...) basearam seus argumentos em uma declaração de *Sir* Edward Coke no *Dr. Bonham's Case* (1610) de que as leis do parlamento contrárias ao costume e à razão eram inválidas". Mauro Cappelletti comenta longamente essa decisão, em seu já citado *O controle judicial de constitucionalidade das leis no direito comparado*, 1984, p. 59, onde transcreve a seguinte passagem literal de Coke, no caso citado: "(...) for when an act of parliament is against common right and reason, or repugnant, or impossible to be performed, the common law will control it and adjudge such act to be void".

8. Kermit L. Hall, *The Oxford guide to United States Supreme Court decisions*, 1999, p. 174: "Marbury não foi o primeiro caso a enunciar o princípio do *judicial review*. Houve precedentes nas cortes estaduais e nas cortes federais inferiores, nas quais juízes deixaram de aplicar leis que consideravam contrárias a dispositivos da Constituição estadual ou federal".

9. Hamilton, Madison e Jay, *The Federalist Papers*, selecionados e editados do original por Roy Fairfield, 1981. O *Federalista* n. 78, de autoria de Alexander Hamilton, observou (p. 226 e s.), em tradução livre: "Nenhum ato legislativo contrário à Constituição pode ser válido. (...) A presunção natural, à falta de norma expressa, não pode ser a de que o próprio órgão legislativo seja o juiz de seus poderes e que sua interpretação sobre eles vincula os outros Poderes. (...) É muito mais racional supor que os tribunais é que têm a missão de figurar como corpo intermediário entre o povo e o Legislativo, dentre outras razões, para assegurar que este último se contenha dentro dos poderes que lhe foram deferidos. A interpretação das leis é o campo próprio e peculiar dos tribunais. Aos juízes cabe determinar o sentido da Constituição e das leis emanadas do órgão legislativo. (...) Onde a vontade do Legislativo, declarada nas leis que edita, situar-se em oposição à vontade do povo, declarada na Constituição, os juízes devem curvar-se à última, e não à primeira".

10. Gerald Gunther, *Constitutional law*, 1985 (com Suplemento de 1988), p. 21 e s., transcreve cartas e pronunciamentos de diversos presidentes — Jefferson, Jackson, Lincoln e Roosevelt — questionando o papel do Judiciário como intérprete final da Constituição, com vinculação para os demais Poderes, e reivindicando diferentes graus de autonomia em relação à interpretação judicial. Especificamente sobre a questão da legitimidade do controle de constitucionalidade, v., *infra*.

No desenvolvimento de seu voto, Marshall dedicou a primeira parte à demonstração de que Marbury tinha direito à investidura no cargo[11]. Na segunda parte, assentou que, se Marbury tinha o direito, necessariamente deveria haver um remédio jurídico para assegurá-lo[12]. Na última parte, enfrentou duas questões distintas: a de saber se o *writ of mandamus* era a via própria e, em caso positivo, se a Suprema Corte poderia legitimamente concedê-lo[13].

À primeira questão respondeu afirmativamente. O *writ of mandamus* consistia em uma ordem para a prática de determinado ato. Marshall, assim, examinou a possibilidade de se emitir uma determinação dessa natureza a um agente do Poder Executivo. Sustentou, então, que havia duas categorias de atos do Executivo que não eram passíveis de revisão judicial: os atos de natureza política e aqueles que a Constituição ou a lei houvessem atribuído a sua exclusiva discricionariedade. Fora essas duas exceções, onde a Constituição e a lei impusessem um dever ao Executivo, o Judiciário poderia determinar seu cumprimento. Estabeleceu, dessa forma, a regra de que os atos do Poder Executivo são passíveis de controle jurisdicional, tanto quanto a sua constitucionalidade como quanto a sua legalidade[14].

---

11. *Marbury v. Madison*, 5 U.S. (1 Cranch) 137 (1803): "It is, then, the opinion of the Court: 1st. That by signing the commission of Mr. Marbury, the President of the United States appointed him a justice of peace and that the appointment conferred on him a legal right to the office for the space of five years" (É, portanto, a opinião desta Corte: 1º Que ao assinar o ato de investidura do Sr. Marbury, o Presidente dos Estados Unidos nomeou-o juiz de paz e que esta nomeação confere a ele o direito ao cargo pelo prazo de cinco anos.) (texto editado).

12. *Marbury v. Madison*, 5 U.S. (1 Cranch) 137 (1803): "2nd. That, having this legal title to the office, he has a consequent right to the commission; a refusal to deliver which is a plain violation of that right, for which the laws of his country afford him a remedy" (2º Que, tendo título jurídico para o cargo, ele tem como consequência direito ao ato de investidura; e a recusa em entregá-lo a ele é uma clara violação desse direito, para a qual as leis desse país conferem-lhe remédio jurídico.) (texto editado).

13. *Marbury v. Madison*, 5 U.S. (1 Cranch) 137 (1803): "3. It remains to be inquired whether he is entitled to the remedy for which he applies? This depends on — 1st. The nature of the writ applied for; and 2nd. The power of this court" (3. Resta indagar se ele tem direito ao remédio jurídico que postula? Isso depende — 1º Da natureza do *writ* postulado; e 2º Da competência desta Corte.) (texto editado).

14. *Marbury v. Madison*, 5 U.S. (1 Cranch) 137 (1803): "The province of the court is, solely, to decide on the rights of individuals, not to inquire how the executive, or executive officers, perform duties in which they have discretion. Questions in their nature political, or which are, by the constitution and laws, submitted to the executive, can never be made in this court. (...) [But] where the head of a department is directed by law to do a certain act

Ao enfrentar a segunda questão — se a Suprema Corte tinha competência para expedir o *writ* —, Marshall desenvolveu o argumento que o projetou na história do direito constitucional. Sustentou, assim, que o § 13 da Lei Judiciária de 1789, ao criar uma hipótese de competência originária da Suprema Corte fora das que estavam previstas no art. 3º da Constituição, incorria em uma inconstitucionalidade. É que, afirmou, uma lei ordinária não poderia outorgar uma nova competência originária à Corte, que não constasse do elenco constitucional. Diante do conflito entre a lei e a Constituição, Marshall chegou à questão central do acórdão: pode a Suprema Corte deixar de aplicar, por inválida, uma lei inconstitucional?

Ao expor suas razões, Marshall enunciou os três grandes fundamentos que justificam o controle judicial de constitucionalidade. Em primeiro lugar, a *supremacia da Constituição*: "Todos aqueles que elaboraram constituições escritas encaram-na como a lei fundamental e suprema da nação". Em segundo lugar, e como consequência natural da premissa estabelecida, afirmou a *nulidade da lei que contrarie a Constituição*: "Um ato do Poder Legislativo contrário à Constituição é nulo". E, por fim, o ponto mais controvertido de sua decisão, ao afirmar que *é o Poder Judiciário o intérprete final da Constituição*: "É enfaticamente da competência do Poder Judiciário dizer o Direito, o sentido das leis. Se a lei estiver em oposição à constituição a corte terá de determinar qual dessas normas conflitantes regerá a hipótese. E se a constituição é superior a qualquer ato ordinário emanado do legislativo, a constituição, e não o ato ordinário, deve reger o caso ao qual ambos se aplicam"[15].

---

affecting the absolute rights of individuals, it is not perceived on what grounds the courts of the country are excused from the duty of giving judgment" (A competência da corte é tão somente decidir acerca dos direitos individuais, e não indagar como o executivo e seus agentes cumprem os deveres em relação aos quais têm discrição. Questões políticas em sua natureza, ou que pela Constituição e pelas leis são privativas do Executivo, não podem ser apreciadas por esta Corte. (...) Mas, quando o chefe de um Poder tem o dever jurídico de praticar um ato que afeta direitos individuais, não haveria fundamento para os tribunais do País demitirem-se do dever de prestar jurisdição.).

15. *Marbury v. Madison*, 5 U.S. (1 Cranch) 137 (1803). O texto transcrito está editado. Em defesa da competência do Poder Judiciário para desempenhar o controle de constitucionalidade, acrescentou ainda em seu voto: "(Do contrário), se o Legislativo vier a fazer o que é expressamente proibido, tal ato, a despeito da proibição expressa, tornar-se-ia, em realidade, efetivo. Isso daria ao Legislativo uma onipotência prática e real".

3. As consequências de *Marbury v. Madison*

A decisão proferida pela Suprema Corte sujeitou-se a críticas diversas, muitas respaldadas por argumentos sólidos. Vejam-se algumas delas. Por haver participado direta e ativamente dos fatos que deram origem à demanda, Marshall deveria ter se dado por impedido de participar do julgamento. A decisão foi estruturada em uma sequência ilógica e equivocada do ponto de vista do direito processual, pois deveria ter se iniciado e encerrado no reconhecimento da incompetência da Corte. Havia inúmeros argumentos de natureza infraconstitucional que poderiam ter sido utilizados para indeferir o pedido, como o de que o direito ao cargo somente se adquire com a entrega efetiva do ato de investidura. A interpretação que levou Marshall a considerar a lei inconstitucional não era a única cabível, podendo-se reconhecer a incompetência da Corte ou o descabimento do *writ* por outras razões. E a falta de legitimidade democrática no desempenho desse papel pelo Judiciário[16].

É indiscutível que o voto de Marshall reflete, intensamente, as circunstâncias políticas de seu prolator. Ao estabelecer a competência do Judiciário para rever os atos do Executivo e do Legislativo à luz da Constituição, era o seu próprio poder que estava demarcando, poder que, aliás, viria a exercer pelos trinta e quatro longos anos em que permaneceu na presidência da Corte. A decisão trazia, no entanto, um toque de inexcedível sagacidade política. É que as teses nela veiculadas, que em última análise davam poderes ao Judiciário sobre os outros dois ramos de governo, jamais seriam aceitas passivamente por Jefferson e pelos republicanos do Congresso. Mas, como nada lhes foi ordenado — pelo contrário, no caso concreto foi a vontade deles que prevaleceu —, não tinham como descumprir ou desafiar a decisão.

Na sequência histórica, e à vista do modelo de Estado federal adotado nos Estados Unidos, a Suprema Corte estabeleceu sua competência para exercer também o controle sobre atos, leis e decisões *estaduais* em face da Constituição e das leis federais, conhecendo de recursos contra pronuncia-

---

16. Sobre as críticas à decisão, v., por todos, Laurence Tribe, *American constitutional law*, v. 1, 2000, p. 207 e s. Nada obstante, assinalou o ex-Ministro da Suprema Corte Felix Frankfurter, em artigo doutrinário (John Marshall and the judicial function, *Harvard Law Review*, 69:217, 1955, p. 219): "A coragem de *Marbury v. Madison* não deve ser minimizada pela insinuação de que sua fundamentação não é impecável e que sua conclusão, ainda que sábia, não era inevitável".

mentos dos tribunais dos Estados[17]. Em 1819, no julgamento de *McCulloch v. Maryland*[18], voltou a apreciar a constitucionalidade de uma lei federal (pela qual o Congresso instituía um banco nacional), que, no entanto, foi reconhecida como válida. Somente em 1857, mais de cinquenta anos após a decisão em *Marbury v. Madison*, a Suprema Corte voltou a declarar uma lei inconstitucional, na polêmica decisão proferida em *Dred Scott v. Sandford*[19], que acirrou a discussão sobre a questão escravagista e desempenhou papel importante na eclosão da Guerra Civil.

Marbury v. Madison, portanto, foi a decisão que inaugurou o controle de constitucionalidade no constitucionalismo moderno, deixando assentado o princípio da supremacia da Constituição, da subordinação a ela de todos os Poderes estatais e da competência do Judiciário como seu intérprete final, podendo invalidar os atos que lhe contravenham. Na medida em que se distanciou no tempo da conjuntura turbulenta em que foi proferida e das circunstâncias específicas do caso concreto, ganhou maior dimensão, passando a ser celebrada universalmente como o precedente que assentou a prevalência dos valores permanentes da Constituição sobre a vontade circunstancial das maiorias legislativas.

---

17. Vl. *Fletcher v. Peck*, 10 U.S. (6 Cranch) 87 (1810); *Martin v. Hunters's Lessee*, 14 U.S. (1 Wheat.) 304 (1816); *Cohens v. Commonwealth of Virginia* (6 Wheat.) 264 (1821). Ao justificar esse poder da Suprema Corte, escreveu o Ministro Oliver Wendell Holmes, em trabalho doutrinário (*Law and the courts*. In: Collected Legal Papers 295-6, 1920): "Eu não creio que os Estados Unidos pereceriam se nós perdêssemos o poder de declarar um Ato do Congresso nulo. Mas penso que a União estaria em perigo se não pudéssemos declarar inconstitucionais as leis dos diversos Estados".

18. 17 U.S. (4 Wheat.) 316 (1819). Esta decisão, na qual a Corte considerou válida a criação de um banco nacional pelo Congresso (*Bank of the United States*) e inválida a tributação de suas atividades pelo Estado de Maryland, é mais conhecida pelo estabelecimento da denominada teoria dos poderes implícitos, pela qual é legítimo o desempenho pela União de competências que não estão expressas na Constituição, mas são necessárias e apropriadas para a realização dos fins nela estabelecidos.

19. 19 How. (60 U.S.) 393 (1857). Nesta decisão, a Suprema Corte estabeleceu que negros, ainda quando pudessem ser cidadãos à luz da legislação de algum Estado da Federação, não eram, todavia, cidadãos dos Estados Unidos e, consequentemente, não poderiam ajuizar ações perante juízos e tribunais federais. Afirmou, ainda, que o Congresso exorbitou de seus poderes e violou a propriedade privada ao proibir ou abolir a escravidão em determinadas áreas. A decisão trouxe imenso desprestígio para a Suprema Corte e somente foi superada após a Guerra Civil, com a aprovação das emendas 13 e 14 à Constituição. É considerada pelos estudiosos a pior decisão jamais proferida pela Suprema Corte (v. Kermit L. Hall [editor], *The Oxford guide to United States Supreme Court decisions*, 1999, p. 278).

III — O FENÔMENO DA INCONSTITUCIONALIDADE[20]

Uma das grandes *descobertas* do pensamento moderno foi a Constituição, entendida como lei superior, vinculante até mesmo para o legislador[21]. A supremacia da Constituição se irradia sobre todas as pessoas, públicas ou privadas, submetidas à ordem jurídica nela fundada. Sem embargo, a teoria da inconstitucionalidade foi desenvolvida levando em conta, destacadamente, os atos emanados dos órgãos de poder e, portanto, públicos por natureza. As condutas privadas violadoras da Constituição são igualmente sancionadas, mas por via de instrumentos diversos dos que são aqui considerados[22].

A Constituição, como norma fundamental do sistema jurídico, regula o modo de produção das leis e demais atos normativos e impõe balizamentos a seu conteúdo. A contrariedade a esses mandamentos deflagra os mecanismos de controle de constitucionalidade aqui estudados. Cabe indagar: um ato inconstitucional é inexistente, inválido ou ineficaz? Ou é tudo isso, simultaneamente? O domínio adequado desses conceitos e a uniformização da terminologia, nem que seja por mera convenção, ajudam a superar dificuldades aparentes e reduzem os problemas a sua dimensão real[23].

---

20. Hans Kelsen, *Teoria pura do direito,* 1979; Eduardo García de Enterría, *La constitución como norma y el tribunal constitucional,* 1985; Pontes de Miranda, *Tratado de direito privado,* t. 1, 1954, e t. 4, 1970; Miguel Reale, *Filosofia do direito,* 2002; *Lições preliminares de direito,* 2002; *Teoria tridimensional do direito,* 1968; Antonio Junqueira de Azevedo, *Negócio jurídico: existência, validade e eficácia,* 2002; Oswaldo Aranha Bandeira de Mello, *Princípios gerais de direito administrativo,* 1979; Regina Maria Macedo Nery Ferrari, *Efeitos da declaração de inconstitucionalidade,* 1999; Luís Roberto Barroso, *O direito constitucional e a efetividade de suas normas,* 2003; Daniel Sarmento, A eficácia temporal das decisões no controle de constitucionalidade, in *O controle de constitucionalidade e a Lei 9.868/99,* 2001.

21. Mauro Cappelletti, *O controle judicial da constitucionalidade das leis no direito comparado,* 1984, p. 10.

22. V. Jorge Miranda, *Manual de direito constitucional,* t. 6, 2001, p. 10: "Não é inconstitucionalidade qualquer desconformidade com a Constituição, visto que também os particulares, ao agirem na sua vida quotidiana, podem contradizer ou infringir a Constituição ou os valores nela inseridos. Não é inconstitucionalidade a violação de direitos, liberdades e garantias por entidades privadas, a eles também vinculadas, e nem sequer a ofensa de normas constitucionais por cidadãos em relações jurídico-públicas. Estas violações podem ser relevantes no plano do direito constitucional; o seu regime é, no entanto, naturalmente diverso dos regimes específicos, a que estão sujeitas as leis e outros atos do Estado".

23. Na aguda observação de Sampaio Dória, *Curso de direito constitucional,* v. 1, 1946, Prefácio: "Os homens dissentem mais em virtude da equivocidade da linguagem que usem, do que pelas concepções que tenham das realidades em si".

1. Existência, validade e eficácia dos atos jurídicos e das leis

A função social do Direito é a disciplina da vida social, com base em valores e fins legitimamente estabelecidos. O constituinte, o legislador e, em certos casos, o administrador submetem à normatividade do Direito determinados fatos humanos e naturais, transformando-os em fatos jurídicos. Os fatos jurídicos resultantes de uma manifestação de vontade denominam-se *atos jurídicos*. É nessa categoria que se inserem as normas jurídicas, que são atos emanados dos órgãos constitucionalmente autorizados, tendo por fim criar ou modificar as situações nelas contempladas.

Os atos jurídicos em geral, e as normas jurídicas especificamente, comportam análise em três planos distintos e inconfundíveis: o de sua *existência*, o de sua *validade* e o de sua *eficácia*. Por força de infindáveis controvérsias havidas no âmbito do direito civil, essas categorias, que integram na verdade a teoria geral do Direito, não foram plenamente exploradas pelo direito público. Nada obstante, notadamente em tema de inconstitucionalidade, sua valia é inestimável.

1.1. O plano da existência[24]

Como já se viu, nem todos os fatos da vida são relevantes para o Direito. Apenas alguns deles, pelo fenômeno da juridicização, passam do mundo dos fatos para o mundo jurídico. A *existência* de um ato jurídico — que pressupõe, naturalmente, uma manifestação no mundo dos fatos — verifica-se quando nele estão presentes os elementos constitutivos definidos pela lei como causa eficiente de sua incidência[25]. É possível distinguir, dentre esses elementos, os que se poderiam dizer *comuns*, porque indispensáveis a qualquer ato jurídico (como agente, objeto e forma), e os que são *específicos* de determinada categoria de atos[26].

A ausência, deficiência ou insuficiência dos elementos que constituem pressupostos materiais de incidência da norma impedem o ingresso do ato

---

24. Sobre o tema, v. Marcos Bernardes de Mello, *Teoria do fato jurídico — plano da existência*, 2003.

25. A cogitação dos atos jurídicos no plano de sua existência foi imaginada por Zacchariae, divulgada por Aubry e Rau e desenvolvida pela doutrina francesa e italiana, sob a crítica, que se afigura improcedente, de sua desnecessidade, formulada pelos que equiparam a inexistência à nulidade, como Mazeaud e Mazeaud (v. Caio Mário da Silva Pereira, *Instituições de direito civil*, v. 1, 1974, p. 556 e s.).

26. V. Sérgio de Andréa Ferreira, Invalidade de norma, *RDP*, 57:58, 1981, p. 150 e s.

no mundo jurídico. Será, por via de consequência, um ato inexistente, do qual o Direito só se ocupará para repeli-lo adequadamente, se necessário. Seria inexistente, por exemplo, uma "lei" que não houvesse resultado de aprovação da casa legislativa, por ausente a manifestação de vontade apta a fazê-la ingressar no mundo jurídico.

1.2. O plano da validade

Existindo o ato, pela presença de seus elementos constitutivos, sujeita-se ele a um segundo momento de apreciação, que é a verificação de sua *validade*. Aqui, cuida-se de constatar se os elementos do ato preenchem os atributos, os requisitos que a lei lhes acostou para que sejam recebidos como atos dotados de perfeição. Não basta, por exemplo, para a prática de um ato administrativo, que exista o *elemento* agente público. De tal agente exige-se algo mais, um *atributo*: que seja competente. Por igual, exteriorizado o ato, estará presente a *forma*. Mas esta há de subsumir-se à prescrição legal: verbal ou escrita, pública ou privada, conforme o caso. E, ainda, não é suficiente que o ato tenha um determinado *objeto,* pois este tem de ser lícito e possível.

Em síntese: se estiverem presentes os elementos agente, forma e objeto, suficientes à incidência da lei, o ato será *existente*. Se, além disso, estiverem presentes os requisitos competência, forma adequada e licitude-possibilidade, o ato, que já existe, será também *válido*. A ausência de algum dos requisitos conduz à invalidade do ato, à qual o ordenamento jurídico, considerando a maior ou menor gravidade da violação, comina as sanções de nulidade e anulabilidade.

Dentro da ordem de ideias aqui expostas, uma lei que contrarie a Constituição, por vício formal ou material, não é *inexistente*. Ela ingressou no mundo jurídico e, em muitos casos, terá tido aplicação efetiva, gerando situações que terão de ser recompostas. Norma inconstitucional é norma *inválida,* por desconformidade com o regramento superior, por desatender os requisitos impostos pela norma maior. Atente-se que validade, no sentido aqui empregado, não se confunde com validade técnico-formal, que designa a *vigência* de uma norma, isto é, sua existência jurídica e aplicabilidade[27].

---

27. Para o emprego do termo *validade* em acepções diversas, v. Miguel Reale, *Lições preliminares de direito*, 1990, p. 105: "A validade de uma norma de direito pode ser vista sob três aspectos: o da validade formal ou técnico-jurídica (*vigência*), o da validade social

1.3. O plano da eficácia[28]

A *eficácia* dos atos jurídicos consiste em sua aptidão para a produção de efeitos, para a irradiação das consequências que lhe são próprias. Eficaz é o ato idôneo para atingir a finalidade para a qual foi gerado. Tratando-se de uma norma, a eficácia jurídica designa a qualidade de produzir, em maior ou menor grau, seu efeito *típico*[29], que é o de regular as situações nela indicadas. Eficácia diz respeito, assim, à aplicabilidade, exigibilidade ou executoriedade da norma[30].

A inconstitucionalidade, portanto, constitui vício aferido no plano da validade. Reconhecida a invalidade, tal fato se projeta para o plano seguinte, que é o da eficácia: norma inconstitucional não deve ser aplicada. Veja-se um exemplo ilustrativo. Suponha-se que a Assembleia Legislativa de um Estado da Federação aprove um projeto de lei definindo um tipo penal específico de "pichação de bem público", cominando pena de detenção. No momento em que o Governador do Estado sancionar o projeto aprovado, a lei passará a existir. A partir de sua publicação no Diário Oficial, ela estará em vigor e será, em tese, eficaz. Mas a lei é inválida, porque flagrantemente inconstitucional: os Estados-membros não podem legislar sobre direito penal (CF, art. 22, I). Tal circunstância deverá ser reconhecida por juízes e tribunais, que, diante da invalidade da norma, deverão negar-lhe aplicação e eficácia.

Conforme a modalidade de controle de que se esteja tratando (v., *infra*), a ineficácia se dará apenas em relação às partes do processo ou a todas as pessoas indistintamente. E o que acontece com a lei, no plano da existência? No sistema brasileiro, a exemplo do modelo americano, a lei declarada

---

(*eficácia ou efetividade*) e o da validade ética (*fundamento*)". E ainda: "Note-se que, na terminologia brasileira, *vigência* equivale a validade técnico-formal, enquanto que os juristas de fala espanhola empregam aquele termo como sinônimo de *eficácia*. Faço esta observação porque essa diferença essencial de significado tem dado lugar a lamentáveis confusões".

28. Sobre o tema, v. Marcos Bernardes de Mello, *Teoria do fato jurídico — plano da eficácia*, 1ª parte, 2003.

29. Flávio Bauer Novelli, A eficácia do ato administrativo, *RDA, 60*:16, 1960, p. 21: "Para distinguir o efeito através do qual se cumpre a função específica do ato (ou fato), de outros e diversos efeitos jurídicos que o mesmo pode produzir, chama-se ao primeiro efeito final, típico, principal ou definitivo".

30. José Afonso da Silva, *Aplicabilidade das normas constitucionais*, 1999, p. 66.

inconstitucional pelo Supremo Tribunal Federal — seja em ação direta, seja incidentalmente, com a subsequente suspensão pelo Senado Federal — não deverá mais ser aplicada, mas não há um ato formal que a elimine do mundo jurídico. Embora ela passe a ser letra morta, não é retirada expressamente de vigência.

O reconhecimento da inconstitucionalidade de uma norma não se confunde, quer em suas causas, quer em seus efeitos, com sua *revogação*. A revogação consiste na retirada de uma norma do mundo jurídico, operando, portanto, no plano da existência dos atos jurídicos[31]. Como regra, decorrerá de nova manifestação de vontade do próprio órgão que a havia editado, e seus efeitos somente se produzem para o futuro, *ex nunc*. A declaração de inconstitucionalidade, ao revés, é competência *judicial*, e, de ordinário, seus efeitos serão retroativos.

2. Nulidade da norma inconstitucional

Nenhum ato legislativo contrário à Constituição pode ser válido. E a falta de validade traz como consequência a nulidade ou a anulabilidade[32]. No caso da lei inconstitucional, aplica-se a sanção mais grave, que é a de nulidade. Ato inconstitucional é ato nulo de pleno direito. Tal doutrina já vinha proclamada no *Federalista*[33] e foi acolhida por Marshall, em *Marbury v. Madison*:

"Assim, a particular linguagem da constituição dos Estados Unidos confirma e reforça o princípio, que se supõe essencial a

---

31. A revogação de uma lei, por ato do Congresso (ou de um regulamento, pelo Chefe do Executivo), dá-se em função de um juízo de conveniência e oportunidade, no exercício de competência discricionária. Sobre a revogação de leis, dispõe o § 1º do art. 2º da Lei de Introdução às normas do Direito Brasileiro: "A lei posterior revoga a anterior quando expressamente o declare, quando seja com ela incompatível ou quando regule inteiramente a matéria de que tratava a lei anterior".

32. Sobre a distinção entre nulidade e anulabilidade, v. Pontes de Miranda, *Tratado de direito* privado, t. 4, 1954, p. 29-30.

33. Hamilton, Madison e Jay, *The Federalist papers*, selecionados e editados do original por Roy Fairfield, 1981. No Federalista n. 78, de autoria de Alexander Hamilton, lia-se: "Alguma perplexidade quanto ao poder dos tribunais de pronunciar a nulidade de atos legislativos contrários à constituição tem surgido (...). Nenhum ato contrário à constituição pode ser válido".

todas as constituições escritas, de que uma lei contrária à constituição é nula"[34].

A lógica do raciocínio é irrefutável. Se a Constituição é a lei suprema, admitir a aplicação de uma lei com ela incompatível é violar sua supremacia. Se uma lei inconstitucional puder reger dada situação e produzir efeitos regulares e válidos, isso representaria a negativa de vigência da Constituição naquele mesmo período, em relação àquela matéria. A teoria constitucional não poderia conviver com essa contradição sem sacrificar o postulado sobre o qual se assenta. Daí por que a inconstitucionalidade deve ser tida como uma forma de nulidade, conceito que denuncia o vício de origem e a impossibilidade de convalidação do ato[35].

Corolário natural da teoria da nulidade é que a decisão que reconhece a inconstitucionalidade tem caráter declaratório — e não constitutivo —, limitando-se a reconhecer uma situação preexistente. Como consequência, seus efeitos se produzem retroativamente, colhendo a lei desde o momento de sua entrada no mundo jurídico. Disso resulta que, como regra, não serão admitidos efeitos válidos à lei inconstitucional, devendo todas as relações jurídicas constituídas com base nela voltar ao *status quo ante*. Na prática, como se verá mais à frente, algumas situações se tornam irreversíveis e exigem um tratamento peculiar, mas têm caráter excepcional.

A tese de que norma inconstitucional é nula prevaleceu nos Estados Unidos, embora tenha sofrido algumas atenuações a partir dos anos 60 do século passado[36]. Foi acolhida, ademais, em praticamente todos os países que adotaram o modelo de controle judicial de constitucionalidade, sem

---

34. 5 U.S (1 Cranch) 137 (1803).

35. Em sentido contrário, embora atenuado, v. Gilmar Ferreira Mendes, *O controle de constitucionalidade*, 1990, p. 19: "O dogma da nulidade não constitui postulado lógico- -jurídico de índole obrigatória, comportando soluções intermediárias, nos termos consagrados pelo ordenamento jurídico".

36. Nos Estados Unidos, a Suprema Corte, a partir da década de 60, passou a admitir exceções à regra da retroatividade, tanto em casos criminais (e.g., *Linkletter v. Walker*, 381 U.S. 618 [1965]) como em casos cíveis (*Chevron Oil v. Huson*, 404 U.S. 97 [1971]). Em julgados posteriores, como *Griffith v. Kentucky*, 479 U.S. 314 (1987), e *Harper v. Virginia Department of Taxation*, 509 U.S. 86 (1993), a Corte sinalizou com a volta a uma postura mais ortodoxa em tema de retroatividade. V., sobre o tema, Laurence Tribe, *American constitutional law*, 2000, p. 218 e s. Em português, Daniel Sarmento, A eficácia temporal das decisões no controle de constitucionalidade, in *O controle de constitucionalidade e a Lei 9.868/99*, p. 112-14.

embargo da previsão expressa ou tácita de uma ou outra exceção, como em Portugal[37], Espanha[38], Alemanha[39] e Itália[40]. Somente na Áustria, fiel à

---

37. Em Portugal, o art. 282.1 da Constituição prevê: "A declaração de inconstitucionalidade ou de ilegalidade com força obrigatória geral produz efeitos desde a entrada em vigor da norma declarada inconstitucional ou ilegal e determina a repristinação das normas que ela, eventualmente, haja revogado". Mas há um temperamento, contemplado no art. 282.4: "Quando a segurança jurídica, razões de equidade ou interesse público de excepcional relevo, que deverá ser fundamentado, o exigirem, poderá o Tribunal Constitucional fixar os efeitos da inconstitucionalidade ou da ilegalidade com alcance mais restrito do que o previsto nos n. 1 e 2". Sobre a jurisdição constitucional em Portugal, v. Jorge Miranda, *Manual de direito constitucional*, t. 6 (Inconstitucionalidade e garantia da constituição), 2001.

38. Na Espanha, o art. 116, *a*, ressalvou da retroatividade os efeitos decorrentes de decisões judiciais anteriores já transitadas em julgado. A jurisprudência tem estendido a exceção a outros casos. Sobre a jurisdição constitucional na Espanha, v. Francisco Fernández Segado, La jurisdicción constitucional en España, in D. García Belaunde e F. Fernández Segado (coords.), *La jurisdicción constitucional en Iberoamerica*, 1997.

39. Na Alemanha, a Lei Orgânica da Corte Constitucional prevê a figura da declaração de inconstitucionalidade sem pronúncia de nulidade (v., *infra*), pela qual se reconhece a ilegitimidade constitucional, gerando para o legislador o dever de tomar medidas para superar o estado de inconstitucionalidade. Sobre jurisdição constitucional na Alemanha, v. Gilmar Ferreira Mendes, *Jurisdição constitucional*, 1999; e Peter Häberle, El recurso de amparo en el sistema germano-federal de jurisdicción constitucional, in D. García Belaunde e F. Fernández Segado (coords.), *La jurisdicción constitucional en Iberoamerica*, 1997.

40. Na Itália, tanto o advento da coisa julgada como o decurso dos prazos de decadência e prescrição limitam os efeitos retroativos da decisão declaratória de inconstitucionalidade. V. Temistocle Martines, *Diritto costituzionale*, 1986, p. 571-6: "Ocorre adesso chiedersi sino a che punto si estende l´efficacia retroattiva della sentenza o, il che è lo stesso, la disapplicazione della legge costituzionalmente illegitima. Sembra, al riguardo, che il punto d´arresto sia dato dai rapporti già regolati in via definitiva dalla legge incostituzionale, quali sono quelli disciplinati da sentenze passate in giudicato o da atti amministrativi che siano definitivi, ovvero ancora dai rapporti per i quali siano decorsi i termini di prescrizione o di decadenza; con una sola eccezione, che è quella prevista nell´art. 30, comma IV, legge n. 87 del 1953, a norma del quale 'Quando in applicazione della norma dichiriata incostituzionale è stata pronunciata sentenza irrevocabili di condanna, ne cessano la esecuzione e tutti gli effeti penali'" (É preciso, agora, indagar até que ponto se estende a eficácia retroativa da sentença ou, o que é o mesmo, a desaplicação da lei constitucionalmente ilegítima. Parece que o ponto de inflexão é dado pelas relações já reguladas de forma definitiva pela lei inconstitucional, tais como as disciplinadas por sentenças passadas em julgado ou por atos administrativos que se hajam tornado definitivos, ou mesmo, ainda, pelas relações para as quais tenham decorrido os prazos de prescrição ou de decadência; com uma única exceção, que é a prevista no art. 30, inciso IV, da Lei n. 87 de 1953, por força do qual "Quando, por aplicação da norma declarada inconstitucional, foi proferida uma sentença condenatória irrecorrível, extinguem-se-lhe a execução e todos os efeitos penais" — tradução livre).

doutrina de Kelsen (v., *infra*), prevaleceu o entendimento de que a lei inconstitucional é meramente *anulável*, de modo que a decisão que reconhece tal situação tem efeito constitutivo e, como regra, efeitos prospectivos, isto é, *ex nunc*.

A teoria da nulidade da norma inconstitucional foi amplamente acolhida no Direito brasileiro desde o início da República, quando Ruy Barbosa averbou que "toda medida legislativa, ou executiva, que desrespeitar precedentes constitucionais, é, de sua essência, nula"[41]. Na mesma linha seguiram os autores de textos clássicos sobre o tema — como Francisco Campos[42], Alfredo Buzaid[43], Castro Nunes[44] e Lúcio Bittencourt[45] —, em substancial reprodução da doutrina americana na matéria. Esse é o entendimento que prevalece ainda hoje, mas que já não é absoluto. Ao longo do tempo, a jurisprudência do Supremo Tribunal Federal fez alguns temperamentos à aplicação rígida da tese, e, já agora, a Lei n. 9.868, de 10 de novembro de 1999, ampliou a competência discricionária da Corte relativamente à pronúncia de nulidade e o consequente caráter retroativo da decisão. A questão voltará a ser tratada logo à frente.

---

41. Ruy Barbosa, *Os actos inconstitucionaes do Congresso e do Executivo ante a justiça federal*, 1893, p. 47.

42. Francisco Campos, *Direito constitucional*, v. 1, 1956, p. 430-1: "Um ato ou uma lei inconstitucional é um ato ou uma lei inexistente; uma lei inconstitucional é lei apenas aparentemente, pois que, de fato ou na realidade, não o é. O ato ou lei inconstitucional nenhum efeito produz, pois que inexiste de direito ou é para o direito como se nunca houvesse existido". Note-se o emprego impróprio, à luz da terminologia vigente, da expressão lei *inexistente*, quando a aplicável seria lei *inválida*.

43. Alfredo Buzaid, *Da ação de declaração de inconstitucionalidade no direito brasileiro*, 1958, p. 132: "Lei inconstitucional é, portanto, lei inválida, lei absolutamente nula. A sentença, que decreta a inconstitucionalidade, é predominantemente *declaratória*, não predominantemente *constitutiva*. A nulidade fere-a *ab initio*. Embora executória até o pronunciamento definitivo do poder judiciário, a sentença retroage os seus efeitos até o berço da lei, valendo, pois, *ex tunc*".

44. José de Castro Nunes, *Teoria e prática do Poder Judiciário*, 1943, p. 588-9.

45. Lúcio Bittencourt, *O controle jurisdicional da constitucionalidade das leis*, 1997, p. 131: "A inconstitucionalidade da lei, uma vez reconhecida e declarada pelos tribunais, tem como consequência necessária ou a sua *revogação*, ou a sua *inexistência*, ou a sua *ineficácia*". Na terminologia de Lúcio Bittencourt, dava-se a revogação na hipótese de lei anterior à Constituição e com ela incompatível; a inexistência quando a lei não observasse as formalidades do processo legislativo; e a ineficácia quando a lei fosse incompatível com a Constituição. Neste último caso, sustentava que os tribunais deviam *desconhecê-las*.

3. *Kelsen v. Marshall*: a tese da anulabilidade da norma inconstitucional

Hans Kelsen foi o introdutor do controle de constitucionalidade na Europa, através da Constituição da Áustria, em 1920, aperfeiçoado com a reforma constitucional de 1929. Professava ele uma visão doutrinária bem diversa daquela que prevaleceu nos Estados Unidos com a instituição do *judicial review*. O assunto é tratado em mais detalhes adiante, mas cumpre destacar que, para Kelsen, o controle de constitucionalidade não seria propriamente uma atividade judicial, mas uma função constitucional, que melhor se caracterizaria como atividade legislativa negativa. Idealizador do controle concentrado em um tribunal constitucional, considerava que a lei inconstitucional era válida até que uma decisão da corte viesse a pronunciar sua inconstitucionalidade. Antes disso, juízes e tribunais não poderiam deixar de aplicá-la. Após a decisão da corte constitucional, a lei seria retirada do mundo jurídico.

Por essa linha de entendimento, a lei inconstitucional não seria nula, mas meramente anulável. Vale dizer: a inconstitucionalidade não geraria uma nulidade, mas tão somente a anulabilidade do ato. Como consequência, a decisão que a reconhecesse teria natureza *constitutiva negativa* e produziria apenas efeitos *ex nunc*, sem retroagir ao momento de nascimento da lei. Citando Volpe, García de Enterría procura demonstrar uma razão histórica para a posição restritiva da atuação do Judiciário: Kelsen queria com isso evitar um *governo de juízes*, numa época em que havia certa *revolta dos juízes* contra a lei. O mundo germânico vivia a influência de algumas posições românticas, como as da *Escola livre do direito* e da *Jurisprudência livre*. Proibindo os juízes de deixar de aplicar as leis, procurava submeter a jurisdição à legislação e à primazia do Parlamento[46].

A tese da anulabilidade da lei inconstitucional e do caráter constitutivo negativo da decisão que reconhece a inconstitucionalidade não teve adesão expressiva da doutrina nem dos ordenamentos positivos. Exceto pela Áustria, tal formulação não prevaleceu nem mesmo na Alemanha, tampouco nos demais países da Europa. No Brasil, foi defendida com brilho por Regina Macedo Nery Ferrari[47], em sede doutrinária, e pelo Ministro Leitão

---

46. Eduardo García de Enterría, *La constitución como norma y el tribunal constitucional*, 1991, p. 57-9.

47. Regina Maria Macedo Nery Ferrari, *Efeitos da declaração de inconstitucionalidade*, 1999, p. 275: "A norma constitucional é simplesmente anulável, visto que esta qualidade lhe é imposta por um órgão competente, conforme o ordenamento jurídico, e que

de Abreu, em voto vencido proferido no Supremo Tribunal Federal[48]. É inegável, porém, que a teoria da nulidade da lei inconstitucional, conquanto vencedora, teve de fazer concessões e abrir exceções.

4. Algumas atenuações à teoria da inconstitucionalidade como nulidade

Como visto, prevalece no Brasil, em sede doutrinária e jurisprudencial, com chancela do Supremo Tribunal Federal, o entendimento de que lei inconstitucional é nula de pleno direito e que a decisão de inconstitucionalidade tem eficácia retroativa, restando inválidos todos os atos praticados com base na lei impugnada[49]. A Constituição brasileira não contempla a possibilidade, admitida expressamente na Carta portuguesa, de limitação dos efeitos retroativos da decisão de inconstitucionalidade (v., *supra*). E, assim, como regra geral, os tribunais permaneceram fiéis ao dogma da nulidade da lei inconstitucional.

---

opera, eficaz e normalmente, como qualquer disposição normativa válida até a decretação de sua inconstitucionalidade. Em decorrência disso, a sentença que declara a inconstitucionalidade é do tipo constitutiva (...)". A posição já era defendida por Pontes de Miranda (*Comentários à Constituição de 1967, com a Emenda n. 1, de 1969*, 1970, p. 621): "A Constituição de 1934, no art. 179, criou a exigência da maioria absoluta dos juízes, para que a decisão pudesse ser favorável à alegação de inconstitucionalidade. Seguiu-lhe a trilha a de 1946, art. 200; e agora a de 1967, art. 116. Seria estranhamente desproposital que tão suntuoso julgamento fosse necessário a simples *statement of fact*. Os três artigos, o de 1934, o de 1946 e o de 1967, mostram que se tem por lei a lei contrária à Constituição: ela é, posto que *nulamente* seja. A decisão que negasse a inconstitucionalidade arguida seria declarativa; a que afirmasse, não: desconstituiria; é como qualquer decisão que, a respeito de negócio jurídico nulo para A, ou B, decreta a nulidade". José Afonso da Silva também parece sustentar a natureza constitutiva da sentença de inconstitucionalidade. V. *Curso de direito constitucional positivo*, 2001, p. 53.

48. *RTJ*, 82:791, 1977, RE 79.343-BA, rel. Min. Leitão de Abreu: "Acertado se me afigura, também, o entendimento de que se não deve ter como nulo *ab initio* ato legislativo, que entrou no mundo jurídico munido de presunção de validade, impondo-se, em razão disso, enquanto não declarado inconstitucional, à obediência pelos destinatários dos seus comandos. Razoável é a inteligência, a meu ver, de que se cuida, em verdade, de ato anulável, possuindo caráter constitutivo a decisão que decreta a nulidade".

49. *DJU*, 2 abr. 1993, QO na ADIn 652-MA, rel. Min. Celso de Mello: "A declaração de inconstitucionalidade de uma lei alcança, inclusive, os atos pretéritos com base nela praticados, visto que o reconhecimento desse supremo vício jurídico, que inquina de total nulidade os atos emanados do Poder Público, desampara as situações constituídas sob a sua égide e inibe — ante a sua inaptidão para produzir efeitos jurídicos válidos — a possibilidade de invocação de qualquer direito". Vejam-se, também: *RDA, 181-2*:119, 1990; *RTJ, 98*:758, 1981, *97*:1369, 1981, *91*:407, 1980.

A vida, contudo, na aguda observação de Clèmerson Merlin Clève, é muito mais rica e complexa que a melhor das teorias. Foi inevitável, assim, que em algumas hipóteses excepcionais se admitisse o temperamento da regra geral, suprimindo ou atenuando o caráter retroativo do pronunciamento de inconstitucionalidade, em nome de valores como boa-fé, justiça e segurança jurídica. Vejam-se alguns exemplos, colhidos em decisões do próprio Supremo Tribunal Federal ou em manifestações bem fundadas da doutrina:

a) Em nome da boa-fé de terceiros e da teoria da aparência, o STF deixou de invalidar atos praticados por funcionário investido em cargo público com base em lei que veio a ser declarada inconstitucional[50].

b) Em nome da irredutibilidade de vencimentos, o STF pronunciou-se, relativamente à remuneração indevida percebida por servidores públicos (magistrados), no sentido de que a "retribuição declarada inconstitucional não é de ser devolvida no período de validade inquestionada da lei declarada inconstitucional — mas tampouco paga após a declaração de inconstitucionalidade"[51].

c) Em nome da proteção à coisa julgada, há consenso doutrinário em que a declaração de inconstitucionalidade, com eficácia *erga omnes*, não desconstitui automaticamente a decisão baseada na lei que veio a ser invalidada e que transitou em julgado, sendo cabível ação rescisória, se ainda não decorrido o prazo legal. Caso se tenha operado a decadência para a rescisão, já não será possível desfazer o julgado[52].

---

50. *RTJ, 100*:1086, 1982, RE 78.533-SP, rel. Min. Decio Miranda. A hipótese referia-se à validade de uma penhora realizada por oficial de justiça cuja nomeação fora feita com fundamento em lei posteriormente declarada inconstitucional.

51. *DJU*, 8 abr. 1994, RE 122.202, rel. Min. Francisco Rezek. Para uma fundamentada crítica a essa decisão, v. Gilmar Ferreira Mendes, *Direitos fundamentais e controle de constitucionalidade*, 1998, p. 405 e s., especialmente p. 418-9.

52. V. Gilmar Ferreira Mendes, *Controle de constitucionalidade: aspectos jurídicos e políticos*, 1990, p. 280; Clèmerson Merlin Clève, *A fiscalização abstrata de constitucionalidade no direito brasileiro*, 2000, p. 252; Daniel Sarmento, A eficácia temporal das decisões no controle de constitucionalidade, in *O controle de constitucionalidade e a Lei 9.868/99*, p. 115. V., sobre o tema, interessante trabalho de *Gustavo Tepedino*, Dos efeitos retroativos da declaração incidental de inconstitucionalidade e a coisa julgada em favor da Fazenda Pública, in *Temas de direito civil*, 1999. E também: Cármen Lúcia Antunes Rocha, *Constituição e constitucionalidade*, 1991, p. 198 e s.; e Sacha Calmon Navarro Coêlho, Da impossibilidade jurídica de ação rescisória de decisão anterior à declaração de inconstitucionalidade pelo Supremo Tribunal Federal no direito tributário, *RT-CDTFP, 15*:200, 1996.

d) Em nome da vedação do enriquecimento sem causa, se a Administração tiver se beneficiado de uma relação jurídica com o particular, mesmo que ela venha a ser tida por inválida, se não houver ocorrido má-fé do administrado, faz ele jus à indenização correspondente[53].

Outras técnicas de declaração da inconstitucionalidade que não importam em nulidade da norma, bastante incorporadas ao direito brasileiro, são a interpretação conforme a Constituição, a declaração de inconstitucionalidade sem redução de texto[54], a declaração de incompatibilidade sem a pronúncia de nulidade, a declaração de norma ainda constitucional em trânsito para a inconstitucionalidade e o apelo ao legislador[55]. Mais recentemente passou-se a aludir, ainda, às decisões manipulativas aditivas e substitutivas. Essas construções serão comentadas adiante (v., *infra*). A doutrina tem admitido, ainda, a hipótese de inconstitucionalidade superveniente[56], resultante de alteração na jurisprudência[57] ou da mudança substan-

---

53. Hipótese formulada por Clèmerson Merlin Clève, com base em Celso Antônio Bandeira de Mello, O princípio do enriquecimento sem causa em direito administrativo, *RDA*, *210*:25, 1997, p. 33.

54. Veja-se, mais à frente, a referência à superposição e autonomia dessas duas técnicas. V. Gilmar Ferreira Mendes, *Jurisdição constitucional*, 1999, p. 278. Há precedentes, no Supremo Tribunal Federal, de ações diretas julgadas parcialmente procedentes para, sem redução de texto, dar interpretação conforme à Constituição a dispositivos de lei (ADIns 1371-DF e 1377-DF). Na ADIn 939-DF (*DJU*, 18 mar. 1994, rel. Min. Sydney Sanches), na qual se apreciou a constitucionalidade do IPMF, o STF assim decidiu: "Em consequência, é inconstitucional também a LC 77, de 13.07.93, sem redução de textos, nos pontos em que determinou a incidência do tributo no mesmo ano (art. 28) e deixou de reconhecer as imunidades previstas no art. 150, VI, *a, b, c* e *d* da CF (arts. 3º, 4º e 8º do mesmo diploma, LC 77/93)".

55. Clèmerson Merlin Clève, *A fiscalização abstrata de constitucionalidade no direito brasileiro*, p. 260 e s.; Gilmar Ferreira Mendes, *Jurisdição constitucional*, 1996, p. 202; Paulo Bonavides, *Curso de direito constitucional*, 1993, p. 262-71.

56. Não prevalece, à luz da jurisprudência consolidada do Supremo Tribunal Federal, a tese de que o advento de um novo texto constitucional ou de uma emenda acarretariam a inconstitucionalidade superveniente das normas preexistentes que fossem com eles incompatíveis. Prevalece, pacificamente, o entendimento de que o direito infraconstitucional anterior contrastante com a nova ordem constitucional fica revogado. V. Luís Roberto Barroso, *Interpretação e aplicação da Constituição*, 2003, p. 77 e s. Assinale-se, no entanto, que a disciplina jurídica da matéria passa a ser afetada pela Lei n. 9.882, de 3 de dezembro de 1999, que dispõe acerca da arguição de descumprimento de preceito fundamental e admite como seu objeto ato normativo anterior à Constituição (v., *infra*).

57. É o caso, por exemplo, da tendência jurisprudencial a admitir que companheiros do mesmo sexo possam ser dependentes um do outro para determinados fins, inclusive planos de saúde. Essa inteligência da ideia de igualdade, que não admite o tratamento diferenciado em razão da orientação sexual das pessoas, é fruto de uma interpretação evolutiva

cial das circunstâncias fáticas sobre as quais incidia a norma[58]. Também nesses casos os efeitos da decisão somente se produzem para o futuro.

Por ocasião da Assembleia Constituinte que elaborou a Constituição de 1988, foi apresentada proposta que permitiria ao Supremo Tribunal Federal determinar se a declaração de inconstitucionalidade em ação direta retroagiria ou não[59]. A ideia foi rejeitada. Durante o incipiente processo de revisão levado a efeito em 1994, procurou-se uma vez mais autorizar o Supremo Tribunal Federal a limitar os efeitos retroativos de suas decisões declaratórias de constitucionalidade[60]. Novamente sem sucesso.

Todavia, mais à frente, foi aprovada a Lei n. 9.868, de 10 de novembro de 1999, que dispôs sobre o processo e julgamento da ação direta de inconstitucionalidade e da ação declaratória de constitucionalidade perante o Supremo Tribunal Federal. Nela se permitiu, de forma expressa, pela primeira vez, a atenuação da teoria da nulidade do ato inconstitucional, admitindo-se, por

---

e não poderá ter efeito retroativo a período anterior à consolidação da nova percepção do alcance do princípio. Sobre interpretação evolutiva, v. Luís Roberto Barroso, *Interpretação e aplicação da Constituição*, 2003, p. 145 e s.; e Morton J. Horwitz, The constitution of change: legal fundamentality without fundamentalism, *Harvard Law Review, 107*:27, 1993.

58. V. Daniel Sarmento, A eficácia temporal das decisões no controle de constitucionalidade, in *O controle de constitucionalidade e a Lei 9.868/99*, p. 118 e s.; e Clèmerson Merlin Clève, *A fiscalização abstrata no direito brasileiro*, 2000, p. 257. Precedente interessante acerca da influência da situação de fato e sua eventual alteração na aferição da constitucionalidade da norma colhe-se no RE 147.776-SP (*DJU*, 19 jun. 1998), no qual se discutiu a legitimidade da atuação do Ministério Público para promover a ação de reparação de dano *ex delicto* em favor da parte hipossuficiente. O acórdão, relatado pelo Min. Sepúlveda Pertence, consignou: "No contexto da Constituição de 1988, a atribuição anteriormente dada ao MP pelo art. 68 C. Pr. Penal — constituindo modalidade de assistência judiciária — deve reputar-se transferida para a Defensoria Pública: essa, porém, para este fim, só se pode considerar existente, onde e quando organizada, de direito e de fato, nos moldes do art. 134 da própria Constituição e da lei complementar por ela ordenada: até que — na União ou em cada Estado considerado — se implemente esta condição de viabilização da cogitada transferência constitucional de atribuições, o art. 68 C. Pr. Penal será considerado ainda vigente".

59. A proposta, apresentada pelo então Senador Maurício Corrêa, tinha a seguinte dicção para o art. 127, § 2º: "Quando o Supremo Tribunal Federal declarar a inconstitucionalidade, em tese, de norma legal ou ato normativo, determinará se eles perderão a eficácia desde a sua entrada em vigor, ou a partir da publicação da decisão declaratória". V. Gilmar Ferreira Mendes, *Jurisdição constitucional*, 1999, p. 263.

60. Relator do processo de revisão, o então Deputado Nelson Jobim apresentou proposta de acréscimo de um § 5º ao art. 103, do seguinte teor: "§ 5º Quando o Supremo Tribunal Federal declarar a inconstitucionalidade, em tese, de lei ou ato normativo, poderá determinar, por maioria de dois terços de seus membros, a perda de sua eficácia a partir do trânsito em julgado da decisão". V. Zeno Veloso, *Controle jurisdicional de constitucionalidade*, 1999, p. 210.

exceção, que a declaração de inconstitucionalidade não retroagisse ao início de vigência da lei. O art. 27 do novo diploma assim dispôs:

"Art. 27. Ao declarar a inconstitucionalidade de lei ou ato normativo, e tendo em vista razões de segurança jurídica ou de excepcional interesse social, poderá o Supremo Tribunal Federal, por maioria de dois terços de seus membros, restringir os efeitos daquela declaração ou decidir que ela só tenha eficácia a partir de seu trânsito em julgado ou de outro momento que venha a ser fixado".

O dispositivo enfrentou críticas quanto a sua conveniência e oportunidade[61], assim como objeções relativamente a sua constitucionalidade[62]. Argumentou-se, contrariamente à sua introdução, que a orientação do Supremo Tribunal Federal, até então, era a de reconhecer hierarquia constitucional ao postulado da nulidade da lei inconstitucional[63], o que exigiria uma emenda à Constituição para introduzir a novidade. Em suporte da tese, aliás, é possível invocar as duas tentativas, noticiadas acima, de inserção no texto constitucional de norma que visava objetivo análogo ao do art. 27 transcrito. Se a providência pudesse ser tomada no plano infraconstitucional, tornar-se-ia difícil justificar que se tivesse optado pela via mais complexa da previsão no texto da própria Constituição. A discussão, todavia, comporta diversas sutilezas e complexidades que serão examinadas por ocasião do estudo da eficácia temporal da declaração de inconstitucionalidade.

---

61. Aqui cabe um registro pessoal. Havendo participado da comissão constituída pelo Ministro da Justiça para elaboração do anteprojeto que resultou na Lei n. 9.868/99 — que trabalhou sobre um texto base elaborado pelo hoje Ministro Gilmar Mendes —, manifestei-me contra a inovação, em voto vencido. Três argumentos fundamentaram meu ponto de vista. O primeiro era este que venho de expor: parecia-me que a providência desejada exigia uma emenda à Constituição. O segundo: o STF já administrava satisfatoriamente o problema, atenuando o rigor da teoria da nulidade nas hipóteses em que ela produzia resultados colidentes com outros valores constitucionais. Em terceiro lugar, o temor, que no Brasil não é infundado, de que as exceções virem regra, manipuladas pelas "razões de Estado" ou pelo lastimável varejo político que ainda é a marca de um país em busca de amadurecimento.

62. V. ADIn 2.154-2, requerida pela Confederação Nacional das Profissões Liberais — CNPL, e ADIn 2.258-0, requerida pelo Conselho Federal da Ordem dos Advogados do Brasil, ambas da relatoria do Min. Sepúlveda Pertence. Embora o julgamento ainda não tenha acabado, já há maioria de 6 votos pela constitucionalidade do art. 27 da Lei n. 9.868/99, que dispôs sobre a modulação temporal. Vale ter em conta, ainda, que o instituto está consolidado na jurisprudência do Tribunal.

63. V. José Carlos Moreira Alves, A evolução do controle de constitucionalidade no Brasil, in Sálvio de Figueiredo Teixeira (coord.), *Garantias do cidadão na justiça*, 1993, p. 10; e Gilmar Ferreira Mendes, *Direitos fundamentais e controle de constitucionalidade*, 1998, p. 413.

No mérito, é respeitável a tese de que, por vezes, a produção de efeitos retroativos pode trazer consequências indesejadas pelo próprio texto constitucional. Mas a jurisprudência do Supremo Tribunal Federal já vinha tratando a questão de forma equilibrada e construtiva. Não havia necessidade de ato legislativo interferindo nesse mandato. Aliás, em testemunho da riqueza do universo da interpretação constitucional, é possível uma leitura singular e muito razoável do dispositivo, embora contrária ao legislador histórico (isto é, à *mens legislatoris*): a de que, na verdade, veio ele restringir a liberdade de ponderação até então exercida pelo Supremo Tribunal Federal, ao impor o *quorum* de dois terços de seus membros. Nesse caso, também caberia questionar se o legislador ordinário poderia impor condições para a ponderação de valores constitucionais.

Registre-se, a bem da verdade, que a providência contida no art. 27 da Lei n. 9.868/99 era reclamada por parte da doutrina[64], e, com efeito, a flexibilização do dogma da nulidade da lei inconstitucional foi saudada como positiva por juristas que nela viram a concessão de uma "margem de manobra" para o Judiciário ponderar interesses em disputa[65]. A inovação foi utilizada originalmente com moderação e prudência pelo Supremo Tribunal Federal, em hipóteses raras e excepcionais, que não provocaram maior reação[66], mas registra um uso crescente desde então.

IV — Espécies de inconstitucionalidade

A inconstitucionalidade de uma norma pode ser aferida com base em diferentes elementos ou critérios, que incluem o momento em que ela se verifica, o tipo de atuação estatal que a ocasionou, o procedimento de elaboração e o conteúdo da norma, dentre outros. Este tópico procura selecionar e sistematizar as categorias mais importantes de inconstitucionalidade.

---

64. V., por todos, Zeno Veloso, *Controle jurisdicional de constitucionalidade*, 1999, p. 210: "Temos a firme convicção de que é da maior necessidade, utilidade e importância que se preveja em nosso direito constitucional positivo a possibilidade de o STF, em casos excepcionais, e quando o exija o interesse público, estabelecer limites à eficácia da declaração de inconstitucionalidade, com as ressalvas que apresentamos".

65. V., por todos, Daniel Sarmento, A eficácia temporal das decisões no controle de constitucionalidade, in *O controle de constitucionalidade e a Lei 9.868/99*, p. 125 e s.

66. V., e.g., STF, *DJU*, 9 mar. 2007, ADIn 3.615-PB, rel.ª Min.ª Ellen Gracie, e ADIns 2.240-BA, 3.316-MT e 3.489-SC, relatadas pelo Ministro Eros Grau e publicadas no *DJU*, 17 maio 2007. Todos os casos aqui referidos envolviam a criação de Municípios.

1. Inconstitucionalidade formal e material

A Constituição disciplina o modo de produção das leis e demais espécies normativas primárias[67], definindo competências e procedimentos a serem observados em sua criação. De parte isso, em sua dimensão substantiva, determina condutas a serem seguidas, enuncia valores a serem preservados e fins a serem buscados. Ocorrerá inconstitucionalidade *formal* quando um ato legislativo tenha sido produzido em desconformidade com as normas de competência ou com o procedimento estabelecido para seu ingresso no mundo jurídico. A inconstitucionalidade será *material* quando o conteúdo do ato infraconstitucional estiver em contrariedade com alguma norma substantiva prevista na Constituição, seja uma regra ou um princípio.

1.1. Inconstitucionalidade formal

A primeira possibilidade a se considerar, quanto ao vício de forma, é a denominada inconstitucionalidade *orgânica*, que se traduz na inobservância da regra de competência para a edição do ato. Se, por exemplo, a Assembleia Legislativa de um Estado da Federação editar uma lei em matéria penal[68] ou em matéria de direito civil[69], incorrerá em inconstitucionalidade por violação da competência da União na matéria[70]. De outra parte, haverá inconstitucionalidade *formal propriamente dita* se determinada espécie normativa for produzida sem a observância do processo legislativo próprio.

---

67. Atos normativos primários são aqueles que, como a lei, têm aptidão para inovar na ordem jurídica, criando direitos e obrigações. As espécies normativas primárias contempladas pela Constituição brasileira constam do elenco do art. 59 e compreendem: emendas à Constituição; leis complementares; leis ordinárias; leis delegadas; medidas provisórias; decretos legislativos; e resoluções.

68. STF, *RDA, 185*:148, 1991, ADIn 463-BA, rel. Min. Marco Aurélio: é inconstitucional norma da Constituição do Estado que legaliza o funcionamento de cassinos em seu território, por tratar-se de matéria penal, de competência privativa da União. STF, *DJU*, 1º set. 2000, ADInMC 1.901-MG, rel. Min. Ilmar Galvão: Constituição estadual não pode criar hipótese de crime de responsabilidade.

69. STF, *Inf. STF, 133*:1, nov. 1998, ADInMC 1.918-ES, rel. Min. Maurício Corrêa: lei estadual não pode proibir a cobrança de estacionamento por estabelecimentos privados, por incidir em inconstitucionalidade formal, violando competência privativa da União Federal para legislar sobre direito civil.

70. Constituição Federal: é competência privativa da União legislar sobre direito penal e direito civil (art. 22, I), competência que exerce por intermédio do Congresso Nacional (art. 48).

O processo ou procedimento legislativo completo compreende iniciativa, deliberação, votação, sanção ou veto, promulgação e publicação[71]. O vício mais comum é o que ocorre no tocante à iniciativa das leis. Pela Constituição, existem diversos casos de iniciativa privativa de alguns órgãos ou agentes públicos, como o Presidente da República (art. 61, § 1º), o Supremo Tribunal Federal (art. 93) ou o Chefe do Ministério Público (art. 128, § 5º). Isso significa que somente o titular da competência reservada poderá deflagrar o processo legislativo naquela matéria. Assim, se um parlamentar apresentar projeto de lei criando cargo público, modificando o estatuto da magistratura ou criando atribuições para o Ministério Público, ocorrerá inconstitucionalidade formal por vício de iniciativa[72].

Outros exemplos. Há matérias que são reservadas pela Constituição para serem tratadas por via de uma espécie normativa específica. Somente lei complementar pode dispor acerca de normas gerais de direito tributário (art. 146, III) ou sobre sistema financeiro nacional (art. 192). Se uma lei ordinária contiver disposição acerca de qualquer desses temas, será formalmente inconstitucional. É que o *quorum* de votação de uma lei complementar é diverso do da lei ordinária[73]. De vício formal padecerá, igualmente, emenda constitucional ou projeto de lei que, sendo emendado na casa revisora, não voltar à casa de onde se originou (arts. 60, § 2º, e 65). A jurispru-

---

71. Note-se que somente a lei ordinária e a lei complementar percorrem todos esses ciclos.

72. Relativamente ao vício de iniciativa, quando conferida esta privativamente ao Presidente da República, vigorou por algum tempo o entendimento de que ele poderia ser convalidado no momento da sanção, expresso no verbete n. 5 da Súmula do STF: "A sanção do projeto supre a falta de iniciativa do Poder Executivo". Tal orientação, todavia, já não prevalece de longa data, tendo o STF entendido que ela expressava a jurisprudência predominante sob o regime da Constituição de 1946 (*RTJ, 127*:811, 1989), estando o ponto de vista atual sintetizado na decisão seguinte: "A sanção a projeto de lei que veicule norma resultante de emenda parlamentar aprovada com transgressão à cláusula inscrita no art. 63, I, da Carta Federal, não tem o condão de sanar o vício de inconstitucionalidade formal, eis que a vontade do Chefe do Poder Executivo — ainda que deste seja a prerrogativa institucional usurpada — revela-se juridicamente insuficiente para convalidar o defeito radical oriundo do descumprimento da Constituição da República" (STF, *DJU,* 15 set. 1995, ADInMC 1.070-MS, rel. Min. Celso de Mello).

73. Embora o entendimento dominante seja o de que não existe hierarquia entre ambas, mas apenas uma definição constitucional de competências para cada qual, o *quorum* de aprovação de lei ordinária é o de maioria simples (art. 47), enquanto a lei complementar exige maioria absoluta (art. 69).

dência do Supremo Tribunal Federal não admite, como regra, o controle judicial da tramitação de projetos[74], salvo quando se trate de proposta de emenda constitucional violadora de cláusula pétrea[75], além de ser extremamente restritiva na discussão judicial das questões regimentais em geral, referidas como *interna corporis*[76].

1.2. Inconstitucionalidade material

A inconstitucionalidade material expressa uma incompatibilidade de conteúdo, substantiva, entre a lei ou ato normativo e a Constituição. Pode traduzir-se no confronto com uma regra constitucional — e.g., a fixação da remuneração de uma categoria de servidores públicos acima do limite constitucional (art. 37, XI) — ou com um princípio constitucional, como no caso de lei que restrinja ilegitimamente a participação de candidatos

---

74. STF, *RTJ, 99*:1031, 1981, MS 20.257-DF, rel. Min. Moreira Alves: "Não admito mandado de segurança para impedir tramitação de projeto de lei ou proposta de emenda constitucional com base na alegação de que seu conteúdo entra em choque com algum princípio constitucional. E não admito porque, nesse caso, a violação à Constituição só ocorrerá depois de o projeto se transformar em lei ou de a proposta de emenda vir a ser aprovada. Antes disso, nem o Presidente da Casa do Congresso, ou deste, nem a Mesa, nem o Poder Legislativo estão praticando qualquer inconstitucionalidade, mas estão, sim, exercitando seus poderes constitucionais referentes ao processamento da lei em geral. A inconstitucionalidade, nesse caso, não será quanto ao processo da lei ou emenda, mas, ao contrário, será da própria lei ou da própria emenda, razão por que só poderá ser atacada depois da existência de uma ou de outra".

75. V. *RTJ, 99*:1031, 1982, MS 20.257, rel. Min. Moreira Alves; *RDA, 193*:266, 1993, MS 21.747, rel. Min. Celso de Mello; *RDA, 191*:200, 1993, MS 21.642, rel. Min. Celso de Mello; *RTJ, 165*:540, 1998, MS 21.648, rel. Min. Ilmar Galvão: "É legítima a pretensão de Deputado Federal, pela via do mandado de segurança, a que lhe seja reconhecido o direito de não ter de manifestar-se sobre Projeto de Emenda Constitucional, que considera violador do princípio da anterioridade tributária".

76. STF, *RTJ, 112*:1031, 1985, MS 20.471-DF, rel. Min. Francisco Rezek: "Matéria relativa à interpretação, pelo Presidente do Congresso Nacional, de normas de regimento legislativo é imune à crítica judiciária, circunscrevendo-se no domínio *interna corporis*"; STF, *DJU*, 6 jun. 1997, MS 22.503-DF, rel. Min. Marco Aurélio: "Mandado de segurança impetrado contra ato do Presidente da Câmara dos Deputados, relativo à tramitação de Emenda Constitucional. Alegação de violação de diversas normas do Regimento Interno e do art. 60, § 5º, da Constituição Federal. Preliminar: impetração não conhecida quanto aos fundamentos regimentais, por se tratar de matéria *interna corporis* que só pode encontrar solução no âmbito do Poder Legislativo, não sujeita à apreciação do Poder Judiciário". Na doutrina, v. José Adércio Leite Sampaio, *A Constituição reinventada pela jurisdição constitucional*, 2002, p. 309 e s.

em concurso público, em razão do sexo ou idade (arts. 5º, *caput*, e 3º, IV), em desarmonia com o mandamento da isonomia. O controle material de constitucionalidade pode ter como parâmetro todas as categorias de normas constitucionais: de organização, definidoras de direitos e programáticas[77].

Nada impede a coexistência, em um mesmo ato legislativo, de inconstitucionalidade formal e material, vícios distintos que podem estar cumulativamente presentes. Aliás, para que a semelhança terminológica não induza a qualquer tipo de confusão, cabe explicitar que a natureza da causa geradora da inconstitucionalidade — formal ou material — não tem relação com a classificação das normas constitucionais, em razão de seu conteúdo, em normas constitucionais formais e materiais (v., *supra*). São categorias totalmente distintas e distantes.

O reconhecimento da inconstitucionalidade de um ato normativo, seja em decorrência de desvio formal ou material, produz a mesma consequência jurídica: a invalidade da norma, cuja tendência será ter sua eficácia paralisada. Há uma única situação em que o caráter formal ou material da inconstitucionalidade acarretará efeitos diversos: quando a incompatibilidade se der entre uma nova Constituição — ou uma emenda constitucional — e norma infraconstitucional preexistente.

Nessa hipótese, sendo a inconstitucionalidade de natureza material, a norma não poderá subsistir[78]. As normas anteriores, incompatíveis com o novo tratamento constitucional da matéria, ficam automaticamente revogadas (é minoritária, no direito brasileiro, a corrente que sustenta que a hipótese seria de inconstitucionalidade, passível de declaração em ação direta ajuizada para esse fim). Não é o que ocorre, porém, quando a incompatibilidade entre a lei anterior e a norma constitucional nova é de natureza formal, vale dizer: quando a inovação introduzida apenas mudou a regra de competência ou a espécie normativa apta a tratar da matéria. Nesse caso, a norma preexistente, se for materialmente compatível com o novo ordenamento constitucional, é recepcionada, passando apenas a se submeter, *ad futurum*, à nova disciplina. Dois exemplos ilustram a tese que se está demonstrando:

---

77. Sobre classificação das normas constitucionais, v. Luís Roberto Barroso, *O direito constitucional e a efetividade de suas normas*, 2003.

78. Por exemplo: quando a Emenda Constitucional n. 24, de 9 de dezembro de 1999, eliminou a figura do juiz classista nos Tribunais Regionais do Trabalho, os dispositivos da Consolidação das Leis do Trabalho (CLT) que cuidavam da designação dos juízes representantes classistas (arts. 684 e s.) já não podiam existir validamente.

a) O Código Tributário Nacional (CTN) foi promulgado como lei ordinária (Lei n. 5.172, de 25-10-1966), sob o regime da Constituição de 1946. Sobreveio a Emenda Constitucional n. 18, de 1º de dezembro de 1965, que passou a prever que o sistema tributário seria regido por leis complementares. Pois bem: o CTN continuou em vigor, naquilo em que materialmente compatível com a emenda, mas passou a desfrutar do *status* de lei complementar, e, portanto, essa era a espécie normativa requerida para sua alteração.

b) Na maior parte dos Estados da Federação, o código de organização judiciária era editado por via de Resolução do Tribunal de Justiça. Com a promulgação da Constituição de 1988, passou a ser exigida lei para tratar da matéria. Os códigos existentes continuaram todos em vigor, válidos e eficazes, mas qualquer nova modificação passou a depender igualmente de lei.

Por fim, diversos autores incluem no estudo da inconstitucionalidade material a questão do desvio ou excesso de poder legislativo, caracterizado pela edição de normas que se afastam abusivamente dos fins constitucionais e/ou dos fins declarados[79]. A ascensão e difusão do princípio da razoabilidade, com sua exigência de adequação entre meio e fim, de necessidade da medida (com a consequente vedação do excesso) e de proporcionalidade em sentido estrito, de certa forma atraiu o tema para seu domínio, tornando-se, na atualidade, um dos principais parâmetros de controle da discricionariedade dos atos do Poder Público[80].

---

79. A expressão designa as hipóteses em que, no exercício da liberdade de conformação do legislador, a norma venha a ser editada "não para realizar os concretos fins constitucionais, mas sim para prosseguir outros, diferentes ou mesmo de sinal contrário àqueles" (Vital Moreira e J. J. Gomes Canotilho, *Fundamentos da Constituição*, 1991, p. 264; Caio Tácito, Desvio de poder legislativo, *RTDP, 1*:62, 1993, em texto no qual se refere, especialmente, aos denominados "testamentos políticos", mediante os quais governos que se findavam criavam numerosos cargos públicos, em claro desatendimento ao interesse público; Gilmar Ferreira Mendes, *Controle de constitucionalidade*, 1990, p. 38 e s.; Clèmerson Merlin Clève, *A fiscalização abstrata de constitucionalidade no direito brasileiro*, 2000, p. 45-6; Jorge Miranda, *Manual de direito constitucional*, 2001, p. 40 e s.; J. J. Gomes Canotilho, *Direito constitucional e teoria da Constituição*, 2001, p. 926-8: "As questões mais difíceis relacionadas com o controlo da constitucionalidade — desde logo, porque colocam o problema dos limites funcionais da jurisdição constitucional — dizem respeito a estes 'vícios de mérito' [refere-se ao excesso de poder legislativo como vício substancial da lei] e não aos clássicos vícios materiais e formais".

80. Veja-se, nesse sentido, a ADI 5.447 e a ADPF 389, rel. Min. Luís Roberto Barroso, em que se afastou portaria que suspendeu o período de defeso da pesca. O período de defeso é fixado pelo Instituto do Meio Ambiente e Recursos renováveis — IBAMA. Duran-

2. Inconstitucionalidade por ação e por omissão

A Constituição é uma norma jurídica. Atributo das normas jurídicas é a sua imperatividade. Não é próprio de uma norma constitucional, nem de qualquer norma jurídica, sugerir, recomendar, alvitrar. Normas jurídicas contêm comandos. A maior parte dos comandos constitucionais se materializa em normas cogentes, que não podem ter sua incidência afastada pela vontade das partes, como ocorre, no âmbito privado, com as normas dispositivas. As normas cogentes se apresentam nas versões proibitiva e preceptiva, vedando ou impondo determinados comportamentos, respectivamente. É possível, portanto, violar a Constituição praticando um ato que ela interditava ou deixando de praticar um ato que ela exigia. Porque assim é, a Constituição é suscetível de violação por via de *ação*, uma conduta positiva, ou por via de uma *omissão*, uma inércia ilegítima.

2.1. Inconstitucionalidade por ação

As condutas passíveis de censura à luz da Constituição podem se originar de órgãos integrantes dos três Poderes do Estado. Um ato inconstitucional do Poder Executivo, praticado por agente da administração pública, por exemplo, é suscetível de controle pelo Judiciário. Os próprios atos judiciais sujeitam-se ao exame de sua conformidade com a Constituição, por via dos diferentes recursos previstos no texto constitucional e na legislação processual. Em edições anteriores deste livro, observamos que os atos relevantes no âmbito do controle de constitucionalidade são aqueles emanados do Poder Legislativo, cuja produção normativa típica é a lei.

A referência à inconstitucionalidade por ação abrangia, originalmente, os atos legislativos incompatíveis com o texto constitucional. Foi em torno

---

te ele, proíbe-se a pesca, mas assegura-se o pagamento de um seguro-desemprego ao pescador artesanal (Lei n. 10.779/2003). A medida visa a assegurar a reprodução de espécies ameaçadas e, portanto, a proteção ambiental. Entretanto, no caso, a portaria afastou o defeso por preocupações econômicas com o custeio do benefício e não pela desnecessidade da interdição da pesca do ponto de vista ambiental. Demonstrado o fato, o STF reconheceu a ocorrência de desvio de finalidade no exercício da competência normativa pelo Executivo e, por conseguinte, o abuso em seu exercício. Na mesma linha, Clèmerson Merlin Clève, *A fiscalização abstrata de constitucionalidade no direito brasileiro*, 2000, p. 47-8: "Em muitos casos a teoria do excesso de poder e os princípios da razoabilidade e da proporcionalidade podem cobrir um mesmo campo teórico, oferecendo, portanto, soluções semelhantes (senão idênticas) quando da aferição da legitimidade de determinados atos normativos do Poder Público".

dessa situação que se construiu toda a teoria e jurisprudência do controle de constitucionalidade, desde o seu advento até pelo menos meados da década de 70 (do século passado, o XX). Os múltiplos modelos de controle de constitucionalidade — americano, austríaco, francês —, bem como as variadas modalidades de controle — político ou judicial, prévio ou repressivo, difuso ou concentrado, principal ou incidental —, foram concebidos para lidar com o fenômeno dos atos normativos que ingressam no mundo jurídico com um vício de validade. Todos esses mecanismos se destinam, de uma forma ou de outra, a paralisar a eficácia ou a retirar do ordenamento um ato que foi praticado, que existe. Uma lei inconstitucional. É importante anotar, contudo, que atualmente as leis e a jurisprudência do Supremo Tribunal Federal avançaram para estender tal modalidade de controle também para os atos administrativos concretos, como se demonstrará adiante.

2.2. Inconstitucionalidade por omissão

Tal como no caso da inconstitucionalidade por ação, também a omissão violadora da Constituição pode ser imputável aos três Poderes. Pode ocorrer de o Executivo deixar de tomar as medidas político-administrativas de sua competência, não entregando determinadas prestações positivas a que esteja obrigado, por exemplo, em matéria de educação (CF, art. 208). Pode-se igualmente cogitar de omissão na entrega de prestação jurisdicional. Juridicamente, é certo, não é possível a denegação de justiça mesmo na eventualidade de inexistir lei específica sobre a matéria discutida[81]; mas, no mundo real, não é incomum a falta de acesso à justiça (e.g., por ausência ou deficiência nas condições de assistência judiciária) ou o excesso de demora que frustra na prática o direito das partes.

A inconstitucionalidade por omissão, como um fenômeno que desafiava a criatividade da doutrina, da jurisprudência e dos legisladores, se referia, originalmente, à inércia na elaboração de *atos normativos* necessários à realização dos comandos constitucionais. Em termos de direito positivo, o fenômeno da inconstitucionalidade por omissão só recebeu previsão nos textos constitucionais, e mesmo assim timidamente, a partir da década de 1970, com sua incorporação à Constituição da então Iugoslávia (1974) e à de Portugal (1976). Nada obstante, em sede jurisprudencial, o tema já vinha sendo discutido em alguns países desde o final da década de 50 e início da

---

81. Lei de Introdução às normas do Direito Brasileiro, art. 4º: "Quando a lei for omissa, o juiz decidirá o caso de acordo com a analogia, os costumes e os princípios gerais de direito".

década de 1960, como na Itália e na Alemanha. E também na Espanha, a partir da Constituição de 1978. Nesses países, a fiscalização da omissão já vinha sendo efetuada pelos tribunais constitucionais, independentemente da existência de qualquer norma regendo a matéria[82].

No Brasil, o tema da inconstitucionalidade por omissão foi amplamente debatido nos anos que antecederam a convocação e os trabalhos da Assembleia Constituinte, que resultaram na Constituição de 1988. A nova Carta concebeu dois remédios jurídicos diversos para enfrentar o problema: (i) o mandado de injunção (art. 5º, LXXI), para a tutela incidental e *in concreto* de direitos subjetivos constitucionais violados devido à ausência de norma reguladora; e (ii) a ação de inconstitucionalidade por omissão (art. 103, § 2º), para o controle por via principal e em tese das omissões normativas. Ambos os institutos serão tratados em detalhe nos dois próximos capítulos. Por ora, é de proveito entender a inconstitucionalidade por omissão como fenômeno jurídico e suas diferentes formas de manifestação. É válido registrar, ainda, que a lei e a jurisprudência do Supremo Tribunal Federal tendem a avançar também quanto ao ponto, para admitir o controle da inconstitucionalidade por omissão quanto a *atos administrativos concretos*.

2.2.1. Da legislação como faculdade e como dever jurídico

A simples inércia, o mero *não fazer* por parte do legislador não significa que se esteja diante de uma omissão inconstitucional. Esta se configura com o descumprimento de um mandamento constitucional no sentido de que atue positivamente, criando uma norma legal. A inconstitucionalidade resultará, portanto, de um comportamento contrastante com uma obrigação jurídica de conteúdo positivo[83].

---

82. Para uma visão mais detalhada do tema, com levantamento de algumas decisões comparadas, v. Luís Roberto Barroso, *O direito constitucional e a efetividade de suas normas*, 2003, p. 159-78.

83. Nicolò Trocker, Le ommissioni del legislatore, *Archivio Giuridico, 178 (fascioli 1-2)*, 1969, p. 17: "L'omissione si sostanzia pertanto in un comportamento contrastante con un obbligo giuridico a contenuto positivo"; Jorge Miranda, *Manual de direito constitucional*, 2001, t. 6, p. 276: "(A) inconstitucionalidade por omissão se situa nas fronteiras entre a liberdade de decretação que é apanágio do poder legislativo e o dever de legislar a que ele está sujeito em algumas hipóteses"; J. J. Gomes Canotilho, *Direito constitucional e teoria da Constituição*, 2001, p. 1004: "A omissão legislativa, para ganhar significado autónomo e relevante, deve conexionar-se com uma *exigência constitucional de ação*, não bastando o simples *dever geral de legislar* para dar fundamento a uma omissão inconstitucional".

Como regra, legislar é uma faculdade do legislador. Insere-se no âmbito de sua discricionariedade ou, mais propriamente, de sua *liberdade de conformação* a decisão de criar ou não lei acerca de determinada matéria. De ordinário, sua inércia ou sua decisão política de não agir não caracterizarão comportamento inconstitucional. Todavia, nos casos em que a Constituição impõe ao órgão legislativo o dever de editar norma reguladora da atuação de determinado preceito constitucional, sua abstenção será ilegítima e configurará caso de inconstitucionalidade por omissão.

A Constituição de 1988 prevê, em diversos dispositivos, a necessidade da edição de leis integradoras da eficácia de seus comandos. Isso pode ocorrer (i) em relação às normas constitucionais de organização[84]; e (ii) em relação às normas definidoras de direitos[85]. A inércia do legislador em qualquer dos dois casos configurará inconstitucionalidade por omissão. No primeiro, embora haja um dever jurídico constitucional para o legislador de editar as normas requeridas pelo texto, seria controvertida a invocação de um direito subjetivo fundamental à legislação[86]. No segundo, há claramente direito subjetivo outorgado pelo texto constitucional, investindo o indivíduo no poder jurídico de exigir a criação da norma (v., *infra*). Em relação às normas programáticas, onde se prevê genericamente a atuação do Poder Público, mas sem especificar a conduta a ser adotada, considerou-se inicialmente, como regra, não ser possível falar em omissão inconstitucional. Salvo, por certo, se a inércia inviabilizar providências ou prestações correspondentes ao mínimo existencial[87]. De todo modo, passados tantos anos do início da vigência da

---

84. Como ocorre, ilustrativamente, nos seguintes exemplos: art. 90, § 2º (A lei regulará a organização e funcionamento do Conselho da República); art. 93 (Lei complementar de iniciativa do STF disporá sobre o Estatuto da Magistratura); art. 134, § 1º (Lei complementar organizará a Defensoria Pública da União); art. 172 (A lei disciplinará os investimentos de capital estrangeiro); art. 178 (A lei disporá sobre a ordenação dos transportes aéreo, aquático e terrestre).

85. Como nos seguintes exemplos: art. 5º, XXVI (A pequena propriedade rural, assim definida em lei, não será objeto de penhora); art. 7º, IX (São direitos dos trabalhadores, além de outros, participação nos lucros ou resultados, conforme definido em lei); art. 201, § 4º (Os ganhos habituais do empregado serão incorporados ao salário para fins de benefícios, na forma da lei).

86. No direito brasileiro, em princípio, tais hipóteses não seriam tuteláveis por ações individuais, mas sim por via de ação direta de inconstitucionalidade por omissão. Há, todavia, situações menos esquemáticas. A inércia, por exemplo, na criação da Defensoria Pública frustra o direito de acesso à justiça das pessoas hipossuficientes economicamente.

87. Sobre o tema, v. Ana Paula de Barcellos, *A eficácia jurídica dos princípios constitucionais. O princípio da dignidade da pessoa humana*, 2002.

Constituição, há uma tolerância menor à omissão inconstitucional e uma tendência maior a agir, sobretudo quando ela interfere sobre o exercício de direitos fundamentais de minorias ou grupos vulneráveis, cujos pleitos têm baixa perspectiva de acolhimento no âmbito da política majoritária[88].

A inércia ilegítima do legislador poderá ser *total* ou *parcial*.

2.2.2. Da omissão total

A omissão inconstitucional total ou absoluta estará configurada quando o legislador, tendo o dever jurídico de atuar, abstenha-se inteiramente de fazê-lo, deixando um vazio normativo na matéria. Nesta situação, abrem-se, em tese, quatro possibilidades de atuação judicial no âmbito da jurisdição constitucional:

(a) reconhecer autoaplicabilidade à norma constitucional e fazê-la incidir diretamente;

(b) apenas declarar a existência da omissão, constituindo em mora o órgão competente para saná-la;

(c) não sendo a norma autoaplicável, criar para o caso concreto a regra faltante;

(d) criar a regra faltante com efeitos gerais, até que o legislador confira tratamento à questão.

No primeiro caso, possuindo a norma constitucional densidade jurídica para sua aplicação direta, o tribunal estará em condições de resolver a demanda. De todo modo, é comum que defira prazo razoável ao órgão ao qual se imputa a mora legislativa, para que atue suprindo a lacuna. Persistindo a omissão, o tribunal decide o caso concreto, dando autoaplicabilidade à disposição da Constituição. Há precedentes nesse sentido, tanto no direito

---

88. Nesse sentido, o STF extraiu da norma do art. 5º, XLI e XLII, e dos tratados internacionais de que o país é parte, um mandamento de criminalização das condutas homotransfóbicas, suprindo a persistente omissão do Congresso na proteção às pessoas LGBTQIA+ e determinando a aplicação, à hipótese, da Lei n. 7.716/89, que tipifica o crime de racismo. STF, ADO 26, rel. Min. Celso de Mello, e MI 4.733, rel. Min. Edson Fachin, j. 13-6-2019. No caso, a longa inércia do legislador no tema somava-se a um quadro gravíssimo de ameaça à vida de tal grupo, como salientado pelo primeiro relator em seu voto: "Relatórios de organizações civis que monitoram os dados relacionados ao tema — tais como a TGEU — Transgender Europe e o GGB — Grupo Gay da Bahia — revelam ser o 'Brasil campeão mundial da transfobia', 'o país que mais mata travestis e transexuais no mundo', onde, de forma assustadora, 'o risco de uma 'trans' ser assassinada é 14 vezes maior que um gay',

comparado[89] como no âmbito do Supremo Tribunal Federal[90]. É bem de ver, no entanto, que a situação nesse caso é menos complexa, pela desnecessidade de criação de um ato normativo.

A segunda possibilidade de atuação judicial será normalmente adotada nas hipóteses em que a norma constitucional não seja autoaplicável, inexistindo meio de concretizá-la sem a edição de um comando integrador. Nesse caso, é frequente que os tribunais apenas declarem a inconstitucionalidade da omissão, constituindo em mora o órgão responsável pela frustração do cumprimento da norma constitucional. Esta foi a prática jurisprudencial mais comum no direito brasileiro[91] e, bem assim, também no direito alemão, onde se desenvolveu a técnica da declaração de inconstitucionalidade sem pronúncia de nulidade. Por não ser possível declarar a nulidade de uma lacuna, a decisão limita-se a constatar a inconstitucionalidade da omissão legislativa[92].

A terceira atuação possível é aquela em que, reconhecida a omissão e a mora em saná-la, o tribunal formula, no âmbito do caso concreto que lhe

---

89. O art. 6º, alínea 5, da Lei Fundamental alemã preceitua que "a legislação deve assegurar aos filhos naturais as mesmas condições que aos filhos legítimos, no que se refere ao seu desenvolvimento físico e moral e à sua situação social". Decorridos vinte anos de vigência da Constituição sem que a legislação assegurasse aquela igualdade, o Tribunal Constitucional federal decidiu, em um caso concreto julgado em 29 de janeiro de 1969, que o preceptivo constitucional era diretamente aplicável, com "força derrogatória" das disposições contrárias previstas em leis ordinárias. *BVerfGE, 25*:167 (188). V. Jean-Claude Béguin, *Le contrôle de la constitutionnalité des lois en Republique Fedérale d'Allemagne*, 1982, p. 285; e Gilmar Ferreira Mendes, *Controle de constitucionalidade*, 1990, p. 58-9.

90. O art. 8º, § 3º, do ADCT da Constituição de 1988 prevê que cidadãos afetados por atos *discricionários* do Ministério da Aeronáutica, editados logo após o movimento militar de 1964, fazem jus a uma "reparação de natureza econômica, na forma que dispuser lei de iniciativa do Congresso Nacional e a entrar em vigor no prazo de doze meses a contar da promulgação da Constituição". Como a lei não viesse, o STF reconheceu a mora, fixou o prazo de sessenta dias para ultimação do processo legislativo e facultou ao impetrante da medida o recebimento da indenização, com base no direito comum (STF, *RDA, 185*:204, 1991, MI 283-5, rel. Min. Sepúlveda Pertence). Solução semelhante, no sentido de conferir autoaplicabilidade à norma não regulamentada, foi seguida no MI 232-1 (STF, *DJU*, 27 mar. 1992, rel. Min. Moreira Alves).

91. De fato, este é o objeto da ação de inconstitucionalidade por omissão segundo o teor literal do texto constitucional: dar ciência ao poder competente para a adoção das providências necessárias (art. 103, § 2º). Sob ampla crítica, o STF equiparou o objeto do mandado de injunção ao da ação de inconstitucionalidade por omissão, no *leading case* representado pelo MI 107-3-DF (v., *infra*, a discussão sobre o tema).

92. Sobre o tema no direito alemão, em língua portuguesa, v. Gilmar Ferreira Mendes, *Jurisdição constitucional*, 1996, p. 202 e s.

é dado conhecer, a norma faltante e necessária para a resolução da controvérsia. O tribunal suprirá a lacuna com base na fórmula tradicional do art. 4º da Lei de Introdução às normas do Direito Brasileiro, utilizando a analogia, os costumes e os princípios gerais de direito. Essa solução não é prestigiada no direito comparado. No Brasil, contou com amplo apoio doutrinário, embora inicialmente houvesse poucos precedentes nessa linha, um deles relatado por José Carlos Barbosa Moreira, quando desembargador no Tribunal de Justiça do Estado do Rio de Janeiro[93].

Essa solução não é prestigiada no direito comparado. No Brasil, contou com amplo apoio doutrinário, embora inicalmente houvesse poucos precedentes nessa linha, um deles relatado por José Carlos Barbosa Moreira, quando desembargador no Tribunal de Justiça do Estado do Rio de Janeiro .

Por fim, a quarta atuação possível corresponde à superação da norma faltante com o estabelecimento da regra que valerá para todos os casos semelhantes, com efeitos vinculantes e gerais, até que o Legislativo disponha sobre a matéria. Assim como na situação anterior, a lacuna é suprida com recurso à analogia, aos costumes e aos princípios gerais de direito. Dada a persistente mora do legislador em tratar de alguns temas, após décadas de vigência da Constituição, o STF tem se mostrado cada vez mais inclinado pela última opção[94].

2.2.3. Da omissão parcial

A omissão parcial comporta a identificação de duas espécies: a chamada omissão relativa e a omissão parcial propriamente dita. Diz-se que a omissão é relativa quando a lei exclui do seu âmbito de incidência determinada categoria que nele deveria estar abrigada, privando-a de um benefício, em violação ao princípio da isonomia. Há aqui três linhas possíveis de atuação judicial:

---

93. TJRJ, *DO,* 29 abr. 1991, MI 6/90, rel. Des. José Carlos Barbosa Moreira. Havendo omissão do legislador estadual em regulamentar a norma da Constituição estadual que previa licença sindical para dirigentes de sindicatos de servidores públicos, o tribunal deferiu o pedido de licença, aplicando analogicamente as regras vigentes no setor privado, adotadas pela Consolidação das Leis do Trabalho (CLT).

94. STF, *DJe,* 31 out. 2008, MI 670, rel. Min. Gilmar Mendes; *DJe,* 31 out. 2008, MI 712, rel. Min. Eros Grau. Em tais casos, o STF reconheceu a persistente mora do Legislativo em dispor sobre o exercício do direito de greve por parte dos servidores públicos e supriu a omissão, definindo as normas que regulariam o exercício do direito pelos servidores em geral, pertencessem ou não às associações ou carreiras que propuseram as ações.

(a) a declaração da inconstitucionalidade por ação da lei que criou a desequiparação;

(b) a declaração de inconstitucionalidade por omissão parcial da lei, com ciência ao órgão legislador para tomar as providências necessárias;

(c) a extensão do benefício à categoria dele excluída.

A primeira solução, embora encontre amparo na ordem constitucional, traria o inconveniente de universalizar a situação desvantajosa, em lugar de beneficiar os excluídos. É claro que, se a desequiparação fosse pela criação de um ônus para determinada categoria, e não um benefício, a declaração de inconstitucionalidade seria solução indiscutível. A segunda possibilidade já foi acolhida no Brasil, em sede de ação direta de inconstitucionalidade[95]. A terceira enfrenta dificuldades relativamente a princípios como separação de Poderes, legalidade, orçamento e reserva do possível. A posição tradicional da jurisprudência no Brasil é a de rejeição de pleitos dessa natureza com base na Súmula 339 do Supremo Tribunal Federal[96], que, todavia, abriu uma controvertida exceção a sua própria jurisprudência[97].

---

95. STF, *RTJ, 146*:424, 1993, ADIn 529-DF, rel. Min. Sepúlveda Pertence. O STF reconheceu que a concessão de revisão de remuneração aos militares, sem contemplar os civis, caracterizava inconstitucionalidade por omissão parcial, em face do art. 37, X, da Constituição. Entendeu, todavia, não ter poderes para fixar prazo dentro do qual o legislador deverá sanar a omissão, sob pena de estender-se o benefício às demais categorias. *In verbis*: "A essa extensão da lei, contudo, faltam poderes ao Tribunal, que, à luz do art. 103, § 2º, CF, declarando a inconstitucionalidade por omissão da lei — seja ela absoluta ou relativa —, há de cingir-se a comunicá-la ao órgão legislativo competente, para que a supra". Na Alemanha existe a figura do apelo ao legislador (*Appellenttscheidung*), sutilmente diferenciada da declaração de inconstitucionalidade sem pronúncia de nulidade, porque no caso do apelo a arguição é rejeitada, anunciando a corte, todavia, que uma situação *ainda* constitucional pode converter-se em um estado de inconstitucionalidade. V. Gilmar Ferreira Mendes, *Jurisdição constitucional*, 1996, p. 204.

96. Verbete n. 339 da Súmula da jurisprudência predominante do STF: "Não cabe ao Poder Judiciário, que não tem função legislativa, aumentar vencimentos de servidores públicos sob o fundamento de isonomia". V. também STJ, *DJU*, 5 abr. 1994, RMS 21.662-DF, rel. Min. Celso de Mello: "A extensão judicial em favor dos servidores preteridos do benefício pecuniário que lhes foi indevidamente negado pelo legislador encontra obstáculo no princípio da separação de poderes. A disciplina jurídica da remuneração devida aos agentes públicos em geral está sujeita ao princípio da reserva legal absoluta".

97. *DJU*, 14 ago. 1998, AgRg em AI 211.422-PI, rel. Min. Maurício Corrêa. Neste caso, em sede de controle concreto por via de recurso em mandado de segurança (RMS 22.307-DF), o Plenário reconheceu a inconstitucionalidade por omissão parcial e estendeu aos servidores públicos civis reajuste que havia sido dado apenas aos militares, em violação do art. 37, X.

Um caminho possível, em situações como esta, seria a decisão judicial determinar a extensão do benefício à categoria excluída, a partir de um termo futuro. Poderia ser determinada data ou evento, como, por exemplo, o início do exercício financeiro seguinte. Essa fórmula permitiria a ponderação dos diferentes princípios envolvidos: de um lado, a separação de Poderes, a legalidade (o Legislativo, no intervalo, poderia inclusive prover sobre a questão), o orçamento e, de outro, a supremacia da Constituição e a isonomia.

Por fim, cabe uma referência à inconstitucionalidade por omissão parcial propriamente dita. Nessa hipótese, o legislador atua sem afetar o princípio da isonomia, mas de modo insuficiente ou deficiente relativamente à obrigação que lhe era imposta. O exemplo típico no direito constitucional brasileiro tem sido a lei de fixação do salário mínimo, em valor que não satisfaz a exigência constitucional: ser capaz de atender as necessidades vitais básicas de um trabalhador e de sua família com moradia, alimentação, educação, saúde, lazer, vestuário, higiene, transporte e previdência social.

Sucede, todavia, que a declaração de inconstitucionalidade por ação da lei instituidora do reajuste periódico do salário mínimo traria consequências piores do que sua manutenção: ou o vácuo legislativo ou a restauração da lei anterior, fixadora de valor ainda mais baixo. Tal solução, portanto, há de ser rejeitada. Resta, tão somente, a fórmula da declaração de inconstitucionalidade por omissão parcial da lei, por ter o legislador se desincumbido de modo deficiente do mandado constitucional recebido. Essa é a linha assentada na jurisprudência do Supremo Tribunal Federal[98].

---

98. STF, *ADV*, 46:96, n. 76.099, p. 694, ADIn 1.458-7, rel. Min. Sepúlveda Pertence: "A insuficiência do valor correspondente ao salário mínimo, definido em importância que se revele incapaz de atender às necessidades vitais básicas do trabalhador e dos membros de sua família, configura um claro descumprimento, ainda que parcial, da Constituição da República, pois o legislador, em tal hipótese, longe de atuar como o sujeito concretizante do postulado constitucional que garante à classe trabalhadora um piso geral de remuneração (CF, art. 7º, IV), estará realizando, de modo imperfeito, o programa social assumido pelo Estado na ordem jurídica. As situações configuradoras de omissão inconstitucional — ainda que se cuide de omissão parcial, derivada da insuficiente concretização, pelo Poder Público, do conteúdo material da norma impositiva fundada na Carta Política, de que é destinatário — refletem comportamento estatal que deve ser repelido, pois a inércia do Estado qualifica-se, perigosamente, como um dos processos informais de mudança da Constituição, expondo-se, por isso mesmo, à censura do Poder Judiciário. Contudo, assiste ao Supremo Tribunal Federal, unicamente, em face dos próprios limites fixados pela Carta Política em tema de inconstitucionalidade por omissão (CF, art. 103, § 2º), o poder de cientificar o legislador inadimplente, para que este adote as medidas necessárias à concretização do texto constitucional".

3. Outras classificações

A doutrina identifica, ainda, outras espécies de inconstitucionalidade, cuja diferenciação tem relevância didática ou prática. Dentre elas, as que classificam a inconstitucionalidade em total ou parcial, direta ou indireta e superveniente ou originária.

A inconstitucionalidade será *total* quando colher a íntegra do diploma legal impugnado. E será *parcial* quando recair sobre um ou vários dispositivos, ou sobre fração de um deles, inclusive uma única palavra[99]. A lei não perde, contudo, sua valia jurídica, por subsistirem outros dispositivos que lhe dão razão para existir. Como regra, será total a inconstitucionalidade resultante de vício formal, seja por defeito de competência ou de procedimento[100]. A inconstitucionalidade material, por sua vez, poderá macular a totalidade do ato normativo ou apenas parte dele.

A inconstitucionalidade se diz *direta* quando há entre o ato impugnado e a Constituição uma antinomia frontal, imediata. Será *indireta* quando o ato, antes de contrastar com a Constituição, conflita com uma lei. O regulamento de execução que desborda dos limites da lei, por exemplo, conquanto importe em violação do princípio constitucional da legalidade (art. 5º, II), terá antes violado a lei que pretendeu regulamentar, configurando uma ilegalidade previamente a sua inconstitucionalidade. Por tal razão, a jurisprudência não admite controle de constitucionalidade de atos normativos secundários (inaptos para criar direito novo), de que são espécies, além do regulamento, as resoluções, instruções normativas e portarias, dentre outros[101]. Em matéria de cabimento de recurso extraordinário por violação

---

99. A decisão, todavia, não poderá subverter o sentido da norma. STF, *RTJ, 159*:111, 1997, ADInMC 896-DF, rel. Min. Moreira Alves: "[A Corte] não pode declarar inconstitucionalidade parcial que mude o sentido e alcance da norma impugnada (quando isso ocorre, a declaração de inconstitucionalidade tem de alcançar todo o dispositivo), porquanto, se assim não fosse, a Corte se transformaria em legislador positivo, uma vez que, com a supressão da expressão atacada, estaria modificando o sentido e o alcance da norma impugnada. E o controle de constitucionalidade dos atos normativos pelo Poder Judiciário só lhe permite agir como legislador negativo".

100. Há, todavia, exceções. Uma lei ordinária pode ter, por exemplo, um específico dispositivo que trate, indevidamente, de tema reservado à lei complementar. Ou uma lei federal pode ter um artigo determinado que interfira, ilegitimamente, com competência legislativa estadual. V. Clèmerson Merlin Clève, *A fiscalização abstrata de constitucionalidade no direito brasileiro*, 2000, p. 49.

101. STF, *RDA, 183*:132, 1991, *184*:202, 1991, *RTJ, 99*:1362, 1982, *RT, 655*:215, 1990. Estando os atos normativos secundários subordinados à lei, que é o ato normativo

à Constituição, a regra é exigir que a afronta também seja direta, inadmitindo-se o recurso se ela for indireta[102].

Por fim, diz-se a inconstitucionalidade *originária* quando resulta de defeito congênito da lei: no momento de seu ingresso no mundo jurídico ela era incompatível com a Constituição em vigor, quer do ponto de vista formal ou material[103]. A inconstitucionalidade será *superveniente* quando resultar do conflito entre uma norma infraconstitucional e o texto constitucional, decorrente de uma nova Constituição ou de uma emenda. Como já assinalado, não existe no direito brasileiro inconstitucionalidade formal superveniente: a lei anterior subsistirá validamente e passará a ter *status* da espécie normativa reservada pela nova norma constitucional para aquela matéria. Já a inconstitucionalidade material superveniente resolve-se em revogação da norma anterior, consoante orientação consolidada do Supremo Tribunal Federal (v., *supra*).

V — Modalidades de controle de constitucionalidade

A doutrina costuma identificar três grandes modelos de controle de constitucionalidade no constitucionalismo moderno: o americano, o austríaco e o francês[104]. Dessas matrizes surgiram variações de maior ou menor

---

primário, não se estabelece o confronto direto entre eles e a Constituição, descabendo ação direta de inconstitucionalidade.

102. STF, *RTJ, 155*:921, 1996, e *RT, 717*:299, 1995. Se, para chegar à alegada violação do preceito constitucional invocado, teve o recorrente de partir da ofensa à legislação infraconstitucional, a afronta à Constituição teria ocorrido de forma indireta, reflexa. Ora, somente a ofensa direta e frontal à Constituição, direta e não reflexa, é que autoriza o recurso extraordinário.

103. A doutrina tem rejeitado a possibilidade de uma lei, havendo nascido com vício de origem, vir a ser validada por emenda constitucional posterior. V. Celso Antônio Bandeira de Mello, Leis originariamente inconstitucionais compatíveis com emenda constitucional superveniente, *RDAC, 5:*15, 2000, p. 34: "Logo, não é de admitir que Emenda Constitucional superveniente a lei inconstitucional, mas com ela compatível receba validação para o futuro. Antes, ter-se-á de entender que se o legislador *desejar produzir nova lei e com o mesmo teor, que o faça, então, editando-a novamente,* já agora — e só agora — dentro de possibilidades efetivamente comportadas pelo sistema normativo" (grifo no original). No mesmo sentido, v. Melina Breckenfeld Reck, Constitucionalização superveniente?, www.migalhas.com.br, visitado em 12 de agosto de 2005.

104. O modelo *americano*, cujo marco inicial é a decisão proferida em *Marbury v. Madison* (1803), tem por característica essencial o fato de o controle ser exercido de maneira difusa por todos os juízes e tribunais, no desempenho ordinário de sua função jurisdicio-

sutileza, abrigadas nos sistemas constitucionais de diferentes países. É possível sistematizar as características de cada um levando em conta aspectos subjetivos, objetivos e processuais, ordenados na classificação abaixo:

1. Quanto à natureza do órgão de controle
   1.1. Controle político
   1.2. Controle judicial
2. Quanto ao momento de exercício do controle
   2.1. Controle preventivo
   2.2. Controle repressivo
3. Quanto ao órgão judicial que exerce o controle
   3.1. Controle difuso
   3.2. Controle concentrado
4. Quanto à forma ou modo de controle judicial
   4.1. Controle por via incidental
   4.2. Controle por via principal ou ação direta

Veja-se, a seguir, breve comentário acerca de cada uma dessas modalidades.

---

nal. O modelo *austríaco*, introduzido pela Constituição daquele país em 1920, e disseminado na Europa após a 2ª Guerra Mundial, sobretudo pelo prestígio do Tribunal Constitucional Federal alemão, tem como elemento característico a criação de um órgão próprio — a Corte Constitucional — ao qual se atribui competência para, concentradamente, manifestar-se acerca da constitucionalidade das leis. Nesse sistema, como regra geral, juízes e tribunais suspenderão o processo no qual tenha sido feita a arguição plausível de inconstitucionalidade de determinada norma, remetendo a questão para ser decidida pelo Tribunal Constitucional. Após o pronunciamento acerca da questão constitucional, retoma-se a tramitação do processo perante o juízo ou tribunal competente. O modelo *francês* tem por traços fundamentais seu caráter não jurisdicional e prévio, sendo o controle exercido pelo Conselho Constitucional. Sobre o tema, v. Jackson e Tushnet, *Comparative constitutional law*, 1999; Louis Favoreu et al., *Tribunales constitucionales europeos y derechos fundamentales*, 1984; e François Luchaire, *Le Conseil Constitutionnel*, 4 v., 1997.

1. Quanto à natureza do órgão de controle

1.1. Controle político

A expressão controle *político* sugere o exercício da fiscalização de constitucionalidade por órgão que tenha essa natureza, normalmente ligado de modo direto ao Parlamento. Essa modalidade de controle costuma ser associada à experiência constitucional francesa. De fato, remonta ao período revolucionário o empenho em criar um órgão político de controle de constitucionalidade[105]. Razões históricas e ideológicas levaram os franceses à desconfiança em relação ao poder dos juízes e dos tribunais, com a consequente adoção de um modelo rígido de separação de Poderes. Daí a rejeição à fórmula do controle judicial[106].

A Constituição francesa em vigor, instituidora da V República, em 1958, criou o Conselho Constitucional (v., *supra* e *infra*), composto de nove conselheiros escolhidos pelo Presidente da República e pelo Parlamento, tendo ainda como membros natos os ex-Presidentes da República. Como regra, o Conselho se manifesta previamente à promulgação de determinadas leis. A reforma constitucional de 2008, no entanto, produziu relevante alteração, passando a prever hipótese de controle de constitucionalidade de lei já vigente[107]. Embora o modelo francês seja frequentemente referido como o arqué-

---

105. Coube a Sieyès propor ao constituinte de 1795 a criação de um *jurie constitutionnaire*, composto por 180 membros designados pela Assembleia, ao qual caberia julgar violações à Constituição. A ideia foi rejeitada. Com a Constituição do Ano VIII, foi criado o *Sénat Conservateur*, com oitenta membros, nomeados por ou sob influência de Napoleão, e que foi um "corpo sem vida" (Raul Machado Horta, *Curso de direito constitucional*, 2003, em afirmação baseada em Esmein, *Élements de droit constitutionnel français et comparé*, v. 1, 1921, p. 597). Após a 2ª Guerra Mundial, com a Constituição de 1946, foi criado o *Comité Constitutionnel*, composto pelos Presidentes da República, da Assembleia Nacional e do Conselho da República, sete membros indicados pela Assembleia Nacional e três pelo Conselho da República. Sua função era dizer se uma lei votada pela Assembleia Nacional exigia uma revisão da Constituição.

106. Sobre o ponto, v. Mauro Cappelletti, *O controle judicial de constitucionalidade das leis no direito comparado*, 1984, p. 96-7.

107. De fato, a Lei Constitucional n. 2008-724, de 23 de julho de 2008 (Lei de Modernização das Instituições da V República), inovou no controle de constitucionalidade exercido pelo Conselho Constitucional e instituiu uma modalidade de fiscalização de constitucionalidade *a posteriori*, isto é, após a promulgação e vigência da lei. Nessa linha, o novo art. 61.1 da Constituição passou a permitir que o Conselho de Estado ou a Corte de Cassação submetam ao Conselho Constitucional a discussão acerca da constitucionalidade de uma lei que, alegadamente, atente contra direitos e liberdades garantidos pelo texto constitucional.

tipo do controle político de constitucionalidade das leis[108], afigura-se mais apropriada a designação de controle *não judicial*[109]. É que, no fundo, é o fato de não integrar o Poder Judiciário e de não exercer função jurisdicional o que mais notadamente singulariza o *Conseil Constitutionnel* — junto com o caráter prévio de sua atuação[110]. Quanto ao mais, tanto o critério de nomeação de seus integrantes como a fundamentação *jurídica* de suas decisões aproximam-no do padrão das cortes constitucionais europeias.

No Brasil, onde o controle de constitucionalidade é eminentemente de natureza judicial — isto é, cabe aos órgãos do Poder Judiciário a palavra final acerca da constitucionalidade ou não de uma norma —, existem, no entanto, diversas instâncias de controle político da constitucionalidade, tanto no âmbito do Poder Executivo — e.g., o veto de uma lei por inconstitucionalidade — como no do Poder Legislativo — e.g., rejeição de um projeto de lei pela Comissão de Constituição e Justiça da casa legislativa, por inconstitucionalidade. O assunto será tratado mais à frente.

Trata-se da chamada questão prioritária de constitucionalidade (*question prioritaire de constitutionnalité*). A reforma, que trouxe também outras modificações em relação ao Presidente e ao Parlamento, dependia, no tocante à nova atribuição do Conselho Constitucional, de regulamentação por meio de lei orgânica, a qual foi editada no final de 2009 (Lei Orgânica 2009-1523, de 10 de dezembro de 2009).

108. Francisco Fernández Segado, Evolución histórica y modelos de control de constitucionalidad, in *La jurisdicción constitucional en Iberoamerica*, 1997.

109. Rodrigo Lopes Lourenço, *Controle de constitucionalidade à luz da jurisprudência do Supremo Tribunal Federal*, 1999, por fundamento diverso, defende o emprego da expressão *controle não jurisdicional*, afirmando: "Acoimou-se de impróprio o termo 'político' porque, a rigor, político é todo órgão estatal dotado de autonomia de decisão outorgada diretamente pela Constituição". Nesse sentido, sustenta o autor, também os juízes e tribunais, por sua atuação independente e não hierarquizada, são órgãos políticos.

110. Em algumas situações, a eficácia *ex tunc* poderia chegar ao extremo de suprimir, subitamente, direitos ou pretensões que até então eram considerados passíveis de exercício, afetando inclusive processos judiciais em curso. A hipótese encontra-se em discussão perante o Supremo Tribunal Federal, em caso no qual se cogita da mudança de jurisprudência relacionada ao prazo prescricional para se exigir, judicialmente, o depósito de valores relativos ao Fundo de Garantia por Tempo de Serviço. Após proferir voto no sentido de considerar que, com base no art. 7º, XXIX, da Constituição, o prazo deve ser de cinco e não de trinta anos, o Ministro Gilmar Mendes encaminhou a proposta de modular os efeitos temporais da decisão a fim de que sejam afetados apenas os processos ajuizados após a data em que o julgamento venha a ser concluído. O voto foi seguido pela Ministra Ellen Gracie, inclusive na parte da modulação temporal. Na sequência, o julgamento foi suspenso por pedido de vista. V. STF, *Inf. STF*, *634*, RE 522.897/RN, rel. Min. Gilmar Mendes.

1.2. Controle judicial

Como visto, o controle judicial de constitucionalidade teve origem no direito norte-americano, tendo se consolidado e corrido mundo a partir da decisão da Suprema Corte no caso *Marbury v. Madison*, julgado em 1803. Embora herdeiro da tradição inglesa do *common law*, o direito constitucional americano não acolheu um dos fundamentos do modelo britânico, a *supremacia do Parlamento*, cujos elementos essenciais foram assim caracterizados por Dicey, em página clássica:

(i) poder do legislador de modificar livremente qualquer lei, fundamental ou não;

(ii) ausência de distinção jurídica entre leis constitucionais e ordinárias;

(iii) inexistência de autoridade judiciária ou qualquer outra com o poder de anular um ato do Parlamento ou considerá-lo nulo ou inconstitucional[111].

No sistema americano, justamente ao contrário, o princípio maior é o da *supremacia da Constituição*, cabendo ao Judiciário o papel de seu intérprete qualificado e final[112]. A lógica do *judicial review*, conquanto engenhosa em sua concepção, é de enunciação singela: se a Constituição é a lei suprema, qualquer lei com ela incompatível é nula. Juízes e tribunais, portanto, diante da situação de aplicar a Constituição ou uma lei com ela conflitante, deverão optar pela primeira. Se o poder de controlar a constitucionalidade fosse deferido ao Legislativo, e não ao Judiciário, um mesmo órgão produziria e fiscalizaria a lei, o que o tornaria onipotente.

A técnica do controle de constitucionalidade somente ingressou na Europa com a Constituição da Áustria, de 1920, seguindo a concepção peculiar de Hans Kelsen. Adotou-se ali uma fórmula distinta, com a criação de órgãos específicos para o desempenho da função: os tribunais constitucionais, cuja atuação tem natureza jurisdicional, embora não integrem necessariamente a estrutura do Judiciário. O modelo se expandiu notavelmen-

---

111. Dicey, *Introduction to the study of the law of the Constitution*, 1950, p. 90-1; Raul Machado Horta, *Curso de direito constitucional*, 2002, p. 147.

112. Eduardo García de Enterría, *La constitución como norma y el tribunal constitucional*, 1985, p. 50-1: "La técnica de atribuir a la Constitución el valor normativo superior, inmune a las Leyes ordinarias y más bien determinante de la validez de éstas, valor superior judicialmente tutelado, es la más importante creación, con el sistema federal, del constitucionalismo norteamericano y su gran innovación frente a la tradición inglesa de que surgió".

te após a 2ª Guerra Mundial, com a criação e instalação de tribunais constitucionais em inúmeros países da Europa continental, dentre os quais Alemanha (1949), Itália (1956), Chipre (1960) e Turquia (1961). No fluxo da democratização ocorrida na década de 70, foram instituídos tribunais constitucionais na Grécia (1975), Espanha (1978) e Portugal (1982). E também na Bélgica (1984). Nos últimos anos do século XX, foram criadas cortes constitucionais em países do leste europeu (como Polônia, República Tcheca, Hungria) e africanos (Argélia e Moçambique)[113].

No Brasil vigora o controle judicial, em um sistema eclético que combina elementos do modelo americano e do europeu continental.

2. Quanto ao momento de exercício do controle

2.1. Controle preventivo

Controle prévio ou preventivo é aquele que se realiza anteriormente à conversão de um projeto de lei em lei e visa a impedir que um ato inconstitucional entre em vigor. O órgão de controle, nesse caso, não declara a nulidade da medida, mas propõe a eliminação de eventuais inconstitucionalidades. É, como visto, o modo típico de atuação do Conselho Constitucional francês[114], sendo também adotado em Portugal[115].

---

113. A propósito, v. Jorge Miranda, *Manual de direito constitucional*, t. 2, 1996, p. 383 e s.; e Gustavo Binenbojm, *A nova jurisdição constitucional brasileira*, 2001, p. 39-40.

114. Constituição francesa, art. 61: "As leis orgânicas, antes de sua promulgação, e os regulamentos das Assembleias parlamentares, antes de sua aplicação, deverão ser submetidos ao Conselho Constitucional que se pronunciará sobre a conformidade destes com a Constituição. Para os mesmos fins, as leis poderão ser deferidas ao Conselho Constitucional, antes de sua promulgação, pelo Presidente da República, pelo Primeiro-Ministro, pelo Presidente da Assembleia Nacional, pelo Presidente do Senado ou por sessenta deputados ou sessenta senadores. Nos casos previstos nos dois parágrafos precedentes, o Conselho Constitucional deverá se pronunciar dentro do prazo de um mês. Todavia, se o Governo solicitar urgência, esse prazo será de oito dias. Nesses mesmos casos, a consulta ao Conselho Constitucional suspende o prazo de promulgação".

115. Constituição portuguesa, arts. 278 e 279. A "apreciação preventiva" da constitucionalidade pode ser requerida pelo Presidente da República, pelo Primeiro-Ministro, pelos Ministros da República ou um quinto dos Deputados à Assembleia da República, conforme a natureza do ato normativo em questão. Sobre o tema, v. J. J. Gomes Canotilho, *Direito constitucional e teoria da Constituição*, 2001, p. 872: "[No caso português] trata--se de uma verdadeira decisão jurisdicional sobre a constitucionalidade de projectos de actos normativos".

No Brasil há, igualmente, oportunidade para o controle prévio, de natureza política, desempenhado:

(i) pelo Poder Legislativo, no âmbito das comissões de constituição e justiça, existentes nas casas legislativas em geral, que se manifestam, usualmente, no início do procedimento legislativo, acerca da constitucionalidade da espécie normativa em tramitação[116];

(ii) pelo Poder Executivo, que poderá apor seu veto ao projeto aprovado pela casa legislativa, tendo por fundamento a inconstitucionalidade do ato objeto de deliberação, impedindo, assim, sua conversão em lei (como regra, uma lei nasce com a sanção, isto é, com a anuência do Chefe do Executivo ao projeto aprovado pelo Legislativo)[117].

Existe, ainda, uma hipótese de controle prévio de constitucionalidade, *em sede judicial*, que tem sido admitida no direito brasileiro. O Supremo Tribunal Federal tem conhecido de mandados de segurança, requeridos por parlamentares, contra o simples processamento de propostas de emenda à Constituição cujo conteúdo viole alguma das cláusulas pétreas do art. 60, § 4º. Em mais de um precedente, a Corte reconheceu a possibilidade de fiscalização jurisdicional da constitucionalidade de propostas de emenda à Constituição que veicularem matéria vedada ao poder reformador do Congresso Nacional[118].

2.2. Controle repressivo

Controle repressivo, sucessivo ou *a posteriori* é aquele realizado quando a lei já está em vigor, e destina-se a paralisar-lhe a eficácia. No direito brasileiro, como regra, esse controle é desempenhado pelo Poder Judiciário, por todos os seus órgãos, através de procedimentos variados, que

---

116. O art. 58 da Constituição Federal prevê que o Congresso Nacional e suas casas terão comissões permanentes, com as atribuições previstas em seus regimentos. Sobre a comissão de constituição e justiça, v. Regimento Interno da Câmara dos Deputados (art. 32, III) e do Senado Federal (art. 101).

117. Constituição Federal, art. 66, § 1º: "Se o Presidente da República considerar o projeto, no todo ou em parte, inconstitucional ou contrário ao interesse público, vetá-lo-á total ou parcialmente, no prazo de quinze dias úteis, contados da data do recebimento e comunicará, dentro de quarenta e oito horas, ao Presidente do Senado Federal os motivos do veto".

118. V. *RTJ, 99*:1031, 1982, MS 20.257, rel. Min. Moreira Alves; *RDA, 193*:266, 1993, MS 21.747, rel. Min. Celso de Mello; *RDA, 191*:200, 1993, MS 21.642, rel. Min. Celso de Mello; *RTJ, 165*:540, 1998, MS 21.648, rel. Min. Ilmar Galvão.

serão estudados oportunamente. Há alguns mecanismos de atuação repressiva pelo Legislativo (como a possibilidade de sustar atos normativos exorbitantes editados pelo Executivo) e pelo Executivo (como a recusa direta em aplicar norma inconstitucional). Em qualquer caso, havendo controvérsia acerca da interpretação de uma norma constitucional, a última palavra é do Judiciário.

O controle judicial no Brasil, no que diz respeito ao órgão que o exerce, poderá ser difuso ou concentrado e, no tocante ao modo em que suscitada a questão constitucional, poderá dar-se por via incidental ou principal.

3. Quanto ao órgão judicial que exerce o controle

3.1. Controle difuso

Do ponto de vista subjetivo ou orgânico, o controle judicial de constitucionalidade poderá ser, em primeiro lugar, difuso. Diz-se que o controle é *difuso* quando se permite a todo e qualquer juiz ou tribunal o reconhecimento da inconstitucionalidade de uma norma e, consequentemente, sua não aplicação ao caso concreto levado ao conhecimento da corte. A origem do controle difuso é a mesma do controle judicial em geral: o caso *Marbury v. Madison*, julgado pela Suprema Corte americana, em 1803.

De fato, naquela decisão considerou-se competência própria do Judiciário dizer o Direito, estabelecendo o sentido das leis. Sendo a Constituição uma lei, e uma lei dotada de supremacia, cabe a todos os juízes interpretá-la, inclusive negando aplicação às normas infraconstitucionais que com ela conflitem. Assim, na modalidade de controle difuso, também chamado sistema americano, todos os órgãos judiciários, inferiores ou superiores, estaduais ou federais, têm o poder e o dever de não aplicar as leis inconstitucionais nos casos levados a seu julgamento[119].

No Brasil, o controle difuso vem desde a primeira Constituição republicana, e subsiste até hoje sem maiores alterações. Do juiz estadual recém-concursado até o Presidente do Supremo Tribunal Federal, todos os órgãos judiciários têm o dever de recusar aplicação às leis incompatíveis com a Constituição.

---

119. V. Mauro Cappelletti, *O controle judicial de constitucionalidade das leis no direito comparado*, 1984, p. 77.

3.2. Controle concentrado

No sistema *concentrado*, o controle de constitucionalidade é exercido por um único órgão ou por um número limitado de órgãos criados especificamente para esse fim ou tendo nessa atividade sua função principal. É o modelo dos tribunais constitucionais europeus, também denominado sistema austríaco. Foi adotado pela primeira vez na Constituição da Áustria, de 1920, e aperfeiçoado por via de emenda, em 1929.

Em sua formulação típica, o controle concentrado, exercido por cortes constitucionais, expressava convicções doutrinárias de Hans Kelsen, seu idealizador, e que eram diversas das que prevaleceram nos Estados Unidos[120]. Além disso, duas outras razões fático-jurídicas induziram ao desenvolvimento de um modelo alternativo nos países continentais europeus: a) a inexistência de *stare decisis* em seus sistemas judiciais; b) a existência de magistratura de carreira para a composição dos tribunais.

Como se sabe, nos países que seguem a tradição do *common law*, em contraposição aos que se filiam à família romano-germânica, existe a figura da *stare decisis*. Esta expressão designa o fato de que, a despeito de exceções e atenuações, os julgados de um tribunal superior vinculam todos os órgãos judiciais inferiores no âmbito da mesma jurisdição[121]. Disso resulta que a decisão proferida pela Suprema Corte é obrigatória para todos os juízes e tribunais. E, portanto, a declaração de inconstitucionalidade em um caso concreto traz como consequência a não aplicação daquela lei a qualquer outra situação, porque todos os tribunais estarão subordinados à tese jurídica estabelecida. De modo que a decisão, não obstante referir-se a um litígio específico, produz efeitos gerais, em face de todos (*erga omnes*).

---

120. J. J. Gomes Canotilho, *Direito constitucional e teoria da Constituição*, 2001, p. 869: "À ideia de um controlo concentrado está ligado o nome de Hans Kelsen, que o concebeu para ser consagrado na constituição austríaca de 1920 (posteriormente aperfeiçoado na reforma de 1929). A concepção kelseniana diverge substancialmente da *judicial review* americana: o controlo constitucional não é propriamente uma *fiscalização judicial, mas uma função constitucional autónoma que tendencialmente se pode caracterizar como função de legislação negativa*. No juízo acerca da compatibilidade ou incompatibilidade (*Vereinbarkeit*) de uma lei ou norma com a constituição não se discutiria qualquer caso concreto (reservado à apreciação do tribunal *a quo*) nem se desenvolveria uma actividade judicial".

121. Bryan A. Garner (editor), *Black's law dictionary*, 1996: "The doctrine of precedent, under which it is necessary for courts to follow earlier judicial decisions when the same ponts arise again in litigation" (Doutrina do precedente, pela qual impõe-se a juízes e tribunais seguir a orientação firmada em decisões judiciais anteriores sempre que a mesma questão surja em uma nova demanda.).

Como essa não era a regra vigente nos sistemas judiciais europeus, optou-se pela criação de um órgão específico — um tribunal constitucional — para o desempenho de competência dessa natureza e alcance. Na perspectiva dos juristas e legisladores europeus, o juízo de constitucionalidade acerca de uma lei não tinha natureza de função judicial, operando o juiz constitucional como legislador negativo, por ter o poder de retirar uma norma do sistema. E vem daí o segundo fundamento para a decisão de se criar um órgão que não integrasse a estrutura do Poder Judiciário: o tribunal constitucional não deveria ser composto por juízes de carreira, mas por pessoas com perfil mais próximo ao de homens de Estado[122].

O modelo, como já assinalado anteriormente, foi amplamente seguido pelos países da Europa. No Brasil, a Emenda Constitucional n. 16, de 6 de dezembro de 1965, introduziu o controle concentrado de constitucionalidade, perante o Supremo Tribunal Federal, mediante representação do Procurador-Geral da República, também chamada de ação genérica. Isto porque já existia no sistema brasileiro a ação interventiva, igualmente de competência concentrada do Supremo Tribunal Federal, que figurava como pressuposto da decretação da intervenção federal nos Estados, em determinados casos.

4. Quanto à forma ou modo de controle judicial

4.1. Controle por via incidental

Diz-se controle *incidental* ou *incidenter tantum* a fiscalização constitucional desempenhada por juízes e tribunais na apreciação de casos concretos submetidos a sua jurisdição. É o controle exercido quando o pronunciamento acerca da constitucionalidade ou não de uma

---

122. Mauro Cappelletti, *O controle judicial de constitucionalidade das leis no direito comparado*, 1984, p. 89-90: "A atividade de interpretação e de atuação da norma constitucional, pela natureza mesma desta norma, é, não raro, uma atividade necessária e acentuadamente discricionária e, *lato sensu*, equitativa. Ela é, em suma, uma atividade mais próxima, às vezes — pela vastidão de suas repercussões e pela coragem e a responsabilidade das escolhas que ela necessariamente implica — da atividade do legislador e do homem de governo que dos juízes comuns: de maneira que pode-se bem compreender como Kelsen na Áustria, Calamandrei na Itália e outros não poucos estudiosos tenham considerado, ainda que, erradamente, em minha opinião, dever falar aqui de uma atividade de natureza legislativa (*Gesetzgebung* ou, pelo menos, *negative Gesetzgebung*) antes que de uma atividade de natureza propriamente jurisdicional".

norma faz parte do itinerário lógico do raciocínio jurídico a ser desenvolvido. Tecnicamente, a questão constitucional figura como *questão prejudicial*, que precisa ser decidida como premissa necessária para a resolução do litígio[123]. A declaração incidental de inconstitucionalidade é feita no exercício normal da função jurisdicional, que é a de aplicar a lei contenciosamente[124].

O controle incidental é por vezes referido, também, como controle por *via de exceção ou defesa*, porque normalmente a inconstitucionalidade era invocada pela parte demandada, para escusar-se do cumprimento da norma que reputava inválida. Todavia, a inconstitucionalidade pode ser suscitada não apenas como tese de defesa, mas também como fundamento da pretensão do autor, o que se tornou mais frequente com a ampliação das ações de natureza constitucional, inclusive e notadamente pelo emprego do mandado de segurança, tanto individual como coletivo.

Não se confundem, conceitualmente, o controle por via incidental — realizado na apreciação de um caso concreto — e o controle difuso — desempenhado por qualquer juiz ou tribunal no exercício regular da jurisdição. No Brasil, no entanto, como regra, eles se superpõem, sendo que desde o início da República o controle incidental é exercido de modo difuso. Somente com a arguição de descumprimento de preceito fundamental, criada pela Lei n. 9.982, de 3 de dezembro de 1999, cujas potencialidades ainda não foram integralmente exploradas, passou-se a admitir uma hipótese de controle incidental concentrado (v., *infra*).

4.2. Controle por via principal ou ação direta

Ao contrário do controle incidental, que segue a tradição americana, o controle por via *principal* é decorrente do modelo instituído na Europa, com os tribunais constitucionais. Trata-se de controle exercido fora de um

---

123. José Carlos Barbosa Moreira, *Comentários ao Código de Processo Civil*, v. 5, 2003, p. 29: "O segundo critério (critério formal) permite distinguir: um sistema de controle por via *incidental*, em que a questão da constitucionalidade é apreciada no curso de processo relativo a caso concreto, como questão prejudicial, que se resolve para assentar uma das premissas lógicas da decisão da lide; e um sistema de controle por via *principal*, no qual essa questão vem a constituir o objeto autônomo e exclusivo da atividade cognitiva do órgão judicial, sem nexo de dependência para com outro litígio".

124. M. Seabra Fagundes, *O controle dos atos administrativos pelo Poder Judiciário*, 1967, p. 23.

caso concreto, independente de uma disputa entre partes, tendo por objeto a discussão acerca da validade da lei em si. Não se cuida de mecanismo de tutela de direitos subjetivos, mas de preservação da harmonia do sistema jurídico, do qual deverá ser eliminada qualquer norma incompatível com a Constituição.

A ação direta é veiculada através de um processo objetivo, no qual não há lide em sentido técnico, nem partes. Devido a seu caráter institucional — e não de defesa de interesses —, a legitimação para suscitar o controle por via principal, isto é, para propor ação direta de inconstitucionalidade, é limitada a determinados órgãos e entidades. Em seu âmbito, como regra, será objeto de debate a norma existente e seu alegado contraste com a Constituição. Todavia, poderá servir, também, para a declaração pela corte constitucional da inconstitucionalidade de uma omissão, da inércia ilegítima na edição de norma reclamada pela Lei Maior.

O controle por via principal é associado ao controle concentrado e, no Brasil, terá normalmente caráter abstrato, consistindo em um pronunciamento em tese[125]. Contudo, assim como controle incidental e difuso não são sinônimos, tampouco se confundem a fiscalização principal e concentrada. É certo que, como regra, há no direito brasileiro coincidência entre ambas, mas tal circunstância não é universal. Ao contrário, nos países europeus existem exemplos nos quais ocorrerá controle concentrado, exercido pelo tribunal constitucional, mas por via incidental[126].

---

125. Configura exceção a denominada ação direta interventiva, titularizada pelo Procurador-Geral da República, cujo acolhimento pelo Supremo Tribunal Federal é requisito de admissibilidade para a intervenção federal. Nesse caso, a manifestação não é em tese, mas in concreto. V. Clèmerson Merlin Clève, A fiscalização abstrata de constitucionalidade no direito brasileiro, 2000, p. 76.

126. José Carlos Barbosa Moreira, Comentários ao Código de Processo Civil, v. 5, 2003, p. 30: "Características ecléticas apresentam os sistemas atuais de controle na Itália e na República Federal da Alemanha, que reconhecem a um único órgão judicial competência para apreciar a questão da constitucionalidade, mas lhe deferem o exercício dessa competência quer por via principal (mediante provocação de algum legitimado), quer por via incidental, a propósito de caso concreto, sujeito à cognição de qualquer outro órgão judicial, que submete a questão à Corte Constitucional, a fim de que esta a resolva com força vinculativa, ficando suspenso, nesse meio-tempo, o processo em que se suscitou a questão. Na mesma corrente insere-se a nova Constituição espanhola, de 1978 (arts. 161 a 163)".

VI — LEGITIMIDADE DO CONTROLE DE CONSTITUCIONALIDADE[127]

A questão da legitimidade democrática da jurisdição constitucional e do controle de constitucionalidade, embora não tenha sido totalmente ignorada pela doutrina brasileira[128], não foi, até o início do milênio, tema de especial sedução para os autores nacionais[129]. É certo que, no Brasil, o

---

127. O tema é objeto de volumosa literatura nos Estados Unidos. Vejam-se, exemplificativamente: John Hart Ely, *Democracy and distrust*, 1980; Alexander M. Bickel, *The least dangerous branch*, 1986; Charles Black Jr., *The people and the court*, 1960; Herbert Wechsler, Towards neutral principles of constitutional law, *Harvard Law Review*, 73:1, 1959; Robert Bork, Neutral principles and some first amendment problems, *Indiana Law Journal*, 47:1, 1971; Bruce Ackerman, Beyond Carolene Products, *Harvard Law Review*, 98, 1985; Ronald Dworkin, *Taking rights seriously*, 1997; Edwin Meese III, The law of the Constitution, *Tulane Law Review*, 61:979, 1987; Rebecca I. Brown, Accountability, liberty, and the Constitution, *Columbia Law Review*, 98:531, 1998. Na doutrina europeia, vejam-se: Robert Alexy, *Teoría de la argumentación jurídica*, 1997; Jürgen Habermas, *Direito e democracia: entre faticidade e validade*, 2 v., 1997; Peter Häberle, *Hermenêutica constitucional: a sociedade aberta dos intérpretes da Constituição*, 1997; Eduardo García de Enterría, *La constitución como norma y el tribunal constitucional*, 1991. No Brasil, vejam-se: Willis Santiago Guerra Filho, Derechos fundamentales, proceso y principio da proporcionalidad, *Separata de Ciência Tomista*, Salamanca, t. 124, n. 404, 1997; Oscar Vilhena Vieira, *A Constituição e sua reserva de justiça*, 1999; Cláudio Pereira de Souza Neto, *Jurisdição constitucional, democracia e racionalidade prática*, 2002; José Adércio Leite Sampaio, *A Constituição reinventada pela jurisdição constitucional*, 2002, p. 60 e s. ("Discurso de legitimidade da jurisdição constitucional e as mudanças legais do regime de constitucionalidade no Brasil"); Gustavo Binenbojm, *A nova jurisdição constitucional brasileira*, 2001.

128. De fato, a questão vem contemplada por Lúcio Bittencourt, *O controle jurisdicional da constitucionalidade das leis*, cuja primeira edição é de 1949, texto objeto de uma reimpressão fac-similar patrocinada pelo Ministério da Justiça em 1997, de cuja edição se extrai, da p. 21: "Argui-se, todavia, que a doutrina americana, acarretando a supremacia do Judiciário, opõe-se aos princípios democráticos, pois, enquanto em relação ao Congresso, de eleição a eleição, o povo pode escolher os seus representantes de acordo com a filosofia política dominante, no caso do Judiciário a estabilidade dos juízes impede que se reflita nos julgados a variação da vontade popular". Na sequência, o autor relata brevemente como o tema foi encarado no direito americano. Ao todo, a questão foi tratada em três parágrafos. O assunto, no entanto, não se tornou recorrente na doutrina nacional, somente merecendo discussão mais aprofundada alguns anos após a vigência da Constituição de 1988.

129. V. a excelente dissertação de mestrado de Cláudio Pereira de Souza Neto, *Jurisdição constitucional, democracia e racionalidade prática*, 2002. Gustavo Binenbojm, também em dissertação de mestrado (*A nova jurisdição constitucional brasileira*, 2001), dedica um denso capítulo à questão. E José Adércio Leite Sampaio (*Discurso de legitimi-*

controle de constitucionalidade foi introduzido de forma *expressa* pela Constituição de 1891, em norma positiva que implicava inequivocamente a fiscalização incidental e difusa das normas infraconstitucionais. Não se sujeitou, assim, à polêmica doutrinária que marcou sua criação nos Estados Unidos. Nem tampouco se verificou aqui, por razões múltiplas, o debate ideológico que acompanhou sua implantação na Europa[130].

Nos Estados Unidos, como visto, o *judicial review* não teve assento expresso no texto constitucional, havendo resultado de uma construção jurisprudencial levada a efeito por John Marshall, em *Marbury v. Madison* (v., *supra*). O controle no sistema americano era — e ainda é — realizado no desempenho normal da atividade judicial, de modo incidental e difuso. No modelo europeu, ao revés, foram criados tribunais constitucionais, fora da estrutura ordinária do Poder Judiciário, com a função específica de guarda da Constituição, competência que exercem privativamente, de forma concentrada, embora o acesso à corte possa se dar de modo principal (ação direta) ou incidental.

Nos dois sistemas, a consequência prática da declaração de inconstitucionalidade pela Suprema Corte ou pelo Tribunal Constitucional importa na paralisação da eficácia da norma, com alcance *erga omnes*, ou em sua retirada do sistema jurídico, atividade equiparada à de um legislador *negativo* (que não cria norma, mas pode suprimi-la). Diversas críticas foram dirigidas, desde o primeiro momento, a essa função pela qual o juízo feito pelos

---

dade da jurisdição constitucional e as mudanças legais do regime de constitucionalidade no Brasil, in Daniel Sarmento (org.), *O controle de constitucionalidade e a Lei 9.868/99*, 2001) procede a um amplo levantamento das doutrinas americana e europeia acerca do assunto, em valioso esforço de sistematização.

130. O tema foi objeto de acirrada polêmica entre Carl Schmitt e Hans Kelsen acerca de quem deveria ser o defensor da Constituição. Criticando a ideia sustentada por Kelsen acerca da conveniência da criação de um tribunal constitucional, escreveu Schmitt, Das Reichsgericht als Hüter der Verfassung, in Carl Schmitt, *Verfassungsrechtliche Aufsätze aus den Jahren 1924-1954*, 1958, p. 98: "Eine hemmungslose Expansion der Justiz würde nicht etwa den Statt in Gerichtsbarkeit, sondern umgekehrt die Gerichte in politische Instanzen verwandeln. Es würde nicht etwa die Politik juridifiziert, sondern die Justiz politisiert. Verfassungsjustiz wäre dann ein Widerspruch in sich" ("Uma expansão ilimitada da justiça não transformaria o Estado em jurisdição, mas sim, inversamente, os tribunais em instâncias políticas. Isso não jurisdicizaria a política, mas sim politizaria a justiça. Justiça constitucional seria então uma contradição em si mesma.") (tradução livre). Sobre outros aportes críticos à criação de uma justiça constitucional, v. Eduardo García de Enterría, *La constitución como norma y el tribunal constitucional*, 1991, p. 157 e s.

tribunais acerca de uma lei sobrepõe-se ao do legislador. As impugnações foram de natureza política, doutrinária e ideológica. Duas delas são destacadas a seguir.

A primeira: a denominada dificuldade contramajoritária (*countermajoritarian difficulty*)[131], resultante do argumento de que órgãos compostos por agentes públicos não eletivos não deveriam ter competência para invalidar decisões dos órgãos legitimados pela escolha popular. Segunda: os pronunciamentos dos órgãos judiciais, uma vez esgotados os recursos processuais cabíveis — e que se exaurem no âmbito do próprio Judiciário —, não estão sujeitos a qualquer tipo de controle democrático, salvo a hipótese complexa e pouco comum de sua superação por via de emenda à Constituição[132]. Nos Estados Unidos, o questionamento à legitimidade do controle judicial de constitucionalidade foi reavivado e aprofundado como reação à jurisprudência progressista da Suprema Corte sob a presidência de Earl Warren

---

131. Alexander Bickel, *The last dangerous branch*, 1986, p. 16 e s. V. também Stone, Seidman, Sunstein e Tushnet, *Constitutional law*, 1996, p. 45 e s., e Laurence Tribe, *American constitutional law*, 2000, p. 302 e s. Bruce Ackerman questiona a referência à *countermajoritarian difficulty*, sob o fundamento de que ela é falsa. Segundo ele, ao invocar a Constituição, a Corte está tratando de dispositivos que foram aprovados por diversas maiorias, representadas pelos corpos legislativos que propuseram e ratificaram a Constituição original e suas emendas. E conclui o professor de Yale: "Em lugar de uma dificuldade contramajoritária, o mais natural e óbvio é identificar uma dificuldade intertemporal" (Discovering the Constitution, *Yale Law Journal, 93*:1013, 1984, p. 1023 e 1049).

132. Em quatro ocasiões, nos Estados Unidos, emendas constitucionais foram aprovadas para alterar interpretações estabelecidas pela Suprema Corte (v., supra). No Brasil, a Emenda Constitucional n. 19, de 4 de junho de 1998, modificou a redação do inciso XI do art. 37, para explicitar que no limite máximo de remuneração dos servidores públicos estavam incluídas as vantagens pessoais. Sob a vigência da redação anterior, embora o dispositivo se referisse a remuneração "a qualquer título", pareceu ao Supremo Tribunal Federal que em tal locução não se incluíam as vantagens pessoais (RTJ, 130:475, 1989, ADIn 14, rel. Min. Célio Borja. V. sobre o tema o voto vencido do Min. Marco Aurélio, no RE 141.788-9-CE, DJU, 18 jun. 1993, rel. Min. Sepúlveda Pertence). A EC n. 19/98, portanto, mudou o relato da norma para superar a interpretação do STF. Na mesma linha, a Emenda Constitucional n. 29, de 13 de setembro de 2000, suprimiu a referência à função social da propriedade, no dispositivo que cuida da progressividade do IPTU (art. 156, § 1º, I), à vista da interpretação restritiva que o STF dera à cláusula (e. g., RTJ, 175:371). O mesmo se passou com a Emenda Constitucional n. 39, de 19 de dezembro de 2002, que veio permitir expressamente a cobrança de contribuição para o custeio do serviço de iluminação pública, anteriormente vedada pelo STF.

(1953-1969) e de Warren Burger (1969-1986), indo da crítica radical[133] até atenuações moderadas[134].

É fora de dúvida que a tese da legitimidade do controle de constitucionalidade foi amplamente vitoriosa, assim no debate acadêmico como na prática jurisprudencial, sem embargo da sucessão de períodos de maior ou menor ativismo judicial. Seu êxito deveu-se a argumentos de lógica aparentemente irrefutável. Dentre eles, alinham-se alguns a seguir. A Constituição, obra do poder constituinte originário e expressão mais alta da soberania popular, está acima do poder constituído, subordinando inclusive o legislador. Se a Constituição tem *status* de norma jurídica, cabe ao Judiciário interpretá-la e aplicá-la. Ainda quando decida conflitos de natureza política, os critérios e métodos dos órgãos judiciais e das cortes constitucionais são jurídicos. Em uma proposição: o Judiciário, ao interpretar as normas constitucionais, revela a vontade do constituinte, isto é, do povo, e a faz prevalecer sobre a das maiorias parlamentares eventuais.

Essa linha de argumentação funda-se sobre a premissa de que a interpretação constitucional seja uma atividade mecânica, subsuntiva de determinados fatos à dicção inequívoca da norma. Não se tratando, portanto, do exercício de uma competência livre ou discricionária, não se está diante de qualquer risco democrático. O órgão judicial não impõe *sua* vontade nem *seu* próprio juízo

---

133. A crítica de viés conservador, estimulada por longo período de governos republicanos, veio embalada por uma corrente doutrinária denominada *originalismo*, defensora da ideia pouco consistente de que a interpretação constitucional deveria ater-se à intenção original dos criadores da Constituição. Sobre o tema, v. Robert Bork, *The tempting of America*, 1990, e William Rehnquist, The notion of a living Constitution, *Texas Law Review, 54*:693, 1976. Em sentido oposto, v. Morton J. Horwitz, Foreword: the Constitution of change: legal fundamentality without fundamentalism, *Harvard Law Review, 107*:30, 1993, e Laurence Tribe, *American constitutional law*, 2000, p. 302 e s. Para uma breve análise do tema em língua portuguesa, com referências bibliográficas mais amplas, v. Luís Roberto Barroso, *Interpretação e aplicação da Constituição*, 2003, p. 112-5.

134. V., nesse sentido, John Hart Ely, *Democracy and distrust*, 1980, cuja visão procedimentalista da Constituição, que denomina *representation reinforcing approach*, considera legítima a intervenção judicial quando o processo político esteja funcionando mal, obstaculizando as possibilidades de mudança ou discriminando minorias. Casos em que, "either by clogging the channels of change or by acting as accessories to majority tyranny, our elected representatives in fact are not representing the interests of those whom the system presupposes they are" (p. 103). Vale aqui anotar uma curiosidade: o livro de Ely se abre com uma afetuosíssima dedicatória a Earl Warren, o *Chief Justice* que liderou a Suprema Corte no auge de seu ativismo judicial, assim vazada: *"For Earl Warren. You don't need many heroes if you choose them carefully"*.

de valores, mas apenas submete os legisladores atuais a escolhas prévias feitas pelo povo[135]. Essa maneira de ver a questão teve amplo curso e foi acolhida de forma expressa na jurisprudência da Suprema Corte americana[136].

O debate, todavia, tornou-se um pouco mais sofisticado, deslocando-se para a confluência do direito constitucional com a filosofia do direito e a teoria democrática. O primeiro conjunto de argumentos legitimadores da jurisdição constitucional, como visto, fundou-se no pressuposto liberal-positivista que considera o ato jurisdicional um ato de conhecimento (cognitivo), de simples revelação da vontade contida na norma, não envolvendo *criação* ou *escolhas* pelo intérprete. Presta-se, assim, deferência absoluta ao princípio da separação de Poderes: o juiz limita-se a fazer atuar a decisão do constituinte ou do legislador.

A moderna dogmática jurídica, no entanto, de longa data já não endossa a crença de que as normas jurídicas tenham, invariavelmente, sentido unívoco, oferecendo uma única solução possível para os casos concretos aos quais se aplicam. Em muitas hipóteses, a norma — especialmente a norma constitucional, quando tem conteúdo fluido e textura aberta — oferece um conjunto de possibilidades interpretativas, figurando como uma moldura dentro da qual irá atuar a criatividade do intérprete. Como consequência, a atividade de interpretação da norma consistirá também em um ato de *vontade* (volitivo), uma escolha, envolvendo uma valoração específica feita pelo intérprete. Tal escolha é vista por parte da doutrina como o exercício de uma discrição judicial[137].

---

135. Stone, Seidman, Sunstein e Tushnet, *Constitutional law*, 1996, p. 37.

136. No julgamento de *United States v. Butler* (297 U.S. 1 [1936]), assentou a Corte, textualmente: "Afirma-se vez por outra que a corte assume o poder de reformar ou controlar a atuação dos representantes do povo. Esta é uma concepção equivocada. Quando um ato do Congresso é apropriadamente impugnado perante os tribunais, por não conformar-se aos ditames constitucionais, o Poder Judiciário tem apenas um dever — colocar o artigo da Constituição que tenha sido invocado lado a lado com o dispositivo legal impugnado e decidir se este último enquadra-se no primeiro". Essa distinção entre *vontade* e *julgamento* já havia sido feita por Hamilton, no Federalista n. 78.

137. As ideias enunciadas nesse parágrafo têm a adesão do próprio Kelsen, como já assinalado (v., *supra*), para quem a interpretação da lei não deve conduzir a uma única solução correta, havendo uma moldura dentro da qual existem várias possibilidades; cabe ao intérprete a escolha de uma delas. Assim, o ato jurisdicional será simultaneamente um ato de cognição e um ato de vontade. Ainda segundo Kelsen, a determinação de qual possibilidade é a "correta" não se situa no âmbito da teoria do Direito, mas da política do Direito. V. *Teoria pura do direito*, 1979, p. 466 e s.

Ora bem: se o juiz constitucional utiliza-se da vontade, identifica valores substantivos e faz escolhas — isto é, se o ato judicial não é meramente cognitivo, mas também volitivo —, cai por terra a legitimação do controle de constitucionalidade com base na concepção tradicional da separação de Poderes. Este impasse ao qual chegou o conhecimento convencional, também denominado liberal-positivista, levou a nova dogmática e a nova hermenêutica jurídico-constitucionais — batizadas como pós-positivismo — à busca de novos fundamentos de legitimidade para a jurisdição constitucional. Nesse novo paradigma pós-positivista, parte do esforço empreendido consiste em minimizar o conteúdo discricionário do elemento volitivo da decisão constitucional, revestindo-o de uma fundamentação racional, que deve ser compartilhada com a comunidade[138].

Na quadra atual, onde é clara a insuficiência da teoria da separação dos Poderes, assim como inelutável a superação do modelo de democracia puramente representativa, multiplicam-se os argumentos de legitimação da jurisdição constitucional. Alguns deles:

— o acolhimento generalizado da jurisdição constitucional representa uma ampliação da atuação do Judiciário, correspondente à busca de um novo equilíbrio por força da expansão das funções dos outros dois Poderes no âmbito do Estado moderno[139];

— a jurisdição constitucional é um instrumento valioso na superação do déficit de legitimidade dos órgãos políticos eletivos[140], cuja composição

---

138. V. Cláudio Pereira de Souza Neto, *Jurisdição constitucional, democracia e racionalidade prática*, 2002, p. 330: "O pós-positivismo crê na possibilidade de se fundamentarem racionalmente as pretensões normativas. No âmbito das teorias que buscam superar o impasse deixado pelo positivismo jurídico se encontram a tópica, a teoria dos princípios e a teoria do discurso. Todas essas perspectivas sublinham o fato de que o direito não pode ser reduzido à faticidade da coação estatal, mas deve também perseguir a legitimidade produzida pela adesão da comunidade à qual se dirige".

139. José Adércio Leite Sampaio, *Discurso de legitimidade da jurisdição constitucional e as mudanças legais do regime de constitucionalidade no Brasil*, in Daniel Sarmento (org.), *O controle de constitucionalidade e a Lei 9.868/99*, 2001, p. 167: "A existência de uma judicatura atuante, sobretudo na forma de tribunais especializados, decorreu, para alguns, da necessidade de equilibrar os incrementos de funções dos outros dois poderes, Legislativo e Executivo, com o crescimento do papel do Estado e sobretudo do *welfare state*".

140. Veja-se, a propósito, o preciso comentário de Laurence Tribe, *American constitutional law*, 2000, p. 304-5: "Of course, it is possible to show that legislatures are hardly perfect democratic, and that judges are often responsive to public opinion".

e atuação são muitas vezes desvirtuadas por fatores como o abuso do poder econômico, o uso da máquina administrativa, a manipulação dos meios de comunicação, os grupos de interesse e de pressão, além do sombrio culto pós-moderno à imagem sem conteúdo;

— juízes e tribunais constitucionais são insubstituíveis na tutela e efetivação dos direitos fundamentais, núcleo sobre o qual se assenta o ideal substantivo de democracia[141];

— a jurisdição constitucional deve assegurar o exercício e desenvolvimento dos procedimentos democráticos, mantendo desobstruídos os canais de comunicação, as possibilidades de alternância no poder e a participação adequada das minorias no processo decisório.

Esses temas são aprofundados no âmbito da filosofia do direito e da teoria política. Para os fins aqui visados, é boa hora de concluir a discussão, correlacionando a questão da legitimidade do controle de constitucionalidade e do desempenho da jurisdição constitucional com dois outros conceitos-chave subjacentes ao Estado constitucional, ainda que em fase de reavaliação: o dogma da vontade da maioria e a separação de Poderes[142].

A democracia não se assenta apenas no princípio majoritário, mas, também, na realização de valores substantivos, na concretização dos direitos fundamentais e na observância de procedimentos que assegurem a participação livre e igualitária de todas as pessoas nos processos decisórios.

---

141. Gustavo Binenbojm, *A nova jurisdição constitucional brasileira*, 2001, p. 224, condensando as lições de Dworkin e Habermas, lavrou, em síntese feliz: "A jurisdição constitucional é, portanto, uma instância de poder contramajoritário, no sentido de que sua função é mesmo a de anular determinados atos votados e aprovados, majoritariamente, por representantes eleitos. Nada obstante, entende-se, hodiernamente, que os princípios e direitos fundamentais, constitucionalmente assegurados, são, em verdade, condições estruturantes e essenciais ao bom funcionamento do próprio regime democrático; assim, quando a justiça constitucional anula leis ofensivas a tais princípios ou direitos, sua intervenção se dá *a favor*, e não contra a democracia. Esta a fonte maior de legitimidade da jurisdição constitucional".

142. V., sobre o tema, Cláudio Pereira de Souza Neto, *Jurisdição constitucional, democracia e racionalidade prática*, 2002, p. 338, em passagem na qual deixa nítida sua confessada influência pela obra de Habermas: "A legitimação da jurisdição constitucional será, portanto, obtida por duas vias combinadas fundamentais — através da conclusão de que o ato jurisdicional não é um ato de mera vontade, mas sim um ato racionalizado dialogicamente, e através da conclusão de que o princípio majoritário pode ser limitado pelo próprio procedimento democrático. Nessa perspectiva, os tribunais constitucionais são considerados como guardiões do processo deliberativo democrático".

A tutela desses valores, direitos e procedimentos é o fundamento de legitimidade da jurisdição constitucional. Partindo dessas premissas, parece plenamente possível conciliar democracia e jurisdição constitucional, quer se defenda uma noção procedimental de Constituição — que privilegia a definição das regras do jogo político, cuja observância legitimaria os resultados produzidos —, quer se opte por um modelo substancialista[143] — no qual certas opções materiais já estariam predefinidas.

Na verdade, é possível identificar uma importante zona de superposição entre esses dois enfoques: ambas as correntes destacam o caráter imprescindível de certos direitos fundamentais, seja como pressuposto para a deliberação, seja como pautas mínimas inerentes à dignidade humana[144]. Trilhando caminhos diversos, as correntes chegam a um ponto comum naquilo que é verdadeiramente essencial. Tal constatação não tem por finalidade negar as particularidades de cada uma dessas linhas, mas sim corroborar a importância reforçada dos elementos comuns. Assim, da confluência das duas vertentes parece possível extrair com segurança a afirmação de que a Constituição desempenha dois papéis principais, mutuamente implicados.

O primeiro é veicular consensos mínimos, essenciais para a dignidade das pessoas e para o funcionamento do regime democrático, que não devem ser preteridos por maiorias políticas ocasionais. O segundo é assegurar o espaço próprio do pluralismo político, representado pelo abrangente conjunto de decisões que não podem ser subtraídas dos órgãos eleitos pelo povo a cada momento histórico. A Constituição não pode abdicar da salvaguarda

---

143. Atualmente, as matrizes mais discutidas de procedimentalismo e substancialismo são as formuladas pelo alemão Jürgen Habermas e pelo norte-americano John Rawls, respectivamente. Para uma análise densa e sistemática dos modelos, com as indicações bibliográficas pertinentes, v. Cláudio Pereira de Souza Neto, *Teoria constitucional e democracia deliberativa: um estudo sobre o papel do direito na garantia das condições para a cooperação na deliberação democrática*, 2005.

144. Ana Paula de Barcellos, Neoconstitucionalismo, direitos fundamentais e controle das políticas públicas, *RDA*, 240:88, 2005: "É bem de ver que o conflito substancialismo *versus* procedimentalismo não opõe realmente duas ideias antagônicas ou totalmente inconciliáveis. O procedimentalismo, em suas diferentes vertentes, reconhece que o funcionamento do sistema de deliberação democrática exige a observância de determinadas condições, que podem ser descritas como opções materiais e se reconduzem a opções valorativas ou políticas. Com efeito, não haverá deliberação majoritária minimamente consciente e consistente sem respeito aos direitos fundamentais dos participantes do processo deliberativo, o que inclui a garantia das liberdades individuais e de determinadas condições materiais indispensáveis ao exercício da cidadania".

de valores essenciais e da promoção de direitos fundamentais, mas não deve ter, por outro lado, a pretensão de suprimir a deliberação legislativa majoritária e juridicizar além da conta o espaço próprio da política[145].

O outro conceito que reclama releitura é o longevo princípio da separação dos Poderes, que passa a conviver com realidades novas e inexoráveis, às quais precisa adaptar-se. Dentre elas, a de que a interpretação judicial — inclusive e sobretudo a interpretação da Constituição — frequentemente envolverá, além de um ato de conhecimento, um ato de vontade por parte do intérprete. Tal vontade, todavia, não deve ser tida como livre ou discricionária, mas subordinada aos princípios que regem o sistema constitucional, às circunstâncias do caso concreto, ao dever de fundamentação racional e ao debate público.

O próprio papel do Judiciário tem sido redimensionado. No Brasil dos últimos anos, deixou de ser um departamento técnico especializado e passou a desempenhar um papel político[146], dividindo espaço com o Legislativo e o Executivo. Tal circunstância acarretou uma modificação substantiva na relação da sociedade com as instituições judiciais[147]. É certo que os métodos de atuação e de argumentação empregados por juízes e tribunais são *jurídicos*, mas a natureza de sua função é inegavelmente *política*. Embora os órgãos judiciais não sejam integrados por agentes públicos eleitos, o poder de que são titulares, como todo poder em um Estado democrático, é repre-

---

145. O tema ainda é pouco explorado na doutrina nacional. V., no entanto, o trabalho-pesquisa elaborado por Luiz Werneck Vianna, Maria Alice de Carvalho, Manuel Cunha Melo e Marcelo Baumann Burgos, *A judicialização da política e das relações sociais no Brasil*, 1999. E também, para duas visões diversas, Luiz Werneck Vianna (org.), *A democracia e os três Poderes no Brasil*, 2002, e Rogério Bastos Arantes, *Ministério Público e política no Brasil*, 2002. Para uma análise crítica desses dois trabalhos, v. Débora Alves Maciel e Andrei Koerner, Sentidos da judicialização da política: duas análises, *Lua nova*, 57:113, 2002.

146. Nesse sentido, v. Rafael Thomaz Favetti, *Controle de constitucionalidade e política fiscal*, 2003, p. 94: "Desta forma, diante do novo quadro político e econômico desafiador, o Poder Judiciário, fundado — como a própria democracia — em um ambiente guiado pela *incerteza organizada*, passa a desempenhar um papel político real a partir da Constituição de 1988".

147. Uma das características da vida contemporânea no Brasil é, precisamente, a judicialização de inúmeras questões políticas e relações sociais. Sobre o tema, vejam-se: Luiz Werneck Vianna, Marcelo Baumann Burgos e Paula Martins Salles, Dezessete anos de judicialização da política, *Cadernos CEDES*, v. 8, 2007 (http://www.cedes.iuperj.br/), e Luís Roberto Barroso, Neoconstitucionalismo e constitucionalização do direito (O triunfo tardio do direito constitucional no Brasil), *RDA*, 240:1, 2005.

sentativo. Vale dizer: é exercido em nome do povo e deve contas à sociedade. Essa constatação ganha maior realce quando se trata do Tribunal Constitucional ou do órgão que lhe faça as vezes, pela repercussão e abrangência de suas decisões e pela peculiar proximidade entre a Constituição e o fenômeno político[148].

O reconhecimento desse caráter político da jurisdição constitucional impõe redobrada cautela para que ela não se partidarize ou se desvirtue em instrumento de disputa pelo poder. Isto seria a sua ruína. Embora já não sejam cultivados o mito da objetividade plena ou a ficção da neutralidade do intérprete, o Judiciário deve ser um foro imparcial, onde impere o respeito ao fato e ao valor do pluralismo[149]. Um espaço no qual reine a *razão pública*[150]. Isso significa que as decisões judiciais não se podem fundar em

---

148. Luís Roberto Barroso, *Interpretação e aplicação da Constituição*, 2004, p. 111: "A despeito de seu caráter político, a Constituição materializa a tentativa de conversão do poder político em poder jurídico. Seu objeto é um esforço de juridicização do fenômeno político. Mas não se pode pretender objetividade plena ou total distanciamento das paixões em um domínio onde se cuida da partilha do poder em nível horizontal e vertical e onde se distribuem competências de governo, administrativas, tributárias, além da complexa delimitação dos direitos dos cidadãos e suas relações entre si e com o Poder Público. Porque assim é, a jurisdição constitucional, por mais técnica e apegada ao direito que possa e deva ser, jamais se libertará de uma dimensão política, como assinalam os autores mais ilustres".

149. Um dos pressupostos dos desenvolvimentos recentes à teoria democrática é o reconhecimento do "fato do pluralismo", que impõe a busca de pontos consensuais mínimos em que se possa fundar a ordem política. A tutela da multiplicidade constitui um limite à atuação dos órgãos de representação popular, que poderão imprimir sua orientação ideológica na condução dos negócios públicos — como é da lógica do princípio majoritário —, mas não poderão inviabilizar a participação dos grupos minoritarios ou discriminá-los, negando-lhes qualquer espaço de autodeterminação. Essas ideias ocupam lugar de destaque na obra do jusfilósofo argentino Carlos Santiago Nino, considerado um dos principais teóricos da chamada democracia deliberativa. Na visão desse autor, uma das hipóteses legítimas de exercício da jurisdição constitucional seria justamente evitar que as maiorias invadam a esfera de autonomia individual, a pretexto de um autoritário perfeccionismo moral. V. Carlos Santiago Nino, La Constitución de la democracia deliberativa, 1997, pp. 277-80.

150. John Rawls, *Liberalismo político*, 1996, pp. 224-5: "Los magistrados de la Suprema Corte no pueden, por supuesto, invocar su propia moral personal, ni los ideales y virtudes de la moralidad en general. Deberán considerar esos valores e ideales ajenos al caso constitucional. De igual manera, tampoco pueden invocar sus puntos de vista religiosos o filosóficos ni los de otras personas. Tampoco pueden citar irrestrictamente los valores políticos. En cambio, deben recurrir a los valores políticos que en su opinión pertenecen a la comprensión más razonable de la concepción pública de la justicia y de razón pública. Éstos

doutrinas abrangentes ou em pontos de vista sectários — religiosos, filosóficos, morais, econômicos ou de qualquer outro tipo —, ainda quando espelhem concepções majoritárias na sociedade. Pelo contrário, as cortes devem buscar argumentos que possam ser reconhecidos como legítimos por todos os grupos sociais dispostos a um debate franco e aberto, ainda que venham a discordar dos resultados obtidos em concreto.

Na configuração moderna do Estado e da sociedade, a ideia de democracia já não se reduz à prerrogativa popular de eleger representantes, nem tampouco às manifestações das instâncias formais do processo majoritário. Vive-se a era da *democracia deliberativa*[151], em que o debate público amplo, realizado em contexto de livre circulação de ideias e de informações, e observado o respeito aos direitos fundamentais, desempenha uma função racionalizadora e legitimadora de determinadas escolhas políticas. Embora as decisões do Supremo Tribunal, como de qualquer corte constitucional, sejam finais, elas não cabem em si mesmas: são influenciadas pela realidade subjacente e, ao mesmo tempo, exercem sobre ela um poder de conformação. A legitimidade de uma decisão judicial, como a do poder em geral, situa-se na confluência entre o consentimento e o respeito.

VII — Sistema brasileiro de controle de constitucionalidade

1. Antecedentes do modelo em vigor

Ausente do regime da Constituição imperial de 1824, o controle de constitucionalidade foi introduzido no Brasil com a República[152], tendo

---

son los valores en los que creen de buena fe, como lo exige el deber de civilidad, y que se espera que suscriban todos los ciudadanos en tanto que personas razonables y racionales". Uma observação é pertinente: o intérprete nunca conseguirá libertar-se completamente de suas próprias convicções e preconceitos. Sem embargo, deve fazer um esforço consciente em direção à racionalidade possível, que é fator de legitimidade de sua atuação". Nesse sentido, v. Luís Roberto Barroso, *Interpretação e aplicação da Constituição*, 2004, pp. 277-293.

151. Sobre democracia deliberativa, v. Carlos Santiago Nino, *La Constitución de la democracia deliberativa*, 1997. E também: John Rawls, *Uma teoria da justiça*, 1997 e Jürgen Habermas, *Direito e democracia*: entre faticidade e validade, 1997. O tema começa a merecer a atenção da doutrina brasileira, com destaque para Cláudio Pereira de Souza Neto, *Teoria constitucional e democracia deliberativa: um estudo sobre o papel do direito na garantia das condições para a cooperação na deliberação democrática*, 2005.

152. A previsão já constava da Constituição Provisória de 1890 (art. 58, § 1º, *a* e *b*), que não chegou a viger, bem como do Decreto n. 848, de 11 de outubro de 1890 (art. 9º, parágrafo único, *a* e *b*).

recebido previsão expressa na Constituição de 1891 (arts. 59 e 60)[153]. Da dicção dos dispositivos relevantes extraía-se a competência das justiças da União e dos Estados para pronunciarem-se acerca da invalidade das leis em face da Constituição[154]. O modelo adotado foi o americano, sendo a fiscalização exercida de modo incidental e difuso. Com alterações de pequena monta, a fórmula permaneceu substancialmente a mesma ao longo de toda a República, chegando à Constituição de 1988.

Com a Constituição de 1934 foi introduzido um caso específico de controle por via principal e concentrado, de competência do Supremo Tribunal Federal: a denominada representação interventiva. A lei que decretasse a intervenção federal por violação de um dos princípios constitucionais de observância obrigatória pelos Estados-membros (os denominados princípios constitucionais *sensíveis*, constantes do art. 7º da Carta) precisava ser previamente submetida à mais alta corte, mediante provocação do Procurador-Geral da República, para que fosse declarada sua constitucionalidade[155]. No tocante ao controle incidental e difuso, a Constituição de 1934 passou a

---

153. Constituição Federal de 1891. "Art. 59, § 1º. Das sentenças das justiças dos Estados em última instância haverá recurso para o Supremo Tribunal Federal: a) quando se questionar sobre a validade ou a interpretação de tratados e leis federais, e a decisão do tribunal do Estado for contra ela; b) quando se contestar a validade de leis ou de atos dos governos dos Estados em face da Constituição, ou das leis federais e a decisão do Tribunal do Estado considerar válidos esses atos, ou essas leis impugnadas."

154. Dúvidas a propósito do alcance da inovação levaram Ruy Barbosa a explicitar o sentido dos dispositivos, em texto elaborado em 1893 (*Os actos inconstitucionaes do Congresso e do Executivo ante a justiça federal*, 1893, p. 58): "A redação é claríssima. Nela se reconhece, não só a competência das justiças da União, como a das justiças dos Estados, para conhecer da legitimidade das leis perante a Constituição. Somente se estabelece, a favor das leis federais, a garantia de que, sendo contrária à subsistência delas a decisão do tribunal do Estado, o feito pode passar, por via de recurso, para o Supremo Tribunal Federal. Este ou revogará a sentença, por não procederem as razões de nulidade, ou a confirmará pelo motivo oposto. Mas, numa ou noutra hipótese, o princípio fundamental é a autoridade reconhecida expressamente no texto constitucional, a todos os tribunais, federais, ou locais, de discutir a constitucionalidade das leis da União, e aplicá-las, ou desaplicá-las, segundo esse critério".

155. Constituição Federal de 1934: "Art. 12. A União não intervirá em negócios peculiares aos Estados, salvo: V — Para assegurar a observância dos princípios constitucionais especificados nas letras *a* a *h* do art. 7º, n. I, e a execução das leis federais. § 2º Ocorrendo o primeiro caso do n. V, a intervenção só se efetuará depois que a Corte Suprema, mediante provocação do Procurador-Geral da República, tomar conhecimento da lei que a tenha decretado e lhe declarar a inconstitucionalidade".

exigir o voto da maioria absoluta dos membros dos tribunais[156] e previu a suspensão pelo Senado Federal da lei ou ato declarado inconstitucional[157]. O controle de constitucionalidade só viria a sofrer inovação radical com a Emenda Constitucional n. 16, de 26 de novembro de 1965, na vigência ainda da Constituição de 1946, mas já sob o regime militar. Por seu intermédio instituiu-se a então denominada ação *genérica* de inconstitucionalidade, prevista no art. 101, I, *k*, da Carta reformada[158]. Passava o Supremo Tribunal Federal a ter competência para declarar a inconstitucionalidade de lei ou ato federal, mediante representação que lhe fosse encaminhada pelo Procurador-Geral da República. Introduzia-se, assim, no direito brasileiro mecanismo análogo ao das cortes constitucionais europeias: um controle por via principal, mediante ação direta, em fiscalização abstrata e concentrada no Supremo Tribunal Federal. O controle incidental e difuso, por sua vez, não foi afetado pela inovação, passando ambos a conviver entre si.

A Constituição de 1967 não trouxe modificações importantes ao sistema de controle de constitucionalidade, tendo deixado de reiterar a previsão da ação genérica estadual, contida na EC n. 16/65. A Constituição de 1969 (Emenda Constitucional n. 1, de 17-10-1969), por sua vez, previu a ação direta em âmbito estadual, mas limitada à hipótese de intervenção do Estado em Município[159]. Por fim, a Emenda Constitucional n. 7, de 13 de

---

156. Constituição Federal de 1934: "Art. 179. Só por maioria absoluta de votos da totalidade dos seus juízes poderão os tribunais declarar a inconstitucionalidade de lei ou ato do Poder Público".

157. Constituição Federal de 1934: "Art. 91, IV. Compete ao Senado Federal: IV — suspender a execução, no todo ou em parte, de qualquer lei ou ato, deliberação ou regulamento, quando hajam sido declarados inconstitucionais pelo Poder Judiciário".

158. Constituição Federal de 1946: "Art. 101, I, *k*. Ao Supremo Tribunal Federal compete: I — processar e julgar originariamente: k) a representação contra inconstitucionalidade de lei ou ato de natureza normativa, federal ou estadual, encaminhada pelo Procurador-Geral da República". Também por via da EC n. 16/65 autorizou-se os Estados-membros a instituir o controle de constitucionalidade, em via principal e concentrada, das leis municipais, consoante redação dada ao art. 124, XIII: "a lei poderá estabelecer processo, de competência originária do Tribunal de Justiça, para declaração de inconstitucionalidade de lei ou ato de Município, em conflito com a Constituição do Estado". A inovação, no entanto, não chegou a ser posta em prática.

159. Constituição Federal de 1969: "Art. 15, § 3º, *d*. A intervenção nos municípios será regulada na Constituição do Estado, somente podendo ocorrer quando: d) o Tribunal de Justiça do Estado der provimento a representação formulada pelo Chefe do Ministério Público local para assegurar a observância dos princípios indicados na Constituição estadual, bem como para prover à execução de lei ou de ordem ou decisão judiciária, limitando-se o decreto do Governador a suspender o ato impugnado, se essa medida bastar ao restabelecimento da normalidade".

abril de 1977, pôs termo à controvérsia acerca do cabimento de liminar em representação de inconstitucionalidade, reconhecendo expressamente a competência do Supremo para deferi-la (art. 119, I, *p*)[160]. Além disso, por seu intermédio foi instituída a "representação para interpretação de lei ou ato normativo federal ou estadual", por via da qual o STF, mediante representação do Procurador-Geral da República, poderia fixar, em tese e com caráter vinculante, o sentido de uma norma. A Constituição de 1988 suprimiu a medida.

2. O sistema de controle judicial de constitucionalidade na Constituição de 1988

A Constituição de 1988 manteve o sistema eclético, híbrido ou misto, combinando o controle *por via incidental e difuso* (sistema americano), que vinha desde o início da República, com o controle *por via principal e concentrado*, implantado com a EC n. 16/65 (sistema continental europeu). Trouxe, todavia, um conjunto relativamente amplo de inovações, com importantes consequências práticas, dentre as quais podem ser destacadas:

a) a ampliação da legitimação ativa para propositura de ação direta de inconstitucionalidade (art. 103);

b) a introdução de mecanismos de controle da inconstitucionalidade por omissão, como a ação direta com esse objeto (art. 103, § 2º) e o mandado de injunção (art. 5º, LXXI);

c) a recriação da ação direta de inconstitucionalidade em âmbito estadual, referida como representação de inconstitucionalidade (art. 125, § 2º);

d) a previsão de um mecanismo de arguição de descumprimento de preceito fundamental (art. 102, § 1º);

e) a limitação do recurso extraordinário às questões constitucionais (art. 102, III).

O controle incidental difuso continuou a ser previsto de forma expressa, porém oblíqua, na disciplina do cabimento do recurso extraordinário, da qual decorre a inequívoca possibilidade de declaração de inconstituciona-

---

160. Constituição Federal de 1969: "Art. 119, I, *p*. Compete ao Supremo Tribunal Federal: I — processar e julgar originariamente: p) o pedido de medida cautelar nas representações oferecidas pelo Procurador-Geral da República". V. Gilmar Ferreira Mendes, *Direitos fundamentais e controle de constitucionalidade*, 1998, p. 250.

lidade por juízes e tribunais[161]. Já o controle principal (por ação direta) e concentrado contemplou duas possibilidades distintas, sendo exercido:

a) perante o Supremo Tribunal Federal, quando se tratar de ação direta de inconstitucionalidade de lei ou ato normativo *federal* ou *estadual* em face da Constituição Federal — e, já agora, também da ação direta de constitucionalidade, instituída pela EC n. 3/93 (art. 102, I, *a*)[162] (v., *infra*);

b) perante o Tribunal de Justiça do Estado, quando se tratar de representação de inconstitucionalidade de leis ou atos normativos *estaduais* ou *municipais* em face da Constituição estadual (art. 125, § 2º)[163].

A principal inovação trazida pelo constituinte de 1988, que ampliou significativamente o exercício da jurisdição constitucional no Brasil, foi o fim do monopólio exercido pelo Procurador-Geral da República em relação à propositura da ação direta de inconstitucionalidade. Com a nova Carta, o controle de constitucionalidade por via principal passou a poder ser deflagrado por um extenso elenco de legitimados, alinhados no art. 103: o Presidente da República, as Mesas do Senado, da Câmara dos Deputados e das Assembleias Legislativas, o Governador do Estado, o Procurador-Geral da República, o Conselho Federal da OAB e confederação sindical ou entidade de classe de âmbito nacional.

O quadro desenhado pelo constituinte originário passou a ser sistematicamente remodelado a partir da criação da ação declaratória de constitucionalidade, resultante da Emenda Constitucional n. 3, de 18 de março de 1993. A nova ação, de competência do Supremo Tribunal Federal e proponível pelos mesmos legitimados da ADIn (por força da Emenda Constitucional

---

161. Constituição Federal de 1988: "Art. 102, III — julgar, mediante recurso extraordinário, as causas decididas em única ou última instância, quando a decisão recorrida: a) contrariar dispositivo desta Constituição; b) declarar a inconstitucionalidade de tratado ou lei federal; c) julgar válida lei ou ato de governo local contestado em face desta Constituição; d) julgar válida lei local contestada em face de lei federal" (alínea incluída pela EC n. 45/2004).

162. Constituição Federal de 1988: "Art. 102. Compete ao Supremo Tribunal Federal, precipuamente, a guarda da Constituição, cabendo-lhe: I — processar e julgar, originariamente: a) a ação direta de inconstitucionalidade de lei ou ato normativo federal ou estadual e a ação declaratória de constitucionalidade de lei ou ato normativo federal".

163. Constituição Federal de 1988: "Art. 125, § 2º. Cabe aos Estados a instituição de representação de inconstitucionalidade de leis ou atos normativos estaduais ou municipais em face da Constituição Estadual, vedada a atribuição da legitimação para agir a um único órgão".

n. 45/2004)[164], foi amplamente contestada por parte da doutrina, que questionava sua constitucionalidade. O Supremo Tribunal Federal, no entanto, por ampla maioria, considerou legítima sua acolhida no já complexo sistema brasileiro de controle de constitucionalidade (v., *infra*)[165].

A Lei n. 9.868, de 10 de novembro de 1999, veio disciplinar o processo e julgamento, perante o Supremo Tribunal Federal, tanto da ação direta de inconstitucionalidade como da ação declaratória de constitucionalidade. E a Lei n. 9.882, de 3 de dezembro de 1999, pretendeu regulamentar o processo e julgamento da arguição de descumprimento de preceito fundamental, nos termos do § 2º do art. 102 da Constituição, que até então permanecera como letra morta.

Cabe referir, por fim, que foi mantida a ação direta interventiva, como mecanismo de fiscalização concreta da constitucionalidade (e não abstrata, como na ação genérica), embora em sede de ação direta (art. 36, III). Seu papel institucional é o equacionamento e solução de um problema federativo[166].

Portanto, há no Brasil o controle incidental, exercido de modo difuso por todos os juízes e tribunais, e o controle principal, por via de ação direta, de competência concentrada no Supremo Tribunal Federal, consoante o seguinte elenco:

a) ação direta de inconstitucionalidade (genérica) (art. 102, I, *a*);

b) ação direta de inconstitucionalidade por omissão (art. 103, § 2º);

c) ação declaratória de constitucionalidade (art. 102, I, *a*);

d) ação direta interventiva (art. 36, III);

e) arguição de descumprimento de preceito fundamental (art. 102, § 1º)[167].

Constata-se, do breve relato empreendido, uma nítida tendência no Brasil ao alargamento da jurisdição constitucional abstrata e concentrada,

---

164. Pela nova redação dada ao art. 103, os legitimados para a ADIn e para a ADC passaram a ser os mesmos. Originariamente, pelo texto da Emenda Constitucional n. 3, na redação dada ao § 4º do art. 103 da Constituição, a legitimação ativa para propositura de ADC era mais restrita que a da ADIn, recaindo apenas sobre o Presidente da República, as Mesas do Senado Federal e da Câmara dos Deputados, e o Procurador-Geral da República.

165. STF, *RTJ, 157*:371, 1996, QO na ADC 1-1-DF, rel. Min. Moreira Alves.

166. V. Clèmerson Merlin Clève, *A fiscalização abstrata de constitucionalidade no direito brasileiro*, 2000, p. 89.

167. Sem embargo das perplexidades ainda existentes em torno da ADPF, é certo, contudo, que na sua modalidade de arguição *autônoma* dá ensejo a um controle abstrato e concentrado de constitucionalidade (v., *infra*).

vista por alguns autores como um fenômeno "inquietante". Para tal direcionamento contribuiu, claramente, a ampliação da legitimação ativa para ajuizamento da ação direta, além de inovações como a ação declaratória de constitucionalidade e a própria arguição de descumprimento de preceito fundamental.

3. Atuação do Executivo e do Legislativo no controle de constitucionalidade

O modelo brasileiro de fiscalização da inconstitucionalidade adota, como regra geral, o controle judicial, cabendo aos órgãos do Poder Judiciário a palavra final e definitiva acerca da interpretação da Constituição. Existem, no entanto, no próprio texto constitucional ou no sistema como um todo, algumas hipóteses em que o Executivo e o Legislativo desempenham papel relevante no controle de constitucionalidade, tanto em caráter preventivo como repressivo, e assim no plano concreto como no abstrato.

3.1. Controle de constitucionalidade pelo Poder Executivo

3.1.1. O poder de veto (CF, art. 66, § 1º)

O processo legislativo comum tem como uma de suas fases a remessa do projeto aprovado pela casa legislativa ao Chefe do Executivo, para sanção ou veto. Nessa oportunidade, o Presidente da República (ou, em âmbito estadual e municipal, o Governador ou o Prefeito) poderá aquiescer ao texto aprovado e sancioná-lo, convertendo o projeto em lei. Todavia, se uma dessas autoridades considerar que o projeto é, no todo ou em parte, inconstitucional, deverá vetá-lo, total ou parcialmente, assim impedindo que ingresse no mundo jurídico um ato legislativo incompatível com a Constituição. Modalidade diversa de veto é aquele que se funda em contrariedade ao interesse público, fundado em juízo estritamente político de conveniência e oportunidade[168].

---

168. Assim dispõe o art. 66 e § 1º da Constituição Federal: "Art. 66. A Casa na qual tenha sido concluída a votação enviará o projeto de lei ao Presidente da República, que, aquiescendo, o sancionará. § 1º Se o Presidente da República considerar o projeto, no todo ou em parte, inconstitucional ou contrário ao interesse público, vetá-lo-á total ou parcialmente, no prazo de quinze dias úteis, contados da data do recebimento, e comunicará, dentro de quarenta e oito horas, ao Presidente do Senado Federal os motivos do veto". Sobre o tema, v. José Alfredo de Oliveira Baracho, Teoria geral do veto, *RILSF, 83*:214, 1984; e Menelick de Carvalho Netto, *A sanção no procedimento legislativo*, 1993.

O veto, por qualquer dos dois fundamentos — inconstitucionalidade ou contrariedade ao interesse público —, sujeita-se a um controle político das casas legislativas que haviam aprovado o projeto, podendo ser rejeitado pela maioria absoluta de seus membros, em votação secreta[169]. A doutrina tem especulado se caberia controle judicial do veto aposto pelo Chefe do Executivo fundado em inconstitucionalidade, para aferir do acerto de seu juízo acerca da ilegitimidade constitucional do projeto. O entendimento mais tradicional é o de que se trataria de uma competência política discricionária, e, consequentemente, insuscetível de apreciação de mérito pelo Judiciário[170]. Nada obstante, a literatura jurídica atual tem optado, com melhor razão, pela vinculação do Chefe do Executivo à Constituição e à realidade dos motivos que invoca para a prática de determinado ato. Por essa linha, representantes da maioria que aprovou o projeto poderiam eventualmente suscitar a controvérsia, utilizando-se, por exemplo, de mandado de segurança[171].

3.1.2. Possibilidade de descumprimento de lei inconstitucional

Todos os Poderes da República interpretam a Constituição e têm o dever de assegurar seu cumprimento. O Judiciário, é certo, detém a primazia da interpretação final, mas não o monopólio da aplicação da Constituição. De fato, o Legislativo, ao pautar sua conduta e ao desempenhar a função legislativa, subordina-se aos mandamentos da Lei Fundamental, até porque a legislação é um instrumento de realização dos fins constitucionais. Da mesma forma, o Executivo submete-se, ao traçar a atuação de seus órgãos, aos mesmos mandamentos e fins. Os órgãos do Poder Executivo, como órgãos destinados a dar aplicação às leis, podem, no entanto, ver-se diante da mes-

---

169. Assim dispõe o § 4º do art. 66 da CF: "O veto será apreciado em sessão conjunta, dentro de trinta dias a contar de seu recebimento, só podendo ser rejeitado pelo voto da maioria absoluta dos Deputados e Senadores, em escrutínio secreto".

170. V. José Alfredo de Oliveira Baracho, Teoria geral do veto, *RILSF, 83*:214, 1984; v., também, STF, *RDA, 146*:200, 1981, Rep. 1.065-1, rel. Min. Soares Muñoz.

171. V. Gilmar Ferreira Mendes, *Direitos fundamentais e controle de constitucionalidade*, 1998, p. 296-7; e Gustavo Binenbojm, *A nova jurisdição constitucional brasileira*, 2001, p. 203-10. Em sede jurisprudencial, o Supremo Tribunal Federal, no julgamento da Arguição de Descumprimento de Preceito Fundamental — ADPF n. 1 (*RTJ, 157*:371, 1996, rel. Min. Moreira Alves), considerou ser o veto ato político, insuscetível de apreciação judicial, não inserido no conceito de ato do Poder Público para o fim de cabimento da arguição. Porém, quando da apreciação da ADPF n. 45, o rel. Min. Celso de Mello manifestou-se pela possibilidade de controle judicial do veto, ao ressaltar a dimensão também política da jurisdição constitucional (*Inf. STF* n. 345).

ma situação que esteve na origem do surgimento do controle de constitucionalidade: o dilema entre aplicar uma lei que considerem inconstitucional ou deixar de aplicá-la, em reverência à supremacia da Constituição.

No Brasil, anteriormente à Constituição de 1988, a doutrina e a jurisprudência haviam se consolidado no sentido de ser legítimo o Chefe do Executivo deixar de aplicar uma lei que considerasse inconstitucional, bem como expedir determinação àqueles submetidos a seu poder hierárquico para que procedessem da mesma forma[172]. Admitida essa possibilidade de conduta, caberia ao particular afetado pela não aplicação da norma o ônus de ir a juízo para postular seu eventual direito, cujo pressuposto seria o reconhecimento pelo Judiciário da constitucionalidade da norma não aplicada. Naturalmente, uma vez firmada a interpretação definitiva pelo órgão judicial, a ela se submeteriam o Estado e o particular[173].

Após a Constituição de 1988, esse poder tradicionalmente reconhecido ao Executivo passou a ser questionado, à vista do fato de que a nova Constituição eliminou o monopólio antes exercido pelo Procurador-Geral da República para a propositura da ação direta de inconstitucionalidade, passando a admitir que ela fosse instaurada pelo Presidente da República e pelo Governador do Estado (art. 103, I e V). Assim, como lhes foi facultado obter o pronunciamento do Supremo Tribunal Federal, em via principal e abstrata, já não se deveria admitir que pudessem, de ofício, negar cumprimento à lei, sem antes tomar a iniciativa de contestar sua validade, inclusive postulando a concessão de medida cautelar que suspendesse sua eficácia (art. 102, I, *p*)[174].

---

172. Na verdade, o entendimento deve estender-se aos órgãos dirigentes de quaisquer dos Poderes, na prática de atos materialmente administrativos. Especificamente em relação ao Executivo e ao Legislativo, v. STF, *DJU*, 22 out. 1993, ADIn 221-DF, rel. Min. Moreira Alves.

173. Para um amplo levantamento da doutrina, da jurisprudência e da evolução do tema no período anterior à Constituição de 1988, v. Luís Roberto Barroso, Norma incompatível com a Constituição. Não aplicação pelo Poder Executivo, independentemente de pronunciamento judicial. Legitimidade, *RDA, 181-2*:387, 1990.

174. V. Zeno Veloso, *Controle jurisdicional de constitucionalidade*, 2000, p. 317-28; e Humberto Ribeiro Soares, Pode o Executivo deixar de cumprir uma lei que ele próprio considere inconstitucional?, *RDPGERJ, 50*:519, 1997. No mesmo sentido, v. Gilmar Ferreira Mendes, *Direitos fundamentais e controle de constitucionalidade*, 1998, p. 312: "Se se entender — como parece razoável — que o Executivo, pelo menos no plano estadual e federal, não mais pode negar-se a cumprir uma lei com base no argumento de inconstitucionalidade, subsistem ainda algumas questões que poderiam legitimar uma conduta de repúdio".

Sem embargo da razoabilidade do argumento adverso, o conhecimento tradicional acerca da possibilidade de o Chefe do Executivo[175] descumprir lei que fundadamente considere inconstitucional não foi superado, como se colhe na jurisprudência[176] e na doutrina[177]. Costuma-se lembrar, como uma primeira razão, o fato de que o Prefeito não figura no elenco do art. 103, de modo que pelo menos em relação a ele dever-se-ia aplicar o regime anterior, com a consequência curiosa de que, na prática, passaria o Chefe do Executivo municipal a ter, nessa matéria, mais poder que o Presidente e o Governador. Mas o principal fundamento continua a ser o mesmo que legitimava tal linha de ação sob as Cartas anteriores: o da supremacia constitucional. Aplicar a lei inconstitucional é negar aplicação à Constituição. A tese é reforçada por outro elemento: é que até mesmo o particular pode recusar cumprimento à lei que considere inconstitucional, sujeitando-se a defender sua convicção caso venha a ser demandado. Com mais razão deverá poder fazê-lo o chefe de um Poder[178].

Essa linha de entendimento foi corroborada pela Emenda Constitucional n. 3, de 17 de março de 1993, ao acrescentar o § 2º ao art. 102 da Constituição, prevendo que a decisão proferida na ação declaratória de

---

175. A rigor, a questão da não aplicação da lei inconstitucional pode surgir no âmbito de quaisquer dos três Poderes no desempenho de competência materialmente administrativa.

176. STJ, *DJU,* 8. ago. 1993, REsp 23.221, rel. Min. Humberto Gomes de Barros: "Lei inconstitucional — Poder Executivo — Negativa de eficácia. O Poder Executivo deve negar execução a ato normativo que lhe pareça inconstitucional". Há, todavia, um *obiter dictum* em *RTJ, 151*:331, 1995, ADIn 221-DF, rel. Min. Moreira Alves, de seguinte teor: "Os Poderes Executivo e Legislativo, por sua Chefia — e isso tem sido questionado com o alargamento da legitimação ativa na ação direta de inconstitucionalidade —, podem tão só determinar aos seus órgãos subordinados que deixem de aplicar administrativamente as leis ou atos com força de lei que considerem inconstitucionais".

177. V. Clèmerson Merlin Clève, *A fiscalização abstrata de constitucionalidade no direito brasileiro,* 2000, p. 247-8; Gustavo Binenbojm, *A nova jurisdição constitucional brasileira,* 2001, p. 215 e s.

178. Confira-se, a propósito, a posição do Supremo Tribunal Federal, firmada anteriormente à Constituição de 1988, na Rep. 980-SP, *RTJ, 96*:508, 1981, rel. Min. Moreira Alves: "Não tenho dúvida em filiar-me à corrente que sustenta que pode o Chefe do Poder Executivo deixar de cumprir — assumindo os riscos daí decorrentes — lei que se lhe afigure inconstitucional. A opção entre cumprir a Constituição ou desrespeitá-la para dar cumprimento a lei inconstitucional é concedida ao particular para a defesa do seu interesse privado. Não o será ao Chefe de um dos Poderes do estado para a defesa, não do seu interesse particular, mas da supremacia da Constituição que estrutura o próprio Estado? Acolho, pois, a fundamentação — que, em largos traços expus — dos que têm entendimento igual".

constitucionalidade é vinculante em relação aos demais órgãos do Poder Judiciário "e ao Poder Executivo"[179]. Ao estabelecer que a declaração de constitucionalidade vincula o Executivo, o dispositivo pressupõe que até que ela ocorra poderia ele considerar a norma inconstitucional. Na mesma trilha, a Lei n. 9.868, de 10 de novembro de 1999, prevê que tanto a declaração de inconstitucionalidade como a de constitucionalidade têm efeito vinculante em relação "à Administração Pública federal, estadual e municipal"[180]. Com a nova redação dada ao art. 102, § 2º, pela Emenda Constitucional n. 45/2004, a própria Constituição passou a prever o efeito vinculante em ambos os casos[181].

É importante registrar, ainda, a controvérsia atualmente existente no Supremo Tribunal Federal quanto à possibilidade de que órgãos de controle — tais como o Tribunal de Contas da União, o Conselho Nacional de Justiça e o Conselho Nacional do Ministério Público — deixem de aplicar ou determinem aos órgãos e entes controlados a não aplicação de normas que reputem inconstitucionais. Especificamente no que respeita ao TCU, a Súmula 347 do STF, aprovada em 1963, prevê: *"Tribunal de Contas, no exercício de suas atribuições, pode apreciar a constitucionalidade das leis e dos atos do poder público"*. Entretanto, a aplicação desse verbete, sob a égide da Constituição de 1988, é discutida com base em argumento semelhante àquele pelo qual se questionou o reconhecimento de tal poder ao Chefe do Executivo: a ampliação do rol de legitimados para o controle de constitucionalidade e a necessidade de deflagração da jurisdição constitucional como condição para afastar a aplicação das leis, uma vez que estas

---

179. CF, art. 102, § 2º: "As decisões definitivas de mérito, proferidas pelo Supremo Tribunal Federal, nas ações declaratórias de constitucionalidade de lei ou ato normativo federal, produzirão eficácia contra todos e efeito vinculante, relativamente aos demais órgãos do Poder Judiciário e ao Poder Executivo".

180. Lei n. 9.868/99, art. 28, parágrafo único: "A declaração de constitucionalidade ou de inconstitucionalidade, inclusive a interpretação conforme a Constituição e a declaração parcial de inconstitucionalidade sem redução de texto, têm eficácia contra todos e efeito vinculante em relação aos órgãos do Poder Judiciário e à Administração Pública federal, estadual e municipal".

181. O art. 102, § 2º, pela Emenda Constitucional n. 45, de 2004, passou a ter a seguinte redação: "Art. 102, § 2º As decisões definitivas de mérito, proferidas pelo Supremo Tribunal Federal, nas ações diretas de inconstitucionalidade e nas ações declaratórias de constitucionalidade produzirão eficácia contra todos e efeito vinculante, relativamente aos demais órgãos do Poder Judiciário e à administração pública direta e indireta, nas esferas federal, estadual e municipal".

nascem com presunção de constitucionalidade[182]. De fato, a jurisprudência da Corte registrava algumas decisões afastando atos do TCU e, aparentemente, endossando tais argumentos[183]. Recentemente, a questão parece ter sido pacificada no Supremo Tribunal Federal, no sentido de que a referida súmula perdeu sua eficácia, e de que o Tribunal de Contas não pode exercer o controle de constitucionalidade com efeitos vinculantes e gerais[184]. Admite-se, contudo, que o TCU afaste a aplicação da norma que repute inconstitucional no caso concreto com efeitos limitados às partes[185].

No que respeita ao CNJ, o voto condutor do acórdão que reconheceu a constitucionalidade da criação do Conselho, da relatoria do Ministro Cezar Peluso, já afirmava que este recebeu *"o poder de controle interno da constitucionalidade e legitimidade"* dos atos administrativos praticados pelos órgãos judiciais e que *"tal competência em nada conflita com as competências de controle exterior e posterior"* atribuídas ao Legislativo e aos tribunais de contas[186]. Mais tarde, todavia, algumas decisões do STF afirmaram que o CNJ não tem competência para o controle de constitucionalidade das leis e que não lhe cabe invalidar os atos dos tribunais, sob o fundamento de que as normas que lhes servem de base são inconstitucionais[187]. Segundo esse entendimento, caberia ao Conselho apenas verificar se o ato administrativo se ajusta à lei, devendo mantê-lo, em caso positivo, ainda que repute inconstitucional a norma em que se funda — o que não parece ser a melhor solução pelas razões já explicitadas. Outros precedentes do STF reconhecem a competência do CNJ para afastar a aplicação de norma inconstitucional, desde

---

182. V. STF, *DJU*, 22 mar. 2006, MS 25.888, rel. Min. Gilmar Mendes, decisão em que o Ministro deferiu liminar para suspender ato do TCU com base em tais fundamentos.

183. V. STF, *DJe*, 20 maio 2008, MS 27.232, rel. Min. Eros Grau; STF, *DJU*, 9 set. 2010, MS 29.123, rel. Min. Gilmar Mendes; STF, *DJU*, 19 dez. 2011, MS 26.783, rel. Min. Marco Aurélio; STF, *DJe*, 22 fev. 2013, MS 27.743, rel. Min. Cármen Lúcia. Em sentido contrário, reconhecendo a atribuição do TCU, ao menos até que seja revogado o verbete: STF, *DJe*, 7 ago. 2012, MS 31.439, rel. Min. Marco Aurélio.

184. V. STF, *DJe*, 6 maio 2021, MS 35.490, MS 35.410, MS 35.494, MS 35.498 e MS 35.500, rel. Min. Alexandre de Moraes.

185. V. Voto do Min. Luís Roberto Barroso, STF, *DJe*, 6 maio 2021, MS 35.410, rel. Min. Alexandre de Moraes.

186. V. STF, *DJU*, 17 mar. 2006, ADIn 3367, rel. Min. Cezar Peluso.

187. V. STF, *DJe*, 1º jul. 2011, MS 28.141, rel. Min. Ricardo Lewandowski; *DJe*, 5 jun. 2014, MS 32.865, rel. Min. Celso de Mello; *DJe*, 11 fev. 2014, MS 32.582, rel. Min. Celso de Mello; *DJe*, 1º set. 2011, MS 30.793, rel. Min. Cármen Lúcia. V., ainda, voto do Min. Luiz Fux no MS 27.744 de sua relatoria.

que no exame de situações concretas submetidas ao controle administrativo que lhe é próprio, esclarecendo que também compete ao Conselho zelar pela supremacia da Constituição Federal e que não se pode pretender que seja compelido a aplicar uma norma que repute inválida[188].

O exame do conjunto dos julgados sobre a matéria indica que a posição do Supremo Tribunal Federal, sob a vigência da Constituição de 1988, está em processo de consolidação. Deve-se ter em conta que a discordância no assunto não se deve apenas a convicções jurídicas. Envolve também um embate político sobre a amplitude do poder conferido aos órgãos de controle e sobre a possibilidade de interferirem demasiadamente na autonomia dos tribunais ou dos demais poderes. De todo modo, não é impensável que eventual entendimento firmado pelo STF quanto a tais órgãos venha a repercutir sobre sua posição tradicional quanto à possibilidade de o Chefe do Executivo rejeitar a aplicação de norma que conflite com a Constituição.

3.1.3. Possibilidade de propositura de ação direta

Nos últimos anos tem-se verificado no Brasil uma tendência constante no sentido da ampliação da jurisdição constitucional abstrata, mediante controle por via de ação direta. Tal fenômeno tem como marco inicial a expansão do elenco de legitimados à propositura de ação direta de inconstitucionalidade, constante do art. 103 da Constituição de 1988. Nele figuram o Presidente da República e o Governador do Estado, embora não o Prefeito municipal. Note-se que a faculdade de o Chefe do Executivo questionar por via principal e concentrada a validade de uma lei pode ser exercida até mesmo quando ele tenha participado do processo legislativo, apondo sua sanção ao projeto aprovado[189]. Relativamente à ação declaratória de constitucionalidade, desde a

---

188. STF, *DJe*, 4 dez. 2017, Pet. 4.656, rel. Min. Cármen Lúcia. Na mesma linha: STF, *DJe*, 28 fev. 2011, MS 30.262, rel. Min. Marco Aurélio; *DJe*, 1º jul. 2014, MS 29.772, rel. Min. Teori Zavascki; voto de Min. Toffoli no MS 28.141 (*DJe*, 1º jul. 2011, rel. Min. Ricardo Lewandowski). Também eu me manifestei pela possibilidade de que o Conselho Nacional do Ministério Público negue cumprimento à norma inconstitucional ao apreciar uma situação concreta (MS 27.744, rel. Min. Luiz Fux).

189. Esse entendimento tem a chancela de manifestação do STF, como se extrai do seguinte trecho de voto do Min. Maurício Corrêa: "Embora não tenha o requerente *[Governador de Estado]*, na ocasião própria, vetado o projeto de lei em que se converteu a norma impugnada, nada impede, por qualquer razão legal, que reconheça o Tribunal a inconstitucionalidade formal do diploma legislativo em questão, tendo em vista manifesta usurpação da competência privativa do chefe do Poder Executivo estadual".

Emenda Constitucional n. 45, de 2004, o elenco de legitimados à sua proposituna passou a ser o mesmo da ação direta de inconstitucionalidade.

3.2. Controle de constitucionalidade pelo Poder Legislativo

3.2.1. Pronunciamento da Comissão de Constituição e Justiça

Nos termos do art. 58 da Constituição, o Congresso Nacional e cada uma de suas casas têm comissões permanentes, cujas atribuições vêm previstas no regimento interno ou no ato de sua criação. O modelo se estende aos planos estadual e municipal. Como regra geral, as casas legislativas contemplam, em seus regimentos, a existência de uma Comissão de Constituição e Justiça (CCJ), em cujo elenco de atribuições figura a manifestação acerca das propostas de emenda constitucional e dos projetos de lei apresentados, sob a ótica de sua compatibilidade com o texto constitucional. Trata-se de hipótese de controle preventivo, realizado por órgão de natureza política. O pronunciamento da CCJ é passível de revisão pelo plenário da casa legislativa[190].

3.2.2. Rejeição do veto do Chefe do Executivo

Na hipótese de o Chefe do Poder Executivo vetar um projeto de lei, total ou parcialmente — inclusive com fundamento em sua inconstitucionalidade —, cabe ao Congresso Nacional, em sessão conjunta, apreciar o ato presidencial, podendo rejeitar o veto, pela maioria absoluta dos deputados e senadores, em escrutínio secreto (art. 66, § 4º). Nessa hipótese, o juízo do Legislativo acerca da constitucionalidade ou não da norma prevalecerá sobre o do Executivo, convertendo-se o projeto em lei (art. 66, §§ 5º e 7º).

3.2.3. Sustação de ato normativo do Executivo

O art. 49, V, da Constituição Federal confere competência exclusiva ao Congresso Nacional para sustar os atos normativos do Poder Executivo

---

190. O Regimento Interno da Câmara dos Deputados prevê, em seu art. 32, III, a existência de uma Comissão de Constituição, Justiça e Redação, à qual incumbe deliberar, dentre outras matérias, acerca de aspectos constitucional, legal, jurídico, regimental e de técnica legislativa de projetos, emendas ou substitutivos sujeitos à apreciação da Câmara ou de suas Comissões, bem como acerca da admissibilidade de proposta de emenda à Constituição. Também o Regimento Interno do Senado Federal prevê, no art. 101, uma Comissão de Constituição, Justiça e Cidadania, à qual incumbe opinar sobre a constitucionalidade, juridicidade e regimentalidade das matérias que lhe forem submetidas por deliberação do plenário, por despacho da presidência ou por consulta de qualquer comissão.

que exorbitem do poder regulamentar ou dos limites de delegação legislativa. Ambas as hipóteses ensejam ao Legislativo o controle de constitucionalidade para assegurar a observância do princípio da legalidade, na eventualidade de vir a ser vulnerado por conduta abusiva do Chefe do Executivo[191]. A competência da casa legislativa limita-se à sustação do ato, não sendo legítimo que o ato de sustação, ainda que sob a forma de lei, venha a invadir esfera de reserva administrativa do Executivo ou a disciplinar matéria cuja iniciativa seja a ele reservada[192].

3.2.4. Juízo prévio acerca das medidas provisórias

A Emenda Constitucional n. 32, de 11 de setembro de 2001, alterou o regime jurídico constitucional das medidas provisórias — atos com força de lei, que podem ser editados pelo Presidente da República em casos de relevância e urgência —, inclusive estabelecendo um conjunto de limitações materiais a seu conteúdo, pela indicação de temas em relação aos quais é vedado o tratamento por essa espécie normativa (art. 62 e § 1º). Ao Congresso passou a caber um juízo prévio sobre o atendimento de seus pressupostos constitucionais (art. 62, § 5º)[193], conferindo-se a uma comissão mista de Deputados e Senadores a atribuição de emitir parecer sobre o assunto (art. 62, § 9º)[194].

---

191. V., a título ilustrativo, o Decreto Legislativo n. 293/2015, que sustou portaria do Executivo sobre suspensão de períodos de defeso da pesca, ao argumento de desvio de finalidade no exercício do poder regulamentar. Isso porque a previsão de períodos de interdição da pesca ou sua suspensão deveria se orientar pela necessidade de proteção de espécies ameaçadas, e não pelo propósito de evitar o pagamento de seguro-desemprego a pescadores artesanais, tal como constatado. O caso foi objeto da ADI 5.447 e ADPF 389, *DJe*, 7 ago. 2020, rel. Min. Barroso. Vale observar que previsão análoga fora incluída na Constituição Federal de 1934 (art. 91, II).

192. O ato de sustação praticado pelo Legislativo é passível de controle judicial, inclusive, quando seja o caso, em sede de ação direta (*DJe*, 7 ago. 2020, ADI 5.447 e ADPF 389, rel. Min. Luís Roberto Barroso; *DJU*, 6 nov. 1992, p. 20105, ADIn 748, rel. Min. Celso de Mello). A propósito, v. TJRJ, *ADV, 41-01*:644, n. 98898, RI 49/98, rel. Des. J. C. Watzl: é inconstitucional lei que, pretendendo sustar decreto executivo, por entender exorbitar do poder regulamentar ou dos limites de delegação legislativa (art. 99, VII, da CE), revoga-o, disciplinando matéria cuja iniciativa é reservada constitucionalmente ao Poder Executivo.

193. Assim dispõe o art. 62, §5º, da Constituição Federal: "A deliberação de cada uma das Casas do Congresso Nacional sobre o mérito das medidas provisórias dependerá de juízo prévio sobre o atendimento de seus pressupostos constitucionais".

194. O art. 62, § 9º, da Constituição Federal estabelece: "Caberá à comissão mista de Deputados e Senadores examinar as medidas provisórias e sobre elas emitir parecer, antes de serem apreciadas, em sessão separada, pelo plenário de cada uma das Casas do Congresso Nacional".

A Resolução n. 1/2002, editada pelo Congresso Nacional, disciplinou o exercício de tal atribuição e estabeleceu que a comissão mista teria o prazo improrrogável de 14 (quatorze) dias, contados da publicação da norma, para a emissão do parecer (art. 5º). De acordo com a resolução, esgotado esse prazo, a tramitação da norma prosseguiria, com a submissão do processo à Câmara dos Deputados, hipótese em que o parecer seria proferido no plenário da Casa legislativa, pelo relator ou pelo revisor designado para o feito (art. 6º, §§ 1º e 2º). Entretanto, o Supremo Tribunal Federal declarou a inconstitucionalidade dos mencionados dispositivos, ressaltando que a efetiva atuação da comissão mista é imprescindível para assegurar uma reflexão adequada sobre o exercício atípico da função legiferante pelo Executivo[195].

3.2.5. Aprovação de emenda constitucional superadora da interpretação fixada pelo Supremo Tribunal Federal

Salvo em relação às matérias protegidas por cláusulas pétreas, a última palavra acerca de qual deve ser o direito constitucional positivo em dado momento é do Congresso Nacional, no exercício de seu poder constituinte derivado. De fato, discordando o Poder Legislativo da inteligência dada pelo Supremo Tribunal Federal a uma norma constitucional, poderá sempre emendá-la, desde que seja capaz de preencher o *quorum* de três quintos dos membros de cada casa, observando os demais requisitos do processo legislativo próprio (CF, art. 60 e parágrafos). Há precedentes, tanto no direito comparado como na experiência brasileira[196], nos quais

---

195. V. STF, *DJe*, 27 jun. 2012, ADI 4029, rel. Min. Luiz Fux. Mais tarde e em virtude da pandemia de COVID-19, o STF reconheceu, excepcionalmente, a possibilidade de apresentação de parecer sobre a conversão em lei diretamente em plenário, sem a submissão à comissão mista. STF, ADPFs 661 e 663, *DJe*, 15 set. 2021, rel. Min. Alexandre de Morais: "Medida Cautelar confirmada e ADPFs julgadas parcialmente procedentes para conferir interpretação conforme aos atos impugnados, delimitando que, durante a emergência em Saúde Pública de importância nacional e o estado de calamidade pública decorrente da COVID-19, as medidas provisórias sejam instruídas perante o Plenário da Câmara dos Deputados e do Senado Federal, ficando, excepcionalmente, autorizada a emissão de parecer, em substituição à Comissão Mista, por parlamentar de cada uma das Casas designado na forma regimental".

196. Como já consignado, nos Estados Unidos, por quatro vezes, foram aprovadas emendas constitucionais destinadas a superar precedentes estabelecidos. No Brasil, sob a Constituição de 1988, isso aconteceu, por exemplo, com a EC n. 19/98 (relativamente à inclusão de vantagens pessoais no limite máximo de remuneração dos servidores públicos), com a EC n. 20/98 (relativamente à incidência de contribuição social sobre rendimentos do trabalho de administradores e autônomos), com a EC n. 29/2000 (relativamente à admissi-

emendas foram aprovadas para alterar interpretações estabelecidas pela Suprema Corte (v., *supra*).

3.2.6. Possibilidade de propositura de ação direta por órgãos do Legislativo

Como observado anteriormente, a ampliação das pessoas e órgãos legitimados a provocar a fiscalização abstrata de inconstitucionalidade, nos termos do art. 103 da Constituição, deu maior relevo ao controle por ação direta e concentrado no sistema brasileiro. No longo elenco constitucional dos que estão habilitados a propor ação direta de inconstitucionalidade, figuram os órgãos de direção do Poder Legislativo federal e estadual, isto é, as Mesas do Senado Federal, da Câmara dos Deputados e da Assembleia Legislativa. Já o direito de propositura da ação declaratória de constitucionalidade, antes circunscrito aos órgãos federais (Presidente da República, Mesas da Câmara dos Deputados e do Senado Federal, e Procurador-Geral da República), foi ampliado para se equiparar ao da ação direta de inconstitucionalidade, conforme alteração trazida pela Emenda Constitucional n. 45, de 2004, que conferiu nova redação ao art. 103 da Constituição Federal.

3.2.7. Possibilidade de revogação da lei inconstitucional, mas não da declaração de inconstitucionalidade por ato legislativo

No sistema brasileiro de controle de constitucionalidade, somente o Poder Judiciário pode pronunciar a inconstitucionalidade de uma lei em vigor, colhendo retroativamente as situações que se formaram sob sua égide. Ao Legislativo é dada a faculdade de *revogar* a lei, retirando-a do ordenamento jurídico, com efeitos *ex nunc*, sem afetar a validade dos atos praticados sob a vigência da norma revogada. Não podem os órgãos legislativos de qualquer dos níveis de poder anular ou declarar a nulidade de atos normativos, com a intenção de dar caráter retroativo, *ex tunc*, à sua manifestação. O Legislativo *revoga* leis, mediante juízo discricionário de conveniência e oportunidade, ao passo que o Judiciário as *invalida*, por vício de inconstitucionalidade. Esses papéis não podem ser trocados. Mesmo quando o ato legislativo contenha a

---

bilidade de IPTU progressivo), com a EC n. 33/2001 (relativamente à cobrança de ICMS em caso de importação de bem por pessoa física), com a EC n. 39/2002 (relativamente à cobrança, por Municípios e Distrito Federal, de contribuição para o custeio de iluminação pública), com a EC n. 41/2003 (relativamente à cobrança de contribuição previdenciária de inativos e pensionistas), com a EC n. 57/2008 (relativamente à obrigação do Congresso Nacional de legislar sobre a criação ou a alteração de Municípios) e com a EC n. 58/2009 (relativamente ao limite de vereadores por Município).

pretensão de anular ou declarar nula uma lei em vigor, deve ser interpretado como um ato de revogação do dispositivo indigitado[197].

4. A questão da modulação dos efeitos temporais

O tema da modulação dos efeitos temporais das decisões do Supremo Tribunal Federal — e, igualmente, de outros tribunais — tem alimentado um debate doutrinário e jurisprudencial relativamente complexo, que envolve variáveis diversas. A matéria já foi referida quando se tratou das atenuações à teoria da inconstitucionalidade como nulidade (v. *supra*) e voltará a ser enfrentada mais adiante. Por ora, é de relevo assinalar, para fins de sistematização didática, que a questão pode ser colocada em quatro cenários distintos: a) a declaração de inconstitucionalidade em ação direta; b) a declaração de inconstitucionalidade em controle incidental; c) a declaração de constitucionalidade em abstrato; e d) a mudança da jurisprudência consolidada acerca de determinada matéria.

A modulação de efeitos temporais na hipótese de declaração de inconstitucionalidade em ação direta era a única que tinha previsão expressa, constante do art. 27 da Lei n. 9.868, de 10 de novembro de 1999, existindo diversos precedentes de sua utilização, como no caso da criação de Município sem observância dos requisitos constitucionais[198]. A modulação em controle incidental, embora não constasse expressamente de nenhum dispositivo legal, era utilizada com razoável frequência pelo Supremo Tribunal Federal, em precedentes como o da composição das Câmaras Municipais[199] e da progressão de regime em caso de crimes hediondos[200]. O Código de

---

197. V. STF, *RTJ, 111*:16, 1984, Extr 417, rel. Min. Oscar Corrêa, votos dos Ministros Alfredo Buzaid e Francisco Rezek, tendo averbado este último: "Os tribunais derrubam, *ex tunc*, leis que padecem do vício de inconstitucionalidade. O parlamento, em toda parte, tem o poder de revogar normas com efeito *ex nunc*; jamais o de declará-las nulas, com efeito retroativo, sob o argumento de inconstitucionalidade". No mesmo sentido, STF, *DJU,* 22 out. 1993, ADIn 221, rel. Min. Moreira Alves: "Em nosso sistema jurídico, não se admite a declaração de inconstitucionalidade de lei ou de ato normativo com força de lei por lei ou ato normativo com força de lei posteriores".

198. V. STF, *DJU,* 17 maio 2007, ADIns 2.240-BA, 3.316-MT e 3.489-SC, todas relatadas pelo Ministro Eros Grau. Para outros exemplos, v. STF, *DJe,* 9 out. 2013, ADIn 4167 ED, rel. Min. Eros Grau; *DJe,* 27 jun. 2012, ADIn 4.029, rel. Min. Luiz Fux; *DJe,* 28 fev. 2013, ADIn 2797 ED, rel. Min. Ayres Britto.

199. STF, *DJU,* 21 maio 2004, RE 266.994-SP, rel. Min. Maurício Corrêa.

200. STF, *DJU,* 23 fev. 2006, HC 82.959-SP, rel. Min. Marco Aurélio. Para outros exemplos, v. STF, *DJe,* 19 dez. 2008, MS 26.603, rel. Min. Celso de Mello; e *DJe,* 10 nov. 2014, RE 631.240-MG, rel. Min. Luís Roberto Barroso.

Processo Civil de 2015, no entanto, passou a prever expressamente a modulação de efeitos no âmbito do controle difuso (CPC/2015, art. 525, §§ 12 e 13; art. 535, §§ 5º e 6º)[201]. Estas duas situações — modulação no controle por ação direta e no controle incidental — serão enfrentadas nos capítulos próprios. Reserva-se aqui atenção para a terceira situação: a da mudança da jurisprudência consolidada em relação a determinada questão jurídica.

Nos últimos anos, tem-se verificado a saudável tendência, no direito brasileiro, de valorização dos precedentes judiciais. A atitude geral de observância da jurisprudência é positiva por promover valores relevantes, como segurança jurídica[202], isonomia[203] e eficiência[204]. Disso, naturalmente, não deve resultar a vedação a afastar eventualmente o precedente existente[205],

---

201. CPC/2015, art. 525: "§ 12. Para efeito do disposto no inciso III do § 1º deste artigo, considera-se também inexigível a obrigação reconhecida em título executivo judicial fundado em lei ou ato normativo considerado inconstitucional pelo Supremo Tribunal Federal, ou fundado em aplicação ou interpretação da lei ou do ato normativo tido pelo Supremo Tribunal Federal como incompatível com a Constituição Federal, em controle de constitucionalidade concentrado ou difuso. § 13. No caso do § 12, os efeitos da decisão do Supremo Tribunal Federal poderão ser modulados no tempo, em atenção à segurança jurídica. O art. 535, §§ 5º e 6º, trazem redação semelhante.

202. Modernamente, generaliza-se o entendimento de que a norma não é apenas o enunciado abstrato, mas o produto de sua interação com a realidade. Norma é o produto da interação entre o enunciado normativo e a realidade fática. Nesse ambiente, o Direito é aquilo que o Tribunal competente diz que ele é. Para que as pessoas possam ter previsibilidade nas suas condutas e estabilidade nas suas relações jurídicas, é preciso que esse Direito seja constante.

203. Pessoas em igual situação devem receber o mesmo tratamento jurídico. É ruim para o papel social do Direito e para a percepção que dele têm os cidadãos que o inverso aconteça. Portanto, devem-se buscar a constância e a objetividade, evitando-se que o desfecho da lide varie em função de idiossincrasias do órgão julgador.

204. A observância do precedente não apenas dá maior racionalidade ao sistema como facilita a atuação do juiz, por simplificar a motivação das decisões. V., nesse sentido, STF, *DJe*, 22 out. 2014, Rcl. 4.335, rel. Gilmar Mendes, em especial voto de minha autoria, bem como os votos do Ministro Teori Zavascki e do próprio relator, nos quais ressaltamos o processo de valorização dos precedentes judiciais no ordenamento jurídico brasileiro.

205. O juiz ou tribunal pode convencer-se que determinado precedente, determinada tese jurídica firmada por tribunal superior não realiza a justiça do caso concreto que lhe cabe decidir. Nesse caso, o órgão judicial pode, fundamentadamente, demonstrar a presença de um elemento de distinção (*distinguishing*) e decidir o caso de acordo com seu convencimento, explicitando a razão pela qual não aplicou o precedente (*v., infra*). Tal possibilidade, que deve ser a exceção e não a regra, aumenta, naturalmente, o seu ônus argumentativo, já que caberá a ele demonstrar a razão pela qual não seguiu a orientação existente.

nem tampouco a impossibilidade de alterar a jurisprudência[206] *(v., infra)*. Mas a ascensão doutrinária e normativa do precedente impõe maior deferência e cautela na sua superação. Quando uma corte de justiça, notadamente o Supremo Tribunal Federal, toma a decisão grave de reverter uma jurisprudência consolidada, não pode nem deve fazê-lo com indiferença em relação à segurança jurídica, às expectativas de direito por ele próprio geradas, à boa-fé e à confiança dos jurisdicionados.

Não por outra razão vem o Supremo Tribunal Federal firmando precedentes no sentido de dar efeitos apenas prospectivos a decisões suas que importam em alteração da jurisprudência dominante. Foi o que se passou, por exemplo, no caso do cancelamento da Súmula 394, que previa a subsistência do foro por prerrogativa de função (CF, art. 102, I, *b*), mesmo após o acusado do crime haver deixado o exercício funcional. Ao superar essa orientação, firmando o entendimento de que a competência para processar e julgar ex-membro do Congresso Nacional é do juízo de 1º grau e não sua, o Tribunal ressalvou a validade de todos os atos e decisões produzidos até então com base na súmula que estava cancelando[207].

O STF seguiu a mesma linha ao modificar sua interpretação do art. 109, I, da Constituição Federal. Com efeito, a Corte passou a entender, a partir de 2005, que a competência para o julgamento das ações de indenização por danos morais e patrimoniais decorrentes de acidente de trabalho seria da Justiça do Trabalho, e não mais da Justiça comum dos Estados. Ao fazê-lo,

---

206. É certo que o STF, assim como qualquer outro juízo ou tribunal, não está impedido de modificar sua posição acerca de determinada questão, seja para se adaptar a novos fatos, seja simplesmente para rever sua interpretação anterior. Ao fazê-lo, entretanto, o STF, assim como os demais Poderes Públicos, está vinculado a princípios constitucionais como o da segurança jurídica e o da proteção da confiança, pelos quais deverá levar em conta a posição jurídica dos particulares que procederam de acordo com a orientação anteriormente adotada pela Corte na matéria. Nesses casos, desejavelmente, a modificação operada na ordem jurídica material (ainda que não formal) deveria operar seus efeitos somente para o futuro, prospectivamente, *ex nunc*. Para um estudo específico sobre a questão da mudança de jurisprudência e da eventual necessidade de modulação temporal, v. Luís Roberto Barroso, Mudança da jurisprudência do Supremo Tribunal Federal em matéria tributária. Segurança jurídica e modulação dos efeitos temporais das decisões judiciais, *RDE,* 2:261, 2006.

207. STF, *DJU,* 9 nov. 2001, QO no Inq. 687-DF, rel. Min. Sydney Sanches: "Ementa: Direito constitucional e processual penal. Processo criminal contra ex-Deputado Federal. Competência originária. Inexistência de foro privilegiado. Competência de Juízo de 1º grau. Não mais do Supremo Tribunal Federal. Cancelamento da Súmula n. 394. (...) Ressalva, também unânime, de todos os atos praticados e decisões proferidas pelo Supremo Tribunal Federal, com base na Súmula 394, enquanto vigorou".

todavia, observou que a nova orientação não alcançaria os processos julgados pela Justiça Estadual até então, inclusive os que já tivessem sentença de mérito ainda pendente de recurso. Na ementa do acórdão ficou assinalado:

> "O Supremo Tribunal Federal, guardião-mor da Constituição Republicana, pode e deve, em prol da segurança jurídica, atribuir eficácia prospectiva às suas decisões, com a delimitação precisa dos respectivos efeitos, toda vez que proceder a revisões de jurisprudência definidora de competência *ex ratione materiae*. O escopo é preservar os jurisdicionados de alterações jurisprudenciais que ocorram sem mudança formal do Magno Texto"[208].

A atribuição de efeitos meramente prospectivos à mudança de orientação jurisprudencial deverá ser especialmente considerada nos casos em que o entendimento que está sendo alterado tornou-se pacífico por longo período[209]. É que uma nova interpretação tende a produzir efeitos práticos semelhantes aos que decorrem da edição de lei nova. Vale dizer: embora não haja uma alteração formal do Direito vigente, verifica-se uma alteração substancial, que, como regra, deve valer apenas para a frente[210]. Diante de tal situação, o valor a ser promovido com a nova orientação deverá ser ponderado

---

208. STF, *DJU*, 9 dez. 2005, CC 7.204-MG, rel. Min. Carlos Ayres Britto.

209. Também é justificável a modulação de efeitos temporais em caso de oscilação da jurisprudência do STF. V., nessa linha, STF, *DJe*, 10 nov. 2014, RE 631.240-MG, rel. Min. Luís Roberto Barroso, quando a Corte firmou posição pela necessidade de prévio requerimento administrativo como condição para o ajuizamento de ação em que se pleiteia benefício previdenciário. A fim de preservar a segurança jurídica e de não surpreender os jurisdicionados, e reconhecendo que a jurisprudência dos Tribunais Superiores vinha dando tratamentos díspares à questão, o Tribunal estabeleceu uma fórmula de transição a ser aplicada para as ações que já haviam sido propostas sem atendimento ao requisito.

210. Em algumas situações, a eficácia *ex tunc* poderia chegar ao extremo de suprimir, subitamente, direitos ou pretensões que até então eram considerados passíveis de exercício, afetando inclusive processos judiciais em curso. A hipótese encontra-se em discussão perante o Supremo Tribunal Federal, em caso no qual se cogita a mudança de jurisprudência relacionada ao prazo prescricional para se exigir, judicialmente, o depósito de valores relativos ao Fundo de Garantia por Tempo de Serviço. Após proferir voto no sentido de considerar que, com base no art. 7º, XXIX, da Constituição, o prazo deve ser de cinco e não de trinta anos, o Ministro Gilmar Mendes encaminhou a proposta de modular os efeitos temporais da decisão a fim de que sejam afetados apenas os processos ajuizados após a data em que o julgamento venha a ser concluído. O voto foi seguido pela Ministra Ellen Gracie, inclusive na parte da modulação temporal. Na sequência, o julgamento foi suspenso por pedido de vista. V. STF, *Inf. STF*, *634*, RE 522.897/RN, rel. Min. Gilmar Mendes.

com outros valores, como a boa-fé, a proteção da confiança e a segurança jurídica. O CPC/2015 foi sensível a essas considerações e previu a possibilidade de modulação dos efeitos das decisões que implicarem alteração da jurisprudência dominante do Supremo Tribunal Federal (art. 927, §3º)[211].

5. Técnicas de decisão em controle de constitucionalidade

Como exposto acima, a declaração de inconstitucionalidade de uma norma enseja, como regra, a sua nulidade. Não raro, contudo, o Supremo Tribunal Federal se vale de técnicas de decisão *intermediárias*, por meio das quais declara a inconstitucionalidade de algumas normas (ou afirma o seu processo de inconstitucionalização progressiva) sem, contudo, pronunciar a sua nulidade. Trata-se de decisões que, à semelhança do que ocorre no caso da modulação dos efeitos temporais, se baseiam em um juízo de ponderação sobre os efeitos positivos e negativos de reconhecer a inconstitucionalidade, procurando conservar o ato normativo impugnado e minimizar os impactos adversos que decorreriam do reconhecimento da sua nulidade plena.

As decisões intermediárias podem assumir a natureza de decisões interpretativas e de decisões manipulativas (ou modificativas)[212]. As *decisões*

---

211. CPC/2015, art. 927, §3º: "Na hipótese de alteração de jurisprudência dominante do Supremo Tribunal Federal e dos tribunais superiores ou daquela oriunda de julgamento de casos repetitivos, pode haver modulação dos efeitos da alteração no interesse social e no da segurança jurídica".

212. Não há plena convergência na doutrina quanto a essa classificação. Optou-se, no ponto, por adotar as categorias que nos parecem mais funcionais para a compreensão e operacionalização da matéria. V., para o debate: Roberto Romboli et. al. Il processo costituzionale: la tipologie delle decisioni, *Il Foro Italiano*, v. 121, n. 3, p. 143-166; Gustavo Zagrebelsky e Valeria Marceno, *Giustizia costituzionale*, 2012; Carlos Blanco Morais. *As sentenças intermédias da justiça constitucional*, 2009; *Le juge constitutionnel et la téchnique de décisions interprétatives en France et en Italie*, 1997, p. 318; Francisco Javier Diaz Revorio, *Las sentencias interpretativas del tribunal constitucional*, 2001. Na doutrina nacional: José Adércio Leite Sampaio, As sentenças intermediárias de constitucionalidade e o mito do legislador negativo, In: José Adércio Leite Sampaio e Álvaro Ricardo de Souza Cruz (Org), *Hermenêutica e jurisdição constitucional*, 2001, p. 159-194; Sarlet, Marinoni e Mitidiero, Curso de direito constitucional, 4. ed., 2015, p. 1198-1213; Gabriel Accioly Gonçalves, *O desenvolvimento judicial do direito*: construções, interpretação criativa e técnicas manipulativas, 2016; Carlos Alexandre de Azevedo Campos, As sentenças manipulativas aditivas: os casos das cortes constitucionais da Itália, da África do Sul e do STF, *Revista de Processo*, v. 246, ago. 2015, p. 403-427; Ademar Borges de Sousa Filho, *Sentenças aditivas na jurisdição constitucional brasileira*, 2016; Bernardo Gonçalves Fernandes, *Curso de Direito Constitucional*, 10. ed., 2018; Emílio Peluso Neder Meyer, *Decisão e jurisdição constitucional*, 2017, p. 15-113.

interpretativas são aquelas em que o Tribunal *atribui ou afasta um significado ou uma incidência que poderia ser extraída de seu programa normativo*, tal como positivado pelo legislador, determinando, entre as interpretações possíveis, a que melhor efetiva o disposto na Constituição, ou suprimindo significados inconstitucionais. As decisões *manipulativas*, a seu turno, atribuem aos dispositivos interpretados *significados que não podem ser diretamente extraídos de seu programa normativo*, procurando modificar o seu conteúdo, a fim de compatibilizá-lo com a Constituição. Nessa hipótese, há uma atuação positiva da Corte, com adição ou substituição do sentido normativo atrelado ao texto.

É certo que a fronteira entre a mera interpretação de um enunciado e a sua manipulação pode ser tênue e suscitar divergências. A classificação é útil, contudo, para que se possa atuar com alguma precisão técnica na matéria. Vale observar, ainda, que ambas as modalidades de decisão — interpretativas e manipulativas — constituem gêneros que abrangem espécies distintas. Sobre tais espécies, e sobretudo no que respeita às decisões manipulativas, podem-se encontrar, na doutrina, classificações superpostas e divergentes[213]. As categorias expostas a seguir correspondem àquelas com maior relevância prática, que permitem a operacionalização das mencionadas técnicas com um referencial teórico razoavelmente claro.

5.1. Decisões interpretativas

As decisões interpretativas, como explicitado acima, são aquelas que definem o sentido da norma com base em uma interpretação que poderia ser extraída de seu enunciado normativo. Constituem espécies desse gênero: (i) a interpretação conforme à Constituição; (ii) a declaração de inconstitucionalidade parcial sem redução de texto; (iii) a declaração de inconstitucionalidade sem a pronúncia de nulidade e o apelo ao legislador; e (iv) a declaração de lei ainda constitucional em trânsito para a inconstitucionalidade.

5.1.1. Interpretação conforme à Constituição: Essa técnica de decisão comporta as seguintes modalidades de atuação do intérprete: (i) a leitura da

---

213. José Adércio Leite Sampaio, As sentenças intermediárias de constitucionalidade e o mito do legislador negativo, In: José Adércio Leite Sampaio e Álvaro Ricardo de Souza Cruz (Org), *Hermenêutica e jurisdição constitucional*, 2001, p. 159-194; Gabriel Accioly Gonçalves, *O desenvolvimento judicial do direito*: construções, interpretação criativa e técnicas manipulativas, 2016; Ademar Borges de Sousa Filho, *Sentenças aditivas na jurisdição constitucional brasileira*, 2016.

norma infraconstitucional da forma que melhor realize o sentido e o alcance dos valores e fins constitucionais a ela subjacentes; (ii) a declaração de não incidência da norma a uma determinada situação de fato; ou (iii) a declaração de inconstitucionalidade parcial sem redução do texto, que consiste na exclusão de uma determinada interpretação possível da norma — geralmente a mais óbvia — e na afirmação de uma interpretação alternativa, compatível com a Constituição[214]. A doutrina reconhece, ainda, que o sentido literal do texto deve funcionar como um limite à interpretação conforme, que não pode subverter o significado original da norma[215].

O uso da técnica pode ser exemplificado pela decisão proferida pelo Supremo Tribunal Federal na ADI 5487. Nesse caso, o Tribunal apreciou a constitucionalidade do art. 46, *caput* e par. 5º, da Lei n. 9.504/97 (Lei das Eleições), que reconhecia aos candidatos de partidos com determinada representação no Congresso Nacional o direito de participação em debates realizados na TV e no rádio, segundo as regras aprovadas por 2/3 dos candidatos aptos. O STF conferiu interpretação conforme à Constituição ao par. 5º para explicitar que as emissoras de TV e rádio poderiam convidar outros candidatos para o debate, que não preenchessem a representatividade mínima exigida, em respeito à sua liberdade de programação e à livre circulação de informações que interessa aos eleitores como um todo[216].

5.1.2. Declaração de inconstitucionalidade parcial sem redução de texto: Trata-se de técnica utilizada quando a norma comporta mais de um

---

214. Luís Roberto Barroso, *Interpretação e aplicação da Constituição*, 2004, p. 189.

215. STF, *DJ*, 19 abr. 1996, ADI 1.344 MC, rel. Moreira Alves: "Impossibilidade, na espécie, de se dar interpretação conforme a Constituição, pois essa técnica só é utilizável quando a norma impugnada admite, dentre as várias interpretações possíveis, uma que a compatibilize com a Carta Magna, e não quando o sentido da norma é unívoco, como sucede no caso presente".

216. STF, ADI 5.487, rel. p/ o acórdão Min. Luís Roberto Barroso: "o legislador não fechou as portas do debate político a candidatos de partidos ou coligações que tenham menos de 10 deputados federais, tampouco tolheu por completo a liberdade de programação das emissoras de TV e rádio. Unindo essas duas preocupações, a Lei n. 9.504/97 facultou que as emissoras convidem para os debates candidatos com representatividade inferior à exigida na lei (...) bastando que se confira interpretação conforme a Constituição à nova redação do art. 46, § 5º, da Lei n. 9.504/97 dada pela Lei n. 13.165/2015". Na mesma linha: STF, *DJe*, 26 set. 2019, ADI 4.277, rel. Alexandre de Moraes: "O Tribunal, por unanimidade, julgou parcialmente procedente o pedido para conferir interpretação conforme à Constituição ao art. 2º, I, da Lei n. 6.160/2018, no sentido de que não seja excluído do conceito de entidade familiar, para fins de aplicação de políticas públicas, o reconhecimento de união estável contínua, pública e duradoura entre pessoas do mesmo sexo, nos termos do voto do Relator".

sentido possível e o Tribunal declara a inconstitucionalidade de um deles. Nessa hipótese, o texto da norma não será afetado, mas um de seus significados será afastado, por violar a Constituição. Há uma evidente proximidade entre a interpretação conforme à Constituição (v., *supra*) e a inconstitucionalidade parcial sem redução de texto. Há quem as equipare, alegando que, na interpretação conforme, a afirmação, pelo Tribunal, de um determinado sentido que valida a norma implica descartar os demais[217]. A Lei n. 9.868/99 optou, contudo, por tratá-las como técnicas distintas (art. 28, par. único)[218].

Constitui exemplo de aplicação dessa técnica a decisão que declara parcialmente inconstitucional, sem redução de texto, a possibilidade de cobrança de um tributo sem a observância do princípio da anterioridade. O tributo permaneceria, bem como a norma que o estabeleceu, suprimindo-se, contudo, uma incidência que poderia decorrer do seu programa normativo e que não era compatível com a Constituição[219].

---

217. Lenio Luiz Streck, *Jurisdição constitucional e hermenêutica*, 2002, p. 477: "Alguns autores entendem que não há diferenças sensíveis entre a interpretação conforme a Constituição e a inconstitucionalidade parcial sem redução de texto". O próprio Lenio, no entanto, não concordando com a tese, investe grande energia na demonstração analítica da diferença entre ambas. Também apontando equiparações, mas dando ênfase às diferenças, v. Gilmar Ferreira Mendes, *Jurisdição constitucional*, 1996. V., ainda, em José Adércio Leite Sampaio, *A Constituição reinventada pela jurisdição constitucional*, 2002, p. 213, inúmeros exemplos em que o Supremo Tribunal Federal superpõe uma e outra.

218. Lei n. 9.868/99, art. 28, par. único: "A declaração de constitucionalidade ou de inconstitucionalidade, inclusive a interpretação conforme a Constituição e a declaração parcial de inconstitucionalidade sem redução de texto, têm eficácia contra todos e efeito vinculante em relação aos órgãos do Poder Judiciário e à Administração Pública federal, estadual e municipal".

219. STF, *DJU*, 25 out. 1991, rel. Min. Moreira Alves: "A inconstitucionalidade arguida quanto ao parágrafo único do artigo 86 da Constituição do Estado do Amazonas *visa apenas a extensão, que ele determina, implicitamente*, que se faça ao Ministério Público, do inciso V do artigo 64 da mesma Carta Magna. Implicitamente, porque essa extensão decorre dos termos "IV a XIII" que integram a remissão feita pelo primeiro desses dispositivos. No caso, portanto, *como não se pode suspender a eficácia de qualquer expressão do dispositivo impugnado*, pois este não alude ao inciso V do artigo 64 senão implicitamente por meio da expressão abrangente ("IV a XIII"), impõe-se a utilização da técnica de concessão da liminar *'para a suspensão da eficácia parcial do texto impugnado sem a redução de sua expressão literal'*, que, se feita, abarcaria normas autônomas, e, portanto, cindíveis, que não são atacadas como inconstitucionais" (grifou-se).

5.1.3. Declaração de inconstitucionalidade sem a pronúncia de nulidade e apelo ao legislador: O sistema brasileiro de controle da constitucionalidade contempla algumas situações em que o reconhecimento da situação de inconstitucionalidade não enseja uma declaração de nulidade. A primeira dessas situações envolve o reconhecimento de uma inconstitucionalidade no âmbito de uma ação direta interventiva. O reconhecimento da violação de princípio constitucional sensível constitui uma condição para que o Presidente da República possa decretar a intervenção federal, mas não implica a nulidade do ato, cuja desconstituição dependerá da atuação da referida autoridade. Também no caso de declaração de inconstitucionalidade por omissão normativa, não haverá declaração de nulidade, uma vez que o pronunciamento do Tribunal não incide sobre uma norma, mas sobre a ausência dela, não havendo, portanto, o que anular.

Por fim, fala-se em declaração de inconstitucionalidade sem a pronúncia de nulidade quando o tribunal reconhece a incompatibilidade de uma norma com a Constituição, mas mantém os seus efeitos, prospectivamente, durante certo período, e eventualmente formula apelo ao Legislador para que, dentro desse período, atue, produzindo uma norma que se ajuste ao parâmetro Constitucional, sob pena de, não o fazendo, ensejar uma situação de vácuo normativo que poderá ser prejudicial à comunidade de modo geral[220]. Essa foi a técnica de decisão utilizada pelo Supremo Tribunal Federal ao apreciar a inconstitucionalidade da lei que criou o Município de Luís Eduardo Magalhães, em desacordo com a Constituição. Tendo em vista a consolidação de diversas situações de fato e a grave insegurança que se geraria com o reconhecimento da sua nulidade, o Tribunal optou por declarar a inconstitucionalidade do diploma normativo, mas não pronunciar a nulidade, pelo prazo de 24 meses, apelando-se ao legislador para que sanasse a inconstitucionalidade dentro desse prazo[221]. Há quem qualifique

---

220. Nesse sentido, e diferenciando a técnica da declaração de inconstitucionalidade sem a pronúncia de nulidade da modulação de efeitos temporais, v. Sarlet, Marinoni e Mitidiero, *Curso de direito constitucional*, 4. ed., 2015, p. 1.275: "Se, nos casos em que se pretende preservar efeitos passados, utiliza-se a técnica da restrição dos efeitos retroativos, quando se deseja manter os efeitos da lei não se declara a sua nulidade, ainda que se pronuncie a sua inconstitucionalidade".

221. STF, *DJe*, 03 ago. 2007, ADI 2240, rel. Min. Eros Grau. No mesmo sentido: STF, *DJe*, 30 abr. 2010, ADI 875, rel. Min. Gilmar Mendes: "Fundo de Participação dos Estados — FPE (art. 161, inciso II, da Constituição). Lei Complementar n. 62/89. Omissão inconstitucional de caráter parcial. Descumprimento do mandamento constitucional constante do art. 161, II, da Constituição, segundo o qual lei complementar deve estabelecer os

essa última hipótese, ainda, como caso de *pronúncia de nulidade diferida*[222]. A jurisprudência do STF tem equiparado a declaração de inconstitucionalidade sem a pronúncia de nulidade à modulação de efeitos temporais, para o fim de exigir o quórum qualificado de 2/3 para a decisão, como previsto no art. 27 da Lei n. 9.868/99[223].

5.1.4. Declaração de lei ainda constitucional em trânsito para a inconstitucionalidade: Em algumas circunstâncias, o Supremo Tribunal Federal reconheceu a constitucionalidade de determinados diplomas legais, enquanto subsistente a situação de fato que a justificava, mas sinalizou que finda tal situação, a norma se tornaria inconstitucional supervenientemente. De fato, o STF já foi chamado a apreciar a constitucionalidade do prazo em dobro conferido à Defensoria Pública, tendo-se argumentado que tal prazo feria a igualdade e a paridade de armas que deveria ser observada quanto a todos os postulantes, inclusive ao Ministério Público. A Corte esclareceu, contudo, que a Defensoria não estava, ainda, plenamente estruturada, tal como o *Parquet*, e que o prazo diferenciado se justificava para dar-lhe condições adequadas, em tal circunstância, para a defesa dos hipossuficientes. Na hipótese, os postulantes foram, portanto, considerados desiguais pela Corte e concluiu-se que, enquanto persistisse tal desigualdade, o tratamento diferenciado se justificava[224]. Entretanto, uma vez plenamente estruturada a Defensoria, o prazo

---

critérios de rateio do Fundo de Participação dos Estados, com a finalidade de promover o equilíbrio socioeconômico entre os entes federativos. Ações julgadas procedentes para declarar a inconstitucionalidade, sem a pronúncia da nulidade, do art. 2º, incisos I e II, §§ 1º, 2º e 3º, e do Anexo Único, da Lei Complementar n. 62/89, assegurada a sua aplicação até 31 de dezembro de 2012". No mesmo sentido, o STF valeu-se da técnica para excluir a caça de controle (licenciada) e a coleta de animais com propósito científico da hipótese de incidência de lei que vedava integralmente a caça e captura de animais. V. STF, *DJe*, 13 ago. 2020, ADI 5.977, rel. Min. Ricardo Lewandowski.

222. V. José Adércio Leite Sampaio, As sentenças intermediárias de constitucionalidade e o mito do legislador negativo, In: José Adércio Leite Sampaio e Álvaro Ricardo de Souza Cruz, *Hermenêutica e jurisdição constitucional*, 2001, p. 174. Alude-se, na obra, à técnica como "inconstitucionalidade com ablação diferida ou datada". Nesse sentido, o Tribunal declarou inconstitucional, sem a pronúncia de nulidade, norma que impedia, em caráter definitivo, o reingresso no serviço público dos servidores federais demitidos ou destituídos do cargo por prática contrária à Administração. E apelou ao Congresso Nacional para que deliberasse sobre o prazo de retorno. V. STF, *DJe*, 4 fev. 2021, ADI 2.975, rel. Min. Gilmar Mendes.

223. STF, *DJe*, 30 abr. 2010, ADI 875, rel. Min. Gilmar Mendes.

224. STF, *DJU*, 27 jun. 1997, HC 70.514, rel. Min. Sydney Sanches: "Não é de ser reconhecida a inconstitucionalidade do § 5º do art. 1º da Lei n. 1.060, de 5-2-1950, acrescentado pela Lei n. 7.871, de 8-11-1989, no ponto em que confere prazo em dobro, para

em dobro se tornaria inconstitucional[225]. Essa técnica de decisão é igualmente conhecida como declaração de *inconstitucionalidade progressiva* ou, ainda, como *sentença transitiva ou transacional*[226].

5.2. Decisões manipulativas

As *decisões manipulativas* têm sua origem em cortes europeias, com destaque para a Corte Italiana, e caracterizam-se pela introdução de novos conteúdos nas leis, que *não poderiam ser extraídos diretamente de seu programa normativo*, a fim de compatibilizá-las com a Constituição[227].

---

recurso, às Defensorias Públicas, ao menos até que sua organização, nos Estados, alcance o nível de organização do respectivo Ministério Público, que é a parte adversa, como órgão de acusação, no processo da ação penal pública". No mesmo sentido, v. STF, *DJ*, 19 maio 1998, RE 147.776, rel. Min. Sepúlveda Pertence: "Ministério Público: legitimação para promoção, no juízo cível, do ressarcimento do dano resultante de crime, pobre o titular do direito à reparação (...) processo de inconstitucionalização das leis. 1. A alternativa radical da jurisdição constitucional ortodoxa entre a constitucionalidade plena e a declaração de inconstitucionalidade ou revogação por inconstitucionalidade da lei com fulminante eficácia *ex tunc* faz abstração da evidência de que a implementação de uma nova ordem constitucional não é um fato instantâneo, mas um processo, no qual a possibilidade de realização da norma da Constituição — ainda quando teoricamente não se cuide de preceito de eficácia limitada — subordina-se muitas vezes a alterações da realidade fática que a viabilizem. 2. No contexto da Constituição de 1988, a atribuição anteriormente dada ao Ministério Público pelo art. 68 C. Pr. Penal — constituindo modalidade de assistência judiciária — deve reputar-se transferida para a Defensoria Pública: essa, porém, para esse fim, só se pode considerar existente, onde e quando organizada, de direito e de fato, nos moldes do art. 134 da própria Constituição e da lei complementar por ela ordenada".

225. Na mesma linha, o STF declarou constitucional, mas em trânsito para a inconstitucionalidade, lei do Estado de São Paulo que assegurava legitimidade ativa para o Ministério Público ajuizar ação de investigação de paternidade, por entender que a Defensoria Pública, entidade competente para tal ofício, ainda não estava plenamente consolidada. V. STF, *DJ*, 12 mar. 2004, RE 248.869, rel. Min. Maurício Corrêa.

226. José Adércio Leite Sampaio, As sentenças intermediárias de constitucionalidade e o mito do legislador negativo, In: José Adércio Leite Sampaio e Álvaro Ricardo de Souza Cruz, *Hermenêutica e jurisdição constitucional*, 2001, p. 175.

227. Gustavo Zagrebelsky e Valeria Marceno, *Giustizia costituzionale*, 2012; Roberto Romboli et. al. Il processo constituzionale: la tipologie dele decisioni, *Il Foro Italiano*, v. 121, n. 3, p. 143-166; Carlo Colapietro, *Le sentenze additive e sostitutive della corte constituzionale*, 1990; Francisco Javier Diaz Revorio, *Las sentencias interpretativas del tribunal constitucional*, 2001; Carlos Blanco Morais, *As sentenças intermédias da justiça constitucional*, 2009; Thierry Di Manno. *Le juge constitutionnel et la téchnique de décisions interprétatives en France et en Italie*, 1997.

A alteração promovida pelo Tribunal deve ser, todavia, passível de recondução argumentativa a normas constitucionais. O gênero decisão manipulativa abrange as técnicas de: (i) decisão manipulativa aditiva e (ii) decisão manipulativa substitutiva[228].

5.2.1. Decisões manipulativas aditivas: Trata-se de técnica de decisão que procura adequar à Constituição um diploma normativo que se considera inconstitucional por omissão parcial, ou seja, que se tem por inconstitucional pelo que deixou de incluir em seu programa normativo, buscando-se ampliar o âmbito de incidência da norma[229]. Essa foi a técnica utilizada pelo Supremo Tribunal Federal para autorizar a interrupção da gestação de fetos anencefálicos. A Corte adicionou às excludentes de ilicitude previstas para o tipo de aborto no Código Penal uma nova excludente de ilicitude, que, a seu ver, decorria diretamente do princípio da dignidade humana, do direito à autonomia e à privacidade da mulher (CP, art. 128).

A doutrina alude a múltiplas subcategorias de decisões aditivas. Fala-se na existência de decisões *aditivas de garantia*, que promoveriam a ampliação dos destinatários de um direito de liberdade ou poder; em decisões *aditivas de prestação*, aludindo-se a julgados que estendem prestações a um grupo ilegitimamente excluído. Há, igualmente, referências às decisões *aditivas de princípio*, quando o Tribunal apenas estabelece diretrizes a serem observadas pelo legislador, na produção de normas, e pelas demais instâncias judiciais, no julgamento dos casos. Entretanto, o mais relevante, quanto ponto, é a operação decisória em si, e não propriamente o tipo de conteúdo que se acrescenta. Vale dizer, a técnica corresponde a uma atuação do STF como *legislador positivo*, por meio da qual se acrescenta conteúdo à norma a fim de suprir uma omissão violadora da Constituição.

---

228. Como já mencionado, optou-se por utilizar aqui as categorias mais instrumentais ao manejo técnico das decisões. Não há plena convergência na doutrina sobre tais categorias. Para outras classificações, v. Gabriel Accioly Gonçalves, *O desenvolvimento judicial do direito*: construções, interpretação criativa e técnicas manipulativas, 2016; Ademar Borges de Sousa Filho, *Sentenças aditivas na jurisdição constitucional brasileira*, 2016.

229. A utilização das decisões aditivas em caso de omissão total ainda carece de aprofundamentos na doutrina nacional. Há, todavia, autores que a admitem expressamente, identificando a atuação do Supremo Tribunal Federal na regulação do direito de greve (MIs 670, 708 e 712) e na demarcação de terras indígenas da reserva de Raposa Serra do Sol (Pet 3.388) como exemplos da aplicação da técnica no caso de omissão total. Nesse sentido, v. Gilmar Ferreira Mendes e Paulo Gustavo Gonet Branco, *Curso de direito constitucional*, 2018, p. 1465-1468.

Vale anotar, ainda, que a jurisprudência do STF, em diversas hipóteses, trata a decisão manipulativa aditiva como se constituísse mera interpretação conforme à Constituição. É importante ter em conta, contudo, que as duas técnicas não são equivalentes. Tal como já esclarecido, a interpretação conforme à Constituição é uma decisão interpretativa, que extrai ou afasta significado compatível com o próprio programa normativo do dispositivo sob exame e que tem por limite o seu teor literal. Já a decisão aditiva se caracteriza por ir além do texto da norma justamente com o propósito de ajustar o programa normativo ao conteúdo da Constituição. Há, portanto, no último caso, um *plus* em termos de atuação judicial construtiva e criativa.

5.2.2. Decisões manipulativas substitutivas: As decisões manipulativas substitutivas caracterizam-se por abranger uma declaração de inconstitucionalidade do diploma legal pelo que dispõe (e não pelo que omite, tal como ocorre no caso da decisão manipulativa aditiva), com a substituição judicial da disciplina inconstitucional por outra[230]. Ilustra essa técnica a decisão por meio da qual o Supremo Tribunal Federal afastou o cabimento de ação penal condicionada à representação, em caso de violência doméstica contra a mulher, prevista de forma expressa na Lei. n. 9.099/95, substituindo-a por ação penal pública incondicionada (arts. 12, 16 e 41)[231]. Entre as espécies de decisões manipulativas, a substitutiva tende a ser aquela em que a atuação judicial criativa se dá com maior intensidade, tendo em vista que, em lugar de se suprir uma omissão (como nas decisões aditivas), afasta-se a norma já estabelecida pelo legislador para substituí-la por outra, que o STF considera mais adequada, ainda que com base em argumentação que se reconduza a princípios constitucionais. As decisões manipulativas substitutivas se impõem quando a pura declaração de inconstitucionalidade de determinada norma produz

---

230. Gustavo Zagrebelsky e Valeria Marceno, *Giustizia costituzionale*, 2012; Roberto Romboli et. al. Il processo constituzionale: la tipologie dele decisioni, Il Foro Italiano, v. 121, n. 3, p. 143-166; Carlo Colapietro, *Le sentenze additive e sostitutive dela corte constituzionale*, 1990; Francisco Javier Diaz Revorio, *Las sentencias interpretativas del tribunal constitucional*, 2001; Carlos Blanco Morais. *As sentenças intermédias da justiça constitucional*, 2009; Thierry Di Manno. *Le juge constitutionnel et la téchnique de décisions interprétatives en France et en Italie*, 1997.

231. STF, *DJe*, 1º ago. 2014, ADI 4424, rel. Min. Marco Aurélio. Há, contudo, quem classifique a decisão como manipulativa mista, entendo que: (i) em primeiro lugar, produziu-se uma decisão redutiva, afastando-se o cabimento de ação condicionada a representação, para (ii) em segundo lugar, substituí-la pela ação pública incondicionada, produzindo-se, então, também uma decisão de conteúdo substitutivo. Gabriel Accioly Gonçalves, *O desenvolvimento judicial do direito*: construções, interpretação criativa e técnicas manipulativas, 2016, p. 193-203.

situação pior do que a anterior, impondo a intervenção judicial criativa que melhor realiza a vontade constitucional.

6. A súmula vinculante

6.1. Introdução

A Emenda Constitucional n. 45/2004 introduziu a figura da súmula vinculante no sistema brasileiro de jurisdição constitucional. O novo instituto confere ao Supremo Tribunal Federal o poder de determinar à Administração Pública e aos demais órgãos do Poder Judiciário a observância compulsória da jurisprudência da Corte em matéria constitucional. A inovação foi regulamentada pela Lei n. 11.417, de 19-12-2006, e tem sua matriz constitucional no art. 103-A da Constituição, que trata do objeto e da eficácia das súmulas vinculantes, bem como dos requisitos e do procedimento para a sua edição:

"Art. 103-A. O Supremo Tribunal Federal poderá, de ofício ou por provocação, mediante decisão de dois terços dos seus membros, após reiteradas decisões sobre matéria constitucional, aprovar súmula que, a partir de sua publicação na imprensa oficial, terá efeito vinculante em relação aos demais órgãos do Poder Judiciário e à administração pública direta e indireta, nas esferas federal, estadual e municipal, bem como proceder à sua revisão ou cancelamento, na forma estabelecida em lei.

§ 1º A súmula terá por objetivo a validade, a interpretação e a eficácia de normas determinadas, acerca das quais haja controvérsia atual entre órgãos judiciários ou entre esses e a administração pública que acarrete grave insegurança jurídica e relevante multiplicação de processos sobre questão idêntica.

§ 2º Sem prejuízo do que vier a ser estabelecido em lei, a aprovação, revisão ou cancelamento de súmula poderá ser provocada por aqueles que podem propor a ação direta de inconstitucionalidade.

§ 3º Do ato administrativo ou decisão judicial que contrariar a súmula aplicável ou que indevidamente a aplicar, caberá reclamação ao Supremo Tribunal Federal que, julgando-a procedente, anulará o ato administrativo ou cassará a decisão judicial reclamada, e determinará que outra seja proferida com ou sem a aplicação da súmula, conforme o caso".

A súmula vinculante alinha-se com a crescente tendência de valorização da jurisprudência no Direito contemporâneo[232]. Existem diversas razões que justificam o fenômeno. Uma delas é o aumento da litigiosidade, que produziu, ao longo dos últimos anos, uma significativa elevação do número de ações judiciais em tramitação no país. Uma segunda razão, dentro desse contexto, é a expressiva quantidade de demandas em torno do mesmo objeto, de uma mesma controvérsia jurídica, como por exemplo a constitucionalidade de um plano econômico ou da cobrança de um tributo. Circunstâncias como essas passaram a exigir a racionalização e a simplificação do processo decisório. Em uma realidade de litígios de massa, não é possível o apego às formas tradicionais de prestação artesanal de jurisdição. A súmula vinculante permite a enunciação objetiva da tese jurídica a ser aplicada a todas as hipóteses que envolvam questão idêntica. Como consequência, contribui para a celeridade e eficiência na administração da justiça, bem como para a redução do volume de recursos que chega ao STF[233].

Existe, ainda, outra razão de grande relevância a inspirar a ideia de um respeito mais amplo e profundo aos precedentes judiciais. É que a interpre-

---

232. Vejam-se alguns exemplos que confirmam essa percepção: (i) atribuição de efeitos vinculantes às decisões proferidas pelo STF em processos objetivos, isto é, em ação direta de inconstitucionalidade, em ação declaratória de constitucionalidade (CF, art. 102, § 2º, e Lei n. 9.868/99, art. 28, parágrafo único) e em ADPF (Lei n. 9.882/99, art. 10, § 3º); (ii) atribuição de competência ao relator dos recursos para, monocraticamente, denegá-los ou provê-los, conforme a decisão impugnada haja observado ou esteja em confronto com súmula ou com jurisprudência dominante do respectivo tribunal, do STF ou de tribunal superior (CPC, art. 557, *caput* e § 1º); e (iii) produção de efeito imediato, não sujeito a 2º grau obrigatório, da decisão contra a Fazenda Pública que esteja fundada em jurisprudência do plenário do STF ou em súmula deste tribunal ou do tribunal superior competente (CPC, art. 475, § 3º). V., no mesmo sentido, voto de minha autoria, bem como os votos do Ministro Teori Zavascki e do Ministro Gilmar Mendes na Rcl. 4.335 (STF, *DJe*, 22 out. 2014, rel. Gilmar Mendes), nos quais se ressalta a progressiva relevância reconhecida aos precedentes judiciais. O CPC/2015 não apenas previu o cabimento de reclamação contra o descumprimento de súmula vinculante (art. 988, III), mas atribuiu, ainda, uma série de efeitos aos enunciados simples da súmula do STF e do STJ, ainda que desprovidos de efeitos vinculantes. São exemplos deles o dever de juízes e tribunais de observá-las (art. 927, IV), bem como a possibilidade de julgar liminarmente improcedente o pedido que contrariar tais enunciados (art. 332, I); e de considerar não fundamentada decisão que deixar de segui-los, quando não demonstrada a existência de distinção (art. 489, VI).

233. Sobre o ponto, v. Gilmar Mendes, Inocêncio Mártires Coelho e Paulo Gonet Branco, *Curso de direito constitucional*, 2007, p. 916: "Em regra, elas (as súmulas vinculantes) serão formuladas a partir de questões processuais de massa ou homogêneas, envolvendo matérias previdenciárias, administrativas, tributárias ou até mesmo processuais, suscetíveis de uniformização e padronização".

tação jurídica, nos dias atuais, está longe de ser compreendida como uma atividade mecânica de revelação de conteúdos integralmente contidos nos textos legislativos. Especialmente quando eles se utilizam de termos polissêmicos, de conceitos jurídicos indeterminados ou de princípios gerais. Nessas situações, o intérprete desempenha o papel de coparticipante do processo de criação do Direito, dando sentido a atos normativos de textura aberta ou fazendo escolhas fundamentadas diante das possibilidades de solução oferecidas pelo ordenamento. Por esse motivo, boa parte da doutrina contemporânea tem sustentado a distinção entre *enunciado normativo* — isto é, o texto, o relato abstrato contido no dispositivo — e *norma*, entendida como o produto da aplicação do enunciado a uma situação concreta[234].

Nesse ambiente de interpretação judicial mais criativa, surge a necessidade de que os entendimentos adotados por diferentes órgãos judiciais sejam coordenados e aplicados com base em parâmetros que propiciem isonomia[235] e coerência[236].

---

234. Sobre o tema, v. Luís Roberto Barroso, *Curso de direito constitucional contemporâneo — Os conceitos fundamentais e a construção do novo modelo*, 2009, p. 307 e s. V. tb., entre outros, Ana Paula de Barcellos, *Ponderação, racionalidade e atividade jurisdicional*, 2005, p. 103 e s.; e Eros Roberto Grau, *Ensaio e discurso sobre a interpretação e aplicação do Direito*, 2002, p. 17: "O que em verdade se interpreta são os textos normativos; da interpretação dos textos resultam as normas. Texto e norma não se identificam. A norma é a interpretação do texto normativo. (...) O conjunto dos textos — disposições, enunciados — é apenas ordenamento em potência, um conjunto de possibilidades de interpretação, um conjunto de normas potenciais [Zagrebelsky]". V., ainda, Karl Larenz, *Metodologia da ciência do Direito*, 1969, p. 270 e s., e Riccardo Guastini, *Distinguendo. Studi di teoria e metateoria del Diritto,* 1996, p. 82-3.

235. Como dito na abertura deste livro, o sistema jurídico pressupõe ordem e unidade. Para o preenchimento de tais pressupostos, como observa Canaris, tanto o legislador quanto o juiz estão vinculados ao postulado de justiça que consiste em "tratar o igual de modo igual e o diferente de forma diferente, de acordo com a medida de sua diferença". Sobre o ponto, v. Claus-Wilhelm Canaris, *Pensamento sistemático e conceito de sistema na ciência do Direito*, 1996, p. 18-23.

236. O dever de *coerência* pode ser associado à precisão e constância na utilização das categorias jurídicas, à consideração devida aos precedentes e à prevenção de conflitos de interpretação. Sobre o tema, v. Robert Alexy e Aleksander Peczenik, The concept of coherence and its significance for discursive rationality, *Ratio Juris, 3:*130-47, 1990; Neil Maccormick, *Rethoric and the rule of Law*, 2005, p. 189 e s.; Chaïm Perelman e Lucie Olbrechts-Tyteca, *Tratado da argumentação — A nova retórica*, 2002, p. 221 e s. No Brasil, v. Humberto Ávila, *Sistema constitucional tributário*, 2004, p. 27 e s., e Marina Gaensly, *O princípio da coerência. Reflexões de teoria geral do direito contemporânea*, 2005 (Dissertação de mestrado apresentada à UERJ, mimeo). Na jurisprudência, v. STF, *DJU,* 9 jun. 1995, RE 160.486/SP, Rel. Min.

Apesar da pluralidade de instâncias decisórias, o poder político exercido pelo Estado é essencialmente uno, e não se deve aceitar como plenamente natural que ele produza manifestações incompatíveis entre si. No caso das decisões judiciais, torna-se ainda mais importante que haja a maior uniformidade possível, na medida em que elas constituem atos de aplicação do Direito, e não opções discricionárias.

6.2. Objeto

As súmulas vinculantes poderão ter por objeto a validade, a interpretação ou a eficácia de normas determinadas, da Constituição ou da legislação ordinária, editadas por qualquer um dos entes federativos. Nesses termos, tanto poderão conferir eficácia geral ao entendimento do STF sobre a constitucionalidade ou inconstitucionalidade de dispositivos infraconstitucionais (ou mesmo de emenda à Constituição), quanto fixar a interpretação e o alcance que devem ser conferidos a determinado enunciado normativo, incluindo os artigos da própria Carta. Na prática, as súmulas prestam-se a veicular o entendimento do Tribunal acerca de qualquer questão constitucional. Isso porque, estabelecida uma interpretação vinculante para determinado enunciado normativo, a consequência será a invalidade de qualquer ato ou comportamento que lhe seja contrário, oriundo do Poder Público ou mesmo de particulares. Foi assim que o STF pôde editar súmulas vinculantes para declarar a invalidade de práticas como o uso indiscriminado de algemas[237] e o nepotismo[238], considerando-as incompatíveis com o sentido

---

Celso de Mello: "Os postulados que informam a teoria do ordenamento jurídico e que lhe dão o necessário substrato doutrinário assentam-se na premissa fundamental de que o sistema de direito positivo, além de caracterizar uma unidade institucional, constitui um complexo de normas que devem manter entre si um vínculo de essencial coerência".

237. Súmula Vinculante 11: "Só é lícito o uso de algemas em casos de resistência e de fundado receio de fuga ou de perigo à integridade física própria ou alheia, por parte do preso ou de terceiros, justificada a excepcionalidade por escrito, sob pena de responsabilidade disciplinar, civil e penal do agente ou da autoridade e de nulidade da prisão ou do ato processual a que se refere, sem prejuízo da responsabilidade civil do Estado".

238. Súmula Vinculante 13: "A nomeação de cônjuge, companheiro ou parente em linha reta, colateral ou por afinidade, até o terceiro grau, inclusive, da autoridade nomeante ou de servidor da mesma pessoa jurídica investido em cargo de direção, chefia ou assessoramento, para o exercício de cargo em comissão ou de confiança ou, ainda, de função gratificada na administração pública direta e indireta em qualquer dos Poderes da União, dos Estados, do Distrito Federal e dos Municípios, compreendido o ajuste mediante designações recíprocas, viola a Constituição Federal".

atribuído a princípios constitucionais como a dignidade da pessoa humana e a moralidade administrativa, respectivamente.

Ainda em relação ao objeto, veja-se que a súmula vinculante não se limita a ser um mecanismo para conferir eficácia vinculante a decisões produzidas em sede de controle incidental de constitucionalidade, embora seja essa uma das aplicações possíveis do instituto. Mais do que isso, as súmulas permitem que o STF estabeleça uma determinada tese jurídica, cristalizando as razões de decidir adotadas pela Corte *(ratio decidendi)* em um enunciado dotado de eficácia geral. Não por acaso, também decisões produzidas em controle abstrato podem dar origem à edição de súmulas vinculantes[239]. Na prática, os enunciados poderão ter objeto mais ou menos amplo de acordo com a redação que venha a ser aprovada pelo STF, variando desde uma afirmação sobre a inconstitucionalidade de determinado dispositivo infraconstitucional[240] até a definição da interpretação adequada de um artigo da própria Constituição[241].

6.3. Requisitos e procedimento

As súmulas vinculantes podem ser editadas, revistas ou canceladas por decisão de dois terços dos Ministros do STF (8 Ministros), por iniciativa

---

239. A Súmula Vinculante 2 fornece um exemplo expressivo: tendo sido editada a partir de um conjunto de ADINs em que o STF declarou a inconstitucionalidade de leis estaduais específicas, o enunciado veiculou o entendimento do Tribunal acerca da competência legislativa em matéria de loterias. Confira-se o enunciado: "É inconstitucional a lei ou ato normativo estadual ou distrital que disponha sobre sistemas de consórcios e sorteios, inclusive bingos e loterias".

240. Súmula Vinculante 8: "São inconstitucionais o parágrafo único do artigo 5º do Decreto-Lei n. 1.569/77 e os artigos 45 e 46 da Lei n. 8.212/91, que tratam de prescrição e decadência de crédito tributário".

241. A título de exemplo, confiram-se os seguintes enunciados, todos relativos à extensão do direito à ampla defesa: Súmula Vinculante 3: "Nos processos perante o Tribunal de Contas da União asseguram-se o contraditório e a ampla defesa quando da decisão puder resultar anulação ou revogação de ato administrativo que beneficie o interessado, excetuada a apreciação da legalidade do ato de concessão inicial de aposentadoria, reforma e pensão"; Súmula Vinculante 5: "A falta de defesa técnica por advogado no processo administrativo disciplinar não ofende a Constituição"; e Súmula Vinculante 14: "É direito do defensor, no interesse do representado, ter acesso amplo aos elementos de prova que, já documentados em procedimento investigatório realizado por órgão com competência de polícia judiciária, digam respeito ao exercício do direito de defesa" "; e Súmula Vinculante 21: "É inconstitucional a exigência de depósito ou arrolamento prévio de dinheiro ou bens para admissibilidade de recursos administrativos".

própria ou mediante provocação. O quórum qualificado contribui para a legitimidade da vinculação imposta, além de promover segurança jurídica, atestando a estabilidade do entendimento sumulado. O § 2º do art. 103-A estabeleceu desde logo que os legitimados para a propositura de ação direta de inconstitucionalidade poderiam também sugerir a edição, revisão ou cancelamento de súmula, admitindo que a lei estendesse a legitimação a outros órgãos ou entidades.

Valendo-se da autorização, o legislador conferiu a prerrogativa também aos tribunais[242], cuja proximidade com o exercício da atividade jurisdicional pode contribuir para a identificação de questões reincidentes e controvertidas. Determinou-se também que a proposta pode partir de Município, no âmbito de processo em que seja parte[243]. A lei não previu que o processo deva tramitar perante o próprio STF, e a melhor interpretação parece ser mesmo ampliativa, admitindo-se que a sugestão ocorra ainda quando o processo se encontre em instância diversa. Tendo em vista que, por expressa determinação legal, a proposta não tem o condão de suspender o processo — o que poderia ser usado como forma de retardamento da decisão —, não há motivo razoável para limitar a iniciativa dos Municípios.

Em qualquer caso, uma súmula vinculante somente deverá ser editada após reiteradas decisões do STF acerca da questão constitucional em que se verifique controvérsia relevante entre órgãos judiciais ou entre estes e a Administração Pública. Naturalmente, as decisões que são utilizadas como suporte à edição da súmula devem estar alinhadas em um mesmo sentido, sem prejuízo da possibilidade de que tenha havido controvérsia no Tribunal até se pacificar determinado entendimento. O quórum de dois terços referido acima diz respeito à deliberação para a edição da súmula, não se exigindo que as decisões anteriores o hajam observado. A Constituição e a lei não especificaram o número de decisões que deve anteceder a medida e nem seria o caso de fazê-lo. Embora a exigência constitucional de reiteração não

---

242. Lei n. 11.417/2006, art. 3º: "São legitimados a propor a edição, a revisão ou o cancelamento de enunciado de súmula vinculante: XI — os Tribunais Superiores, os Tribunais de Justiça de Estados ou do Distrito Federal e Territórios, os Tribunais Regionais Federais, os Tribunais Regionais do Trabalho, os Tribunais Regionais Eleitorais e os Tribunais Militares".

243. Lei n. 11.417/2006, art. 3º, § 1º: "§ 1º O Município poderá propor, incidentalmente ao curso de processo em que seja parte, a edição, a revisão ou o cancelamento de enunciado de súmula vinculante, o que não autoriza a suspensão do processo".

possa ser desprezada[244], cabe ao próprio STF avaliar em que momento determinada questão encontra-se madura para ser sumulada[245].

Pela relevância dos efeitos da súmula, o que se espera é que qualquer inovação — edição, revisão ou cancelamento — seja precedida de debate consistente na Corte. Tendo em vista esse mesmo objetivo, o Procurador--Geral da República deverá ser necessariamente ouvido, emitindo parecer nos casos em que não tenha sido autor da proposta. Por fim, a lei permite ainda que o relator, cuja decisão é irrecorrível, autorize a manifestação de terceiros. Cuida-se, também aqui, da figura do *amicus curiae*, cuja admissão tem sido cada vez mais frequente na prática do STF[246].

6.4. Eficácia

Do ponto de vista objetivo, a súmula vinculante enuncia uma determinada tese jurídica, cuja observância passa a ser obrigatória para a Administração e para os demais órgãos do Poder Judiciário. Essa tese deve corresponder fielmente à decisão ou às razões de decidir (*ratio decidendi*) dos julgados dos quais se originou a súmula, e não de eventuais argumentos laterais (*obiter dicta*) ou do *entendimento livre* do STF acerca de determinado tema. É a correspondência com uma orientação jurisprudencial específica que legitima a edição da súmula e a eficácia vinculante que lhe é atribuída. Em outras palavras, a súmula apenas confere eficácia geral a uma linha de decisão estabelecida na Corte, que presumivelmente seria reproduzida em todo e qualquer caso similar que chegasse ao STF. O que a súmula faz é tentar produzir, já nas instâncias ordinárias, a observância desse entendimento, promovendo valores como isonomia e eficiência na prestação jurisdicional.

---

244. O Ministro Sepúlveda Pertence chegou a sugerir, *obiter dictum*, que seriam necessárias "pelo menos umas três decisões, com relatório lido". V. STF, *DJU*, 9 dez. 2005, CC 7.204/MG, Rel. Min. Carlos Britto. Uma das críticas públicas a súmulas vinculantes como a do uso de algemas ou a do nepotismo foi, precisamente, a escassez de precedentes necessários a preencher o requisito constitucional de "reiteradas decisões".

245. A ideia de que a Corte Constitucional deve aguardar a maturação de determinadas questões complexas antes de emitir um juízo definitivo é tradicional na prática norte--americana, sendo utilizada pela Suprema Corte como requisito de admissibilidade (*ripeness*) no principal mecanismo de acesso ao Tribunal (*writ of certiorari*). Sobre o tema, v. John Nowak e Ronald Rotunda, *Constitutional Law*, 1995, p. 90.

246. Lei n. 11.417/2006, art. 3º, § 2º: "No procedimento da edição, revisão ou cancelamento de enunciado da súmula vinculante, o relator poderá admitir, por decisão irrecorrível, a manifestação de terceiros na questão, nos termos do Regimento Interno do Supremo Tribunal Federal".

Respeitando-se essa exigência — correspondência fiel entre o enunciado sumular e o conteúdo decisório dos julgados de origem —, a edição de súmula vinculante não caracterizará usurpação da função legislativa[247].

Do ponto de vista subjetivo, já foi mencionado que a súmula vincula a Administração Pública nos três níveis federativos, além dos demais órgãos do Poder Judiciário. A dicção do texto constitucional e também da lei parecem dar a impressão de que o próprio STF estaria obrigado a seguir a orientação sumulada, ressalvando-se a possibilidade de que promova a sua revisão ou cancelamento. A verdade, porém, é que tais procedimentos exigem a maioria qualificada de dois terços dos ministros, o que poderia levar à seguinte situação, no mínimo inusitada: em caso de mudança no entendimento da Corte acerca de questão sumulada — sem que se atinja, contudo, o quórum qualificado — o STF poderia estar obrigado a aplicar orientação que não mais corresponderia ao entendimento da maioria de seus Ministros. Em outras palavras, a maioria absoluta dos membros do STF poderia se ver compelida a adotar decisão que não lhe pareça a melhor. Para evitar esse resultado, tem-se sustentado que a vinculação do próprio STF deve ser entendida de forma limitada, estando a Corte impedida de afastar casuisticamente enunciado sumular existente, mas admitindo-se a possibilidade de que seja superado por decisão expressa da maioria absoluta de seus membros[248].

Em qualquer caso, a vinculação de que se trata não equivale a um dever de aplicação automática das súmulas. A realidade pode apresentar inúmeras variáveis, e cabe ao aplicador verificar se a situação concreta

---

247. Na mesma linha, sustentando a legitimidade da súmula vinculante e a inexistência de usurpação de competência legislativa, v. André Ramos Tavares, *Curso de direito constitucional*, 2007, p. 367.

248. Esse parece ser o ponto de vista manifestado em Gilmar Mendes, Inocêncio Mártires Coelho e Paulo Gonet Branco, *Curso de direito constitucional*, 2007, p. 918: "Afigura-se inegável que, tendo em vista a própria formalidade do processo de aprovação e edição da súmula, o Tribunal não poderá afastar-se da orientação sumulada sem uma decisão formal no sentido da superação do enunciado eventualmente fixado. Aquilo a que Victor Nunes se referiu como instrumento de autodisciplina do Tribunal edifica-se, no contexto da súmula vinculante, em algo associado à própria responsabilidade institucional da Corte de produzir clareza e segurança jurídicas para os demais tribunais e para os próprios jurisdicionados. A afirmação de que inexistiria uma autovinculação do Supremo Tribunal ao estabelecido nas súmulas há de ser entendida *cum grano salis*. Talvez seja mais preciso afirmar que o Tribunal estará vinculado ao entendimento fixado na súmula enquanto considerá-lo expressão adequada da Constituição e das leis interpretadas. A desvinculação há de ser formal, explicitando-se que determinada orientação vinculante não mais deve subsistir. Aqui, como em toda mudança de orientação, o órgão julgador ficará duplamente onerado pelo dever de argumentar".

submetida a julgamento enquadra-se efetivamente na situação-tipo que a súmula pretendeu capturar[249]. Ainda quando se verifique a correspondência, é possível que circunstâncias excepcionais façam com que a súmula não deva ser aplicada, a fim de evitar a produção de um resultado incompatível com a Constituição[250]. Sem prejuízo dessas possibilidades, o normal é que a súmula opere seus efeitos em todas as situações enquadradas em seu relato abstrato, sob pena de perder inteiramente sua utilidade. O afastamento de súmula pertinente deve ser manifestamente excepcional e, como tal, fundamentado de forma analítica[251].

A fim de evitar o esvaziamento do instituto por eventual insubordinação dos órgãos que deveriam aplicar as súmulas, o § 3º do art. 103-A previu o cabimento de reclamação contra a decisão judicial ou ato administrativo que deixar de aplicar súmula vinculante pertinente ou aplicá-la de forma indevida[252]. Essa é uma forma de levar os casos de aparente descumprimento diretamente ao STF, que poderá cassar o ato impugnado

---

249. O afastamento ocasional da orientação vinculante, em razão de particularidades da situação concreta ou circunstâncias excepcionais corresponde ao fenômeno conhecido como *distinguishing* nos países da tradição anglo-saxã. Como destaca Neil Duxbury, "'*Distinguishing*' é o que fazem os juízes quando traçam uma distinção entre um caso e outro. (...) é antes de mais nada uma questão de mostrar diferenças fáticas entre o caso anterior e o atual — de demonstrar que a *ratio* de um precedente não se aplica satisfatoriamente ao caso em questão" (Neil Duxbury, *The nature and authority of precedent*, 2008, p. 113).

250. Como se verá adiante, o próprio STF admite a possibilidade de que uma norma constitucional em tese possa deixar de ser aplicada pontualmente para evitar a produção de resultado inconstitucional *in concreto*. A mesma lógica pode ser estendida às teses jurídicas veiculadas por súmula, ainda que sempre em caráter excepcional.

251. A não aplicação de um precedente pode se dar pelo estabelecimento de uma exceção à tese central nele afirmada (*distinguishing*) ou por sua superação, por não mais expressar o entendimento dominante (*overruling*). Sobre o ponto, bem como sobre a transposição racional e ponderada de conceitos do *common law* para o sistema brasileiro, v. Patrícia Perrone Campos Mello, *Precedentes: o desenvolvimento judicial do direito no constitucionalismo contemporâneo*, 2008, p. 201 e s.

252. A título de exemplo, o STF já deu provimento à reclamação para cassar decisão que aplicara indevidamente a Súmula Vinculante n. 13, afastando Secretário de Estado sob a alegação da prática de nepotismo. O Tribunal entendeu que a referida Súmula não seria aplicável aos cargos de natureza política. V. STF, *DJe*, 21 nov. 2009, AgRg na MC na Rcl 6.650-PR, rel. Min. Ellen Gracie: "1. Impossibilidade de submissão do reclamante, Secretário Estadual de Transporte, agente político, às hipóteses expressamente elencadas na Súmula Vinculante n. 13, por se tratar de cargo de natureza política. 2. Existência de precedente do Plenário do Tribunal: RE 579.951/RN, rel. Min. Ricardo Lewandowski, *DJe* 12.9.2008".

e determinar a sua substituição por outro que esteja em consonância com o entendimento sumulado. A despeito da importância da reclamação na hipótese, a verdade é que o mecanismo pressupõe a observância espontânea das súmulas na generalidade dos casos. Sem isso, o STF logo se veria soterrado sob um novo tipo de avalanche, agora composta por milhares de reclamações[253].

No que diz respeito aos atos administrativos, a própria Lei n. 11.417/2006 pretendeu evitar esse risco por meio de algumas disposições racionalizadoras[254]. Em primeiro lugar, a via da reclamação para o STF somente se abre após o esgotamento das instâncias administrativas. Em segundo lugar, nos recursos administrativos em que se alegue violação à súmula, a autoridade encarregada de decidir estará obrigada a expor as razões que a levam a considerar o enunciado aplicável ou inaplicável, conforme seja o caso. Além disso, uma vez provida reclamação, a autoridade administrativa será notificada para adequar sua conduta no caso em concreto e também nos subsequentes, sob pena de responsabilização pessoal.

Por fim, uma nota sobre a eficácia temporal. Nesse ponto é preciso distinguir entre os efeitos das decisões que originaram a súmula — que poderão ser retroativos, no caso de declaração de inconstitucionalidade — e os efeitos da própria súmula, que, como regra, serão imediatos. A vinculação se produz a partir da edição do enunciado, como não poderia deixar de ser. Isso significa que os casos ainda pendentes de julgamento deverão observar a orientação firmada, mas também que as decisões já produzidas não se tornam nulas, não são automaticamente desconstituídas e tampouco

---

253. A seleção cuidadosa dos assuntos que efetivamente merecem a edição de súmulas vinculantes pode contribuir para transformá-las em um instrumento positivo de gerenciamento da agenda do STF, abrindo o acesso direto à jurisdição da Corte, mediante reclamação, nas matérias mais relevantes sobre as quais tenha firmado entendimento. Por outro lado, a edição de um grande volume de verbetes vinculantes, sem outras considerações sobre a importância da matéria ou sobre a conveniência de conferir-lhe teor normativo, pode agravar a sobrecarga do Tribunal, uma vez que o desrespeito à súmula abre a possibilidade de acioná-lo diretamente, mediante reclamação. V., nesse sentido, minhas manifestações nos debates travados durante a Sessão Plenária do STF de 16-10-2014, quando se apreciaram as propostas que resultaram na aprovação das Súmulas Vinculantes 34 a 37.

254. As disposições comentadas a seguir foram introduzidas na Lei n. 9.784/99, que trata do processo administrativo no âmbito da União. Sem prejuízo da competência de Estados e Municípios para editar legislação própria na matéria, convém ter em mente que a lei federal tem sido tomada como referência pelos legisladores locais e pela jurisprudência.

dão ensejo ao ajuizamento de reclamação[255]. A sua modificação, como a das decisões judiciais em geral, dependerá do manejo dos recursos eventualmente disponíveis ou de ação rescisória, quando esta seja possível.

A Lei n. 11.417/2006 admite que a eficácia imediata das súmulas seja excepcionada em nome da segurança jurídica ou de relevante interesse público, mediante decisão de dois terços dos Ministros[256]. Veja-se que essa espécie de modulação temporal não terá o condão de conferir à súmula eficácia retroativa, servindo, ao contrário, para protrair a sua aplicação ou limitar o alcance de seus efeitos. Ao que tudo indica, esse tipo de providência tende a ficar limitado aos casos em que o STF resolva atribuir efeitos prospectivos à própria decisão que originou a súmula[257].

7. Precedentes vinculantes

7.1. Aspectos gerais

O ordenamento jurídico brasileiro, em virtude da colonização portuguesa, tem sua raiz histórica no sistema romano-germânico, também denominado *civil law*, sistema jurídico que prevaleceu na Europa continental[258].

---

255. STF, *DJe*, 8 ago. 2011, AgRg na Rcl 11.667-RS, relª Minª Cármen Lúcia: "(...) O cabimento de reclama-ção, nos termos art. 103-A, § 3º, da Constituição da República, pressupõe a existência de súmula vinculante anterior ao ato administrativo impugnado (...)".

256. Lei n. 11.417/2006, art. 4º: "A súmula com efeito vinculante tem eficácia imediata, mas o Supremo Tribunal Federal, por decisão de 2/3 (dois terços) dos seus membros, poderá restringir os efeitos vinculantes ou decidir que só tenha eficácia a partir de outro momento, tendo em vista razões de segurança jurídica ou de excepcional interesse público".

257. Nesse sentido, em exemplo que parece confirmar o prognóstico aqui realizado, o STF tem limitado a aplicação da Súmula Vinculante 12 — que assenta a inconstitucionalidade da cobrança de taxa de matrícula por universidades públicas — aos casos posteriores ao julgamento do precedente que serviu de paradigma, no qual se conferiu eficácia *ex nunc* à decisão que declarara a inconstitucionalidade de lei instituidora da referida cobrança. V. STF, *DJe*, 1º jul. 2011, AgRg no RE 563.386-MG, relª Minª Cármen Lúcia: "(...) Inconstitucionalidade da cobrança da taxa de matrícula pelas universidades públicas. Súmula Vinculante 12. 1. Efeitos *ex nunc*: ressalvados os casos anteriores à edição da Súmula Vinculante 12. Garantido o direito ao ressarcimento da taxa aos que ingressaram individualmente em juízo (...)".

258. Vale mencionar, contudo, que, em matéria de direito constitucional e sobretudo no que respeita ao controle difuso da constitucionalidade, o sistema brasileiro sofreu, e ainda sofre, importante influência do direito norte-americano (v., *supra*).

Muito embora o direito romano, em suas origens, tenha sido um direito produzido pelos pretores, a partir do julgamento de casos concretos[259], com o tempo, esse sistema evoluiu para reconhecer a lei como a principal fonte do direito. A partir do século XII, os estudiosos do direito romano-germânico recorreram ao *Corpus Juris Civilis*, conjunto de normas consolidado pelos antigos romanos, para adaptar o direito às exigências dos novos tempos[260]. Os principais desenvolvimentos metodológicos desse direito concentraram-se, por isso, em critérios de interpretação de leis, de dedução e de subsunção dos casos às normas gerais. As decisões judiciais são consideradas uma fonte indireta: prestam-se a inspirar o legislador, a apoiar a argumentação das partes e servem de base à construção do convencimento dos juízes, mas não produzem entendimentos obrigatórios para quem não foi parte no feito[261].

O *common law*, em oposição ao *civil law*, foi a família jurídica que se consolidou nos países de língua anglo-saxã. Diferentemente do *civil law*, não partiu de um corpo de normas gerais que delimitava o conteúdo substancial do direito. Coube, por isso, às decisões judiciais a construção de tal corpo de normas. Por isso, os precedentes vinculantes (*binding precedents*) desempenharam o papel de principal fonte do direito. No *common law*, a norma é extraída de cada decisão concreta por indução. Em razão disso, a metodologia desenvolvida pelo sistema do *common law* voltou-se à elaboração de instrumentos destinados à extração da norma de casos concretos e à identificação de semelhanças ou diferenças entre casos, de forma a deter-

---

259. Antônio Manoel Hespanha, *Cultura jurídica europeia*: síntese de um milênio, 3. ed., 2003, p. 94 e ss; José Carlos Moreira Alves, *Direito Romano*, 12. ed., 1999, v. 1, p. 193 e ss.; José Rogério Cruz e Tucci, *Precedente Judicial como fonte do direito*, 2004, p. 39 e ss.; José Reinaldo Lima Lopes, *O Direito na história*: lições introdutórias, 2. ed., 2002, p. 45 e ss.

260. Antônio Manoel Hespanha, *Cultura jurídica europeia*: síntese de um milênio, 3. ed., 2003; José Carlos Moreira Alves, *Direito Romano*, 12. ed., 1999, v. 1; René David. *Os grandes sistemas do direito contemporâneo*, 2002, p. 39 e ss.; José Reinaldo Lima Lopes, *O Direito na história*: lições introdutórias, 2. ed., 2002, p. 114 e ss; José Carlos Moreira Alves, *Direito Romano*, 12. ed., 1999, v. 1.

261. René David. *Os grandes sistemas do direito contemporâneo*, 2002, p. 39 e ss.; José Reinaldo Lima Lopes, *O Direito na história*: lições introdutórias, 2. ed., 2002; José Rogério Cruz e Tucci, *Precedente Judicial como fonte do direito*, 2004; Luís Roberto Barroso e Patrícia Perrone Campos Mello, Trabalhando com uma nova lógica: a ascensão dos precedentes no direito brasileiro, *Revista da Advocacia Geral da União*, v. 15, n. 3, p. 9-52, jul./set. 2016; Patrícia Perrone Campos Mello, *Precedentes*: o desenvolvimento judicial do direito no constitucionalismo contemporâneo, 2008, p. 38-60.

minar quando um precedente será obrigatoriamente aplicável e quando poderá ser afastado[262].

O *civil law* e o *common law* constituem, atualmente, as duas grandes famílias jurídicas do direito ocidental, influenciaram-se reciprocamente e encontram-se em processo de relativa aproximação[263]. Por um lado, o *civil law* tem apresentado uma tendência à valorização do papel da jurisprudência e, sobretudo em matéria constitucional, não é incomum a atribuição de efeitos vinculantes e gerais às decisões proferidas pelas cortes constitucionais ou supremas cortes[264]. Como já demonstrado, o direito norte-americano foi responsável pela construção de um modelo de constitucionalismo cujos elementos essenciais — supremacia da constituição, invalidade da norma inconstitucional e competência do Judiciário para pronunciá-la — influenciou todo o Ocidente (v., *supra*). É possível que o papel desempenhado pelos precedentes constitucionais no sistema norte-americano tenha influenciado as cortes do mundo romano-germânico. Por outro lado, o *common law* tem experimentado um considerável crescimento do direito legislado, que possibilita um desenvolvimento mais sistemático do ordenamento jurídico, bem como a necessidade de rápidas alterações do direito.

No Brasil, há uma tendência crescente à adoção de precedentes vinculantes em matéria constitucional[265]. De fato, quando da promulgação da

---

262. Sir Mathew Hale, The history of the common law of England, 1971; S. F. C. Milsom, *A natural history of the common law*, 2003; René David. *Os grandes sistemas do direito contemporâneo*, 2002, p. 355 e ss.; José Reinaldo Lima Lopes, *O Direito na história*: lições introdutórias, 2. ed., 2002; José Rogério Cruz e Tucci, *Precedente Judicial como fonte do direito*, 2004.

263. Luís Roberto Barroso e Patrícia Perrone Campos Mello, Trabalhando com uma nova lógica: a ascensão dos precedentes no direito brasileiro, *Revista da Advocacia Geral da União*, v. 15, n. 3, p. 9-52, jul./set. 2016.

264. É o que ocorre, a título ilustrativo, na Alemanha, na Itália e na Espanha. V. Robert Alexy e Ralf Dreier, Precedent in the Federal Republic of Germany, In: MACCORMICK, D. Neil; SUMMERS, Robert S. (Org.). *Interpreting precedents*: acomparative study. England: Dartmouth Publishing Company Limited e Ashgate Publishing Limited, 1997, p. 26-27; Michele Taruffo e Massimo La Torre. Precedent in Italy. In: Neil MacCormick e Robert S. Summers (org.), *Interpreting precedents*: a comparative study, 1997, p. 154-155; Alfonso Ruiz Miguel e Francisco J. Laporta, Precedent in Spain, Neil MacCormick e Robert S. Summers (org.), *Interpreting precedents*: a comparative study, 1997, p. 272.

265. A expressão precedente vinculante será utilizada com sentido amplo para aludir, no que respeita ao sistema brasileiro, à adoção de decisões judiciais cujos entendimentos produzem efeitos vinculantes e gerais também para quem não foi parte no feito.

Constituição de 1988, apenas as decisões proferidas em sede de controle concentrado, por meio de ação direta de inconstitucionalidade e de ação direta de inconstitucionalidade por omissão, produziam efeitos vinculantes e gerais (oponíveis ao Judiciário, bem como à Administração Pública). Todavia, a Emenda Constitucional n. 3/93 criou a ação declaratória da constitucionalidade. E a Lei n. 9.882/99 regulamentou a arguição de descumprimento de preceito fundamental como uma nova ação direta. Ambas as ações deram ensejo à produção de precedentes com efeitos gerais e vinculantes (oponíveis ao Judiciário e à Administração Pública).

A Emenda Constitucional n. 45/2004, a seu turno, criou as súmulas vinculantes (v., *supra*), verbetes produzidos a partir de reiteradas decisões do Supremo sobre matéria constitucional, cuja observância é igualmente obrigatória para o Judiciário e para a Administração Pública.

Por fim, a Lei n. 13.105, de 16 de março de 2015, que aprovou o Novo Código de Processo Civil (CPC/2015), atribuiu às teses firmadas em recurso extraordinário com repercussão geral efeitos vinculantes e gerais (restritos ao Judiciário). Nesse sentido, determinou, expressamente, que as decisões proferidas pelo Supremo Tribunal Federal nesta sede deveriam ser obrigatoriamente observadas por todos os órgãos do Judiciário (CPC/2015, art. 988, §§ 4º e 5º).

A ampliação dos efeitos vinculantes no direito brasileiro pode ser associada ao atendimento de três valores: a segurança jurídica, a isonomia e a eficiência. A segurança jurídica é reforçada porque os precedentes vinculantes antecipam como novos casos semelhantes serão decididos. A isonomia é assegurada na medida em que situações idênticas são solucionadas da mesma forma. A eficiência é promovida porque a aplicação de precedentes simplifica e agiliza o processo decisório, permitindo que os recursos do Judiciário possam ser alocados para a resolução de questões que ainda não foram apreciadas pelo Supremo Tribunal Federal. Além disso, a percepção de que os precedentes são respeitados desincentiva demandas aventureiras[266].

Entretanto, em razão da nossa própria história, não faz parte da prática brasileira o trabalho com precedentes e sua metodologia. Por essa razão, o conhecimento das categorias utilizadas pelo *common law* é util para os

---

266. Luís Roberto Barroso e Patrícia Perrone Campos Mello, Trabalhando com uma nova lógica: a ascensão dos precedentes no direito brasileiro, *Revista da Advocacia-Geral da União*, v. 15, n. 3, p. 9-52, jul./set. 2016.

juristas brasileiros que começam a se ambientar com essa nova lógica. Daí a breve exposição que se faz a seguir de alguns conceitos instrumentais importantes para a operação com precedentes.

7.2. *Ratio decidendi* ou *holding*

A *ratio decidendi* ou *holding* corresponde a uma descrição do entendimento firmado pela corte como uma premissa necessária à decisão do caso em exame. Trata-se da resposta dada pelo juízo à questão jurídica posta pelo caso. A *ratio decidendi* constitui uma das noções mais importantes para a operação com precedentes vinculantes porque equivale justamente à parte da decisão que vinculará a decisão de novos casos semelhantes[267]. Para que um entendimento seja considerado uma *ratio decidendi*, dois requisitos essenciais precisam ser preenchidos: (i) a maioria da Corte precisa ter concordado a respeito do fundamento jurídico que serve de base à decisão e (ii) o entendimento firmado precisa ser necessário à decisão do caso em exame. Nessa linha, a *ratio decidendi* será determinada tendo por base os fatos relevantes do caso concreto, a questão jurídica que ele colocou e os fundamentos utilizados pela maioria para decidir.

7.3. *Obiter dictum*

O *obiter dictum*, no singular, ou os *obiter dicta*, no plural, correspondem: (i) a toda e qualquer consideração que, ainda que pudesse ser neces-

---

267. Larry Alexander, Constrained by precedent, *Southern California Law Review*, Los Angeles, v. 63, p. 1-64, nov. 1989; Geoffrey Marshall, What is binding in a precedent, In: Neil MacCormick e Robert S. Summers (org.), *Interpreting precedents*: a comparative study, 1997, p. 503-518; Henry Paul Monaghan, Stare decisis and constitutional adjudication, *Columbia Law Review*, v. 88, n. 4, maio 1988, p. 763-766; Frederick Schauer, Precedent, *Stanford Law Review*, Palo Alto, v. 39, p. 571-605, fev. 1987; Robert S. Summers, Precedent in the United States (New York State). In: Neil MacCormick e Robert S. Summers (org.), *Interpreting precedents*: a comparative study, 1997, p. 355-406. Na literatura nacional, v. Luís Roberto Barroso e Patrícia Perrone Campos Mello, Trabalhando com uma nova lógica: a ascensão dos precedentes no direito brasileiro, *Revista da Advocacia Geral da União*, v. 15, n. 3, p. 9-52, jul./set. 2016; Patrícia Perrone Campos Mello, *Precedentes*: o desenvolvimento judicial do direito no constitucionalismo contemporâneo, 2008, p. 118-131; Thomas da Rosa Bustamante, *Teoria do precedente judicial*: a justificação e a aplicação das regras jurisprudenciais, 2012, p. 259-282; Teresa Arruda Alvim, Precedentes e evolução do direito, In: Teresa Arruda Alvim (org.), *Direito jurisprudencial*, 2012, p. 11-97; Luiz Guilherme Marinoni, *Precedentes obrigatórios*, 4. ed., 2016.

sária para a solução do caso, não foi enfrentada ou aprovada pela maioria, ou, ainda, (ii) a qualquer questão que *não* precisava ser solucionada para decidir o caso concreto, mesmo que tenha sido examinada por todos os membros da Corte. Quando uma manifestação da Corte configura um *dictum*, ela não vincula os demais juízos. Pode se prestar a antecipar um entendimento futuro, a sinalizar uma mudança de posição, serve de base à argumentação das partes e de suporte às decisões judiciais em matérias sobre as quais ainda não há precedente vinculante, mas não tem de ser obrigatoriamente observada.

Como já explicado, para gerar um precedente vinculante, a decisão tem de ser proferida pelo Tribunal, e, portanto, precisa ser aprovada pela maioria dos seus membros[268]. Precisa, ainda, ser produto do exercício da jurisdição e, consequentemente, observar as normas a que ele se submete. O Judiciário só se manifesta sobre as questões que lhe são postas e nos limites em que são postas. Não pode decidir questões laterais que não sejam necessárias ao enfrentamento da demanda que lhe é submetida, a respeito das quais eventuais interessados não tiveram oportunidade de exercer o contraditório e a ampla defesa. Nesse sentido, a produção de precedentes vinculantes sujeita-se aos princípios da inércia da jurisdição (CPC/2015, art. 2º c/c art. 492), do contraditório, da ampla defesa e do devido processo legal (CF, art. 5º, LIV e LV).

7.4. Distinção entre precedentes

A lógica de um sistema de precedentes vinculantes está em decidir casos iguais de forma semelhante e casos diferentes de forma diferente. Quando se reconhece que o novo caso não é perfeitamente idêntico àquele que deu ensejo ao precedente, e que a diferença enseja a discussão de uma questão jurídica distinta, a *ratio decidendi* ou a tese que serviu de base à decisão do primeiro caso não terá observância obrigatória para solucionar o segundo. Portanto, a decisão sobre aplicar ou não um entendimento a uma nova causa pressupõe um confronto entre ambos.

---

268. Reconhecem-se, contudo, efeitos vinculantes e gerais às cautelares deferidas monocraticamente pelos ministros do Supremo Tribunal Federal, em sede de controle concentrado da constitucionalidade. Tais cautelares sujeitam-se, contudo, à imediata confirmação ou revogação pelo pleno do Supremo Tribunal Federal e a possibilidade de deferimento monocrático é autorizada apenas caso haja risco de perecimento do direito em aguardar a decisão colegiada (v., *infra*).

Nessa avaliação, devem-se comparar (i) os fatos relevantes e (ii) as questões jurídicas que cada qual coloca, bem como avaliar (iii) se a *ratio decidendi* que serviu de base à decisão anterior responde adequadamente a todas as questões postas pelo novo caso. Se a resposta for negativa, o julgador não estará obrigado a aplicar o precedente, desde que obviamente o faça fundamentadamente[269].

7.5. Categorias adotadas pelo CPC/2015

O novo Código de Processo Civil acolheu categorias muito semelhantes àquelas do direito estrangeiro, já descritas acima[270]. Em breves linhas, determinou que o teor vinculante do precedente, a ser observado pelas demais instâncias, corresponderá à tese jurídica afirmada pela corte ao decidir, conceito equivalente à *ratio decidendi* (CPC/2015, art. 988, § 4º, c/c art. 1.039)[271]. Acolheu a concepção de que os casos se identificam ou se diferenciam com base: i) nos seus fatos relevantes, ii) na questão jurídica que submetem à decisão dos tribunais e iii) nos fundamentos adequados para enfrentá-la e respondê-la. Previu que fatos diferentes podem ensejar o de-

---

269. Karl N. Llewelyn, *The common law tradition*: deciding appeals, 1960, p. 77 e ss.; Arthur L. Goodhart, Determining the ratio decidendi of a case, *Modern Law Review*, London, v. 22, p. 117-124, 1959; Robert S. Summers, Precedent in the United States (New York State), In: Neil MacCormick e Robert S. Summers (org.), *Interpreting precedents*: a comparative study, 1997, p. 390-394; , *Stanford Law Review*, Palo Alto, v. 39, p. 571-605; Frederick Schauer, Rules, the rule of law, and the Constitution, *Constitutional commentary*, v. 6, p. 69-85, 1989.

270. Luís Roberto Barroso e Patrícia Perrone Campos Mello, Trabalhando com uma nova lógica: a ascensão dos precedentes no direito brasileiro, *Revista da Advocacia Geral da União*, v. 15, n. 3, p. 9-52, jul./set. 2016; Luiz Guilherme Marinoni, *Precedentes obrigatórios*, 2016; Luiz Guilherme Marinoni; Sérgio Cruz Arenhart; Daniel Mitidiero, *Novo Código de Processo Civil*, 2015, p. 872-876.

271. CPC/2015, art. 988, § 4º: "Caberá reclamação da parte interessada ou do Ministério Público para: III — garantir a observância de enunciado de súmula vinculante e de decisão do Supremo Tribunal Federal em controle concentrado de constitucionalidade; IV — garantir a observância de acórdão proferido em julgamento de incidente de resolução de demandas repetitivas ou de incidente de assunção de competência; § 4º *As hipóteses dos incisos III e IV compreendem a aplicação indevida da tese jurídica e sua não aplicação aos casos que a ela correspondam*". No caso da repercussão geral: "Art. 1.039. Decididos os recursos afetados, os órgãos colegiados declararão prejudicados os demais recursos versando sobre idêntica controvérsia ou os *decidirão aplicando a tese firmada*" (grifou-se).

bate sobre questões jurídicas diversas (CPC/2015, art. 966, §§ 5º e 6º)[272]. E determinou que um precedente só deverá ser aplicado quando o caso subsequente versar sobre a mesma questão de direito do caso anterior e desde que os fundamentos utilizados para decidir o precedente sejam aplicáveis à solução da nova demanda. Do contrário, deve-se proceder à distinção entre os casos (CPC/2015, art. 1.037, §§ 9º e 12)[273].

O Supremo Tribunal Federal explicitou, ainda, que entendimentos firmados sobre questão que não era necessária à solução da causa submetida à Corte constituem mero *obiter dictum* e não podem integrar a tese vinculante. A decisão foi proferida em recurso extraordinário que apreciou se a ação movida pela União para obter ressarcimento de danos relacionados a acidente de trânsito era prescritível. A União alegava que nenhuma ação para ressarcimento de dano ao erário era prescritível. O relator propôs firmar a tese de que a ação para ressarcimento decorrente de ilícito civil é prescritível, mas a ação para ressarcimento relacionado a improbidade administrativa não. O caso não tratava, contudo, dessa última situação, o que levou o Tribunal a afastar a sua inclusão na tese. Ainda que houvesse sido debatida pelo colegiado, constituía mera consideração lateral[274].

---

272. CPC/2015, art. 966: "§ 5º Cabe ação rescisória, com fundamento no inciso V do *caput* deste artigo, contra decisão baseada em enunciado de súmula ou acórdão proferido em julgamento de casos repetitivos que não tenha considerado a existência de *distinção entre a questão discutida no processo e o padrão decisório que lhe deu fundamento*. § 6º Quando a ação rescisória fundar-se na hipótese do § 5º deste artigo, caberá ao autor, sob pena de inépcia, demonstrar, fundamentadamente, tratar-se de *situação particularizada por hipótese fática distinta ou de questão jurídica não examinada, a impor outra solução jurídica*" (grifou-se).

273. CPC/2015, art. 1037: "§ 9º Demonstrando *distinção* entre a questão a ser decidida no processo e aquela a ser julgada no recurso especial ou extraordinário afetado, a parte poderá requerer o prosseguimento do seu processo. [...]. § 12. Reconhecida a distinção no caso: I — dos incisos I, II e IV do § 10, o próprio juiz ou relator dará prosseguimento ao processo; II — do inciso III do § 10, o relator comunicará a decisão ao presidente ou ao vice-presidente que houver determinado o sobrestamento, para que o recurso especial ou o recurso extraordinário seja encaminhado ao respectivo tribunal superior, na forma do art. 1.030, parágrafo único" (grifou-se).

274. STF, *DJe*, 28 abr. 2016, RE 669.069, rel. Min. Teori Zavascki, v., sobre o debate, discussão travada entre o relator e o Min. Luís Roberto Barroso. Ao final firmou-se a seguinte tese: "É prescritível a ação de reparação de danos à Fazenda Pública decorrente de ilícito civil". V., ainda, sobre o caso: Luís Roberto Barroso e Patrícia Perrone Campos Mello, Trabalhando com uma nova lógica: a ascensão dos precedentes no direito brasileiro, *Revista da Advocacia Geral da União*, v. 15, n. 3, p. 9-52, jul./set. 2016.

Capítulo II
CONTROLE DE CONSTITUCIONALIDADE POR VIA INCIDENTAL

I — CARACTERÍSTICAS

O controle judicial incidental de constitucionalidade, também dito *incidenter tantum*, por via de defesa, por via de exceção ou sistema americano, integra a tradição brasileira desde o início da República, tendo figurado expressamente na Constituição de 1891. Sem embargo da expansão do controle por via de ação direta, nos últimos anos, o controle incidental ainda é a única via acessível ao cidadão comum para a tutela de seus direitos subjetivos constitucionais. Estudam-se a seguir as principais características desse sistema de controle de constitucionalidade.

1. Pronúncia de invalidade em caso concreto

O controle incidental de constitucionalidade é exercido no desempenho normal da função judicial, que consiste na interpretação e aplicação do Direito para a solução de litígios. Pressupõe, assim, a existência de um processo, uma ação judicial, um conflito de interesses no âmbito do qual tenha sido suscitada a inconstitucionalidade da lei que deveria reger a disputa. Se o juiz ou tribunal, apreciando a questão que lhe cabe decidir, reconhecer que de fato existe incompatibilidade entre a norma invocada e a Constituição, deverá declarar sua inconstitucionalidade, negando-lhe aplicação ao caso concreto.

1.1. Quem pode suscitar a inconstitucionalidade

A arguição incidental de inconstitucionalidade é também denominada via de defesa ou de exceção porque, originalmente, era reconhecida como argumento a ser deduzido pelo *réu*, como fundamento para desobrigar-se do cumprimento de uma norma inconstitucional. A parte, em lugar de atacar o ato diretamente, aguardava que a autoridade postulasse judicialmente sua aplicação, pedindo então ao juiz que não aplicasse a lei reputada inconstitucional[1]. Tal limitação da arguição de inconstitucionalidade a uma tese

---

1. V. Lúcio Bittencourt, *O controle jurisdicional da constitucionalidade das leis*, 1997, p. 97; e Alfredo Buzaid, *Da ação direta de declaração de inconstitucionalidade no direito brasileiro*, 1958, p. 24-5.

de defesa já não subsiste, mas o réu, por certo, continua a poder utilizar o argumento em sua resposta a uma demanda.

Também o *autor* de uma ação pode postular, em seu pedido inicial ou em momento posterior, a declaração incidental de inconstitucionalidade de uma norma, para que não tenha de se sujeitar a seus efeitos. Com a multiplicação das ações constitucionais e dos mecanismos de tutela preventiva (provimento liminar, medidas cautelares, tutela antecipada), esta ter-se-á tornado a hipótese mais corriqueira. Fazem parte da rotina forense, por exemplo, mandados de segurança nos quais o contribuinte procura preventivamente eximir-se do recolhimento de tributo instituído por lei cuja constitucionalidade é questionável. Ou de *habeas corpus* impetrado sob o fundamento de que a autoridade baseia a persecução penal em dispositivo (ou em interpretação que a ele se dá) inconstitucional.

Também pode suscitar a questão constitucional o Ministério Público, quando seja parte ou oficie como *custos legis*, bem como terceiros que tenham intervindo legitimamente (assistente, litisconsorte, opoente). E, por fim, também o juiz ou o tribunal, de ofício, quando tenham as partes silenciado a respeito[2]. Na instância ordinária, tanto em primeiro como em segundo grau de jurisdição, pode o órgão judicial suscitar a inconstitucionalidade de norma aplicável à hipótese, não se operando a respeito a preclusão[3]. Todavia, em sede de recurso extraordinário, não tendo havido prequestionamento da matéria constitucional, a regra de que a inconstitucionalidade pode ser declarada de ofício deve ser recebida com temperamento[4].

---

2. STF, *RTJ*, 95:202, 1981, RE 86.161-GO, rel. Min. Soares Muñoz. No controle incidental, a decretação de inconstitucionalidade, sempre que necessária para o julgamento da causa, deve ser feita de ofício pelo juiz. Aplica-se aqui a regra geral de que as questões de direito — de que é exemplo, evidentemente, saber se uma norma é constitucional ou não — sempre podem ser conhecidas por iniciativa oficial, independentemente de terem sido suscitadas pelos interessados. V. José Carlos Barbosa Moreira, *Comentários ao Código de Processo Civil*, v. 5, p. 37.

3. José Carlos Barbosa Moreira, *Comentários ao Código de Processo Civil*, v. 5, p. 37: "Não há preclusão em se tratando de *quaestio iuris*. Nada importa que a questão de inconstitucionalidade só venha a ser suscitada, pela primeira vez, em segundo grau de jurisdição".

4. STF, *DJU*, 27 ago. 1993, p. 17022, RE 117.805-PR, rel. Min. Sepúlveda Pertence: "Na instância extraordinária, é de ser recebida com temperamentos a máxima de que, no sistema de controle incidente, o juiz de qualquer grau deve declarar de ofício a inconstitucionalidade de lei aplicável ao caso. À falta de prequestionamento na instância ordinária e de arguição pelo recorrente de inconstitucionalidade do diploma local que assim dispunha,

1.2. Onde pode ser suscitada a questão constitucional

A questão constitucional pode ser levantada em processos de qualquer natureza, seja de conhecimento, de execução ou cautelar. O que se exige é que haja um conflito de interesses, uma pretensão resistida, um ato concreto de autoridade ou a ameaça de que venha a ser praticado. O controle incidental de constitucionalidade somente pode se dar na tutela de uma pretensão subjetiva. O objeto do pedido não é o ataque à lei, mas a proteção de um direito que seria por ela afetado. Havendo a situação concreta, é indiferente a natureza da ação ou do procedimento. O que não é possível é pretender a declaração de inconstitucionalidade da lei em tese, fora de uma lide, de uma disputa entre partes. Para isso existe a ação direta de inconstitucionalidade, para cuja propositura a legitimação ativa é limitada. A matéria é de longa data pacífica na jurisprudência do Supremo Tribunal Federal[5].

Como visto, a arguição incidental de inconstitucionalidade pode se dar em ação de rito ordinário, sumário, ação especial ou ação constitucional, inclusive, dentre estas, a ação popular[6] e a ação civil pública. Quanto a esta última, houve ampla dissensão doutrinária e jurisprudencial acerca de sua idoneidade para o exercício do controle incidental de constitucionalidade[7], mas prevaleceu o entendimento de ser ele cabível

---

o tema não pode ser enfrentado em recurso extraordinário" (texto ligeiramente editado). V. também STF, *DJU,* 24 jun. 1994, AgRg no AI 145.589-RJ, rel. Min. Sepúlveda Pertence.

5. Mandado de segurança não é sucedâneo da ação direta de inconstitucionalidade. Não pode, assim, ser impetrado contra lei em tese (Súmula 266 do STF), dado que a lei, como qualquer ato normativo em sentido material, ostenta as características de generalidade, impessoalidade e abstração, não afetando diretamente direito subjetivo. Isto só ocorrerá quando se der a prática de ato administrativo de execução da lei (v. STF, *RTJ, 166*:167, 1998, MS 22.132-RJ, rel. Min. Carlos Velloso; e *DJU,* 3 ago. 1990, AgRg no MSMC 21.077-GO, rel. Min. Celso de Mello).

6. STF, *RTJ, 168*:22, 1999, AO 506-AC, rel. Min. Sydney Sanches: é possível a declaração incidental de inconstitucionalidade em ação popular. Na hipótese, o autor não objetiva a declaração de nulidade do ato normativo, mas a suspensão dos atos administrativos nele fundados.

7. Os argumentos contrários ao cabimento de controle incidental de constitucionalidade na ação civil pública fundavam-se, basicamente, em que ela, por sua natureza, não tutelava apenas uma pretensão concreta, mas o interesse público genericamente e, sobretudo, que o caráter *erga omnes* da decisão importaria em usurpação de competência do Supremo Tribunal Federal. V. Gilmar Ferreira Mendes, *Direitos fundamentais e controle de constitucionalidade*, 1998, p. 379 e s.; e Arruda Alvim, A declaração concentrada de inconstitucionalidade pelo STF e os limites impostos à ação civil pública e ao Código de Proteção e Defesa

também em ação civil pública, desde que, naturalmente, o objeto da demanda seja a tutela de uma pretensão concreta e não a declaração em tese da inconstitucionalidade da lei[8].

1.3. Que normas podem ser objeto de controle incidental

O controle incidental de constitucionalidade pode ser exercido em relação a normas emanadas dos três níveis de poder, de qualquer hierarquia, inclusive as anteriores à Constituição[9]. O órgão judicial, seja federal ou estadual, poderá deixar de aplicar, se considerar incompatível com a Constituição, lei federal, estadual ou municipal, bem como quaisquer atos normativos, ainda que secundários, como o regulamento, a resolução ou a portaria. Não importa se o tribunal estadual não possa declarar a inconstitu-

---

do Consumidor, *RP, 81*:127, 1996, p. 130-1. Em defesa da posição que era minoritária mas veio a predominar, com ampla discussão dos argumentos contrários e favoráveis, v. Luís Roberto Barroso, *O direito constitucional e a efetividade de suas normas*, 2002, p. 239 e s.

8. STF, *Inf. STF* 571, 2010, RE 411.156-SP, rel. Min. Celso de Mello: "O Supremo Tribunal Federal tem reconhecido a legitimidade da utilização da ação civil pública como instrumento idôneo de fiscalização incidental de constitucionalidade, pela via difusa, de quaisquer leis ou atos do Poder Público, mesmo quando contestados em face da Constituição da República, desde que, nesse processo coletivo, a controvérsia constitucional, longe de identificar-se como objeto único da demanda, qualifique-se como simples questão prejudicial, indispensável à resolução do litígio principal". V. também STJ, *DJU*, 24 jun. 2002, p. 230, REsp 175.222-SP, rel. Min. Franciulli Neto: "O STF admite a propositura de ação civil pública com base na inconstitucionalidade de lei, ao fundamento de que, nesse caso, não se trata de controle concentrado, mas sim controle difuso de constitucionalidade, passível de correção pela Suprema Corte pela interposição de recurso extraordinário. Na verdade, o que se repele é a tentativa de burlar o sistema de controle constitucional para pleitear, em ação civil pública, mera pretensão de declaração de inconstitucionalidade, como se de controle concentrado se tratasse".

9. A jurisprudência do STF, firmada de longa data, é no sentido de que não cabe controle por via *principal*, isto é, mediante ação direta, tendo por objeto lei ou ato normativo anterior à Constituição ou à emenda constitucional invocada como paradigma. O fundamento é o de que em tal hipótese já se terá operado a revogação da norma, não havendo sentido em um processo destinado a retirá-la do ordenamento jurídico (v. *RDA, 188*:288, 1992, ADIn 521, rel. Min. Paulo Brossard; e também *RTJ, 87*:758, 1979, *95*:980, 1981, *95*:993, 1981, *99*:544, 1982 e *107*:928, 1984). Exatamente por isso, a compatibilidade ou não de uma norma anterior com o sistema constitucional em vigor somente poderá ser aferida em controle incidental. Esse entendimento, todavia, não se estende à arguição de descumprimento de preceito fundamental (v., *infra*), tal como regulamentada pela Lei n. 9.882, de 3 de dezembro de 1999, que previu expressamente o cabimento da medida em relação ao Direito pré-constitucional (art. 1º, parágrafo único, II).

cionalidade de lei federal em via principal e abstrata ou se o Supremo Tribunal Federal não possa, em ação direta, invalidar lei municipal. Se um ou outro estiver desempenhando o controle incidental e concreto, não há limitações dessa natureza[10].

2. Questão prejudicial

A segunda característica a ser destacada no controle incidental é que o reconhecimento da inconstitucionalidade da lei não é o objeto da causa, não é a providência postulada. O que a parte pede no processo é o reconhecimento do seu direito, que, todavia, é afetado pela norma cuja validade se questiona. Para decidir acerca do direito em discussão, o órgão judicial precisará formar um juízo acerca da constitucionalidade ou não da norma. Por isso se diz que a questão constitucional é uma *questão prejudicial*: porque ela precisa ser decidida previamente, como pressuposto lógico e necessário da solução do problema principal[11].

---

10. A arguição de inconstitucionalidade compreende os atos legislativos em geral, incluindo emendas à Constituição, lei complementar, lei ordinária, medida provisória (que é ato com força de lei), decreto legislativo e resolução de casa legislativa. Também estão abrangidos atos normativos secundários, como o decreto regulamentar, e mesmo atos dos regimentos internos dos tribunais. Não há distinção se o ato impugnado é federal, estadual ou municipal ou se a impugnação se faz em face da Constituição Federal ou Estadual. Tampouco tem relevância se a inconstitucionalidade apontada é de natureza formal ou material. Na doutrina, v. José Carlos Barbosa Moreira, *Comentários ao Código de Processo Civil*, v. 5, p. 36, e Lenio Luiz Streck, *Jurisdição constitucional e hermenêutica*, 2002. Na jurisprudência: "Incidente de inconstitucionalidade. Confronto de lei estadual perante a Carta Federal. Possibilidade de controle difuso e de seu julgamento pelo Tribunal Estadual. No controle difuso, qualquer juiz poderá pronunciar a inconstitucionalidade de lei estadual perante a Constituição da República, e, tratando-se de órgão fracionário do Tribunal, caberá tal pronúncia ao órgão especial, nos termos do art. 97 da CF/88, consoante o incidente regulado nos artigos 480 e 481 do CPC. Não importa, para tal arte, que, na via direta e concentrada, o Tribunal local seja competente somente para pronunciar a inconstitucionalidade perante a Constituição do Estado (art. 125, § 2º, da CF/88), pois o art. 97 da CF não é regra de competência, mas forma de julgamento da questão constitucional, em virtude do *quorum* exigido em casos que tais" (TJRS, j. 30-12-2000, Incidente de inconstitucionalidade n. 70000670174, rel. Des. Araken de Assis).

11. V. José Carlos Barbosa Moreira, *Comentários ao Código de Processo Civil*, v. 5, p. 29: "[No controle por via incidental] a questão da constitucionalidade é apreciada no curso do processo relativo a caso concreto, como questão prejudicial, que se resolve para assentar uma das premissas lógicas da decisão da lide"; e Alfredo Buzaid, *Da ação direta de declaração de inconstitucionalidade no direito brasileiro*, 1958, p. 23-4: "O exame sobre a inconstitucionalidade representa *questão prejudicial*, não *a questão principal* debatida na

Veja-se um exemplo. Suponha-se que um Município haja instituído um tributo sem observância do princípio da legalidade, e que um contribuinte se tenha recusado a pagá-lo. A autoridade municipal irá, então, autuá-lo, inscrever a dívida e instaurar um processo de execução de seu crédito tributário. O contribuinte, em sua defesa, poderá oferecer embargos de devedor, argumentando que a cobrança é fundada em lei inconstitucional. O objeto dessa ação de embargos é determinar se o tributo é devido ou não. Todavia, para formar sua convicção, o julgador terá de decidir, previamente, se a lei que criou o tributo é ou não constitucional. Esta é a questão prejudicial que subordina o raciocínio que ele precisa desenvolver. Estabelecida a premissa lógica da decisão, ele julgará o mérito, condenando o contribuinte ao pagamento ou exonerando-o de fazê-lo, consoante tenha considerado a lei válida ou inválida.

Outro exemplo, envolvendo uma relação de locação. Imagine-se que uma lei venha a modificar o critério de cálculo dos aluguéis, tendo previsto sua incidência imediata, inclusive sobre os contratos em curso. Um locatário, prejudicado pela mudança, recusa-se a pagar a majoração, afirmando que a nova lei afeta o ato jurídico perfeito. O proprietário do imóvel ingressa em juízo, formulando pedido de condenação do locatário ao pagamento do valor integral do aluguel, tal como decorrente da lei. Para julgar a causa, o juiz precisará pronunciar-se, incidentalmente, acerca da constitucionalidade ou não da lei que interferiu com o valor do aluguel a ser pago. Só então poderá decidir o objeto da ação, que consiste em determinar se é ou não devida a diferença de aluguel.

3. Controle difuso

3.1. Qualquer juiz ou tribunal pode exercer controle incidental

O controle incidental de constitucionalidade é um controle exercido de modo difuso, cabendo a todos os órgãos judiciais indistintamente, tanto de primeiro como de segundo grau, bem como aos tribunais superiores. Por tratar-se de atribuição inerente ao desempenho normal da função jurisdicional, qualquer juiz ou tribunal, no ato de realização do Direito nas situações concretas que lhes são submetidas, tem o poder-dever de deixar de aplicar o ato legislativo conflitante com a Constituição. Já não se discute

---

causa; por isso o juiz não a decide *principaliter*, mas *incidenter tantum*, pois ela não figura nunca como objeto do processo e dispositivo da sentença".

mais, nem em doutrina nem na jurisprudência, acerca da plena legitimidade do reconhecimento da inconstitucionalidade por juiz de primeiro grau, seja estadual ou federal[12].

Singularmente, a faculdade do juízo monocrático de primeiro grau de negar aplicação à norma que repute inconstitucional é desempenhada com mais plenitude e singeleza que a competência dos tribunais para a mesma providência. É que, para a declaração incidental de inconstitucionalidade[13], os tribunais sujeitam-se ao princípio da *reserva de plenário* (CF, art. 97)[14] — sendo vedada aos órgãos fracionários, como câmaras ou turmas, a declaração de inconstitucionalidade — e a um procedimento específico[15], ao qual estão sujeitos os tribunais de 2º grau (Tribunais de Justiça dos Estados, no âmbito da justiça estadual, e Tribunais Regionais Federais, no âmbito

---

12. A Constituição Federal assegura a plena possibilidade de o juiz de primeiro grau realizar o controle difuso de constitucionalidade. V. *DJU,* 27 ago. 1993, p. 17022, RE 117.805-PR, rel. Min. Sepúlveda Pertence, *a contrario sensu,* e *RT, 554*:253, 1991, RE 89.553, rel. Min. Rafael Mayer. Na doutrina, v. Pontes de Miranda, *Comentários à Constituição de 1967, com a Emenda n. 1, de 1969,* 2. ed., v. 3, p. 625; e ainda, por todos, Carlos Mário da Silva Velloso, *Temas de direito público,* 1997, p. 152. Para uma discussão ampla e já superada acerca dessa possibilidade, que teve opositores de peso, v. Alfredo Buzaid, *Da ação direta de inconstitucionalidade no direito brasileiro,* 1958, p. 59 e s. Desde o início da República prevalece esse entendimento, como se colhe em Ruy Barbosa, *Comentários à Constituição Federal brasileira,* coligidos e ordenados por Homero Pires, 1933, v. 1, p. 19: "Assim, entre um ato legislativo ilegítimo de nascença e a Constituição, cuja legitimidade nenhuma lei pode contestar, entre o ato nulo da legislatura e o ato supremo da soberania nacional, *o juiz,* para executar o segundo, nega execução ao primeiro".

13. Lenio Luiz Streck, *Jurisdição constitucional e hermenêutica,* 2002, p. 362-3, argumenta haver uma diferença entre o controle difuso exercido pelo juiz singular e o exercido pelos tribunais. Segundo sustenta, ao contrário dos tribunais, o juiz não declara a inconstitucionalidade de um texto normativo, mas apenas deixa de aplicá-lo. Textualmente: "Note-se: o juiz singular não declara a inconstitucionalidade de uma lei; apenas deixa de aplicá-la, isto porque somente na forma do art. 97 da CF é que pode ocorrer a declaração de inconstitucionalidade". A doutrina, em geral, não acompanha essa distinção. V. Clèmerson Merlin Clève, *A fiscalização abstrata de constitucionalidade no direito brasileiro,* 2000, p. 104; e Ronaldo Poletti, *Controle de constitucionalidade das leis,* 2000, p. 198: "A declaração de inconstitucionalidade, quer pelo juiz singular, pelos tribunais, ou pelo Supremo Tribunal Federal, tem a mesma natureza e decorre de idêntica fundamentação".

14. Assim dispõe a CF 88: "Art. 97. Somente pelo voto da maioria absoluta de seus membros ou dos membros do respectivo órgão especial poderão os tribunais declarar a inconstitucionalidade de lei ou ato normativo do Poder Público".

15. V. arts. 480 a 482 do Código de Processo Civil (Lei n. 5.869/73) e arts. 948 a 959 do Novo Código de Processo Civi (Lei n. 13.105/2015).

da justiça federal comum) e os tribunais superiores, inclusive o Superior Tribunal de Justiça.

3.2. Maioria absoluta e reserva de plenário

Por força do princípio da *reserva do plenário*, a inconstitucionalidade de uma lei somente pode ser declarada pela maioria absoluta dos membros do tribunal ou de seu órgão especial, onde exista[16]. Essa norma, instituída pela primeira vez com a Constituição de 1934, e reproduzida nas subsequentes, aplicava-se, por força de sua origem, apenas ao controle incidental e difuso. Com a criação do controle por via principal e concentrado, estendeu-se também a ele, não havendo qualquer distinção na norma materializada no art. 97 da Carta em vigor[17]. A reserva de plenário espelha o princípio da presunção de constitucionalidade das leis, que para ser infirmado exige um *quorum* qualificado do tribunal[18].

Sempre que o órgão julgador afastar a incidência de uma norma, por considerá-la inconstitucional, estará procedendo a uma declaração de inconstitucionalidade, mesmo que o faça sem explicitar e independentemente de arguição expressa. Essa linha de entendimento, que é intuitiva, tem a chancela do Supremo Tribunal Federal, que em hipóteses diversas invalidou decisões de órgãos fracionários de tribunais inferiores, por violação ao art. 97 da Constituição. O fio condutor dos pronunciamentos da Corte é a percepção de que a declaração de inconstitucionalidade *incidenter tantum*, em controle difuso, é pressuposto para o afastamento da aplicação da norma tida por inconstitucional. E que tal declaração, em se tratando de decisão proferida por tribunal, só pode ser feita pelo plenário ou pelo órgão especial, por maioria absoluta[19]. A despeito da linearidade do raciocínio, são comuns

---

16. Prevê o art. 93 da CF 88: "XI — nos tribunais com número superior a vinte e cinco julgadores, poderá ser constituído órgão especial, com o mínimo de onze e o máximo de vinte e cinco membros, para o exercício das atribuições administrativas e jurisdicionais delegadas da competência do tribunal pleno, provendo-se metade das vagas por antiguidade e a outra metade por eleição pelo tribunal pleno" (redação dada pela EC n. 45, de 2004).

17. V. STF, *RF*, 349:230, 2000, rel. Min. Sepúlveda Pertence: "O art. 97 da Constituição de 1988 aplica-se não apenas à declaração em via principal, quanto à declaração incidente de inconstitucionalidade, para a qual, aliás, foram inicialmente estabelecidas as exigências".

18. Embora não a presença de todos os juízes do tribunal, como já decidiu o STF (*RTJ*, 111:393, 1985, RE 100.148-PB, rel. Min. Francisco Rezek).

19. *DJU*, 21 maio 1999, p. 33, RE 240.096-RJ, rel. Min. Sepúlveda Pertence; *DJU*, 19 mar. 1993, p. 4280, HC 69.939-MS, rel. Min. Sepúlveda Pertence; e *DJU*, 30 out. 1998,

as hipóteses de descumprimento do art. 97 por parte dos Tribunais, o que levou o STF a editar a Súmula Vinculante n. 10[20].

Hipótese mais complexa — e que gerou debate acirrado no STF — diz respeito à necessidade de maioria absoluta para negar aplicação pontual a determinada lei por força de *vacatio legis* instituída pelo próprio texto constitucional. A questão se colocou em recursos extraordinários nos quais se julgava a constitucionalidade da chamada *Lei da Ficha Limpa*, editada em 2010, que instituiu uma série de novas hipóteses de inelegibilidade. Após assentar a constitucionalidade das inovações, o Tribunal passou a discutir a sua aplicabilidade às eleições daquele mesmo ano, tendo em vista a regra de anterioridade imposta pelo art. 16 da Constituição[21]. A Corte se dividiu, com cinco Ministros a favor da aplicabilidade imediata — tese que havia prevalecido no Tribunal Superior Eleitoral —, e cinco a favor do entendimento oposto. Diante dessa circunstância, e após ser descartada a atribuição de um segundo voto ao presidente da Corte[22], aventou-se

---

p. 15, RE 179.170-CE, rel. Min. Moreira Alves: "A declaração de inconstitucionalidade de norma jurídica 'incidenter tantum', e, portanto, por meio do controle difuso de constitucionalidade, é o pressuposto para o juiz, ou o tribunal, no caso concreto, afastar a aplicação da norma tida como inconstitucional. Por isso não se pode pretender, como o faz o acórdão recorrido, que não há declaração de inconstitucionalidade de uma norma jurídica 'incidenter tantum' quando o acórdão não a declara inconstitucional, mas afasta a sua aplicação, porque tida como inconstitucional. Ora, em se tratando de inconstitucionalidade de norma jurídica a ser declarada em controle difuso por tribunal, só pode declará-la, em face do disposto no art. 97 da Constituição, o Plenário dele ou seu Órgão Especial, onde este houver, pelo voto da maioria absoluta dos membros de um ou de outro. No caso, não se observou esse dispositivo constitucional. Recurso extraordinário conhecido e provido".

20. Súmula Vinculante 10: "Viola a cláusula de reserva de plenário (CF, art. 97) a decisão de órgão fracionário de tribunal que, embora não declare expressamente a inconstitucionalidade de lei ou ato normativo do poder público, afasta sua incidência, no todo ou em parte".

21. CF/88, art. 16: "A lei que alterar o processo eleitoral entrará em vigor na data de sua publicação, não se aplicando à eleição que ocorra até um ano da data de sua vigência" (*Redação dada pela Emenda Constitucional n. 4, de 1993*).

22. O chamado voto de qualidade, a ser proferido pelo Presidente em casos de empate, encontra-se previsto no art. 13, IX, do Regimento Interno do STF. A medida é de constitucionalidade duvidosa, sobretudo se for empregada a fim de se completar a exigência de maioria absoluta em decisões que declarem a inconstitucionalidade de leis e demais atos estatais. Nessa situação específica, além de constituir uma possível ofensa ao princípio do devido processo legal, o voto qualificado não parece suficiente para caracterizar autêntica maioria absoluta, que equivale à maioria dos membros componentes do colegiado. O interesse pragmático em solucionar impasses não pode autorizar que se aceite a ficção de um

a possibilidade de considerar que a lei deveria ter a sua aplicabilidade imediata assegurada em definitivo, uma vez que não se havia alcançado o quórum do art. 97, o qual seria necessário para afastar a incidência de norma com base em contrariedade ao texto constitucional. A orientação oposta era no sentido de considerar que a hipótese não caracterizaria declaração de inconstitucionalidade, mas sim aplicação direta do próprio art. 16, cujo efeito seria meramente o de diferir a eficácia da lei, sem afetar sua validade. Dada a persistência do empate, a Corte optou por manter provisoriamente a decisão do Tribunal Superior Eleitoral[23]. Posteriormente, em novo processo e já com a presença do Ministro Luiz Fux, prevaleceu o entendimento de que a lei não poderia ser aplicada no mesmo ano da sua edição[24]. Já a questão teórica relativa à pertinência ou não do quórum qualificado na hipótese ficou sem resposta definitiva.

Assim, nenhum órgão fracionário de qualquer tribunal dispõe de competência para declarar a inconstitucionalidade de uma norma, a menos que essa inconstitucionalidade já tenha sido anteriormente reconhecida pelo plenário ou pelo órgão especial do próprio tribunal ou pelo plenário do Supremo Tribunal Federal, em controle incidental ou principal[25]. Remarque-

---

Ministro duplicado para o grave fim de superar a presunção de constitucionalidade dos atos do Poder Público.

23. STF, *DJe*, 17 jun. 2011, RE 631.102-PA, rel. Min. Joaquim Barbosa: "O recurso extraordinário trata da aplicação, às eleições de 2010, da Lei Complementar n. 135/2010, que alterou a Lei Complementar n. 64/90 e nela incluiu novas causas de inelegibilidade. Alega-se ofensa ao princípio da anterioridade ou da anualidade eleitoral, disposto no art. 16 da Constituição Federal. O recurso extraordinário objetiva, ainda, a declaração de inconstitucionalidade da alínea *k* do § 1º do art. 1º da LC n. 64/90, incluída pela LC n. 135/2010, para que seja deferido o registro de candidatura do recorrente. Alega-se ofensa ao princípio da irretroatividade das leis, da segurança jurídica e da presunção de inocência, bem como contrariedade ao art. 14, § 9º, da Constituição, em razão do alegado desrespeito aos pressupostos que autorizariam a criação de novas hipóteses de inelegibilidade. Verificado o empate no julgamento do recurso, a Corte decidiu aplicar, por analogia, o art. 205, parágrafo único, inciso II, do Regimento Interno do Supremo Tribunal Federal, para manter a decisão impugnada, proferida pelo Tribunal Superior Eleitoral. Recurso desprovido. Decisão por maioria".

24. STF, RE 633.703-MG, rel. Min. Gilmar Mendes, j. 24 mar. 2011.

25. Nesse sentido se consolidou a jurisprudência do Supremo Tribunal Federal, como se vê em *RT, 767*:174, 1999, RE 199.017-RS, rel. Min. Ilmar Galvão, e *RTJ, 164*:1093, 1998, RE 192.218-BA, rel. Min. Sepúlveda Pertence. Nessa linha, a Lei n. 9.756, de 17 de dezembro de 1998, acrescentou um parágrafo único ao art. 481 do Código de Processo Civil, com a seguinte redação: "Os órgãos fracionários dos tribunais não submeterão ao plenário, ou ao

-se que a câmara, turma, seção ou outro órgão fracionário do tribunal não pode declarar a inconstitucionalidade, mas pode reconhecer a *constitucionalidade* da norma, hipótese na qual deverá prosseguir no julgamento, sem necessidade de encaminhar a questão constitucional ao plenário[26]. Tampouco está subordinada à reserva de plenário o reconhecimento de que uma lei anterior à Constituição está revogada por ser com ela incompatível, questão que, na conformidade da jurisprudência do Supremo Tribunal Federal, resolve-se no plano intertemporal — a lei deixa de viger —, e não no da validade da norma[27].

3.3. Procedimento da declaração incidental de inconstitucionalidade perante órgão fracionário de tribunal[28]

A declaração incidental de inconstitucionalidade perante tribunal é feita em duas etapas: a primeira perante o órgão fracionário e a segunda perante o pleno ou órgão especial. De fato, arguida a inconstitucionalidade — por qualquer das partes, pelo Ministério Público, pelo juiz de 1º grau, pelo relator ou por um de seus pares —, o relator submeterá a questão à turma, câmara, grupo de câmaras, seção ou qualquer outro órgão do tribunal ao qual incumba proceder ao julgamento do caso. Se a arguição for rejeitada, o processo prosseguirá regularmente, com a aplicação da norma questionada, cuja eficácia não terá sido afetada[29].

órgão especial, a arguição de inconstitucionalidade, quando já houver pronunciamento destes ou do plenário do Supremo Tribunal Federal sobre a questão". No mesmo sentido, o art. 949, parágrafo único, do Novo Código de Processo Civil (CPC/2015) dispõe: "Os órgãos fracionários dos tribunais não submeterão ao plenário ou ao órgão especial a arguição de inconstitucionalidade quando já houver pronunciamento destes ou do plenário do Supremo Tribunal Federal sobre a questão".

26. STF, *RTJ, 147*:1079, 1994, AgRg no RE 158.835-RJ, rel. Min. Celso de Mello; *RTJ, 151*:302, 1995, AgRg no RE 156.557-MG, rel. Min. Celso de Mello; *RTJ, 148*:923, 1994, RE 156.309-MG, rel. Min. Sepúlveda Pertence.

27. STF, *RTJ, 95*:955, 1981, ACO 252-SP, rel. Min. Soares Muñoz; *RTJ, 110*:1094, 1984, RE 95.571-MG, rel. Min. Aldir Passarinho; e *RTJ, 124*:415, 1988, QO na AP 294-RJ, rel. Min. Sydney Sanches. Para uma discussão mais ampla sobre o tema, v. Luís Roberto Barroso, *Interpretação e aplicação da Constituição*, 2003, p. 57-82.

28. A disciplina jurídica a seguir exposta aplica-se tão somente à arguição perante órgão fracionário do tribunal. Se se tratar de matéria de competência do plenário ou do órgão especial, estes poderão declarar a inconstitucionalidade incidental de norma jurídica, observado o *quorum* do art. 97 da Constituição, independentemente de qualquer procedimento específico.

29. V. arts. 480 a 482 do CPC/1973 e arts. 948 a 959 do CPC/2015.

Se, todavia, o órgão fracionário acolher a arguição de inconstitucionalidade — isto é, se considerar que a norma indigitada é inconstitucional —, lavrará acórdão nesse sentido e encaminhará a questão para ser submetida ao tribunal pleno ou ao órgão especial, ficando o processo suspenso no órgão fracionário. O tribunal, então, deliberará a respeito, observado o *quorum* de maioria absoluta para a declaração de inconstitucionalidade (CF, art. 97). Declarada ou não a inconstitucionalidade, o julgamento será retomado no órgão fracionário, tendo como premissa lógica a decisão proferida pelo tribunal: se a norma tiver sido declarada inconstitucional, não será aplicada. Na hipótese contrária, incidirá regularmente sobre o caso concreto[30].

O órgão fracionário do tribunal, se considerar a lei inconstitucional, não poderá prosseguir no julgamento, salvo se, como visto, já tiver havido manifestação do plenário ou do órgão especial do próprio tribunal ou do Supremo Tribunal Federal[31]. No controle incidental realizado perante tribunal, opera-se a *cisão funcional* da competência, pela qual o pleno (ou o órgão especial) decide a questão constitucional e o órgão fracionário julga o caso concreto, fundado na premissa estabelecida no julgamento da questão prejudicial. Da decisão do pleno ou do órgão especial não caberá recurso. A impugnação, inclusive da decisão relativa à questão constitucional, deverá ser feita quando da interposição de recurso contra o acórdão que vier a julgar o caso concreto, solucionando a lide[32].

A Lei n. 9.868, de 10 de novembro de 1999, que tratou do processo e do julgamento da ação direta de inconstitucionalidade e da ação declaratória de constitucionalidade, determinou o acréscimo de três parágrafos ao art. 482 do CPC/1973, prevendo a possibilidade de manifestação, no procedimento de declaração incidental de inconstitucionalidade perante

---

30. José Carlos Barbosa Moreira, *Comentários ao Código de Processo Civil*, v. 5, p. 46: "A decisão do plenário (ou do 'órgão especial'), num sentido ou noutro, é naturalmente vinculativa para o órgão fracionário, no caso concreto. Mais exatamente, a solução dada à prejudicial *incorpora-se* no julgamento do recurso ou da causa, como premissa inafastável".
31. V. art. 481 do CPC/1973 e art. 949 do CPC/2015.
32. V. José Carlos Barbosa Moreira, *Comentários ao Código de Processo Civil*, v. 5, p. 41 e 47, especialmente nota 24. V. Súmula do STF 513: "A decisão que enseja a interposição de recurso ordinário ou extraordinário não é a do plenário, que resolve o incidente de inconstitucionalidade, mas a do órgão (Câmaras, Grupos ou Turmas) que completa o julgamento do feito". A decisão do plenário, todavia, deverá ser junta ao recurso extraordinário interposto com base na alínea *b* do permissivo constitucional (art. 102, III), sob pena de não conhecimento (*RTJ*, *133*:459, 1990, RE 121.487-CE, rel. Min. Sepúlveda Pertence).

tribunal, do Ministério Público, das pessoas jurídicas de direito público responsáveis pelo ato questionado, dos legitimados para a propositura das ações previstas no art. 103 da Constituição e ainda, por deliberação do relator, de outros órgãos ou entidades[33]. Essa última possibilidade identifica-se com a figura do *amicus curiae*. O Supremo Tribunal Federal vinha admitindo, inclusive, a possibilidade de sustentação oral[34].

Previsão idêntica foi reproduzida nos arts. 950 e 1.038 da Lei n. 13.105, de 16 de março de 2015, *que aprovou o novo Código de Processo Civil (CPC/2015)*[35]. *O art. 138 do CPC/2015, a seu turno, estendeu,*

---

33. Confira-se a redação dos parágrafos acrescentados ao art. 482 do CPC/1973: "§ 1º O Ministério Público e as pessoas jurídicas de direito público responsáveis pela edição do ato questionado, se assim o requererem, poderão manifestar-se no incidente de inconstitucionalidade, observados os prazos e condições fixados no Regimento Interno do Tribunal. § 2º Os titulares do direito de propositura referidos no art. 103 da Constituição poderão manifestar-se, por escrito, sobre a questão constitucional objeto de apreciação pelo órgão especial ou pelo Pleno do Tribunal, no prazo fixado em Regimento, sendo-lhes assegurado o direito de apresentar memoriais ou de pedir a juntada de documentos. § 3º O relator, considerando a relevância da matéria e a representatividade dos postulantes, poderá admitir, por despacho irrecorrível, a manifestação de outros órgãos ou entidades".

34. STF, *Inf. STF* n. 402, 2005, RE 416.827, rel. Min. Gilmar Mendes: "Por maioria, o Tribunal, considerando a relevância da matéria, e, apontando a objetivação do processo constitucional também em sede de controle incidental, especialmente a realizada pela Lei 10.259/2001 (arts. 14, § 7º, e 15), resolveu questão de ordem no sentido de admitir a sustentação oral da Confederação Brasileira dos Aposentados, Pensionistas e Idosos — COBAP e da União dos Ferroviários do Brasil. Vencidos, no ponto, os Ministros Marco Aurélio, Eros Grau e Cezar Peluso, que não a admitiam, sob o fundamento de que o instituto do *amicus curiae* restringe-se ao processo objetivo, não sendo extensível, ao Supremo, que não é Turma de Uniformização, o procedimento previsto no § 7º do art. 14 da Lei 10.259/2001".

35. De acordo com o art. 950 do CPC/2015: "§ 1º As pessoas jurídicas de direito público responsáveis pela edição do ato questionado poderão manifestar-se no incidente de inconstitucionalidade se assim o requererem, observados os prazos e as condições previstos no regimento interno do tribunal. § 2º A parte legitimada à propositura das ações previstas no art. 103 da Constituição Federal poderá manifestar-se, por escrito, sobre a questão constitucional objeto de apreciação, no prazo previsto pelo regimento interno, sendo-lhe assegurado o direito de apresentar memoriais ou de requerer a juntada de documentos. § 3º Considerando a relevância da matéria e a representatividade dos postulantes, o relator poderá admitir, por despacho irrecorrível, a manifestação de outros órgãos ou entidades". O art. 1.038 estabelece ainda: "O relator poderá: I — solicitar ou admitir manifestação de pessoas, órgãos ou entidades com interesse na controvérsia, considerando a relevância da matéria e consoante dispuser o regimento interno; II — fixar data para, em audiência pública, ouvir depoimentos de pessoas com experiência e conhecimento na matéria, com a finalidade de

de forma expressa, a possibilidade de participação como amicus curiae *às pessoas naturais*[36].

3.4. Controle difuso pelo Superior Tribunal de Justiça e pelo Supremo Tribunal Federal

O recurso extraordinário, da tradição republicana brasileira, foi cindido, pela Constituição de 1988, em dois recursos distintos: o que conservou o nome de recurso extraordinário e o que passou a se denominar recurso especial[37]. Ao *recurso extraordinário*, de competência do Supremo Tribunal Federal e disciplinado no art. 102, III, do texto constitucional, ficaram reservadas as *questões constitucionais*[38]. Ao *recurso especial*, de competência do Superior Tribunal de Justiça e regido pelo art. 105, III, da Carta da República, tocou a discussão das *questões infraconstitucionais*[39]. É importan-

---

instruir o procedimento; III — requisitar informações aos tribunais inferiores a respeito da controvérsia e, cumprida a diligência, intimará o Ministério Público para manifestar-se".

36. O dispositivo autorizou, ainda, o *amicus curiae* a recorrer das decisões que julgarem os incidentes de resolução de demanda repetitiva. CPC/2015, art. 138: "O juiz ou o relator, considerando a relevância da matéria, a especificidade do tema objeto da demanda ou a repercussão social da controvérsia, poderá, por decisão irrecorrível, de ofício ou a requerimento das partes ou de quem pretenda manifestar-se, solicitar ou admitir a participação de pessoa natural ou jurídica, órgão ou entidade especializada, com representatividade adequada, no prazo de 15 (quinze) dias de sua intimação. § 1º A intervenção de que trata o *caput* não implica alteração de competência nem autoriza a interposição de recursos, ressalvadas a oposição de embargos de declaração e a hipótese do § 3º. § 2º Caberá ao juiz ou ao relator, na decisão que solicitar ou admitir a intervenção, definir os poderes do *amicus curiae*. § 3º O *amicus curiae* pode recorrer da decisão que julgar o incidente de resolução de demandas repetitivas".

37. Cabe relembrar que o recurso extraordinário, assim como o especial, que é ramificação dele, não são instrumentos para o exercício de um "terceiro grau" de jurisdição, com reexame da causa, análogo ao que se passa na apelação. Neles somente cabe discussão de questões de direito e, mais especificamente, de direito federal, sem possibilidade de reapreciação de provas. Sobre o tema dos recursos extraordinário e especial, v. José Carlos Barbosa Moreira, *Comentários ao Código de Processo Civil*, v. 5, cit., p. 562 e s.

38. Nos termos do art. 102 da Constituição, compete ao Supremo Tribunal Federal: "III — julgar, mediante recurso extraordinário, as causas decididas em única ou última instância, quando a decisão recorrida: a) contrariar dispositivo desta Constituição; b) declarar a inconstitucionalidade de tratado ou lei federal; c) julgar válida lei ou ato de governo local contestado em face desta Constituição; d) julgar válida lei local contestada em face de lei federal" (alínea incluída pela EC n. 45/2004).

39. Nos termos do art. 105 da Constituição, compete ao Superior Tribunal de Justiça: "III — julgar, em recurso especial, as causas decididas, em única ou última instância, pelos Tribunais Regionais Federais ou pelos tribunais dos Estados, do Distrito Federal e Territórios,

te ter em mente essa distinção ao apreciar o exercício do controle difuso e incidental pelo STJ e pelo STF.

O Superior Tribunal de Justiça, a exemplo de todos os demais órgãos judiciais do país, pode desempenhar o controle incidental de constitucionalidade, deixando de aplicar as leis e atos normativos que repute incompatíveis com a Constituição. É certo, contudo, que tal faculdade será, como regra, exercida nas causas de sua *competência originária* (CF, art. 105, I) ou naquelas que lhe caiba julgar mediante *recurso ordinário* (CF, art. 105, II)[40]. E dessas decisões, quando envolverem questão constitucional, caberá recurso extraordinário. No normal das circunstâncias, não haverá discussão de matéria constitucional em *recurso especial*, cujo objeto, como visto, cinge-se às questões infraconstitucionais. A menos que a questão constitucional tenha surgido posteriormente ao julgamento pelo tribunal de origem[41].

Por fim, cabe examinar o papel do Supremo Tribunal Federal, ao qual incumbe, *precipuamente*, nos termos constitucionais, a guarda da Consti-

---

quando a decisão recorrida: a) contrariar tratado ou lei federal, ou negar-lhes vigência; b) julgar válido ato de governo local contestado em face de lei federal (redação dada pela EC n. 45/2004); c) der a lei federal interpretação divergente da que lhe haja atribuído outro tribunal".

40. Nos termos do art. 105 da Constituição, o Superior Tribunal de Justiça tem competências originárias e recursais, dividindo-se estas entre as hipóteses de recurso ordinário e as de recurso especial. O procedimento da declaração de inconstitucionalidade de lei ou ato normativo do Poder Público é estabelecido no Regimento Interno do STJ, arts. 199 e 200, e ainda nos arts. 11, IX, e 16, I.

41. *DJU*, 24 jun. 1994, AgRg no AI 145.589-RJ, rel. Min. Sepúlveda Pertence: "Recurso extraordinário: interposição de decisão do STJ em recurso especial: inadmissibilidade, se a questão constitucional de que se ocupou o acórdão recorrido já fora suscitada e resolvida na decisão de segundo grau e, ademais, constitui fundamento suficiente da decisão da causa. 1. Do sistema constitucional vigente, que prevê o cabimento simultâneo de recurso extraordinário e de recurso especial contra o mesmo acórdão dos tribunais de segundo grau, decorre que da decisão do STJ, no recurso especial, só se admitiria recurso extraordinário se a questão constitucional objeto do último for diversa da que já tiver sido resolvida pela instância ordinária. 2. Não se contesta que, no sistema difuso de controle de constitucionalidade, o STJ, a exemplo de todos os demais órgãos jurisdicionais de qualquer instância, tenha o poder de declarar incidentalmente a inconstitucionalidade da lei, mesmo de ofício; o que não é dado àquela Corte, em recurso especial, é rever a decisão da mesma questão constitucional do tribunal inferior; se o faz, de duas uma: ou usurpa a competência do STF, se interposto paralelamente o extraordinário ou, caso contrário, ressuscita matéria preclusa". Na mesma linha, v. STJ, *DJe*, 4 out. 2010, Sexta Turma, rel. Min. Og Fernandes, AgRg no Ag 1.060.113; STJ, *DJ*, 11 abr. 2007, Segunda Turma, relª Minª Eliana Calmon, REsp 866.996; STJ, *DJ*, 24 nov. 2003, Primeira Turma, rel. Min. Luiz Fux, REsp 501.854.

tuição (art. 102). Órgão de cúpula do Poder Judiciário, exerce ele, de modo concentrado, a fiscalização em via principal da constitucionalidade de leis e atos normativos federais e estaduais, tendo como paradigma a Constituição Federal. Cabe-lhe, também, e privativamente, o controle abstrato de normas federais. Nada obstante essa primazia no controle mediante ação direta (isto é, principal, concentrado e, como regra, abstrato), o Supremo Tribunal Federal, a exemplo de todos os demais órgãos judiciais, também realiza o controle incidental e difuso de constitucionalidade. Poderá fazê-lo em processos de sua *competência originária* (art. 102, I) ou no julgamento de recursos ordinários (art. 102, II).

Todavia, é em sede de recurso extraordinário que a Corte Suprema desempenha, normalmente e em grande volume[42], a fiscalização concreta de constitucionalidade de leis e atos normativos. Por sua relevância para o objeto deste capítulo, o estudo do recurso extraordinário será dividido em tópicos específicos.

3.4.1. Cabimento do recurso extraordinário

Nos termos do art. 102, III, da Constituição Federal, das causas decididas em única ou última instância[43], caberá recurso extraordinário em quatro hipóteses, a saber, quando a decisão recorrida:

a) contrariar dispositivo da Constituição;

b) declarar a inconstitucionalidade de tratado ou lei federal;

c) julgar válida lei ou ato de governo local contestado em face da Constituição;

d) julgar válida lei local contestada em face de lei federal.

---

42. Durante o ano de 2017, foram distribuídos 9.227 recursos extraordinários e 30.904 agravos ou agravos de instrumento contra a inadmissão de recursos extraordinários, segundo informações obtidas no *site* do Supremo Tribunal Federal (http://www.stf.gov.br).

43. Diversamente do dispositivo que cuida do cabimento do recurso especial, que faz menção a causas decididas por tribunais (art. 105, III), a redação do art. 102, III, admite o recurso extraordinário contra decisão de juiz de primeiro grau, quando se tratar de decisão em instância única, bem como contra julgado do colegiado recursal dos juizados especiais. V. STF, *RTJ, 152*:610, 1995, RE 146.750-DF, rel. Min. Moreira Alves; e *156*:765, 1996, Rcl 461-GO, rel. Min. Carlos Velloso. Sobre o tema, v. André Ramos Tavares, "Perfil constitucional do recurso extraordinário". In: André Ramos Tavares e Walter Claudius Rothenburg, *Aspectos atuais do controle de constitucionalidade no Brasil*, 2003, p. 3-60.

As três primeiras hipóteses tratam explicitamente de matéria constitucional e já se encontram sedimentadas no Direito brasileiro. A alínea *d*, introduzida pela Emenda Constitucional n. 45/2004, merece um comentário adicional.

O dispositivo transferiu ao STF competência até então reservada ao STJ, pela via do recurso especial[44]. Antes mesmo da mudança, já havia a percepção de que o conflito entre lei local e lei federal muitas vezes envolve questão constitucional, relativa à divisão constitucional de competências legislativas entre os entes da federação. Com efeito, identifica-se vício de inconstitucionalidade tanto nos casos em que um ente invade a esfera de competência reservada com exclusividade em nível federativo diverso, quanto naqueles em que, tendo a Constituição estabelecido competências concorrentes, um dos entes envolvidos transborde os limites próprios à sua atuação[45]. O julgamento de tais questões pelo STJ não seria coerente com a divisão de atribuições entre este Tribunal e o STF, tal como promovida pelo constituinte de 1988.

No entanto, talvez não seja possível remeter à Constituição todos os conflitos entre lei local e lei federal. Nos casos de competências legislativas concorrentes, o choque pode decorrer, não propriamente de uma invasão de competências, mas sim de mera incompatibilidade entre determinado regramento específico e as normas gerais pertinentes. A consequência ainda será a invalidade da norma local, mas não seria possível vislumbrar uma ofensa direta à Constituição. Dessa forma, a prevalecer a lógica implícita de divisão de funções entre os recursos extraordinário e especial, seria razoável admitir que tal hipótese devesse ensejar o cabimento do segundo e não do primeiro[46].

---

44. Confira-se a redação do dispositivo constitucional pertinente, antes da alteração promovida pela EC n. 45/2004: "Art. 105. Compete ao Superior Tribunal de Justiça: (...) III — julgar, em recurso especial, as causas decididas, em única ou última instância, pelos Tribunais Regionais Federais ou pelos tribunais dos Estados, do Distrito Federal e Territórios, quando a decisão recorrida: (...) b) julgar válida lei ou ato de governo local contestado em face de lei federal;".

45. Isso tende a ocorrer nas matérias previstas no art. 24 da Constituição, em relação às quais cabe à União editar normas gerais, ficando os Estados e o Distrito Federal incumbidos de instituir disciplinas específicas. A grande dificuldade, contudo, reside em definir o que sejam normas gerais, não sendo legítimo converter o conceito em um rótulo vazio. Partindo dessa premissa, o STF invalidou dispositivos da lei federal que institui normas gerais sobre licitações, por terem transbordado o âmbito que lhe era reservado. V. STF, *RTJ*, *157*:51, ADInMC 927-RS, rel. Min. Carlos Velloso.

46. Essa solução chegou a obter o aval expresso do STF, em questão de ordem no RE 117.809-PR, *RTJ, 129*:456, rel. Min. Sepúlveda Pertence: "Nem sempre a discussão de va-

Apesar disso, o constituinte reformador não estabeleceu qualquer distinção entre as duas situações, do que se pode concluir pela competência do STF em todos os casos que girem em torno do referido conflito[47]. E é bom que seja assim, até porque o deslinde desse tipo de controvérsia dependerá sempre de um juízo sobre a divisão constitucional de competências. Afinal, se a lei federal tiver ultrapassado o terreno das normas gerais, haverá inconstitucionalidade e não simples incompatibilidade entre os regramentos geral e especial. Ou seja, mesmo que a decisão acabe afirmando a existência de um conflito no plano da legalidade, o itinerário lógico dos julgadores terá envolvido uma análise eminentemente constitucional. No mínimo, é preciso reconhecer que não seria boa técnica processual antecipar tal juízo, profundamente ligado ao mérito, trazendo-o para a fase de conhecimento do recurso.

Após essas observações sobre a nova hipótese constitucional de cabimento do recurso extraordinário, convém fazer dois registros aplicáveis à generalidade dos casos.

O juízo de admissibilidade do recurso extraordinário — assim como o do recurso especial — divide-se em dois momentos. O primeiro deles ocorre ainda no órgão jurisdicional de origem, sendo exercido pelo presidente do

---

lidade de lei ou ato de governo local em face de lei federal se resolve numa questão constitucional de invasão de competência, podendo reduzir-se a interpretação da lei federal e da lei ou ato local para saber de sua recíproca compatibilidade. Se, entre uma lei federal e uma lei estadual ou municipal, a decisão optar pela aplicação da última por entender que a norma central regulou matéria de competência local, é evidente que a terá considerado inconstitucional, o que basta à admissão do recurso extraordinário pela letra *b* do art. 102, III, da Constituição. Ao recurso especial (art. 105, III, *b*), coerentemente com a sua destinação, tocará a outra hipótese, a do cotejo entre lei federal e lei local, sem que se questione a validade da primeira, mas apenas a compatibilidade material com ela, a lei federal, de norma abstrata ou do ato concreto estadual ou municipal". Com o tempo, porém, prevaleceu a tendência de aferir casuisticamente o cabimento de outro recurso, com predominância da tese de que o caso seria de recurso especial em razão da configuração de ofensa indireta à Constituição. Sobre o tema, v. Rita Vasconcellos, "A nova competência recursal do STF para o recurso extraordinário (CF, art. 102, III, *d*)", in: Teresa Arruda Alvim Wambier, Luiz Rodrigues Wambier, Luiz Manoel Gomes Jr., Octavio Campos Fischer e William Santos Ferreira (orgs.), *Reforma do Judiciário — primeiras reflexões sobre a Emenda Constitucional n. 45/2004*, 2005, pp. 649-54.

47. Em sentido contrário, entendendo que a distinção subsistiu, cabendo ao STF apenas o julgamento das questões que envolvam invasão de competência, v. Teresa Arruda Alvim Wambier, Luiz Rodrigues Wambier e José Miguel Garcia Medina, *Breves comentários à nova sistemática processual civil*, 2005.

tribunal recorrido, que poderá delegar a função ao vice-presidente ou a algum deles, onde houver mais de um[48]. Em princípio, tal exame preliminar deve limitar-se a verificar a configuração de alguma das hipóteses constitucionais de cabimento e o atendimento aos requisitos formais. Do contrário, invadiria a esfera de competência do STF, convertendo-se em uma antecipação do eventual julgamento de mérito por instância ilegítima[49].

Os recursos cabíveis contra a inadmissão do recurso extraordinário serão examinados mais adiante (v., *infra*). Vale notar, contudo, que o Supremo Tribunal Federal poderá desconsiderar vício formal do recurso extraordinário, se o recurso for tempestivo e o vício não for grave[50]. E deverá remeter o recurso ao Superior Tribunal de Justiça, se entender que versa sobre matéria da competência do STJ[51]. Na mesma linha, caso o STJ entenda que eventual recurso especial versa sobre matéria constitucional, concederá prazo ao recorrente para que promova os ajustes cabíveis e, na sequência, o remeterá ao STF para julgamento[52].

A locução utilizada no art. 102, III — *causas decididas* —, poderia transmitir a impressão de que apenas decisões finais de mérito poderiam

---

48. CPC/2015, art. 1.029: "Art. 1.029. O recurso extraordinário e o recurso especial, nos casos previstos na Constituição Federal, serão interpostos perante o presidente ou o vice-presidente do tribunal recorrido, em petições distintas que conterão: I — a exposição do fato e do direito; II — a demonstração do cabimento do recurso interposto; III — as razões do pedido de reforma ou de invalidação da decisão recorrida. (...)". O dispositivo substituiu o art. 541 do CPC/1973, que continha previsão idêntica.

49. José Carlos Barbosa Moreira, *Comentários ao Código de Processo Civil*, v. 5, 2003, p. 600: "Não compete ao presidente ou ao vice-presidente examinar o mérito do recurso extraordinário ou especial, nem lhe é lícito indeferi-lo por entender que o recorrente não tem razão: estaria, ao fazê-lo, usurpando a competência do Supremo Tribunal Federal ou do Superior Tribunal de Justiça. Toca-lhe, porém, apreciar todos os aspectos da *admissibilidade* do recurso".

50. CPC/2015, art. 1.029, § 3º: "O Supremo Tribunal Federal ou o Superior Tribunal de Justiça poderá desconsiderar vício formal de recurso tempestivo ou determinar sua correção, desde que não o repute grave".

51. CPC/2015, art. 1.033: "Se o Supremo Tribunal Federal considerar como reflexa a ofensa à Constituição afirmada no recurso extraordinário, por pressupor a revisão da interpretação de lei federal ou de tratado, remetê-lo-á ao Superior Tribunal de Justiça para julgamento como recurso especial".

52. CPC/2015, art. 1.032: "Se o relator, no Superior Tribunal de Justiça, entender que o recurso especial versa sobre questão constitucional, deverá conceder prazo de 15 (quinze) dias para que o recorrente demonstre a existência de repercussão geral e se manifeste sobre a questão constitucional. Parágrafo único. Cumprida a diligência de que trata o *caput*, o relator remeterá o recurso ao Supremo Tribunal Federal, que, em juízo de admissibilidade, poderá devolvê-lo ao Superior Tribunal de Justiça".

ser questionadas pela via do recurso extraordinário. Ao contrário, o mecanismo presta-se à impugnação de qualquer decisão judicial definitiva — não sujeita a outro recurso — ainda que terminativa ou interlocutória[53]. Na vigência do Código de Processo Civil de 1973, essa última hipótese obedecia a uma sistemática processual própria, introduzida no Código de Processo Civil pela Lei n. 9.756/98: o recurso extraordinário interposto contra decisão interlocutória ficava retido nos autos. Para que fosse apreciado, o recorrente deveria reiterar seu interesse no momento em que impugnasse a decisão final ou oferecesse contrarrazões ao recurso interposto pela parte adversa. A sistemática não subsistiu no Código de Processo de 2015. De acordo com o CPC/2015, os recursos extraordinários interpostos contra decisão interlocutória seguem o mesmo procedimento aplicável aos demais recursos extraordinários.

3.4.2. Objeto do recurso extraordinário

Como já assinalado, não se trata aqui de um "terceiro grau" de jurisdição, no qual possa haver rediscussão dos fatos e reexame da prova[54]. Cuida-se, tão somente, da reapreciação de questões de direito — em princípio, apenas de direito constitucional[55] — que hajam sido discutidas e apreciadas na instância de origem, vale dizer, que tenham sido objeto de *prequestionamento*[56]. Isso significa que a questão constitucional deverá figurar na

---

53. Tampouco faz diferença a natureza do processo instaurado perante o juiz, sendo indiferente tratar-se de jurisdição voluntária ou contenciosa. Sobre o tema, v. André Ramos Tavares, "Perfil constitucional do recurso extraordinário", in: André Ramos Tavares e Walter Claudius Rothenburg (orgs.), *Aspectos atuais do controle de constitucionalidade no Brasil*, 2003, p. 12-13.

54. Súmula do STF n. 279: "Para simples reexame de prova não cabe recurso extraordinário".

55. No regime anterior, o cabimento estendia-se às questões de direito *federal*. Com a criação do Superior Tribunal de Justiça, reservou-se para o STF apenas as questões constitucionais. Quanto ao direito *local*, v. Súmula do STF n. 280: "Por ofensa a direito local não cabe recurso extraordinário". Quanto ao Direito estadual, v. STF, *RT, 652*:219, 1990, AgRg no AI 133.346-SP, rel. Min. Celso de Mello: "Descabe recurso extraordinário para a discussão de direito estadual. A função constitucional do RE revela-se estranha à tutela do direito objetivo dos Estados-membros".

56. Súmula do STF n. 282: "É inadmissível o recurso extraordinário, quando não ventilada, na decisão recorrida, a questão federal suscitada". STF, *RTJ, 155*:632, 1996, RE 160.884-AM, rel. Min. Francisco Rezek; *RTJ, 159*:977, 1997, AgRg no AI 145.985-PR, rel. Min. Celso de Mello; *153*:960, 1995, AgRg no RE 115.063-PR, rel. Min. Paulo Brossard;

decisão recorrida, ainda que não tenha ocorrido menção expressa aos dispositivos constitucionais pertinentes[57]. A ofensa à Constituição, como regra, deverá ter sido direta e frontal, e não indireta ou reflexa, como sucede nos casos em que um determinado ato normativo viole antes a lei[58].

Em alguns casos, porém, a Segunda Turma do STF tem excepcionado a jurisprudência predominante, admitindo conhecer de recurso extraordinário embora fosse possível caracterizar violação primária ao ordenamento infraconstitucional e apenas indireta à Constituição. A hipótese envolve a violação de normas processuais ordinárias, tendo o recorrente invocado afronta ao princípio constitucional do devido processo legal. Por maioria, a Turma afirmou a tese de que violações graves a esse princípio, assim como ao da legalidade, justificariam controle pela via extraordinária, apesar da

---

153:989, 1995, AgRg no AI 145.680-SP, rel. Min. Celso de Mello. A matéria constitucional versada no recurso extraordinário precisa ter sido explicitamente arguida, ventilada e decidida no julgado contra o qual se recorre. Se a questão não tiver sido apreciada na decisão impugnada, se só tiver surgido por ocasião da prolação do acórdão dissentido ou se só tiver constado do voto vencido, impõe-se a interposição de embargos de declaração.

57. STF, *DJU*, 1º abr. 2005, p. 36, ED no RE 361.341, rel. Min. Sepúlveda Pertence: "Recurso extraordinário: o requisito do prequestionamento não reclama menção expressa ao dispositivo constitucional pertinente à questão de que efetivamente se ocupou o acórdão recorrido". Coisa diversa é a figura do chamado prequestionamento implícito, não admitido em consonância com o disposto com as Súmulas 282 e 356 do Tribunal, cujos enunciados são os seguintes, respectivamente: "É inadmissível o recurso extraordinário, quando não ventilada, na decisão recorrida, a questão federal suscitada" e "o ponto omisso da decisão, sobre o qual não foram opostos embargos declaratórios, não pode ser objeto de recurso extraordinário, por faltar o requisito do prequestionamento". Após a interposição dos embargos de declaração, contudo, o STF admite conhecer do recurso extraordinário mesmo que o juízo *a quo* haja se recusado a suprir a omissão, ao contrário do que faz o STJ em matéria de recurso especial. V. STF, *DJU*, 13 maio 2005, p. 16, AgRg no RE 399.035-RJ, rel. Min. Sepúlveda Pertence: "A oposição de embargos declaratórios visando a solução de matéria antes suscitada basta ao prequestionamento, ainda quando o Tribunal *a quo* persista na omissão a respeito (v.g. RE 210.638, 1ª T., Pertence, *DJ*, 19-6-1998)".

58. Em caso de ofensa reflexa à Constituição, o novo Código de Processo Civil determinou ao STF que remeta o recurso ao STJ, em lugar de simplesmente inadmiti-lo (CPC/2015, art. 1.033). STF, *RTJ, 155*:921, 1996, AgRg no AI 141.290-SP, rel. Min. Carlos Velloso. Se para chegar à alegada violação do preceito constitucional invocado teve o recorrente de partir da ofensa à legislação infraconstitucional, a afronta à Constituição terá ocorrido de forma indireta, reflexa. E somente a ofensa frontal e direta é que autoriza o recurso extraordinário; *DJU*, 7 abr. 2000, rel. Min. Celso de Mello: "A alegada ofensa à Constituição, acaso existente, apresentar-se-ia por via reflexa, por exigir — para efeito de seu reconhecimento — confronto prévio da legislação comum com o texto constitucional, circunstância esta que, por si só, basta para inviabilizar o conhecimento do recurso extraordinário".

interposição legislativa, uma vez que a radicalização do entendimento contrário restringiria excessivamente a proteção judicial aos referidos princípios constitucionais[59]. As decisões não formularam, contudo, um critério preciso para distinguir tais hipóteses das demais, abrindo espaço para uma aferição discricionária.

Na prática, a delimitação do que seja ofensa indireta muitas vezes acaba sendo problemática. No extremo, qualquer desrespeito à lei poderia ser tratado também como negação do princípio da legalidade[60], o que apenas enfraqueceria o papel do legislador ordinário e banalizaria a jurisdição constitucional, reforçando a posição de seus opositores. Torna-se inevitável, portanto, traçar uma linha divisória entre as questões cuja solução deve permanecer no plano legal e aquelas em que o argumento constitucional ganha primazia. É de perguntar se o parâmetro utilizado pelo STF até o momento — distinção entre ofensa direta e reflexa — conserva sua atualidade no contexto da chamada *nova interpretação constitucional*[61].

Em tempos de constitucionalização do direito[62], não parece adequado simplesmente barrar o acesso à jurisdição constitucional sempre que exista

---

59. A título de exemplo, v. STF, *DJU*, 24 ago. 2001, p. 63, RE 242.064, rel. Min. Marco Aurélio: "A intangibilidade do preceito constitucional que assegura o devido processo legal direciona ao exame da legislação comum. Daí a insubsistência da tese de que a ofensa à Carta Política da República suficiente a ensejar o conhecimento de extraordinário há de ser direta e frontal. Caso a caso, compete ao Supremo Tribunal Federal apreciar a matéria, distinguindo os recursos protelatórios daqueles em que versada, com procedência, a transgressão a texto constitucional, muito embora se torne necessário, até mesmo, partir-se do que previsto na legislação comum. Entendimento diverso implica relegar à inocuidade dois princípios básicos em um Estado Democrático de Direito: o da legalidade e do devido processo legal, com a garantia da ampla defesa, sempre a pressuporem a consideração de normas estritamente legais".

60. Essa interpretação exageradamente ampliativa é expressamente desautorizada pela Súmula 636 do STF: "Não cabe recurso extraordinário por contrariedade ao princípio constitucional da legalidade, quando a sua verificação pressuponha rever a interpretação dada a normas infraconstitucionais pela decisão recorrida".

61. Para uma análise dos elementos que caracterizam a *nova interpretação constitucional*, com indicações bibliográficas adicionais, v. Luís Roberto Barroso, "O começo da história. A nova interpretação constitucional e o papel dos princípios no direito brasileiro", in: *Temas de direito constitucional*, v. III, 2005, p. 3-59.

62. Para uma abordagem sistemática do fenômeno no direito brasileiro e nas principais experiências estrangeiras, v. Luís Roberto Barroso, Neoconstitucionalismo e constitucionalização do Direito (O triunfo tardio do Direito Constitucional no Brasil), *RDA, 240*, 2005, no qual se averbou: "A ideia de constitucionalização do Direito aqui explorada está associada

lei disciplinando determinada matéria. A irradiação dos valores constitucionais pelos diversos ramos do ordenamento jurídico tende a ocorrer primordialmente através da interpretação da legislação ordinária à luz da Constituição, potencializada pela crescente utilização de cláusulas gerais e conceitos jurídicos indeterminados[63]. Confinar o objeto do recurso extraordinário às chamadas ofensas diretas significa para o STF abdicar aprioristicamente do controle de questões relevantes e que se conservam eminentemente constitucionais a despeito da intermediação legislativa.

A solução para o dilema entre o acesso irrestrito à jurisdição constitucional e a imposição de limites artificiais pode ter sido fornecida pela Emenda Constitucional n. 45/2004, por meio da introdução de um novo requisito de admissibilidade na sistemática do recurso extraordinário. Trata-se da demonstração de que a matéria ostenta repercussão geral, tema do próximo tópico.

Ainda no que diz respeito ao objeto do recurso extraordinário, cabe fazer uma nota sobre o direito pré-constitucional. Embora não caiba ação direta de inconstitucionalidade de lei anterior à Constituição (v. *supra*), juízes e tribunais podem, incidentalmente, reconhecer a incompatibilidade entre ambas, considerando a lei revogada. Nesse caso, o recurso cabível será o extraordinário, e não o especial, por tratar-se de questão de *status* constitucional[64]. Rememore-se, ainda, que da decisão do pleno ou do órgão especial que resolver incidente de inconstitucionalidade não caberá recurso, mas da decisão do órgão fracionário que vier a julgar a causa será interponível, no tocante à matéria constitucional, recurso extraordinário[65].

---

a um efeito expansivo das normas constitucionais, cujo conteúdo material e axiológico se irradia, com força normativa, por todo o sistema jurídico. Os valores, os fins públicos e os comportamentos contemplados nos princípios e regras da Constituição passam a condicionar a validade e o sentido de todas as normas do direito infraconstitucional. Como intuitivo, a constitucionalização repercute sobre a atuação dos três Poderes, inclusive e notadamente nas suas relações com os particulares. Porém, mais original ainda: repercute, também, nas relações entre particulares".

63. A chamada teoria da eficácia irradiante tem como um de seus marcos fundamentais o célebre caso Lüth, julgado pelo Tribunal Constitucional alemão em 1951.

64. STJ, *RDA, 202*:224, 1994, REsp 68.410, rel. Min. Humberto Gomes de Barros. A incompatibilidade de lei com nova Constituição importa sua revogação por inconstitucionalidade superveniente, sendo tal declaração própria do recurso extraordinário, e não do recurso especial.

65. Súmula do STF n. 513: "A decisão que enseja a interposição de recurso ordinário ou extraordinário não é a do plenário que resolve o incidente de inconstitucionalidade, mas a do órgão (Câmaras, Grupos ou Turmas) que completa o julgamento do feito".

3.4.3. A repercussão geral

Tal como foi adiantado, a Emenda Constitucional n. 45/2004 introduziu um novo parágrafo no art. 102 da Constituição, instituindo requisito adicional para aferir a admissibilidade de recurso extraordinário: a *repercussão geral* da questão constitucional discutida. A Constituição utilizou, deliberadamente, um conceito jurídico indeterminado, deixando a tarefa de concretização a cargo do legislador ordinário e, sobretudo, do próprio STF. Confira-se a redação do novo parágrafo do art. 102:

"§ 3º No recurso extraordinário o recorrente deverá demonstrar a repercussão geral das questões constitucionais discutidas no caso, nos termos da lei, a fim de que o Tribunal examine a admissão do recurso, somente podendo recusá-lo pela manifestação de dois terços de seus membros".

No direito comparado observa-se forte tendência de restringir a atuação das cortes constitucionais a um número reduzido de causas de relevância transcendente. Uma das formas mais comuns para atingir esse propósito é permitir que exerçam algum grau de controle sobre as causas que irão apreciar[66]. A principal justificativa para tal discricionariedade é promover a concentração de esforços nos temas fundamentais, evitando que a capacidade de trabalho do Tribunal seja consumida por uma infinidade de questões menores, muitas vezes repetidas à exaustão[67]. O resultado esperado é a produção de julgamentos mais elaborados

---

66. No caso dos Estados Unidos, uma sequência de alterações legislativas terminou por tornar preponderante o acesso à Suprema Corte mediante o *writ of certiorari*, cuja característica marcante é a discricionariedade do tribunal em relação ao juízo de admissibilidade. A revisão por apelação — que, em tese, seria vinculada — foi confinada a hipóteses bastante restritas de cabimento. Nesse sentido, v. Nowak e Rotunda, *Constitutional law*, 1995, p. 26-30. Na Alemanha, o juízo sobre o cabimento da queixa constitucional — principal via de acesso ao Tribunal Constitucional — também é discricionário. A lei que rege o funcionamento da Corte menciona os seguintes critérios abertos: i) significado fundamental jurídico-constitucional da questão; ou ii) existência de um prejuízo especialmente grave para o recorrente no caso de denegação. V. Donald Kommers, *The constitutional jurisprudence of the Federal Republic of Germany*, 1997, p. 19. Em ambos os sistemas não é obrigatório que os tribunais tornem públicas as razões que levaram ao não conhecimento da matéria.

67. O problema da repetição de questões idênticas reclama solução distinta, que passa por algum sistema de vinculação das instâncias inferiores aos entendimentos jurisprudenciais consolidados no STF. O problema poderá ser parcialmente mitigado pela utilização da súmula vinculante — também introduzida pela EC n. 45/2004 e regulamentada pela Lei n. 11.417, de 19 de dezembro de 2006.

e dotados de maior visibilidade, fomentando o debate democrático em torno das decisões e do próprio papel desempenhado pela Corte[68]. Essa inserção da jurisdição constitucional no contexto mais amplo de deliberação política — preservada sua independência e a metodologia que lhe é própria — passa a ser vista como fator de legitimação, desfeito o mito de que a interpretação jurídica seja uma atividade mecânica de revelação de conteúdos objetivos[69].

No entanto, é razoável o receio de que a competência para selecionar as causas possa ser mal utilizada, servindo para que o Tribunal evite decidir questões polêmicas ou politicamente delicadas. Esse debate é recorrente na doutrina norte-americana, havendo autores que defendem a prática como mecanismo legítimo de autocontenção judicial[70], mas também aqueles que a invocam para recontextualizar ou mesmo relativizar a importância da jurisdição constitucional na democracia norte-americana, já que a Suprema Corte nem sempre teria força política para dar realmente a última palavra de fato[71].

---

68. Esse potencial de provocação do debate é destacado por Ronald Dworkin, *Freedom's Law*, 1996, p. 345: "When a constitutional issue has been decided by the Supreme Court, and is important enough so that it can be expected to be elaborated, expanded, contracted, or even reversed, by future decisions, a sustained national debate begins, in the newspapers and other media, in law schools and classrooms, in the public meetings and around dinner tables. That debate better matches Hand's conception of republican government, in its emphasis on matters of principle, than almost anything the legislative process on its own is likely to produce".

69. Sobre as relações entre direito e política no Brasil, v. Luís Roberto Barroso, Constituição, democracia e supremacia judicial: Direito e política no Brasil contemporâneo, *Revista de Direito do Estado 15*, 2010.

70. V. Cass Sunstein, *One case at a time — Judicial minimalism on the Supreme Court*, 2001. O autor defende a prática como uma forma legítima de evitar decisões precipitadas, que obstruiriam prematuramente o debate democrático sobre questões ainda não "maduras". Essa postura é parte de um contexto mais amplo, por ele denominado *minimalismo judicial*, o qual envolveria também a preferência por decisões pontuais, restritas ao mínimo necessário para solucionar a controvérsia que as tenha originado. A mesma ideia pode ser encontrada no conceito de *virtudes passivas*, desenvolvido por Alexander Bickel em sua célebre obra *The least dangerous branch*, cuja primeira edição é de 1962. Para uma descrição dos diversos mecanismos de autorrestrição efetivamente utilizados pela Suprema Corte norte--americana, v. Nowak e Rotunda, *Constitutional law*, 1995, p. 54 e s.

71. Essa linha é seguida, dentre outros autores, por Mark Tushnet, em *Taking the Constitution away from the courts*, 1999, e Stephen Griffin, no seu *American constitutionalism*, 1996. Embora empregando linhas argumentativas diversas, ambos expressam a ideia de que a Corte nem sempre seria capaz de fazer prevalecer suas posições contra as instâncias políticas, sobretudo nas matérias mais controvertidas (Griffin exemplifica com o famoso caso Korematsu, em que a Suprema Corte não teria sido capaz de pôr fim ao confinamento de nipo-ameri-

O debate, sem dúvida, é instigante e necessário, mas é preciso ter em conta que a inexistência de um mecanismo explícito de seleção de causas não seria capaz de impedir um tribunal enfraquecido ou parcial de se retrair e evitar confrontos. Até porque os critérios tradicionais de admissibilidade — que não costumam ser exclusivamente objetivos — também podem, em tese, prestar-se ao papel de rechaçar os casos politicamente difíceis, com a agravante de tal opção restar encoberta. Assim, parece mais democrático que o filtro da Corte seja explícito, até para que fique exposto à crítica pública.

No Brasil, o requisito da repercussão geral foi regulamentado originalmente pela Lei n. 11.418, de 19 de dezembro de 2006, que inseriu novos preceitos no Código de Processo Civil de 1973 (CPC/1973)[72]. Posteriormente, a regulamentação foi substituída pela Lei n. 13.105, de 16 de março de 2015, que aprovou o Código de Processo Civil de 2015 (CPC/2015). O art. 543-A, *caput* e § 2º, do CPC/1973, com a redação dada pela Lei n. 11.418/2006, enunciou a nova exigência e impôs ao recorrente o dever de demonstrá-la:

> "Art. 543-A. O Supremo Tribunal Federal, em decisão irrecorrível, não conhecerá do recurso extraordinário, quando a questão constitucional nele versada não oferecer repercussão geral, nos termos deste artigo.
>
> (...)
>
> § 2º O recorrente deverá demonstrar, em preliminar do recurso, para apreciação exclusiva do Supremo Tribunal Federal, a existência da repercussão geral".

---

canos em campos de concentração durante a Segunda Guerra Mundial). Tampouco seria verdadeiro supor que os juízes estejam sempre do lado certo, demonizando o processo político deliberativo. Pelo contrário, Tushnet entende que ambas as esferas vêm alternando altos e baixos ao longo da história. Griffin chega mesmo a afirmar que o papel da Corte teria sido mais relevante no período de formação e consolidação do arcabouço democrático, quando não havia condições adequadas para que as minorias exercessem influência no sistema político.

72. O art. 5º da antiga Lei n. 11.418/2006 estabeleceu uma *vacatio* de sessenta dias para que a inovação se tornasse eficaz. No entanto, o STF entendeu que a demonstração da existência de repercussão geral apenas se tornou efetivamente exigível a partir da publicação da Emenda Regimental n. 31, de 30 de março de 2007, que alterou o Regimento Interno do Tribunal no ponto. V. STF, *DJU*, 26 jun. 2007, AI 664.567-RS, rel. Min. Sepúlveda Pertence: "O Tribunal, por unanimidade e nos termos do voto do Relator, decidiu a questão de ordem da seguinte forma: (...) 3) que a exigência da demonstração formal e fundamentada no recurso extraordinário da repercussão geral das questões constitucionais discutidas só incide quando a intimação do acórdão recorrido tenha ocorrido a partir de 3 de maio de 2007, data da publicação da Emenda Regimental n. 21, de 30 de abril de 2007".

Trata-se, portanto, de requisito aferido em preliminar a todo e qualquer recurso extraordinário[73], como pressuposto para que o Tribunal possa adentrar o mérito da discussão[74]. O art. 1.035 do CPC/2015 manteve redação semelhante, sem exigir expressamente que a demonstração de repercussão geral se dê por meio de preliminar[75]. A despeito disso, recomenda-se que o recorrente o faça, quer por uma questão de clareza, quer porque a exigência continua prevista no Regimento Interno do STF[76].

O caráter abrangente da repercussão geral foi reiterado pelo STF, que decidiu pela necessidade de que seja demonstrada mesmo nos recursos extraordinários referentes a matéria criminal[77]. Ao contrário do que ocorre em relação aos demais requisitos de admissibilidade, o juízo acerca da

---

73. O Regimento Interno do STF, alterado pela referida Emenda Regimental n. 3/2007, determina que a repercussão geral seja demonstrada em preliminar formal, atribuindo ao Presidente da Corte a função de recusar seguimento aos recursos em que ela esteja ausente.

74. Nesse sentido a doutrina já se manifestava antes da edição da referida lei. V. Luiz Manoel Gomes Junior, A repercussão geral da questão constitucional no recurso extraordinário, *RF, 378*:53, 2005: "Temos que o instituto da repercussão é um pressuposto recursal específico, ou seja, determinado recurso extraordinário somente poderá ser analisado em seu mérito se a matéria nele contida apresentar o que se deva entender como dotada de repercussão geral. Ausente a repercussão geral, não há como haver qualquer incursão no mérito do recurso".

75. CPC/2015, art. 1.035: "O Supremo Tribunal Federal, em decisão irrecorrível, não conhecerá do recurso extraordinário quando a questão constitucional nele versada não tiver repercussão geral, nos termos deste artigo. (...). § 2º O recorrente deverá demonstrar a existência de repercussão geral para apreciação exclusiva pelo Supremo Tribunal Federal".

76. Nesse sentido, exigindo que a repercussão geral seja demonstrada por meio de preliminar, na vigência do CPC/2015, v.: STF, *DJe*, 30 ago. 2018, ARE 925118 AgR, rel. Min. Alexandre de Moraes; *DJe*, 17 ago. 2018, 30 ago. 2018, ARE 1084943 ED-AgR; *DJe*, 30 ago. 2017, ARE 1026223 AgR-ED, rel. Min. Ricardo Lewandowski. De todo modo, é válido lembrar que o art. 1.029, § 3º, do CPC/2015 autorizou o STF a desconsiderar vício formal, desde que não o repute grave, bem como a determinar a sua correção.

77. STF, *DJU*, 26 jun. 2007, AI 664.567-RS, rel. Min. Sepúlveda Pertence: "O Tribunal, por unanimidade e nos termos do voto do Relator, decidiu a questão de ordem da seguinte forma: 1) que é de exigir-se a demonstração da repercussão geral das questões constitucionais discutidas em qualquer recurso extraordinário, incluído o criminal; (...)". Afastou-se com isso a ideia de que esses casos, por envolverem o direito à liberdade, deveriam sempre ser considerados relevantes. A rigor, serão sempre importantes para as partes envolvidas, mas o requisito da repercussão geral diz respeito à transcendência da tese constitucional discutida. Como se vê, trata-se de mais uma confirmação de que o recurso extraordinário é, primordialmente, um instrumento de defesa do Direito objetivo, sem prejuízo de servir mediatamente ao interesse subjetivo das partes.

existência de repercussão geral é atribuído com exclusividade ao STF, não se admitindo avaliação prévia pelo órgão *a quo*[78].

A definição do que seja "repercussão geral", de forma mais concreta, vem sendo produzida pelo próprio STF. O CPC/1973, com redação dada pela Lei n. 11.418/2006, e mais recentemente o CPC/2015 se limitaram a reproduzir a cláusula geral introduzida pela Emenda Constitucional n. 45/2004[79]. Segundo o § 1º do art. 543-A do CPC/1973 e o § 1º do art. 1.035, § 1º, CPC/2015, haverá repercussão geral quando estiverem em pauta questões de *relevância econômica, social, política ou jurídica*, que *transcendam os interesses das partes* envolvidas no processo[80]. Como se percebe, o legis-

---

78. No entanto, o STF entendeu que o órgão *a quo* pode e deve verificar a existência de demonstração formal e fundamentada da repercussão geral. Nesse sentido: STF, *DJU*, 26 jun. 2007, AI 664.567-RS, rel. Min. Sepúlveda Pertence: "O Tribunal, por unanimidade e nos termos do voto do Relator, decidiu a questão de ordem da seguinte forma: 2) que a verificação da existência de demonstração formal e fundamentada da repercussão geral das questões discutidas no recurso extraordinário pode fazer-se tanto na origem quanto no Supremo Tribunal Federal, cabendo exclusivamente a este Tribunal, no entanto, a decisão sobre a efetiva existência da repercussão geral; (...)".

79. Como esclarecem Luiz Rodrigues Wambier, Teresa Arruda Alvim Wambier e José Miguel Garcia Medina, *Breves comentários à nova sistemática processual civil*, 2005, p. 103: "É relevantíssimo, portanto, que não se perca de vista que, quando o juiz interpreta um conceito vago, deve valer-se necessariamente de parâmetros razoavelmente objetivos, intimamente ligados aos valores que impregnam o *ethos* dominante. Não se está aqui a afirmar, evidentemente, que se trata de uma tarefa fácil. Por outro lado, não convém que, *a priori*, se tenha uma postura consistente em aceitar a ideia de que a carga de subjetividade das decisões a respeito de quais sejam as questões que apresentem *repercussão geral* impediria a compreensão, por parte dos operadores do Direito e de toda a sociedade, dos porquês da opção do Poder Judiciário. Admitir que o STF adote conduta inescrupulosa na definição daquilo que deva ou não ser considerado questão de *repercussão geral* é negar a própria ideia de Direito".

80. Nos termos do § 1º do art. 1.035 do CPC/2015, "para efeito da repercussão geral, será considerada a existência, ou não, de questões relevantes do ponto de vista econômico, político, social ou jurídico, que ultrapassem os interesses subjetivos da causa". O art. 543-A, § 1º, do CPC/1973 tinha redação idêntica. Alguns autores sugerem alguns critérios para balizamento da expressão "repercussão geral". Em geral, partem da premissa, também prevista na lei, de que tais questões devem superar os interesses subjetivos da causa. Nesse sentido, Luiz Manoel Gomes Junior, A repercussão geral da questão constitucional no recurso extraordinário, *RF, 378*:54, 2005: "Ao nosso ver, haverá repercussão em determinada causa/questão quando os reflexos da decisão a ser prolatada não se limitarem apenas aos litigantes mas, também, a toda uma coletividade (país), mas de uma forma não individual". V. tb. Luiz Rodrigues Wambier, Teresa Arruda Alvim Wambier e José Miguel Garcia Medina, *Breves comentários à nova sistemática processual civil*, 2005, p. 98.

lador preferiu, com acerto, não estabelecer detalhadamente critérios para a fixação do conceito, deferindo ao próprio STF o estabelecimento de seus contornos mais precisos.

A Lei n. 11.418/2006 só excepcionou essa orientação geral no tocante à hipótese de decisão contrária à súmula ou jurisprudência dominante do Tribunal. Nesse caso, sempre haverá repercussão geral (art. 543-A, § 3º, do CPC/1973[81]). O Código de 2015 previu, ainda, que haverá repercussão geral sempre que a decisão recorrida tiver reconhecido a inconstitucionalidade de tratado ou lei federal (art. 1.035, § 3º, III, do CPC/2015)[82]. Trata-se de norma que amplia substancialmente os casos de repercussão presumida. Considerando que o propósito do instituto é estabelecer um filtro para o acesso ao STF, é provável que o novo dispositivo venha a ser aplicado com temperamentos. E, de fato, o ideal é que, qualquer que seja a hipótese, exija-se, com base em interpretação sistemática, que a matéria veicule questão relevante do ponto de vista econômico, político, social ou jurídico (CPC/2015, art. 1.035, § 1º)[83].

Assim que entrou em vigor, o requisito da repercussão geral despertou comparações com a controvertida arguição de relevância da questão federal[84], existente no regime constitucional anterior. A arguição de relevância tinha por principal objetivo — tal como a repercussão geral — racionalizar o volume de trabalho que chegava à Corte, já assustador à época. No entanto, há importantes diferenças entre os institutos, sobretudo no que toca ao

---

81. Vale notar, contudo, que mesmo nesses casos o STF tem exigido que o recurso contenha preliminar formal demonstrando a existência da repercussão geral, sob pena de indeferimento liminar. Nesse sentido, v. *DJE,* 20 fev. 2009, AgRg no AI 718.490-RJ, rel. Min. Gilmar Mendes.

82. Já o CPC/2015, art. 1.035, § 3º, determinou: "Haverá repercussão geral sempre que o recurso impugnar acórdão que: I — contrarie súmula ou jurisprudência dominante do Supremo Tribunal Federal; II — tenha sido proferido em julgamento de casos repetitivos; III — tenha reconhecido a inconstitucionalidade de tratado ou de lei federal, nos termos do art. 97 da Constituição Federal".

83. No mesmo sentido: Luiz Guilherme Marinoni, Sérgio Cruz Arenhart e Daniel Mitidiero, *Curso de processo civil,* v. 2, 2017, p. 611.

84. V. nesse sentido José Carlos Barbosa Moreira, *Comentários ao Código de Processo Civil,* 2005, v. V, p. 584; José Rogério Cruz e Tucci, A "repercussão geral" como pressuposto de admissibilidade do recurso extraordinário, *RT, 848:*60, 2006; Luiz Manoel Gomes Junior, A repercussão geral da questão constitucional no recurso extraordinário, *RF, 378:*47, 2005; Luiz Rodrigues Wambier, Teresa Arruda Alvim Wambier e José Miguel Garcia Medina, *Breves comentários à nova sistemática processual civil,* 2005, p. 96; Pedro Gordilho, Aspectos da Emenda Constitucional n. 45, de 8 de dezembro de 2004, *RDA, 240:*265, 2005.

procedimento. Sob a Constituição anterior, prevaleceu a tese de que a arguição de relevância não ostentava natureza tipicamente jurisdicional, sendo antes questão política[85]. Disso decorria a apreciação em sessão administrativa secreta e a ausência de fundamentação[86], características que não poderiam ser repetidas no mecanismo atual em razão das regras contidas no art. 93, IX, da Constituição[87].

Contudo, o mecanismo, por sua própria natureza e funções, não comporta a exigência de fundamentação exaustiva[88]. Na verdade, só é capaz de produzir os efeitos pretendidos — racionalizar a pauta do STF — se o juízo de admissibilidade não exigir o dispêndio excessivo de tempo[89]. Do contrário,

---

85. Sydney Sanches, Arguição de relevância da questão federal, *RP, 627:*259, 1988: "O julgamento de relevância de uma questão federal não é atividade jurisdicional, é ato político, no sentido mais nobre do termo".

86. Tal procedimento era controvertido, mas havia quem o defendesse sob o argumento de ser necessário para que a arguição de relevância pudesse cumprir seu papel. Nesse sentido, v. Sydney Sanches, Arguição de relevância da questão federal, *RP, 627:*260, 1988: "A sessão pode ser administrativa porque o julgamento não é de índole jurisdicional. E, se tivesse de ser pública, sempre haveria de ser admitida a sustentação oral de ambas as partes. E, se a decisão tivesse de ser fundamentada, estaríamos ampliando consideravelmente o número de sessões plenárias do tribunal, que já são duas por semana. E a avalancha de processos continuaria invencível. Os julgamentos retardados. E o problema insuperado".

87. CF/88, art. 93, IX: "todos os julgamentos dos órgãos do Poder Judiciário serão públicos, e fundamentadas todas as decisões, sob pena de nulidade, podendo a lei limitar a presença, em determinados atos, às próprias partes e a seus advogados, ou somente a estes, em casos nos quais a preservação do direito à intimidade do interessado no sigilo não prejudique o interesse público à informação" (redação dada pela EC n. 45, de 2004). O inciso X do mesmo artigo determina que mesmo as decisões administrativas dos tribunais sejam fundamentadas e proferidas em sessão aberta e regime constitucional. Sobre o tema, v. Luiz Manoel Gomes Junior, A repercussão geral da questão constitucional no recurso extraordinário, *RF, 378:*56 e 58, 2005; José Rogério Cruz e Tucci, A "repercussão geral" como pressuposto de admissibilidade do recurso extraordinário, *RT, 848:*63, 2006; e Luiz Rodrigues Wambier, Teresa Arruda Alvim Wambier e José Miguel Garcia Medina, *Breves comentários à nova sistemática processual civil*, 2005, p. 104.

88. Flávio Dino, Hugo Melo Filho, Leonardo Barbosa e Nicolao Dino, *Reforma do Judiciário — Comentários à Emenda n. 45/2004*, 2005, p. 76: "Sobre a decisão do STF inadmitindo o recurso, importante anotar que a Corte não terá que demonstrar detalhadamente por que entende não haver repercussão geral, inclusive à vista de não caber qualquer tipo de controle sobre tal deliberação. Daí a razão do elevado quórum acima indicado" (comentário de Flávio Dino).

89. Em harmonia com essa necessidade e com a tendência de modernização da sistemática processual, a Emenda Regimental n. 42/2010 determinou que a troca de argumentos entre os ministros a respeito da existência de repercussão geral se dê, por meio eletrônico,

a adoção do requisito da repercussão geral acabaria por produzir efeito inverso ao pretendido, tornando ainda mais complexo o trabalho da Corte. É de exigir, portanto, que o Tribunal forneça apenas uma justificação simples e sucinta, cada vez mais apoiada em *standards* fixados em casos anteriores.

Esse procedimento simplificado deverá ser, portanto, a regra. Mas não se exclui a possibilidade de o STF enveredar por uma discussão mais ampla. Nesse sentido, o Relator poderá admitir a manifestação de terceiros na análise da repercussão geral[90]. É certo que tal possibilidade deverá ser utilizada com moderação — tendo sua aplicação limitada aos casos de maior significação quantitativa ou institucional —, sob pena de aumentar a complexidade do filtro e impedir que exerça sua função, que é justamente a de tornar a pauta do STF mais racional.

Além da necessidade de justificação, ainda que sucinta, outro fator de legitimação do novo instituto é o quórum exigido para que o STF deixe de conhecer um recurso extraordinário sob o fundamento da inexistência de repercussão geral. A negação de acesso à Corte dependerá do voto de dois terços de seus membros — oito ministros, portanto. Essa providência evita que questões sejam preteridas por maiorias apertadas, reduzindo o ônus político associado à utilização da barreira[91]. Contudo, daí não resulta a impossibilidade de que se instituam mecanismos de divisão do trabalho interno na Corte, a fim de reduzir a necessidade de deliberações plenárias e evitar que o novo requisito congestione ainda mais a Corte, em vez de aliviar sua carga de trabalho.

A esse propósito, o art. 543-A, § 4º, do CPC/1973 previu a possibilidade de a Turma decidir pela existência, no caso, da repercussão geral, bastando o voto de quatro ministros para que se conclua o juízo positivo de

---

segundo a seguinte dinâmica: o relator submete sua apreciação do ponto aos demais ministros, que poderão manifestar-se sobre a matéria no prazo comum de vinte dias. Caso não haja, após decorrido o prazo, manifestações suficientes para negar seguimento ao recurso — manifestação de oito ministros, portanto —, reputa-se caracterizada a repercussão geral. V. Regimento Interno do STF, arts. 323 a 325.

90. CPC/2015, art. 1.035, § 4º: "O relator poderá admitir, na análise da repercussão geral, a manifestação de terceiros, subscrita por procurador habilitado, nos termos do Regimento Interno do Supremo Tribunal Federal". A norma anterior, art. 543-A, § 6º, do CPC/1973, trazia redação idêntica.

91. É importante notar, contudo, que o quórum para rejeição do recurso extraordinário por ausência de qualquer dos demais requisitos necessários à sua admissão — como no caso de versar sobre matéria infraconstitucional ou sobre mera inconstitucionalidade reflexa — é de maioria simples.

admissibilidade[92]. Todavia, na prática que se consolidou no Tribunal, a deliberação sobre a existência ou não de repercussão geral se dá, como regra, em Plenário Virtual, por meio eletrônico. O relator submete seu encaminhamento pela existência ou não de repercussão geral, abrindo-se o prazo de vinte dias para os demais ministros se manifestarem[93].

Se negada a existência da repercussão geral, a decisão valerá para todos os recursos que versem sobre matéria idêntica[94]. É o que estabelece o art. 1.035, § 8º, do CPC/2015[95]. O art. 543-A, § 5º, do CPC/1973[96], trazia

---

92. CPC, art. 543-A, § 4º: "Se a Turma decidir pela existência da repercussão geral por, no mínimo, 4 (quatro) votos, ficará dispensada a remessa do recurso ao Plenário". Cuida-se, a rigor, de uma consideração aritmética: sendo necessário o voto de oito ministros para que um recurso não seja admitido por ausência de repercussão geral, e considerando o total de onze ministros, a manifestação de quatro deles a favor do recebimento já torna impossível a obtenção do quórum necessário para a rejeição. Embora seja possível cogitar a possibilidade de que os debates em Plenário pudessem produzir resultado diverso, alterando o convencimento inicial de alguns ministros, é perfeitamente racional e defensável que a manifestação favorável de quatro dentre os cinco componentes da Turma torne dispensável a remessa ao Pleno, inda mais quando se lembra que o requisito da repercussão geral tem por função precípua a otimização da capacidade de trabalho do STF.

93. O RISTF disciplina a matéria em dois dispositivos, a saber: "Art. 323. Quando não for o caso de inadmissibilidade do recurso por outra razão, o(a) Relator(a) ou o Presidente submeterá, por meio eletrônico, aos demais Ministros, cópia de sua manifestação sobre a existência, ou não, de repercussão geral" (redação atualizada pela Emenda Regimental n. 42/2010); "Art. 324. Recebida a manifestação do(a) Relator(a), os demais Ministros encaminhar-lhe-ão, também por meio eletrônico, no prazo comum de vinte dias, manifestação sobre a questão da repercussão geral" (redação atualizada pela Emenda Regimental n. 31/2009).

94. Vale ressaltar, contudo, que a Emenda Regimental n. 54/2020 previu a possibilidade de recusa de repercussão geral pelo relator com *efeitos apenas sobre o caso concreto*. A previsão foi inspirada pela compreensão de que nem sempre o Tribunal terá capacidade de julgar todas as questões constitucionais que detenham repercussão geral em um mesmo período. Por essa razão, o reconhecimento da repercussão geral deve considerar não apenas a relevância do caso em si, mas os demais casos em estoque, bem como a capacidade de julgamento do Tribunal. Nesse contexto, é importante a recusa de repercussão geral com efeitos limitados ao caso porque significa que, em momento futuro, a mesma discussão poderá ser novamente submetida ao STF e eventualmente ter a sua repercussão geral reconhecida. O ponto será retomado mais adiante. V. art. 326, § 1º, do RISTF.

95. CPC/2015, art. 1.035, § 8º: "Negada a repercussão geral, o presidente ou o vice-presidente do tribunal de origem negará seguimento aos recursos extraordinários sobrestados na origem que versem sobre matéria idêntica".

96. CPC/1973, art. 543-A, § 5º: "Negada a existência da repercussão geral, a decisão valerá para todos os recursos sobre matéria idêntica, que serão indeferidos liminarmente, salvo revisão da tese, tudo nos termos do Regimento Interno do Supremo Tribunal Federal".

previsão semelhante, ressalvando, contudo, a possibilidade de revisão da tese segundo procedimento a ser definido no Regimento Interno do STF. Ainda que a ressalva não tenha sido reproduzida no CPC/2015, a possibilidade persiste. Sempre deve ser possível ao Tribunal mudar sua orientação, seja pela superveniência de novos fatos, seja por considerar que o juízo inicial deva ser superado. No entanto, é saudável que a decisão seja, em princípio, aplicada automaticamente aos casos similares, atendendo a um imperativo de coerência e produzindo celeridade.

Como se nota, essa é uma tentativa de otimizar o trabalho da Corte, evitando a multiplicação de julgamentos idênticos. E de fato é desejável que o STF possa fugir da repetição mecânica e se dedique a fixar teses, que deverão ser aplicadas a partir daí, tanto quanto possível, de forma homogênea. Buscando esse mesmo propósito, foi introduzido no CPC/1973 o art. 543-B, § 1º, reproduzido pelo art. 1.036, § 1º, do CPC/2015, destinado a evitar que chegue ao STF, simultaneamente, uma multiplicidade de recursos massificados, relativos a uma mesma questão jurídica. O dispositivo determina aos tribunais de origem que encaminhem ao STF apenas alguns recursos representativos da controvérsia, retendo os demais à espera de uma solução a respeito da questão constitucional[97].

A previsão é complementada pelo Regimento Interno do STF, alterado pela já referida Emenda Regimental n. 21/2007, cujo art. 328 permite que o Presidente da Corte ou o relator do processo: (i) determinem a notificação dos juízos e tribunais em relação a questões potencialmente suscetíveis de originar múltiplos recursos, para que adotem o procedimento descrito acima; e (ii) selecionem recursos representativos, devolvendo os demais ao órgão jurisdicional para aguardar o julgamento da questão[98].

---

97. CPC/2015, art. 1.036, determina: "Sempre que houver multiplicidade de recursos extraordinários ou especiais com fundamento em idêntica questão de direito, haverá afetação para julgamento de acordo com as disposições desta Subseção, observado o disposto no Regimento Interno do Supremo Tribunal Federal e no do Superior Tribunal de Justiça. § 1º O presidente ou o vice-presidente de tribunal de justiça ou de tribunal regional federal selecionará 2 (dois) ou mais recursos representativos da controvérsia, que serão encaminhados ao Supremo Tribunal Federal ou ao Superior Tribunal de Justiça para fins de afetação, determinando a suspensão do trâmite de todos os processos pendentes, individuais ou coletivos, que tramitem no Estado ou na região, conforme o caso".

98. Regimento Interno do STF, art. 328: "Protocolado ou distribuído recurso cuja questão for suscetível de reproduzir-se em múltiplos feitos, o Presidente do Tribunal ou o Relator, de ofício ou a requerimento da parte interessada, comunicará o fato aos tribunais ou turmas de juizado especial, a fim de que observem o disposto no art. 543-B do Código

Inicialmente, os dispositivos do CPC/1973 e do Regimento Interno foram interpretados no sentido de permitirem o sobrestamento de recursos extraordinários e agravos de instrumento[99]. Decisões posteriores, todavia, admitiram o sobrestamento de *quaisquer causas*[100]-[101]. E, de fato, o CPC/2015 previu expressamente a possibilidade de suspensão de todo e qualquer processo pendente sobre o tema (art. 1.036, § 1º)[102]. O Tribunal decidiu,

---

de Processo Civil, podendo pedir-lhes informações, que deverão ser prestadas em 5 (cinco) dias, e sobrestar todas as demais causas com questão idêntica. Parágrafo único. Quando se verificar subida ou distribuição de múltiplos recursos com fundamento em idêntica controvérsia, o Presidente do Tribunal ou o Relator selecionará um ou mais representativos da questão e determinará a devolução dos demais aos tribunais ou turmas de juizado especial de origem, para aplicação dos parágrafos do art. 543-B do Código de Processo Civil". A Emenda Regimental n. 23/2008 introduziu, ainda, o art. 328-A e parágrafos, que estabelecem: "Nos casos previstos no art. 543-B, *caput*, do Código de Processo Civil, o Tribunal de origem não emitirá juízo de admissibilidade sobre os recursos extraordinários já sobrestados, nem sobre os que venham a ser interpostos, até que o Supremo Tribunal Federal decida os que tenham sido selecionados, nos termos do § 1º daquele artigo. § 1º Nos casos anteriores, o Tribunal de origem sobrestará os agravos de instrumento contra decisões que não tenham admitido os recursos extraordinários, julgando-os prejudicados nas hipóteses do art. 543-B, § 2º, e, quando coincidente o teor dos julgamentos, § 3º. § 2º Julgado o mérito do recurso extraordinário em sentido contrário ao dos acórdãos recorridos, o Tribunal de origem remeterá ao Supremo Tribunal Federal os agravos em que não se retratar".

99. STF, *DJe*, 9 maio 2008, RE 556.664-QO, RE 559.882-QO, RE 560.626, rel. Min. Gilmar Mendes: "1. Questão de ordem. 2. Inconstitucionalidade dos arts. 45 e 46 da Lei n. 8.212/91, e do art. 5º, parágrafo único, do Decreto-lei n. 1.569/77 declarados pelo Plenário do TRF — 4ª Região. 3. Determinação de suspensão do envio ao STF dos RE's e AI's que versem sobre a constitucionalidade dos respectivos dispositivos".

100. STF, *DJe*, 12 set. 2008, RE 576.155-QO, rel. Min. Ricardo Lewandowski: "Questão resolvida, com a determinação de sobrestamento das causas relativas ao Termo de Acordo de Regime Especial que estiverem em curso no Superior Tribunal de Justiça e no Tribunal de Justiça do Distrito Federal e Territórios até o deslinde da matéria pelo Plenário da Suprema Corte". V. tb. STF, *DJe*, 4 jun. 2014, RE 591.797 e 626.307, rel. Min. Dias Toffoli. Neste último caso, na disputa entre poupadores e instituições financeiras acerca dos critérios de correção monetária envolvendo os Planos Collor I, Bresser e Verão, o relator, com base em parecer do Ministério Público, suspendeu a apreciação do mérito de todos os recursos em curso nas demais instâncias, até manifestação final do STF sobre a questão de fundo.

101. CPC/2015, art. 1.035, § 5º: "Reconhecida a repercussão geral, o relator no Supremo Tribunal Federal determinará a suspensão do processamento de todos os processos pendentes, individuais ou coletivos, que versem sobre a questão e tramitem no território nacional".

102. CPC/2015, art. 1.036, § 1º: "O presidente ou o vice-presidente de tribunal de justiça ou de tribunal regional federal selecionará 2 (dois) ou mais recursos representativos da controvérsia, que serão encaminhados ao Supremo Tribunal Federal ou ao Superior Tribunal de Justiça para fins de afetação, determinando a suspensão do trâmite de todos os

ainda, que os sobrestamentos podem ser determinados monocraticamente[103]. É de todo recomendável que tal competência somente seja exercida em situações excepcionais, cuja gravidade justifique a providência extrema[104].

Essa possibilidade de retenção de recursos nas instâncias inferiores permite que a aferição da existência de repercussão geral se dê a partir de casos de recursos paradigma, que sejam os mais representativos e *maduros* para julgamento. Caso o STF entenda que a matéria é desprovida de repercussão geral, todos os recursos sobrestados serão considerados automaticamente inadmitidos (art. 543-B, § 2º, do CPC/1973, atual 1.035, § 8º, do CPC/2015[105]). Por outro lado, caso o STF ultrapasse o exame da admissibilidade e julgue o mérito da causa, os recursos sobrestados serão analisados pelos órgãos *a quo* — Tribunais de origem, turmas de uniformização ou turmas recursais —, que deverão declará-los prejudicados ou se retratar (art. 543-B, § 3º, do CPC/1973, atual art. 1.039, do CPC/2015[106]).

De forma coerente, o STF determinou que a sistemática da repercussão geral seja aplicada também às questões em que já existe jurisprudência pacífica na Corte, levando-se a matéria a Plenário Virtual tão somente para reafirmação de jurisprudência dominante[107]. Na prática, tendo sido reconhecida a repercussão geral, ficam sobrestados os recursos versando a mesma

---

processos pendentes, individuais ou coletivos, que tramitem no Estado ou na região, conforme o caso".

103. STF, *DJe*, 12 set. 2008, RE 576.155-QO, rel. Min. Ricardo Lewandowski: "O Plenário decidiu também que, a partir desse julgamento, os sobrestamentos poderão ser determinados pelo relator, monocraticamente, com base no art. 328 do RISTF".

104. De todo modo, o STF determinou que o sobrestamento de ações penais, com base no art. 1.035, § 5º, CPC/2015, "susta o curso da prescrição da pretensão punitiva dos crimes objeto dos processos suspensos, o que perdura até o julgamento definitivo do recurso extraordinário paradigma". A medida é fundamental para evitar a ocorrência de prescrição em virtude do sobrestamento. STF, *DJe*, 1º fev. 2019, RE 966.177 TG-QO, rel. Min. Luiz Fux.

105. CPC/2015, art. 1.035, § 8º: "Negada a repercussão geral, o presidente ou o vice-presidente do tribunal de origem negará seguimento aos recursos extraordinários sobrestados na origem que versem sobre matéria idêntica". Essa regra é excepcionada na hipótese de rejeição de repercussão geral com efeitos apenas para o caso concreto, nos termos do art. 326, § 1º, do RISTF, com redação dada pela Emenda Regimental n. 54/2020.

106. CPC/2015, art. 1.039: "Decididos os recursos afetados, os órgãos colegiados declararão prejudicados os demais recursos versando sobre idêntica controvérsia ou os decidirão aplicando a tese firmada".

107. V. RISTF, art. 323-A: "O julgamento de mérito de questões com repercussão geral, nos casos de reafirmação de jurisprudência dominante da Corte, também poderá ser realizado por meio eletrônico".

controvérsia. E, uma vez julgado o mérito da repercussão geral pelo STF, os demais órgãos jurisdicionais deverão seguir a orientação firmada. Daí a importância de que os julgamentos sejam efetivamente concluídos com a explicitação da tese que serviu de base para a decisão, como determinado pelo art. 543-A, § 7º, do CPC/1973, e, atualmente, art. 1.035, § 11, do CPC/2015[108], a fim de não suscitarem dúvidas quanto ao entendimento da Corte e de facilitarem a aplicação do precedente pelas demais instâncias[109].

O que se esperava, naturalmente, é que as decisões fossem adaptadas à premissa estabelecida pelo STF. Caso isso não ocorresse e fosse mantida decisão em desacordo com a orientação firmada, a antiga Lei n. 11.418/2006 previa que o STF poderia cassá-la ou reformá-la, liminarmente (art. 543-B, § 4º, do CPC/1973[110]). Embora essa previsão parecesse sugerir a possibilidade de atuação imediata da Corte, a jurisprudência caminhou no sentido de afirmar que a reforma ou cassação da decisão incompatível com o precedente deveria ocorrer em sede de eventual recurso extraordinário, não se

---

108. CPC/2015, art. 1.035, §11: "A súmula da decisão sobre a repercussão geral constará de ata, que será publicada no diário oficial e valerá como acórdão".

109. A aplicação da sistemática da repercussão geral ao controle incidental de constitucionalidade reforça a tendência de objetivação das decisões do STF, em geral, e no controle de constitucionalidade em particular. Com efeito, a exegese constitucional que venha a ser firmada deverá ser observada pelas demais instâncias, ainda que no âmbito da solução de um conflito de interesses de natureza subjetiva. Sobre a objetivação do controle incidental da constitucionalidade, em decorrência da introdução da sistemática da repercussão geral, convém destacar o precedente firmado em STF, *DJe*, 22 out. 2014, RE 583.523, rel. Min. Gilmar Mendes. Neste caso, a tese objeto de repercussão geral referia--se à (não) recepção de contravenção penal prevista no art. 25 do Decreto-Lei n. 3.688/41 pela Carta de 1988. Verificou-se, contudo, a ocorrência da prescrição da pretensão punitiva antes do início da apreciação da matéria, circunstância que, sob o ângulo subjetivo, ensejava a extinção da punibilidade em favor do réu. A despeito disso, a Corte decidiu apreciar a questão objeto da repercussão geral e declarou a não recepção do dispositivo. A decisão reconheceu, portanto, autonomia à tese a ser fixada em repercussão geral em face da situação subjetiva.

110. CPC, art. 543-B, § 4º: "Mantida a decisão e admitido o recurso, poderá o Supremo Tribunal Federal, nos termos do Regimento Interno, cassar ou reformar, liminarmente, o acórdão contrário à orientação firmada". CPC/2015, art. 1.041: "Mantido o acórdão divergente pelo tribunal de origem, o recurso especial ou extraordinário será remetido ao respectivo tribunal superior, na forma do art. 1.036, § 1º. § 1º Realizado o juízo de retratação, com alteração do acórdão divergente, o tribunal de origem, se for o caso, decidirá as demais questões ainda não decididas cujo enfrentamento se tornou necessário em decorrência da alteração".

justificando o uso automático da reclamação[111]. Tratava-se de entendimento defensivo que evitava a propositura de uma enxurrada de reclamações diretamente no Tribunal, por suposto descumprimento do precedente pelas instâncias inferiores.

De toda forma, a indicação do legislador apontava no sentido de uma desejável vinculação lógica dos juízos inferiores às decisões da Suprema Corte — vinculação fundada em um imperativo de racionalidade e isonomia, sem prejuízo de se admitirem exceções diante de motivos relevantes, devidamente demonstrados —, embora não fosse possível dizer que tivesse sido estabelecida uma vinculação jurídica formal, à luz do CPC/1973.

Já era possível, todavia, ao STF, estabelecer tal vinculação jurídica formal por meio da aprovação de súmula vinculante que sintetizasse o entendimento afirmado em repercussão geral, nos casos cuja relevância justificasse a abertura da via da reclamação. Nessas condições, o instituto da súmula vinculante, se bem aplicado, permitia ao Tribunal gerenciar a sua agenda e, ao mesmo tempo, impor a eficácia de suas decisões.

---

111. Nesse mesmo julgamento, o STF destacou que a reforma ou cassação deverá ser feita, inicialmente, pelo Tribunal ordinário a que esteja vinculado o juízo prolator, dispensando-se a análise de tempestividade do recurso. Caso persista o desrespeito ao precedente — o que tende a ser excepcional — ficaria aberta a via do recurso extraordinário. V. STF, *DJe*, 3 jul. 2011, Rcl 10793-SP, rel.ª Min.ª Ellen Gracie: "(...) 2. Cabe aos juízes e desembargadores respeitar a autoridade da decisão do Supremo Tribunal Federal tomada em sede de repercussão geral, assegurando racionalidade e eficiência ao Sistema Judiciário e concretizando a certeza jurídica sobre o tema. 3. O legislador não atribuiu ao Supremo Tribunal Federal o ônus de fazer aplicar diretamente a cada caso concreto seu entendimento. 4. A Lei n. 11.418/2006 evita que o Supremo Tribunal Federal seja sobrecarregado por recursos extraordinários fundados em idêntica controvérsia, pois atribuiu aos demais Tribunais a obrigação de os sobrestarem e a possibilidade de realizarem juízo de retratação para adequarem seus acórdãos à orientação de mérito firmada por esta Corte. 5. Apenas na rara hipótese de que algum Tribunal mantenha posição contrária à do Supremo Tribunal Federal, é que caberá a este se pronunciar, em sede de recurso extraordinário, sobre o caso particular idêntico para a cassação ou reforma do acórdão, nos termos do art. 543-B, § 4º, do Código de Processo Civil. (...) 9. Nada autoriza ou aconselha que se substituam as vias recursais ordinária e extraordinária pela reclamação. 10. A novidade processual que corresponde à repercussão geral e seus efeitos não deve desfavorecer as partes, nem permitir a perpetuação de decisão frontalmente contrária ao entendimento vinculante adotado pelo Supremo Tribunal Federal. Nesses casos o questionamento deve ser remetido ao Tribunal competente para a revisão das decisões do Juízo de primeiro grau a fim de que aquela Corte o aprecie como o recurso cabível, independentemente de considerações sobre sua tempestividade (...)".

O Código de Processo Civil de 2015 optou, contudo, por estabelecer a vinculação jurídica formal dos demais órgãos judiciais às teses firmadas pelo STF em repercussão geral, determinando expressamente o cabimento de reclamação para garantir o cumprimento das teses, possibilitando o acesso direto (*per saltum*) da parte à Corte, tanto no caso de não aplicação do precedente pelo juízo *a quo* quanto no caso de sua aplicação incorreta.

Entretanto, a inovação gerou apreensão quanto a um grande aumento do volume de reclamações no STF. Em atenção a isso, a Lei 13.256, de 4 de fevereiro de 2016, ainda no prazo da *vacatio legis* do CPC/2015, modificou a redação do art. 988, para condicionar o cabimento da reclamação, na hipótese, ao exaurimento das instâncias ordinárias pelo reclamante.

Ainda assim, a constitucionalidade da inovação é objeto de divergência entre os autores. Há quem entenda que a atribuição de tais efeitos, por norma infraconstitucional, na hipótese em que tal eficácia não foi prevista pela Constituição de 1988, enseja violação ao princípio da separação dos poderes e ao devido processo legal, por conferir competência normativa ao Judiciário e desrespeitar o princípio do juiz natural[112-113].

---

112. Nesse sentido: Nelson Nery Junior e Rosa Maria de Andrade Nery. *Comentários ao Código de Processo Civil*, 2015, p. 1965 e s. A favor da constitucionalidade da vinculação na hipótese: Marinoni, Arenhart e Mitidiero. *Novo Código de Processo Civil Comentado*, 2015, p. 962 e s. Wambier, Conceição, Ribeiro e Torres de Mello, aparentemente, assumem a validade da atribuição de tal eficácia às decisões proferidas em repercussão geral (*Primeiros Comentários ao Novo Código de Processo Civil*, 2015, p. 1316-1322 e 1413-1421).

113. A possibilidade de atribuir efeitos vinculantes e gerais a casos não contemplados por tais efeitos pela Constituição foi debatida na Rcl 1.880, quando a Corte confirmou a validade do dispositivo que atribuiu tal eficácia às decisões proferidas em ação direta de inconstitucionalidade (art. 28, par. único, da Lei n. 9.868/99). Esclareceu-se, em tal oportunidade, que a ação direta de inconstitucionalidade tem natureza idêntica à da ação declaratória da constitucionalidade. Como a *Emenda Constitucional n. 3/93 atribuíra efeitos vinculantes e gerais à decisão proferida em ADC*, no entendimento da Corte, não haveria fundamento lógico para atribuir efeitos diversos às decisões proferidas em ADIn. Outra ação direta de inconstitucionalidade, ainda em curso no Supremo, discute a inconstitucionalidade do dispositivo legal que atribuiu efeitos vinculantes e gerais às decisões proferidas em sede de arguição de descumprimento de preceito fundamental (art. 10, *caput* e § 3º, da Lei n. 9.882/99). A cautelar foi indeferida pelo relator, sob o fundamento principal de que as decisões proferidas em controle concentrado ensejariam tal eficácia, que teria sido *explicitada pela Emenda Constitucional n. 3/93*. Resta, contudo, alguma dúvida sobre a aplicabilidade da razão de decidir dos precedentes indicados acima para afirmar a validade da eficácia atribuída pelo Novo Código de Processo Civil às decisões proferidas em recurso extraordi-

De todo modo, é possível que, na prática, a reclamação em tais circunstâncias tenha a sua importância esvaziada pela jurisprudência defensiva da Corte. De fato, o STF tem entendido que a necessidade de exaustão das instâncias ordinárias como condição para a sua propositura impõe não apenas o esgotamento dos recursos cabíveis em segundo grau, mas igualmente o julgamento do mérito de todo e qualquer recurso pendente, inclusive perante os tribunais superiores. O Tribunal vem, portanto, conferindo interpretação extensiva à expressão "instâncias ordinárias", com o propósito expresso de restringir o cabimento da reclamação[114].

Na prática, a nova norma muda muito pouco. Antes, a decisão desviante do precedente da Corte deveria ser cassada ou reformada por meio de recurso extraordinário, que era apreciado apenas após o julgamento dos demais recursos pendentes. Agora, é possível ajuizar reclamação, mas tão somente após o julgamento dos recursos pendentes e desde que também interposto recurso extraordinário. A reclamação, nessas condições, faz pouca diferença em termos de celeridade. E o que é pior, de acordo com a nova sistemática, tramitarão na Corte dois processos voltados a fim semelhante: o recurso extraordinário e a reclamação. Em síntese, o entendimento que está se consolidando no STF sobre o alcance da exigência de exaustão das vias ordinárias não assegura maior efetividade aos seus precedentes e ainda provoca maior volume de feitos na Corte[115].

---

nário repetitivo, já que, neste último caso, atribuíram-se efeitos vinculantes e gerais às decisões proferidas, pela Corte, *em controle difuso* por meio de *norma infraconstitucional*. A providência não decorreu de emenda à Constituição ou da sua interpretação, como nos demais casos apreciados.

114. STF, *DJe*, 11 abr. 2017, Ag. Reg. na Rcl 24.686, rel. Min. Teori Zavascki. Segundo o julgado: "não cabe reclamação com fundamento no art. 988, §5º, II, do CPC/2015 quando não há esgotamento das instâncias ordinárias, (...). Registre-se que, em se tratando de reclamação para o STF, a interpretação do art. 988, §5º, II, do CPC deve ser fundamentalmente teleológica, e não estritamente literal. O esgotamento da instância ordinária, em tais casos, significa o percurso de todo o íter recursal cabível antes do acesso à Suprema Corte. Ou seja, se a decisão reclamada ainda comportar reformar por via de recurso a algum tribunal, inclusive a tribunal superior, não se permitirá acesso à Suprema Corte por via de reclamação. (...). Interpretação puramente literal desse dispositivo acabaria por transferir a esta Corte, pela via indireta da reclamação, a competência de pelo menos três tribunais superiores (Superior Tribunal de Justiça, Tribunal Superior do Trabalho, Tribunal Superior Eleitoral), para onde podem ser dirigidos recursos contra decisões de tribunais de segundo grau de jurisdição".

115. Um segundo aspecto sobre a reclamação que merece menção, e que sugere que o instituto vem sofrendo uma mutação, diz respeito ao alcance de seu objeto. Como já

De resto, o Código de Processo Civil de 2015 manteve a sistemática de ambos os institutos — repercussão geral e julgamento de casos repetitivos — com alguns ajustes. Autorizou o Supremo Tribunal Federal a desconsiderar vícios formais de recursos extraordinários tempestivos que não fossem reputados graves. Estabeleceu que a desistência do recurso extraordinário com repercussão geral pelo particular não prejudica o julgamento da questão de direito constitucional que ele suscita[116]. Previu que, se o Superior Tribunal de Justiça entender que o recurso especial tem por objeto questão constitucional, poderá abrir prazo para que o recorrente se manifeste sobre a matéria e defenda a existência de repercussão geral e, em seguida, remeter o processo ao STF[117]. Providência análoga poderá ser adotada pelo STF, caso conclua que a violação à Constituição, arguida em recurso extraordinário, é reflexa[118].

---

observado, a reclamação é, por definição constitucional, uma ação voltada a preservar a observância da competência do STF ou a garantir a autoridade das suas decisões (CF/1988, art. 102, I, *l*). Há, contudo, precedente da Corte admitindo seu uso como instrumento de distinção entre casos e até de superação de precedentes, inclusive daqueles com efeitos vinculantes. Uma vez acolhido o pedido em tais termos, a decisão proferida na reclamação, que, em princípio, não produz efeitos vinculantes, terá o condão de alterar julgado dotado de efeitos vinculantes. Nesse sentido: STF, *DJe*, 4 set. 2013, Rcl 4.374, rel. Min. Gilmar Mendes. Há, ainda, decisão admitindo o uso da reclamação para submeter novamente à apreciação do STF matéria que teve a sua repercussão geral recusada anteriormente. V. STF, *DJe*, 3 ago. 2015, Rcl 20.628, rel. Min. Luís Roberto Barroso (decisão monocrática). Também já se defendeu, no Tribunal, a atribuição de efeitos gerais à decisão proferida em reclamação, tendo em vista voltar-se contra decisão do TST "com efeito concreto de uniformização de jurisprudência". STF, *DJe*, 27 fev. 2018, Rcl 22.012, voto do Min. Toffoli. Admite-se, ainda, reclamação contra decisão proferida em sede de mandado de injunção, por quem não foi parte na ação. V. STF, *DJe*, 31 ago. 2015, Ag. Reg. na Rcl. 6.200, rel. Min. Gilmar Mendes; *DJe*, 25 set. 2009, rel. Min. Eros Grau. Essas decisões indicam que a reclamação vem sofrendo mutações que impõem novas reflexões a respeito do seu objeto e dos seus efeitos.

116. CPC/2015, art. 998: "O recorrente poderá, a qualquer tempo, sem a anuência do recorrido ou dos litisconsortes, desistir do recurso. Parágrafo único. A desistência do recurso não impede a análise de questão cuja repercussão geral já tenha sido reconhecida e daquela objeto de julgamento de recursos extraordinários ou especiais repetitivos".

117. CPC 2015, art. 1.032: "Se o relator, no Superior Tribunal de Justiça, entender que o recurso especial versa sobre questão constitucional, deverá conceder prazo de 15 (quinze) dias para que o recorrente demonstre a existência de repercussão geral e se manifeste sobre a questão constitucional. Parágrafo único. Cumprida a diligência de que trata o *caput*, o relator remeterá o recurso ao Supremo Tribunal Federal, que, em juízo de admissibilidade, poderá devolvê-lo ao Superior Tribunal de Justiça".

118. CPC, art. 1.033: "Se o Supremo Tribunal Federal considerar como reflexa a ofensa à Constituição afirmada no recurso extraordinário, por pressupor a revisão da inter-

No que respeita ao julgamento de recursos repetitivos, o procedimento passa a contemplar cinco etapas[119]: i) a seleção dos paradigmas[120]; ii) a afetação da questão repetitiva[121]; iii) a instrução da controvérsia[122]; iv) a decisão da questão repetitiva[123]; e v) a irradiação dos efeitos da decisão para os demais casos idênticos[124].

---

pretação de lei federal ou de tratado, remetê-lo-á ao Superior Tribunal de Justiça para julgamento como recurso especial".

119. V. Marinoni, Arenhart e Mitidiero. *Novo Código de Processo Civil comentado*, 2015, p. 980-985.

120. CPC/2015, art. 1.036, §1º: "O presidente ou o vice-presidente de tribunal de justiça ou de tribunal regional federal selecionará 2 (dois) ou mais recursos representativos da controvérsia, que serão encaminhados ao Supremo Tribunal Federal ou ao Superior Tribunal de Justiça para fins de afetação, determinando a suspensão do trâmite de todos os processos pendentes, individuais ou coletivos, que tramitem no Estado ou na região, conforme o caso".

121. CPC/2015, art. 1.037: "Selecionados os recursos, o relator, no tribunal superior, constatando a presença do pressuposto do *caput* do art. 1.036, proferirá decisão de afetação, na qual: I — identificará com precisão a questão a ser submetida a julgamento; II — determinará a suspensão do processamento de todos os processos pendentes, individuais ou coletivos, que versem sobre a questão e tramitem no território nacional; III — poderá requisitar aos presidentes ou aos vice-presidentes dos tribunais de justiça ou dos tribunais regionais federais a remessa de um recurso representativo da controvérsia".

122. CPC/2015, art. 1.038: "O relator poderá: I — solicitar ou admitir manifestação de pessoas, órgãos ou entidades com interesse na controvérsia, considerando a relevância da matéria e consoante dispuser o regimento interno; II — fixar data para, em audiência pública, ouvir depoimentos de pessoas com experiência e conhecimento na matéria, com a finalidade de instruir o procedimento; III — requisitar informações aos tribunais inferiores a respeito da controvérsia e, cumprida a diligência, intimará o Ministério Público para manifestar-se".

123. CPC/2015, art. 1.038, § 3º: "O conteúdo do acórdão abrangerá a análise de todos os fundamentos da tese jurídica discutida, favoráveis ou contrários".

124. CPC/2015, art. 1.039: "Decididos os recursos afetados, os órgãos colegiados declararão prejudicados os demais recursos versando sobre idêntica controvérsia ou os decidirão aplicando a tese firmada. (...). Art. 1.040. Publicado o acórdão paradigma: I — o presidente ou o vice-presidente do tribunal de origem negará seguimento aos recursos especiais ou extraordinários sobrestados na origem, se o acórdão recorrido coincidir com a orientação do tribunal superior; II — o órgão que proferiu o acórdão recorrido, na origem, reexaminará o processo de competência originária, a remessa necessária ou o recurso anteriormente julgado, se o acórdão recorrido contrariar a orientação do tribunal superior; III — os processos suspensos em primeiro e segundo graus de jurisdição retomarão o curso para julgamento e aplicação da tese firmada pelo tribunal superior; IV — se os recursos versarem sobre questão relativa à prestação de serviço público objeto de concessão, permissão ou autorização, o resultado do julgamento será comunicado ao órgão, ao ente ou à agência reguladora competente para fiscalização da efetiva aplicação, por parte dos entes sujeitos a regulação, da tese adotada".

Além disso, o novo diploma previu a possibilidade de que qualquer interessado requeira a exclusão do recurso extraordinário do sobrestamento, caso tenha sido interposto intempestivamente[125], ou caso a questão a ser decidida seja distinta daquela que é objeto do paradigma; determinou a remessa do recurso extraordinário ao STF, caso o acórdão mantenha tese divergente daquela afirmada no julgamento do paradigma [126]; dispôs sobre o cabimento de recurso de agravo em recurso extraordinário para impugnar decisão de presidente ou vice-presidente de tribunal que: i) aprecia a alegação de intempestividade de recurso sobrestado; ii) inadmite recurso extraordinário, sob o fundamento de que o acórdão recorrido coincide com a orientação de tribunal superior; iii) inadmite recurso extraordinário, sob o fundamento de que o STF reconheceu a inexistência de repercussão geral da questão constitucional discutida[127].

Embora tenha representado uma inovação positiva, a atual sistemática da repercussão geral é insuficiente e insatisfatória para proporcionar jurisdição constitucional de qualidade. Em abril de 2022, havia 197 repercussões gerais reconhecidas e aguardando julgamento[128], que se somam aos demais recursos

---

125. CPC/2015, art. 1.035, "§ 6º: O interessado pode requerer, ao presidente ou ao vice-presidente do tribunal de origem, que exclua da decisão de sobrestamento e inadmita o recurso extraordinário que tenha sido interposto intempestivamente, tendo o recorrente o prazo de 5 (cinco) dias para manifestar-se sobre esse requerimento. § 7º Da decisão que indeferir o requerimento referido no § 6º caberá agravo, nos termos do art. 1.042".

126. CPC/2015, art. 1.041: "Mantido o acórdão divergente pelo tribunal de origem, o recurso especial ou extraordinário será remetido ao respectivo tribunal superior, na forma do art. 1.036, § 1º".

127. CPC/2015, art. 1.042: "Cabe agravo contra decisão de presidente ou de vice-presidente do tribunal que: I — indeferir pedido formulado com base no art. 1.035, § 6º, ou no art. 1.036, § 2º, de inadmissão de recurso especial ou extraordinário intempestivo; II — inadmitir, com base no art. 1.040, inciso I, recurso especial ou extraordinário sob o fundamento de que o acórdão recorrido coincide com a orientação do tribunal superior; III — inadmitir recurso extraordinário, com base no art. 1.035, § 8º, ou no art. 1.039, parágrafo único, sob o fundamento de que o Supremo Tribunal Federal reconheceu a inexistência de repercussão geral da questão constitucional discutida".

128. Disponível em: <https://transparencia.stf.jus.br/extensions/repercussao_geral/repercussao_geral.html>. É importante considerar que a ampliação das competências do plenário virtual, ocorrida sobretudo em razão da pandemia de COVID-19, tende a aumentar substancialmente a média anual de julgamentos de repercussão geral (v. Emenda Regimental n. 53/2020). Isso porque, no plenário virtual, os pedidos de inclusão em pauta são atendidos muito rapidamente, e o julgamento não depende da presença física dos ministros tal como no plenário físico. No ambiente virtual, o julgamento ocorre de forma assíncrona: o relator disponibiliza seu voto no sistema interno do Tribunal, abrindo-se, então, prazo de 6

e ações apreciados pelo Tribunal, gerando volume que acaba implicando demora substancial na apreciação de alguns casos. Evidentemente, a jurisdição constitucional prestada a destempo é uma forma de negação de justiça. A situação é tão absurda que é difícil acreditar que não tenha despertado reação da comunidade jurídica. Dentre os ministros da Corte, pessoalmente tenho tentado mudar a sistemática desde o momento em que ingressei, em linha com o que já escrevera bem antes de ser nomeado.

Destaco a seguir algumas das ideias que apresentei internamente e, posteriormente, levei ao debate público[129]: (i) o STF não deve reconhecer mais repercussões gerais do que seja capaz de julgar por ano; (ii) a seleção deve ser feita ao final de cada semestre, para permitir que, por critério comparativo, se selecionem os temas mais importantes; (iii) após feita a seleção, os processos devem ser redistribuídos de forma equânime pelos Ministros (por exemplo, se forem 30 repercussões gerais reconhecidas, iriam 3 para cada Ministro), para que o trabalho seja igual e não haja a tentação de atribuir repercussões gerais em demasia aos processos originariamente distribuídos a si; (iv) as repercussões gerais escolhidas até o final de dezembro de determinado ano devem começar a ser julgadas um semestre depois, a partir de agosto do ano seguinte, e as reconhecidas até o final de junho de determinado ano devem começar a ser julgadas a partir de fevereiro do ano seguinte, na medida do possível, com a designação de datas com grande antecedência; (v) os processos não selecionados transitam em julgado.

Nesse modelo proposto, haveria três situações diversas: (i) tema com repercussão geral reconhecida, com os efeitos próprios do reconhecimento;

---

dias úteis para votação pelos demais ministros, após o que o julgamento se encerra. Anteriormente à pandemia, os casos decididos em plenário virtual eram limitados a determinadas classes processuais e/ou à reafirmação de jurisprudência. Entretanto, com a superveniência da pandemia de COVID-19 e a necessidade de distanciamento social (de forma de evitar o contágio), tal competência foi estendida a todas as classes de ação ou recurso. A medida enfrentou críticas e resistências por parte da advocacia e da academia, cujos membros alegam que há menos transparência, troca de argumentos e controle social pela via virtual. Tais argumentos vêm sendo enfrentados, pelo STF, por meio de ajustes no sistema de julgamento virtual e nos procedimentos aplicados ao PV. A título ilustrativo, alteraram-se tais procedimentos para possibilitar a apresentação de sustentação oral gravada por advogados, bem como para disponibilizar os votos ao público à medida que são proferidos. Passo a passo, tem-se procurado superar os problemas e manter os benefícios da ferramenta, que efetivamente conferiu maior celeridade ao Tribunal.

129. V. Reflexões sobre as competências e o funcionamento do Supremo Tribunal Federal (http://s.conjur.com.br/dl/palestra-ivnl-reflexoes-stf-25ago2014.pdf).

(ii) tema com repercussão geral negada, com os efeitos próprios da negativa; e (iii) tema não selecionado para ter a repercussão geral apreciada, sem que daí decorra qualquer efeito, podendo a matéria vir a ter repercussão geral em ano subsequente. Quanto à última situação e diante do grande quantitativo de repercussões gerais pendentes, a Emenda Regimental n. 54/2020 alterou o Regimento Interno do STF para prever a possibilidade de o relator negar a existência de repercussão geral, com efeitos apenas para o caso concreto[130]. Previu-se, ainda, que o relator poderá propor a revisão do reconhecimento da repercussão geral sempre que seu mérito ainda não tenha sido julgado[131].

3.4.4. A reserva de plenário

A regra da reserva de plenário aplica-se também ao Supremo Tribunal Federal, seja em controle principal ou incidental[132]. O incidente de constitucionalidade perante a Corte segue o procedimento do Regimento Interno do STF (arts. 176 a 178). A submissão da arguição de inconstitucionalidade ao plenário, a ser feita por qualquer das duas turmas, independe de acórdão, devendo apenas ser previamente ouvido o Procurador-Geral da República. Após decidir a prejudicial de inconstitucionalidade, o plenário julgará diretamente a causa, sem devolvê-la ao órgão fracionário, como ocorre nos demais tribunais. Declarada incidentalmente a inconstitucionalidade, com o *quorum* constitucional de maioria absoluta, far-se-á a comunicação à autoridade ou

---

130. RISTF, com redação dada pela Emenda Regimental n. 54/2020, art. 326: "§ 1º Poderá o relator negar repercussão geral com eficácia apenas para o caso concreto. § 2º Se houver recurso, a decisão do relator de restringir a eficácia da ausência de repercussão geral ao caso concreto deverá ser confirmada por dois terços dos ministros para prevalecer. § 3º Caso a proposta do relator não seja confirmada por dois terços dos ministros, o feito será redistribuído, na forma do art. 324, § 5º, deste Regimento Interno, sem que isso implique reconhecimento automático da repercussão geral da questão constitucional discutida no caso".

131. RISTF, com redação dada pela Emenda Regimental n. 54/2020, art. 323-B: "O relator poderá propor, por meio eletrônico, a revisão do reconhecimento da repercussão geral quando o mérito do tema ainda não tiver sido julgado".

132. Negando, todavia, a possibilidade de superposição dos dois sistemas de controle, decidiu o STF, em *DJU,* 23 mar. 2001, p. 83, ADIn 91-SE, rel. Min. Sydney Sanches: "O Supremo Tribunal Federal, em processo objetivo, como é o da ação direta de inconstitucionalidade, que impugna dispositivo de uma lei, em tese, não pode reconhecer, incidentalmente, a inconstitucionalidade de outra lei, que nem está sendo impugnada. Até porque a declaração incidental só é possível no controle difuso de constitucionalidade, com eficácia 'inter partes', sujeita, ainda, à deliberação do Senado no sentido da suspensão definitiva da vigência do diploma, ou seja, para alcançar eficácia 'erga omnes'".

órgão interessado e, depois do trânsito em julgado, ao Senado Federal, para os fins do art. 52, X[133].

3.4.5. Cabimento simultâneo dos recursos especial e extraordinário

Na sistemática adotada pela Constituição de 1988, se o tribunal *a quo* (i.e., do qual provém a decisão) tiver abrigado em sua fundamentação questões constitucionais e infraconstitucionais, caberá, simultaneamente, recurso extraordinário e recurso especial[134]. Na prática, a não interposição de um dos recursos pode inviabilizar a pretensão recursal tanto no STF quanto no STJ, na medida em que ambos os tribunais negam-se a conhecer do recurso que lhes caberia apreciar quando entendem que eventual decisão seria inócua, pela subsistência de fundamento suficiente à manutenção do julgado recorrido[135]. A lógica, em tese, é simples: evitar o dispêndio de tempo com julgamentos que seriam incapazes de produzir qualquer efeito prático no mundo da vida. No entanto, desde que ambos os recursos tenham sido interpostos, o STF não

---

133. É válido observar, contudo, que o Código de Processo Civil de 2015 atribuiu efeitos vinculantes e gerais ao precedente do Supremo Tribunal Federal que soluciona recurso repetitivo (art. 927, III, c/c art. 988, IV, do CPC/2015), o que, na prática, torna ainda mais obsoleto o art. 52, X, CF (v., *infra*).

134. STF, *RT*, *709*:233, 1989, AgRg no AI 145.589-RJ, rel. Min. Sepúlveda Pertence; *RTJ*, *154*:694, 1995, AgRg no AI 155.126-SP, rel. Min. Paulo Brossard. O sistema constitucional vigente prevê o cabimento simultâneo de recurso extraordinário e recurso especial contra o mesmo acórdão dos tribunais de segundo grau; *DJU*, 5 maio 2000, p. 34, AgRg no RE 246.370-1-SC, rel. Min. Celso de Mello: "Assentando-se, o acórdão do tribunal inferior, em duplo fundamento, impõe-se à parte interessada o dever de interpor tanto o recurso especial para o Superior Tribunal de Justiça (para exame da controvérsia de caráter meramente legal) quanto o recurso extraordinário para o Supremo Tribunal Federal (para apreciação do litígio de índole essencialmente constitucional)".

135. Esse entendimento restritivo consta da Súmula 283 do STF, que também é rotineiramente invocada pelo STJ na fundamentação de suas decisões: "É inadmissível o recurso extraordinário, quando a decisão recorrida assenta em mais de um fundamento suficiente e o recurso não abrange todos eles". Na jurisprudência do STF, v. STF, *DJU*, 5 maio 2000, p. 33, AgRg no RE 245.214-SP, rel. Min. Marco Aurélio: "Assentando-se, o acórdão do Tribunal inferior, em duplo fundamento, impõe-se à parte interessada o dever de interpor tanto o recurso especial para o Superior Tribunal de Justiça (para exame da controvérsia de caráter meramente legal) quanto o recurso extraordinário para o Supremo Tribunal Federal (para apreciação do litígio de índole essencialmente constitucional), sob pena de, em não se deduzindo qualquer desses recursos, o recorrente sofrer as consequências indicadas na Súmula 283/STF, motivadas pela existência de fundamento inatacado, apto a dar, à decisão recorrida, condições suficientes para subsistir autonomamente".

costuma deixar de julgar o extraordinário em razão do não provimento do especial[136].

O procedimento a ser seguido nesses casos encontra-se no art. 1.031 do CPC/2015: os autos são remetidos inicialmente ao STJ. O julgamento do recurso extraordinário ocorrerá na sequência, a menos que a pretensão do recorrente tenha restado prejudicada pela primeira decisão[137]. Todavia, se a questão constitucional for prejudicial ao julgamento do recurso especial, o relator deste poderá inverter a ordem de julgamentos, remetendo os autos para apreciação do recurso extraordinário em primeiro lugar. A inversão poderá ser recusada pelo relator do processo no STF, em decisão irrecorrível, caso entenda inexistente a mencionada relação de prejudicialidade.

O novo Código de Processo Civil previu, ainda, que, se o STJ entender que o recurso especial versa sobre questão constitucional, abrirá prazo para que o recorrente demonstre a existência de repercussão geral e se manifeste sobre a questão constitucional. Do mesmo modo, se o STF entender que o recurso extraordinário versa sobre inconstitucionalidade reflexa, remeterá os autos ao STJ, para apreciação como recurso especial (arts. 1.032 e 1.033 do CPC/2015).

II — EFEITOS DA DECISÃO

1. **Eficácia subjetiva e objetiva. Inexistência de coisa julgada em relação à questão constitucional**

O controle incidental de constitucionalidade das leis é exercido, como assinalado anteriormente, no desempenho regular da função jurisdicional. Instaurado o processo, por iniciativa do autor e após a citação do réu, cabe

---

136. STF, *DJU*, 5 maio 2000, p. 33, AgRg no RE 245.214-SP, rel. Min. Marco Aurélio: "A circunstância de o Superior Tribunal de Justiça haver examinado o mérito da causa, negando provimento ao recurso especial — e, assim, resolvendo a controvérsia de mera legalidade instaurada nessa via excepcional — não prejudica o conhecimento do recurso extraordinário, que, visando à solução de litígio de índole essencialmente constitucional, foi interposto, simultaneamente, pela mesma parte recorrente, contra o acórdão por ela também impugnado em sede recursal especial".

137. STF, *DJU*, 18 mar. 2005, p. 62, AgRg no RE 408.989-RS, rel. Min. Marco Aurélio: "Ocorre o prejuízo do extraordinário quando o recorrente haja logrado êxito no julgamento do especial. O Direito é orgânico e dinâmico, sendo certo que, à luz do disposto no art. 512 do Código de Processo Civil, o julgamento proferido pelo Tribunal substituiria a sentença ou a decisão recorrida objeto do recurso".

ao juiz ouvir os argumentos das partes e, observado o devido processo legal, produzir uma sentença que ponha termo ao litígio. Um processo de conhecimento típico resultará na prolação de uma sentença de mérito, por via da qual o órgão judicial acolherá ou rejeitará, no todo ou em parte, o pedido formulado.

Desse conjunto de noções básicas de direito processual extraem-se algumas consequências relevantes. Transitada em julgado a decisão, isto é, não sendo mais impugnável por via de recurso, reveste-se ela da autoridade da coisa julgada. Sua eficácia subjetiva, no entanto, é limitada às partes do processo, sem afetar terceiros. Por outro lado, o objeto da causa é demarcado pelo pedido formulado, não podendo o pronunciamento judicial estender-se além dele (CPC/2015, art. 490). Portanto, a eficácia objetiva da coisa julgada é limitada ao que foi pedido e decidido (CPC/2015, art. 503).

Veja-se, então. A decisão que declare que um tributo não é devido porque a lei que o instituiu viola o princípio da anterioridade, ou a que considere a majoração legal do valor do aluguel, no curso do contrato, prejudicial ao ato jurídico perfeito, produz efeitos apenas entre as partes do processo: contribuinte e Fazenda Pública, no primeiro caso; locador e locatário, no segundo. Em ambas as hipóteses, o juiz reconheceu incidentalmente a inconstitucionalidade da lei aplicável, e os efeitos desse reconhecimento repercutem apenas *inter partes*. Porém, há mais a observar: a declaração de inconstitucionalidade não era o objeto de nenhum dos dois pedidos, mas apenas a razão de decidir. Na verdade, como já visto, era uma questão prejudicial, que precisava ser resolvida como premissa lógica necessária para a solução do litígio. Ora bem: por dicção legal expressa, os fundamentos da decisão não integram os limites objetivos da coisa julgada. A questão prejudicial, todavia, diferentemente do que previa o CPC/1973, integrará a coisa julgada se observadas as condições previstas no art. 503, § 1º, do CPC/2015. Entre elas figura a exigência de que o juiz seja competente, em razão da matéria e da pessoa, para decidir o assunto como questão principal. No controle difuso, contudo, somente o Supremo Tribunal Federal detém competência para decidir sobre a constitucionalidade de ato à luz da Constituição Federal como questão principal. Portanto, não há falar em *auctoritas rei iudicata* em relação à questão constitucional apreciada pelas demais instâncias[138].

---

138. CPC/2015, art. 503: "Art. 503. A decisão que julgar total ou parcialmente o mérito tem força de lei nos limites da questão principal expressamente decidida. § 1º O disposto no *caput* aplica-se à resolução de questão prejudicial, decidida expressa e inciden-

Entretanto, quando a declaração de inconstitucionalidade é proferida pelo Supremo Tribunal Federal, no âmbito de um recurso extraordinário com repercussão geral reconhecida, a tese firmada pelo Tribunal será de observância obrigatória para todos os demais órgãos do Judiciário. Eventual descumprimento dará ensejo a reclamação, nos termos do art. 988, § 5º, II, do CPC/2015[139]. Portanto, a tese firmada em repercussão geral, pelo STF, produzirá efeitos gerais — para além do processo em que foi proferida — ainda que firmada no âmbito do controle difuso. Tais efeitos são, todavia, mais restritos do que aqueles produzidos pelas súmulas vinculantes ou pelas decisões proferidas nas ações diretas, que vinculam não apenas o Judiciário, mas também a Administração Pública.

2. Eficácia temporal

Quando do estudo do fenômeno da inconstitucionalidade (v., *supra*), ficou assentado que a corrente amplamente dominante no Direito brasileiro é a que situa a inconstitucionalidade no campo da nulidade. Lei inconstitucional é lei nula. Consequência natural e necessária dessa premissa é a de que a decisão que reconhece a inconstitucionalidade é de natureza declaratória, limitando-se a reconhecer um vício preexistente. Diante disso, a pronúncia de nulidade da norma deve colhê-la desde o seu nascimento, impedindo-se que produza efeitos válidos.

Aplicando-se a teoria da inconstitucionalidade como nulidade ao controle incidental e difuso, parece fora de dúvida que o juiz, ao decidir a lide, após reconhecer determinada norma como inconstitucional, deve dar a essa conclusão eficácia retroativa, *ex tunc*. De fato, corolário da supremacia da Constituição é que uma norma inconstitucional não deva gerar direitos ou obrigações legitimamente exigíveis. Nos exemplos formulados — o do tributo e o da majoração de aluguel —, as partes ficam desobrigadas de pagá-los não apenas a partir da sentença, mas desde o advento da

---

temente no processo, se: I — dessa resolução depender o julgamento do mérito; II — a seu respeito tiver havido contraditório prévio e efetivo, não se aplicando no caso de revelia; III — o juízo tiver competência em razão da matéria e da pessoa para resolvê-la como questão principal".

139. CPC/2015, art. 988, § 5º: "É inadmissível a reclamação: II — proposta para garantir a observância de acórdão de recurso extraordinário com repercussão geral reconhecida ou de acórdão proferido em julgamento de recursos extraordinário ou especial repetitivos, quando não esgotadas as instâncias ordinárias".

lei que serviu de fundamento à exigência. E terão o direito de exigir a restituição de qualquer parcela que tenham pago indevidamente, em período anterior à decisão.

Um caso curioso envolvendo a questão da eficácia retroativa da decisão incidental de inconstitucionalidade chegou ao Tribunal Regional Federal da 2ª Região, no Rio de Janeiro. Uma empresa depositou em juízo parcelas referentes a determinado tributo, ao mesmo tempo que discutia sua exigibilidade. O pedido não foi acolhido, a decisão transitou em julgado e operou-se a decadência do direito de propor ação rescisória. Após tudo isso, em ação movida por outra empresa contribuinte, o Supremo Tribunal Federal, julgando recurso extraordinário, declarou a inconstitucionalidade da norma que autorizava a cobrança, havendo o Senado suspendido a execução da lei. A primeira empresa, que não teve acolhido o seu pedido, verificou que o depósito que havia feito ainda não fora convertido em renda para a União e pediu seu levantamento. A Fazenda Pública impugnou o requerimento, alegando a existência de coisa julgada a seu favor. Parece-me fora de dúvida que a solução correta é o deferimento do pedido, por um critério de ponderação de valores: na hipótese, a coisa julgada, que nem sequer havia produzido a plenitude de seus efeitos, não pode prevalecer sobre a justiça da recuperação do dinheiro pelo contribuinte[140].

---

140. Em parecer acerca do caso, o professor Gustavo Tepedino (*Temas de direito civil*, 1999, p. 449 e s.) defende o mesmo resultado, por outro fundamento: o de que a coisa julgada, por ser garantia individual, pode ser invocada pelo particular, mas não pelo Poder Público. Tal argumento é plausível à luz da Constituição, mas poderia ter de enfrentar a objeção de que o Código de Processo Civil não distingue entre o ente público e o particular relativamente à invocação da autoridade da coisa julgada. Daí a razão de se preferir a tese da ponderação. Destaque-se, porém, a existência de precedente do Supremo Tribunal Federal aparentemente no mesmo sentido da tese defendida pelo autor: "De logo, a situação não parece ser de retroação, mas de aplicação imediata; de outro lado, quando se entendesse ser o caso da chamada 'retroatividade mínima' (Matos Peixoto, 'apud' Moreira Alves, ADIN 493, RTJ 143/724, 744), o certo é que a proibição constitucional da lei retroativa não é absoluta, mas restrita às hipóteses de prejuízo ao direito adquirido, ao ato jurídico perfeito e à coisa julgada (Pontes de Miranda, *Comentários à Constituição de 1946*, 1953, IV/126), do que, evidentemente, não se trata. *Até porque, de regra, não os pode invocar contra o particular o Estado de que dimana a lei nova*" (STF, *DJU*, 9 ago. 2002, RE 244.931-PA, rel. Min. Moreira Alves) (grifo acrescentado). Registre-se, contudo, que o TRF da 2ª Região optou por dar prevalência à regra da coisa julgada: "Requerimento de levantamento de depósitos judiciais efetuados pelas ora Agravantes, correspondentes à contribuição ao PIS, nos moldes dos Decretos-leis 2.445 e 2.449/88, indeferido pelo MM. Juízo de 1º grau quanto aos exercícios de 1989 e seguintes. A Resolução

É possível figurar, hipoteticamente, situações em relação às quais não será viável a eliminação da totalidade dos efeitos produzidos pela norma declarada inconstitucional. Ao menos não plenamente e na mesma espécie. Suponha-se, por exemplo, que uma lei municipal proibisse o funcionamento de bingos em seu território. Um indivíduo ou uma empresa, que firmaram um contrato de locação de ponto comercial, fizeram obras de adaptação e adquiriram equipamentos, veem-se na contingência de cessar a atividade, rescindir ajustes e pagar multas contratuais, amargando grande prejuízo. A eventual declaração de inconstitucionalidade da lei não irá repô-los no *status quo ante*, por não ser possível refazer o que foi desfeito. Mas o administrado terá direito a uma indenização compensatória das perdas e danos que sofreu, substituindo-se a tutela específica por seu equivalente pecuniário[141].

Como já assinalado anteriormente, o Supremo Tribunal Federal tem precedentes, alguns relativamente antigos, nos quais, em controle incidental, deixou de dar efeitos retroativos à decisão de inconstitucionalidade, como consequência da ponderação com outros valores e bens jurídicos que seriam afetados (v. *supra*)[142]. Nos últimos anos, multiplicaram-se estes

---

n. 49, do Senado Federal determinou a suspensão da exigibilidade dos referidos decretos--leis, por terem sido declarados inconstitucionais pelo Eg. Supremo Tribunal Federal. V. acórdão ao considerar inconstitucional a majoração do PIS por decreto-lei, apenas ao exercício de 1988, formou nos autos do mandado de segurança a coisa julgada, não tendo a Resolução n. 49, do Senado Federal, a faculdade de alterar este acórdão já transitado em julgado" (TRF — 2ª Reg., *DJU*, 29 out. 2002, Ag 84.899 [Proc. 2001.02.01.035536-4], rel. Juiz Paulo Espírito Santo).

141. Essa a posição amplamente predominante na doutrina, já esposada, exemplificativamente, por Amaro Cavalcanti (*Responsabilidade civil do Estado*, t. 2, 1956, p. 623):

"(...) declarada uma lei inválida ou inconstitucional por decisão judiciária, um dos efeitos da decisão deve ser logicamente o de obrigar a União, Estado ou Município, a reparar o dano causado ao indivíduo, cujo direito fora lesado — quer restituindo-se-lhe aquilo que indevidamente foi exigido do mesmo, como sucede no caso de impostos, taxas ou multas inconstitucionais — quer satisfazendo-se os prejuízos, provavelmente sofridos pelo indivíduo com a execução da lei suposta". O Supremo Tribunal Federal também já se manifestou nesse sentido: "O Estado responde civilmente pelo dano causado em virtude de ato praticado com fundamento em lei declarada inconstitucional" (STF, *RDA, 20*:42, 1945, RE 8.889-SP, rel. Min. Castro Nunes). Mais recentemente, a tese foi reafirmada em despacho do Min. Celso de Mello no RE 153.464, *RDA, 189*:305, 1992.

142. STF, *RTJ, 100:*1086, 1982, RE 78.533-SP, rel. Min. Decio Miranda; e *DJU*, 8 abr. 1994, RE 78.533, rel. Min. Francisco Rezek.

casos de modulação dos efeitos temporais, por vezes com a invocação analógica do art. 27 da Lei n. 9.868/99[143] e outras vezes sem referência a ele[144]. Aliás, a rigor técnico, a possibilidade de ponderar valores e bens jurídicos constitucionais não depende de previsão legal[145]. Atualmente, a possibilidade de modular os efeitos da decisão que aprecia a inconstitucionalidade ou que altera a jurisprudência do Supremo Tribunal Federal encontra-se expressamente reconhecida pelo CPC/2015, tanto no que respeita ao con-

---

143. V. *Inf. STF, 334:*1, dez. 2003, Rcl 2.391, rel. para acórdão Min. Joaquim Barbosa. Nesse caso, no qual se discutia incidentalmente a constitucionalidade de dispositivos legais que impediam ou limitavam o direito do réu de recorrer em liberdade, assim consignou o Informativo acima referido: "Prosseguindo em seu voto, o Min. Gilmar Mendes — tendo em conta o fato de que, na espécie, estar-se-ia revisando jurisprudência firmada pelo STF, amplamente divulgada e com inegáveis repercussões no plano material e processual —, admitindo a possibilidade da limitação dos efeitos da declaração de inconstitucionalidade prevista no art. 27 da Lei n. 9.868/99, em sede de controle difuso, emprestou à decisão efeitos *ex nunc*".

144. V. STF, *DJU*, 9 dez. 2005, CC 7.204-MG, rel. Min. Carlos Britto: "O Supremo Tribunal Federal, guardião-mor da Constituição Republicana, pode e deve, em prol da segurança jurídica, atribuir eficácia prospectiva às suas decisões, com a delimitação precisa dos respectivos efeitos, toda vez que proceder a revisões de jurisprudência definidora de competência *ex ratione materiae*. O escopo é preservar os jurisdicionados de alterações jurisprudenciais que ocorram sem mudança formal do Magno Texto". Em linha semelhante, v. STF, *DJU*, 1º set. 2006, HC 82.959-SP, rel. Min. Marco Aurélio. Nesse caso, o STF, modificando jurisprudência consolidada há muitos anos, declarou a inconstitucionalidade do dispositivo legal que vedava a concessão do benefício da progressão de regime prisional para os indivíduos condenados pela prática de crime hediondo. O Tribunal ressalvou, contudo, que os indivíduos que já tivessem cumprido integralmente suas penas não poderiam pleitear indenização por erro judiciário. Seguindo a mesma lógica, a Corte firmou entendimento sobre a necessidade de prévio requerimento administrativo como condição para o ajuizamento da ação em que se pleiteia benefício previdenciário, mas flexibilizou a exigência para as demandas propostas até a data do julgamento, em virtude da oscilação da sua jurisprudência sobre a matéria (STF, *DJe*, 10 nov. 2014, RE 631.240-MG, rel. Min. Luís Roberto Barroso). E também atribuiu efeitos prospectivos ao acórdão que reconheceu o dever de fidelidade partidária por parte dos parlamentares eleitos pelo sistema proporcional, fixando como marco temporal para aplicação do novo entendimento a data em que tal dever foi afirmado por decisão do TSE, quando este alterou o entendimento dominante até então (STF, *DJe*, 19 dez. 2008, MS 26.603, rel. Min. Celso de Mello).

145. Para um estudo específico sobre a questão da mudança de jurisprudência e da eventual necessidade de modulação temporal, v. Luís Roberto Barroso, Mudança da jurisprudência do Supremo Tribunal Federal em matéria tributária. Segurança jurídica e modulação dos efeitos temporais das decisões judiciais, *RDE,* 2:261, 2006.

trole concentrado, quanto no que respeita ao controle difuso (art. 525, §§ 12 e 13; art. 535, §§ 5º e 6º; art. 927, § 3º)[146].

3. Decisão pelo Supremo Tribunal Federal e o papel do Senado Federal[147]

Também ao Supremo Tribunal Federal, como estudado, cabe declarar incidentalmente a inconstitucionalidade de uma lei. Poderá fazê-lo em causa de sua competência originária — e.g., um mandado de segurança contra ato do Presidente da República (CF, art. 102, I, *d*) —, ao julgar recurso ordinário — e. g., interposto contra a denegação de um *habeas corpus* pelo Superior Tribunal de Justiça (art. 102, II, *a*) — ou na apreciação de um recurso extraordinário. Por exemplo: o juiz de primeiro grau considerou legítima a cobrança de um tributo, mas o Tribunal Regional Federal, após incidente de inconstitucionalidade regularmente processado, determinou que a Fazenda Pública se abstivesse de cobrá-lo (art. 102, III, *b*).

Em qualquer dessas hipóteses — dentre as quais a mais corriqueira é a do recurso extraordinário —, o Supremo Tribunal Federal, em decisão do Pleno, por maioria absoluta, poderá declarar incidentalmente a inconstitu-

---

146. CPC/2015, art. 525: "§ 12. Para efeito do disposto no inciso III do § 1º deste artigo, considera-se também inexigível a obrigação reconhecida em título executivo judicial fundado em lei ou ato normativo considerado inconstitucional pelo Supremo Tribunal Federal, ou fundado em aplicação ou interpretação da lei ou do ato normativo tido pelo Supremo Tribunal Federal como incompatível com a Constituição Federal, em controle de constitucionalidade concentrado ou difuso. § 13. No caso do § 12, os efeitos da decisão do Supremo Tribunal Federal poderão ser modulados no tempo, em atenção à segurança jurídica". O art. 535, §§ 5º e 6º, traz redação semelhante. V., ainda, CPC/2015, art. 927, § 3º: "Na hipótese de alteração de jurisprudência dominante do Supremo Tribunal Federal e dos tribunais superiores ou daquela oriunda de julgamento de casos repetitivos, pode haver modulação dos efeitos da alteração no interesse social e no da segurança jurídica".

147. Especificamente acerca do papel do Senado, vejam-se: Paulo Napoleão Nogueira da Silva, *O controle da constitucionalidade e o Senado*, 2000; Oswaldo Aranha Bandeira de Mello, *A teoria das constituições rígidas*, 1980; Paulo Brossard, O Senado e as leis inconstitucionais, *RILSF, 50*:55, 1976; Ana Valderez Ayres de Alencar, A competência do Senado Federal para suspender a execução dos atos declarados inconstitucionais, *RILSF, 57*:234, 1978; Brasil, Congresso, Senado Federal, Declaração de inconstitucionalidade de lei ou decreto. Suspensão de execução do ato inconstitucional pelo Senado Federal. Extensão da competência. Efeitos. Parecer n. 154, de 1971, Rel. Senador Accioly Filho, *RILSF, 48*:265-270, 1975. V. também comentários analíticos sobre o tema em Clèmerson Merlin Clève, *A fiscalização abstrata de constitucionalidade no direito brasileiro*, 2000, p. 115-25; e Gilmar Ferreira Mendes, *Direitos fundamentais e controle de constitucionalidade*, 1998, p. 366-78.

cionalidade de uma lei. Nesse caso, a tradição brasileira, iniciada com a Constituição de 1934[148], prevê a comunicação da decisão ao Senado Federal[149], que poderá suspender, no todo ou em parte, a execução da lei declarada inconstitucional. Na Constituição de 1988, a providência consta do inciso X do art. 52[150].

A razão histórica — e técnica — da intervenção do Senado é singelamente identificável. No direito norte-americano, de onde se transplantara o modelo de controle incidental e difuso, as decisões dos tribunais são vinculantes para os demais órgãos judiciais sujeitos à sua competência revisional. Isso é válido inclusive, e especialmente, para os julgados da Suprema Corte. Desse modo, o juízo de inconstitucionalidade por ela formulado, embora relativo a um caso concreto, produz efeitos gerais. Não assim, porém, no caso brasileiro, onde a tradição romano-germânica vigorante não atribuía eficácia vinculante às decisões judiciais, nem mesmo às do Supremo Tribunal. Desse modo, a outorga ao Senado Federal de competência para suspender a execução da lei inconstitucional teve por motivação atribuir eficácia geral, em face de todos, *erga omnes*, à decisão proferida no caso concreto, cujos efeitos se irradiavam, ordinariamente, apenas em relação às partes do processo.

Questões de maior ou menor complexidade, referentes ao papel a ser desempenhado pelo Senado Federal, têm sido enfrentadas pela doutrina e pela jurisprudência. Veja-se a seguir a resenha das principais soluções dadas:

a) a atuação do Senado não tem caráter vinculado, mas discricionário, sujeitando-se ao juízo de conveniência e oportunidade da casa legislativa. Trata-se de ato político, não sujeito a prazo, podendo o Senado suspender

---

148. Assim dispunha a Constituição de 1934: "Art. 91. Compete ao Senado Federal: IV — suspender a execução, no todo ou em parte, de qualquer lei ou ato, deliberação ou regulamento, quando hajam sido declarados inconstitucionais pelo Poder Judiciário". E também o art. 96: "Quando a Corte Suprema declarar inconstitucional qualquer dispositivo de lei ou ato governamental, o Procurador-Geral da República comunicará a decisão ao Senado Federal, para os fins do art. 91, IV, e bem assim à autoridade legislativa ou executiva de que tenha emanado a lei ou o ato".

149. No Regimento Interno do STF em vigor, dispõe o art. 178: "Declarada, incidentalmente, a inconstitucionalidade, na forma prevista nos arts. 176 e 177, far-se-á a comunicação, logo após a decisão, à autoridade ou órgão interessado, bem como, depois do trânsito em julgado, ao Senado Federal, para os efeitos do art. 42, VII, da Constituição". Na Constituição de 1988 o dispositivo é o art. 52, X.

150. Constituição de 1988: "Art. 52. Compete privativamente ao Senado Federal: X — suspender a execução, no todo ou em parte, de lei declarada inconstitucional por decisão definitiva do Supremo Tribunal Federal".

o ato normativo, no todo ou em parte, ou simplesmente não suspendê-lo, negando, assim, a extensão *erga omnes* da decisão do Supremo[151];

b) a competência do Senado somente é exercitável nas hipóteses de declaração incidental de inconstitucionalidade pelo Supremo Tribunal Federal, e não quando a inconstitucionalidade venha a ser pronunciada em sede de ação direta de inconstitucionalidade[152];

c) a despeito da dicção restritiva do art. 52, X, que se refere apenas à *lei* declarada inconstitucional, a interpretação dada ao dispositivo tem sido extensiva, para incluir todos os atos normativos de quaisquer dos três níveis de poder, vale dizer, o Senado também suspende atos estaduais e municipais[153];

d) embora a matéria ainda suscite ampla controvérsia doutrinária, afigura-se fundada em melhor lógica e em melhores argumentos a atribuição de efeitos *ex tunc* à suspensão do ato normativo pelo Senado[154].

---

151. O Senado, como regra, suspende a execução do ato declarado inconstitucional. Há, contudo, precedente de não suspensão: no caso do art. 9º da Lei n. 7.689, de 15 de dezembro de 1988, que instituiu contribuição social sobre o lucro das pessoas jurídicas. Referido dispositivo teve sua inconstitucionalidade declarada incidentalmente no RE 150.764-PE (*DJU*, 2 abr. 1993, rel. Min. Sepúlveda Pertence), por maioria apertada. O Senado Federal foi comunicado da decisão em ofício de 16 de abril de 1993. A matéria foi apreciada pela Comissão de Constituição e Justiça, que se manifestou pela não suspensão da norma, em parecer terminativo de 28 de outubro de 1993 (*DCN2*, 29 out. 1993, p. 10028). Não houve recurso contra essa decisão, que se tornou definitiva em 5 de novembro de 1993, tendo sido comunicada à Presidência da República e ao Presidente do Supremo Tribunal Federal no dia 18 do mesmo mês.

152. Ainda no regime constitucional anterior, o STF, no julgamento do Processo Administrativo n. 4.477/72, estabeleceu o entendimento de que a comunicação ao Senado somente é cabível na hipótese de declaração incidental de inconstitucionalidade, isto é, na apreciação de caso concreto. No controle por via principal concentrado, a simples decisão da Corte, por maioria absoluta, já importa na perda de eficácia da lei ou ato normativo. V. STF, *DJU*, 16 maio 1977, p. 3123.

153. Entretanto, a atuação do Senado Federal somente se dará quando o ato normativo vier a ser declarado *inconstitucional*. Não será este o caso quando a Corte se valer de técnicas de interpretação ou de controle de constitucionalidade que não afetem a vigência da norma, como a interpretação conforme a Constituição ou a declaração de inconstitucionalidade sem redução do texto.

154. Em sentido diverso, Themístocles Cavalcanti, Oswaldo Aranha Bandeira de Mello, José Afonso da Silva, Nagib Slaibi Filho, Anna Cândida da Cunha Ferraz e Regina Macedo Nery Ferrari, conforme levantamento feito por Clèmerson Merlin Clève, *A fiscalização abstrata de constitucionalidade no direito brasileiro*, 2000, p. 122. No sentido do texto, o próprio Clèmerson, no mesmo local, e Gilmar Ferreira Mendes, *Direitos fundamentais e controle de constitucionalidade*, 1998, p. 373. Veja-se, também, o Decreto n. 2.346,

A verdade é que, com a criação da ação genérica de inconstitucionalidade, pela EC n. 16/65, e com o contorno dado à ação direta pela Constituição de 1988, essa competência atribuída ao Senado tornou-se um anacronismo. Uma decisão do Pleno do Supremo Tribunal Federal, seja em controle incidental ou em ação direta, deve ter o mesmo alcance e produzir os mesmos efeitos. Respeitada a razão histórica da previsão constitucional, quando de sua instituição em 1934, já não há lógica razoável em sua manutenção[155]. Também não parece razoável e lógica, com a vênia devida aos ilustres autores que professam entendimento diverso, a negativa de efeitos retroativos à decisão plenária do Supremo Tribunal Federal que reconheça a inconstitucionalidade de uma lei. Seria uma demasia, uma violação ao

---

de 10 de outubro de 1997, que assim dispõe em seu art. 1º, §§ 1º e 2º: "§ 1º Transitada em julgado decisão do Supremo Tribunal Federal que declare a inconstitucionalidade de lei ou ato normativo, em ação direta, a decisão, dotada de eficácia *ex tunc*, produzirá efeitos desde a entrada em vigor da norma declarada inconstitucional, salvo se o ato praticado com base na lei ou ato normativo inconstitucional não mais for suscetível de revisão administrativa ou judicial. § 2º O disposto no parágrafo anterior aplica-se, igualmente, à lei ou ato normativo que tenha sua inconstitucionalidade proferida, *incidentalmente*, pelo Supremo Tribunal Federal, após a suspensão de sua execução pelo Senado Federal".

155. Baseado nesses mesmos fundamentos, o Ministro Gilmar Mendes se manifestou no sentido de entender que o art. 52, X, da Constituição teria sofrido mutação constitucional, devendo ser compreendido de maneira inovadora. Segundo ele, a decisão final do STF proferida em controle difuso teria, por si mesma, eficácia geral e vinculante, cabendo ao Senado editar resolução apenas para o fim de conferir maior publicidade a esse fato. A proposta do Ministro encontra-se desenvolvida em voto proferido como relator na Reclamação n. 4.335-AC, tendo recebido a adesão do Min. Eros Roberto Grau. A despeito da densidade de ambos os votos e da circunstância, já referida, de que a eficácia geral seria realmente mais adequada, a maioria entendeu que tal solução esbarraria na literalidade do art. 52, X. Não obstante isso, a reclamação terminou sendo julgada procedente, em razão da superveniência da Súmula Vinculante 26, que consagrava o entendimento anteriormente fixado em decisão individual. Ao longo dos debates, reconheceu-se, contudo, que as decisões proferidas em sede de controle incidental da constitucionalidade, ainda que não produzam efeitos idênticos àquelas decididas em sede concentrada, produzem efeitos expansivos e *ultra partes* mais brandos, para além dos casos em que foram julgadas. Ver, nessa linha, os votos do Ministro Teori Zavascky e o de minha autoria, proferidos na mencionada reclamação, nos quais se noticia a evolução do direito brasileiro para um sistema de valorização dos precedentes judiciais e se indicam normas que atribuem a tais precedentes eficácia que supera os casos em que foram proferidos. Tais votos ressaltam, ainda, o processo de "objetivação" por que está passando o controle incidental da constitucionalidade, expresso, a título exemplificativo, pela modulação dos efeitos temporais produzida nesta sede, com o propósito de regular a aplicação da tese afirmada pelo STF a casos semelhantes, bem como pela própria sistemática da repercussão geral. V. STF, *DJe*, 22 out. 2014, Rcl. 4.335, rel. Min. Gilmar Mendes.

princípio da economia processual, obrigar um dos legitimados do art. 103 a propor ação direta para produzir uma decisão que já se sabe qual é! Por evidente, o reconhecimento da inconstitucionalidade — seja em controle abstrato, seja pela extensão dos efeitos da decisão em concreto — não afeta, direta e automaticamente, todas as situações preexistentes. Em nome da segurança jurídica, da justiça ou de outros valores constitucionais, haverá hipóteses protegidas pela coisa julgada, pela boa-fé, pela prescrição ou decadência ou outros bens e interesses que imponham ponderação, como já admitido pela jurisprudência do Supremo Tribunal Federal (v., *infra*), mesmo antes das inovações legislativas que permitiram a declaração de inconstitucionalidade sem a pronúncia de nulidade[156]. Assim, em boa hora o novo Código de Processo Civil avançou para atribuir às teses firmadas em recurso extraordinário com repercussão geral efeitos vinculantes e gerais, a serem observados por todos os órgãos do Judiciário, e admitiu, ainda, a propositura de reclamação diretamente no Supremo Tribunal Federal para cassar as decisões dissonantes da orientação firmada (CPC/2015, arts. 1.035, 1.036 c/c 988, § 4º e § 5º, II). Trata-se de previsão que torna ainda mais obsoleta a competência atribuída ao Senado para suspender a execução da norma.

III — O MANDADO DE INJUNÇÃO

1. **Generalidades**

O constituinte de 1988 criou dois instrumentos para lidar com as omissões inconstitucionais: o mandado de injunção e a ação direta de inconstitucionalidade por omissão (v., *infra*). Atendeu, assim, a um reclamo generalizado da sociedade e da doutrina em busca de maior efetividade para as normas constitucionais, enfrentando uma das principais disfunções históricas do constitucionalismo brasileiro. A ação direta de inconstitucionalidade por omissão é mecanismo institucional de fiscalização abstrata, de competência concentrada do Supremo Tribunal Federal e materializada em processo objetivo. Já o mandado de injunção destina-se ao controle incidental da omissão, tendo sido concebido para a tutela de direitos subjetivos constitucionais, frustrados pela inércia ilegítima do Poder Público. O instituto vem delineado no art. 5º da Constituição, com a seguinte redação:

---

156. V. *RDA, 105*:111, 1971, RMS 17.976, rel. Min. Amaral Santos. V. também Gilmar Ferreira Mendes, *Direitos fundamentais e controle de constitucionalidade*, 1998, p. 373.

"LXXI — conceder-se-á mandado de injunção sempre que a falta de norma regulamentadora torne inviável o exercício dos direitos e liberdades constitucionais e das prerrogativas inerentes à nacionalidade, à soberania e à cidadania".

Decorridos muitos anos de vigência da Constituição de 1988, o mandado de injunção ainda não havia sido regulamentado pela legislação infraconstitucional. E, inegavelmente, jamais atendeu de modo significativo às expectativas criadas com sua instituição. A principal causa de tal frustração de propósitos pode ser identificada na posição excessivamente restritiva adotada pelo Supremo Tribunal Federal em relação ao conteúdo e alcance dessa nova ação constitucional. A posterior atenuação da jurisprudência da Corte não foi suficiente para dar-lhe um papel relevante no sistema. Tampouco a tardia regulamentação, por meio da Lei n. 13.300, de 23-6-2016, parece poder alterar esse quadro. A seguir, o relato da trajetória de pouco sucesso do mandado de injunção, *o que foi sem nunca ter sido*[157].

2. Competência

Quatro dos cinco dispositivos constitucionais referentes ao instituto tratam da fixação de regras de competência originária e recursal dos tribunais para apreciá-lo: art. 102, I, *q*, e II, *a* — Supremo Tribunal Federal; art. 105, I, *h* — Superior Tribunal de Justiça; art. 121, § 4º, V — Tribunais Regionais Eleitorais. O objetivo do constituinte foi concentrar a apreciação do mandado de injunção nos tribunais. De fato, partindo da premissa de que ele se destina a sanar, para o caso concreto, a omissão legislativa, a concentração da competência nos tribunais evita a dispersão do poder decisório e permite manter uma uniformidade de critério na integração das lacunas, evitando decisões conflitantes ou não isonômicas.

A Constituição repartiu a competência para o julgamento com base na fonte de onde deveria ter emanado a norma faltante, o que levou alguns à crença de que se trata de um critério *ratione personae*[158]. Esse entendimento

---

157. Sobre o tema, v. Luís Roberto Barroso, Mandado de injunção: o que foi sem nunca ter sido. Uma proposta de reformulação, in Carlos Alberto Menezes Direito (org.), *Estudos em homenagem ao Prof. Caio Tácito*, 1997, p. 429.

158. Essa a posição adotada pelo Min. Moreira Alves em seu voto na questão de ordem que foi suscitada no MI 107, na qual foram assentadas pelo tribunal várias linhas interpretativas, muitas delas até hoje inalteradas. Confira-se trecho do voto: "De outra parte, como deflui dos artigos 102, I, *g*, e 105, I, *h*, na falta de regulamentação a que se refere o artigo 5º, LXXI, a competência para o processamento e julgamento originários do mandado de injunção é fixada

se harmoniza com a posição majoritária do Supremo Tribunal Federal, segundo a qual o polo passivo da relação processual deve ser integrado pelo órgão omisso, e não pela pessoa a quem incumbiria a prestação demandada pelo legitimado ativo, dependente de norma regulamentadora. O entendimento foi acolhido, ainda, pela Lei n. 13.300/2016, cujo art. 3º prevê que figurará como impetrado "o Poder, o órgão ou a autoridade com atribuição para editar a norma regulamentadora". Como adiante se procurará demonstrar, essa opção não parece a melhor, haja vista que o objeto da ação é a efetivação do direito subjetivo e não a declaração em tese da omissão de determinado órgão. Como consequência, o polo passivo da ação deveria ser ocupado pela pessoa a quem incumbe a eventual satisfação da pretensão.

Observados os parâmetros do texto constitucional, podem as Constituições dos Estados instituir mandado de injunção no plano estadual, como aliás fizeram à unanimidade[159]. A competência, nesse caso, tende a recair nos Tribunais de Justiça, em consonância com o modelo federal de concentração do julgamento da ação nos tribunais. Mas não haveria inconstitucionalidade em atribuí-la aos juízes de primeiro grau em determinadas hipóteses, notadamente quando a omissão fosse em relação a norma municipal. Não serão, todavia, hipóteses corriqueiras, pois a natureza dos direitos resguardáveis por mandado de injunção normalmente reclamará lei federal[160].

---

ratione personae, ou seja, em razão da condição dos Poderes, órgãos, entidades ou autoridades a que seja imputada a omissão regulamentadora, o que, segundo a técnica processual, se dá quando essas pessoas estão em causa, participando, portanto, da relação jurídica processual, na defesa de interesse jurídico" (STF, *RTJ, 133*:11, 1990, QO no MI 107, rel. Min. Moreira Alves). Em sentido contrário: "A conclusão não parece correta, *data venia*, por uma simples razão: ao contrário do afirmado e da autoridade inquestionável de quem o afirma, a competência estabelecida no art. 102, I, *q* (e, de igual modo, no art. 105, I, *h*), não é da espécie *ratione personae*, de modo a implicar, *ipso facto*, a participação necessária das pessoas jurídicas ali referidas, na relação processual que se estabeleça. Ao contrário, trata-se de competência *ratione materiae*; ou seja, é a importância e a natureza da matéria em jogo, que por isso mesmo deveria ser regulamentada por órgãos de alta estatura político-administrativa (Presidente da República, Congresso, etc.) que faz com que se defina o STF (e não outro) como sendo o órgão do Judiciário apto a suprir-lhe a falta, concedendo a ordem (mandado) para o exercício do correspondente direito, *no caso concreto*" (Jorge Hage, *Omissão inconstitucional e direito subjetivo*, 1999, p. 137). Grifos no original.

159. Para o levantamento e transcrição dos dispositivos das Constituições de todos os Estados, v. Carlos Augusto Alcântara Machado, *Mandado de injunção*, 1999, p. 83 e s.

160. Lei n. 13.300/2016, art. 3º: "São legitimados para o mandado de injunção, como impetrantes, as pessoas naturais ou jurídicas que se afirmem titulares dos direitos, das liberdades ou das prerrogativas referidos no art. 2º e, como impetrado, o Poder, o órgão ou a

3. Legitimação

A legitimação ativa para impetração da medida não destoa da regra geral: tem-na o titular do direito cujo exercício está obstado por falta de norma regulamentadora[161]. Também as entidades de classe ou associativas e os sindicatos, *substituindo processualmente* seus membros ou filiados, a exemplo do que ocorre no mandado de *segurança* coletivo (CF, art. 5º, LXX)[162], poderão ajuizar a ação de mandado de injunção. Tratar-se-á, no caso, de "*mandado de injunção coletivo*"[163]. Os partidos políticos com representação no Congresso Nacional têm igualmente legitimidade para defender direitos, liberdades e prerrogativas dos seus integrantes, bem como questões relacionadas com a finalidade partidária por meio do mandado de injunção coletivo. Sendo *difusos* ou *coletivos* os interesses a serem protegidos, poderá o Minis-

---

autoridade com atribuição para editar a norma regulamentadora". A norma positivou o que a doutrina e a jurisprudência já professavam. Nesse sentido, v. Carlos Mário da Silva Velloso, Mandado de segurança, mandado de injunção e institutos afins na Constituição, in *Temas de direito público*, 1994, p. 172: "Quanto aos Tribunais dos Estados, a Constituição não cuida de estabelecer competência para o julgamento do mandado de injunção. Concordamos com Galeno Lacerda, que escreve: 'Pelo princípio da simetria, seria de admitir-se a competência do Tribunal de Justiça para suprir lacunas da legislação ou de regulamento estadual, no que concerne aos direitos fundamentais indicados'. O professor e magistrado, entretanto, deixa claro que reconhece 'que a hipótese é remota, porque lacunas relativas a esses direitos dizem com a legislação federal, praticamente exaustiva a respeito'. E quanto aos juízes de 1º grau, 'restar-lhes-iam as injunções relativas às lacunas municipais'".

161. Nesse sentido, v. J. J. Calmon de Passos, *Mandado de segurança coletivo, mandado de injunção, "habeas data"*. *Constituição e processo*, 1989, p. 116. Na jurisprudência: só tem *legitimatio ad causam*, em se tratando de mandado de injunção, quem pertença a categoria a que a Constituição Federal haja outorgado abstratamente um direito, cujo exercício esteja obstado por omissão com mora na regulamentação daquele (STF, *RDA, 191*:161, 1993, MI 235, rel. Min. Moreira Alves).

162. O Superior Tribunal de Justiça, ao julgar mandado de injunção impetrado por sindicato, decidiu que "para requerer mandado de injunção não é preciso que a pessoa jurídica tenha sido constituída há pelo menos um ano, pois o art. 5º, inciso LXX, *b*, da Constituição refere-se ao mandado de segurança coletivo e não ao mandado de injunção" (*DJU*, 11 jun. 1990, p. 5347, MI 19-DF, rel. Min. Antonio de Pádua Ribeiro).

163. O Supremo Tribunal Federal, de maneira expressa, já admitia o *mandado de injunção coletivo*: "Mandado de injunção coletivo: admissibilidade, por aplicação analógica do art. 5º, LXX, da Constituição; legitimidade, no caso, de entidade sindical de pequenas e médias empresas, as quais, notoriamente dependentes do crédito bancário, têm interesse comum na eficácia do art. 192, § 3º, da Constituição, que fixou os limites aos juros reais" (*RDA, 197*:197, 1994, MI 361, rel. Min. Sepúlveda Pertence). A Lei n. 13.300/2016, nesse ponto, apenas ratifica a possibilidade.

tério Público promover o mandado de injunção (Lei Complementar n. 75/93, art. 6º, VIII). Além desses legitimados, também a Defensoria Pública pode propor mandado de injunção para a defesa de direitos humanos e de direitos coletivos (CF, art. 5º, LXXIV). Esses legitimados ativos foram expressamente previstos pela Lei 13.300/2016 (arts. 3º e 12)[164].

A legitimação passiva exige análise um pouco mais minuciosa. O texto constitucional, como natural, instituiu o remédio, mas não detalhou sua aplicação. Caberia ao legislador ordinário fazê-lo. Diante da ausência de normatização, por quase três décadas, coube à doutrina e à jurisprudência enfrentar o tema. Duas construções pareciam razoáveis no tratamento da legitimação passiva. A primeira é a de que ela recairia sobre a autoridade ou órgão público a que se imputa a omissão[165], bem como, em litisconsórcio necessário, sobre a parte privada ou pública que viria a suportar o ônus de eventual concessão da ordem de injunção. Se, por exemplo, o legislativo federal se omitir em regulamentar um benefício constitucional outorgado aos segurados da Previdência Social, partes passivamente legitimadas seriam o Congresso e o INSS, a quem caberia, em última análise, suportar as consequências de eventual desfecho favorável ao impetrante[166].

---

164. Os legitimados ativos para a propositura de mandado de injunção coletivo estão previstos no art. 12 da Lei n. 13.300/2016: "O mandado de injunção coletivo pode ser promovido: I — pelo Ministério Público, quando a tutela requerida for especialmente relevante para a defesa da ordem jurídica, do regime democrático ou dos interesses sociais ou individuais indisponíveis; II — por partido político com representação no Congresso Nacional, para assegurar o exercício de direitos, liberdades e prerrogativas de seus integrantes ou relacionados com a finalidade partidária; III — por organização sindical, entidade de classe ou associação legalmente constituída e em funcionamento há pelo menos 1 (um) ano, para assegurar o exercício de direitos, liberdades e prerrogativas em favor da totalidade ou de parte de seus membros ou associados, na forma de seus estatutos e desde que pertinentes a suas finalidades, dispensada, para tanto, autorização especial; IV — pela Defensoria Pública, quando a tutela requerida for especialmente relevante para a promoção dos direitos humanos e a defesa dos direitos individuais e coletivos dos necessitados, na forma do inciso LXXIV do art. 5º da Constituição Federal. Parágrafo único. Os direitos, as liberdades e as prerrogativas protegidos por mandado de injunção coletivo são os pertencentes, indistintamente, a uma coletividade indeterminada de pessoas ou determinada por grupo, classe ou categoria".

165. O Supremo Tribunal Federal já decidiu que nos casos de a iniciativa de uma lei ser privativa do Presidente da República (CF, art. 61, § 1º), não pode a omissão legislativa ser imputada ao Congresso Nacional, que será, nesse caso, parte passiva ilegítima (*DJU*, 14 mar. 1990, p. 1778, MI 142-1-SP).

166. No entanto, o Supremo Tribunal Federal já decidiu não ter o antigo INPS legitimidade passiva *ad causam* quando é do Congresso Nacional a competência para a aprovação das leis referidas no art. 59 do ADCT (*DJU*, 21 jun. 1990, p. 5818, MI 38-SP).

A segunda posição em relação a esse tema é no sentido de que a legitimação passiva deve recair, *tout court*, sobre a parte à qual cabe prestar a obrigação decorrente da norma a integrar, ficando de fora o órgão que haja quedado inerte[167]. Todavia, mesmo que não figure como parte, parece de todo conveniente que se dê ciência ao responsável pela omissão, que poderá, inclusive, trazer elementos e informações relevantes para a decisão[168]. O Supremo Tribunal Federal, no entanto, afastando-se das duas correntes acima, firmou jurisprudência no sentido de que a legitimação passiva recai somente sobre a autoridade ou órgão omisso, sem incluir a parte privada ou pública devedora da prestação[169]. A mesma posição prevaleceu igualmente na Lei 13.300/2016 (art. 3º)[170].

---

167. Este é o entendimento de Sergio Bermudes, O mandado de injunção, *RT, 642*:20-24, que em linguagem taxativa lavrou: "Nem há razão por que se haverá de trazer a autoridade ao processo, quando a sentença concessiva da injunção limitará seus efeitos ao impetrante, não se estendendo, pela falta de regra que lhe empreste efeito abrangente, a quem não tiver sido parte do processo". Em sede jurisprudencial, foi o que decidiu o TJRJ, no MI 6/90, j. 22 fev. 1991, rel. Des. José Carlos Barbosa Moreira (v. nota *infra*).

168. Aos que pensam desse modo, as referências que os dispositivos da Constituição fazem aos órgãos aos quais se imputa a omissão (e.g., arts. 102, I, *g*, e 105, I, *h*) não os identifica como sujeitos passivos da medida, cuidando tão somente de estabelecer a competência para seu processamento. Assim, por exemplo, se a norma regulamentadora faltante for lei federal — e, portanto, sendo a omissão do Congresso Nacional —, a competência para julgar o mandado de injunção será do Supremo Tribunal Federal.

169. *DJU*, 14 fev. 1992, p. 1164, MI 323-8-DF, rel. Min. Moreira Alves: "Em face da natureza mandamental do mandado de injunção (...), ele se dirige às autoridades ou órgãos públicos que se pretendem omissos quanto à regulamentação que viabilize o exercício dos direitos e liberdades constitucionais (...), não se configurando, assim, hipótese de cabimento de litisconsórcio passivo entre essas autoridades e órgãos públicos que deverão, se for o caso, elaborar a regulamentação necessária, e particulares, que em favor do impetrante do mandado de injunção, vierem a ser obrigados ao cumprimento da norma regulamentadora, quando vier esta, em decorrência de sua elaboração, a entrar em vigor". Nessa mesma linha já havia o STF decidido, no MI 300-9-DF (*DJU*, 18 abr. 1991, p. 4512), que o mandado de injunção destinado a ver implementado o art. 192, § 3º, da Constituição, referente aos 12% de juros reais, deveria ser impetrado em face do Congresso Nacional e não em face da instituição financeira que praticava os juros abusivos. Em sede doutrinária, aparentemente de acordo, v. Clèmerson Merlin Clève, *A fiscalização abstrata de constitucionalidade no direito brasileiro*, 2000, p. 374.

170. Lei n. 13.300/2016, art. 3º (v. parte final): "São legitimados para o mandado de injunção, como impetrantes, as pessoas naturais ou jurídicas que se afirmam titulares dos direitos, das liberdades ou das prerrogativas referidos no art. 2º e, como impetrado, o Poder, o órgão ou autoridade com atribuição para editar a norma regulamentadora".

Esse entendimento, naturalmente, não é compatível com aquele que aqui se está afirmando, no sentido de que o objeto do mandado de injunção é o suprimento da norma faltante na solução do caso concreto, vinculando tão somente as partes do processo. Por tal ponto de vista, é a parte privada (ou não) devedora da obrigação prevista na norma constitucional que deverá figurar no polo passivo, e, quanto a ela, a decisão não terá caráter mandamental. No fundo, a divergência em relação à posição majoritária da Suprema Corte reside, precisamente, na atribuição que ela faz de natureza mandamental ao instituto[171].

A tese que o Supremo Tribunal Federal adota relativamente ao polo passivo repercute sobre seu entendimento acerca da fixação ou não de prazo para que seja sanada a mora. De fato, em mandado de injunção no qual reiterou não ser autoaplicável o § 3º do art. 192 da Constituição[172], pronunciou-se no sentido da existência de mora legislativa em razão da não edição da lei complementar necessária à sua eficácia. Todavia, recusou-se a Corte, na hipótese, a estabelecer um prazo para ser sanada a mora, sob o argumento de que tal só é cabível quando o próprio órgão omisso é o devedor da prestação obstaculizada pela omissão[173].

Em sentido semelhante, a Lei 13.300/2016 prevê que, constatada a mora legislativa, a injunção deve ser deferida para determinar prazo razoável para a edição da norma (art. 8º, I). Apenas se a norma não for editada é que o STF poderá estabelecer as condições em que se dará o exercício do direito (art. 8º, II).

De todo modo, e tendo em vista a possibilidade de suprir a norma faltante nas condições descritas acima, é de todo recomendável que se inclua no processo a parte devedora da obrigação, na condição de litisconsorte

---

171. Em linha de divergência com a posição majoritária da Corte, e aproximando-se do ponto de vista que se acredita ser o melhor, o Ministro Marco Aurélio, em mandado de injunção no qual se discutia a cobrança de juros extorsivos, em contraste com a previsão do art. 192, § 3º, à época em vigor, determinou a inclusão no polo passivo tanto do Congresso Nacional quanto dos bancos. *DJU,* 30 abr. 1991, p. 5335, MI 305-0-DF, rel. Min. Marco Aurélio.
172. *RTJ, 147*:719, 1994, ADIn 4, rel. Min. Sydney Sanches.
173. Assim, insistindo na natureza mandamental da ação, assentou: "Descabimento de fixação de prazo para o suprimento da omissão constitucional, quando — por não ser o Estado o sujeito passivo do direito constitucional de exercício obstado pela ausência da norma reguladora (v. g., MI n. 283, Pertence, *RTJ 135*:882) — não seja possível cominar consequências à sua continuidade após o termo final da dilação assinada" (*RDA, 197*:197, 1994, MI 361-1-RJ, rel. Min. Sepúlveda Pertence).

passivo. A Constituição determina que ninguém será privado de seus bens sem o devido processo legal (art. 5º, LIV, CF), de forma que é preciso facultar àquele que sofrerá a execução do julgado, ao menos, o exercício do contraditório e da ampla defesa (art. 5º, LV, CF)[174].

4. Objeto

A determinação do objeto do mandado de injunção tem sido uma das questões mais tormentosas na matéria. Há dissensão entre alguns autores, mas, sobretudo, uma grande oposição entre o que pensa a maior parte da doutrina e a jurisprudência que se formou no âmbito do Supremo Tribunal Federal e que inspirou o teor da Lei n. 13.300/2016. A discordância reside, sobretudo, em estabelecer se o mandado de injunção se destina a possibilitar o suprimento judicial da norma faltante ou a estimular a produção da norma pelo órgão competente.

Já houve quem sustentasse que o mandado de injunção cumula as duas finalidades alvitradas acima[175]. Assim, na apreciação do *writ*, poderia o órgão julgador: (*i*) determinar à autoridade ou órgão competente a expedição da norma regulamentadora do dispositivo constitucional; ou (*ii*) julgar o caso concreto, decidindo sobre o direito postulado e suprindo a lacuna legal. Sem embargo da respeitabilidade de uma e outra opiniões, somente a segunda proposição parece acertada. É que não se ajusta aos lindes do instituto a ideia de *determinar* a quem quer que seja que expeça um ato normativo. Tal objeto — e, assim mesmo, com o caráter de mera *ciência* — aproxima-se mais da tutela a ser prestada na ação direta de inconstitucionalidade por omissão (CF, art. 103, § 2º)[176].

---

174. Cf. João Francisco N. da Fonseca, *O processo do mandado de injunção*, 2016, p. 110-112; Fábio Lima Quintas, *Mandado de injunção no Supremo Tribunal Federal*, 2016, p. 318.

175. Hely Lopes Meirelles, *Mandado de segurança, ação popular, ação civil pública, mandado de injunção, "habeas data"*, 1989, p. 141; José da Silva Pacheco, *O mandado de segurança e outras ações constitucionais típicas*, 1990, p. 251.

176. Em linguagem precisa, o Ministro Carlos Mário da Silva Velloso, em artigo doutrinário, estremou os dois institutos (As novas garantias constitucionais, *RT, 644*:7, 1989, p. 14): "A diferença entre mandado de injunção e ação de inconstitucionalidade por omissão está justamente nisto: na ação de inconstitucionalidade por omissão, que se inscreve no contencioso jurisdicional abstrato, de competência exclusiva do STF, a matéria é versada apenas em abstrato e, declarada a inconstitucionalidade por omissão, será dada ciência ao Poder competente para adoção das providências necessárias e, em se tratando de órgão ad-

À vista da clara distinção entre os dois remédios, afigura-se fora de dúvida que a melhor inteligência do dispositivo constitucional (art. 5º, LXXI) e de seu real alcance está em ver no mandado de injunção um instrumento de tutela efetiva de direitos que, por não terem sido suficiente ou adequadamente regulamentados, careçam de um tratamento excepcional, qual seja: que o Judiciário supra a falta de regulamentação, criando a norma para o caso concreto, com efeitos limitados às partes do processo[177]. O objeto da decisão não é uma ordem ou uma recomendação para edição de uma norma. Ao contrário, o órgão jurisdicional substitui o órgão legislativo ou administrativo competente para criar a regra, estabelecendo ele próprio, para os fins estritos e específicos do litígio que lhe cabe julgar, a norma necessária. A função do mandado de injunção é fazer com que a disposição constitucional seja aplicada em favor do impetrante, "independentemente de regulamentação, e exatamente porque não foi regulamentada"[178].

A despeito das inúmeras vozes em tal sentido, o fato é que a Lei n. 13.300/2016 optou por determinar que o objeto da injunção deve ser o estabelecimento de prazo razoável para que a autoridade omissa edite a norma faltante (art. 8º, I). Apenas depois de exaurido o prazo, poderá o Supremo Tribunal Federal fazê-lo (art. 8º, II)[179]. É surpreendente que, pas-

---

ministrativo, para fazê-lo no prazo de 30 dias (CF, art. 103, § 2º). No mandado de injunção, reconhecendo o juiz ou tribunal que o direito que a Constituição concede é ineficaz ou inviável em razão da ausência de norma infraconstitucional, fará ele, juiz ou tribunal, por força do próprio mandado de injunção, a integração do direito à ordem jurídica, assim tornando-o eficaz e exercitável".

177. Nesse sentido, confiram-se: José Afonso da Silva, *Curso de direito constitucional positivo*, 2001, p. 452; Carlos Mário da Silva Velloso, As novas garantias constitucionais, *RT,* 644:7, 1989, p. 14; Celso Agrícola Barbi, Ainda o mandado de injunção, *Jornal do Brasil,* 2 dez. 1988; Nagib Slaibi Filho, *Anotações à Constituição de 1988*, 1989, p. 366; José Carlos Barbosa Moreira, em palestra realizada na Associação dos Magistrados da Guanabara, em 26 de junho de 1989, e publicada sob o título Mandado de injunção, na *RP,* 56:110, 1989.

178. José Afonso da Silva, *Curso de direito constitucional positivo*, 1997, p. 388.

179. Lei n. 13.300/2016, art. 8º: "Reconhecido o estado de mora legislativa, será deferida a injunção para: I — determinar prazo razoável para que o impetrado promova a edição da norma regulamentadora; II — estabelecer as condições em que se dará o exercício dos direitos, das liberdades ou das prerrogativas reclamados ou, se for o caso, as condições em que poderá o interessado promover ação própria visando a exercê-los, caso não seja suprida a mora legislativa no prazo determinado. Parágrafo único. Será dispensada a determinação a que se refere o inciso I do *caput* quando comprovado que o impetrado deixou de atender, em mandado de injunção anterior, ao prazo estabelecido para a edição da norma".

sados tantos anos, ainda se cogite de assinar prazo ao Legislativo, em lugar de simplesmente autorizar os tribunais a viabilizar a efetivação de direitos cujo exercício foi frustrado pela prolongada inação do legislador.

Os pressupostos de cabimento e o objeto do mandado de injunção fixam-lhe uma esfera delimitada de atuação, fato que infirma as apreensões dos que temiam uma amplitude incontrolável para a nova ação. A jurisprudência tem cuidado de demarcar alguns contornos. Por exemplo: não será cabível o pedido quando a norma constitucional for autoaplicável[180]. Mesmo a recusa da autoridade em aplicar uma norma autoaplicável não lhe retira tal qualidade[181]. Nessa hipótese, por inexistir lacuna legislativa, o caso não é de injunção, mas de mandado de segurança[182]. A Suprema Corte já deixou claro, também, não ser o mandado de injunção a via própria para fazer cumprir lei já existente[183]. A propósito, se norma houver, o fato de ser ela insatisfatória não ensejará o ajuizamento do requerimento de injunção[184], a menos que se esteja diante de um vício de omissão inconstitucional parcial, que ocorre quando há a exclusão de determinado grupo que deveria necessariamente figurar entre seus destinatários. Nesse caso, os excluídos deverão poder utilizar-se do mandado de injunção, porque para eles a situação equivale à ausência de norma[185].

---

180. *RT, 646*:173, 1989, MI 74-3-SP, assim ementado: "MI para assegurar anistia da correção monetária de dívida de microempresa. Art. 47 do ADCT. O dispositivo transitório prevê meticulosamente as condições para concessão do benefício, não havendo como cogitar de norma regulamentadora de sua aplicação aos casos concretos". No mesmo sentido, versando o art. 202, § 1º — aposentadoria proporcional —, a decisão no STF, *DJU,* 8 out. 1991, MI 363-7-RJ.

181. STF, *DJU,* 3 abr. 1990, p. 2507, MI 226-6-PI, rel. Min. Celso de Mello.

182. STF, *DJU,* 4 set. 1990, p. 14029, MI 15-DF, rel. Min. Moreira Alves.

183. STF, *DJU,* 3 maio 1990, p. 3649, MI 31-SP, rel. Min. Celso de Mello.

184. José Carlos Barbosa Moreira, Mandado de injunção, *RP, 56*:110, 1989, p. 113. Em sentido contrário, v. Clèmerson Merlin Clève, *A fiscalização abstrata de constitucionalidade no direito brasileiro,* 2000, p. 386: "Inexistente (ou insuficiente) norma regulamentadora e, por isso, inviabilizado o exercício de um direito constitucional, pouco importa se já iniciado ou não o processo de elaboração da normativa faltante, é cabível a impetração".

185. No sentido do texto, v. Flávia Piovesan, *Proteção judicial contra omissões legislativas,* 2003, p. 137: "Defende-se o cabimento do mandado de injunção na hipótese de omissão legislativa parcial que afronte o princípio da isonomia, o que ocorre ante a exclusão legal de benefício. Neste sentido, a omissão legislativa parcial seria equiparável à falta de norma regulamentadora, o que ensejaria o cabimento do mandado de injunção para estender a disciplina legal aos grupos impetrantes excluídos, de modo a tornar viável o exercício do direito constitucional".

Quando ocorrer a edição de norma superveniente ao pedido[186] (ainda que se trate de medida provisória[187]), viabilizando o exercício do direito reclamado, ter-se-á uma situação de prejudicialidade que afetará o próprio curso da ação injuncional[188]. Desde o início da vigência da Constituição de 1988, tem decidido o Supremo Tribunal Federal que, se o Executivo encaminhou mensagem com projeto de lei ao Congresso — nos casos de iniciativa do Presidente —, ou se projeto de lei já foi apresentado à Câmara ou ao Senado, descabe o mandado de injunção[189]. Esse foi o fundamento pelo qual se rejeitaram pedidos (*i*) de procuradores autárquicos que reclamavam omissão do Presidente da República em encaminhar ao Congresso projeto dispondo sobre a Advocacia-Geral da União (art. 29, § 2º, do ADCT)[190], (*ii*) de Defensor Público em relação à lei a que se refere o art. 22 do ADCT[191] e (iii) de aposentados e pensionistas da Previdência Social em relação ao art. 201, V, §§ 5º e 6º[192]. Assinale-se que, em ação de inconstitucionalidade por omissão, a mesma tese foi seguida pelo STF, que julgou prejudicado o pedido por haver o Executivo encaminhado ao Congresso o projeto de lei previsto no art. 29, § 2º, do ADCT[193]. A Lei n. 13.300/2016, a seu turno, previu que a impetração estará prejudicada se a norma regulamentadora for editada antes da decisão (art. 11).

A omissão que possibilita o requerimento de mandado de injunção poderá ser de norma regulamentadora de qualquer hierarquia — lei complementar, ordinária, regulamento, resolução, portaria, decisões administrativas normativas —, desde que sua ausência inviabilize um direito constitucional.

---

186. STF, *RTJ, 127*:1, 1989, MI 16-DF, rel. Min. Djaci Falcão.

187. STF, *DJU*, 3 maio 1995, MI 288-DF, rel. Min. Celso de Mello.

188. Todavia, se a medida provisória não for convertida em lei, o STF entende que não cabe mandado de injunção para que sejam regulados os efeitos consumados da mesma medida provisória (*DJU*, 7 maio 1993, p. 8325, AgRg no MI 415-SP, rel. Min. Octávio Gallotti).

189. Essa posição merece um temperamento relativamente à parte que seja capaz de demonstrar que a tutela de seu direito não pode aguardar a expedição da norma regulamentadora, sob pena de dano irreparável. Assim, na doutrina, Sergio Bermudes, O mandado de injunção, *RT, 642*:20, 1989, p. 23. O STF também entendeu não ser admitida a injunção para declaração judicial de vacância de cargo ou para compelir o Presidente a iniciar o procedimento para provê-lo (*DJU*, 18 nov. 1988, MI 14-0-DF).

190. *DJU*, 28 maio 1990, p. 4680, MI 193-6-RJ, rel. Min. Célio Borja.

191. *DJU*, 1º mar. 1990, p. 1320, MI 96-4-DF, rel. Min. Celso de Mello.

192. *DJU*, 16 mar. 1990, p. 1870, MI 215-1-RJ, rel. Min. Celso de Mello.

193. *DJU*, 1º fev. 1990, p. 275, ADIn 130-2-DF, rel. Min. Sepúlveda Pertence.

O Supremo tem entendido que, existindo a lei, o fato de ela não satisfazer os ditames constitucionais não é situação equiparável à falta de norma jurídica, e que a inconstitucionalidade eventual do regramento em vigor não comporta correção por meio de mandado de injunção[194]. A despeito de fundada oposição doutrinária[195], essa foi a linha jurisprudencial que prevaleceu[196]. Entretanto, o art. 2º da da Lei n. 13.300/2016 autorizou a propositura de mandado de injunção em caso de omissão total ou parcial de norma regulamentadora e explicitou que se considera parcial a regulamentação quando forem insuficientes as normas editadas[197].

---

194. STF, *DJU*, 9 mar. 1990, p. 1610, MI 60-3-DF, rel. Min. Marco Aurélio, e STF, *DJU*, 30 mar. 1990, p. 2342, MI 81-6-DF, rel. Min. Celso de Mello: "Não é o mandado de injunção a sede adequada para controle de constitucionalidade, sequer *incidenter tantum*. Até porque, sendo a ausência de norma seu pressuposto maior, nem mesmo se pode cogitar dessa indagação".

195. V. Sergio Bermudes, O mandado de injunção, *RT, 642*:21, 1989, p. 21: "Nessa hipótese (em que a norma regulamentadora seja inconstitucional), a situação será equiparável à da ausência de norma, pela ineficácia da regra de direito contrária à Constituição. Aqui, admite-se a injunção, cabendo ao legitimado impetrá-la, arguindo a inconstitucionalidade e, por isso, a ineficácia da norma regulamentadora". No mesmo sentido, Flávia Piovesan, *Proteção judicial contra omissões legislativas*, 2003, p. 137.

196. *RTJ, 131*:963, p. 965, 1990, AgRg no MI 81, rel. Min. Celso Mello. Também no STF, *DJU*, 5 jun. 1992, p. 5951, MI 314-9-DF, assentara o relator, Min. Marco Aurélio: "Impossível é pretender transformar o mandado de injunção em ação direta de inconstitucionalidade". E ainda: não cabe impetração de mandado de injunção visando à alteração de legislação já existente sob pretexto de inconstitucionalidade. Refoge ao âmbito de sua finalidade corrigir eventual inconstitucionalidade que infirme a validade de ato estatal em vigor (STF, *RT, 659*:213, 1990). Em mandado de injunção não é admissível pedido de suspensão, por inconstitucionalidade de lei, por não ser ele o meio processual idôneo para a declaração de inconstitucionalidade, em tese, de ato normativo (STF, *RDA, 200*:231, 1995, MI 73, rel. Min. Moreira Alves). Em julgado acerca da majoração de vencimentos, decidiu o STF que o mandado de injunção não é via adequada para que servidores obtenham tal benefício, sob fundamento de isonomia, haja vista que, existindo lei fixando vencimentos, importaria o pleito em modificá-la, por suposta incompatibilidade com a CF (STF, *RDA, 183*:75, 1991, AgRg no MI 78, rel. Min. Aldir Passarinho). Em acréscimo, "não cabe mandado de injunção para, sob color de reclamar a edição de norma regulamentadora de dispositivo constitucional (art. 39, § 1º, da CF), pretender-se a alteração de lei já existente, supostamente incompatível com a Constituição" (STF, *RTJ, 155*:3, 1996, MI 79-DF, rel. Min. Octávio Gallotti). Por fim, devido à inexistência do instituto da fungibilidade de ações, é de reconhecer a impossibilidade jurídica do pedido de conversão de MI em ação direta de inconstitucionalidade por omissão (STF, *RT, 691*:218, 1993, QO no MI 395, rel. Min. Moreira Alves).

197. Lei n. 13.300/2016, art. 2º: "Conceder-se-á mandado de injunção sempre que a falta total ou parcial de norma regulamentadora torne inviável o exercício dos direitos e liberdades constitucionais e das prerrogativas inerentes à nacionalidade, à soberania e à cida-

5. Procedimento

Como já assinalado, apenas passados vinte e oito anos da promulgação da Constituição de 1988, o mandado de injunção foi regulamentado. Houve até mesmo quem cultivasse a ironia de que o instituto, criado precisamente para superar a paralisia resultante de normas constitucionais carentes de regulamentação, não era em si autoaplicável[198], tese que não prevaleceu[199]. A adoção do rito do mandado de segurança, preconizado pelo Supremo Tribunal Federal, foi chancelada em sede legislativa[200], sem embargo de crítica procedente de que mais adequado seria o procedimento ordinário[201]. O Tri-

---

dania. Parágrafo único. Considera-se parcial a regulamentação quando forem insuficientes as normas editadas pelo órgão legislador competente".

198. Manoel Gonçalves Ferreira Filho, Notas sobre o mandado de injunção, *Repertório IOB de Jurisprudência*, 2ª quinzena de outubro de 1988, p. 297. Veja-se também, no mesmo sentido, o parecer da Procuradoria-Geral da República, firmado pelo Procurador Inocêncio Mártires Coelho, nos autos do Mandado de Injunção n. 107-3-DF (cuja conclusão, no particular, não foi aprovada pelo Procurador-Geral).

199. STF, *RTJ, 133*:11, 1990, QO no MI 107-DF, rel. Min. Moreira Alves: "Assim fixada a natureza jurídica desse mandado, é ele, no âmbito da competência desta Corte — que está devidamente definida pelo artigo 102, I, *q* —, autoexecutável, uma vez que, para ser utilizado, não depende de norma jurídica que o regulamente, inclusive quanto ao procedimento, aplicável que lhe é analogicamente o procedimento do mandado de segurança, no que couber. Questão de ordem que se resolve no sentido da autoaplicabilidade do mandado de injunção, nos termos do voto do relator". A autoaplicabilidade do mandado de injunção foi reconhecida em diversos casos subsequentes (e.g., MI 59-0-DF e MI 159-6-RJ, publicados no *DJU*, 5 dez. 1989, p. 17902).

200. A Lei n. 8.038/90, que institui normas procedimentais para os processos que especifica, perante o STJ e o STF, prevê no parágrafo único de seu art. 24: "No mandado de injunção e no 'habeas data', serão observadas, no que couber, as normas do mandado de segurança, enquanto não editada legislação específica". Na mesma linha, o art. 14 da Lei n. 13.300/2016 previu a aplicação subsidiária das normas que regem o mandado de segurança ao rito do mandado de injunção.

201. Carlos Ari Sundfeld, Mandado de injunção, *RDP, 94*:146, 1990, p. 150. "(...) a) o fundamento único para sua aplicação seria a semelhança de nomenclatura (mandado de segurança e mandado de injunção), o que, convenha-se, é o mesmo que nada; b) a razão de ser do mandado de segurança é tornar mais ágil o controle do exercício da autoridade, que seria de outro modo possível através das ações comuns; daí seu procedimento especial, mais simples. A razão de ser do mandado de injunção é tornar possível ao Judiciário a colmatação de uma lacuna que não poderia preencher de outro modo. O mandado de injunção não foi criado para tornar mais ágil a atividade jurisdicional, e sim para fazê-la mais abrangente. Por isso o procedimento adequado é o comum, que permite uma apreciação jurisdicional mais abrangente, e não o do mandado de segurança, que a tornaria mais ágil, porém mais

bunal entende incabível o pedido de medida cautelar[202], posição da qual se discorda, em linha de coerência com o alcance aqui preconizado para o instituto. De fato, presentes os pressupostos, afigura-se possível a formulação da regra faltante para o caso concreto *in limine litis*, de caráter provisório, por aplicação analógica do disposto acerca do mandado de segurança (art. 7º, II, da Lei n. 1.533/51)[203].

6. A decisão e seus efeitos

A controvérsia acerca do objeto do mandado de injunção reflete, naturalmente, no conteúdo da decisão a ser proferida. Duas linhas antagônicas de entendimento têm sido seguidas na matéria.

Coerente com a posição doutrinária aqui sustentada, afigura-se melhor a orientação que identifica no provimento judicial na espécie uma natureza *constitutiva*[204], devendo o juiz criar a norma regulamentadora para o caso

---

restrita". Em sentido diametralmente oposto, v. Hely Lopes Meirelles, *Mandado de segurança, ação popular, ação civil pública, mandado de injunção, "habeas data", ação direta de inconstitucionalidade, ação declaratória de constitucionalidade e arguição de descumprimento de preceito fundamental*, atualização de Arnoldo Wald e Gilmar Ferreira Mendes, 2003, p. 254: "Não existe, presentemente, legislação específica para regrar o trâmite processual do mandado de injunção, o que nos leva a entender possível a aplicação analógica das normas pertinentes ao mandado de segurança, visto este instituto guardar estreita semelhança com aqueloutro".

202. STF, *RDA, 203*:248, 1996, MC no MI 520-6-SP, rel. Min. Celso de Mello: "[T]endo presente a jurisprudência do Supremo Tribunal Federal, firmada no sentido de que a finalidade a ser alcançada pela via da injunção *resume-se* à declaração, pelo Poder Judiciário, da ocorrência de omissão inconstitucional, a ser comunicada ao órgão legislativo inadimplente, para que promova a integração normativa do dispositivo constitucional nele objetivado, não há como deferir, em sede cautelar, um provimento cujo alcance *nitidamente ultrapassa* os limites da decisão a ser afinal proferida".

203. Nesse sentido, Roque Antonio Carrazza, Ação direta de inconstitucionalidade por omissão e mandado de injunção, *RT-CDCCP, 3*:130, 1993; J. M. Othon Sidou, "*Habeas data", mandado de injunção, "habeas corpus", mandado de segurança, ação popular. As garantias ativas dos direitos coletivos segundo a nova Constituição*, 1992, p. 416. Também admitindo o provimento liminar em mandado de injunção, com boa fundamentação, J. J. Calmon de Passos, *Mandado de segurança coletivo, mandado de injunção, "habeas data". Constituição e processo*, 1989, p. 121.

204. Nesse sentido, J. J. Calmon de Passos, *Mandado de segurança coletivo, mandado de injunção, "habeas data". Constituição e processo*, 1989, p. 124; e também Celso Agrícola Barbi, Mandado de injunção, in Sálvio de Figueiredo Teixeira (org.), *Mandado de segurança e de injunção*, 1990, p. 391.

concreto[205], com eficácia *inter partes*, e aplicá-la, atendendo, quando seja o caso, à pretensão veiculada. Esse caráter constitutivo, porém, só se verifica no plano da criação da normatividade ausente, pois o mandado de injunção tem nítido caráter *instrumental*. Uma vez suprida a ausência da norma, caberá ao órgão julgador fazê-la incidir, sem solução de continuidade[206], com vistas à resolução da situação concreta que lhe foi submetida. Aqui, então, poderá *declarar* nulo um ato[207], *constituir* uma nova relação jurídica, *condenar* a alguma prestação (v.g., pecuniária) ou mesmo emitir uma ordem, um *mandamento* para que se faça ou não alguma coisa[208].

De outro lado, há os partidários da tese segundo a qual a decisão proferida no mandado de injunção tem caráter *mandamental*[209]. Por tal orien-

---

205. José Carlos Barbosa Moreira vislumbra também um outro entendimento, com o qual, todavia, não concorda: "Segunda corrente preconiza um mandado de injunção que desembocasse única e exclusivamente na formulação da norma. O Poder Judiciário, pelo órgão competente para o julgamento do mandado de injunção, se limitaria a enunciar a norma que falta no ordenamento positivo; nada mais. Com isso, estaria esgotada a sua função no processo. Aquele que visse editada uma norma que lhe aproveitasse teria, então, o ônus de instaurar segundo processo, para reclamar concretamente a tutela daquele direito que ele antes não podia exercer por falta da norma, e agora já pode, porque a norma foi formulada, foi criada. Também aqui não me parece que se esteja dando toda a carga de efetividade de que ele é capaz (...) E, do ponto de vista da economia processual, parece-me altamente desvantajosa esta solução, que, na verdade, conduz a uma duplicação de processos; primeiro um processo para que se formule a regra e, depois, novo processo para que se aplique a regra ao caso concreto".

206. Como bem salientou José Carlos Barbosa Moreira, Mandado de injunção, *RP*, *56*:110, 1989, p. 115: "Penso que por meio dele se pode pleitear e, eventualmente, conseguir que o Poder Judiciário, pelo seu órgão competente, primeiro formule a regra, que complemente, que supra aquela lacuna do ordenamento; e, em seguida, sem solução de continuidade, esse mesmo órgão aplique a norma ao caso concreto do impetrante, isto é, profira uma decisão capaz de tutelar, em concreto, aquele direito, aquela liberdade constitucional ou aquela prerrogativa inerente à cidadania, à nacionalidade ou à soberania, mediante, p. ex., uma ordem de fazer ou não fazer, conforme o caso, dirigida à pessoa física ou jurídica, de direito privado ou de direito público, que estivesse resistindo ao exercício do direito, da liberdade, da prerrogativa, diante da falta de norma regulamentadora".

207. Suponha-se que, inexistindo norma definindo os contornos da "pequena propriedade rural" (CF, art. 5º, XXVI), impetre-se mandado de injunção com a finalidade de *declarar* nula a penhora de uma propriedade, que, ao ver do autor, enquadra-se na definição da norma constitucional ainda não implementada. O órgão julgador, num primeiro momento, formulará a regra faltante, e, em seguida, aplicando-a, proferirá decisão de cunho *declaratório*.

208. No sentido da possibilidade *mandamental*, José Carlos Barbosa Moreira, Mandado de injunção, *RP, 56*:110, 1989, p. 119.

209. Assim, por exemplo, Hely Lopes Meirelles, *Mandado de segurança, ação popular, ação civil pública, mandado de injunção, "habeas data"*, 1989, p. 144.

tação, caberia ao Poder Judiciário dar ciência ao órgão omisso da mora na regulamentação, para que este adote as providências necessárias e, se se tratar de direito oponível contra o Estado, suspender os processos judiciais e administrativos de que possa advir para o impetrante dano que não ocorreria se não houvesse omissão inconstitucional[210]. Esse o entendimento que teve a adesão da maioria dos Ministros do Supremo Tribunal Federal[211], como se analisa a seguir.

Sem nutrir simpatia pela inovação representada pelo mandado de injunção e rejeitando o ônus político de uma competência normativa que não desejava[212], a Corte esvaziou as potencialidades do novo remédio. Invocando, assim, uma visão clássica e rígida do princípio da separação dos Poderes, promoveu a equiparação do mandado de injunção à ação direta de inconstitucionalidade por omissão, tendo como primeiro precedente o julgamento do MI 107-3-DF, onde se lavrou:

---

210. Apontando essa solução como uma das utilizadas, mas não a considerando a melhor, Luís Cesar Souza de Queiroz, Mandado de injunção e inconstitucionalidade por omissão, *RT-CDCCP, 23*:197, 1998, p. 211.

211. "O caráter essencialmente *mandamental* da ação injuncional — consoante tem proclamado a jurisprudência do Supremo Tribunal Federal — impõe que se defina, como passivamente legitimado *ad causam*, na relação processual instaurada, o órgão público inadimplente, em situação de inércia inconstitucional, ao qual é imputável a omissão inviabilizadora do exercício de direito, liberdade e prerrogativa de índole constitucional. (...) O novo *writ* constitucional, consagrado pelo art. 5º, LXXI, da Carta Federal, *não se destina a constituir* direito novo, nem a ensejar ao Poder Judiciário o anômalo desempenho de funções normativas que lhe são institucionalmente estranhas. O mandado de injunção não é o sucedâneo constitucional das funções político-jurídicas atribuídas aos órgãos estatais inadimplentes. A própria excepcionalidade desse novo instrumento jurídico 'impõe' ao Judiciário o dever de estrita observância do princípio constitucional da divisão funcional do poder" (os grifos são acrescentados) (STF, *RTJ, 139*:712, 1992, MI 284-DF, rel. Min. Marco Aurélio).

212. Pronunciou-se a Corte pelo Ministro Celso de Mello: "Com efeito, esse novo *writ* não se destina a constituir direito novo, nem a ensejar ao Poder Judiciário o anômalo desempenho de funções normativas que lhe são institucionalmente estranhas. O mandado de injunção não é o sucedâneo constitucional das funções político-jurídicas atribuídas aos órgãos estatais inadimplentes. Não legitima, por isso mesmo, a veiculação de provimentos normativos que se destinem a substituir a faltante norma regulamentadora sujeita a competência, não exercida, dos órgãos públicos. O STF não se substitui ao legislador ou ao administrador que se hajam abstido de exercer a sua competência normatizadora. A própria excepcionalidade desse novo instrumento jurídico impõe ao Judiciário o dever de estrita observância do princípio constitucional da divisão funcional do Poder" (STF, *DJU,* 1º fev. 1990, p. 280, MI 191-0-RJ, rel. Min. Celso de Mello).

"Em face dos textos da Constituição Federal relativos ao mandado de injunção, é ele ação outorgada ao titular de direito, garantia ou prerrogativa a que alude o artigo 5º, LXXI, dos quais o exercício está inviabilizado pela falta de norma regulamentadora, e ação que visa a obter do Poder Judiciário a declaração de inconstitucionalidade dessa omissão se estiver caracterizada a mora em regulamentar por parte do Poder, órgão, entidade ou autoridade de que ela dependa, com a finalidade de que se lhe dê ciência dessa declaração, para que adote as providências necessárias, à semelhança do que ocorre com a ação direta de inconstitucionalidade por omissão (artigo 103, § 2º, da Carta Magna), e de que se determine, se se tratar de direito constitucional oponível contra o Estado, a suspensão dos processos judiciais ou administrativos de que possa advir para o impetrante dano que não ocorreria se não houvesse a omissão inconstitucional"[213].

Assim, de acordo com a interpretação da Suprema Corte, há dois remédios constitucionais para que seja dada ciência ao órgão omisso do Poder Público, e *nenhum* para que se componha, em via judicial, a violação do direito constitucional pleiteado[214].

Após o ímpeto inicial de rejeição às potencialidades do novo remédio constitucional, o Supremo Tribunal Federal parece haver se sensibilizado com a crítica dos doutrinadores e com a discordância dos tribunais inferiores. Sem acolher plenamente as ideias aqui sustentadas, a Corte evoluiu em relação a sua postura original, que praticamente equiparava o mandado de injunção à ação direta de inconstitucionalidade por omissão. A nova visão do Supremo Tribunal começou a se delinear no julgamento de mandado de injunção impetrado com fundamento no art. 8º, § 3º, do Ato das Disposições

---

213. STF, *DJU,* 21 set. 1990, p. 9782, QO no MI 107-3-DF, rel. Min. Moreira Alves. Essa decisão é considerada o *leading case* na matéria. No mesmo sentido, STF, *DJU,* 7 fev. 1990, p. 507, MI 42-5-DF, rel. Min. Moreira Alves.

214. Em comentário agudo e procedente, José Carlos Barbosa Moreira, em artigo jornalístico (S.O.S. para o mandado de injunção, *Jornal do Brasil,* 11 set. 1990, 1º caderno, p. 11), condenou a orientação adotada pelo Supremo Tribunal Federal: "Conceber o mandado de injunção como simples meio de apurar a inexistência da 'norma reguladora' e comunicá-la ao órgão competente para a edição (o qual, diga-se entre parênteses, presumivelmente conhece mais do que ninguém suas próprias omissões...) é reduzir a inovação a um sino sem badalo. Afinal, para dar ciência de algo a quem quer que seja, servia — e bastava — a boa e velha notificação".

Constitucionais Transitórias da Carta de 1988. Tal dispositivo prevê que cidadãos afetados por atos *discricionários* do Ministério da Aeronáutica, editados logo após o movimento militar de 1964, fazem jus a uma "reparação de natureza econômica, na forma que dispuser lei de iniciativa do Congresso Nacional e a entrar em vigor no prazo de doze meses a contar da promulgação da Constituição".

A lei não foi editada no prazo previsto. Foi impetrado, assim, o MI 283-5, sob o fundamento de que o exercício de um direito subjetivo constitucional era obstado por tal omissão legislativa. No acórdão, relatado pelo Ministro Sepúlveda Pertence, decidiu a Suprema Corte que, em subsistindo a lacuna legislativa, após o prazo dado para a purgação da mora, seria possível ao titular obter reparação por perdas e danos[215]. O mesmo acórdão cuidou de deixar remarcado que, além de declarar a mora do legislador, o mandado de injunção era deferido para:

a) assinar o prazo de 60 dias para que se ultimasse o processo legislativo, inclusive a sanção presidencial;

b) se ultrapassado esse prazo, reconhecer ao impetrante a faculdade de obter contra a União, pela via processual adequada, a reparação devida;

c) declarar que, prolatada a sentença condenatória, a superveniência de lei não prejudica a coisa julgada, que, entretanto, não impede o impetrante de obter os benefícios da lei posterior, no que lhe for mais favorável.

Pouco adiante, em mandado de injunção impetrado com base na mesma disposição constitucional (art. 8º, § 3º, do ADCT), decidiu-se que, tendo em vista o escoamento do prazo que concedera no *writ* anterior, era desnecessária nova comunicação ao Congresso Nacional, sendo facultado aos impetrantes ingressar imediatamente em juízo para obter a reparação a que faziam jus[216]. O Supremo Tribunal Federal, ao firmar tal posição:

---

215. "Mandado de injunção: mora legislativa na edição da lei necessária ao gozo do direito à reparação econômica contra a União, outorgado pelo art. 8º, § 3º, ADCT: deferimento parcial, com estabelecimento de prazo para a purgação da mora e, caso subsista a lacuna, facultando o titular do direito obstado a obter, em juízo, contra a União, sentença líquida de indenização por perdas e danos" (STF, *RDA, 185*:204, 1991, MI 283-5-DF, rel. Min. Sepúlveda Pertence).

216. STF, *DJU*, 26 jun. 1992, p. 10103, MI 284-3, rel. para acórdão o Min. Celso de Mello: "Reconhecido o estado de mora inconstitucional do Congresso Nacional — único destinatário do comando para satisfazer, no caso, a prestação legislativa reclamada — e considerando que, embora previamente cientificado no Mandado de Injunção n. 283, absteve-se de adimplir a obrigação que lhe foi constitucionalmente imposta, torna-se *prescindível*

a) admitiu converter uma norma constitucional de eficácia limitada (porque dependente de norma infraconstitucional integradora) em norma de eficácia plena; b) considerou o mandado de injunção hábil para obter a regulamentação de *qualquer* direito previsto na Constituição, e não apenas dos direitos e garantias fundamentais constantes do seu Título II[217].

Essa mudança na orientação do Supremo Tribunal Federal foi reafirmada no julgamento do MI 232-1, onde se discutiu o alcance do § 7º do art. 195 da Constituição de 1988, que estabelece serem "isentas de contribuição para a seguridade social as entidades beneficentes de assistência social que atendam às exigências estabelecidas em lei". Decorridos mais de dois anos da promulgação da Carta, tal lei não havia ainda sido editada, apesar de o art. 59 do

---

nova comunicação à instituição parlamentar, assegurando-se aos impetrantes, *desde logo*, a possibilidade de ajuizarem, *imediatamente*, nos termos do direito comum ou ordinário, a ação de reparação de natureza econômica instituída em seu favor pelo preceito transitório".

217. Milton Flaks, *Instrumentos processuais de defesa coletiva*, conferência pronunciada em 20 de julho de 1992 na Procuradoria-Geral do Estado do Rio de Janeiro. Em julgamento datado de 20 de fevereiro de 2003, o STF consolidou e reiterou seu entendimento. V. *DJU*, 20 jun. 2003, p. 58, MI 562-9-RS, rel. Min. Carlos Mário Velloso: "MANDADO DE INJUNÇÃO. ARTIGO 8º, § 3º DO ADCT. DIREITO À REPARAÇÃO ECONÔMICA AOS CIDADÃOS ALCANÇADOS PELAS PORTARIAS RESERVADAS DO MINISTÉRIO DA AERONÁUTICA. MORA LEGISLATIVA DO CONGRESSO NACIONAL. 1 — Na marcha do delineamento pretoriano do instituto do Mandado de Injunção, assentou este Supremo Tribunal que *'a mera superação dos prazos constitucionalmente assinalados é bastante para qualificar, como omissão juridicamente relevante, a inércia estatal, apta a ensejar, como ordinário efeito consequencial, o reconhecimento, 'hic et nunc', de uma situação de inatividade inconstitucional'* (MI 543, voto do Ministro Celso de Mello, *DJU*, 24 maio 2002). Logo, desnecessária a renovação de notificação ao órgão legislativo que, no caso, não apenas incidiu objetivamente na omissão do dever de legislar, passados quase quatorze anos da promulgação da regra que lhe criava tal obrigação, mas que, também, já foi anteriormente cientificado por esta Corte, como resultado da decisão de outros mandados de injunção. 2 — Neste mesmo precedente, acolheu esta Corte proposição do eminente Ministro Nelson Jobim, e assegurou *'aos impetrantes o imediato exercício do direito a esta indenização, nos termos do direito comum e assegurado pelo § 3º do art. 8º do ADCT, mediante ação de liquidação, independentemente de sentença de condenação, para a fixação do valor da indenização'*. 3 — Reconhecimento da mora legislativa do Congresso Nacional em editar a norma prevista no parágrafo 3º do art. 8º do ADCT, assegurando-se, aos impetrantes, o exercício da ação de reparação patrimonial, nos termos do direito comum ou ordinário, sem prejuízo de que se venham, no futuro, a beneficiar de tudo quanto, na lei a ser editada, lhes possa ser mais favorável que o disposto na decisão judicial. O pleito deverá ser veiculado diretamente mediante ação de liquidação, dando-se como certos os fatos constitutivos do direito, limitada, portanto, a atividade judicial à fixação do 'quantum' devido. 4 — Mandado de injunção deferido em parte".

ADCT haver fixado um prazo máximo de seis meses para sua apresentação e outros seis para que fosse apreciada pelo Congresso Nacional. Na parte relevante para o tema aqui versado, a decisão foi assim ementada:

> "Mandado de injunção conhecido, em parte e, nessa parte, deferido para declarar-se o estado de mora em que se encontra o Congresso Nacional, a fim de que, no prazo de seis meses, adote ele as providências legislativas que se impõem para o cumprimento da obrigação de legislar decorrente do art. 195, § 7º, da Constituição, sob pena de, vencido esse prazo sem que essa obrigação se cumpra, passar o requerente a gozar da imunidade requerida"[218].

Note-se, no entanto, que, na hipótese aqui versada, o tribunal não precisará suprir qualquer lacuna normativa. Limitar-se-á a considerar auto--aplicável norma que conferia um direito, mas o condicionava ao preenchimento de requisitos que a lei ditaria. Não há, pois, maior dificuldade, nem se exige do Judiciário uma atuação de integração da ordem jurídica.

Em linha dissonante da posição do Supremo Tribunal, mas afinada com a maior parte da doutrina, e em hipótese mais típica de lacuna legislativa, o 4º Grupo de Câmaras Cíveis do Tribunal de Justiça do Estado do Rio de Janeiro, em acórdão da lavra do Professor e Desembargador José Carlos Barbosa Moreira, concluiu, in verbis:

> "É admissível mandado de injunção seja qual for o texto constitucional, federal ou estadual, que proveja o direito cujo exercício depende de norma regulamentadora ainda não editada. — Não conflita com a Carta da República a disposição do art. 84, parágrafo único, da Constituição do Estado do Rio de Janeiro, que trata de 'licença sindical' para os servidores públicos civis eleitos para cargos de direção em federações ou sindicatos da categoria, durante o exercício do mandato. — A servidores nessa situação reconhece-se o direito, até a entrada em vigor da lei regulamentadora, ao gozo de licença não remunerada, determinando-se à autoridade impetrada que os afaste de suas funções, sem prejuízo dos direitos e vantagens à carreira"[219].

---

218. *DJU*, 27 mar. 1992, p. 3800, MI 232-1-RJ, rel. Min. Moreira Alves. Votaram vencidos, por esposar a tese que aqui se afirma ser a melhor, os Ministros Carlos Mário Velloso, Célio Borja e Marco Aurélio.

219. TJRJ, *DORJ*, 29 abr. 1991, MI 6/90, rel. Des. Barbosa Moreira.

Cuidava-se, na hipótese, de mandado de injunção requerido por dois policiais que haviam sido eleitos para cargos de direção da Federação Nacional da Polícia Civil e que pediam afastamento de seus cargos, invocando o art. 84, parágrafo único, da Constituição do Estado, que previa: "A lei disporá sobre a licença sindical para os dirigentes de Federações e sindicatos de servidores públicos, durante o exercício do mandato, resguardados os direitos e vantagens de cada um". A lei referida, que disciplinaria as condições da licença, ainda não fora editada.

O acórdão, enriquecido por substanciosa pesquisa, estabeleceu com acuidade três premissas:

a) a legitimação passiva recai sobre o Secretário de Estado de Polícia Civil, a quem compete conceder a licença (a rigor técnico, como se sabe, a autoridade apenas presta informações, sendo o Estado o sujeito passivo);

b) ao órgão ao qual se imputa a omissão é dada ciência da impetração;

c) diante da lacuna, cabe ao órgão judicial formular a regra concreta e aplicá-la, limitada, subjetivamente, às partes do processo.

No mérito, acolheu-se o pedido e reconheceu-se aos impetrantes o direito ao gozo de licença não remunerada durante o exercício dos respectivos mandatos. A decisão fundou-se nos critérios adotados pela Consolidação das Leis do Trabalho, que, embora inaplicável à espécie, inspirou a regra concreta formulada pelo órgão julgador.

Por fim, vale destacar que a partir do final de 2007, o STF parece haver cedido aos apelos da doutrina dominante, conferindo efetividade ao mandado de injunção. A mudança se deu em questão envolvendo o direito de greve do servidor público, previsto no art. 37, VII, da Constituição Federal, que exige a edição de lei específica para disciplinar o tema. Diante da inexistência de lei, o STF vinha entendendo que o referido direito não poderia ser exercitado pelos servidores. A Corte já havia, inclusive, conhecido de mandados de injunção relativos ao tema, decidindo, porém, pela impossibilidade de suprir a lacuna deixada pela omissão do legislador. A mudança ocorreu no julgamento dos Mandados de Injunção n. 670, 708 e 712, tendo o Tribunal decidido pela aplicação analógica da lei que regula o direito de greve dos empregados da iniciativa privada (Lei n. 7.783/89)[220].

---

220. O julgamento das três ações foi concluído em conjunto, em 25 de outubro de 2007, sendo relatores, respectivamente, os Ministros Maurício Corrêa, Gilmar Mendes e Eros Grau. As decisões foram publicadas no *DJU* em 6 de novembro de 2007. Na doutrina,

A decisão é aplicável a todos os servidores, afastando os efeitos da omissão legislativa em caráter geral. Nesse ponto, ficaram vencidos os Ministros Marco Aurélio, Joaquim Barbosa e Enrique Ricardo Lewandowski, que restringiam o alcance da decisão à categoria representada pelo sindicato que havia proposto a demanda. Em precedente posterior, o Tribunal valeu-se novamente da mesma lógica para reconhecer a possibilidade de se conceder aposentadoria especial aos servidores públicos que efetuem trabalho insalubre, a despeito de ainda não ter sido editada a lei prevista no art. 40, § 4º, da Constituição. Determinou-se, também aqui, a aplicação analógica da lei que regula a matéria em relação aos trabalhadores em geral (Lei n. 8.213/91)[221]. O STF examinou, ainda, mandado de injunção contra omissão legislativa impeditiva da fruição do direito ao aviso prévio proporcional ao tempo de serviço, previsto no art. 7º, XXI, da Constituição. Na ocasião, o pleno manifestou-se pela procedência da ação, mas indicou que esse direito, diferentemente do direito de greve e do direito à aposentadoria especial, não dispunha de qualquer parâmetro legislativo predefinido que permitisse a integração da lacuna normativa com recurso à analogia. Por essa razão, suspendeu-se o julgamento, com o propósito de formular uma norma que conciliasse as diversas propostas apresentadas pelos ministros durante os debates. Entretanto, passados pouco menos de quatro meses da suspensão, foi publicada a Lei n. 12.506/2011, regulamentando o instituto, fato novo que ensejou a procedência do mandado de injunção e a efetivação do direito do requerente com base nos parâmetros definidos pela própria lei[222].

Com essas decisões, o STF finalmente diferenciou, no que toca aos respectivos efeitos, o mandado de injunção e a ação direta de inconstitucionalidade por omissão, conferindo ao primeiro a potencialidade de afastar, desde logo, a omissão inconstitucional. Tratava-se de um avanço capaz de retirar do limbo o mandado de injunção, sobretudo pelo fato de o STF ter

---

comentando a então provável alteração jurisprudencial, posteriormente concretizada, v. Cláudio Pereira de Souza Neto, Mandado de injunção: efeitos da decisão e âmbito de incidência, *BDA*, v. 6, 2007.

221. STF, *DJU*, 26 set. 2008, MI 758-DF, rel. Min. Marco Aurélio. Após uma série de decisões na mesma linha, foi aprovada a Súmula Vinculante n. 33, com a seguinte dicção: "Aplicam-se ao servidor público, no que couber, as regras do regime geral da previdência social sobre aposentadoria especial de que trata o artigo 40, § 4º, inciso III, da Constituição Federal, até a edição de lei complementar específica".

222. STF, *DJe*, 2 maio 2013, MI 943, rel. Min. Gilmar Mendes.

admitido a possibilidade de dar à decisão eficácia *erga omnes*, a despeito da inexistência de previsão legal ou constitucional nesse sentido[223].

Entrentanto, a Lei n. 13.300/2016, que, após quase vinte e oito anos da promulgação da Constituição de 1988, regulamentou o instituto, houve por bem estabelecer que, reconhecida a mora, os tribunais deverão abrir prazo razoável à autoridade omissa para editar a norma e que, somente transcorrido prazo, poderão suprir a omissão (art. 8º). A lei previu, ainda, que a decisão proferida em mandado de injunção coletivo regulamentando o exercício do direito será desprovida de eficácia *erga omnes*, fazendo coisa julgada "limitadamente às pessoas integrantes da coletividade, do grupo, da classe ou da categoria substituídos pelo impetrante" (art. 13)[224].

A norma autorizou, contudo, a atribuição de eficácia *ultra partes* ou *erga omnes* à decisão, quando inerente ou indispensável ao exercício do direito (art. 9º, § 1º), e permitiu que o relator, monocraticamente, estenda os efeitos do julgado a "casos análogos" (art. 9º, § 2º)[225].

Ainda em relação ao tema, cabe uma observação acerca da legitimidade do estabelecimento judicial de um regramento temporário nos casos de omissão legislativa. Tal possibilidade não deve ser vista como violação

---

223. Em edições anteriores, defendi a desnecessidade do mandado de injunção, uma vez que a decisão produzida limitava-se à notificação do Poder omisso. Entendia também que os juízes, ao identificarem uma lacuna normativa capaz de impedir o exercício de um direito, deveriam, como regra, integrar a ordem jurídica, tal como determina o art. 4º da Lei de Introdução às normas do Direito Brasileiro. Embora essa possibilidade subsista, é possível cogitar de uma utilidade prática na preservação do mandado de injunção, diante de sua reabilitação pela nova linha jurisprudencial firmada pelo STF. É que a concentração da competência para apreciá-lo nos tribunais, sobretudo no STF, propicia a possibilidade de decisões em caráter geral, em benefício da isonomia.

224. Lei n. 13.300/2016, art. 13: "No mandado de injunção coletivo, a sentença fará coisa julgada limitadamente às pessoas integrantes da coletividade, do grupo, da classe ou da categoria substituídos pelo impetrante, sem prejuízo do disposto nos §§ 1º e 2º do art. 9º. Parágrafo único. O mandado de injunção coletivo não induz litispendência em relação aos individuais, mas os efeitos da coisa julgada não beneficiarão o impetrante que não requerer a desistência da demanda individual no prazo de 30 (trinta) dias a contar da ciência comprovada da impetração coletiva".

225. Lei n. 13.300/2016, art. 9º: "A decisão terá eficácia subjetiva limitada às partes e produzirá efeitos até o advento da norma regulamentadora. § 1º Poderá ser conferida eficácia *ultra partes* ou *erga omnes* à decisão, quando isso for inerente ou indispensável ao exercício do direito, da liberdade ou da prerrogativa objeto da impetração. § 2º Transitada em julgado a decisão, seus efeitos poderão ser estendidos aos casos análogos por decisão monocrática do relator".

à separação dos Poderes, por pelo menos dois motivos. Em primeiro lugar, pelo fato de a própria Constituição ter instituído o mandado de injunção para o controle das omissões inconstitucionais, sendo certo que a doutrina já defendia que o efeito normal da decisão deveria ser o suprimento da omissão. A atribuição de eficácia geral à disciplina temporária assim instituída confere racionalidade ao sistema e tutela a isonomia, evitando que situações semelhantes recebam tratamentos distintos por motivos diversos. Em segundo lugar, veja-se que os poderes constituídos em geral, incluindo o legislador, estão submetidos à Constituição. No caso, o principal fator de legitimação da atuação do Judiciário é a omissão de outro Poder, que tinha como efeito a paralisação da eficácia de normas constitucionais[226]. O provimento do mandado de injunção serve justamente para evitar a eternização dessa situação de desrespeito à força normativa da Constituição[227]. A adoção de um regime temporário não impede a atuação superveniente do Poder omisso, que pode abandonar a inércia e dar ao tema tratamento específico, afastando o regime que haja sido instituído pelo Judiciário. Por fim, o caso em que se apreciou o direito ao aviso prévio, narrado acima, demonstra que

---

226. Em linha semelhante, confira-se a seguinte passagem do voto do Min. Gilmar Mendes no MI 670-ES, publicada no *Inf. STF* n. 462: "(...) considerado ainda o enorme lapso temporal dessa inércia, não resta alternativa para o Poder Legislativo quanto a decidir pela regulação ou não do tema, e que cabe, por sua vez, ao Poder Judiciário intervir de forma mais decisiva, de modo a afastar a inoperância de suas decisões em mandado de injunção, e atuar também nos casos de omissão do Poder Legislativo, tendo em vista as balizas constitucionais que demandam a concretização do direito de greve a todos os trabalhadores".

227. Situação ainda mais grave ocorre quando a lacuna normativa gera prejuízo ao exercício de direitos de grupos minoritários, sub-representados nas instâncias políticas. Nesses casos, a chance de que o Legislativo ou o Executivo sejam responsivos aos seus interesses é ainda menor, o que converte o Judiciário no único caminho possível para fazer valer a Constituição. Esse foi o entendimento expresso pelo STF no mandado de injunção e na ação direta de inconstitucionalidade por omissão que reconheceram a mora do legislador em editar lei criminalizadora da homotransfobia e explicitaram que, até que sobreviesse norma sobre o tema, aplicava-se à hipótese o tipo de racismo, previsto na Lei n. 7.716/89. Constatou-se que as diversas tentativas de tratar da proteção das pessoas LGBTI no âmbito do Legislativo acabavam paralisadas no Congresso. Observou-se que os índices de violência contra tal grupo no Brasil eram alarmantes. Verificou-se, ainda, que o conceito de racismo social, construído pelo STF em precedente anterior, se ajustava perfeitamente à situação. V. STF, *DJe*, 29 set. 2020, MI 4.733, rel. Min. Edson Fachin; e *DJe*, 6 out. 2020; ADO 26, rel. Min. Celso de Mello. Vale esclarecer, contudo, que a decisão suscitou grande controvérsia. Parte da comunidade jurídica entendia que promovia aplicação analógica de tipo penal, em violação ao princípio da legalidade estrita na matéria.

O mandado de injunção pode constituir um instrumento de provocação e de diálogo entre o Supremo Tribunal Federal e o Legislativo. Provavelmente a decisão da Corte de julgar procedente a ação e de regulamentar o exercício do direito ao aviso prévio proporcional ao tempo de serviço constituiu um estímulo positivo para que o legislador abandonasse uma inércia de mais de duas décadas na matéria.

A Lei n. 13.300/2016 determinou, por fim, que eventual norma regulamentadora do exercício do direito, produzida supervenientemente ao deferimento de mandado de injunção, produzirá efeitos *ex nunc* em relação aos beneficiados por decisão transitada em julgado, salvo se a aplicação da norma editada lhes for mais favorável (art. 11). Previu, ainda, seguindo a lógica das ações coletivas em geral, que o mandado de injunção coletivo não produz litispendência com relação aos mandados de injunção individuais, mas caberá ao impetrante desistir do individual, no prazo de trinta dias da ciência de sua impetração, caso pretenda se beneficiar dos efeitos da coisa julgada coletiva (art. 13, par. único).

IV — RECLAMAÇÃO

1. **Natureza**

A reclamação é um instrumento processual de origem jurisprudencial. Teve sua gênese em decisões do Supremo Tribunal Federal, com base na teoria dos poderes implícitos, com o propósito de assegurar o respeito à competência e aos pronunciamentos do Tribunal[228]. Em virtude de tal origem, registrou-se considerável controvérsia acerca da sua natureza[229]. Atualmen-

---

228. STF, *DJ*, 25 jan. 1952, Rcl 141, rel. Min. Rocha Lagoa: "A competência não expressa dos tribunais federais pode ser ampliada por construção constitucional. Vão seria o poder, outorgado ao Supremo Tribunal Federal de julgar em recurso extraordinário as causas decididas por outros tribunais, se lhe não fora possível fazer prevalecer os seus próprios pronunciamentos, acaso desatendidos pelas justiças locais. A criação dum remédio de direito para vindicar o cumprimento fiel das suas sentenças, está na vocação do Supremo Tribunal Federal e na amplitude constitucional e natural de seus poderes. Necessária e legitima é assim a admissão do processo de Reclamação, como o Supremo Tribunal tem feito. É de ser julgada procedente a Reclamação quando a justiça local deixa de atender à decisão do Supremo Tribunal Federal". No mesmo sentido: STF, *DJe*, 18 fev. 2015, RE 570.392, rel. Min. Cármen Lúcia.

229. STF, *DJU*, 15 mar. 1991, Rcl 336, rel. Min. Celso de Mello: "A reclamação, qualquer que SEJA a qualificação que se lhe dê — ação (Pontes de Miranda, 'Comentários

te, contudo, a posição dominante é no sentido de reconhecer-lhe a natureza de ação[230], entendimento que se ajusta à regulação que lhe foi conferida pelo Código de Processo Civil de 2015, como ficará claro adiante[231].

Em seu texto original, a Constituição de 1988 previu seu cabimento para preservar a competência e garantir a autoridade das decisões do Supremo Tribunal Federal (CF, art. 102, I, l) e do Superior Tribunal de Justiça (CF, art. 105, I, f). Mais adiante, sua aplicação foi estendida para assegurar a observância das súmulas vinculantes editadas pelo STF (CF, art. 103-A, § 3º) e para garantir o respeito à competência e às decisões do Tribunal Superior do Trabalho (CF, art. 111-A, § 3º). Com o Novo Código de Processo Civil, Lei n. 13.105/2015 (CPC/2015), a reclamação passou a ser cabível também contra decisões violadoras das teses firmadas pelo Supremo em repercussão geral e em recursos extraordinários e especiais repetitivos (CPC/2015, art. 988, *caput* e §§ 4º e 5º).

O CPC/2015 estendeu, ainda, o cabimento da reclamação aos demais tribunais, com o propósito de assegurar o respeito às teses firmadas em incidente de resolução de demandas repetitivas e em incidente de assunção de competência (CPC/2015, art. 988, *caput* e §§1º e 4º). Para os fins deste livro, interessa o exame da reclamação como instrumento do controle da constitucionalidade, tal como empregada pelo STF. O exame que se segue terá, portanto, este alcance.

---

ao Código de Processo Civil', tomo V/384, Forense), recurso ou sucedâneo recursal (Moacyr Amaral Santos, RTJ 56/546-548; Alcides de Mendonça Lima, 'O Poder Judiciário e a Nova Constituição', p. 80, 1989, Aide), remédio incomum (Orozimbo Nonato, 'apud' Cordeiro de Mello, 'O processo no Supremo Tribunal Federal', vol. 1/280), incidente processual (Moniz de Aragão, 'A Correição Parcial', p. 110, 1969), medida de Direito Processual Constitucional (José Frederico Marques, 'Manual de Direito Processual Civil', vol 3., 2. parte, p. 199, item n. 653, 9. ed., 1987, Saraiva) ou medida processual de caráter excepcional (Min. Djaci Falcão, RTJ 112/518-522) — configura, modernamente, instrumento de extração constitucional, inobstante a origem pretoriana de sua criação (RTJ 112/504), destinado a viabilizar, na concretização de sua dupla função de ordem político-jurídica, a preservação da competência e a garantia da autoridade das decisões do Supremo Tribunal Federal (CF, art. 102, I, 'l') e do Superior Tribunal de Justiça (CF, art. 105, I, 'f')".

230. STF, *DJe*, 8 fev. 2018, Rcl 25160 AgR-ED, rel. p/ acórdão Min. Dias Toffoli; *DJe*, 18 abr. 2016, Rcl 1728 CumpSent, rel. Min. Luiz Fux; *DJe*, 10 mar. 2008, Rcl 5470, rel. Min. Gilmar Mendes.

231. CPC/2015, art. 988 a 993. O novo CPC caracteriza a reclamação como um processo autônomo com relação ao feito que o originou, com partes, pedido e causa de pedir, por meio do qual se busca solucionar um determinado conflito de interesses, prevendo inclusive a citação do beneficiário da decisão impugnada para contestar o pedido do reclamante.

2. Objeto

A reclamação presta-se à cassação da decisão que viola a competência ou a autoridade das decisões e dos precedentes proferidos pelo Supremo Tribunal Federal (CPC/2015, art. 992). O acórdão que julga a reclamação tem, como regra, efeito desconstitutivo da decisão impugnada. Pode-se, contudo, associar o pedido de desconstituição a outras medidas, como a avocação do processo em que se constatou a usurpação da competência do STF, a determinação da remessa do recurso interposto para o Tribunal, ou outra providência que se entenda adequada a solucionar o conflito (RISTF, art. 160).

Vale observar, ainda, que o CPC/2015 é explícito quanto à viabilidade de postular, em reclamação, a cassação da decisão, quer em virtude da *não aplicação de uma tese* firmada pelo Tribunal com efeitos gerais (*erga omnes*), quer em virtude da *sua aplicação indevida*.[232] A tese corresponde justamente ao entendimento proferido pelo STF em resposta à questão jurídica debatida nos casos que é chamado a examinar. Trata-se de conceito correspondente à noção de *ratio decidendi* ou *holding*, utilizada para a operação com precedentes vinculantes (v. *supra*). Já a aplicação indevida da tese ocorre quando o novo caso não é perfeitamente semelhante àquele em que o precedente vinculante foi gerado, hipótese em que caberia ao prolator da decisão reclamada reconhecer tratar-se de situação de *distinção* (*distinguishing*) e afastar a aplicação do precedente (v. *supra*).

Há, ainda, precedente do Supremo Tribunal Federal admitindo o uso da reclamação para promover a superação de precedentes, inclusive daqueles proferidos em sede de controle concentrado de constitucionalidade, de forma a evitar a reiteração de um entendimento do STF que se tornou obsoleto, mas que a Corte ainda não teve a oportunidade de reexaminar em sede concentrada[233]. O uso do instituto com essa finalidade deve, contudo,

---

232. CPC/2015, art. 988: "Caberá reclamação da parte interessada ou do Ministério Público para: I — preservar a competência do tribunal; II — garantir a autoridade das decisões do tribunal; III — garantir a observância de enunciado de súmula vinculante e de decisão do Supremo Tribunal Federal em controle concentrado de constitucionalidade; IV — garantir a observância de acórdão proferido em julgamento de incidente de resolução de demandas repetitivas ou de incidente de assunção de competência; § 4º As hipóteses dos incisos III e IV compreendem a aplicação indevida da tese jurídica e sua não aplicação aos casos que a ela correspondam".

233. V. STF, *DJe*, 4 set. 2013, Rcl 4.374, rel. Min. Gilmar Mendes: "Reclamação como instrumento de (re)interpretação da decisão proferida em controle de constitucionali-

ser visto como excepcional, pois pode produzir um incentivo à litigância e à não observância dos precedentes vinculantes.

3. Cabimento e requisitos

Como observado acima, a reclamação será cabível para assegurar o respeito à competência do STF, para garantir a autoridade das decisões e dos precedentes do Tribunal. Os requisitos a serem observados para a admissão da reclamação podem ser classificados como: *requisitos gerais*, aplicáveis a toda e qualquer reclamação; e *requisitos especiais*, exigíveis de acordo com a eficácia de que é dotada a decisão paradigma que se alega violada.

3.1. Requisitos gerais

Exige-se, para a admissão da reclamação, além da presença das condições da ação (CPC/2015, art. 17) e dos requisitos da inicial (CPC/2015, arts. 319, 320 e 330), a demonstração da existência de *aderência estrita* entre a decisão reclamada e o paradigma que se alega violado. Tem-se por aderência estrita a identidade entre o caso que gerou o precedente e aquele em que foi proferida a decisão reclamada, tanto no que respeita ao contexto fático, quanto no que se refere à questão jurídica que suscitam. De fato, quando um novo caso apresenta fatos distintos ou coloca ao órgão judicial

---

dade abstrato. (...). O STF, no exercício da competência geral de fiscalizar a compatibilidade formal e material de qualquer ato normativo com a Constituição, pode declarar a inconstitucionalidade, incidentalmente, de normas tidas como fundamento da decisão ou do ato que é impugnado na reclamação. Isso decorre da própria competência atribuída ao STF para exercer o denominado controle difuso da constitucionalidade das leis e dos atos normativos. A oportunidade de reapreciação das decisões tomadas em sede de controle abstrato de normas tende a surgir com mais naturalidade e de forma mais recorrente no âmbito das reclamações. (...). Com base na alegação de afronta a determinada decisão do STF, o Tribunal poderá reapreciar e redefinir o conteúdo e o alcance de sua própria decisão. E, inclusive, poderá ir além, superando total ou parcialmente a decisão-parâmetro da reclamação, se entender que, em virtude de evolução hermenêutica, tal decisão não se coaduna mais com a interpretação atual da Constituição". Há, ainda, decisão admitindo o uso da reclamação para submeter novamente à apreciação do STF matéria que teve a sua repercussão geral recusada anteriormente. V. STF, *DJe*, 3 ago. 2015, Rcl 20.628, rel. Min. Luís Roberto Barroso (decisão monocrática). Também já se defendeu, no Tribunal, a atribuição de efeitos gerais à decisão proferida em reclamação, tendo em vista voltar-se contra decisão do TST "com efeito concreto de uniformização de jurisprudência". STF, *DJe*, 27 fev. 2018, Rcl 22.012, voto do Min. Toffoli.

uma questão jurídica diversa daquela apreciada no caso paradigma, o STF conclui pelo não cabimento da reclamação, por falta de aderência estrita[234].

No passado, o requisito da aderência estrita já serviu de base para que o Tribunal afirmasse que a reclamação só seria cabível quando a decisão proferida em ação direta e o novo caso versassem sobre o mesmo diploma normativo. Se o novo caso tratasse de diploma normativo distinto, ainda que com conteúdo idêntico àquele que gerou o paradigma, o Tribunal tendia a concluir pelo não cabimento da reclamação[235]. A Corte rejeitava, então, a concepção de eficácia transcendente (ou vinculante) dos motivos determinantes da decisão. Reconhecia efeitos vinculantes e gerais apenas ao dispositivo do acórdão proferido em ação direta — que declarava a constitucionalidade ou inconstitucionalidade de determinada norma. Não conferia os mesmos efeitos aos fundamentos ou à tese de direito que servia de base para a proclamação do dispositivo (v. *infra*)[236].

Entretanto, o Código de Processo Civil de 2015 previu, de forma expressa, o cabimento da reclamação por violação da tese firmada nas

---

234. STF, DJe, 27 set. 2018, Rcl 30.986 AgR, rel. Min. Alexandre de Moraes; DJe, 27 set. 2018, Rcl 25733 AgR, Rel. Min. Luiz Fux; DJe, 14 abr. 2016, Rcl 9.342 AgR, rel. Min. Rosa Weber.

235. STF, DJe, 1o dez. 2014, Rcl 11.245 AgR-segundo, rel. Min. Celso de Mello; DJe, 18 nov. 2014, Rcl 17.298 AgR, rel. Min. Celso de Mello; DJe, 5 jun. 2013, Rcl 13.115 MC-AgR, rel. p/ acórdão Min. Marco Aurélio. Todavia, nos casos de liberdade de expressão, a Corte aplicava um entendimento mais flexível, conhecendo mais amplamente de reclamações que tivessem por base a limitação ao exercício da liberdade de expressão, sob a invocação de violação à decisão proferida pelo STF na ADPF 130, rel. Min. Ayres Britto. STF, *DJe*, 17 set. 2014, Rcl 18.638 MC, rel. Min. Luís Roberto Barroso; *DJe*, 9 out. 2014, Rcl 18.687-DF, rel. Min. Luís Roberto Barroso; *DJe*, 30 out. 2011, Rcl 18.735, rel. Min. Gilmar Mendes; *DJe*, 8 out. 2010, Rcl 18.746 MC, rel. Min. Gilmar Mendes; *DJe*, 17 set. 2014, Rcl. 18.566 MC, rel. Min. Celso de Mello; *DJe*, 15 ago. 2014, Rcl 18.290, rel. Min. Luiz Fux; *DJe*, 6 ago. 2014, Rcl 16.434 MC, rel. Min. Rosa Weber, decisão proferida pelo Min. Ricardo Lewandowski, no exercício da Presidência; *DJe*, 7 ago. 2014, Rcl 18.186 MC, relª Minª Cármen Lúcia, decisão proferida pelo Min. Ricardo Lewandowski, no exercício da Presidência; *DJe*, 4 mar. 2011, Rcl 11.292 MC, rel. Min. Joaquim Barbosa.

236. Entretanto, esse não foi sempre o entendimento do STF. A Corte já havia reconhecido, no passado, que também a exegese firmada pelo Tribunal, e não apenas o dispositivo da decisão, produzia efeitos vinculantes e gerais. Conheceu, ainda, de reclamação voltada a questionar o descumprimento da exegese. V. STF, Rcl 1987, DJ, 21 maio 2004, Rel. Min. Maurício Correa. A posterior mudança de entendimento decorreu de razões defensivas, produto da preocupação com um grande aumento do volume da classe processual no Tribunal. Ao que tudo indica, contudo, o novo CPC retoma o entendimento mais antigo da Corte, no sentido da vinculação da tese.

decisões proferidas pelo Tribunal (art. 988, *caput* e § 4º)[237]. Autorizou o ajuizamento da reclamação tanto em caso de *não aplicação* da tese, quanto de sua aplicação *indevida*. É de se supor, portanto, que o alcance do requisito de aderência estrita será revisto pela jurisprudência da Corte. Possivelmente, o Tribunal deixará de exigir que o precedente e o novo caso versem sobre o mesmo diploma normativo, admitindo-se a presença de aderência estrita desde que a decisão reclamada verse sobre fatos relevantes semelhantes e sobre a mesma questão jurídica, ainda que trate de norma diversa[238].

A reclamação comporta cognição *secundum evuntum probationis*[239], não admitindo qualquer outro meio de prova diverso da prova documental (RISTF, art. 156, parágrafo único). Por isso, não será cabível se depender de dilação probatória de qualquer outra ordem. Tampouco será cabível se a decisão reclamada já houver transitado em julgado (CPC/2015, art. 988, § 5º, I). Nessa hipótese, a medida processual adequada será a ação rescisória. Entretanto, a inadmissibilidade do recurso interposto contra a decisão reclamada ou, ainda, o julgamento do mérito do recurso não enseja a perda do objeto da reclamação, que guarda autonomia com relação a eventuais recursos (CPC/2015, art. 988, § 6º).

3.2. Requisitos específicos

Os demais requisitos que condicionam o cabimento da reclamação, variam de acordo com a eficácia atribuída à decisão paradigma e com o instrumento processual que a ensejou, na forma exposta a seguir.

---

237. CPC/2015, art. 988: "Caberá reclamação da parte interessada ou do Ministério Público para: I — preservar a competência do tribunal; II — garantir a autoridade das decisões do tribunal; III — garantir a observância de enunciado de súmula vinculante e de decisão do Supremo Tribunal Federal em controle concentrado de constitucionalidade; IV — garantir a observância de acórdão proferido em julgamento de incidente de resolução de demandas repetitivas ou de incidente de assunção de competência; (...). § 4º As hipóteses dos incisos III e IV compreendem a aplicação indevida da tese jurídica e sua não aplicação aos casos que a ela correspondam".

238. STF, *DJe*, 10 maio 2018, Rcl 22328, rel. Min. Roberto Barroso; *DJe*, 6 ago. 2018, Rcl 31253 MC, rel. Min. Roberto Barroso; *DJe*, 1º ago. 2018, Rcl 26491, rel. Min. Barroso.

239. Marinoni, Arenhart, Mitidiero, *Código de Processo Civil Comentado*, 4. ed., 2018, p. 1114.

a) *Decisões proferidas em controle concentrado da constitucionalidade e entendimentos firmados em súmulas vinculantes*. As decisões proferidas em controle concentrado da constitucionalidade e as súmulas vinculantes são dotadas de efeitos vinculantes (obrigatórios) e gerais (*erga omnes*), que alcançam todo o Judiciário e, ainda, a Administração Pública (CF, art. 102, §2º, e art. 103-A)[240]. Qualquer ato jurisdicional ou administrativo que deixe de observar o entendimento firmado nas ações diretas ou nas súmulas dará ensejo a reclamação, a ser proposta *per saltum*, diretamente no Supremo Tribunal Federal. Nessa hipótese, a reclamação será cabível contra *ato judicial* ou contra *ato administrativo*. Em se tratando de reclamação contra ato judicial, não haverá necessidade de exaurimento de instância. No caso de reclamação contra ato administrativo, será preciso exaurir as instâncias administrativas para o seu cabimento, sob pena de não ser conhecida (Lei n. 11.417/2006, art. 7º, § 1º)[241].

b) *Teses firmadas em recurso extraordinário com repercussão geral*. As teses firmadas pelo Supremo Tribunal Federal em recurso extraordinário com repercussão geral são dotadas de efeitos obrigatórios e gerais (*erga omnes*), que alcançam apenas o Judiciário (e não a Administração Pública). Esses efeitos estarão presentes em recursos com repercussão geral reconhecida, quer se trate de recurso repetitivo ou não. Um caso único pode ter a

---

240. CF, art. 102, § 2º: "As decisões definitivas de mérito, proferidas pelo Supremo Tribunal Federal, nas ações diretas de inconstitucionalidade e nas ações declaratórias de constitucionalidade produzirão eficácia contra todos e efeito vinculante, relativamente aos demais órgãos do Poder Judiciário e à administração pública direta e indireta, nas esferas federal, estadual e municipal"; art. 103-A: "O Supremo Tribunal Federal poderá, de ofício ou por provocação, mediante decisão de dois terços dos seus membros, após reiteradas decisões sobre matéria constitucional, aprovar súmula que, a partir de sua publicação na imprensa oficial, terá efeito vinculante em relação aos demais órgãos do Poder Judiciário e à administração pública direta e indireta, nas esferas federal, estadual e municipal, bem como proceder à sua revisão ou cancelamento, na forma estabelecida em lei".

241. Lei n. 11.417/2006, art. 7º, § 1º: "Contra omissão ou ato da administração pública, o uso da reclamação só será admitido após esgotamento das vias administrativas". A mesma norma alterou a Lei n. 9.784/99, que regula o processo administrativo no âmbito da Administração Pública federal, para prever que, nos recursos administrativos em que se alegue violação à súmula, a autoridade encarregada de decidir estará obrigada a expor as razões que a levam a considerar o enunciado aplicável ou inaplicável, conforme seja o caso (art. 64-A). Além disso, uma vez provida a reclamação, a autoridade administrativa será notificada para adequar sua conduta no caso concreto e também nos subsequentes, sob pena de responsabilização pessoal (art. 64-B).

sua repercussão geral reconhecida, quando veicular matéria relevante do ponto de vista econômico, político, social ou jurídico, havendo ou não outras demandas idênticas (CPC/2015, art. 1.035, § 1º)[242]. Mesmo que não haja demandas idênticas no momento do julgamento, a tese nele firmada deverá ser obrigatoriamente observada pelo Judiciário se e quando demanda idêntica se colocar[243]. Não há dúvida quanto ao ponto, ante a literalidade do art. 988, § 5º, II, c/c § 4º, do CPC/2015[244].

Por outro lado, como já mencionado, a tese firmada em repercussão geral é de observância obrigatória apenas para o Judiciário. Embora seja recomendável que a Administração Pública a observe, pois trata-se da exegese constitucional estabelecida pelo Tribunal de mais alta hierarquia para tratar da matéria, a inobservância em sede administrativa não dá ensejo a reclamação. Portanto, só será cabível a reclamação pelo descumprimento de tese de repercussão geral quando tiver por objeto *ato judicial*. Além disso, o CPC/2015 exige o *exaurimento das instâncias judiciais ordinárias* como condição para o cabimento da reclamação nesta hipótese, de forma que, qualquer reclamação ajuizada antes disso terá seu conhecimento rejeitado.

---

242. CPC/2015, art. 1.035, § 1º: "Para efeito de repercussão geral, será considerada a existência ou não de questões relevantes do ponto de vista econômico, político, social ou jurídico que ultrapassem os interesses subjetivos do processo".

243. No mesmo sentido, v. Marinoni, Arenhart, Mitidiero, *Código de Processo Civil Comentado*, 4. ed., 2018, p. 1114: "(...) embora o art. 988, §5º, II, CPC, fale em 'acórdão' oriundo de julgamento de 'recurso extraordinário com repercussão geral reconhecida' e em 'acórdão proferido em julgamento de recursos extraordinário ou especial repetitivos', é certo que a reclamação tutela todo e qualquer precedente constitucional e todo e qualquer precedente federal, pouco importando a forma repetitiva. A restrição que interessa aí diz respeito apenas à necessidade de esgotamento de instância ordinária para o cabimento de reclamação".

244. Art. 988. Caberá reclamação da parte interessada ou do Ministério Público para: I — preservar a competência do tribunal; II — garantir a autoridade das decisões do tribunal; III — garantir a observância de enunciado de súmula vinculante e de decisão do Supremo Tribunal Federal em controle concentrado de constitucionalidade; IV — garantir a observância de acórdão proferido em julgamento de incidente de resolução de demandas repetitivas ou de incidente de assunção de competência; (...) § 4º As hipóteses dos incisos III e IV compreendem a aplicação indevida da tese jurídica e sua não aplicação aos casos que a ela correspondam. § 5º É inadmissível a reclamação: (...); II — proposta para garantir a observância de acórdão de recurso extraordinário com repercussão geral reconhecida ou de acórdão proferido em julgamento de recursos extraordinário ou especial repetitivos, quando não esgotadas as instâncias ordinárias.

Há, ainda, algum debate sobre o que configura "exaurimento das instâncias ordinárias" para esse fim específico. De modo geral, as instâncias ordinárias encerram-se com o julgamento em segundo grau. Os demais recursos para os tribunais superiores são tidos pela doutrina como recursos extraordinários justamente porque cabíveis apenas em hipóteses específicas. Há, todavia, precedente do STF no sentido de que, para os fins de ajuizamento de reclamação, o exaurimento das instâncias ordinárias exige que todo e qualquer recurso tenha tido seu julgamento encerrado, ainda que se trate de recurso em curso perante tribunal superior (STJ, TST ou TSE)[245].

Tal entendimento constitui, em verdade, nova jurisprudência defensiva da Corte. Antes do CPC/2015, não se admitia reclamação para assegurar o cumprimento das teses firmadas em repercussão geral (v., *supra*). A redação original do Novo Código previu, então, o cabimento da reclamação de forma ampla, sem a exigência do exaurimento de instância ordinária. Durante a *vacatio legis*, por mobilização dos tribunais superiores, aprovou-se a Lei n. 13.256/2016, que alterou o CPC/2015 para exigir a exaustão das instâncias ordinárias como requisito para a propositura de reclamação. Havia, então, grande preocupação com o volume de reclamações que seriam propostas perante o STF. A despeito da alteração, a resistência à reclamação persistiu e a apreensão em torno do volume de casos que chegará ao STF motivou uma interpretação ampliativa da expressão "instâncias ordinárias", com o propósito de restringir o seu cabimento.

Trata-se, contudo, de entendimento que não se compatibiliza com o que a doutrina processual entende por instância ordinária e que, na prática, esvazia o potencial do instituto da reclamação para fazer valer o precedente firmado em repercussão geral. Se, na prática, será preciso ter o pronunciamento final de todo e qualquer recurso interposto para tribunal superior,

---

245. STF, *DJe*, 11 abr. 2017, Ag. Reg. na Rcl 24.686, rel. Min. Teori Zavascki. Segundo o julgado: "não cabe reclamação com fundamento no art. 988, § 5º, II, do CPC/2015 quando não há esgotamento das instâncias ordinárias, (...). Registre-se que, em se tratando de reclamação para o STF, a interpretação do art. 988, § 5º, II, do CPC deve ser fundamentalmente teleológica, e não estritamente literal. O esgotamento da instância ordinária, em tais casos, significa o percurso de todo o íter recursal cabível antes do acesso à Suprema Corte. Ou seja, se a decisão reclamada ainda comportar reforma por via de recurso a algum tribunal, inclusive a tribunal superior, não se permitirá acesso à Suprema Corte por via de reclamação. (....). Interpretação puramente literal desse dispositivo acabaria por transferir a esta Corte, pela via indireta da reclamação, a competência de pelo menos três tribunais superiores (Superior Tribunal de Justiça, Tribunal Superior do Trabalho, Tribunal Superior Eleitoral), para onde podem ser dirigidos recursos contra decisões de tribunais de segundo grau de jurisdição".

para só então ajuizar reclamação, a medida acabará sendo apreciada em momento próximo ao de apreciação do próprio recurso extraordinário interposto pela parte. A reclamação propiciará, no caso, um ganho muito pequeno de tempo. Terá baixíssima efetividade. E provocará a tramitação de dois feitos voltados ao mesmo fim. A solução parece pouco racional, embora a preocupação com o volume de casos apreciados pelo Tribunal seja válida porque pode comprometer o próprio exercício das competências constitucionais que lhe foram conferidas.

c) *Regulamentação produzida em mandado de injunção.* Como já demonstrado acima, o Supremo Tribunal Federal já reconheceu efeitos vinculantes (obrigatórios) e gerais (*erga omnes*) a decisões proferidas em mandado de injunção. A título ilustrativo, previu que a regulamentação sobre o exercício do direito de greve, produzida pela Corte em tal sede, seria aplicável aos servidores públicos de modo geral, ainda que a ação houvesse sido proposta por categorias específicas[246]. Coerentemente com isso, admitiu reclamação que alegava o descumprimento de tal regulamentação por quem não fora parte nas injunções, tampouco integrava as categorias que as provocaram[247]. Posteriormente, a Lei n. 13.300/2017 estabeleceu que as decisões proferidas em mandado de injunção produzem, como regra, efeitos *inter partes*, salvo se lhes for atribuída eficácia *ultra partes* ou *erga omnes* (art. 9º, §1º)[248]. Nesse cenário, caberá reclamação da parte que ajuizou o mandado de injunção sempre que a decisão proferida pelo STF não for observada. Caberá, ainda, reclamação com maior amplitude, quando a Corte atribuir efeitos *ultra partes* ou *erga omnes* ao seu julgado.

d) *Decisões com efeitos "inter partes" proferidas pelo Supremo Tribunal Federal.* A competência do Supremo Tribunal Federal é bastante ampla e abrange diversas classes processuais além das ações diretas, dos

---

246. V. STF, *DJe*, 31 out. 2008, MI 670, rel. p/ acórdão Min. Gilmar Mendes: "Mandado de injunção conhecido e, no mérito, deferido para, nos termos acima especificados, determinar a aplicação das Leis n. 7.701/88 e 7.783/89 aos conflitos e às ações judiciais que envolvam a interpretação do direito de greve dos servidores públicos civis".
247. STF, *DJe*, 31 ago. 2015, Rcl 6.200 AgR, rel. Min. Gilmar Mendes; *DJe*, 10 ago. 2015, Rcl 18.203 AgR, rel. Min. Luiz Fux; *DJe*, 25 set. 2009, Rcl 6568, rel. Min. Eros Grau.
248. Lei n. 13.300/2016, art. 9º, §1º: "Poderá ser conferida eficácia *ultra partes* ou *erga omnes* à decisão, quando isso for inerente ou indispensável ao exercício do direito, da liberdade ou da prerrogativa objeto da impetração".

recursos extraordinários com repercussão geral e dos mandados de injunção. Nas demais classes, como regra, as decisões proferidas pelo STF produzem efeitos *inter partes*. Nessa hipótese, a reclamação será ainda assim cabível, mas só poderá ser proposta por quem foi parte no processo, uma vez que a decisão só obrigará ou beneficiará quem integrou a relação processual.

4. Legitimidade ativa e passiva

A legitimidade ativa para propor reclamação variará de acordo com a eficácia produzida pela decisão paradigma. Em se tratando de decisão com eficácia *inter partes*, somente quem foi parte no feito poderá ajuizar reclamação em caso de descumprimento. Quando a decisão produzir efeitos gerais (*erga omnes*) e vinculantes, qualquer interessado que se julgue prejudicado pelo descumprimento da decisão ou da tese que lhe serviu de base pode propor a medida[249]. Também o Ministério Público detém legitimidade ativa para propor reclamação (CPC/2015, art. 988).

O legitimado passivo para a ação é a entidade ou o órgão prolator da decisão reclamada. Entretanto, o CPC/2015 prevê a citação do beneficiário da decisão reclamada para contestar a ação.

5. Procedimento

O procedimento aplicável à reclamação encontra-se previsto nos arts. 988 a 993 do CPC/2015 e nos arts. 156 a 162 do RISTF. A reclamação pode ser proposta pelo Procurador-Geral da República ou pelos demais interessados, nos termos já explicitados acima, e deve vir acompanhada da prova documental que demonstre a usurpação da competência da Corte ou o desrespeito à decisão ou a precedente por ela proferido. Ao despachar a inicial, o relator requisitará informações da autoridade a quem for imputada a prática do ato, no prazo de 10 (dez) dias. Determinará a citação do beneficiário da decisão reclamada, para que conteste a ação, no prazo de 15 (quinze) dias. E, se entender necessário, poderá, ainda, deferir liminar determinando a suspensão do processo ou do ato impugnado, de forma a evitar dano irreparável (CPC/2015, art. 989). Qualquer interessado poderá impugnar o pedido do reclamante (CPC/2015, art. 991). Proferida a decisão, o presidente do Tribunal determinará seu imediato cumprimento, independentemente da lavratura de acórdão (CPC/2015, art. 993).

---

249. STF, *DJ*, 19 mar. 2004, Rcl AgRg QO 1.880, rel. Min. Maurício Corrêa.

Capítulo III
CONTROLE DE CONSTITUCIONALIDADE POR VIA DE AÇÃO DIRETA

I — CARACTERÍSTICAS GERAIS

O controle judicial de constitucionalidade por via principal ou por ação direta tem como antecedente, embora de alcance limitado, a denominada representação interventiva, criada pela Constituição de 1934. Figurava ela como pressuposto para a decretação de intervenção federal nos Estados--membros, em caso de inobservância de algum dos denominados princípios constitucionais *sensíveis*[1]. Todavia, foi com a introdução da ação genérica de inconstitucionalidade, pela Emenda Constitucional n. 16, de 26 de novembro de 1965, que o controle por via principal teve ampliado o seu objeto, dando início à trajetória que o conduziria a uma posição de destaque dentro do sistema.

Estudam-se a seguir as principais características dessa modalidade de controle, bem como as espécies de ação direta existentes no Direito brasileiro. Optou-se por analisar em capítulo à parte a ação direta interventiva (CF, art. 36, III) e a arguição de descumprimento de preceito fundamental (CF, art. 102, § 1º), por não compartilharem de todas as características do controle por via principal. De fato, nesses dois casos, de parte outras singularidades, a fiscalização empreendida nem sempre terá natureza abstrata, nem a discussão constitucional será a questão principal envolvida.

1. Pronunciamento em abstrato acerca da validade da norma

A função jurisdicional, como regra geral, destina-se a solucionar conflitos de interesses, a julgar uma controvérsia entre partes que possuem pretensões antagônicas[2]. O controle de constitucionalidade por ação direta

---

1. Na fórmula do art. 12, § 2º, da Constituição de 1934, cabia à Corte Suprema pronunciar-se acerca da constitucionalidade da lei que decretava a intervenção — e, consequentemente, sobre a validade ou não do ato estadual apontado como ilegítimo. Não se tratava, portanto, de atuação judicial típica, destinada a solucionar litígio entre partes.

2. V. M. Seabra Fagundes, *O controle dos atos administrativos pelo Poder Judiciário*, 1979, p. 11, em página clássica: "[O exercício da função jurisdicional] pressupõe, assim,

ou por via principal, conquanto também seja jurisdicional, é um exercício atípico de jurisdição, porque nele não há um litígio ou situação concreta a ser solucionada mediante a aplicação da lei pelo órgão julgador. Seu objeto é um pronunciamento acerca da própria lei. Diz-se que o controle é em tese ou abstrato porque não há um caso concreto subjacente à manifestação judicial. A ação direta destina-se à proteção do próprio ordenamento, evitando a presença de um elemento não harmônico, incompatível com a Constituição. Trata-se de um processo objetivo, sem partes, que não se presta à tutela de direitos subjetivos, de situações jurídicas individuais[3]. No caso específico da inconstitucionalidade por omissão, a declaração é igualmente em tese, em pronunciamento no qual se reconhece a inércia ilegítima do órgão encarregado de editar a norma exigida pelo ordenamento.

2. Questão principal

Como se assinalou anteriormente, a discussão acerca da constitucionalidade de uma norma no controle por via incidental configura questão *prejudicial*, cujo equacionamento subordina logicamente o resultado da demanda. Já no controle por via principal, o juízo de constitucionalidade é o próprio objeto da ação, a questão *principal* a ser enfrentada: cumpre ao tribunal manifestar-se especificamente acerca da validade de uma lei e, consequentemente, sobre sua permanência ou não no sistema. Simetricamente, se a hipótese for de omissão inconstitucional, o que se declara é a ilegitimidade da não edição da norma.

Na ação direta, cabe ao autor indicar os atos infraconstitucionais que considera incompatíveis com a Constituição e as normas constitucionais em face das quais estão sendo questionados, com as respectivas razões. Como regra geral, o Supremo Tribunal Federal adota o entendimento de

---

um conflito, uma controvérsia em torno da realização do Direito e visa a removê-lo pela definitiva e obrigatória interpretação da lei".

3. O ajuizamento de ação direta de inconstitucionalidade perante o Supremo Tribunal Federal faz instaurar processo objetivo, sem partes, no qual inexiste litígio referente a situações concretas ou individuais (STF, *RDA, 193*:242, 1993, Rcl 397, rel. Min. Celso de Mello). A ação direta destina-se ao julgamento, não de uma relação jurídica concreta, mas da validade da lei em tese. A tutela jurisdicional de situações individuais há de ser obtida na via do controle difuso de constitucionalidade, à vista de um caso concreto, acessível a qualquer pessoa que disponha de interesse e legitimidade (STF, *RTJ, 164*:506, 1998, ADInMC 1.434-SP, rel. Min. Celso de Mello).

que não pode estender a declaração de inconstitucionalidade a dispositivos que não tenham sido impugnados, ainda que os fundamentos sejam os mesmos[4]. Quanto aos limites do papel a ser desempenhado pelo tribunal, o conhecimento convencional é no sentido de que ele só pode atuar como legislador *negativo* — paralisando a eficácia de uma norma existente —, mas não como legislador *positivo*, inovando no ordenamento jurídico pela criação de norma anteriormente inexistente[5].

Entretanto, vale o registro de que, em tempos mais recentes, a própria Corte passou a questionar a consistência teórica da distinção entre legislador negativo e positivo, dado o reconhecimento de que, em variadas situações, a interpretação jurídica exigirá que o intérprete atribua significados concretos a normas de textura aberta, efetuando escolhas justificadas e submetendo-se ao teste da crítica pública. Nessas condições, o aplicador — e aqui, com especial destaque, o juiz — passa a colaborar na construção do sentido das normas, atenuando as fronteiras entre criação e interpretação[6]. Embora tal circunstância se manifeste com certa regularidade no âmbito da jurisdição constitucional, alguns precedentes acabam atraindo uma atenção diferenciada por parte do grande público. Dois casos recentes ilustram o ponto de forma especialmente nítida: no primeiro, interpretando o princípio democrático, o STF estabeleceu que a troca injustificada de partido gera a perda do

---

4. STF, *RTJ, 137*:1001, 1991, Rep 1.318-8-MS, rel. Min. Moreira Alves. Nada obstante, o tribunal não está adstrito aos argumentos invocados pelo autor, podendo declarar a inconstitucionalidade por fundamentos diversos dos expendidos na inicial (STF, *DJU,* 14 dez. 2001, p. 23, ADInMC 2.396-MS, relª Minª Ellen Gracie).

5. Por esse motivo, o Supremo Tribunal Federal não admite declarar a inconstitucionalidade de trechos de norma legal, quando disso puder resultar a subversão da regulamentação que o legislador pretendia dar à matéria. V. STF, *DJU,* 27 abr. 2001, p. 57, QO na ADInMC 1.063-8, rel. Min. Celso de Mello: "A ação direta de inconstitucionalidade não pode ser utilizada com o objetivo de transformar o Supremo Tribunal Federal, indevidamente, em legislador positivo, eis que o poder de inovar o sistema normativo, em caráter inaugural, constitui função típica da instituição parlamentar. Não se revela lícito pretender, em sede de controle normativo abstrato, que o Supremo Tribunal Federal, a partir da supressão seletiva de fragmentos do discurso normativo inscrito no ato estatal impugnado, proceda à virtual criação de outra regra legal, substancialmente divorciada do conteúdo material que lhe deu o próprio legislador". Para um controvertido precedente (v., *supra*) que excepcionou o entendimento tradicional, v. STF, *DJU,* 14 ago. 1988, AgRg em AI 211.422-PI, rel. Min. Maurício Corrêa.

6. Sobre o tema, que será retomado em outras passagens *infra*, v. Luís Roberto Barroso, *Curso de direito constitucional contemporâneo — Os conceitos fundamentais e a construção do novo modelo,* 2011, p. 308-10.

mandato parlamentar[7]; no segundo, atribuindo sentido a princípios como igualdade, liberdade e dignidade da pessoa humana, a Corte assentou o dever estatal de reconhecer as uniões estáveis entre pessoas do mesmo sexo[8]. Oscilando entre críticas ferrenhas e atos de louvor, a reação apaixonada que ambos os casos despertaram ajuda a colocar em evidência o papel decisivo de juízes e tribunais na definição do conteúdo material do Direito vigente.

3. Controle concentrado

O controle concentrado de constitucionalidade tem sua origem no modelo austríaco, que se irradiou pela Europa, e consiste na atribuição da guarda da Constituição a um único órgão ou a um número limitado deles, em lugar do modelo americano de fiscalização por todos os órgãos jurisdicionais (sistema difuso). No caso brasileiro, a Constituição prevê a possibilidade de controle concentrado, por via principal, a ser desempenhado:

a) no plano federal, e tendo como paradigma a Constituição da República, pelo *Supremo Tribunal Federal*, na ação direta de inconstitucionalidade de lei ou ato normativo federal ou estadual, na ação declaratória de constitucionalidade de lei ou ato normativo federal (art. 102, I, *a*) e na ação de inconstitucionalidade por omissão (art. 103, § 2º);

b) no plano estadual, e tendo como paradigma a Constituição do Estado, pelo *Tribunal de Justiça*, na representação de inconstitucionalidade de leis ou atos normativos estaduais ou municipais (art. 125, § 2º).

II — A AÇÃO DIRETA DE INCONSTITUCIONALIDADE

A ação direta de inconstitucionalidade de lei ou ato normativo, também conhecida como ação genérica, foi introduzida no Direito brasileiro, como visto, pela Emenda Constitucional n. 16, de 26 de novembro de 1965, à Constituição de 1946, que a ela se referia como *representação*[9].

---

7. V. STF, *DJe*, 17 out. 2008, MS 26.602-DF, rel. Min. Eros Grau; *DJe*, 19 dez. 2008, MS 26.603-DF, rel. Min. Celso de Mello; e *DJe*, 3 out. 2008, MS 26.604-DF, relª Minª Cármen Lúcia.

8. V. STF, ADIn 4.277-DF e ADPF 132-RJ, rel. Min. Carlos Britto, j. 5 maio 2011.

9. A EC n. 16/65 deu nova redação à alínea *k* do art. 101, I, ficando o texto constitucional com a seguinte dicção: "Art. 101. Ao Supremo Tribunal compete: I — processar e julgar originariamente: *k*) a representação contra a inconstitucionalidade de lei ou ato de natureza normativa, federal ou estadual, encaminhada pelo Procurador Geral da República".

Trata-se, no entanto, de verdadeira ação, no sentido de que os legitimados ativos provocam, direta e efetivamente, o exercício da jurisdição constitucional. Mas certamente não se cuida do típico direito de ação, consagrado na Constituição (art. 5º, XXXV) e disciplinado pelas leis processuais. Não há pretensões individuais nem tutela de direitos subjetivos no controle de constitucionalidade por via principal. O processo tem natureza objetiva, e só sob o aspecto formal é possível referir-se à existência de *partes*[10].

1. Competência

Ao Supremo Tribunal Federal compete, precipuamente, a guarda da Constituição. Desempenha ele, de modo concentrado e, *ipso facto*, privativo, o controle abstrato de constitucionalidade das normas em face da Carta da República, nas hipóteses em que cabível. Analogamente a uma corte constitucional do sistema europeu, é atribuição do Supremo Tribunal Federal processar e julgar, originariamente, a ação direta de inconstitucionalidade de lei ou ato normativo federal ou estadual, quando alegada contrariedade à Constituição Federal (art. 102, I, *a*).

O sistema federativo vigente no Brasil dá ensejo, também, a uma modalidade de controle abstrato e concentrado de constitucionalidade no âmbito dos Estados. Assim, prevê a Constituição a possibilidade da instituição de uma *representação* de inconstitucionalidade de leis ou atos normativos estaduais ou municipais, em face da Constituição estadual (art. 125, § 2º). Embora não haja referência expressa no texto constitucional, é da lógica do sistema que a competência para processar e julgar, originariamente, essa ação (impropriamente referida como representação) seja do Tribunal de Justiça[11]. Mas não se admite a atribuição ao Tribunal de Justiça dos

---

10. V. Clèmerson Merlin Clève, *A fiscalização abstrata de constitucionalidade no direito brasileiro*, 2000, p. 143-5: "Cuidando-se de processo objetivo, na ação direta de inconstitucionalidade não há lide nem partes (salvo num sentido formal), posto inocorrerem interesses concretos em jogo. Por essa razão, os princípios constitucionais do processo (leia--se: do processo subjetivo) não podem ser aplicados ao processo objetivo sem apurada dose de cautela". V. também Arthur Castilho Neto, Reflexões críticas sobre a ação direta de constitucionalidade no Supremo Tribunal Federal, *RPGR*, 2:13, 1993, p. 13. O rigor de tal assertiva vem sendo atenuado, como se verá no curso deste capítulo, por figuras como a da *pertinência temática* e do *amicus curiae*.

11. Vejam-se, exemplificativamente, os dispositivos pertinentes das Constituições estaduais do Rio de Janeiro e de São Paulo. Constituição do Estado do Rio de Janeiro,

Estados de competência para apreciar, em controle abstrato, a constitucionalidade de lei federal em face da Constituição Estadual, tampouco de lei municipal em face da Constituição Federal[12] (v., *infra*). O sistema concebido pelo constituinte permite o ajuizamento simultâneo de ação direta no âmbito estadual e no âmbito federal — isto é, perante o Tribunal de Justiça e perante o Supremo Tribunal Federal —, tendo por objeto a mesma lei ou ato normativo *estadual*, mudando-se apenas o paradigma: no primeiro caso a Constituição do Estado e, no segundo, a Carta da República. Como intuitivo, a decisão que vier a ser proferida pela Suprema Corte vinculará o Tribunal de Justiça estadual, mas não o contrário. Por essa razão, quando tramitarem paralelamente as duas ações, e sendo a norma constitucional estadual contrastada mera reprodução da Constituição Federal[13], tem-se entendido pela suspensão do processo no plano estadual[14].

---

art. 161: "Compete ao Tribunal de Justiça: IV — processar e julgar originariamente: a) a representação de inconstitucionalidade de lei ou ato normativo, estadual ou municipal, em face da Constituição Estadual"; Constituição do Estado de São Paulo, art. 74: "Compete ao Tribunal de Justiça, além das atribuições previstas nesta Constituição, processar e julgar originariamente: (...) VI — a representação de inconstitucionalidade de lei ou ato normativo estadual ou municipal, contestados em face desta Constituição, o pedido de intervenção em Município e ação de inconstitucionalidade por omissão, em face de preceito desta Constituição".

12. STF, *RTJ, 135*:12, 1991, ADInMC 347-SP, rel. Min. Moreira Alves; *RTJ, 134*:1066, 1990, ADInMC 409-RS, rel. Min. Celso de Mello; *RDA, 184*:208, 1991, ADIn 508-MG, rel. Min. Sydney Sanches.

13. Em livro clássico (*A autonomia do Estado-membro no direito constitucional brasileiro*, 1964, p. 192-3), Raul Machado Horta divide em dois grupos as normas da Constituição Federal reproduzidas nas Constituições estaduais: i) normas de reprodução, aquelas cuja repetição seria obrigatória, decorrente do "caráter compulsório da norma constitucional superior"; e ii) normas de imitação, que seriam uma "adesão voluntária do constituinte a uma determinada disposição constitucional", ou seja, traduziriam uma opção por seguir o modelo federal em matéria onde este não era imposto por força do princípio da simetria. Clèmerson Merlin Clève parte dessa distinção para concluir que apenas em relação ao primeiro grupo caberia controle de constitucionalidade tendo como paradigma a Constituição Federal, já que as normas do segundo grupo, ainda quando idênticas ao modelo federal, configurariam "normas constitucionais estritamente estaduais", que "serviriam de parâmetro definitivo e único para a aferição da validade dos atos normativos e das leis estaduais" (*A fiscalização abstrata de constitucionalidade no direito brasileiro*, 2000, p. 404).

14. STF, *DJU*, 22 nov. 1996, ADInMC 1.423-4-SP, rel. Min. Moreira Alves: "Rejeição das preliminares de litispendência e de continência, porquanto, quando tramitam paralelamente duas ações diretas de inconstitucionalidade, uma no Tribunal de Justiça local e outra no Supremo Tribunal Federal, contra a mesma lei estadual impugnada em face de

Questão que suscitou ampla controvérsia foi a de determinar o cabimento ou não do controle de constitucionalidade de lei municipal, em face da Constituição estadual, nas hipóteses em que o dispositivo desta se limitava a reproduzir dispositivo da Constituição Federal de observância obrigatória pelos Estados. Pretendeu-se sustentar que, em tais casos, haveria, em última análise, controle de constitucionalidade de lei municipal perante a Constituição Federal, feito pelo Tribunal de Justiça, o que contrariaria o sistema constitucional da matéria. No entanto, o Supremo Tribunal Federal, em sucessivas decisões, afirmou a possibilidade jurídica da representação de inconstitucionalidade nesses casos, ressalvando, contudo, o cabimento de recurso extraordinário. Reservou para si, assim, o poder de verificar se a interpretação dada à norma constitucional estadual contraria o sentido e alcance da Constituição Federal[15].

2. Legitimação

Como observado anteriormente, os principais institutos do direito processual foram concebidos e batizados levando em conta demandas de natureza subjetiva, nas quais se decidem conflitos de interesses entre partes. Como consequência, sua importação para processos objetivos, de natureza predominantemente institucional, deve ser feita *cum grano salis*. Nada

---

princípios constitucionais estaduais que são reprodução de princípios da Constituição Federal, suspende-se o curso da ação direta proposta perante o Tribunal estadual até o julgamento final da ação direta proposta perante o Supremo Tribunal Federal". Nesse mesmo acórdão se transcreve decisão em igual sentido proferida na Reclamação n. 425, relatada também pelo Min. Moreira Alves. V. também *DJU*, 1º ago. 2003, ADIn 2.361-6-CE, rel. Min. Maurício Corrêa: "Se a ADI é proposta inicialmente perante o Tribunal de Justiça local e a violação suscitada diz respeito a preceitos da Carta da República, de reprodução obrigatória pelos Estados-membros, deve o Supremo Tribunal Federal, nesta parte, julgar a ação, suspendendo-se a de lá; se além das disposições constitucionais federais há outros fundamentos envolvendo dispositivos da Constituição do Estado, a ação ali em curso deverá ser sobrestada até que esta Corte julgue em definitivo o mérito da controvérsia. Precedente".

15. O *leading case* na matéria foi a decisão proferida na Rcl 383-SP, *DJU*, 21 maio 1993, p. 9765, rel. Min. Moreira Alves. Vejam-se, no mesmo sentido: *RT, 743*:193, 1997, RE 182.576-6-SP, rel. Min. Carlos Velloso; *RDA, 199*:201, 1995, Rcl 337-ES, rel. Min. Paulo Brossard; *RDA, 204*:249, 1996, Pet. 1.120, rel. Min. Celso de Mello. O Tribunal assentou, também, não ser exigível o *quorum* de maioria absoluta no julgamento de recurso extraordinário interposto contra decisão proferida em representação de inconstitucionalidade por Tribunal de Justiça estadual (*Inf. STF* n. 287, Pet. (AgR) 2.788-RJ, rel. Min. Carlos Velloso).

obstante, é corrente o emprego da terminologia "legitimação ativa e passiva" na ação direta de inconstitucionalidade. A *praxis* do Supremo Tribunal Federal refere-se a *requerente* e *requerido*, respectivamente, para designar o autor do pedido e o órgão do qual emanou o ato impugnado.

A legitimação *passiva*, na ação direta de inconstitucionalidade, não apresenta maior dificuldade: recai sobre os órgãos ou autoridades responsáveis pela lei ou pelo ato normativo objeto da ação, aos quais caberá prestar informações ao relator do processo. A defesa, propriamente dita, da norma impugnada, seja ela federal ou estadual, caberá ao *Advogado-Geral da União*, que funciona como uma espécie de curador da presunção de constitucionalidade dos atos emanados do Poder Público[16]. Pessoas privadas jamais poderão figurar como parte passiva nessa espécie de ação[17].

Foi no tocante à legitimação *ativa* para a propositura de ação direta de inconstitucionalidade que se operou a maior transformação no exercício da jurisdição constitucional no Brasil. Desde a criação da ação genérica, em

---

16. CF, art. 103, § 3º: "Quando o Supremo Tribunal Federal apreciar a inconstitucionalidade, em tese, de norma legal ou ato normativo, citará, previamente, o Advogado-Geral da União, que defenderá o ato ou texto impugnado". STF, *RTJ, 131*:470, 1990, ADIn 97-RO, rel. Min. Moreira Alves: cumpre ao Advogado-Geral da União, em ação direta de inconstitucionalidade, a defesa da norma legal ou ato normativo impugnado, independentemente de sua natureza federal ou estadual. V. também *RDA, 201*:194, 1995, ADIn 1.254-RJ, rel. Min. Celso de Mello. Para uma apreciação crítica dessa atribuição do Advogado-Geral da União, v. Clèmerson Merlin Clève, *A fiscalização abstrata de constitucionalidade no direito brasileiro*, 2000, p. 179 e s.

A despeito da literalidade do § 3º do art. 103 da Constituição, o Advogado-Geral da União, em diversas oportunidades, manifestou-se pela *inconstitucionalidade* do ato normativo atacado. V., e.g., ADI 3.082-DF (STF, *DJU*, 28 fev. 2012, rel. Min. Sepúlveda Pertence/Dias Toffoli); ADIn 3522 (STF, *DJU*, 12 maio 2006, rel. Min. Marco Aurélio); e ADIn 3916 (STF, *DJe*, 14 maio 2010, rel. Min. Eros Grau). Embora excepcional, pode ser legítima e razoável posição do AGU nessa linha, em casos, por exemplo, em que a jurisprudência do STF seja pacífica ou em relação a temas sobre os quais já tenha formalmente se posicionado em sentido diverso.

17. STF, *RTJ, 164*:506, 1998, ADInMC 1.434-SP, rel. Min. Celso de Mello: "O controle abstrato de constitucionalidade somente pode ter como objeto de impugnação atos normativos emanados do Poder Público. Isso significa, ante a necessária estatalidade dos atos suscetíveis de fiscalização *in abstracto*, que a ação direta de inconstitucionalidade só pode ser ajuizada em face de órgãos ou instituições de natureza pública. Entidades meramente privadas, porque destituídas de qualquer coeficiente de estatalidade, não podem figurar como litisconsortes passivos necessários em sede de ação direta de inconstitucionalidade".

1965, até a Constituição de 1988, a deflagração do controle abstrato e concentrado de constitucionalidade era privativa do Procurador-Geral da República. Mais que isso, a jurisprudência do Supremo Tribunal Federal firmou-se no sentido da plena discricionariedade do chefe do Ministério Público Federal no juízo acerca da propositura ou não da ação[18], sem embargo de posições doutrinárias importantes em sentido diverso[19]. Desse modo, era ele o árbitro exclusivo e final acerca da submissão ou não da discussão constitucional ao STF. Registre-se, por relevante, que o Procurador-Geral da República ocupava cargo de confiança do Presidente da República, do qual era exonerável *ad nutum*. Assim sendo, o controle de constitucionalidade por via de *representação* ficava confinado às hipóteses que não trouxessem maior embaraço ao Poder Executivo.

Com a Constituição de 1988, no entanto, foi suprimido o monopólio até então desfrutado pelo Procurador-Geral da República, com a ampliação expressiva do elenco de legitimados ativos para a propositura da ação direta, enunciados nos nove incisos do art. 103[20]. Ao longo dos anos de vigência da nova Carta, e independentemente de qualquer norma expressa, a jurisprudência do Supremo Tribunal Federal consolidou uma distinção entre duas categorias de legitimados: (i) os *universais*, que são aqueles cujo

---

18. V. *RTJ, 100*:1013, 1982, AgRg no MS 20.294-7, rel. Min. Clóvis Ramalhete.

19. Pontes de Miranda, *Comentários à Constituição de 1967, com a Emenda n. 1, de 1969*, 1987, v. 4, p. 44; Josaphat Marinho, Inconstitucionalidade de lei — Representação ao STF, *RDP, 12*:150, 1970; Caio Mário da Silva Pereira, A competência do Procurador-Geral da República no encaminhamento de ação direta ao Supremo Tribunal Federal, *Arquivos do Ministério da Justiça, 118*:25, 1971. Para uma discussão ampla acerca do papel do Procurador-Geral da República na matéria, em perspectiva histórica, v. Gilmar Ferreira Mendes, *Jurisdição constitucional*, 1996, p. 66-75.

20. CF: "Podem propor a ação direta de inconstitucionalidade e a ação declaratória de constitucionalidade: I — o Presidente da República; II — a Mesa do Senado Federal; III — a Mesa da Câmara dos Deputados; IV — a Mesa de Assembleia Legislativa ou da Câmara Legislativa do Distrito Federal; V — o Governador de Estado ou do Distrito Federal; VI — o Procurador-Geral da República; VII — o Conselho Federal da Ordem dos Advogados do Brasil; VIII — partido político com representação no Congresso Nacional; IX — confederação sindical ou entidade de classe de âmbito nacional". A redação do dispositivo foi alterada pela EC n. 45/2004, que apenas explicitou a legitimidade do Governador e da Mesa da Assembleia Legislativa do Distrito Federal. A redação anterior somente fazia referência às autoridades dos Estados-membros, mas a jurisprudência do STF e, posteriormente, a Lei n. 9.868/99 já haviam feito a equiparação, atentando para a lógica do sistema constitucional. Na jurisprudência do STF, v. STF, *DJU*, 21 fev. 1992, ADInMC 645-DF, rel. Min. Ilmar Galvão.

papel institucional autoriza a defesa da Constituição em qualquer hipótese; e (ii) os *especiais*, que são os órgãos e entidades cuja atuação é restrita às questões que repercutem diretamente sobre sua esfera jurídica ou de seus filiados e em relação às quais possam atuar com representatividade adequada. São legitimados universais: o Presidente da República, as Mesas do Senado e da Câmara, o Procurador-Geral da República, o Conselho Federal da Ordem dos Advogados do Brasil e partido político com representação no Congresso Nacional. Os legitimados especiais compreendem o Governador de Estado, a Mesa de Assembleia Legislativa, confederação sindical ou entidade de classe de âmbito nacional[21].

A seguir, breve comentário acerca das circunstâncias peculiares dos legitimados à propositura da ação direta. O *Presidente da República* pode, naturalmente, impugnar os atos legislativos que tenham sido promulgados mediante a derrubada de seu veto (CF, art. 66, §§ 4º a 7º). Deve-se-lhe reconhecer, ademais, a possibilidade de suscitar o controle de constitucionalidade mesmo quando haja participado diretamente do processo de elaboração da lei, mediante iniciativa ou sanção[22]. A eventual mudança de opinião do Chefe do Executivo (seja do que participou diretamente do processo legislativo, seja de seu eventual sucessor) ou a constatação superveniente de que a lei é de fato inconstitucional não podem inibir sua atuação na defesa da Constituição, obrigando-o a quedar-se inerte diante de lei que considere inválida[23].

---

21. V., sobre o tema, Clèmerson Merlin Clève, *A fiscalização abstrata de constitucionalidade no direito brasileiro*, 2000, p. 159 e s.

22. Já não prevalece, de longa data, o entendimento manifestado na Súmula 5 do STF: "A sanção do projeto supre a falta de iniciativa do Poder Executivo". Ao revés, consagrou-se na jurisprudência da Corte a tese de que a sanção não tem o condão de sanar o vício de inconstitucionalidade formal. V. STF, *DJU,* 15 set. 1995, p. 29507, ADInMC 1.070-MS, rel. Min. Celso de Mello.

23. Tal entendimento, que se afigura intuitivo, tem chancela do STF, como se depreende da seguinte passagem de voto do Min. Maurício Corrêa: "Embora não tenha o requerente *[Governador de Estado]*, na ocasião própria, vetado o projeto de lei em que se converteu a norma impugnada, nada impede, por qualquer razão legal, que reconheça o Tribunal a inconstitucionalidade formal do diploma legislativo em questão, tendo em vista manifesta usurpação da competência privativa do chefe do Poder Executivo estadual". Na ADIn 807, *DJU,* 11 jun. 1993, rel. Min. Celso de Mello, o Supremo Tribunal Federal entendeu que, proposta a ação pelo Procurador-Geral da República e figurando o Governador do Estado no polo passivo, como requerido a prestar informações, não pode ele pedir para atuar como litisconsorte ativo, ao lado do autor da ação.

As *Mesas da Câmara dos Deputados* e *do Senado Federal* também têm legitimação universal, podendo questionar os atos normativos passíveis de controle por via principal, inclusive os seus próprios ou mesmo aqueles que o Congresso Nacional pudesse sustar por deliberação exclusiva (CF, art. 49, V). A Mesa de cada uma das casas legislativas não se confunde com a Mesa do Congresso Nacional, que é órgão diverso, ao qual o texto constitucional não faz referência como tendo direito de propositura. O *Procurador-Geral da República*, na linha dos precedentes firmados pelo Supremo Tribunal Federal anteriormente à Constituição de 1988, possui juízo discricionário acerca da propositura ou não de ação direta. Afigura-se, todavia, como boa prática institucional que o Chefe do Ministério Público Federal encaminhe para conhecimento da Suprema Corte todas as representações que receba e que sejam fundadas em argumentação revestida de seriedade e plausibilidade. Posteriormente, ao emitir parecer sobre a matéria, poderá opinar pelo acolhimento ou não do pedido.

Ainda no âmbito dos legitimados universais encontra-se o *Conselho Federal da Ordem dos Advogados do Brasil*. Circunstâncias diversas, dentre as quais se destaca a atuação decisiva no processo de redemocratização do País, deram ao órgão representativo dos advogados um papel especial, com sua inserção em dispositivo autônomo, diverso daquele que cuida do direito de propositura das entidades de classe de âmbito nacional. Esse tratamento diferenciado levou a jurisprudência a excluir a OAB de determinadas restrições aplicáveis a outras entidades, notadamente a pertinência temática[24]. Também o *partido político com representação no Congresso Nacional* tem legitimação irrestrita, consoante assentado pela jurisprudência do Supremo Tribunal Federal[25]. Essa previsão permite que as minorias parlamentares

---

24. STF, *RTJ, 142*:383, 1992, ADIn 3-DF, rel. Min. Moreira Alves: "Em se tratando do Conselho Federal da Ordem dos Advogados do Brasil, sua colocação no elenco que se encontra no mencionado artigo, e que a distingue das demais entidades de classe de âmbito nacional, deve ser interpretada como feita para lhe permitir, na defesa da ordem jurídica com o primado da Constituição Federal, a propositura de ação direta de inconstitucionalidade contra qualquer ato normativo que possa ser objeto dessa ação; independe do requisito da pertinência temática entre o seu conteúdo e o interesse dos advogados como tais de que a Ordem é entidade de classe".

25. STF, *DJU,* 22 set. 1995, p. 30589, ADInMC 1.096-RS, rel. Min. Celso de Mello: "O reconhecimento da legitimidade ativa das agremiações partidárias para a instauração do controle normativo abstrato, sem as restrições decorrentes do vínculo de pertinência temática, constitui natural derivação da própria natureza e dos fins institucionais que justificam a existência, em nosso sistema normativo, dos Partidos Políticos".

suscitem a atuação da jurisdição constitucional[26], cabendo ao diretório nacional agir em nome da agremiação[27]. A jurisprudência da Corte era no sentido de que a perda superveniente da representação parlamentar desqualificava a legitimação ativa do partido, não podendo a ação prosseguir[28]. Esta orientação, todavia, foi revista, passando-se a entender que a aferição da legitimidade do partido político deve ser feita no momento da *propositura* da ação, sendo irrelevante a ulterior perda de representação[29].

Relativamente aos legitimados especiais, é pacífica a jurisprudência no sentido de que a *Mesa da Assembleia Legislativa* somente pode propor ação direta de inconstitucionalidade quando houver vínculo objetivo de pertinência entre a norma impugnada e a competência da casa legislativa ou do Estado do qual é ela o órgão representativo[30]. A ação pode ter por objeto lei ou ato normativo emanado do próprio Poder por ela integrado e

---

26. Entre a promulgação da Constituição de 1988 e o ano de 2012, os partidos políticos responderam por 17,83% do total de ações diretas de inconstitucionalidade, atrás apenas dos Governadores de Estado (24,06%) e das Confederações Sindicais e Entidades de Classe (29,28%). V. Alexandre Araújo Costa e Juliano Zaiden Benvido. A quem interessa o controle concentrado de constitucionalidade? O descompasso entre teoria e prática na defesa dos direitos fundamentais. Disponível em: http://dx.doi.org/10.2139/ssrn.2509541. Em outros países, o direito de propositura é atribuído não a um partido, mas a determinado número de parlamentares. Na Constituição da Áustria, art. 140, (1): 1/3 dos membros do Parlamento ou 1/3 dos membros do Conselho Federal. Na Constituição alemã, art. 93, I, n. 2: 1/3 dos membros do Parlamento. Na Constituição de Portugal, art. 281: 1/10 dos deputados à Assembleia da República. Na Constituição da Espanha, art. 162: 50 deputados ou 50 senadores. V. sobre o tema em Gilmar Ferreira Mendes, *Jurisdição constitucional*, 1996, p. 145.

27. STF, *RTJ*, *153*:765, 1995, AgRg na ADIn 779-DF, rel. Min. Celso de Mello.

28. STF, *Inf. STF*, *235*:2, ago. 2001, ADIn 1.063-DF, rel. Min. Celso de Mello. Tal entendimento não parece coerente com a jurisprudência e com a norma legal (Lei n. 9.868/99, art. 5º) que inadmite desistência na ação direta de inconstitucionalidade.

29. V. *Inf. STF* n. 356, ADIn (AgR) 2.159-DF, rel. originário Min. Carlos Velloso, rel. para o acórdão Min. Gilmar Mendes. Já antes, no julgamento da ADIn 2.054-QO, o Tribunal havia concluído que a extinção da bancada do partido posteriormente ao início do *julgamento* da ação direta (perda intercorrente de representação no Congresso Nacional) tampouco implicava prejuízo da ação. V. *Inf. STF* n. 301, QO na ADIn 2.054-DF, rel. Min. Ilmar Galvão.

30. STF, *Inf. STF*, *32*, maio 1996, ADIn 1.307-MS, rel. Min. Francisco Rezek: "Mesa de Assembleia Legislativa. Falta de pertinência temática. Não conhecimento da ação. Na hipótese não há vínculo objetivo de pertinência entre o conteúdo material das normas impugnadas e a competência ou os interesses da Assembleia Legislativa do Estado" (texto ligeiramente editado).

dirigido[31]. Analogamente se passa em relação aos *Governadores de Estado*, cuja atuação no controle direto de constitucionalidade no plano federal é subordinada à existência de uma relação de pertinência entre a norma impugnada e os interesses que a eles cabe legitimamente tutelar. Pode o Governador ajuizar ação tendo por objeto lei ou ato normativo originários de seu Estado, da União e mesmo de outros Estados da Federação, se interferirem ilegitimamente com competências ou interesses juridicamente protegidos de seu Estado[32]. A legitimidade e a capacidade postulatória são do próprio Governador, e não do Estado ou de seu Procurador-Geral[33].

A legitimação das *entidades de classe de âmbito nacional* tem envolvido um conjunto amplo de discussões, todas gravitando em torno da posição severa e restritiva adotada pelo Supremo Tribunal Federal na matéria. Os pontos controvertidos envolvem a caracterização do que seja entidade de âmbito nacional, a noção de classe e a composição das entidades. A despeito da subsistência de aspectos tormentosos[34], é possível sistematizar as principais linhas jurisprudenciais do Supremo Tribunal Federal nos tópicos seguintes:

(i) Entidade de âmbito nacional: exige-se, para reconhecimento de seu caráter nacional, que a entidade possua filiados em pelo menos nove Estados da Federação, em analogia com a Lei Orgânica dos Partidos Políticos[35].

---

31. STF, *DJU*, 23 mar. 2001, p. 83, ADIn 91-8-SE, rel. Min. Sydney Sanches.

32. STF, *DJU*, 1º ago. 2003, ADIn 2.656-SP, rel. Min. Maurício Corrêa: "Lei editada pelo Governo do Estado de São Paulo. Ação direta de inconstitucionalidade proposta pelo Governador do Estado de Goiás. Amianto crisotila. Restrições à sua comercialização impostas pela legislação paulista, com evidentes reflexos na economia de Goiás, Estado onde está localizada a maior reserva natural do minério. Legitimidade ativa do Governador de Goiás para iniciar o processo de controle concentrado de constitucionalidade e pertinência temática". V. também STF, *DJU*, 22 abr. 1994, p. 8946, ADIn 902, rel. Min. Marco Aurélio.

33. STF, *RDA, 185*:157, 1991, ADIn 336-SE, rel. Min. Célio Borja; *Inf. STF, 244*:1, AgRg na ADIn 2.130, rel. Min. Celso de Mello. Embora não haja menção expressa no texto constitucional, a jurisprudência reconheceu ao Governador do Distrito Federal legitimação ativa para a ação direta (STF, *DJU*, 21 fev. 1992, ADInMC 645-DF, rel. Min. Ilmar Galvão). Tal possibilidade foi corroborada pela Lei n. 9.868, de 10 de novembro de 1999, em seu art. 2º, V. E, já agora, também pela EC n. 45/2004.

34. Para uma discussão abrangente sobre o tema, v. Nelson Nascimento Diz e Marina Gaensly, Apontamentos sobre o controle judicial da constitucionalidade das leis e a legitimação das entidades de classe de âmbito nacional, *RF, 367*:129, 2003.

35. STF, *RTJ, 141*:3, 1992, QO na ADIn 108-DF, rel. Min. Celso de Mello; *RTJ, 136*:479, 1991, ADInMC 386-SP, rel. Min. Sydney Sanches. V. a exceção referida em STF,

(ii) Classe: exige-se que os filiados da entidade estejam ligados entre si pelo exercício da mesma atividade econômica ou profissional ou pela defesa de direitos humanos de grupos minoritários[36].

No que se refere a associações representativas de categoria econômica ou profissional, não preenchem tal exigência associações que reúnam membros pertencentes a categorias profissionais ou econômicas diversas, por ausência de homogeneidade de interesses[37]. Por outro lado, o STF tem entendido que a entidade postulante deve representar a integralidade da categoria econômica em questão, e não apenas uma "parcela setorizada" dessa[38]. A exigência deve ser interpretada com cautela, sob pena de produzir efeito inverso ao que se pretendia obter, privilegiando entidades caracterizadas por vínculo associativo excessivamente genérico e, por isso mesmo, menos aptas a representar de maneira efetiva os interesses de seus membros[39].

DJU, 23 abr. 1993, ADIn 77-2-DF, rel. Min. Sepúlveda Pertence: parece natural, à vista da finalidade da norma e da razão dessa restrição, relevar a exigência quando a entidade indiscutivelmente desenvolva atividade em todo o País. Até porque há hipóteses de concentração de determinada atividade em um número limitado de Estados, sem que ela perca seu caráter nacional. Sobre a questão, v. Nelson Nascimento Diz e Marina Gaensly (Apontamentos sobre o controle judicial da constitucionalidade das leis e a legitimação das entidades de classe de âmbito nacional, *RF, 367*:129, 2003).

36. STF, *DJe,* 8 ago. 2020, ADPF 709 MC-Ref, rel. Min. Luís Roberto Barroso (quanto à entidade de defesa dos povos indígenas); *DJe,* 23 mar. 2021, ADPF 527, rel. Min. Luís Roberto Barroso, monocrática (para associação de defesa de pessoas LGBTI); e *DJe,* 29 abr. 2021, ADPF 742, red. p/ acórdão Min. Edson Fachin (no que se refere à entidade de proteção de comunidades quilombolas).

37. STF, *DJU,* 2 abr. 1993, p. 5611, ADIn 42-0-DF, rel. Min. Paulo Brossard (v. especialmente o voto do Min. Celso de Mello); *DJU,* 5 jun. 1992, p. 8426, ADIn 108, rel. Min. Celso de Mello; *DJU,* 23 abr. 1993, ADIn 77, p. 6918, rel. Min. Sepúlveda Pertence. De acordo com o entendimento do STF, não preenche a condição de entidade de classe, e.g., a Confederação Geral dos Trabalhadores — CGT (*DJU,* 31 mar. 1995, p. 8, ADIn 334, rel. Min. Moreira Alves).

38. STF, *DJU,* 28 ago. 2000, MC na ADIn 2.203-PE, rel. Min. Maurício Corrêa: "ABETS — Associação Brasileira das Empresas de Telecomunicações por Satélite. Ausência de legitimidade ativa. 1. Entidade que congrega representantes de parcela setorizada de atividade econômica não tem legitimidade para propor ação direta de inconstitucionalidade". No mesmo sentido, v. STF, *DJU,* 16 abr. 1993, MC na ADIn 353-DF, rel. Min. Celso de Mello: "a circunstância de uma instituição ser integrada por servidores públicos que constituem mera fração de determinada categoria funcional desqualifica-a, por isso mesmo, como entidade de classe, para efeito de instauração do controle normativo abstrato"; e STF, *DJU,* 23 out.1998, ADIn 1.806-DF, rel. Min. Maurício Corrêa.

39. Diversas decisões do STF indicam esse cuidado na aferição da existência de uma *entidade de classe* para fins de controle concentrado de constitucionalidade, em atenção às

Quanto às associações protetivas de direitos humanos, merece menção, ainda, o entendimento consolidado na Corte segundo o qual não preenchem as exigências para caracterização como classe os grupos sociais unidos por vínculo de natureza diversado vínculo profissional ou econômico. Com base nele, o Supremo Tribunal Federal, negou por décadas, legitimidade ativa às entidades de promoção dos direitos humanos[40]. Em edições anteriores deste livro, observamos que tal posição não se compatitibilizava com um dos papéis precípuos de uma Corte Constitucional, que é a proteção de direitos fundamentais. Ao contrário, a jurisprudência em questão fez com que o controle concentrado se convertesse em um instrumento utilizado majoritariamente para a defesa de interesses corporativos de grupos econômicos e de categorias profissionais[41] e afastou dele um grande número de demandas voltadas à defesa de direitos fundamentais de grupos minoritários[42]. Tais grupos depen-

---

diferenças concretas de interesses que podem existir entre os agentes que atuam em atividades próximas ou assemelhadas. Nesse sentido, a Corte já reconheceu a legitimidade ativa, e.g., da AJUFE — Associação dos Juízes Federais do Brasil (STF, *DJU*, 23 fev. 2007, ADIn 2.855-SE, relª Minª Ellen Gracie) e da ANAMATRA — Associação Nacional dos Magistrados da Justiça do Trabalho (STF, *DJU*, 6 maio 2005, MC na ADIn 3.126-DF, rel. Min. Gilmar Mendes) para a propositura de ADIn, nada obstante tais entidades pudessem ser identificadas como "espécies" do "gênero" mais amplo formado pela magistratura nacional. É ainda mais contundente o reconhecimento, pelo STF, de legitimidade ativa à FENACA — Federação Nacional das Associações dos Produtores de Cachaça de Alambique, que congrega associações de produtores artesanais de uma bebida alcoólica específica, excluídas as empresas que fabricam o mesmo produto em escala industrial (STF, *DJU*, 9 set. 2005, AgRg na ADIn 3.153-DF, rel. originário Min. Celso de Mello, rel. para o acórdão Min. Sepúlveda Pertence).

40. Com base nesse entendimento, o STF negou legitimidade à UNE — União Nacional dos Estudantes. V. STF, *RDA*, *201*:114, 1995, ADIn 894, rel. Min. Néri da Silveira: "Enquanto se empresta à cláusula constitucional em exame, ao lado da cláusula 'confederação sindical', constante da primeira parte do dispositivo maior em referência, conteúdo imediatamente dirigido à ideia de 'profissão' — entendendo-se 'classe' no sentido não de simples segmento social, de 'classe social', mas de 'categoria profissional' —, não cabe reconhecer à UNE enquadramento na regra constitucional aludida".

41. Alexandre Costa e Juliano Zaiden Benvindo. A Quem Interessa o Controle Concentrado de Constitucionalidade? O Descompasso entre Teoria e Prática na Defesa dos Direitos Fundamentais. Universidade de Brasília (*working paper*), p. 1-84, abril 2014. Disponível em SSRN: http://ssrn.com/abstract=2509541.

42. Daniel Sarmento. Dar voz a quem não tem voz: por uma nova leitura do art. 103, IX, da Constituição. In: *Direitos, Democracia e República: escritos de direito constitucional*, 2018, p. 79-90; Rodrigo Brandão e Daniel Capecchi Nunes. O STF e as entidades de classe de âmbito nacional: a sociedade civil e seu acesso ao controle concentrado de constitucionalidade. *Revista de Direito da Cidade*, v. 10, n. 1, p. 164-196; Alonso Freire. Desbloquean-

diam do convencimento de outros legitimados para veicular seus pleitos e, tratando-se de minorias subrepresentadas, encontravam eventualmente enorme resistência em obtê-lo. Em boa hora, o STF superou tal entendimento, passando a reconhecer a legitimidade ativa de tais entidades[43].

(iii) Composição da entidade: a jurisprudência antes dominante no STF exigia que a entidade tivesse como membros os próprios integrantes da classe, sem intermediação de qualquer outro ente que os representasse. Assim, pelo entendimento anterior do Supremo, não preenchiam tal exigência as entidades que, congregando pessoas jurídicas, se apresentassem como "associações de associações", pelo hibridismo de sua composição social[44]. Esta orientação foi revista, em posição liderada pelo Ministro

---

do os canais de acesso à jurisdição constitucional do STF: Por que não também aqui uma revolução de direitos? In: Daniel Sarmento (org). *Jurisdição constitucional e política*, 2015, p. 591-640; Carina Lellis. Diálogos Sociais no STF: o art. 103, IX, da Constituição e a participação da sociedade civil no controle concentrado da constitucionalidade. In: Luís Roberto Barroso e Patrícia Perrone Campos Mello (org). *A Constituição brasileira de 1988 na visão da escola de direito constitucional da UERJ*, 2018.

43. V. STF, *DJe*, 8 ago. 2020, ADPF 709 MC-Ref, rel. Min. Luís Roberto Barroso (quanto à entidade de defesa dos povos indígenas); *DJe*, 23 mar. 2021, ADPF 527, rel. Min. Luís Roberto Barroso, monocrática (para associação de defesa de pessoas LGBTI); e *DJe*, 29 abr. 2021, ADPF 742, red. p/ acórdão Min. Edson Fachin (no que se refere à entidade de proteção de comunidades quilombolas). De acordo com a decisão proferida na ADPF 527 (primeira decisão em tal sentido): "2. Superação da jurisprudência. A missão precípua de uma suprema corte em matéria constitucional é a proteção de direitos fundamentais em larga escala. Interpretação teleológica e sistemática da Constituição de 1988. Abertura do controle concentrado à sociedade civil, aos grupos minoritários e vulneráveis. 3. Considera-se classe, para os fins do art. 103, IX, CF/1988, o conjunto de pessoas ligadas por uma mesma atividade econômica, profissional ou pela defesa de interesses de grupos vulneráveis e/ou minoritários cujos membros as integrem". Em sentido semelhante, v. STF, *DJe*, 27 jun. 2012, ADI 4029, rel. Min. Luiz Fux; *DJe*, 4 fev. 2015, ADI 5217, rel. Min. Marco Aurélio.

44. STF, *DJU*, 31 mar. 1995, p. 8, ADIn 334, rel. Min. Moreira Alves. Em linha divergente da posição majoritária, admitindo a chamada "representação de segundo grau", v. os pronunciamentos dos Ministros Sepúlveda Pertence e Célio Borja. V. também STF, *RDA, 188*:144, 1992, ADIn 79, rel. Min. Celso de Mello. Há decisões que, em sua literalidade, sugerem que o STF não reconhece legitimidade a entidades de classe compostas por pessoas jurídicas (*DJU*, 18 out. 1996, p. 1846, ADIn 116-PE, rel. Min. Ilmar Galvão; *RTJ, 141*:3, 1992, QO na ADIn 108-DF, rel. Min. Celso de Mello). Nelson Nascimento Diz e Marina Gaensly (Apontamentos sobre o controle judicial da constitucionalidade das leis e a legitimação das entidades de classe de âmbito nacional, *RF, 367*:129, 2003) procuram demonstrar que não é esse, verdadeiramente, o entendimento da Corte. Lembrando que há atividades que não podem ser desempenhadas senão por pessoas jurídicas, como a prestação de serviços de radiodifusão

Sepúlveda Pertence, passando-se a reconhecer o caráter de entidade de classe de âmbito nacional àquela constituída por associações estaduais cujo objetivo seja a defesa de uma mesma categoria social[45]. No que respeita à categoria social, a Corte chegou a afirmar que sua configuração impunha que os membros da entidade desenvolvessem as mesmas atividades. Entretanto, posteriormente, superou este entendimento, passando a reconhecer a possibilidade de que uma única entidade congregue os diversos segmentos de um mesmo mercado[46]. Recentemente, o STF considerou,

---

e a fabricação de cigarros, sustentam, com razão, que há entidades de classe que não só podem como *devem* ser integradas por pessoas jurídicas. Assim, após examinar diversos acórdãos, concluem: "A jurisprudência do STF não exclui a possibilidade de as entidades de classe serem formadas por pessoas jurídicas, embora negue legitimação àqueles entes híbridos, que não representam especificamente uma determinada categoria. O que se veda é a representação indireta da atividade profissional ou econômica, vale dizer, que a entidade tenha como membros outros entes que, por si mesmos, já são representativos da categoria, formando o que se costumou denominar de 'associação de associações'".

45. V. *Inf. STF* n. 361, AgR na ADIn 3.153-DF, rel. Min. Sepúlveda Pertence: "A entidade é de classe, da classe reunida nas associações estaduais que lhe são filiadas. O seu objetivo é a defesa da mesma categoria social. E o fato de determinada categoria se reunir, por mimetismo com a organização federativa do País, em associações correspondentes a cada Estado, e essas associações se reunirem para, por meio de uma entidade nacional, perseguir o mesmo objetivo institucional de defesa de classe, a meu ver, não descaracteriza a entidade de grau superior como o que ela realmente é: uma entidade de classe. No âmbito sindical, isso é indiscutível. As entidades legitimadas à ação direta são as confederações, que, por definição, não têm como associados pessoas físicas, mas, sim, associações delas. Não vejo, então, no âmbito das associações civis comuns não sindicais, como fazer a distinção". Reconheceu-se assim, sugestivamente, legitimidade à Federação Nacional das Associações dos Produtores de Cachaça de Alambique (Fenaca), entidade que se compunha de associações correspondentes a cada Estado da Federação.

46. De fato, o Tribunal havia decidido, no passado, que a "heterogeneidade da composição" da Associação Brasileira da Indústria de Máquinas e Equipamentos — ABIMAQ, "integrada tanto por entes civis de natureza empresarial, quanto por pessoas jurídicas de direito público, associações, sindicatos, entidades diversas e instituições de ensino e pesquisa, vinculadas ao setor de máquinas e equipamentos", a desqualificaria como entidade de classe, em razão da sua "natureza híbrida", bem como por configurar "associação de associações" (STF, *DJU*, 19 jun. 1998, ADIn 1804, rel. Min. Ilmar Galvão). Após a reforma dos estatutos da mesma associação, com a exclusão das entidades não empresariais de seus quadros (e com a superação da jurisprudência defensiva sobre a ilegitimidade das "associações de associações"), passou-se a reconhecer a sua legitimidade, assentando-se: "O novo estatuto social prevê que a associação é composta apenas por entidades singulares de natureza empresarial, com classe econômica bem definida, não mais restando caracterizada a heterogeneidade de sua composição" (STF, *DJe*, 30 ago. 2011, ADI 3702, rel. Min.

ainda, dispensável que a entidade reúna apenas pessoas jurídicas que integrem segmentos de um mesmo mercado. A Corte admitiu ação direta proposta por entidade composta por membros que integravam mercados distintos, mas que participavam de uma mesma cadeia econômica atingida pelos atos impugnados, no caso, o agronegócio. Entendeu-se que as entidades detinham interesses homogêneos na defesa da matéria[47].

Outra linha restritiva da legitimação das entidades de classe de âmbito nacional é a denominada *pertinência temática*. A ideia, a rigor, mais se aproxima do conceito processual que identifica o *interesse em agir*[48]: é preciso que haja uma relação lógica entre a questão versada na lei ou ato normativo a ser impugnado e os objetivos sociais da entidade requerente. Vale dizer: a norma contestada deverá repercutir direta ou indiretamente sobre a atividade profissional ou econômica da classe envolvida, ainda que só parte dela seja atingida. Essa exigência não consta da Constituição nem de lei[49], e tem sido

---

Dias Toffoli). Por fim, ainda no que respeita à ABIMAQ, o STF concluiu: "O fato de a associação congregar diversos segmentos existentes no mercado não a descredencia para a propositura da ação direta de inconstitucionalidade — evolução da jurisprudência" (STF, *DJe,* 1º ago. 2011, ADI 3.413, rel. Min. Marco Aurélio).

47. Tratava-se de arguição de descumprimento de preceito fundamental, cujo objeto era a inconstitucionalidade de um conjunto de decisões da Justiça do Trabalho que considerava ilícita a terceirização de atividades, quer valendo-se de critérios fluidos para diferenciação entre atividades-fim e atividades-meio, quer por entenderem que a terceirização importa precarização da relação de emprego, em desacordo com direitos tutelados constitucionalmente. A ação foi proposta pela Associação Brasileira do Agronegócio — ABAG, ao fundamento de que o referido entendimento violava os preceitos fundamentais da legalidade e da livre iniciativa. A requerente era composta por empresas produtoras de produtos vegetais, de produtos animais, por associações voltadas à defesa do agronegócio, por bancos financiadores da atividade, auditores independentes e até escritórios de advocacia envolvidos na cadeia do agronegócio. Trata-se possivelmente da interpretação mais ampla já conferida à expressão entidade de classe de âmbito nacional pelo Supremo Tribunal Federal. V. STF, ADPF 324, rel. Min. Luís Roberto Barroso, j. 30 ago. 2018.

48. Consoante conhecimento convencional consolidado no direito processual, são três as condições para o legítimo exercício do direito de ação: a legitimação das partes, o interesse em agir e a possibilidade jurídica do pedido. V. Cândido Rangel Dinamarco, *Instituições de direito processual civil*, v. 2, 2001, p. 295; e Humberto Theodoro Júnior, *Curso de direito processual civil*, v. 1, 1997, p. 52.

49. O parágrafo único do art. 2º da Lei n. 9.868, de 10 de novembro de 1999, que dispõe sobre o processo de controle direto de constitucionalidade, foi vetado pelo Presidente da República. O texto aprovado pelo Congresso assim dispunha: "As entidades referidas no inciso IX, inclusive as federações sindicais de âmbito nacional, deverão demonstrar que a pretensão por elas deduzida tem pertinência direta com os seus objetivos institucionais".

objeto de críticas[50], mas está pacificada na jurisprudência do Supremo Tribunal Federal[51].

Por derradeiro, o inciso IX do art. 103 abriga como legitimada à ação direta a *confederação sindical*. O Supremo Tribunal Federal faz uma leitura estrita do dispositivo, não reconhecendo legitimidade às federações[52] e aos sindicatos nacionais[53]. Na forma da legislação ordinária, as confederações deverão se organizar com um mínimo de três federações e deverão estar estabelecidas em pelo menos três Estados[54]. O requisito da pertinência temática, nos moldes aplicáveis às entidades de classe de âmbito nacional, estende-se igualmente às confederações sindicais[55]. Também quanto às confederações sindicais, há uma tendência do STF à superação da jurisprudência mais restritiva. Nesse sentido, a Corte já conheceu de ação direta proposta por confederação integrada por apenas duas federações, esclarecendo que a requerente havia demonstrado que detinha representatividade adequada e que esse requisito é que deveria nortear a aferição da legitimidade[56].

Desnecessário enfatizar que as principais linhas jurisprudenciais em matéria de legitimação das confederações sindicais e das entidades de classe de âmbito nacional são limitativas de sua atuação, em parte

---

50. Gilmar Ferreira Mendes, *Jurisdição constitucional*, 1999, p. 145.

51. STF, *RDA, 200*:211, 1995, ADIn 913, rel. Min. Moreira Alves: as entidades de classe de âmbito nacional para terem legitimação para propor ação direta de inconstitucionalidade têm de preencher o requisito objetivo da relação de pertinência entre o interesse específico da classe, para cuja defesa essas entidades são constituídas, e o ato normativo que é arguido como inconstitucional.

52. STF, *RDA, 183*:137, 1991, ADInMC 17, rel. Min. Sydney Sanches.

53. STF, *DJU,* 22 fev. 1991, ADIn 275, rel. Min. Moreira Alves.

54. Consolidação das Leis do Trabalho — CLT, art. 535: "As Confederações organizar-se-ão com o mínimo de 3 (três) federações e terão sede na Capital da República". V. também STF, *RT, 677*:240, ADIn 505-DF, rel. Min. Moreira Alves.

55. STF, *DJU,* 19 maio 1995, ADIn 1151-MG, rel. Min. Marco Aurélio: "Ação direta de inconstitucionalidade. Legitimação. Confederação sindical. Pertinência temática. Na ação ajuizada por entidade sindical, perquire-se a legitimação considerada a pertinência temática, ou seja, o elo entre os objetivos sociais da confederação e o alcance da norma que se pretenda ver fulminada".

56. STF, *DJe,* 5 maio 2015, ADI 4079, rel. Min. Luís Roberto Barroso. No caso, embora a Confederação Nacional dos Trabalhadores em Educação tivesse apenas duas federações associadas, ela reunia um conjunto amplíssimo de sindicatos presentes em um grande número de estados da federação.

para assegurar representatividade adequada e em parte como autoproteção da Corte contra o número excessivo de ações diretas de inconstitucionalidade[57].

---

57. Até meados de 2018, as confederações sindicais e entidades de classe de âmbito nacional listadas abaixo haviam tido seu direito de propositura reconhecido: 1) Associação Brasileira de *Shopping Centers* — Abrasce (*DJU*, 13 set. 1991); 2) Associação Brasileira da Indústria de Artigos e Equipamentos Médicos (*DJU*, 23 abr. 1993); 3) Associação dos Magistrados Brasileiros — AMB (*DJU*, 18 set. 1991; 30 mar. 1990; 22 nov. 1989; 16 nov. 1990; 2 abr. 1993; 28 maio 1991; 9 nov. 1990; 4 dez. 1990; 8 fev. 1994; 7 maio 1993; 25 set. 1992; 19 fev. 1993; 25 out. 1991; 29 nov. 1991; 10 mar. 1992; 15 abr. 1994; e 3 set. 1993); 4) Associação dos Notários e Registradores do Brasil — Anoreg/br (*DJU*, 22 ago. 1997; 21 nov. 1997; 13 nov. 1998; 22 nov. 1998; 19 dez. 1996; 7 fev. 1997; e 29 mar. 1996); 5) Associação Nacional dos Procuradores do Estado — ANAPE (*DJU*, 2 abr. 1993); 6) Confederação Brasileira de Trabalhadores Policiais — Cobrapol (*DJU*, 10 maio 1996; 3 jun. 1994; 10 out. 1997; 23 out. 1998; e 26 jun. 1998); 7) Confederação das Associações de Microempresas do Brasil (*DJU*, 23 nov. 1990); 8) Confederação Nacional da Agricultura — CNA (*DJU*, 9 maio 1997; e 25 jun. 1993); 9) Confederação Nacional da Indústria — CNI (*DJU*, 25 ago. 1989; 27 abr. 1990; 14 set. 1990; 11 abr. 1997; 13 jun. 1997; 23 set. 1994; 17 nov. 1995; 20 jun. 1997; 29 nov. 1996; 8 maio 1998; 16 out. 1998; e 23 abr. 1999); 10) Confederação Nacional das Profissões Liberais — CNPL (*DJU*, 26 maio 1989; 15 maio 1992; 5 nov. 1993; 26 nov. 1993; 19 nov. 1993; 15 ago. 1997; 26 set. 1997; 19 dez. 1997; e 17 abr. 1998); 11) Confederação Nacional de Saúde — Hospitais, Estabelecimentos e Serviços — CNS (*DJU*, 28 nov. 1997); 12) Confederação Nacional do Comércio — CNC (*DJU*, 10 maio 1991; 1º out. 1993; 3 dez. 1993; 17 nov. 1995; 23 out. 1998; 19 fev. 1999; 11 abr. 1997; e 15 mar. 1996); 13) Confederação Nacional do Transporte — CNT (*DJU*, 23 set. 1994; 27 out. 1995; e 14 nov. 1996); 14) Confederação Nacional dos Estabelecimentos de Ensino — Confenen (*DJU*, 30 ago. 1996; 14 nov. 1996; e 27 jun. 1997); 15) Confederação Nacional dos Trabalhadores em Empresas de Crédito — Contec (*DJU*, 25 mar. 1994; e 10 out. 1997); 16) Confederação Nacional dos Trabalhadores Metalúrgicos — CNTM (*DJU*, 23 nov. 1990; 25 ago. 1995; e 4 set. 1998); 17) Confederação Nacional dos Trabalhadores na Agricultura — Contag (*DJU*, 12 abr. 1996); 18) Confederação Nacional dos Trabalhadores na Indústria — CNTI (*DJU*, 22 abr. 1994; 16 set. 1994; e 11 abr. 1997); 19) Confederação Nacional dos Trabalhadores na Saúde — CNTS (*DJU*, 20 set. 1996); 20) Confederação Nacional dos Trabalhadores no Comércio — CNTC (*DJU*, 18 mar. 1994); 21) Conselho Federal da Ordem dos Advogados do Brasil (*DJU*, 18 set. 1992; e 12 nov. 1993); 22) União Democrática Ruralista Nacional — UDR (*DJU*, 12 jul. 1993; 28 maio 1993; e 13 nov. 1992); 23) Associação dos Delegados de Polícia do Brasil — Adepol (*DJU*, 17 nov. 1995); 24) Confederação Nacional dos Trabalhadores em Educação — CNTE (*DJU*, 7 nov. 1995); 25) Associação Nacional das Empresas de Transportes Urbanos — NTU (*DJU*, 13 dez. 1996); 26) Associação Nacional dos Membros do Ministério Público — Conamp (*DJU*, 3 out. 2003); 27) Confederação Nacional do Sistema Financeiro — Consif (*DJU*, 24 abr. 2002; e 19 dez. 2003); 28) Associação Brasileira dos Extratores e Refinadores de Sal — Abersal (*DJU*, 17 out. 2003); 29) Associação dos Membros dos Tribunais de Contas do Brasil — Atricon (*DJU*, 2 set. 1998; 19 maio 2004;

Há outros personagens que atuam na ação direta de inconstitucionalidade sem ostentarem a condição de partes. Um deles, já referido, é o *Advogado--Geral da União*, encarregado da defesa do ato em qualquer circunstância[58]. Outro é o *Procurador-Geral da República*, ao qual incumbe emitir parecer nas ações dessa natureza, seja ou não o autor do pedido[59]. E, por fim, a Lei

---

22 abr. 2005 e 6 out. 2005); 30) Associação Nacional dos Advogados da União — Anauni (*DJU*, 7 mar. 2003); 31) Associação Nacional dos Procuradores da República — ANPR (*DJU*, 18 ago. 2004); 32) Associação de Incentivo à Educação e Saúde de São Paulo — AIESSP (*DJU*, 21 set. 2004); 33) Associação dos Juízes Federais do Brasil — Ajufe (*DJU*, 17 fev. 2005); 34) Associação Nacional dos Magistrados da Justiça do Trabalho — Anamatra (*DJU*, 6 maio 2005); 35) Federação Nacional das Associações dos Produtores de Cachaça de Alambique — Fenaca (*DJU*, 9 set. 2005); 36) Associação das Operadoras de Celulares — ACEL (*DJU* 15 mar. 2011); 37) Confederação Nacional do Comércio de Bens, Serviços e Turismo — CNC (*DJU*, 16 maio 2011); 38) Associação Brasileira de Indústria de Máquinas e Equipamentos — ABIMAQ (*DJU* 1º ago. 2011); 39) Associação Nacional dos Magistrados Estaduais — ANAMAGES (*DJU* 29 nov. 2011); 40) Associação Nacional dos Servidores do IBAMA — ASIBAMA (*DJU* 27 jun. 2012); 41) Associação Nacional dos Servidores do Poder Judiciário — ANSJ (*DJU* 26 set. 2014); 42) Confederação Nacional dos Servidores Públicos (*DJU* 26 set. 2014); 43) Associação Nacional dos Procuradores do Trabalho (*DJU* 26 set. 2014) ; 44) Associação Nacional dos Editores de Livros — ANEL (*DJe*, 1º fev. 2016); 45) Confederação dos Servidores Públicos do Brasil (*DJe*, 26 fev. 2018); 46) Associação Brasileira do Agronegócio — ABAG (Decisão de julgamento publicada no *DJe*, 31 ago. 2018, acórdão ainda não publicado). Recentemente, decisão monocrática proferida na ADPF 527 reconheceu legitimidade ativa à Associação dos Gays, Lésbicas e Transgêneros (*DJe*, 1º ago. 2018, ADPF 527, rel. Min. Luís Roberto Barroso). A decisão aguarda, ainda, apreciação do plenário, mas tudo leva a crer que será confirmada. De fato, na esteira dela, o Supremo Tribunal Federal passou a reconhecer legitimidade ativa a entidades representativas de direitos humanos para a propositura de ações diretas. Tal foi o caso da Articulação dos Povos Indígenas do Brasil – APIB (*DJe*, 8 ago. 2020, ADPF 709 MC-Ref, rel. Min. Luís Roberto Barroso) e da Coordenação Nacional de Articulação das Comunidades Negras Rurais Quilombolas – CONAQ (*DJe*, 29 abr. 2021, ADPF 742 MC, red. p/ acórdão Min. Edson Fachin). O novo entendimento tende a produzir uma alteração do perfil dos requerentes e das matérias debatidas em controle concentrado.

58. CF, art. 103, § 3º: "Quando o Supremo Tribunal Federal apreciar a inconstitucionalidade, em tese, de norma legal ou ato normativo, citará, previamente, o Advogado--Geral da União, que defenderá o ato ou texto impugnado"; e Lei n. 9.868, de 10 de novembro de 1999, art. 8º: "Decorrido o prazo das informações, serão ouvidos, sucessivamente, o Advogado-Geral da União e o Procurador-Geral da República, que deverão manifestar-se, cada qual, no prazo de quinze dias".

59. CF, art. 103, § 3º: "O Procurador-Geral da República deverá ser previamente ouvido nas ações de inconstitucionalidade e em todos os processos de competência do Supremo Tribunal Federal". V. também Lei n. 9.868, de 10 de novembro de 1999, art. 8º, *supra*.

n. 9.868, de 11 de outubro de 1999, contempla previsão análoga à do *amicus curiae* do Direito norte-americano: a possibilidade de determinados órgãos ou entidades se manifestarem acerca de matéria levada a julgamento, em caso de relevância da discussão e de representatividade do postulante. A admissão de tal participação é ato discricionário do relator do processo e a manifestação, caso deferida, deverá ser feita por escrito, reconhecendo-se direito à sustentação oral[60].

3. Objeto

Os atos impugnáveis mediante ação direta de inconstitucionalidade são a lei e o ato normativo *federal* ou *estadual*[61] (art. 102, I, *a*). A jurisprudência do STF vinha seguindo uma linha restritiva, exigindo que a norma impugnada em ação direta fosse dotada dos atributos de generalidade e abstração. Isso para excluir a apreciação de atos que, a despeito da roupagem formal de lei, veiculariam medidas materialmente administrativas, com objeto determinado e destinatários certos. Era enquadrado nessa categoria, e.g., o dispositivo de lei orçamentária que fixa determinada dotação[62] ou o ato legislativo que veicule a doação de um bem pú-

---

60. Lei n. 9.868, de 10 de novembro de 1999, art. 7º, § 2º: "O relator, considerando a relevância da matéria e a representatividade dos postulantes, poderá, por despacho irrecorrível, admitir, observado o prazo fixado no parágrafo anterior, a manifestação de outros órgãos ou entidades". O primeiro precedente de admissão de *amicus curiae* se deu em STF, *DJU*, 28 nov. 2000, ADInMC 2.223-DF, rel. Min. Maurício Corrêa, a requerimento da Federação Nacional das Empresas de Seguros Privados e Capitalização — Fenaseg. Na ocasião, apreciando questão de ordem, o Tribunal entendeu não ser cabível sustentação oral pelo *amicus curiae*. Este entendimento, quanto à sustentação oral, foi posteriormente superado, passando-se a admiti-la. V. *Inf. STF* n. 349, ADIn 2.777-SP, rel. Min. Sepúlveda Pertence. Tornou-se corriqueira, na prática do Tribunal, a admissão de *amicus curiae*.

61. Como decorre claramente do texto constitucional, somente os atos normativos emanados do Poder Público são suscetíveis de controle de constitucionalidade, ficando excluídos os atos normativos privados (e. g., convenção de condomínio, estatuto de uma empresa), que se forem ilegais sujeitam-se a outras formas de impugnação judicial. V. J. J. Gomes Canotilho, *Direito constitucional e teoria da Constituição*, 1998, p. 831, e Clèmerson Merlin Clève, *A fiscalização abstrata de constitucionalidade no direito brasileiro*, 2000, p. 183. Na jurisprudência, v. STF, *DJU*, 22 nov. 96, ADIn 1.434-SP, rel. Min. Celso de Mello: "O controle abstrato de constitucionalidade somente pode ter como objeto de impugnação atos normativos emanados do Poder Público. Isto significa, ante a necessária estatalidade dos atos suscetíveis de fiscalização *in abstracto*, que a ação direta de inconstitucionalidade só pode ser ajuizada em face de órgãos ou instituições de natureza pública".

62. STF, *DJU*, 12 mar. 1990, ADIn 283, rel. Min. Celso de Mello.

blico a uma entidade privada[63] ou que suste uma licitação[64]. A rigidez de tal limitação foi sendo progressivamente atenuada. A princípio, o STF passou a admitir o controle em situações excepcionais[65] ou a se contentar com doses reduzidas de abstração, especialmente em matéria de leis orçamentárias[66].

Em precedente de 2008, a jurisprudência tradicional foi confrontada abertamente por diversos ministros e acabou expressamente relativizada, senão superada. A hipótese envolvia o controle de medidas provisórias que teriam aberto créditos extraordinários sem atender aos requisitos de urgência e imprevisibilidade, instituídos pelo art. 167, § 3º, da Constituição. Por maioria, o Tribunal entendeu possível aferir a presença dos referidos requisitos, destacando que o caráter abstrato da fiscalização realizada em ação direta diz respeito à existência de uma questão constitucional posta em tese

---

63. STF, *DJU,* 3 abr. 1992, ADInMC 643-SP, rel. Min. Celso de Mello. V. também: a resolução de Assembleia Legislativa que determina consulta plebiscitária sobre criação de Município *não é* ato normativo suscetível de fiscalização abstrata de constitucionalidade (STF, *RDA, 203*:254, 1996). Lei estadual que declara canceladas as multas relacionadas a determinados tipos de veículos, em certo período de tempo, é ato normativo geral, suscetível de controle de constitucionalidade (STF, *ADV, 29-00*:452, n. 93.210, ADIn 2.137-1-RJ, rel. Min. Sepúlveda Pertence). O STF tem admitido o controle abstrato de leis ordinárias estaduais que criam Municípios, sem embargo de seus efeitos tipicamente concretos (*RTJ, 158*:34, 1996; *Inf. STF, 144*:1, abr. 1999). V., a propósito, a crítica de Clèmerson Merlin Clève, *A fiscalização abstrata de constitucionalidade no direito brasileiro,* 2000, p. 192-3.

64. STF, *DJU,* 2 abr. 1993, p. 5617, ADInMC 834-0-MT, rel. Min. Celso de Mello.

65. STF, *DJU,* 14 dez. 2001, ADInMC 2.381-RS, rel. Min. Sepúlveda Pertence: "Ação Direta de Inconstitucionalidade. Objeto idôneo. Lei de criação de Município. Ainda que não seja em si mesma uma norma jurídica, mas ato com forma de lei, que outorga *status* municipal a uma comunidade territorial, a criação de Município, pela generalidade dos efeitos que irradia, é um dado inovador, com força prospectiva, do complexo normativo em que se insere a nova entidade política. Por isso, a validade da lei criadora, em face da Lei Fundamental, pode ser questionada por Ação Direta de Inconstitucionalidade. Precedentes".

66. Nesse sentido, o STF admitiu o cabimento de ADIn para impugnar dispositivo de lei orçamentária anual, cuja aplicação violaria hipótese de vinculação constitucional de receitas, contida no art. 177, § 4º, II, da Constituição. Tratava-se, no caso, de receitas da CIDE-Combustíveis: v. STF, *DJU,* 19 dez. 2003, ADIn 2.925-DF, relª Minª Ellen Gracie, rel. p/ acórdão Min. Marco Aurélio: "LEI ORÇAMENTÁRIA. Mostra-se adequado o controle concentrado de constitucionalidade quando a lei orçamentária revela contornos abstratos e autônomos, em abandono ao campo da eficácia concreta. (...) É inconstitucional interpretação da Lei Orçamentária n. 10.640, de 14 de janeiro de 2003, que implique abertura de crédito suplementar em rubrica estranha à destinação do que arrecadado a partir do disposto no § 4º do artigo 177 da Constituição Federal, ante a natureza exaustiva das alíneas 'a', 'b' e 'c' do inciso II do citado parágrafo".

— desvinculada, portanto, de qualquer caso concreto —, e não ao conteúdo do ato específico sobre o qual o controle irá recair[67]. A decisão parece confirmar uma tendência que já vinha se desenhando na Corte e que, de fato, apresenta maior consistência, inclusive por afastar uma distinção aparentemente incompatível com a dicção expressa do art. 102, I, *a*, o qual estabelece o cabimento de ação direta para o controle dos atos normativos e das leis em geral, quando editados pela União ou pelos Estados-membros[68].

O paradigma da fiscalização na ação direta é a Constituição Federal[69]. São passíveis de controle de constitucionalidade pelo Supremo Tribunal Federal as múltiplas espécies normativas constantes do elenco do art. 59 do texto constitucional, conforme análise objetiva que se segue:

a) *Emenda constitucional*. É pacífica a possibilidade de controle de constitucionalidade de emenda à Constituição[70]. Sujeita-se ela à fiscali-

---

67. STF, *DJE*, 22 ago. 2008, ADInMC 4.048-DF, rel. Min. Gilmar Mendes: "CONTROLE ABSTRATO DE CONSTITUCIONALIDADE DE NORMAS ORÇAMENTÁRIAS. REVISÃO DE JURISPRUDÊNCIA. O Supremo Tribunal Federal deve exercer sua função precípua de fiscalização da constitucionalidade das leis e dos atos normativos quando houver um tema ou uma controvérsia constitucional suscitada em abstrato, independente do caráter geral ou específico, concreto ou abstrato de seu objeto. Possibilidade de submissão das normas orçamentárias ao controle abstrato de constitucionalidade".

68. A incongruência entre a linha jurisprudencial restritiva e a dicção expressa do texto constitucional já era identificada pelo Ministro Gilmar Mendes em sede doutrinária. O autor destacava também potencial violação à segurança jurídica, uma vez que uma grande quantidade de atos editados sob a forma de lei ficavam imunes ao controle pela via abstrata. V. Gilmar Mendes, *Jurisdição constitucional*, 2004, p. 181-2.

69. Como já assinalado, a Constituição prevê, igualmente, a fiscalização abstrata e concentrada, em âmbito estadual, mediante representação de inconstitucionalidade. Nessa hipótese, os atos impugnáveis são as leis ou atos normativos *estaduais* e *municipais*, sendo o paradigma a Constituição Estadual. CF, art. 125, § 2º.

70. Obra do poder constituinte derivado, a emenda à Constituição sujeita-se aos limites determinados pelo poder constituinte originário. Cabe, assim, sua eventual declaração de inconstitucionalidade, seja por razões formais ou materiais. A jurisprudência do STF é pacífica a respeito. V., a propósito, em meio a diversas decisões, as seguintes: *RDA, 191*:214, 1993, *RTJ, 136*:25, 1991, *RTJ, 151*:755, 1995, e *DJU*, 1º dez. 2000, p. 70, ADInMC 2.024-2-DF, rel. Min. Sepúlveda Pertence. O mesmo se dá no tocante à revisão constitucional, modalidade específica do poder de reforma da Constituição, que foi prevista no art. 3º do ADCT. V. *RTJ, 153*:786, 1995, voto do Min. Celso de Mello: "Atos de revisão constitucional — tanto quanto as emendas à Constituição — podem, assim, também incidir no vício de inconstitucionalidade, configurando este pela inobservância de limitações jurídicas superiormente estabelecidas no texto da Carta Política por deliberação do órgão exercente das funções constituintes primárias ou originárias".

zação *formal* — relativa à observância do procedimento próprio para sua criação (art. 60 e § 2º) — e *material*: há conteúdos que não podem constar de emenda, por força de interdições constitucionais denominadas cláusulas pétreas (art. 60, § 4º). De parte isto, a Constituição prevê, também, limitações *circunstanciais* ao poder de emenda, que não poderá ser exercido na vigência de intervenção federal, de estado de defesa e de estado de sítio (art. 60, § 1º). Há precedente de declaração de inconstitucionalidade de emenda constitucional[71].

---

71. Nessa linha, o Supremo Tribunal Federal declarou a inconstitucionalidade parcial da Emenda Constitucional n. 62, de 9 de dezembro de 2009, por entender que a postergação do pagamento de precatórios judiciais pela Fazenda Pública, como prevista, violava diversas normas constitucionais, tais como o Estado de Direito, o princípio da separação de poderes e as garantias de acesso à justiça e efetividade da tutela jurisdicional. STF, *DJe*, 19 dez. 2013, ADIs 4.357 e 4.425, red. p/ acórdão Min. Luiz Fux. Em outro precedente importante, o Supremo Tribunal Federal deu provimento em parte a ação direta de inconstitucionalidade que impugnava o art. 14 da Emenda Constitucional n. 20, de 15 de dezembro de 1998, dispositivo que instituía teto de R$ 1.200,00 para os benefícios do regime geral de previdência social, enunciados no art. 201 da Constituição, reajustável de modo a garantir a preservação do valor real. O Tribunal deu interpretação conforme à norma constitucional, a fim de excluir de seu âmbito de incidência os salários concedidos à mulher no período de licença à gestante, direito previsto no art. 7º, XVIII, da CF e enquadrável na locução "proteção à maternidade, especialmente à gestante", consagrada no inciso II do art. 201. O fundamento para a exclusão foi o temor de esvaziamento da proibição de diferença de salários por motivos de sexo, uma vez que a limitação do benefício previdenciário acarretaria a assunção da eventual diferença de valor por parte do empregador, o que tenderia a desencorajar a admissão de mulheres ou o estabelecimento de seus salários em patamar acima do limite. A Emenda Constitucional n. 3, de 17 de março de 1993, que instituiu um tributo identificado como IPMF, cuja vigência seria imediata, teve dispositivo de seu texto declarado inconstitucional, por violação de normas que foram tidas como "imutáveis", dentre as quais: a) o princípio da anterioridade, que é garantia individual do contribuinte (arts. 5º, § 2º, 60, § 4º, IV, e 150, III, *b*, da CF); b) o princípio da imunidade tributária recíproca, que é garantia da Federação (arts. 60, § 4º, I, e 150, VI, *a*, da CF). STF, RDA, 198:123, 1994, ADIn 939, rel. Min. Sydney Sanches. V. ainda outros julgados em que o Supremo reconheceu a possibilidade de efetuar controle de constitucionalidade de emenda, embora tenha, ao final, decidido pela improcedência da arguição: *RTJ, 154*:779, 1995, ADIn 833-PR, rel. Min. Moreira Alves; e *RTJ, 156*:451, 1996, ADIn 829-DF, rel. Min. Moreira Alves. Destaque-se a decisão na ADIn 1420, na qual se impugnava a Emenda Constitucional n. 10, de 4 de março de 1996, que introduziu dispositivos no ADCT, prorrogando a vigência do Fundo Social de Emergência. O pedido de liminar foi negado (STF, *DJU*, 19 dez. 1997, p. 40, rel. Min. Néri da Silveira). Posteriormente, a ação foi julgada prejudicada em razão do exaurimento da eficácia das normas atacadas (*DJU*, 18 abr. 2002, p. 11, decisão monocrática do Min. Néri da Silveira).

b) *Lei complementar*. A lei complementar diferencia-se da lei ordinária por duas razões principais: (i) tem um *quorum* próprio de deliberação, que é o de maioria absoluta (CF, art. 69), e (ii) tem uma área de incidência específica, com previsão expressa na Constituição das matérias a ela reservadas[72]. Não há entre ela e a lei ordinária uma relação de hierarquia, senão que de competência[73]. Logo, não é possível controlar uma lei ordinária em face de uma lei complementar. Mas, se a lei ordinária dispuser acerca de tema assinalado à lei complementar, incidirá em inconstitucionalidade, por violar a demarcação de competência de uma e de outra instituída pela Constituição[74].

---

72. A lei complementar somente deverá ser a espécie normativa adotada nas hipóteses em que haja menção expressa a ela no texto constitucional (e.g., arts. 7º, I, 43, § 1º, 163, 231, § 6º). A esse propósito, v. STF, *DJU*, 19 dez. 1994, p. 35180, ADIn 789-DF, rel. Min. Celso de Mello: "Só cabe lei complementar, no sistema de direito positivo brasileiro, quando formalmente reclamada a sua edição por norma constitucional explícita".

73. No sentido do texto, pela inexistência de hierarquia, v., dentre outros, Michel Temer, *Elementos de direito constitucional*, 2003, p. 146-8, e Celso Ribeiro Bastos, *Lei complementar — teoria e comentários*, 1999, p. 58-9: "Daí não podermos falar em hierarquia entre elas. O que pode haver é uma invasão de competência de uma pela outra. Tal ocorrendo, de duas uma: ou haverá inconstitucionalidade (no caso de lei ordinária versar matéria de lei complementar) ou ocorrerá um desvirtuamento de tipo legal (se matéria de lei ordinária federal for regulada por lei complementar)". Em sentido contrário, v. José Afonso da Silva, *Aplicabilidade das normas constitucionais*, 1999, p. 247-9. O autor modificou parcialmente seu entendimento anterior, que era pela afirmação incondicionada da hierarquia, passando a adotar uma divisão, de autoria de José Souto Maior Borges (*Lei complementar tributária*, 1975), que separa as leis complementares em dois grupos: a) leis complementares que fundamentam a validade de outros atos normativos e b) leis complementares que não fundamentam a validade de outros atos normativos. O autor reconhece superioridade hierárquica apenas às normas do primeiro grupo, em relação aos atos normativos que nelas colhem seu fundamento de validade imediato. Apesar disso, José Afonso da Silva reconhece que as leis complementares só poderão disciplinar as matérias em que haja expressa exigência constitucional dessa espécie normativa, o que, na prática, produz efeitos em tudo equiparados aos da teoria aqui adotada. Para uma defesa radical da hierarquia, entendendo que qualquer matéria pode, em tese, ser disciplinada por lei complementar, disso advindo a impossibilidade de modificação posterior por lei ordinária, v. Hugo de Brito Machado, *Curso de direito tributário*, 2001, p. 73: "É certo que a Constituição estabelece que certas matérias só podem ser tratadas por lei complementar, mas isto não significa de nenhum modo a lei complementar não possa regular outras matérias, e, em se tratando de norma cuja aprovação exige quórum qualificado, não é razoável entender-se que pode ser alterada, ou revogada, por lei ordinária". Essa posição tem sido explicitamente adotada pelo STJ, apesar da ressalva de alguns Ministros: *DJU*, 1º set. 2003, p. 235, REsp 502.580-RS, rel. Min. Luiz Fux.

74. V. STF, j. 13 jul. 2000, ADIn 2.223-DF, rel. Min. Maurício Corrêa, considerando inconstitucional lei ordinária que dispunha acerca de seguro e resseguro, por ser questão afeta

c) *Lei ordinária*. Esta é a espécie-tipo dos atos normativos primários. Também a medida provisória, uma vez aprovada, converte-se em lei ordinária. Sendo a via mais comum de exercício das competências legislativas do Congresso Nacional e, consequentemente, de inovação da ordem jurídica, a lei ordinária é o objeto mais constante das ações diretas de inconstitucionalidade. Boa parte das hipóteses de inconstitucionalidade formal refere-se a vício de iniciativa na produção da legislação ordinária[75].

d) *Lei delegada*. Trata-se de espécie normativa marcada pelo desuso[76]. Sujeita-se, no entanto, em tese, a duplo controle jurisdicional de constitucionalidade, que poderá recair tanto sobre a resolução do Congresso Nacional que veicula a delegação como sobre a lei delegada propriamente dita, elaborada pelo Presidente da República (art. 68). Merece registro, ainda, o fato de que a lei delegada submete-se a uma modalidade excepcional de controle político, consistente na possibilidade de sustação dos atos normativos do Presidente da República que exorbitem dos limites da delegação legislativa (art. 49, V).

e) *Medida provisória*. Ato normativo emanado do Chefe do Executivo, com força de lei, a medida provisória sujeita-se a controle de constitucionalidade, tanto quanto a seus requisitos como quanto a seu conteúdo. No tocante aos requisitos de relevância e urgência, prevaleceu na jurisprudência do Supremo Tribunal Federal o entendimento de que o controle deve ser predominantemente político — e, *ipso facto*, deve ser exercido pelo Presidente da República ao editar a medida e pelo Congresso Nacional ao apreciá-la[77] — e não judicial, salvo nas hipóteses de abuso de poder de

---

ao sistema financeiro nacional, reservada pela Constituição para ser tratada por lei complementar (art. 192). V. também STJ, *DJU*, 25 ago. 1997, REsp 92.508-DF, rel. Min. Ari Pargendler: "A lei ordinária que dispõe a respeito de matéria reservada à lei complementar usurpa competência fixada na Constituição Federal, incidindo no vício de inconstitucionalidade".

75. O processo legislativo para criação de uma lei ordinária envolve iniciativa, discussão, votação, sanção ou veto, promulgação e publicação. A Constituição contempla diversas hipóteses em que a iniciativa da lei não cabe a um parlamentar, mas, privativamente, ao Chefe do Executivo (art. 61), ao Supremo Tribunal Federal (art. 94) e ao Procurador-Geral da República (art. 128, §§ 2º e 5º).

76. A prática sistemática de delegações legislativas foi abandonada após 1962. Houve, porém, dois casos posteriores, ambos de 1992: a Lei Delegada n. 12, de 7 de agosto, que instituiu gratificação de atividade para os servidores militares federais das forças armadas; e a Lei Delegada n. 13, de 27 de agosto, que instituiu gratificações para servidores civis do Poder Executivo e reviu vantagens.

77. Em princípio, a apreciação dos requisitos de relevância e urgência, por seu caráter político, fica por conta do Chefe do Poder Executivo e do Congresso Nacional. O STF

legislar[78] ou de clara falta de razoabilidade da medida[79]. Quanto ao controle de conteúdo da medida provisória, tem-se entendido não prejudicar a ação direta sua eventual reedição ou conversão em lei, mantida a mesma redação[80].

f) *Decretos legislativos e resoluções.* Estas duas espécies normativas veiculam atos privativos do Congresso Nacional ou de cada uma de suas casas, tendo força de lei. Sujeitam-se, consequentemente, ao controle de constitucionalidade, tanto formal quanto material. Há precedentes de fiscalização abstrata de decretos legislativos que aprovaram tratados (*v., infra*) ou que sustaram atos normativos do Poder Executivo[81]. Já as resoluções são

---

somente tem reconhecido a possibilidade de controle judicial quando a ausência de tais requisitos possa ser evidenciada objetivamente, sem depender de uma avaliação discricionária. STF, *RT,* 757:116, 1998, rel. Min. Carlos Mário Velloso; *DJU,* 25 fev. 2000, rel. Min. Sydney Sanches; *DJU,* 19 set. 1997, rel. Min. Moreira Alves.

78. Se a relevância ou a urgência evidenciarem-se improcedentes, o Tribunal deverá decidir pela ilegitimidade da medida provisória. Terá ocorrido, em tal caso, excesso de poder de legislar. STF, *RT,* 757:116, 1998, RE 221.856-5-PE, rel. Min. Carlos Velloso. Não cabe exame dos requisitos de relevância e urgência, salvo os casos de excesso de poder de legislar. STF, *DJU,* 28 abr. 2000, ADInMC 2.150-8-DF, rel. Min. Ilmar Galvão; *DJU,* 19 set. 1997, ADInMC 162-DF, rel. Min. Moreira Alves.

79. STF, *DJU,* 12 jun. 1998, ADIn 1.753-2-DF, rel. Min. Sepúlveda Pertence.

80. No caso de reedição de medida provisória ou de sua conversão em lei, poderá o autor da ação direta pedir extensão da ação à medida provisória reeditada ou à lei de conversão para que a inconstitucionalidade arguida venha a ser apreciada pelo STF. Mas a inicial precisa ser aditada. STF, *DJU,* 31 mar. 1995, ADInMC 1125-DF, rel. Min. Carlos Velloso; *DJU,* 9 jun. 2000, ADIn 2.162-1-DF, rel. Min. Moreira Alves.

81. V. STF, *DJU,* 6 nov. 1992, p. 20105, ADIn 748, rel. Min. Celso de Mello: "O decreto legislativo, editado com fundamento no art. 49, V, da Constituição Federal, não se desveste dos atributos tipificadores da normatividade pelo fato de limitar-se, materialmente, à suspensão de eficácia de ato oriundo do Poder Executivo. Também realiza função normativa o ato estatal que exclui, extingue ou suspende a validade ou a eficácia de uma outra norma jurídica. A eficácia derrogatória ou inibitória das consequências jurídicas dos atos estatais constitui um dos momentos concretizadores do processo normativo. A supressão da eficácia de uma regra de direito possui força normativa equiparável à dos preceitos jurídicos que inovam, de forma positiva, o ordenamento estatal, eis que a deliberação parlamentar de suspensão dos efeitos de um preceito jurídico incorpora, ainda que em sentido inverso, a carga de normatividade inerente ao ato que lhe constitui o objeto. O exame de constitucionalidade do decreto legislativo que suspende a eficácia de ato do Poder Executivo impõe a análise, pelo Supremo Tribunal Federal, dos pressupostos legitimadores do exercício dessa excepcional competência deferida à instituição parlamentar. Cabe à corte suprema, em consequência, verificar se os atos normativos emanados do Executivo ajustam-se, ou não, aos limites do poder regulamentar ou aos da delegação legislativa".

o veículo formal de edição de determinados atos, como os Regimentos das casas legislativas (tanto o do Senado Federal como o da Câmara dos Deputados, quanto o regimento comum do Congresso), da delegação legislativa (art. 67, § 2º) ou de certas competências do Senado Federal (art. 155, § 2º, IV), sendo suscetíveis, igualmente, de controle abstrato[82].

De parte o elenco do art. 59 da Constituição, outras espécies normativas sujeitam-se ao controle de constitucionalidade abstrato e concentrado, em sede de ação direta. Vejam-se algumas delas:

g) *Decretos autônomos*. Como será consignado logo à frente (*v., infra*), os atos normativos secundários, como decretos regulamentares, portarias, resoluções, por estarem subordinados à lei, não são suscetíveis de controle em ação direta de inconstitucionalidade. Não assim, porém, os atos normativos que, ostentando embora o nome ou a roupagem formal de ato secundário, na verdade pretendem inovar autonomamente na ordem jurídica, atuando com força de lei. Neste caso, poderão ser objeto de controle abstrato, notadamente para aferir violação ao princípio da reserva legal[83]. Situam-se nessa rubrica os regimentos internos e atos normativos elaborados pelos Tribunais[84], inclusive os de Contas[85].

h) *Legislação estadual*. Na dicção expressa do art. 102, I, *a*, também a lei ou ato normativo estadual são passíveis de controle direto, estando aí incluídos a Constituição do Estado, a legislação ordinária e os decretos

---

82. V. STF, *DJU*, 11 mar. 1994, ADInMC 806, rel. Min. Carlos Velloso: "Servidor público. Plano de carreira. Câmara dos Deputados. Resolução n. 30, de 13.11.90; Resolução n. 21, de 04.11.92: inconstitucionalidade. I. — Suspensão cautelar de dispositivos das Resoluções 30, de 1990, e 21, de 1992, da Câmara dos Deputados, que instituem Plano de Carreira, dado que é relevante o fundamento da inicial no sentido de que os dispositivos acoimados de inconstitucionais consagram forma de provimento derivado — ascensão funcional e transferência com mudança de atribuições — ofensiva à regra inscrita no art. 37, II, da Constituição. Precedentes do STF: ADIns 231-RJ e 245-RJ. II. — Medida cautelar deferida".

83. É admissível ação direta de inconstitucionalidade cujo objeto seja decreto quando este, no todo ou em parte, manifestamente não regulamenta a lei, apresentando-se, assim, como decreto autônomo, o que dá margem a que seja examinado diretamente em face da Constituição no que diz respeito ao princípio da reserva legal. STF, *RTJ, 142*:718, 1992; *RT, 689*:281, 1993; *RDA, 190*:156, 1992. Exemplos: decreto que concede aumento de remuneração de servidores (*RDA, 185*:166, 1991, ADIn 519, rel. Min. Moreira Alves) ou portaria que estabelece regra geral e abstrata de prescrição (*RTJ, 155*:430, 1996).

84. STF, *DJU*, 28 abr. 2000, p. 71, ADInMC 2.093-5-SC, rel. Min. Marco Aurélio; *DJU*, 31 maio 1996, p. 18800, ADInMC 1.400-5-SP, rel. Min. Ilmar Galvão.

85. STF, *DJU*, 31 maio 1996, p. 18800, ADInMC 1.400-5-SP, rel. Min. Ilmar Galvão.

autônomos produzidos no âmbito de cada uma dessas entidades federativas. Como se sabe, os Estados-membros desfrutam de capacidade de auto-organização, elaborando suas próprias constituições, com base no denominado poder constituinte decorrente. Tal poder, todavia, é subordinado à Constituição Federal[86]. Há numerosos precedentes de declaração de inconstitucionalidade de dispositivos constitucionais estaduais[87]. No tocante às leis e atos normativos dos Estados, estão eles sujeitos a controle tanto pelos Tribunais de Justiça (tendo como paradigma a Constituição estadual) quanto pelo Supremo Tribunal Federal (tendo como paradigma a Constituição Federal), mas não se admite a tramitação simultânea de ambas as ações[88].

i) *Tratados internacionais*. Tratados e convenções internacionais são incorporados ao ordenamento interno com *status* de lei ordinária. Este sempre foi o entendimento dominante[89]. A jurisprudência do STF, no entanto, evoluiu

---

86. CF, art. 25: "Os Estados organizam-se e regem-se pelas Constituições e leis que adotarem, observados os princípios desta Constituição".

87. O poder constituinte decorrente, assegurado às unidades da Federação é, em essência, uma prerrogativa institucional juridicamente limitada pela normatividade subordinante emanada da Lei Fundamental (STF, *RDA, 201*:109, 1995), relativamente aos princípios constitucionais *sensíveis, federais extensíveis* e *estabelecidos* (STF, *RTJ, 146*:388, 1993). O poder constituinte estadual deverá observar, como regra geral, o modelo federal, isto é, não deverá alterar, ao estruturar os órgãos de poder dos Estados, a disciplina que rege os órgãos correspondentes da União. Deverá adotar, assim, e.g., as mesmas normas do *processo legislativo* (STF, *RDA, 197*:152, 1994; *192*:200, 1993), inclusive as que dizem respeito à iniciativa reservada (art. 61, § 1º) e aos limites do poder de emenda parlamentar (STF, *RDA, 199*:173, 1995, e *191*:194, 1993), bem como aquelas referentes à *aposentadoria* dos servidores públicos (STF, *RDA, 193*:157, 1993). Sobre a temática da Constituição Estadual e sua relativa desimportância na atualidade do direito constitucional brasileiro, v. Sérgio Ferrari, *Constituição estadual e federação*, 2003.

88. STF, *DJU*, 22 nov. 1996, ADInMC 1.423-4-SP, rel. Min. Moreira Alves: "Quando tramitam paralelamente duas ações diretas de inconstitucionalidade, uma no Tribunal de Justiça local e outra no Supremo Tribunal Federal, contra a mesma lei estadual impugnada em face de princípios constitucionais estaduais que são reprodução de princípios da Constituição Federal, suspende-se o curso da ação direta proposta perante o Tribunal estadual até o julgamento final da ação direta proposta perante o Supremo Tribunal Federal".

89. Sobre o tema, v. Jacob Dolinger, *Direito internacional privado*, 2003; José Francisco Rezek, *Direito dos tratados*, 1984; Luís Roberto Barroso, *Interpretação e aplicação da Constituição*, 2007 (7. ed.), capítulo dedicado ao direito constitucional internacional. No direito brasileiro, a celebração de tratados, convenções e atos internacionais é competência privativa do Presidente da República, sujeita a referendo do Congresso Nacional (art. 84, VIII), ao qual incumbe resolver definitivamente sobre quaisquer acordos e atos internacionais que acarretem encargos ou compromissos gravosos ao patrimônio nacional (art. 49, I). A

para atribuir uma posição hierárquica diferenciada aos tratados de direitos humanos, reconhecendo-lhes natureza supralegal[90]. Isso significa que tais tratados se colocariam acima da legislação infraconstitucional — que não poderia revogá-los, ainda quando posterior —, mas abaixo da Constituição. De toda sorte, os tratados sujeitam-se ao princípio da supremacia da Constituição e à eventual declaração de inconstitucionalidade, que recairá, em verdade, sobre os decretos de aprovação e promulgação[91]. O tratado ou convenção, propriamente ditos, por serem atos de natureza internacional, não deixam de viger nem são considerados nulos. Mas, uma vez declarados inconstitucionais, já não poderão produzir efeitos válidos internamente. O Supremo Tribunal Federal já enfrentou a questão em algumas oportunidades[92].

A EC n. 45/2004 introduziu a possibilidade de os tratados de direitos humanos serem incorporados com hierarquia de norma constitucional[93],

---

aprovação pelo Congresso Nacional se dá mediante decreto legislativo, e a promulgação do tratado se dá por decreto presidencial.

90. A título de exemplo, v. STF, *DJE,* 12 dez. 2008, RE 349.703-RS, rel. Min. Carlos Britto.

91. STF, *Inf. STF, 228*:3, 2001, ADInMC 1.480-DF, rel. Min. Celso de Mello: "No sistema jurídico brasileiro, os tratados ou convenções internacionais estão hierarquicamente subordinados à autoridade normativa da Constituição da República. Em consequência, nenhum valor jurídico terão os tratados internacionais, que incorporados ao sistema de direito positivo interno, transgredirem, formal ou materialmente, o texto da Carta Política. (...) O Poder Judiciário — fundado na supremacia da Constituição da República — dispõe de competência para, quer em sede de fiscalização abstrata, quer no âmbito do controle difuso, efetuar o exame de constitucionalidade dos tratados ou convenções internacionais já incorporados ao sistema de direito positivo interno".

92. Há precedente de ação direta de inconstitucionalidade tendo por objeto decreto que promulga tratado, haja vista sua equiparação hierárquica ao ato normativo federal. V. *DJU,* 18 maio 2001, p. 429, ADInMC 1.480-DF, STF, rel. Min. Celso de Mello: "Ação direta de inconstitucionalidade. Convenção n. 158/OIT. Proteção do trabalhador contra a despedida arbitrária ou sem justa causa. Arguição de ilegitimidade constitucional dos atos que incorporaram essa convenção internacional ao direito positivo interno do Brasil (Decreto Legislativo n. 68/92 e Decreto n. 1.855/96)". O processo, todavia, veio a ser extinto, pela perda superveniente de seu objeto, em razão de o Brasil ter denunciado a convenção. Para outra decisão, bem anterior, v. STF, *RTJ, 95*:980, 1977, Rp 803, rel. Min. Djaci Falcão.

93. Já antes da EC n. 45/2004, Flávia Piovesan (*Direitos humanos e o direito constitucional internacional,* 2002) sustentava, com base na cláusula de abertura contida no art. 5º, § 2º, que os direitos enunciados em tratados de proteção dos direitos humanos ostentariam *status* constitucional, por si mesmos e de forma automática. Por essa visão, a Emenda teria produzido uma espécie de restrição ao regime protetivo dos direitos fundamentais, condicionando sua hierarquia constitucional à adoção de um procedimento diferenciado.

exigindo-se para tanto que sua aprovação pelo Congresso Nacional siga o procedimento de edição das emendas à Constituição[94]. Nesse caso, o controle de constitucionalidade também seguirá a lógica das emendas, restringindo-se à verificação da observância das exigências procedimentais e à proteção das cláusulas pétreas[95].

Visto o conjunto de atos impugnáveis mediante ação direta de inconstitucionalidade, é de interesse prático e didático sistematizar alguns casos em que a jurisprudência do Supremo Tribunal Federal tem afastado a possibilidade de controle abstrato e concentrado, pronunciando-se pelo seu descabimento. Vejam-se algumas dessas hipóteses, sem pretensão de exaustividade:

a) *Atos normativos secundários*. Atos administrativos normativos — como decretos regulamentares, instruções normativas, resoluções, atos declaratórios — não podem validamente inovar na ordem jurídica, estando subordinados à lei. Desse modo, não se estabelece confronto direto entre eles e a Constituição. Havendo contrariedade, ocorrerá uma de duas hipóteses: (i) ou o ato administrativo está em desconformidade com a lei que lhe cabia regulamentar, o que caracterizaria ilegalidade e não inconstitucionalidade; (ii) ou é a própria lei que está em desconformidade com a Constituição, situação em que ela é que deverá ser objeto de impugnação[96].

---

94. CF/88, art. 5º, § 3º: "Os tratados e convenções internacionais sobre direitos humanos que forem aprovados, em cada Casa do Congresso Nacional, em dois turnos, por três quintos dos votos dos respectivos membros, serão equivalentes às emendas constitucionais" (incluído pela Emenda Constitucional n. 45, de 2004). Vale o registro de que a novidade já foi colocada em prática. O Congresso Nacional valeu-se do mecanismo aqui descrito para editar o Decreto Legislativo n. 186/2008 e, por meio dele, aprovar, com *status* de emenda, o texto da Convenção sobre os Direitos das Pessoas com Deficiência e de seu Protocolo Facultativo, assinados em Nova Iorque, em 30 de março de 2007. Dessa forma, o referido decreto legislativo passa a integrar o bloco de constitucionalidade, podendo ser utilizado como paradigma para o controle da validade de atos infraconstitucionais.

95. Como referido acima, o STF modificou sua jurisprudência em relação aos tratados de direitos humanos, já após a EC n. 45/2004, reconhecendo-lhes natureza supralegal ainda quando não tenham sido incorporados pelo procedimento especial que se acaba de descrever. Essa orientação apresenta relevância para as relações entre a legislação interna e as normas decorrentes de tratado, mas não repercute propriamente no controle de constitucionalidade. Por não gozarem de *status* constitucional, os tratados de direitos humanos que não hajam sido incorporados na forma do art. 5º, § 3º, estarão plenamente sujeitos ao controle de constitucionalidade, como os tratados em geral.

96. STF, *RDA*, *183*:132, 1991, *184*:202, 1991, *185*:163, 1991, *185*:179, 1991, *185*:184, 1991, *188*:201, 1992, *188*:215, 1992, e *191*:214, 1993; *RTJ*, *99*:1362, 1982; *RT*, *655*:215, 1990, *661*:208, 1990, e *683*:200, 1992. Não assim, porém, quando se trate de decreto autô-

b) *Leis anteriores à Constituição em vigor*. O entendimento consagrado de longa data pelo Supremo Tribunal Federal é o de que não cabe ação direta de inconstitucionalidade contra lei anterior à Constituição. Isso porque, ocorrendo incompatibilidade entre ato normativo infraconstitucional e a Constituição superveniente, fica ele revogado, não sendo possível paralisar a eficácia de norma que já não integra validamente o ordenamento[97-98].

c) *Lei que tenha sido revogada*. O objeto da ação direta de inconstitucionalidade é a declaração de inconstitucionalidade de lei ou ato normativo em tese, produzindo, em última análise, o efeito prático de torná-los inaplicáveis com caráter geral, *erga omnes*. Assim, a revogação ou exaurimento dos efeitos da lei impugnada fazem com que a ação perca seu objeto ou, mais tecnicamente, levam à perda superveniente do interesse processual,

---

nomo, que não visa a regulamentar uma lei nem se baseia nela, e sobre o qual paira a suspeita de violação do princípio constitucional da reserva legal (v., *supra*). STF, *DJU*, 18 out. 1996, p. 39844; *RDA, 185*:143, 1991; *RDA, 185*:166, 1991; *DJU*, 11 fev. 1994, p. 1486.

97. STF, *RDA*, 188:288, 1994, ADIn 521, rel. Min. Paulo Brossard: "O vício de inconstitucionalidade é congênito à lei e há de ser apurado em face da Constituição vigente ao tempo de sua elaboração. Lei anterior não pode ser inconstitucional em relação à Constituição superveniente; nem o legislador poderia infringir Constituição futura. A Constituição sobrevinda não torna inconstitucionais leis anteriores com ela conflitantes: revoga-as". V. também STF, *RDA*, 187:152, 1992, ADIn 438, rel. Min. Sepúlveda Pertence: não cabe ação direta de inconstitucionalidade se a norma questionada é anterior à Constituição em vigor. Do ponto de vista *formal*, inexiste inconstitucionalidade superveniente. Do ângulo material, a lei anterior incompatível terá sido revogada. V. a vigorosa e erudita defesa de posição contrária feita pelo Ministro Sepúlveda Pertence (*RDA*, 188:288, 1992; *RT*, 686:218, 1992). Para uma discussão doutrinária sobre o tema, v. Luís Roberto Barroso, *Interpretação e aplicação da Constituição*, 2003, no capítulo dedicado ao conflito de normas no tempo. Todavia, o Tribunal tem admitido a continuidade da ação direta já proposta, quando ocorra a revogação da norma constitucional com a qual a lei objeto da ação estava sendo confrontada. Nessa linha, v. STF, *DJe*, 16 dez. 2010, ADIn 2.189, rel. Min. Dias Toffoli; DJe, 16 dez. 2010, ADIn 2.158, rel. Min. Dias Toffoli; *DJe*, 16 dez. 2011, ADIn 94, rel. Min. Gilmar Mendes; *DJe*, 30 out. 2014, ADIn 239, rel. Min. Dias Toffoli; *DJe*, 4 set. 2014, ADIn 1.776, rel. Min. Dias Toffoli.

98. Entretanto, mais tarde, a Lei n. 9.882/99 (art. 1º, parágrafo único, I), que regulamentou a arguição de descumprimento de preceito fundamental, passou a admitir o cabimento da ADPF para o fim de reconhecer, com efeitos vinculantes e gerais, que determinada norma anterior à Constituição foi efetivamente revogada. V. STF, *DJe*, 6 nov. 2009, ADPF 130, rel. Min. Ayres Britto. No caso, a Lei n. 5.250/67, aprovada durante a ditadura militar, regulamentava o exercício da liberdade de imprensa de forma considerävelmente restritiva, incompatível com a ampla liberdade assegurada pela Constituição de 1988. O caso demonstra a importância de ter um pronunciamento do STF que confirme a revogação da lei, a fim de conferir segurança jurídica acerca ao alcance de determinados direitos.

haja vista que a medida deixou de ser útil e necessária. Eventuais direitos subjetivos que tenham sido afetados pela lei inconstitucional deverão ser demandados em ação própria. Esse entendimento, que já experimentou idas e vindas[99], foi excepcionado em hipótese na qual o processo foi incluído em pauta antes do exaurimento dos efeitos da norma temporária impugnada[100-101].

d) *Lei municipal em face da Constituição Federal.* Do texto expresso do art. 102, I, *a*, extrai-se que a ação direta de inconstitucionalidade terá por objeto somente lei ou ato normativo federal ou estadual, com a exclusão deliberada das normas *municipais*[102]. Por tal razão, a jurisprudência do

---

99. STF, *RDA, 195*:179, 1994; *RDA, 194*:242, 1993; *RTJ, 152*:740, 1995. Prevaleceu por longo tempo, na jurisprudência do STF, ponto de vista antagônico, tendo a Corte se manifestado diversas vezes no sentido de que "a revogação superveniente de lei acoimada de inconstitucional não tem o condão, só por si, de fazer extinguir o processo de controle concentrado de inconstitucionalidade" (*RTJ, 54*:710, 1970, *55*:662, 1971, *87*:758, 1979). Posteriormente, foi proposta a volta à jurisprudência anterior, sob o fundamento de que a remessa de controvérsia constitucional já instaurada perante o STF para as vias ordinárias é incompatível com os princípios da máxima efetividade e da força normativa da Constituição. O julgamento foi suspenso por pedido de vista (*Inf. STF 305*:2, 2003, ADIn (QO-QO)1.244-SP, rel. Min. Gilmar Mendes). Argumento semelhante vem sendo utilizado também para sustentar a não prejudicialidade das ações diretas quando alterado o parâmetro normativo de controle por emenda constitucional. V. STF, *DJe*, 16 dez. 2010, ADIn 2.158, rel. Min. Dias Toffoli; *DJe*, 16 dez. 2011, ADIn 94, rel. Min. Gilmar Mendes; *DJe*, 30 out. 2014, ADIn 239, rel. Min. Dias Toffoli; *DJe*, 4 set. 2014, ADIn 1.776, rel. Min. Dias Toffoli.

100. V. STF, *DJU*, 19 dez. 2006, ADIn 3.146, rel. Min. Joaquim Barbosa: "Preliminar de prejudicialidade: dispositivo de norma cuja eficácia foi limitada até 31.12.2005. Inclusão em pauta do processo antes do exaurimento da eficácia da norma temporária impugnada. Julgamento posterior ao exaurimento. Circunstâncias do caso afastam a aplicação da jurisprudência do Supremo Tribunal Federal sobre prejudicialidade da ação, visto que o requerente impugnou a norma em tempo adequado. Conhecimento da ação".

101. Há, ainda, decisões que admitem a propositura de arguição de descumprimento de preceito fundamental contra normas revogadas, com base na ideia de subsidiariedade. O ponto é retomado em capítulo próprio.

102. No que diz respeito aos atos normativos do Distrito Federal, será necessário saber se a edição se deu com base no exercício de competência legislativa municipal ou estadual, já que ambas lhe são reconhecidas, nos termos do art. 32, § 1º, da Constituição: "Ao Distrito Federal são atribuídas as competências legislativas reservadas aos Estados e Municípios". Não caberá ação direta contra as normas editadas em atenção a competências legislativas municipais, conforme entendimento pacífico do STF: "Lei do Distrito Federal fundada em competência municipal: descabimento. O Distrito Federal, ao qual se vedou dividir-se em Municípios (CF, art. 32), é entidade federativa que acumula as competências reservadas pela Constituição aos Estados e aos Municípios (CF, art. 32, par. 1º): dada a inexistência de controle abstrato de normas municipais em face da Constituição da República, segue-se o

Supremo Tribunal Federal reiteradamente se pronunciou no sentido do descabimento do controle por ação direta de inconstitucionalidade para declaração da inconstitucionalidade de lei ou ato normativo municipal em face da Constituição Federal[103], e, mais ainda, veda que a Constituição do Estado atribua ao Tribunal de Justiça competência para processar e julgar representação de inconstitucionalidade de lei ou ato normativo municipal em face da Constituição Federal, em usurpação de competência do Supremo Tribunal Federal[104-105].

e) *Proposta de emenda constitucional ou projeto de lei.* Não cabe ação direta de inconstitucionalidade contra ato normativo ainda em fase de formação, como é o caso da proposta de emenda à Constituição ou do projeto de lei em tramitação. Não há no direito brasileiro controle jurisdicional preventivo de constitucionalidade[106].

f) *Súmula.* Em princípio, a súmula é uma proposição jurídica que consolida a jurisprudência de determinado tribunal acerca de um tema con-

---

descabimento de ação direta de inconstitucionalidade cujo objeto seja ato normativo editado pelo Distrito Federal, no exercício de competência que a Lei Fundamental reserva aos Municípios, qual a de disciplina e polícia do parcelamento do solo urbano" (STF, *DJU*, 11 dez. 1992, p. 23662, ADInMC 611-DF, rel. Min. Sepúlveda Pertence). A matéria se tornou objeto da Súmula 642 do STF, de 24 de setembro de 2003: "Não cabe ação direta de inconstitucionalidade de lei do Distrito Federal derivada de sua competência legislativa municipal".

103. STF, *DJU*, 11 set. 1998, ADIn 209-DF, rel. Min. Sydney Sanches.

104. STF, *RT, 664*:189, 1991, ADIn 374-0-SP, rel. Min. Celso de Mello; *RDA, 184*:208, 1992, ADIn 508-1-MG, rel. Min. Octávio Gallotti. Sobre o tema, no plano doutrinário, v. Fernando Luiz Ximenes Rocha, *Controle de constitucionalidade das leis municipais*, 2002, p. 107: "(...) não se pode pretender uma reforma constitucional que venha confiar semelhante tarefa aos Tribunais de Justiça dos Estados, pelo inconveniente de gerar uma miríade de interpretações dos preceitos da Constituição Federal, com repercussões na chamada crise do Supremo, que se agravaria com a avalancha de recursos extraordinários, interpostos contra as decisões proferidas pelas diversas Cortes de Justiça estaduais".

105. Todavia, mais adiante, o art. 1º, parágrafo único, I, da Lei n. 9.882/99 passou a admitir expressamente a propositura de arguição de descumprimento de preceito fundamental, diretamente perante o STF, para discussão da compatibilidade entre norma municipal e preceito fundamental constante da Constituição. A questão é explorada em capítulo específico.

106. STF, *RDA, 183*:158, 1991, ADIn 466, rel. Min. Celso de Mello. O que já se admitiu, em sede jurisprudencial, foi o controle concreto, por via de mandado de segurança impetrado por parlamentar, de proposta de emenda à Constituição que veiculava matéria infringente das limitações materiais ao poder reformador do Congresso Nacional. V. *RTJ, 99*:1031, 1982, MS 20.257, rel. Min. Moreira Alves; *RDA, 193*:266, 1993, MS 21.747, rel. Min. Celso de Mello; *RDA, 191*:200, 1993, MS 21.642, rel. Min. Celso de Mello; *RTJ, 165*:540, 1998, MS 21.648, rel. Min. Ilmar Galvão.

trovertido. Nesse sentido, não teria caráter normativo. Como consequência, tem-se entendido que não é passível de controle de constitucionalidade[107-108].

Em suma: o objeto da ação direta de inconstitucionalidade consiste nos atos normativos primários, federais ou estaduais, aptos a inovar na ordem jurídica. Excluem-se, portanto, os atos normativos secundários, os de efeitos concretos, os anteriores à Constituição ou já revogados, os que ainda estejam em processo de formação e os que não têm suficiente grau de normatividade.

Merece registro, nesse passo, uma situação peculiar. Como regra, não será admissível a cumulação, em um mesmo processo de ação direta, de arguições de inconstitucionalidade de atos normativos emanados de diferentes entes da Federação — e.g., uma lei federal e outra de algum Estado-membro — ainda quando lhes seja comum o fundamento jurídico invocado. Há casos, no entanto, em que a cumulação será inevitável, como: a) quando as duas normas tenham o mesmo conteúdo material, ou b) quando uma das normas tenha o seu fundamento na outra, o que ocorrerá, por ilustração, quando a lei local for a especificação de uma norma geral federal[109].

---

107. STF, *RTJ, 151*:20, 1995, ADIn 594, rel. Min. Carlos Velloso: "a súmula da jurisprudência predominante não apresenta características de ato normativo e não está sujeita à jurisdição constitucional concentrada. Vale registrar, contudo, que esse entendimento precisará ser novamente testado, à luz dos novos papéis reservados à súmula e aos precedentes em geral". Para um estudo crítico acerca das súmulas, v. Lenio Luiz Streck, *Súmulas no direito brasileiro: eficácia, poder e função*, 1998.

108. Há quem defenda que a afirmação genérica pelo descabimento de ação direta para a apreciação da constitucionalidade de súmula merece ser revista. Afirma-se que, se é possível propor arguição de descumprimento de preceito fundamental tendo por objeto um conjunto de decisões judiciais que expressem um entendimento potencialmente violador de preceito constitucional (v., *infra*), faz pouco sentido recusar o cabimento de ADPF para apreciar a constitucionalidade de uma súmula. V., nessa linha, voto proferido pelo Min. Gilmar Mendes, na ADPF 324, acórdão ainda pendente de publicação.

109. V. *DJU*, 27 jun. 2003, QO na ADIn 2.844-8-PR, rel. Min. Sepúlveda Pertence. Após afirmar que a regra é a não cumulação, o acórdão faz referência a duas hipóteses em que a cumulação objetiva, mais que facultada, é necessária: "a) a primeira é aquela em que, dada a imbricação substancial entre a norma federal e a estadual, a cumulação é indispensável para viabilizar a eficácia do provimento judicial visado. Assim, por exemplo, quando, na área da competência concorrente da União e dos Estados, a lei federal de normas gerais e a lei local contiverem preceitos normativos idênticos ou similares cuja eventual inconstitucionalidade haja de ser simultaneamente declarada, sob pena de fazer-se inócua a decisão que só a um deles alcançasse; e b) a segunda é aquela em que da relação material entre os dois diplomas resulta que a inconstitucionalidade de um possa tornar-se questão prejudicial da invalidez do outro".

A jurisprudência do Supremo Tribunal Federal desenvolveu, igualmente, o conceito de inconstitucionalidade *por arrastamento*. A expressão designa a hipótese de declaração de inconstitucionalidade, em ação direta, de dispositivos que não foram impugnados no pedido original, mas que são logicamente afetados pela decisão que venha a ser proferida. É o que ocorre, por exemplo, em relação à norma que tenha teor análogo à que foi objeto da ação ou que venha a se tornar inaplicável em razão do acolhimento do pedido formulado[110].

4. Processo e julgamento

4.1. Procedimento

O processo e julgamento da ação direta de inconstitucionalidade é regido pela Lei n. 9.868, de 10 de novembro de 1999. Anteriormente, a matéria era disciplinada pelo Regimento Interno do Supremo Tribunal Federal e pela Lei n. 4.337, de 1º de junho de 1964, bem como por vasta jurisprudência desenvolvida pela Corte ao longo dos anos, desde a introdução da ação genérica, com a Emenda Constitucional n. 16/65. A lei, em verdade, veio endossar a maior parte das linhas jurisprudenciais firmadas em matéria procedimental.

Os legitimados à propositura da ação referidos na lei (art. 2º) são, naturalmente, os mesmos do art. 103 da Constituição[111]. A petição inicial deverá indicar o dispositivo impugnado, os fundamentos jurídicos do pedido em relação a cada uma das impugnações[112] e o pedido, com suas espe-

---

110. V. *Inf. STF* n. 352, QO na ADIn 2.982-CE, rel. Min. Gilmar Mendes: "No mérito, tendo em conta que os dispositivos possuíam teor análogo, que a causa de pedir era idêntica e, ainda, que a declaração de inconstitucionalidade dos artigos impugnados na inicial acabaria por atingir os acrescidos no parecer (do PGR), tornando-os inaplicáveis, retificou-se o voto anteriormente proferido e estendeu-se a declaração de inconstitucionalidade, por arrastamento, ao art. 5º e ao parágrafo único do art. 25 da lei cearense" (texto ligeiramente editado pelo autor).

111. Os incisos IV e V do art. 103 da Constituição, com a redação conferida pela EC n. 45/2004, mencionam expressamente a Mesa da Câmara Legislativa do Distrito Federal e o Governador do Distrito Federal. Anteriormente à emenda, a Lei n. 9.868/99 já o fazia, nos incisos IV e V de seu art. 2º. A jurisprudência do STF, todavia, já havia consagrado o entendimento de que as referências a Assembleia Legislativa e a Governador do Estado compreendiam, por extensão, os órgãos correspondentes do Distrito Federal. *RTJ, 140*:457.

112. Nada obstante, o STF não está adstrito aos fundamentos invocados pelo autor, podendo declarar inconstitucionalidade por fundamentos diversos dos expendidos na inicial. STF, *DJU*, 14 dez. 2001, p. 23, ADInMC 2.396-MS, relª Minª Ellen Gracie. Ainda sobre a

cificações[113]. Deverá conter cópia do ato impugnado e procuração, quando a ação seja subscrita por advogado[114] (art. 3º e parágrafo único). A jurisprudência da Corte tem exigido que a procuração indique de forma específica o ato a ser impugnado, admitindo-se que o relator solicite que a exigência seja suprida, sob pena de a ação não ser conhecida[115]. Se a petição inicial for inepta, não fundamentada ou manifestamente improcedente, será liminarmente indeferida pelo relator, cabendo agravo dessa decisão (art. 4º e parágrafo único). Nos termos da jurisprudência do STF, será manifestamente improcedente a ação direta que verse sobre norma cuja constitucionalidade já haja sido reconhecida pelo tribunal, ainda que em sede de recurso extraordinário. Ressalvou-se, porém, a possibilidade de que a ação venha a ser conhecida quando mudanças relevantes na ordem jurídica ou na realidade social permitam cogitar de uma mudança na jurisprudência[116].

---

fundamentação do pedido, estabeleceu a Corte: é necessário que venham expostos os fundamentos jurídicos do pedido com relação às normas impugnadas, não sendo de admitir alegação genérica de inconstitucionalidade sem qualquer demonstração razoável, nem ataque a quase duas dezenas de medidas provisórias com alegações por amostragem (*RTJ, 144*:690, 1993).

113. Havendo duas ou mais ações com identidade total de objeto, serão elas apensadas para processamento e julgamento conjunto. STF, *DJU*, 25 jun. 1999, p. 2, ADIn 1.460-9, rel. Min. Sydney Sanches.

114. O STF entende que o Governador de Estado e as demais autoridades e entidades referidas no art. 103, I a VII, da CF possuem capacidade processual plena e dispõem, *ex vi* da própria norma constitucional, de capacidade postulatória (*RTJ, 144*:3, 1993). De modo que somente os partidos políticos, as confederações sindicais e entidades de classe necessitam de patrocínio por advogado. Nesta última hipótese, exige-se procuração com poderes especiais para a propositura da ação e específicos para atacar a norma objeto do pedido. STF, *DJU*, 27 jun. 2000, p. 3, ADIn 2.187-7-BA, rel. Min. Octávio Gallotti.

115. O entendimento foi firmado na ADIn 2.187 (*DJU*, 12 dez. 2003, rel. Min. Octavio Gallotti). Posteriormente, foi reiterado em STF, *DJe*, 5 maio 2008, ADIn 3.903, rel. Min. Cezar Peluso).

116. Vale o registro de que votaram vencidos os Ministros Marco Aurélio, Carlos Britto e Eros Grau. Para eles, a decisão tomada em recurso extraordinário não deveria afastar o cabimento de ADIn, uma vez que esta poderia permitir uma discussão mais ampla da questão constitucional. V. STF, *DJe*, 15 out. 2009, AgRg na ADIn 4.071-DF, rel. Min. Menezes Direito: "Ação direta de inconstitucionalidade manifestamente improcedente. Indeferimento da petição inicial pelo Relator. Art. 4º da Lei n. 9.868/99. 1. É manifestamente improcedente a ação direta de inconstitucionalidade que verse sobre norma (art. 56 da Lei n. 9.430/96) cuja constitucionalidade foi expressamente declarada pelo Plenário do Supremo Tribunal Federal, mesmo que em recurso extraordinário. 2. Aplicação do art. 4º da Lei n. 9.868/99, segundo o qual a petição inicial inepta, não fundamentada e a manifestamente improcedente serão liminarmente indeferidas pelo relator. 3. A alteração da jurisprudência

O relator pedirá informações aos órgãos ou às autoridades das quais emanou a lei ou o ato normativo impugnado[117], que deverão prestá-las em trinta dias (art. 6º e parágrafo único)[118]. Decorrido o prazo das informações, serão ouvidos, sucessivamente, o Advogado-Geral da União[119] e o Procurador-Geral da República[120], cada qual devendo manifestar-se no prazo de quinze dias (art. 8º). Vencidos esses prazos, o relator lançará o relatório, com cópia a todos os Ministros, e pedirá dia para julgamento (art. 9º, *caput*).

A ação direta de inconstitucionalidade não admite desistência (art. 5º)[121], arguição de suspeição ou impedimento[122] — ressalvada a possi-

---

pressupõe a ocorrência de significativas modificações de ordem jurídica, social ou econômica, ou, quando muito, a superveniência de argumentos nitidamente mais relevantes do que aqueles antes prevalecentes, o que não se verifica no caso".

117. Requisitadas as informações, preclui o direito de o autor emendar a inicial (STF, *RT, 694*:208, 1993). O prazo para prestar as informações suspende-se durante as férias e o recesso do STF (*RTJ, 131*:966, 1990).

118. Entidades privadas não podem figurar no polo passivo de ação direta, que deve ser ajuizada em face de órgãos ou instituições de natureza pública. O controle abstrato de constitucionalidade somente pode ter como objeto de impugnação atos normativos emanados do Poder Público. STF, *RTJ, 164*:506, 1998. No caso da lei, que é ato complexo, devem prestar informações o órgão legislativo e o Chefe do Executivo, se houver sancionado.

119. O Advogado-Geral da União atua como curador da presunção de constitucionalidade da norma, não podendo ostentar posição processual contrária ao ato estatal impugnado, independentemente de sua natureza federal ou estadual. STF, *RTJ, 164*:506, 1998, *RT, 747*:178, 1998, e *RTJ, 131*:470, 1990. Todavia, já assentou a Corte: "O *munus* a que se refere o imperativo constitucional (CF, art. 103, § 3º) deve ser entendido com temperamentos. O Advogado-Geral da União não está obrigado a defender tese jurídica se sobre ela esta Corte já fixou entendimento pela sua inconstitucionalidade" (STF, *DJU*, 24 ago. 2001, p. 41, ADIn 1.616-4-PE, rel. Min. Maurício Corrêa).

120. Rememore-se que o Procurador-Geral da República pode, por força de seu dever de imparcialidade, opinar pela procedência ou improcedência do pedido, mesmo quando tenha sido o autor da ação. Nesse sentido, v. o voto do Ministro Moreira Alves na ADIn 97-RO, Questão de Ordem: "[E]ssa posição de imparcialidade do fiscal da aplicação da lei que é o Procurador-Geral da República está preservada ainda quando é ele o autor da ação direta, certo como é que, mesmo ocupando essa posição nesse processo objetivo, pode ele, afinal, manifestar-se contra a inconstitucionalidade que arguiu na inicial" (*DJU*, 30 mar. 1990).

121. O dispositivo legal ratifica jurisprudência antiga do STF: "Instaurado o processo de controle normativo abstrato perante o STF, não mais assiste ao autor qualquer poder de disposição sobre a ação direta de inconstitucionalidade. Em consequência, não lhe será lícito requerer a desistência da ação direta já ajuizada" (*DJU*, 2 ago. 1999, ADIn 1.971-6-SP, rel. Min. Celso de Mello).

122. Esse entendimento foi firmado de longa data pelo STF, tendo como exceção o caso de Ministro que haja oficiado na hipótese como Procurador-Geral da República (*DJU,*

bilidade de os próprios Ministros afastarem-se de determinado julgamento por razões de foro íntimo[123] —, nem tampouco intervenção de terceiros (art. 7º)[124]. A Lei n. 9.868/99, todavia, contemplou a participação no processo, através da apresentação de petição ou memorial, de quem não seja parte, mas tenha legítimo interesse no resultado da ação. Assim, o relator, considerando a relevância da matéria e a representatividade dos postulantes, poderá, por despacho irrecorrível, admitir a manifestação de outros órgãos ou entidades (art. 7º, § 2º). Após alguma hesitação, a jurisprudência do STF firmou o entendimento de que o pedido de ingresso poderá ser feito até a remessa dos autos à Mesa, para julgamento[125]. Cuida-se aqui da introdução formal, no ordenamento brasileiro, da figura do *amicus curiae*, originária do direito norte-americano[126]. A inovação fez carreira rápida, reconhecida

---

16 mar. 1990) e, naturalmente, como requerente ou requerido. Para uma nota crítica acerca dessa orientação, v. Gustavo Binenbojm, *A nova jurisdição constitucional brasileira*, 2001, p. 146-7.

123. Nesse sentido, a título de exemplo, v. STF, *DJe*, 20 ago. 2010, ADIn 3.345-DF, rel. Min. Celso de Mello "(...) Os institutos do impedimento e da suspeição restringem-se ao plano dos processos subjetivos (em cujo âmbito discutem-se situações individuais e interesses concretos), não se estendendo nem se aplicando, ordinariamente, ao processo de fiscalização concentrada de constitucionalidade, que se define como típico processo de caráter objetivo destinado a viabilizar o julgamento, não de uma situação concreta, mas da constitucionalidade (ou não), *in abstracto*, de determinado ato normativo editado pelo Poder Público. — Revela-se viável, no entanto, a possibilidade de qualquer Ministro do Supremo Tribunal Federal invocar razões de foro íntimo (CPC, art. 135, parágrafo único) como fundamento legítimo autorizador de seu afastamento e consequente não participação, inclusive como Relator da causa, no exame e julgamento de processo de fiscalização abstrata de constitucionalidade (...)". Disposição semelhante encontra-se prevista no art. 145, § 1º, do CPC.

124. Também aqui a regra legal positivou jurisprudência tradicional do STF na matéria. V. e.g., *RDA, 155*:155, 1984, e *157*:266, 1984.

125. STF, *Inf. STF* 543, 2009, AgRg na ADIn 4.071-DF, rel. Min. Menezes Direito: "A possibilidade de intervenção do *amicus curiae* está limitada à data da remessa dos autos à mesa para julgamento. (...) Considerou-se que o relator, ao encaminhar o processo para a pauta, já teria firmado sua convicção, razão pela qual os fundamentos trazidos pelos *amici curi* pouco seriam aproveitados, e dificilmente mudariam sua conclusão. Além disso, entendeu-se que permitir a intervenção de terceiros, que já é excepcional, às vésperas do julgamento poderia causar problemas relativamente à quantidade de intervenções, bem como à capacidade de absorver argumentos apresentados e desconhecidos pelo relator. Por fim, ressaltou-se que a regra processual teria de ter uma limitação, sob pena de se transformar o *amicus curiae* em regente do processo".

126. A expressão significa, literalmente, "amigo da corte", designação dada a pessoas ou organizações, distintas das partes do processo, admitidas a apresentar suas razões, por

como fator de legitimação das decisões do Supremo Tribunal Federal, em sua atuação como tribunal constitucional[127]. A participação como *amicus curiae*, é certo, não constitui direito subjetivo, ficando a critério do relator[128], mas uma vez admitida inclui, também, o direito de sustentação oral[129].

O art. 9º da Lei n. 9.868/99, em seus §§ 1º e 2º, contém inovações que merecem referência destacada. No § 1º prevê-se que, em caso de necessidade de esclarecimento de matéria ou circunstância de fato ou de notória insuficiência das informações existentes nos autos, poderá o relator requisitar informações adicionais, designar perito ou comissão de peritos para que emita parecer sobre a questão, ou fixar data para, em audiência pública, ouvir depoimento de pessoas com experiência e autoridade na matéria. Supera-se, dessa forma, e em boa hora, a crença dominante de que a ação direta não comportaria fase probatória, devido a seu caráter estritamente objetivo[130]. Na moderna dogmática jurídica, os fatos, a natureza dos proble-

---

terem um interesse jurídico, econômico ou político no desfecho do julgamento. A prática é mais comum em casos apreciados pela Suprema Corte, normalmente aqueles envolvendo liberdades públicas, como o fim da segregação racial nas escolas, discriminações no emprego e aborto. Salvo no caso da União e dos Estados, a participação como *amicus curiae* depende de concordância de ambas as partes, admitido o suprimento judicial se negada. Por vezes, a Suprema Corte, de ofício, solicita a manifestação de alguma entidade pública ou privada. Mais comumente, oferece oportunidade ao *Solicitor General* (cargo assemelhável ao Advogado-Geral da União, no Brasil) para apresentar a posição do Governo Federal na matéria. Em um caso em que a União desistiu de prosseguir — o Governo Reagan não quis continuar com o caso *Bob Jones University v. United States*, no qual se discutia a ilegitimidade de isenções tributárias a escolas privadas que praticavam a segregação racial —, a própria Corte designou um *amicus curiae* para sustentar a causa. Sobre o tema, v. Kermit L. Hall, *The Oxford companion to the Supreme Court*, 1992.

127. V. *Inf. STF* n. 215, ADInMC 2.130-SC, rel. Min. Celso de Mello; *Inf. STF* n. 384, ADIn 3.311-DF, rel. Min. Joaquim Barbosa.

128. V. *Inf. STF* n. 354, ADPF 54-DF, rel. Min. Marco Aurélio.

129. V. *Inf. STF* n. 349, ADIn 2.777-SP, rel. Min. Sepúlveda Pertence.

130. V., nessa linha, decisão do STF anterior à lei: afigura-se a impossibilidade de controle abstrato de constitucionalidade de lei, quando, para o deslinde da questão, mostra-se indispensável o exame do conteúdo de outras normas jurídicas infraconstitucionais *ou de matéria de fato* (*RTJ, 164*:897). Na própria exposição de motivos que encaminhou a Mensagem n. 396, de 7 de abril de 1997, do Poder Executivo, que resultou na Lei n. 9.868/99, reproduziu-se a parte do Relatório da Comissão que elaborou o projeto, no qual se destacava: "Nos Estados Unidos, o chamado 'Brandeis-Brief' — memorial utilizado pelo advogado Louis D. Brandeis, no caso *Muller v. Oregon* (1908), contendo duas páginas dedicadas às questões jurídicas e outras 110 voltadas para os efeitos da longa duração do trabalho sobre a situação da mulher — permitiu que se desmistificasse a concepção dominante, segundo a qual a questão

mas e as consequências práticas das soluções preconizadas desempenham papel de crescente importância na interpretação constitucional. Já não corresponde mais às demandas atuais uma interpretação asséptica e distanciada da vida real, fundada apenas no relato da norma[131].

O § 2º prevê que o relator poderá solicitar informações aos Tribunais Superiores, bem como aos Tribunais federais e estaduais, acerca da aplicação da norma impugnada no âmbito de sua jurisdição. Também a jurisprudência vem ganhando crescente importância na interpretação jurídica no Brasil, superando a visão mais convencional dos sistemas ligados à tradição romano-germânica. De todo modo, por não envolver direitos subjetivos, iniciativa da parte e contraditório, a instância probatória na ação direta é limitada, devendo as informações, perícias e audiências ser produzidas ou realizadas no prazo de trinta dias (§ 3º). Pelo mesmo motivo — tratar-se de processo objetivo, sem envolvimento de interesses subjetivos do Estado — é inaplicável à ação direta de inconstitucionalidade o prazo em dobro dos representantes da Fazenda Pública para recorrer (art. 188 do CPC)[132].

4.2. Medida cautelar

A Constituição prevê expressamente a possibilidade de pedido cautelar nas ações diretas de inconstitucionalidade[133]. Trata-se de providência de caráter excepcional, como ensina a melhor doutrina, à vista da presunção de

---

constitucional configurava simples 'questão jurídica' da aferição de legitimidade da lei em face da Constituição (cf., a propósito, Kermit L. Hall, *The Supreme Court*, p. 85).

Hoje, não há como negar a 'comunicação entre norma e fato' (*Kommunikation zwischen Norm und Sachverhalt*), que constitui condição da própria interpretação constitucional (cf. Marenholz, Ernst Gottfried, Verfassungsinterpretation aus praktischer Sicht, in *Verfassungsrecht zwischen Wissenschaft und Richterkunst*, Homenagem aos 70 anos de Konrad Hesse, Heidelberg, 1990, p. 53 (54)".

131. Sobre o tema, v. Luís Roberto Barroso, Fundamentos teóricos e filosóficos do novo direito constitucional brasileiro, in *Temas de direito constitucional*, t. 2, 2003, p. 34: "Do ponto de vista metodológico, o problema concreto a ser resolvido passou a disputar com o sistema normativo a primazia na formulação da solução adequada".

132. V. *Inf. STF* n. 211, ADIn 1.797-PE, rel. Min. Ilmar Galvão.

133. CF, art. 102, I, *p*: compete ao STF processar e julgar, originariamente, "o pedido de medida cautelar das ações diretas de inconstitucionalidade". No regime constitucional anterior, o STF decidiu que, independentemente de previsão constitucional expressa, era possível a concessão de medida cautelar (*RTJ*, 76:343, 1976, Rep 933-RJ, rel. Min. Thompson Flores). A Emenda Constitucional n. 7, de 1977, à Constituição de 1967-69, acrescentou expressamente ao elenco de competências originárias do STF a apreciação do pedido de medida cautelar.

validade dos atos estatais, inclusive os normativos. Na prática, contudo, devido ao congestionamento da pauta do Supremo Tribunal Federal, a suspensão liminar da eficácia da norma impugnada adquire maior significação: seu indeferimento remete a apreciação da matéria para um futuro, que pode ser incerto; e seu deferimento, embora provisório por natureza, ganha, muitas vezes, contornos definitivos, pela prolongada vigência da medida liminar.

A jurisprudência estabeleceu, de longa data, os requisitos a serem satisfeitos para a concessão da medida cautelar em ação direta: a) a plausibilidade jurídica da tese exposta (*fumus boni iuris*); b) a possibilidade de prejuízo decorrente do retardamento da decisão postulada (*periculum in mora*); c) a irreparabilidade ou insuportabilidade dos danos emergentes dos próprios atos impugnados; e d) a necessidade de garantir a ulterior eficácia da decisão[134]. Alguns julgados referem-se à *relevância do pedido* (englobando o sinal de bom direito e o risco de manter-se com plena eficácia o ato normativo)[135] e à *conveniência* da medida, que envolve a ponderação entre o proveito e o ônus da suspensão provisória[136]. O tardio ajuizamento da ação direta, quando já decorrido lapso temporal considerável desde a edição do ato normativo impugnado, normalmente irá desautorizar o reconhecimento de *periculum in mora*, inviabilizando a concessão de medida cautelar[137].

O indeferimento do pedido cautelar não tem efeito vinculante[138], mas a concessão da medida deve importar na suspensão do julgamento de qual-

---

134. STF, *RTJ, 130*:5, 1989; *RDA, 178*:75, 1989.

135. STF, *RDA, 181-182*:285, 1990, ADIn 400, rel. Min. Marco Aurélio.

136. STF, *DJU*, 2 abr. 1993, p. 5617, ADInMC 834-0-MT, rel. Min. Celso de Mello: "A suspensão cautelar da eficácia de preceito normativo pode ter por fundamento razões de conveniência (...)". V. também STF, *DJU*, 18 maio 2001, p. 430, ADInMC 1.549-4-RJ, rel. Min. Francisco Rezek: "No juízo liminar da ADIn é imperioso que, além do aspecto de bom direito na tese do autor, tenha-se como seguro que os danos resultantes da continuidade da vigência da norma são maiores que aqueles que adviriam de sua suspensão até o juízo definitivo".

137. STF, *RTJ, 152*:692, 1995; *DJU*, 11 jun. 1999, p. 8, ADIn 1.935-3-RO, rel. Min. Marco Aurélio. Tal regra, todavia, não é absoluta: por vezes "é possível utilizar-se do critério de conveniência, em lugar do 'periculum in mora', para a concessão de medida cautelar" (STF, *DJU*, 7 abr. 1995, ADInMC 1.087-5-RJ, rel. Min. Moreira Alves).

138. *Inf. STF, 271*:1, jun. 2002, QO na Rcl 2.063-RJ, relª Minª Ellen Gracie. Como consequência, não caberá reclamação, no caso de indeferimento da medida cautelar, contra a decisão de juiz de primeiro grau que deixou de aplicar a lei impugnada, por entendê-la inconstitucional. V. *Inf. STF* n. 370, AgR na Rcl 2.180-MG, rel. Min. Marco Aurélio, na qual o STF entendeu, por maioria, que a negativa do pedido de liminar não implica a presunção de constitucionalidade da norma atacada.

quer processo em andamento perante o Supremo Tribunal Federal, até a decisão final na ação direta[139]. Há precedentes no sentido de que o mesmo deva se passar relativamente a processos em tramitação perante outros órgãos judiciais, quando envolverem a aplicação de lei cuja vigência tenha sido suspensa[140], cabendo reclamação contra decisão que desconsidere medida cautelar concedida em ação direta[141]. Não cabe pedido de reconsideração da decisão que defere a liminar suspendendo o ato impugnado[142]. Mas, sendo ela indeferida, admite-se a reiteração do pedido, desde que ocorram fatos supervenientes que possam justificar o reexame[143].

A Lei n. 9.868/99 disciplina a medida cautelar em ação direta de inconstitucionalidade. Como regra geral, ela somente será concedida por decisão da maioria absoluta dos membros do Tribunal (portanto, no mínimo seis Ministros), reunidos em sessão do Pleno com a presença de pelo menos oito Ministros. No período de recesso, o pedido cautelar será apreciado pelo Presidente do Supremo Tribunal Federal (RISTF, art. 13, VIII), *ad referendum* do Plenário. A lei prevê a audiência dos órgãos ou autoridades dos quais emanou a lei ou ato normativo impugnado acerca do pedido cautelar, devendo eles se manifestar no prazo de cinco dias (art. 10), somente sendo legítima a dispensa de tal manifestação em caso de excepcional urgência (art. 10, § 1º). Se julgar indispensável, o relator ouvirá o Advogado-Geral da União e o Procurador-Geral da República, no prazo de três dias (§ 2º), cabendo sustentação oral do requerente e do requerido (§ 3º).

---

139. *DJU*, 29 maio 1998, QO no RE 168.277-RS, rel. Min. Ilmar Galvão; e também *Inf. STF, 141*:2, mar. 1999, RE 232.896-PA, rel. Min. Carlos Velloso.

140. No julgamento de Questão de Ordem na ADIn 1.244-4-SP, rel. Min. Néri da Silveira, o STF deliberou "determinar a suspensão, até o julgamento final da ação, do processo na Justiça Federal de Primeira Instância e do pagamento nele ordenado" (*DJU*, 28 maio 1999, p. 3).

141. *DJU*, 22 abr. 2003, MC na Rcl 2.256-1, rel. Min. Gilmar Mendes: "A decisão concessiva de cautelar em ação direta de inconstitucionalidade é também dotada de efeito vinculante. (...) Tendo em vista que a decisão do TJRN concedeu o benefício pretendido pelo impetrante em mandado de segurança, com base em norma constitucional cuja vigência restara provisoriamente suspensa pelo STF, concedo a cautelar requerida na presente Reclamação, para suspender os efeitos da decisão do TJRN" (texto ligeiramente editado). Por outro lado, a denegação da medida cautelar não impede que se proceda ao julgamento concreto, pelo método difuso, de idêntico litígio constitucional. V. *DJU*, 6 dez. 2004, Rcl 2.980, rel. Min. Celso de Mello, e *RTJ, 183*:1173, 2003, AgRg no AI 393.020-PR, rel. Min. Celso de Mello.

142. *Inf. STF, 193*, jun. 2000, QO na ADIn 2.188-RJ, rel. Min. Néri da Silveira.

143. STF, *DJU*, 2 mar. 1998, ADIn 1.667-9-DF, rel. Min. Ilmar Galvão. V. também *RTJ, 138*:735, 1991, e *159*:421, 1997, bem como *RDA, 187*:232, 1992.

Concedida a medida cautelar, o Supremo Tribunal Federal fará publicar a decisão e solicitará informações, a serem prestadas no prazo de trinta dias (art. 11). A medida cautelar será dotada de eficácia contra todos e concedida com efeito *ex nunc*, salvo se o Tribunal entender que deva conceder-lhe eficácia retroativa (§ 1º)[144]. O caráter *erga omnes* da decisão é traço típico dos pronunciamentos em ação direta, que repercutem sobre a própria lei e não sobre situações jurídicas subjetivas (v., *supra*). Há decisão no sentido de reconhecer, igualmente, efeito vinculante à decisão cautelar[145]. No tocante à questão temporal, a lei limitou-se a reiterar jurisprudência pacífica do Supremo Tribunal Federal na matéria[146]. A concessão da medida cautelar torna aplicável a legislação anterior acaso existente, salvo expressa manifestação em sentido contrário (§ 2º). O restabelecimento da vigência e eficácia da norma preexistente afetada pelo ato reconhecido como inconstitucional decorre da regra geral elementar de que, salvo situações excepcionais, atos inválidos não devem produzir efeitos válidos. A singularidade do dispositivo é, precisamente, a de permitir que o tribunal, ponderando as circunstâncias do caso concreto, reconheça a presença dessas situações excepcionais.

---

144. Bem antes da Lei n. 9.868/99, o STF já havia admitido a possibilidade de dar caráter retroativo à medida cautelar, nos casos em que o dispositivo impugnado houvesse determinado a perda dos efeitos decorrentes da norma por ela revogada. V. *DJU*, 22 nov. 1991, ADInMC 596-RJ, rel. Min. Moreira Alves: "[Q]uando a norma impugnada tem os seus efeitos exauridos logo após sua entrada em vigor, mas com repercussão indireta no futuro pela desconstituição de atos pretéritos, repercussão essa a justificar a concessão da liminar, tal concessão se dá para o efeito único possível de suspender a eficácia da norma *ex tunc*, certo como é que não se pode suspender para o futuro o que já se exauriu no passado".

145. *DJU*, 22 abr. 2003, MC na Rcl 2.256-1, rel. Min. Gilmar Mendes: "Vê-se, pois, que a decisão concessiva de cautelar em ação direta de inconstitucionalidade é também dotada de efeito vinculante. A concessão da liminar acarreta a necessidade de suspensão dos julgamentos que envolvem a aplicação ou a desaplicação da lei cuja vigência restou suspensa".

146. STF, *RTJ, 164*:506, 1998, ADInMC 1.434-SP, rel. Min. Celso de Mello: "A medida cautelar, em ação direta de inconstitucionalidade, reveste-se, ordinariamente, de eficácia *ex nunc*, operando, portanto, a partir do momento em que o Supremo Tribunal Federal a defere. Excepcionalmente, no entanto, a medida cautelar poderá projetar-se com eficácia *ex tunc*, com repercussão sobre situações pretéritas. A excepcionalidade da eficácia *ex tunc* impõe que o Supremo Tribunal Federal expressamente a determine no acórdão concessivo da medida cautelar. A ausência de determinação expressa importa em outorga de eficácia *ex nunc* à suspensão cautelar de aplicabilidade da norma estatal impugnada em ação direta. Concedida a medida cautelar (que se reveste de caráter temporário), a eficácia *ex nunc* (regra geral) tem seu início marcado pela publicação da ata da sessão de julgamento no Diário de Justiça da União, exceto em casos excepcionais a serem examinados pelo Presidente do Tribunal, de maneira a garantir a eficácia da decisão".

O art. 12 da Lei n. 9.868/99 permite que o relator, levando em conta aspectos singulares do caso, conduza o processo por um rito mais célere. Assim, havendo pedido de medida cautelar, poderá ele, em face da relevância da matéria e de seu especial significado para a ordem social e a segurança jurídica, após a prestação de informações, no prazo de dez dias, e a manifestação do Advogado-Geral da União e do Procurador-Geral da República, sucessivamente, no prazo de cinco dias, submeter o processo diretamente ao Tribunal, que terá a faculdade de julgar definitivamente a ação.

4.3. Decisão final

A Lei n. 9.868/99 trata conjuntamente da decisão a ser proferida na ação direta de inconstitucionalidade e na ação declaratória de constitucionalidade. Na verdade, o texto cuida de ambas como uma unidade conceitual — fruto do exercício da jurisdição constitucional por via de ação e em abstrato —, com variação apenas do pedido: em um caso a proclamação da constitucionalidade e no outro a da inconstitucionalidade da disposição ou da norma impugnada. Em ambas as hipóteses exige-se a manifestação de seis Ministros, configurando a maioria absoluta do Tribunal (art. 23). Coerente com a premissa de que ambas as ações integram uma unidade conceitual, estabelece a lei que, proclamada a constitucionalidade, julgar-se-á improcedente a ação direta ou procedente a eventual ação declaratória; e, proclamada a inconstitucionalidade, julgar-se-á procedente a ação direta ou improcedente eventual ação declaratória (art. 24). Julgada a ação, faz-se a comunicação à autoridade ou ao órgão responsável pela expedição do ato (art. 25) e, dentro de dez dias após o trânsito em julgado, publica-se a parte dispositiva do acórdão (art. 28).

A decisão que declara a constitucionalidade ou a inconstitucionalidade da lei ou do ato normativo em ação direta ou em ação declaratória é irrecorrível, ressalvada a interposição de embargos de declaração (art. 26)[147], que somente poderão ser oferecidos pelo requerente ou pelo requerido, e

---

147. Nos termos do art. 535 do Código de Processo Civil, cabem embargos de declaração quando houver na sentença ou no acórdão obscuridade, contradição ou omissão. No mesmo sentido, o art. 337 do RISTF. Há precedente, anterior à Lei n. 9.868/99, em que o STF admitiu embargos infringentes contra decisão não unânime. V. *Inf. STF* n. 306, EI na ADIn 1.289-DF, rel. Min. Gilmar Mendes.

não por terceiros[148], nem mesmo pelo Advogado-Geral da União[149]. Mas cabe reclamação para preservação da competência do Supremo Tribunal Federal e garantia da autoridade de suas decisões (CF, art. 102, I, *l*)[150]. A Lei n. 9.868/99 endossa, também, a jurisprudência pacífica da Corte segundo a qual no controle por via principal e abstrata não cabe ação rescisória[151] (art. 26).

A decisão na ação direta gera efeito retroativo, salvo expressa deliberação em sentido contrário (art. 27). Na redação textual da lei, tem igualmente "eficácia contra todos e efeito vinculante em relação aos órgãos do Poder Judiciário e à Administração Pública federal, estadual e municipal" (art. 27, parágrafo único). A partir da Emenda Constitucional n. 45, de 2004, o reconhecimento de efeito vinculante nas ações diretas de inconstitucionalidade passou a figurar também no texto constitucional, com a nova redação dada ao art. 102, § 2º[152]. A esses temas se dedica o tópico seguinte.

---

148. Não cabem embargos de declaração interpostos por terceiros que se dizem prejudicados. STF, *RTJ, 109*:880, 1984, e *RDA, 158*:173, 1984.

149. *Inf. STF, 228*:1, maio 2001, ED na ADIn 2.323-DF, rel. Min. Ilmar Galvão: "O Advogado-Geral da União não tem legitimidade para embargos de declaração a acórdão proferido em ação direta de inconstitucionalidade, por se tratar de processo objetivo de controle de constitucionalidade em que a União não é parte e nem se admite a intervenção de terceiros".

150. V. também RISTF, arts. 156 a 162. O entendimento tradicional do STF era no sentido do descabimento de reclamação por descumprimento de decisão tomada em sede de controle concentrado de constitucionalidade, dada a natureza eminentemente objetiva do processo de ação direta, que não se destina à tutela de direitos subjetivos (*RT, 679*:225, 1992; *RTJ, 146*:416, 1993). Essa linha jurisprudencial foi atenuada, em hipóteses que envolviam: a insubmissão de alguns tribunais às teses jurídicas consagradas nas decisões proferidas pelo STF em ações diretas de inconstitucionalidade (*RTJ, 147*:31, 1994, Rcl 397-RJ, rel. Min. Celso de Mello), a aplicação por tribunais inferiores de norma legal declarada inconstitucional pelo STF em ação direta (*RT, 554*:209, 1981) ou quando o mesmo órgão de que emanara a norma declarada inconstitucional persiste na prática de atos concretos que lhe pressuporiam a validade (*RTJ, 157*:433, 1996, e *RT, 715*:305, 1995). Na expressão espirituosa de um emi- nente Ministro da Corte, cabe reclamação "em caso de desaforo!". De todo modo, a jurisprudência não admite a reclamação requerida por *terceiro* interessado (*RTJ, 160*:788, 1997).

151. *RTJ, 94*:49, 1980, AR 878, rel. Min. Rafael Mayer.

152. O dispositivo passou a ter a seguinte redação: "§ 2º As decisões definitivas de mérito, proferidas pelo Supremo Tribunal Federal, nas ações diretas de inconstitucionalidade e nas ações declaratórias de constitucionalidade produzirão eficácia contra todos e efeito vinculante, relativamente aos demais órgãos do Poder Judiciário e à administração pública direta e indireta, nas esferas federal, estadual e municipal".

5. Efeitos da decisão[153]

5.1. A coisa julgada e seu alcance

A decisão proferida na ação direta de inconstitucionalidade, como qualquer ato jurídico, destina-se à produção de efeitos próprios. A doutrina costuma referir-se a eles, após a edição da Lei n. 9.868/99, como sendo, em regra, retroativos (*ex tunc*), gerais (*erga omnes*), repristinatórios e vinculantes[154]. Na sistematização adotada neste tópico, os múltiplos efeitos da decisão que reconhece a inconstitucionalidade, em fiscalização abstrata e concentrada, serão agrupados em *objetivos, subjetivos* e *temporais*. Antes, porém, convém reavivar alguns conceitos fundamentais acerca da coisa julgada.

Como já assinalado, o controle de constitucionalidade no Brasil, tanto por via incidental como principal, se dá em sede judicial (v., *supra*). Assim, a decisão proferida pelo Supremo Tribunal Federal em ação direta de inconstitucionalidade tem natureza jurisdicional. Como consequência, uma vez operado o trânsito em julgado, tal decisão estará abrigada pela autoridade da coisa julgada. Isso significa que, não estando mais sujeita a recurso, seu conteúdo se tornará indiscutível e imutável (CPC/2015, art. 502). Não é tecnicamente apropriado, de acordo com a doutrina processualista, afirmar que a coisa julgada seja um efeito da

---

153. José Carlos Barbosa Moreira: Coisa julgada e declaração, A eficácia preclusiva da coisa julgada material no sistema do processo civil brasileiro e Os limites objetivos da coisa julgada no sistema do novo Código de Processo Civil, in *Temas de direito processual*, 1977; Eficácia da sentença e autoridade da coisa julgada, in *Temas de direito processual*, terceira série, 1984; *Comentários ao Código de Processo Civil*, v. 5, 2003; *Direito aplicado II*, 2000; Cândido Rangel Dinamarco, *Fundamentos do processo civil moderno*, v. 1, 2000; José Frederico Marques, *Manual de direito processual*, v. 3, 1987; Enrico Tullio Liebman, *Efficacia ed autorità della sentenza*, 1962; Teori Albino Zavascki, *Eficácia das sentenças na jurisdição constitucional*, 2001; Ada Pellegrini Grinover, Da ação direta de representação de inconstitucionalidade, in *O processo em sua unidade*, v. 2, 1984; Alexandre Câmara, *Lições de direito processual civil*, v. 1, 2000, e A coisa julgada no controle direto da constitucionalidade, in Daniel Sarmento (org.), *O controle de constitucionalidade e a Lei n. 9.868/99*, 2001; Lenio Luiz Streck, *Súmulas no direito brasileiro — eficácia, poder e função*, 1988; Gilmar Ferreira Mendes, A declaração de inconstitucionalidade sem pronúncia da nulidade e a declaração de inconstitucionalidade de caráter restritivo ou limitativo no direito brasileiro, in Ives Gandra da Silva Martins (coord.), *As vertentes do direito constitucional contemporâneo*, 2002.

154. Alexandre de Moraes, *Constituição do Brasil interpretada e legislação constitucional*, 2002, p. 2365.

decisão[155]; ela é, sim, uma especial qualidade que imuniza os efeitos da decisão, assegurando sua estabilidade[156].

A coisa julgada tem como limite objetivo as questões decididas pelo órgão judicial, que deverá cingir seu pronunciamento ao objeto do litígio, que é demarcado pelo pedido (CPC/2015, art. 490)[157]. É de relevo destacar que somente a conclusão da sentença ou do acórdão — isto é, sua parte *dispositiva* — obtém a autoridade de coisa julgada. Não assim o *relatório*, que é mera narrativa e não contém juízo de valor; tampouco a *fundamentação*[158], por força de disposição expressa do art. 504 do Código de Processo Civil de 2015[159], que exclui do âmbito da coisa julgada os motivos e a verdade estabelecida dos fatos. Entretanto, diferentemente do que estabelecia o Código de Processo Civil de 1973[160], a questão prejudicial poderá ser alcançada pelos efeitos da coisa julgada, quando o julgamento depender da sua resolução, desde que o juiz disponha de competência, em razão da matéria e da pessoa, para resolvê-la como questão principal e que tenha havido, a seu respeito, exercício prévio do contraditório (CPC/2015, art. 503, §1º). Os efeitos atribuídos ao julgamento da questão prejudicial também teve novos desenvolvimentos no âmbito do controle abstrato de constitucionalidade (v. *infra*).

---

155. V. Enrico Tullio Liebman, *Efficacia ed autorità della sentenza*, 1962, p. 25 e s.; e José Carlos Barbosa Moreira, *Comentários ao Código de Processo Civil*, v. 5, 2003, p. 169.

156. Cândido Rangel Dinamarco, *Instituições de direito processual civil*, v. 3, 2001, p. 296.

157. José Carlos Barbosa Moreira, *O novo processo civil brasileiro*, 2000, p. 11, sobre o CPC/1973, que trazia disposições semelhantes (art. 468 c/c art. 121 do CPC/1973).

158. CPC/2015, art. 489: "São elementos essenciais da sentença: I — o relatório, que conterá os nomes das partes, a identificação do caso, com a suma do pedido e da contestação, e o registro das principais ocorrências havidas no andamento do processo; II — os fundamentos, em que o juiz analisará as questões de fato e de direito; III — o dispositivo, em que o juiz resolverá as questões principais que as partes lhe submeterem". O art. 458 do CPC/1973 tinha redação idêntica.

159. CPC/2015, art. 504: "Não fazem coisa julgada: I — os motivos, ainda que importantes para determinar o alcance da parte dispositiva da sentença; II — a verdade dos fatos, estabelecida como fundamento da sentença".

160. V., por todos, Cândido Rangel Dinamarco, *Fundamentos do processo civil moderno*, v. 1, 2000, p. 243: "O que obtém a autoridade da coisa julgada material é exclusivamente o preceito concreto formulado na sentença, ou seja, é a disposição nela contida, acerca da situação concreta trazida para o juiz".

Os limites subjetivos da *res iudicata* são também estabelecidos pela lei processual: a sentença faz coisa julgada em relação às partes entre as quais é dada, não beneficiando nem prejudicando terceiros[161]. Essa é a regra geral, que admite, todavia, exceções. Uma delas é, precisamente, a hipótese de legitimação extraordinária para atuar em juízo em nome próprio, mas na defesa de interesse de terceiros, na posição de substituto processual. O direito de propositura da ação direta é um exemplo típico de substituição processual: os órgãos legitimados atuam em nome próprio, mas no interesse da sociedade como um todo.

Por fim, cabe destacar em relação à própria coisa julgada duas modalidades de eficácia a ela associadas. A primeira é a denominada eficácia *preclusiva*: a matéria coberta pela autoridade da coisa julgada não poderá ser objeto de novo pronunciamento judicial[162]. Já a segunda modalidade, a eficácia *vinculativa*, significa que a autoridade da coisa julgada deverá prevalecer na solução de qualquer lide que esteja logicamente subordinada à questão já resolvida. Por exemplo: assentada a relação de paternidade em uma demanda, não poderá o juiz, em posterior ação de alimentos, rejeitar o pedido com base na inexistência da relação[163].

Cabe, nessa instância, um último comentário preliminar acerca da natureza da decisão que reconhece a inconstitucionalidade. Conforme já estudado, vige no Brasil, como regra geral, o entendimento de que se trata de decisão *declaratória* (v., *supra*), que não inova na ordem jurídica. Assim, o acórdão que julga *procedente* o pedido limita-se a constatar a existência de um vício e a conferir certeza jurídica a esse fato, proclamando a invalidade da norma. E a decisão que julga o pedido *improcedente* contém em si

---

161. CPC/2015, art. 506: "A sentença faz coisa julgada às partes entre as quais é dada, não prejudicando terceiros".

162. V., sobre o tema, com a habitual precisão, José Carlos Barbosa Moreira, *Comentários ao Código de Processo Civil*, v. 5, 2003, p. 128: "Haverá ofensa à coisa julgada quer na hipótese de o novo pronunciamento ser *conforme* ao primeiro, quer na de ser *desconforme*: o vínculo não significa que o juiz esteja obrigado a rejulgar a matéria em igual sentido, mas sim que ele está impedido de rejulgá-la". Na mesma página, faz ainda o autor uma distinção relevante: "Essa impossibilidade (de emitir novo pronunciamento sobre a matéria já decidida) às vezes só prevalece *no mesmo processo* em que se proferiu a decisão (coisa julgada *formal*), e noutros casos *em qualquer processo* (coisa julgada *material*)". V. também Alexandre Câmara, *A coisa julgada no controle direto da constitucionalidade*, p. 12.

163. V. José Carlos Barbosa Moreira, *Comentários ao Código de Processo Civil*, v. 5, 2003, p. 128.

a afirmação judicial de que o autor da ação não foi capaz de elidir a presunção de constitucionalidade da norma, que permanecerá no sistema jurídico, válida e eficaz[164].

Repassadas essas noções, cumpre agora aprofundar algumas questões.

5.2. Limites objetivos da coisa julgada e efeitos objetivos da decisão

Como visto, o limite objetivo da coisa julgada é a matéria decidida, tal como expressa na parte dispositiva da decisão. O dispositivo do acórdão que acolhe a pretensão em ação direta de inconstitucionalidade terá, como regra, teor análogo ao que segue: "O Tribunal, por maioria (ou por unanimidade), julgou procedente o pedido formulado na ação direta, para declarar a inconstitucionalidade da Lei n. *X/00* (ou o art. *n* da Lei)".

Por força da eficácia *preclusiva* da coisa julgada, já não será possível o ajuizamento de outra ação direta para obter nova manifestação do Tribunal acerca da inconstitucionalidade (ou da constitucionalidade) do mesmo dispositivo. No primeiro caso, nem sequer haveria interesse em agir, porque não há sentido em o mesmo órgão declarar duas vezes a mesma coisa. No segundo caso — o do pedido de declaração de constitucionalidade —, não seria possível ressuscitar a lei já fulminada. Relembre-se que a autoridade da coisa julgada impede qualquer novo pronunciamento acerca da matéria já decidida, seja ele ratificador ou não da decisão anterior. Já pela eficácia *vinculativa*, juízes e tribunais, ao decidir questão a eles submetida, não poderão desconsiderar, como premissa necessária, que a lei objeto da decisão do Supremo Tribunal Federal é inconstitucional, sob pena de ofensa à coisa julgada.

Cabe agora indagar se é possível falar na formação de coisa julgada na hipótese de improcedência do pedido de inconstitucionalidade. O dispositivo do acórdão, nesse caso, terá normalmente teor análogo a este: "O Tribunal, por unanimidade (ou por maioria), julgou improcedente o pedido (cujo objeto era a declaração de inconstitucionalidade dos arts. *x* e *y* da Lei *XY/00*), nos termos do voto do relator". Relembre-se que a Lei n. 9.868/99 trata a ação direta de inconstitucionalidade e a ação declaratória de

---

164. A sentença de improcedência também terá natureza declaratória, consoante lição clássica de José Frederico Marques, *Manual de direito processual civil*, v. 3, 1987, p. 32: "Ora, toda sentença que julga a ação improcedente é sentença declaratório-negativa, salvo quando proposta ação declaratória também negativa, em que a *absolutio ab actione* tem de possuir, naturalmente, conteúdo declaratório-positivo".

constitucionalidade como duas faces de uma mesma unidade conceitual, como se fossem ações em tudo idênticas, apenas com "sinal trocado". Desse modo, pela lógica da lei, julgar uma ação direta improcedente equivale a declarar que a lei é constitucional; e julgar uma ação declaratória improcedente equipara-se a declarar a inconstitucionalidade da lei (desde que, naturalmente, obtido o *quorum* de maioria absoluta)[165]. Pois bem: julgado improcedente o pedido na ação direta, fica o Supremo Tribunal Federal impedido de reapreciar a questão? Ou podem os demais legitimados ativos do art. 103 ajuizar nova ação direta?

Nos processos *subjetivos* forma-se *res iudicata* em caso de improcedência do pedido, mesmo quando o fundamento seja unicamente a ausência de prova suficiente[166]. Essa é a regra geral, que só encontra exceção nos casos expressamente previstos em lei, como ocorre com a ação popular e a ação civil pública[167]. E a coisa julgada, como exposto anteriormente, impede até mesmo que o próprio órgão prolator da decisão volte a apreciar a matéria. Tal doutrina, todavia, não se afigura aproveitável para a hipótese de improcedência do pedido na ação direta. Vejam-se as razões.

A declaração de inconstitucionalidade opera efeito sobre a própria lei ou ato normativo, que já não mais poderá ser validamente aplicada. Mas, no caso de improcedência do pedido, nada ocorre com a lei em si. As situações, portanto, são diversas e comportam tratamento diverso. Parece totalmente inapropriado que se impeça o Supremo Tribunal Federal de reapreciar a constitucionalidade ou não de uma lei anteriormente considerada válida, à vista de novos argumentos, de novos fatos, de mudanças formais ou informais no sentido da Constituição ou de transformações na realidade que modifiquem o impacto ou a percepção da lei[168]. Portanto, o melhor enten-

---

165. Lei n. 9.868, de 10 de novembro de 1999: "Art. 24. Proclamada a constitucionalidade, julgar-se-á improcedente a ação direta ou procedente eventual ação declaratória; e, proclamada a inconstitucionalidade, julgar-se-á procedente a ação direta ou improcedente eventual ação declaratória".

166. José Carlos Barbosa Moreira, *Comentários ao Código de Processo Civil*, v. 5, 1998, p. 92.

167. A Lei n. 4.717, de 29 de junho de 1965, que regula a ação popular, e a Lei n. 7.347, de 24 de julho de 1985, que disciplina a ação civil pública, preveem, em seus arts. 18 e 16, respectivamente, que a decisão fará coisa julgada *erga omnes*, exceto se o pedido for julgado improcedente por "deficiência" ou "insuficiência" de provas.

168. Relembre-se, aqui, o fenômeno da inconstitucionalidade progressiva ou da lei *ainda* constitucional, mas em trânsito para a inconstitucionalidade. Emblemático nessa matéria o acórdão do STF, rel. Min. Sepúlveda Pertence, considerando constitucional a

dimento na matéria é o de que podem os legitimados do art. 103 propor ação tendo por objeto a mesma lei e pode a Corte reapreciar a matéria[169]. O que equivale a dizer que, no caso de improcedência do pedido, a decisão proferida não se reveste da autoridade da coisa julgada material[170-171].

---

norma do Código de Processo Penal que reconhecia legitimação ao Ministério Público para cobrança de ressarcimento em nome da vítima hipossuficiente, até a estruturação das Defensorias Públicas. Confira-se a esclarecedora ementa do julgado: "Ministério Público: legitimação para promoção, no juízo cível, do ressarcimento do dano resultante de crime, pobre o titular do direito à reparação: C. Pr. Pen., art. 68, ainda constitucional (cf. RE 135.328): processo de inconstitucionalização das leis. 1- A alternativa radical da jurisdição constitucional ortodoxa entre a constitucionalidade plena e a declaração de inconstitucionalidade ou revogação por inconstitucionalidade da lei com fulminante eficácia *ex tunc* faz abstração da evidência de que a implementação de uma nova ordem constitucional não é um fato instantâneo, mas um processo, no qual a possibilidade de realização da norma da Constituição — ainda quando teoricamente não se cuide de preceito de eficácia limitada — subordina-se muitas vezes a alterações da realidade fática que a viabilizem. 2 — No contexto da Constituição de 1988, a atribuição anteriormente dada ao Ministério Público pelo art. 68 C. Pr. Penal — constituindo modalidade de assistência judiciária — deve reputar-se transferida para a Defensoria Pública: essa, porém, para este fim, só se pode considerar existente, onde e quando organizada, de direito e de fato, nos moldes do art. 134 da própria Constituição e da lei complementar por ela ordenada: até que — na União ou em cada estado considerado — se implemente esta condição de viabilização da cogitada transferência constitucional de atribuições, o art. 68 C. Pr. Pen. será considerado ainda vigente" (RE 147.776-SP, *DJU,* 19 jun. 1998).

169. Naturalmente, nada impede que, entendendo não ter havido qualquer situação apta a justificar uma reapreciação do tema, o STF possa rejeitar o pedido de forma sumária, invocando a decisão precedente na matéria.

170. No direito alemão prevalece, como regra geral, entendimento oposto. Já na Itália e na Espanha, atribui-se eficácia reduzida à sentença de rejeição de constitucionalidade. Sobre a matéria no direito comparado, especialmente no direito alemão, v. Gilmar Ferreira Mendes, *Jurisdição constitucional*, 1996, p. 277-84. Em Portugal, na mesma linha aqui proposta, pronunciou-se o Tribunal Constitucional: "O Tribunal Constitucional vem acentuando, na sua jurisprudência, que as únicas decisões capazes de precludirem a possibilidade de nova apreciação judicial da constitucionalidade de uma norma são as que, sendo proferidas em sede de fiscalização abstracta sucessiva, declaram a sua inconstitucionalidade (...) e que, no caso de acórdãos que não se pronunciem pela inconstitucionalidade, o Tribunal não fica impedido de voltar a pronunciar-se sobre a mesma matéria..." (Acórdão 452/95, j. 6-7-1995, rel. Conselheiro Alves Corrêa, colhido no *site* www.tribunalconstitucional.pt). V. também Lenio Luiz Streck, *Jurisdição constitucional e hermenêutica*, 2004, p. 565-9, onde se colhe fundamentação analítica e veemente em favor da tese. Em sentido diverso do aqui defendido, v. Alexandre Câmara, *A coisa julgada no controle de constitucionalidade*, p. 19.

171. Recentemente, o Supremo Tribunal Federal decidiu que, para que seja cabível nova ação direta na hipótese, o requerente deverá apresentar fundamentos diversos daqueles

Definidos os limites objetivos da coisa julgada, cumpre analisar os efeitos objetivos da decisão na ação direta. Vale dizer, o que acontece com a lei ou ato normativo objeto do pronunciamento judicial. Se o pedido for julgado improcedente, nada se passará com o ato impugnado, que continuará existente, válido e eficaz. Mas, no caso do reconhecimento da inconstitucionalidade da norma, a decisão do Tribunal estará declarando que a norma é nula de pleno direito[172]. A declaração de nulidade situa-se no plano da validade do ato jurídico: é a sanção pela invalidade da norma. Como consequência, a lei ou ato normativo nulo não deverá mais produzir efeitos: passa-se, assim, ao plano da eficácia, que deverá ser paralisada. Nulidade e ineficácia, portanto, são as consequências que, de regra, resultarão da declaração de inconstitucionalidade. Não há um ato formal no plano da existência da norma. Mas, considerando que a *vigência* de um ato normativo é a soma de sua existência e de sua eficácia, é possível afirmar que a lei declarada inconstitucional já não está mais vigente[173].

Outro efeito objetivo da declaração de inconstitucionalidade é sua repercussão sobre a legislação que havia sido afetada pela lei reconhecida como inválida. Uma nova lei ou ato normativo, quando entra em vigor, frequentemente irá revogar normas que disciplinavam o mesmo assunto. De fato, a lei posterior revoga a anterior quando expressamente o declare, quando seja com ela incompatível ou quando regule inteiramente a matéria de que tratava a lei

---

já apreciados pelo Tribunal. Isso porque, caso contrário, a nova ação direta equivaleria a uma ação rescisória da decisão anterior, o que não seria cabível em sede de controle concentrado, nos termos do art. 26 da Lei n. 9.868/99. V. STF, j. 9 mar. 2022, ADI 6.630, red. p/ acórdão Min. Alexandre de Moraes. Em alguma medida, o entendimento acaba trazendo para o juízo de admissibilidade da ação um exame que deveria ser feito quando da apreciação do mérito, acerca dos argumentos pelos quais a norma deve ou não ser considerada inconstitucional, até porque as ações diretas têm causa de pedir aberta. De todo modo, foi o entendimento que prevaleceu na ocasião.

172. Como já estudado no âmbito da teoria da nulidade, essa é a regra geral. Dentre as exceções possíveis, merece destaque a hipótese de declaração de inconstitucionalidade sem pronúncia de nulidade, admitida pelo art. 27 da Lei n. 9.868/99, que será objeto de exame mais adiante.

173. Sobre o tema no direito americano, v. Keith S. Rosenn, *The effects of judicial determinations of constitutionality in the United States, Canada, and Latin America in comparative perspective*, 2002, mimeografado, texto gentilmente cedido pelo autor: "Do ponto de vista técnico, decisões dos tribunais relativamente às questões de constitucionalidade produzem apenas efeitos *inter partes*. A decisão judicial não revoga ou elimina a lei, que continua nos livros e teoricamente pode ser aplicada em outros casos. Mas a doutrina do *stare decisis* torna as decisões, especialmente as da Suprema Corte, vinculantes para todos" (tradução livre).

anterior[174]. Sucede, porém, que, se a lei revogadora vier a ser declarada inconstitucional, não deverá produzir efeitos válidos, impondo o princípio da supremacia da Constituição que a situação jurídica volte ao *status quo ante*. Por essa razão, tanto a doutrina[175] quanto a jurisprudência[176] sempre sustentaram que a declaração de inconstitucionalidade de uma lei restaura a vigência da legislação previamente existente por ela afetada. A Lei n. 9.868/99 ratificou esse entendimento, embora admitindo que o Tribunal possa excepcioná-lo, manifestando-se expressamente em sentido contrário[177].

5.3. Limites subjetivos da coisa julgada e efeitos subjetivos da decisão

Os limites subjetivos da coisa julgada na declaração de inconstitucionalidade não são controvertidos: sua eficácia é contra todos. A extensão *erga omnes* da autoridade da coisa julgada explica-se, doutrinariamente, por força do fenômeno da *substituição processual*, já mencionado (v., *supra*). Não há necessidade, nesse caso, de suspensão da lei pelo Senado Federal, o que só

---

174. Lei de Introdução às normas do Direito Brasileiro, art. 2º, § 1º.

175. Luís Roberto Barroso, *Interpretação e aplicação da Constituição*, 2003 (a 1ª edição é de 1995), p. 92-3: "A premissa da não admissão de efeitos válidos decorrentes do ato inconstitucional conduz, inevitavelmente, à tese da repristinação da norma revogada. É que, a rigor lógico, sequer se verificou a revogação no plano jurídico. De fato, admitir-se que a norma anterior continue a ser tida por revogada importará na admissão de que a lei inconstitucional inovou na ordem jurídica, submetendo o direito objetivo a uma vontade que era viciada desde a origem. Não há teoria que possa resistir a essa contradição".

176. STF, *RTJ, 146*:461: a declaração de inconstitucionalidade em tese encerra um juízo de exclusão, que, fundado numa competência de rejeição deferida ao STF, consiste em remover do ordenamento positivo a manifestação estatal inválida e desconforme ao modelo plasmado na Carta Política, com todas as consequências daí decorrentes, inclusive a plena restauração de eficácia das leis e normas afetadas pelo ato declarado inconstitucional.

177. No tocante à medida cautelar, v. art. 11, § 2º: "A concessão da medida cautelar torna aplicável a legislação anterior acaso existente, salvo expressa manifestação em sentido contrário". Relativamente à decisão final, o art. 27 prevê que "poderá o Supremo Tribunal Federal, por maioria de dois terços de seus membros, restringir os efeitos daquela declaração ou decidir que ela só tenha eficácia a partir de seu trânsito em julgado ou de outro momento que venha a ser fixado". Anteriormente à Lei n. 9.868/99, o entendimento dominante, assim na doutrina como na jurisprudência, era o de que, para evitar a restauração da norma anterior, seria necessário pedido específico de que também fosse declarada inconstitucional. V. Clèmerson Merlin Clève, *A fiscalização abstrata de constitucionalidade no direito brasileiro*, 2000, p. 250: "Detectada a manifestação de eventual eficácia repristinatória indesejada, cumpre requerer, igualmente, já na inicial da ação direta, a declaração de inconstitucionalidade, e, desde que possível, a do ato normativo ressuscitado".

ocorrerá na hipótese de decisão do Supremo Tribunal Federal em controle incidental (art. 52, X)[178]. As pessoas e órgãos constantes do art. 103 da Constituição atuam com legitimação extraordinária, agindo em nome próprio, mas na defesa do interesse da coletividade. Por essa razão é que os efeitos da decisão têm caráter geral, e não apenas entre as partes do processo, como é a regra[179]. Na dicção expressa do parágrafo único do art. 28 da Lei n. 9.868/99, "a declaração de constitucionalidade ou de inconstitucionalidade, inclusive a interpretação conforme a Constituição e a declaração parcial de inconstitucionalidade sem redução de texto, têm eficácia contra todos e efeito vinculante em relação aos órgãos do Poder Judiciário e à Administração Pública federal, estadual e municipal". O dispositivo — cuja constitucionalidade foi proclamada pelo Supremo Tribunal Federal[180] — traz em si três inovações dignas de nota: (a) a atribuição de efeito vinculante à declaração de *inconstitucionalidade*[181], (b) a inclusão no âmbito de tais efeitos da interpretação conforme à Constituição e da declaração parcial de inconstitucionalidade sem redução e (c) a explicitação de sua extensão aos órgãos judiciais e administrativos.

---

178. Esse entendimento vem de longa data e é anterior à Constituição de 1988. V. STF, *DJU*, 16 maio 1977, p. 3123.

179. Ada Pellegrini Grinover, Da ação direta de representação de inconstitucionalidade, in *O processo em sua unidade*, v. 2, 1984, p. 167: "Quando se trata de ação direta de inconstitucionalidade, a inconstitucionalidade mesma é objeto do julgamento e temos aí, segundo a doutrina dominante, com a qual estou plenamente de acordo, uma coisa julgada *erga omnes*. Em virtude da própria natureza da ação genérica direta de inconstitucionalidade, a coisa julgada não pode ficar restrita às partes". V. também Alexandre Câmara, *O controle de constitucionalidade e a Lei n. 9.868/99*, p. 12-4.

180. *Inf. STF*, 289, nov. 2002, QO no AgRg na Rcl 1.880-SP, rel. Min. Maurício Corrêa: "[O] Tribunal, por maioria, decidiu que todos aqueles que forem atingidos por decisões contrárias ao entendimento firmado pelo STF no julgamento de mérito proferido em ação direta de inconstitucionalidade sejam considerados como parte legítima para a propositura de reclamação, *e declarou a constitucionalidade do parágrafo único do art. 28 da Lei 9.868/99*. Considerou-se que a ADC consubstancia uma ADI com sinal trocado e, tendo ambas caráter dúplice, seus efeitos são semelhantes. Vencidos os Ministros Moreira Alves, Ilmar Galvão e Marco Aurélio, que declaravam a inconstitucionalidade do mencionado dispositivo por ofensa ao princípio da separação de Poderes" (grifo acrescentado).

181. Essa previsão fora introduzida no direito brasileiro pela Emenda Constitucional n. 3, de 17 de março de 1993, relativamente às ações declaratórias de *constitucionalidade*, pelo acréscimo de um § 2º ao art. 103, com o seguinte teor: "§ 2º As decisões definitivas de mérito, proferidas pelo Supremo Tribunal Federal, nas ações declaratórias de constitucionalidade de lei ou ato normativo federal, produzirão eficácia contra todos e efeito vinculante, relativamente aos demais órgãos do Poder Judiciário e ao Poder Executivo".

A transposição da noção de coisa julgada do processo civil para o âmbito dos processos de jurisdição abstrata e objetiva, aliada à importação para o direito brasileiro da ideia de vinculação das decisões, exige um esforço doutrinário de compreensão e conciliação de fenômenos diversos. Na verdade, os conceitos anglo-saxões de *stare decisis* e *binding precedent*, que se expressam no efeito vinculante atribuído pela lei e pelo texto constitucional ao controle de constitucionalidade, inibem determinadas consequências tradicionais da coisa julgada. Duas distinções merecem ser enfatizadas:

i) a coisa julgada, como visto, impede novo pronunciamento judicial sobre a mesma matéria; já o efeito vinculante obriga à adoção da tese jurídica firmada pelo Tribunal Superior, sempre que a ela esteja logicamente subordinada a decisão da causa;

ii) a coisa julgada preclui a possibilidade de o próprio órgão julgador rever a matéria; o efeito vinculante não impede que o órgão prolator possa reapreciar a matéria.

Objetivamente, portanto, à vista das premissas aqui firmadas, a decisão que declara a inconstitucionalidade de uma lei em ação direta reveste-se de autoridade de *coisa julgada*, com sua eficácia vinculativa para todos os órgãos judiciais, inclusive o próprio Supremo Tribunal Federal. Mas a decisão que julga improcedente o pedido — e, consequentemente, declara a constitucionalidade da lei ou ato normativo — produz apenas efeito vinculante, subordinando todos os demais tribunais, mas não o próprio Supremo Tribunal Federal, que poderá revê-la se assim lhe aprouver (v., *supra*)[182].

O efeito vinculante da decisão de inconstitucionalidade se produz, conforme a letra expressa do dispositivo legal e do art. 102, § 2º, da Constituição Federal, em relação ao Judiciário e à Administração. No tocante aos órgãos judiciais, já não lhes caberá o juízo incidental acerca da constitucionalidade da norma, devendo sua decisão no caso concreto partir da premissa estabelecida pelo Supremo Tribunal sobre a validade ou não da norma[183]. Em caso de inobservância do efeito vinculante pelo juiz ou Tri-

---

182. Vale ter em conta, contudo, que recentemente o Supremo Tribunal Federal decidiu que a nova ação direta deverá atacar a constitucionalidade da norma com base em fundamentos diversos daqueles já apreciados pelo Tribunal, sob pena de não cabimento da ação, por configurar sucedâneo de ação rescisória, vedado pelo art. 26 da Lei n. 9.868/99. V. STF, j. 9 mar. 2022, ADI 6.630, red. p/ acórdão Min. Alexandre de Moraes.

183. Nos Estados Unidos, a declaração de inconstitucionalidade pela Suprema Corte frequentemente tem o efeito de invalidar não apenas a lei questionada, mas também todas as leis similares, mesmo que não tenham sido objeto de pronunciamento da Corte. Sobre o

bunal, caberá reclamação (CF, art. 102, I, *l*)[184]. No tocante aos órgãos da Administração, eventual descumprimento da orientação do Tribunal sujeitar-se-á à impugnação pelos meios judiciais cabíveis, podendo ser o caso, igualmente, de responsabilização do agente público[185].

O Poder Legislativo ficou excluído da dicção e do alcance do efeito vinculante previsto no parágrafo único do art. 28 da Lei n. 9.868/99 e no art. 102, § 2º, da Constituição Federal. Em certos sistemas constitucionais, a decisão de inconstitucionalidade impede o legislador futuro de editar norma de conteúdo igual ou análogo ao que foi rejeitado[186].

---

tema, Keith S. Rosenn, *The effects of judicial determinations of constitutionality in the United States, Canada, and Latin America in comparative perspective*, 2002, mimeografado, texto gentilmente cedido pelo autor, que lembra que, após a célebre decisão acerca da inconstitucionalidade das leis do Texas e da Geórgia, que vedavam o aborto (*Roe v. Wade* e *Doe v. Bolton*), em 1973, restou inválida a legislação de todos os demais Estados, exceto quatro deles, que admitiam o aborto.

184. Constituição Federal, art. 102, I, *l*: compete ao STF processar e julgar originariamente "a reclamação para a preservação de sua competência e garantia da autoridade de suas decisões". A posição inicial do STF foi no sentido da não admissão de reclamação na hipótese de descumprimento de decisão tomada em sede de controle concentrado de constitucionalidade, dada sua natureza objetiva (*RT, 679*:225, 1992; *RTJ, 146*:416, 1993). Posteriormente, passou a admiti-la em casos de desrespeito ostensivo à autoridade de seus julgados (*RTJ, 147*:31, 1993; *RT, 654*:209, 1990). Antes mesmo do advento da Lei n. 9.868/99, alargou-se sua admissibilidade, como se constata das duas decisões seguintes: "Para dar eficácia ao efeito vinculante é absolutamente necessária a reclamação" (STF, *DJU*, 21 maio 1999, ADC 4-6-DF, rel. Min. Moreira Alves; e "Cabe advertir, por necessário, que o eventual descumprimento, por juízes ou Tribunais, da decisão plenária do STF, especialmente quando proferida com efeito vinculante (CF, art. 102, § 2º), justificará a utilização do instrumento constitucional da reclamação..." (STF, *Inf. STF, 101*, mar. 1998, Pet. 1.042-MS, rel. Min. Celso de Mello). Já se concedeu, inclusive, medida cautelar em reclamação ajuizada por Município, sob alegação de descumprimento de decisão em ADIn, sendo certo que o Município, por não ter legitimação, não foi nem poderia ter sido parte na ação direta de inconstitucionalidade (STF, *DJU*, 20 mar. 2003, MC em Rcl 2.234-0-MG, rel. Min. Gilmar Mendes).

185. O Decreto n. 2.346, de 10 de outubro de 1997, que estabelece procedimentos para a Administração Pública federal, direta e indireta, em face de decisões judiciais, determina, em seu art. 1º, que todos os órgãos administrativos federais observem as decisões do Supremo Tribunal Federal acerca de matéria constitucional, proferidas em ação direta ou mesmo em sede de controle incidental, quando o Senado haja suspendido a eficácia da norma impugnada. Posteriormente, o Decreto n. 3.001, de 26 de março de 1999, acrescentou um art. 1º-A ao referido decreto, determinando ainda a não aplicação dos atos regulamentadores de norma que tenha sua eficácia suspensa por medida cautelar concedida em ação direta de inconstitucionalidade.

186. Nesse sentido a Decisão n. 258, de 1989, do Conselho Constitucional Francês, como demonstra o seguinte excerto: "Considérant que si l'autorité attachée à une décision

Embora pareça intuitivo que o legislador assim deva proceder, nem sempre é o que se passa. No direito brasileiro, a rigor técnico, não há como impedir que o órgão legislativo volte a prover acerca da matéria e, ao fazê-lo, incorra em inconstitucionalidade da mesma natureza[187]. Por tal razão, não caberá reclamação perante o Supremo Tribunal Federal na hipótese de edição de norma de conteúdo idêntico ou similar, por não estar o legislador vinculado à motivação do julgamento sobre a validade do diploma legal precedente. O caso será de ajuizamento de nova ação direta[188].

Resta, por fim, a questão da atribuição de efeito vinculante à interpretação conforme à Constituição e à declaração parcial de inconstitucionalidade sem redução de texto. Optou o legislador por distinguir as duas figuras, embora sejam frequentemente equiparadas pela doutrina[189] e pela jurisprudência[190]. Do ponto de vista didático, uma boa maneira de ordenar o tema é considerar a interpretação conforme a Constituição como um gênero que comporta as seguintes modalidades de atuação do intérprete: (i) a leitura da

---

du Conseil constitutionnel déclarant inconstitutionnelles des dispositions d'une loi ne peut en principe être utilement invoquée à l'encontre d'une autre loi conçue en termes distincts, il n'en va pas ainsi lorsque les dispositions de cette loi, bien que rédigées sous une forme différente, ont, en substance, un objet analogue à celui des dispositions législatives déclarées contraires à la Constitution" ("Considerando que se, [por um lado,] a autoridade atribuída a uma decisão do Conselho Constitucional, declarando inconstitucionais certos dispositivos de uma lei, não pode, em princípio, ser utilmente invocada perante uma outra lei concebida em termos distintos, o mesmo não se dá, [por outro lado,] com as disposições desta última, as quais, embora redigidas sob forma diversa, têm, em substância, objeto análogo ao daquelas disposições legislativas declaradas contrárias à Constituição.") (tradução livre). V. também José Adércio Leite Sampaio, *A Constituição reinventada pela jurisdição constitucional*, 2002, p. 206.

187. No sentido do texto, v. Clèmerson Merlin Clève, *A fiscalização abstrata de constitucionalidade no direito brasileiro*, 2000, p. 241. Em sentido oposto, Alexandre de Moraes, *Constituição do Brasil interpretada*, 2002, p. 2369.

188. *DJU*, 27 abr. 2001, p. 57, ADIn 1.850-8-RS, rel. Min. Sepúlveda Pertence.

189. Lenio Luiz Streck, *Jurisdição constitucional e hermenêutica*, 2002, p. 477: "Alguns autores entendem que não há diferenças sensíveis entre a interpretação conforme a Constituição e a inconstitucionalidade parcial sem redução de texto". O próprio Lenio, no entanto, não concordando com a tese, investe grande energia na demonstração analítica da diferença entre ambas. Também apontando equiparações, mas dando ênfase às diferenças, v. Gilmar Ferreira Mendes, *Jurisdição constitucional*, 1996.

190. V., em José Adércio Leite Sampaio, *A Constituição reinventada pela jurisdição constitucional*, 2002, p. 213, inúmeros exemplos em que o Supremo Tribunal Federal superpõe uma e outra.

norma infraconstitucional da forma que melhor realize o sentido e o alcance dos valores e fins constitucionais a ela subjacentes; (ii) a declaração de não incidência da norma a uma determinada situação de fato; ou (iii) a declaração de inconstitucionalidade parcial sem redução do texto, que consiste na exclusão de uma determinada interpretação possível da norma — geralmente a mais óbvia — e na afirmação de uma interpretação alternativa, compatível com a Constituição[191].

5.4. Efeitos transcendentes

Em sucessivas decisões, o Supremo Tribunal Federal estendeu os limites objetivos e subjetivos das decisões proferidas em sede de controle abstrato de constitucionalidade, com base em uma construção que vem denominando *transcendência dos motivos determinantes*. Por essa linha de entendimento, é reconhecida eficácia vinculante não apenas à parte dispositiva do julgado, mas também aos próprios fundamentos que embasaram a decisão[192]. Em outras palavras: juízes e tribunais deveriam

---

191. Em relação a esta última possibilidade, v. Luís Roberto Barroso, *Interpretação e aplicação da Constituição*, 2004, p. 189: "É possível e conveniente decompor didaticamente o processo de interpretação conforme a Constituição nos elementos seguintes: 1) Trata-se da escolha de uma interpretação da norma legal que a mantenha em harmonia com a Constituição, em meio a outra ou a outras possibilidades interpretativas que o preceito admita; 2) Tal interpretação busca encontrar um sentido possível para a norma, que não é o que mais evidentemente resulta da leitura de seu texto; 3) Além da eleição de uma linha de interpretação, procede-se à exclusão expressa de outra ou outras interpretações possíveis, que conduziriam a resultado contrastante com a Constituição; 4) Por via de consequência, a interpretação conforme a Constituição não é mero preceito hermenêutico, mas, também, um mecanismo de controle pelo qual se declara ilegítima uma determinada leitura da norma legal".

192. V. *DJU*, 21 maio 2004, Rcl 1.987-0-DF, rel. Min. Maurício Corrêa. V. também *Inf. STF* n. 379, 2005, Rcl 2.986, rel. Min. Celso de Mello.

No caso concreto, entendeu-se que a Justiça do Estado de Sergipe não podia considerar inconstitucional lei de conteúdo idêntico a outra, do Estado do Piauí, que o STF declarara constitucional em ADIn anteriormente julgada. Do citado *Inf. STF* n. 379 consta o seguinte registro: "O Plenário do Supremo Tribunal Federal, no exame final da Rcl 1.987/DF, rel. Min. Maurício Corrêa, expressamente admitiu a possibilidade de reconhecer-se, em nosso sistema jurídico, a existência do fenômeno da 'transcendência dos motivos que embasaram a decisão' proferida por esta Corte, em processo de fiscalização normativa abstrata, em ordem a proclamar que o efeito vinculante refere-se, também, à própria 'ratio decidendi', projetando-se, em consequência, para além da parte dispositiva do julgado, 'in abstracto', de constitucionalidade ou de inconstitucionalidade". V., ainda,

acatamento não apenas à conclusão do acórdão, mas igualmente às razões de decidir[193].

Como consequência, seria admissível reclamação contra qualquer ato, administrativo ou judicial, que contrarie a interpretação constitucional consagrada pelo Supremo Tribunal Federal em sede de controle concentrado de constitucionalidade, ainda que a ofensa se dê de forma oblíqua[194]. De forma coerente, a Corte reconheceu legitimidade ativa para ajuizar a reclamação a terceiros — isto é, a quem não foi parte no processo objetivo de controle concentrado —, desde que necessária para assegurar o efetivo respeito aos julgados da Corte[195].

Essa linha jurisprudencial parece afinada com o propósito de racionalização da jurisdição constitucional e da carga de trabalho do Supremo Tribunal Federal, privilegiando as teses constitucionais que hajam sido firmadas em controle abstrato. Os efeitos transcendentes integram a lógica da jurisdição constitucional. Os tribunais devem observar as teses afirmadas pelo STF. Por essa razão, tenho defendido — em sede doutrinária e no âmbito do próprio Tribunal — que todo julgamento seja concluído com a explicitação do entendimento em que se fundou a decisão — o que, no Direito anglo-saxão, se chama *holding*. No caso da repercussão geral, isso é até mesmo exigível, por força do art. 1.035, § 11, do CPC/2015, que prevê: *"A Súmula da decisão sobre a repercussão geral constará de ata, que*

Inf. STF n. 289, QO na Rcl 1.880-SP, rel. Min. Maurício Corrêa; *DJU*, 1º abr. 2005, Rcl 2.363-PA, rel. Min. Gilmar Mendes.

193. Na medida em que os precedentes se tornam mais importantes no direito brasileiro, passa a ser necessário o manejo de alguns conceitos típicos do sistema do *common law*, como os de *holding* e de *distinguishing*. *Holding* é a tese jurídica afirmada na decisão, a norma concreta que se extrai da solução dada ao caso. Dois exemplos, colhidos da jurisprudência do STF: (i) municípios podem cobrar ISS nas operações de *leasing*; (ii) o monopólio postal não inclui encomendas. É mais do que o dispositivo, porém menos do que a fundamentação (que inclui *obter dicta*, vale dizer, observações incidentais que não integram a norma decisória concreta). *Distinguishing* é a técnica de diferenciação de casos, para o fim de se afastar a incidência do precedente. Consiste na demonstração de que algum aspecto essencial da demanda em exame é distinto do caso que foi previamente decidido, razão pela qual a tese jurídica nele estabelecida não deve prevalecer. Para uma seleção de textos sobre o tema, na literatura norte-americana, v. Eva H. Hanks, Michael E. Herz e Steven S. Nemerson, *Elements of law*, 1994, p. 149-193. Em língua portuguesa, v. Patrícia Perrone Campos Mello, *Precedentes*: o desenvolvimento judicial do direito no constitucionalismo contemporâneo, 2008, p. 113 e s., especialmente p. 148-173.

194. *DJU*, 21 maio 2005, Rcl 1.987-0-DF, rel. Min. Maurício Corrêa.

195. *DJU*, 19 mar. 2004, AgRg. Rcl 1.880-6-SP, rel. Min. Maurício Corrêa.

será publicada no Diário Oficial e valerá como acórdão". É importante que as ementas dos acórdãos explicitem a tese jurídica afirmada pelo Supremo, a fim de facilitar o seu pronto conhecimento.

Não obstante isso, o Tribunal, em decisões posteriores, passou a rejeitar a eficácia transcendente e a adotar uma posição defensiva em matéria de reclamação, limitando seu cabimento ao descumprimento das decisões proferidas em sede concentrada, especificamente no que respeita ao ato impugnado. Essas decisões rejeitam a extensão dos efeitos vinculantes e gerais da exegese da Corte a atos semelhantes, ainda que presentes as mesmas razões que justificaram a decisão do caso paradigma, para evitar a multiplicação exponencial de processos que o acesso direto ao Tribunal, proporcionado pela reclamação, ensejaria[196]. É válido notar, contudo, que a rejeição à eficácia transcendente é, vez por outra, superada, quando a matéria em questão refere-se à liberdade de expressão ou à liberdade de imprensa. Nesses casos, algumas decisões do STF têm admitido reclamações e deferido liminares, com o propósito de assegurar o conteúdo conferido pela Corte a tais direitos, mesmo quando a decisão reclamada não se baseia no mesmo ato declarado inconstitucional em sede concentrada[197]-[198]. É

---

196. Entretanto, nada impede que o STF opte por editar súmula vinculante sobre a tese afirmada em uma ação direta (desde que estejam presentes os demais requisitos autorizadores de sua elaboração), a fim de abrir a via da reclamação aos jurisdicionados em casos específicos, de maior relevância, nos quais os benefícios obtidos com a atribuição de eficácia geral à exegese constitucional compensem os ônus decorrentes do aumento da demanda pela jurisdição da Corte.

197. V., nesse sentido, STF, *DJe,* 17 set. 2014, Rcl 18.638 MC, rel. Min. Luís Roberto Barroso; *DJe,* 9 out. 2014, Rcl 18.687-DF, rel. Min. Luís Roberto Barroso; *DJe,* 30 out. 2011, Rcl 18.735, rel. Min. Gilmar Mendes; *DJe,* 8 out. 2010, Rcl 18.746 MC, rel. Min. Gilmar Mendes; *DJe,* 17 set. 2014, Rcl. 18.566 MC, rel. Min. Celso de Mello; *DJe,* 15 ago. 2014, Rcl 18.290, rel. Min. Luiz Fux; *DJe,* 6 ago. 2014, Rcl 16.434 MC, rel. Min. Rosa Weber, decisão proferida pelo Min. Ricardo Lewandowski, no exercício da Presidência; *DJe,* 7 ago. 2014, Rcl 18.186 MC, relª Minª Cármen Lúcia, decisão proferida pelo Min. Ricardo Lewandowski, no exercício da Presidência; *DJe,* 4 mar. 2011, Rcl 11.292 MC, rel. Min. Joaquim Barbosa. Essas decisões são indicativas da relevância da liberdade de expressão e da liberdade de imprensa para o sistema constitucional, na medida em que constituem pré-condições para o exercício de outros direitos e liberdades, bem como para o adequado funcionamento do processo democrático.

198. A discussão estava posta na Reclamação n. 4.219-SP, sob a relatoria do Ministro Joaquim Barbosa, que suscitou questão de ordem justamente para discutir a matéria. O julgamento encontrava-se suspenso por pedido de vista da Ministra Ellen Gracie, com cinco votos já registrados pelo não conhecimento — e, portanto, pela impossibilidade de se conferir eficácia vinculante aos fundamentos determinantes —, e quatro votos pelo conhecimento. Na sequência, a reclamação perdeu o objeto em razão da morte do reclamante.

válido registrar, ainda, que o novo Código de Processo Civil previu expressamente que o desrespeito à tese firmada em controle concentrado autorizará a propositura de reclamação (art. 988, § 4º)[199]. Portanto, é de se supor que a discussão acerca da eficácia transcendente dos motivos determinantes das decisões proferidas em controle concentrado não está encerrada.

5.5. Efeitos temporais

Como consignado em tópicos anteriores, a questão da constitucionalidade das leis situa-se no plano da validade dos atos jurídicos: lei inconstitucional é lei nula. Dessa premissa teórica resultam duas consequências práticas importantes. A primeira: a decisão que reconhece a inconstitucionalidade limita-se a constatar um situação preexistente, estabelecendo acerca dela uma certeza jurídica. Sua natureza, portanto, é *declaratória*. A segunda: sendo o vício de inconstitucionalidade, como regra, congênito à lei, os efeitos da decisão que o pronuncia retroagem ao momento de seu ingresso no mundo jurídico, isto é, são *ex tunc* (v., *supra*, ampla discussão sobre a matéria desse tópico).

Não prevaleceu no Brasil a doutrina que atribuía à lei inconstitucional a condição de norma *anulável*, dando à decisão na matéria um caráter constitutivo. Sem embargo, a jurisprudência do Supremo Tribunal Federal atenuou, em diversos precedentes, a posição radical da teoria da nulidade, admitindo hipóteses em que a decisão não deveria produzir efeitos retroativos. Assim se passou, por exemplo, no caso de magistrados que haviam recebido, de boa-fé, vantagem pecuniária declarada inconstitucional: a remuneração foi interrompida, mas não foram eles obrigados a devolvê-la[200]. Ou no da penhora realizada por oficial de justiça cuja lei de investidura foi considerada inconstitucional, sem que o ato praticado na condição de funcionário de fato fosse invalidado[201]. De igual sorte, a declaração de inconstitucionalidade de uma lei não desfaz, automaticamente, as decisões proferidas em casos individuais e já transitadas em

---

199. CPC/2015, art. 988 (com redação dada pela Lei n. 13.256/2016): "Caberá reclamação da parte interessada ou do Ministério Público para: (....); III — garantir a observância de enunciado de súmula vinculante e de decisão do Supremo Tribunal Federal em controle concentrado de constitucionalidade; (...). § 4º As hipóteses dos incisos III e IV compreendem a aplicação indevida da tese jurídica e sua não aplicação aos casos que a ela correspondam".
200. *DJU*, 8 abr. 1994, RE 122.202, rel. Min. Francisco Rezek.
201. STF, *RTJ, 71*:570, 1975, RE 78.594-SP, rel. Min. Bilac Pinto.

julgado[202]. A esses temperamentos feitos pela própria Corte a doutrina agregou alguns outros[203].

5.5.1. A questão da modulação dos efeitos temporais

A despeito da boa solução que se vinha dando ao tema, nas hipóteses extremas, pareceu bem ao legislador prover a respeito[204]. E, assim, fez incluir no art. 27 da Lei n. 9.868/99 previsão análoga à que consta da Constituição portuguesa (art. 282.1) e da Lei Orgânica da Corte Constitucional alemã (§ 31), permitindo ao Supremo Tribunal Federal, mediante *quorum* qualificado, dar temperamento aos efeitos temporais da decisão[205-206]. Este é o dispositivo, em sua dicção literal:

"Art. 27. Ao declarar a inconstitucionalidade de lei ou ato normativo, e tendo em vista razões de segurança jurídica ou de excepcional interesse social, poderá o Supremo Tribunal Federal, por maioria de dois terços de seus membros, restringir os efeitos daquela declaração ou decidir que ela só tenha eficácia a partir de seu trânsito em julgado ou de outro momento que venha a ser fixado".

O dispositivo permite, portanto, que o Tribunal: a) restrinja os efeitos da decisão, excluindo de seu alcance, por exemplo, categoria de

---

202. Será necessária a propositura de ação rescisória: STJ, *DJU*, 30 nov. 1998, p. 55, REsp 140.947-RS, rel. Min. Humberto Gomes de Barros; STJ, *DJU*, 18 jun. 2001, p. 252, AR 1.365-SC, rel. Min. J. Arnaldo.

203. Por exemplo: em nome da vedação do enriquecimento sem causa, se a Administração tiver se beneficiado de uma relação jurídica com o particular, mesmo que ela venha a ser tida por inválida, se não houver ocorrido má-fé do administrado, faz ele jus à indenização correspondente. Celso Antônio Bandeira de Mello, O princípio do enriquecimento sem causa em direito administrativo, *RDA, 210*:25, 1997, p. 33.

204. Na Exposição de Motivos do projeto que resultou na Lei n. 9.868/99 consignou-se: "Coerente com a evolução constatada no Direito Constitucional comparado, a presente proposta permite que o próprio Supremo Tribunal Federal, por maioria diferenciada, decida sobre os efeitos da declaração de inconstitucionalidade, fazendo um juízo rigoroso de ponderação entre o princípio da nulidade da lei inconstitucional, de um lado, e os postulados da segurança jurídica e do interesse social, do outro".

205. Houve questionamento a propósito da atribuição dessa competência ao STF por via de lei ordinária e não de emenda constitucional. A propósito do art. 27 da Lei n. 9.868/99, há pelo menos duas ações diretas de inconstitucionalidade contestando sua validade: ADIn 2.154-2 e ADIn 2.258-0, ambas distribuídas ao Min. Sepúlveda Pertence.

206. O novo Código de Processo Civil prevê a possibilidade de modulação dos efeitos temporais nos arts. 525, § 13, 535, § 6º, e 927, § 3º.

pessoas que sofreriam ônus ponderado como excessivo ou insuportável, ou ainda impedindo a retroação sobre determinado tipo de situação[207]; b) não atribua efeito retroativo a sua decisão, fazendo-a incidir apenas a partir de seu trânsito em julgado[208]; e c) até mesmo fixe algum momento específico como marco inicial para a produção dos efeitos da decisão, no passado[209] ou mesmo no futuro, dando à norma uma sobre-

---

207. Nessa linha, ao declarar a inconstitucionalidade do dispositivo da Lei dos Crimes Hediondos que vedava a progressão de regime, o STF estabeleceu que a decisão teria eficácia prospectiva para o fim específico de impedir que os indivíduos que já tivessem concluído o cumprimento de suas penas pudessem ajuizar eventuais ações de reparação por erro judiciário. V. STF, *DJU*, 1º set. 2006, HC 82.959-SP, rel. Min. Marco Aurélio. Determinou, ainda, que a declaração de inconstitucionalidade da prerrogativa de foro estabelecida pelo art. 84, §§ 1º e 2º, do CPP em favor de ocupantes e ex-ocupantes de cargos públicos deveria produzir efeitos apenas a partir da data do julgamento de mérito da ação direta, de forma a evitar a anulação dos atos processuais e dos julgamentos proferidos a favor ou contra grupo determinado de pessoas, durante o período em que a norma vigorou. V. STF, *DJe*, 28 fev. 2013, ADIn 2797 ED, rel. Min. Ayres Britto.

208. Ao julgar a ADI 3601 ED, o Supremo Tribunal Federal atribuiu efeitos prospectivos à decisão que declarou a inconstitucionalidade da Lei distrital 3.642/2005, a partir da data de sua publicação, ante a necessidade de preservar atos praticados com base nessa norma pela Comissão Permanente de Disciplina da Polícia Civil do Distrito Federal (*DJe*, 15 dez. 2010, rel. Min. Dias Toffoli). Os mesmos efeitos futuros foram atribuídos à decisão que afirmou a constitucionalidade da Lei n. 11.738/2008, que instituiu o piso nacional dos profissionais da educação básica. O STF atribuiu efeitos *ex nunc* à decisão, a contar da data em que foi proferida, para não surpreender os jurisdicionados, porque o próprio Tribunal havia deferido parcialmente liminar para estabelecer interpretação conforme a Constituição de dispositivos da norma, e a liminar só foi revogada com o julgamento do mérito da ação (*DJe*, 9 out. 2013, ADI 4167 ED, rel. Min. Joaquim Barbosa).

209. A título de exemplo, ao modificar sua jurisprudência e estabelecer que a troca injustificada de partido acarreta a perda do mandato de deputado, o STF determinou que o novo entendimento retroagiria à data do julgamento do Tribunal Superior Eleitoral, que já havia antecipado a tese em resposta à consulta. A escolha desse marco se deveu ao entendimento de que a decisão do TSE teria suscitado dúvida relevante acerca da questão constitucional controvertida, de modo que os parlamentares que trocaram de partido após esse marco teriam assumido, de forma consciente, o risco de adotar prática potencialmente incompatível com a Constituição. V. STF, *DJU*, 17 out. 2008, MS 26.602-DF, rel. Min. Eros Grau; *DJU*, 19 dez. 2008, MS 26.603-DF, rel. Min. Celso de Mello; e *DJU*, 3 out. 2008, MS 26.604-DF, relª Minª Cármen Lúcia. Do mesmo modo, o STF declarou a inconstitucionalidade de dispositivos da Resolução n. 1/2002 do Congresso Nacional, que regulou a emissão de parecer sobre a conversão de medidas provisórias em lei (art. 62, § 9º, da CF), mas postergou os efeitos da decisão, para preservar a validade e a eficácia de todas as Medidas Provisórias convertidas em lei até a data do julgamento, bem como daquelas ainda em trâmite no Legislativo na ocasião. V. STF, *DJe* 27 jun. 2012, ADIn 4.029, rel. Min. Luiz Fux.

vida[210]. A modulação de efeitos também pode ocorrer nos casos em que o Tribunal declara que determinado dispositivo de lei ou ato normativo editado na vigência da ordem constitucional anterior não foi recepcionado pela nova Constituição. Embora a modulação, neste último caso, já tenha encontrado alguma resistência na Corte, em razão de sua jurisprudência tradicional estabelecer uma distinção conceitual rígida entre a declaração de inconstitucionalidade e a não recepção[211], há precedente posterior do Plenário atribuindo efeitos meramente futuros nessa hipótese[212].

---

210. V. STF, *DJe*, 9 out. 2013, ADIn 4167 ED, rel.Min. Eros Grau. Nesse julgado, o Tribunal decidiu que a declaração da inconstitucionalidade das normas que autorizavam a investidura em cargos da Defensoria Pública do Estado de Minas Gerais sem concurso público só produziria efeitos no prazo de 6 (seis) meses, contados da decisão da Corte, a fim de assegurar a continuidade da prestação de serviço público essencial até que fosse possível dar posse aos candidatos concursados. O Tribunal também declarou a inconstitucionalidade de atos de criação ou de alteração de diversos municípios em desacordo com o art. 18, § 4º, da Constituição, mas manteve a vigência de tais atos, pelo prazo de 24 (vinte e quatro) meses, a fim de que o legislador tivesse tempo de reapreciar a matéria e de sanar as irregularidades, suprimindo o estado de inconstitucionalidade. V. STF, *DJe*, 3 ago. 2007, ADIn 2240, rel. Min. Eros Grau; *DJe* 29 jun. 2007, ADIn 3316, rel. Min. Eros Grau; *DJe* 3 ago. 2007, ADIn 3489, rel. Min. Eros Grau; *DJe* 29 jun. 2007, ADIn 3689, rel. Min. Eros Grau. V., ainda, STF, *DJe*, 30 abr. 2010, ADIn 875-DF, rel. Min. Gilmar Mendes, caso que, por se situar em uma fronteira entre a inconstitucionalidade por ação e a inconstitucionalidade por omissão, será apreciado em maior detalhe *infra*, no tópico relativo aos efeitos da decisão proferida em sede de ação direta de inconstitucionalidade por omissão parcial.

211. STF, *DJe*, 29 jun. 2007, AgRg no RE 3.53.508-RJ, rel. Min. Celso de Mello: "Revela-se inaplicável, no entanto, a teoria da limitação temporal dos efeitos, se e quando o Supremo Tribunal Federal, ao julgar determinada causa, nesta formular juízo negativo de recepção, por entender que certa lei pré-constitucional mostra-se materialmente incompatível com normas constitucionais a ela supervenientes — A não recepção de ato estatal pré-constitucional, por não implicar a declaração de sua inconstitucionalidade — mas o reconhecimento de sua pura e simples revogação (RTJ 143/355 — RTJ 145/339), descaracteriza um dos pressupostos indispensáveis à utilização da técnica da modulação temporal, que supõe, para incidir, dentre outros elementos, a necessária existência de um juízo de inconstitucionalidade".

212. V. STF, *DJe*, 1º jul. 2011, RE 600.885, relª Minª Cármen Lúcia. Nesse caso, o art. 10 da Lei n. 6.880/80, que previa a possibilidade de mero regulamento estabelecer novos requisitos para ingresso nas Forças Armadas, foi declarado não recepcionado pela Constituição, mas decidiu-se que a decisão produziria efeitos apenas a partir de data futura (31/12/2011), a fim de preservar a validade de concursos cujos editais reproduziam requisitos, sobretudo de idade, fixados em regulamentos. Posteriormente, o termo inicial de eficácia da decisão foi postergado por mais um ano (para 31/12/2012), em atendimento à ponderação da União sobre a necessidade imediata de realização de novo concurso com restrição da idade para ingresso nas Forças Armadas, bem como em vista da necessidade de maior prazo para a aprovação de lei dispondo sobre o assunto (*DJe*, 12 dez. 2012, RE 600.885 ED).

O art. 27 da Lei n. 9.868/99 produz, como se percebe claramente, a formalização de um mecanismo de ponderação de valores. Mas há aqui uma sutileza que não deve passar despercebida. Poderia parecer, à primeira vista, que se pondera, de um lado, o princípio da supremacia da Constituição e, de outro, a segurança jurídica ou o excepcional interesse social. Na verdade, não é bem assim. O princípio da supremacia da Constituição é fundamento da própria existência do controle de constitucionalidade, uma de suas premissas lógicas (v., *supra*). Não pode, portanto, ser afastado ou ponderado sem comprometer a ordem e unidade do sistema[213]. O que o Supremo Tribunal Federal poderá fazer ao dosar os efeitos retroativos da decisão é uma ponderação entre a norma violada e as normas constitucionais que protegem os efeitos produzidos pela lei inconstitucional[214]. Como, por exemplo: boa-fé, moralidade, coisa julgada, irredutibilidade dos vencimentos, razoabilidade. Por se tratar de uma hipótese de aplicação direta da Constituição, a modulação poderá ser determinada de ofício por parte do Tribunal, sem prejuízo da possibilidade de que seja requerida pela parte interessada[215].

---

213. Trata-se, na classificação que adoto, de um princípio instrumental de interpretação constitucional, na verdade o primeiro deles, e pressuposto de tudo o mais. Os princípios instrumentais constituem premissas conceituais, metodológicas ou finalísticas que devem anteceder, no processo intelectual do intérprete, a solução concreta da questão posta. V. Luís Roberto Barroso, O começo da história. A nova interpretação constitucional e o papel dos princípios no direito brasileiro, *IP*, 19:51, 2003, p. 70. Em tratamento doutrinário de alguma proximidade ao referido acima, Humberto Ávila identifica a categoria dos *postulados normativos aplicativos*, que seriam "instrumentos normativos metódicos" que imporiam "condições a serem observadas na aplicação das regras e dos princípios, com eles não se confundindo". V. *Teoria dos princípios: da definição à aplicação dos princípios jurídicos*, 2003, p. 62-3.

214. Esta foi a fina percepção de Ana Paula Oliveira Ávila, expressa em seu projeto de tese de doutorado intitulado *Determinação dos efeitos do controle de constitucionalidade*: possibilidades e limites, 2002, mimeografado: "A grande questão estará em demonstrar em que situações a preservação dos efeitos de norma inconstitucional é também o meio de preservar a supremacia da Constituição. Isso passa, evidentemente, pela *ponderação* entre as normas constitucionais que ensejam a declaração de inconstitucionalidade e as normas constitucionais que justificam a preservação dos efeitos do ato inconstitucional, situação em que o postulado da unidade da Constituição adquire maior relevância". Para um aprofundamento do tema, v., da mesma autora, *A modulação de efeitos temporais pelo STF no controle de constitucionalidade*, 2008.

215. O STF tem admitido, inclusive, que a questão seja suscitada por meio de embargos de declaração, já após o julgamento da questão principal. V. STF, *DJe*, 3 jun. 2011, ED no RE 501.171-GO, rel. Min. Ricardo Lewandowski: "Conhecimento excepcional dos embargos de declaração em razão da ausência de outro instrumento processual para suscitar a modulação dos efeitos da decisão após o julgamento pelo Plenário. II — Modulação dos efeitos da decisão que declarou a inconstitucionalidade da cobrança da taxa de matrícula nas

Ainda, a propósito do art. 27 da Lei n. 9.868/99, é possível, proceder a uma leitura singular, porém bastante razoável, do dispositivo. Dele se pode extrair um caráter limitador da competência do Supremo Tribunal Federal para restringir os efeitos retroativos da decisão de inconstitucionalidade. De fato, para que a Corte possa decidir a ponderação de valores em favor da proteção dos efeitos da norma declarada inconstitucional — negando, assim, eficácia *ex tunc* à decisão —, passou a ser necessário o quórum de dois terços de seus membros[216]. À vista dessa interpretação, coloca-se a questão da legitimidade ou não de o legislador infraconstitucional estabelecer uma preferência abstrata em favor de um dos valores constitucionais em disputa. Rememore-se, ainda, que a ideia de modulação dos efeitos temporais das decisões judiciais, que a ele se encontra subjacente, tem sido invocada pelo próprio Supremo Tribunal Federal em outros cenários, como no controle incidental[217] e na mudança de jurisprudência consolidada[218] (v. *supra*). Outros tribunais, igualmente, já se valeram da invocação expressa do art. 27. Atento a isso, o legislador ordinário inseriu previsão no Novo Código de Processo Civil autorizando a modulação de efeitos temporais no controle difuso da constitucionalidade (art. 524, §§ 12 e 13, art. 535, §§ 5º e 6º), bem como em caso de alteração da juris-

---

universidades públicas a partir da edição da Súmula Vinculante 12, ressalvado o direito daqueles que já haviam ajuizado ações com o mesmo objeto jurídico. III — Embargos de declaração acolhidos". No mesmo sentido: STF, *DJe*, 28 mar. 2008, ADIn 4167 ED, rel. Min. Eros Grau; *DJe*, 15 dez. 2010, ADIn 3601 ED, rel. Min. Dias Toffoli; *DJe*, 28 fev. 2013, ADIn 2797 ED, rel. Min. Ayres Britto.

216. No julgamento da ADIn 3.522 (*DJU*, 12 maio 2006, rel. Min. Marco Aurélio), apesar de terem sido proferidos seis votos pela atribuição de efeitos prospectivos à decisão — maioria absoluta do Tribunal, portanto —, não se atingiu o quórum de dois terços exigido pela lei, mantendo-se a regra geral da eficácia *ex tunc*.

217. E.g.: STF, *DJU*, 21 maio 2004, RE 266.994-6-SP, rel. Min. Maurício Corrêa. Nesse caso, o STF declarou a inconstitucionalidade de lei municipal que fixava o número de vereadores do Município em patamar que veio a ser considerado desproporcional à respectiva população. Nada obstante, atendendo à segurança jurídica, o Tribunal ressalvou que a decisão teria *eficácia ex nunc*, determinando-se que a correção fosse efetuada apenas quando das próximas eleições. O art. 27 foi invocado por alguns ministros na fundamentação de seus votos.

218. STF, *DJU*, 9 dez. 2005, CC 7.204-MG, rel. Min. Carlos Ayres Britto: "O Supremo Tribunal Federal, guardião-mor da Constituição Republicana, pode e deve, em prol da segurança jurídica, atribuir eficácia prospectiva às suas decisões, com a delimitação precisa dos respectivos efeitos, toda vez que proceder a revisões de jurisprudência definidora de competência *ex ratione materiae*. O escopo é preservar os jurisdicionados de alterações jurisprudenciais que ocorram sem mudança formal do Magno Texto".

prudência dominante do STF, dos tribunais superiores ou, ainda, das decisões proferidas em casos repetitivos (art. 927, § 3º).

Como já referido, é possível sistematizar a jurisprudência do STF, em tema de modulação temporal dos efeitos de decisão judicial, identificando quatro cenários diversos em que ela tem sido aplicada: a) declaração de inconstitucionalidade em ação direta[219]; b) declaração incidental de inconstitucionalidade[220]; c) declaração de constitucionalidade em abstrato[221]; e d) mudança de jurisprudência[222]. Alguns precedentes emblemáticos dessa

---

219. Este é o único caso que tem previsão legal expressa (Lei n. 9.868/99, art. 27). Precedentes: v. STF, ADIn 2.240/BA, ADIn 3.316/MT e ADIn 3.489/SC, todas da relatoria do Min. Eros Grau e publicadas no *DJU,* em 17 maio 2007. A hipótese tratada nas decisões era de criação de Município sem observância dos requisitos constitucionais.

220. Esta é a hipótese que conta com os precedentes mais antigos: v. STF, *DJU,* 8 abr. 1994, RE 122.202-MG, rel. Min. Francisco Rezek (vantagem inconstitucional percebida de boa-fé por magistrados). Na mesma linha, v. *DJU,* 1º set. 2006, HC 82959-SP, rel. Min. Marco Aurélio, envolvendo a declaração de inconstitucionalidade da proibição de progressão de regime em caso de crime hediondo, sem efeitos retroativos.

221. Tal espécie de modulação temporal, ainda mais excepcional, foi aplicada na ADIn 3.756/DF (STF, *DJU,* 23 nov. 2007, ED na ADIn 3.756-DF, rel. Min. Carlos Britto). Na hipótese, o Plenário julgou improcedente a ação direta, declarando, portanto, a constitucionalidade dos dispositivos da Lei de Responsabilidade Fiscal que aproximaram o regime fiscal do Distrito Federal àquele aplicável aos Estados-membros da Federação. Posteriormente, em sede de embargos de declaração, a Corte houve por bem modular os efeitos da decisão "para esclarecer que o fiel cumprimento da decisão plenária na ADIn 3.756 se dará na forma do art. 23 da LC n. 101/2000, a partir da data de publicação da ata de julgamento de mérito da ADIn 3.756, e com estrita observância das demais diretrizes da própria Lei de Responsabilidade Fiscal". Na prática, a decisão permitiu que o Distrito Federal empregasse 6% de sua receita corrente líquida com despesas de pessoal no Poder Legislativo — regra aplicável aos Municípios — até oito meses após a publicação da ata de julgamento da ADIn. Em outro caso, o Tribunal reconheceu a constitucionalidade da lei que dispôs sobre o piso salarial dos profissionais da educação básica (Lei n. 11.738/2008), mas determinou que a decisão produziria efeitos apenas a partir da data em que foi proferida, já que até então vigorara liminar que afastou, em parte, a presunção de constitucionalidade da norma. V. STF, *DJe,* ADIn 4.167 ED, *DJU,* 9 out. 2013, rel. Min. Joaquim Barbosa.

222. Em estudo elaborado para a Ordem dos Advogados do Brasil, bem antes de ir para o STF, sustentei que, no caso de modulação em razão de mudança da jurisprudência, não se aplica o *quorum* de dois terços, bastando a maioria absoluta. Isso porque a modulação, nessa hipótese, não envolve a situação excepcional de se admitirem efeitos válidos a uma lei declarada inconstitucional, que é a hipótese prevista no art. 27 da Lei n. 9.868/99. Como consequência, o *quorum* para modulação, em caso de mudança de orientação jurisprudencial, é o da maioria dos membros da Corte, isto é, seis votos. O estudo está disponível em http://www.migalhas.com.br/Quentes/17,MI72138,41046-Modulacao+dos+efeitos+temporais+no+caso+da+Cofins+pode+se+dar+por.

última hipótese foram a mudança de entendimento da Corte relativamente (i) à competência para ações acidentárias, que passou da Justiça Estadual para a Justiça do Trabalho[223]; e (ii) ao regime de fidelidade partidária[224].

5.5.2. Outras questões

Ainda no plano da eficácia temporal, cabe reavivar que a Lei n. 9.868/99 ratificou o entendimento de que, declarada a inconstitucionalidade de uma lei que houvesse revogado outra, restaura-se a norma revogada. Do contrário, estar-se-ia admitindo que norma inválida produzisse efeitos válidos (v., *supra*). A lei admitiu, no entanto, que o Supremo Tribunal Federal possa dispor em sentido contrário, em juízo de conveniência e oportunidade[225], ou até mesmo por entender que a norma a ser restaurada também padece de inconstitucionalidade[226].

---

223. STF, *DJU*, 9 dez. 2005, CC 7.204-MG, rel. Min. Carlos Britto.

224. STF, *DJU*, 3 out. 2008, MS 26.604-DF, relª Minª Cármen Lúcia: "(...) 10. Razões de segurança jurídica, e que se impõem também na evolução jurisprudencial, determinam seja o cuidado novo sobre tema antigo pela jurisdição concebido como forma de certeza e não causa de sobressaltos para os cidadãos. Não tendo havido mudanças na legislação sobre o tema, tem-se reconhecido o direito de o Impetrante titularizar os mandatos por ele obtidos nas eleições de 2006, mas com modulação dos efeitos dessa decisão para que se produzam eles a partir da data da resposta do Tribunal Superior Eleitoral à Consulta n. 1.398/2007".

225. No tocante à cautelar, tal possibilidade funda-se na previsão expressa do art. 11, § 2º. Quanto à decisão de mérito, ela decorreria da cláusula geral de limitação dos efeitos, contida no art. 27. Sobre o ponto, v. Daniel Sarmento, A eficácia temporal das decisões no controle de constitucionalidade, in *O controle de constitucionalidade e a Lei 9.868/99*, p. 132: "Por outro lado, é possível que a norma revogada seja constitucional, mas que a sua ressurreição, e, mais que isso, a sua incidência sobre fatos ocorridos no intervalo em que vigorou a norma revogadora, causem profundas injustiças e danos à segurança jurídica, afrontando gravemente interesses constitucionalmente tutelados. (...) Mas, sempre que a restrição à repristinação decorrer não de um juízo sobre a inconstitucionalidade da lei revogada, mas de uma avaliação política do STF, calcada em 'razões de segurança jurídica ou de excepcional interesse social', pensamos que o *quorum* de 2/3, previsto no art. 27 da Lei n. 9.868, também deverá ser exigido".

226. À vista da faculdade conferida à Corte, já não deverá subsistir a jurisprudência que se firmara, pela qual se exigia o pedido cumulado de declaração de inconstitucionalidade da lei revogadora e da lei revogada. V. STF, *DJU*, 26 abr. 2001, p. 5, ADInMC 2.215-6, rel. Min. Celso de Mello: "Ausente a cumulação de pedidos sucessivos (declaração de inconstitucionalidade da norma superveniente e declaração de inconstitucionalidade da norma anterior por ela revogada), torna-se incognoscível a presente ação direta, pois, seja do deferimento de medida cautelar, seja da eventual declaração de inconstitucionalidade do ato

Há doutrina no sentido de que não existe prazo para a propositura da ação direta, sendo o vício de inconstitucionalidade, na ordem jurídica brasileira, imprescritível[227]. É possível aqui distinguir duas situações diversas. Hipóteses haverá em que a inconstitucionalidade de uma norma será *superveniente* a seu nascimento, resultando de *mutações constitucionais*, que podem decorrer de alterações significativas na situação de fato subjacente ou de modificações ocorridas no próprio sistema jurídico. Nesse caso, pode acontecer de uma lei estar em vigor de longa data, mas sua inconstitucionalidade ser recente. A outra hipótese é a da lei *originariamente* inconstitucional: se o fundamento do pedido remonta ao momento de nascimento da lei — uma inconstitucionalidade formal, por exemplo —, parece mais razoável sustentar a prescritibilidade da pretensão. À falta de regra expressa, e tendo em vista a gravidade representada pelo vício da inconstitucionalidade, deve-se aplicar o maior prazo prescricional ordinário adotado pela legislação[228].

Esse entendimento se afigura como o que melhor se harmoniza com o sistema jurídico brasileiro. De fato, em qualquer dos campos do direito, a prescrição tem como fundamento lógico o princípio geral de segurança das relações jurídicas e, como tal, é a regra, sendo a imprescritibilidade situação excepcional. A própria Constituição Federal de 1988 tratou do tema para prever as únicas hipóteses em que se admite a imprescritibilidade (art. 5º, XLII e XLIV, que cuidam do crime de racismo e da ação de grupos armados contra a ordem constitucional[229]), garantindo, em sua sistemática,

---

normativo editado em momento subsequente, resultará, no caso, efeito repristinatório indesejado, pertinente ao diploma revogado, o qual — segundo a própria autora — acha-se igualmente impregnado do vício da ilegitimidade constitucional".

227. Clèmerson Merlin Clève, *A fiscalização abstrata de constitucionalidade no direito brasileiro*, 2000, p. 232.

228. No Código Civil de 1916, esse prazo era de vinte anos (art. 177). No Código de 2002, passou a ser de dez anos: "Art. 205. A prescrição ocorre em dez anos, quando a lei não lhe haja fixado prazo menor".

229. A doutrina majoritária também inclui nessa categoria a previsão do art. 37, § 5º, na parte referente à ação de reparação do erário nos casos de improbidade administrativa. V. Maria Sylvia Zanella Di Pietro, *Direito administrativo*, 2002, p. 695; Marcelo Figueiredo, *Probidade administrativa*, 2000, p. 293; Alexandre de Moraes, *Direito constitucional administrativo*, 2002, p. 351. Registre-se, contudo, que Celso Antônio Bandeira de Mello (*Curso de direito administrativo*, 2010, p. 1064), que também defendia a imprescritibilidade em tais casos, reconsiderou seu entendimento, observando que a imprescritibilidade minimizaria ou eliminaria, na prática, o direito de defesa daquele que ensejou o dano ao erário, já que ninguém guarda a documentação necessária ao exercício de tal direito além

o princípio geral da perda da pretensão pelo decurso do tempo. O fato de não haver norma dispondo especificamente acerca do prazo prescricional em determinada hipótese não confere a qualquer pretensão a nota de imprescritibilidade. Cabe ao intérprete buscar no sistema normativo, em regra através da interpretação extensiva ou da analogia, o prazo aplicável[230].

Deve-se atentar, ainda, para o fato de que o novo Código de Processo Civil estabeleceu que, em caso de coisa julgada inconstitucional, o prazo de dois anos para a propositura de ação rescisória começará a correr do trânsito em julgado da decisão do STF que declarar tal inconstitucionalidade, e não do trânsito em julgado da decisão que se pretende rescindir (art. 527, § 7º, e art. 535, § 8º)[231]. Parte importante da doutrina

---

de um período razoável, não demasiadamente longo, ao passo que o Estado tem condição de guardá-la por prazo muito superior. O autor afirma, ainda, na linha do que se expôs acima, que, quando a Constituição quis estabelecer a imprescritibilidade, ela o fez expressamente e "sempre em matéria penal que, bem por isso, não se eterniza, pois não ultrapassa uma vida"; ao passo que a obrigação de indenizar o erário pode passar aos descendentes e, por consequência, estender-se indefinidamente. Com base nesses argumentos, Bandeira de Mello concluiu que o art. 37, § 5º, da CF/88 pretendeu apenas separar os prazos de prescrição do ilícito do prazo de prescrição das ações de responsabilidade, que, por isso, não precisam necessariamente coincidir. Merece nota, igualmente, a posição de Fábio Medina Osório (*Direito administrativo sancionador*, 2000, p. 413-4), que, embora concordando com a tese de que a dicção do § 5º do art. 37 consagra, para além de qualquer dúvida, a imprescritibilidade, lhe faz severa crítica: "Melhor refletindo sobre o assunto, parece-me que, ideologicamente, se mostra inaceitável tal tese, embora, pelo ângulo dogmático, não haja alternativa hermenêutica. Até mesmo um crime de homicídio (art. 121, *caput*, CP) sujeita-se a prazo prescricional, por que uma ação por danos materiais ao erário escaparia desse tratamento? Dir-se-á que essa medida não constitui uma 'sanção', eis a resposta. Sem embargo, tal medida ostenta efeitos importantes e um caráter nitidamente 'aflitivo' de um ponto de vista prático. Ademais, gera uma intolerável insegurança jurídica a ausência de qualquer prazo prescricional. (...) Trata-se de norma constitucional, que não está, por óbvio, sujeita a um juízo de inconstitucionalidade, sequer em face de princípios superiores, *v.g.*, segurança jurídica. (...) Nada impede, todavia, sob o ângulo doutrinário, uma crítica a essa espécie de postura". A discussão sobre a imprescritibilidade das ações de reparação de danos ao erário, com base no art. 37, § 5º, da CF, é objeto, no STF, do RE 669.069, da relatoria do Ministro Teori Zavaski.

230. Sobre o tema, v. Luís Roberto Barroso, A prescrição administrativa no direito brasileiro antes e depois da Lei n. 9.873/99, in *Temas de direito constitucional*, t. 1, 2002.

231. CPC/2015, art. 526: "§ 12. Para efeito do disposto no inciso III do § 1º deste artigo, considera-se também inexigível a obrigação reconhecida em título executivo judicial fundado em lei ou ato normativo considerado inconstitucional pelo Supremo Tribunal Federal, ou fundado em aplicação ou interpretação da lei ou do ato normativo tido pelo Supremo Tribunal Federal como incompatível com a Constituição Federal, em controle de cons-

considera a norma inconstitucional[232]. De fato, se o entendimento dominante é no sentido da imprescritibilidade das ações diretas e se a declaração de inconstitucionalidade dá ensejo à reabertura do prazo para a propositura de ação rescisória, um conjunto considerável de casos poderá ser reaberto *ad eternum*. Trata-se de resultado que não parece se compatibilizar com a proteção constitucional à coisa julgada e à segurança jurídica (art. 5º, *caput* e inc. XXXVI, CF). Ainda em tema de prescrição, coloca-se a questão de eventuais pretensões do particular em face do Poder Público como decorrência da declaração de inconstitucionalidade de determinada norma. A matéria é recorrente em situações de pedido de restituição de tributos pagos com base em lei que vem a ser considerada inválida. Como se sabe, as pretensões contra a Fazenda Pública prescrevem, como regra geral, em cinco anos[233]. De acordo com antiga jurisprudência do Superior Tribunal de Justiça, esse prazo, na hipótese de declaração de inconstitucionalidade da lei em que se fundou a cobrança, somente começaria a fluir a partir do julgamento do Supremo Tribunal Federal reconhecendo a inconstitucionalidade, seja em ação direta ou em controle incidental. O STJ entendia que era, nesse momen-

---

titucionalidade concentrado ou difuso. (...). § 15. Se a decisão referida no § 12 for proferida após o trânsito em julgado da decisão exequenda, caberá ação rescisória, cujo prazo será contado do trânsito em julgado da decisão proferida pelo Supremo Tribunal Federal". O art. 535, § 8º, tem redação idêntica, aplicável às execuções contra a Fazenda Pública.

232. No sentido da inconstitucionalidade da norma, v. Luiz Guilherme Marinoni, Sérgio Cruz Arenhart e Daniel Mitidiero. *Novo curso de processo civil*, v. 2, 2017, p. 708. Por outro lado, Humberto Theodoro Junior não faz qualquer ressalva à constitucionalidade do dispositivo, o que sugere, ao menos, que não o considera flagrantemente incompatível com a Constituição (*Código de Processo Civil*, 2018, p. 645-649). Neste último sentido, v. também Teresa Arruda Alvim, Fredie Didier Jr. Eduardo Talamini e Bruno Dantas. *Breves comentários ao novo Código de Processo Civil*, 2015, p. 1360-1367. Há, ainda, interessante proposta de interpretação conforme à constituição do dispositivo formulada por Nelson Nery Junior e Rosa Maria de Andrade Nery: "Para que possa dar-se como constitucional, o *dies a quo* fixado no texto normativo sob comentário deve ser interpretado conforme a Constituição. Assim, somente pode ser iniciado o prazo da rescisória a partir do trânsito em julgado da decisão do STF, se ainda não tiver sido extinta a pretensão rescisória cujo prazo tenha-se iniciado do trânsito em julgado da decisão exequenda. Em outras palavras, o que o texto comentado autoriza é uma espécie de alargamento do prazo da rescisória que está em curso" (*Código de Processo Civil comentado*, 2018, p. 1487).

233. Decreto n. 20.910, de 6 de janeiro de 1932: "Art. 1º As dívidas passivas da União, dos Estados e dos Municípios, bem assim todo e qualquer direito ou ação contra a Fazenda federal, estadual ou municipal, seja qual for a sua natureza, prescrevem em 5 (cinco) anos, contados da data ou fato do qual se originarem".

to, à vista da publicidade da decisão, que o contribuinte passava a ter conhecimento de que poderia exercer uma pretensão legítima[234]. Entretanto, esse entendimento foi superado. Entre as razões que motivaram a superação, destaca-se o argumento de que associar o termo *a quo* do prazo prescricional à declaração de inconstitucionalidade e, portanto, a um fato futuro e incerto, equivaleria, na prática, à eliminação do prazo prescricional, que, em caso de inércia quanto ao questionamento da inconstitucionalidade de uma norma, jamais começaria a correr[235]. O raciocínio se assemelha àquele desenvolvido acima sobre o termo inicial do prazo para a propositura de ação rescisória[236].

6. Repercussão da decisão em controle abstrato sobre situações já constituídas

A decisão proferida em ação direta terá, como regra, eficácia contra todos, retroativa e vinculante. A declaração de inconstitucionalidade,

---

234. Nesse sentido, v. STJ, *DJU,* 22 maio 1995, EDiv no REsp 44.952-7-PR, rel. Min. Demócrito Reinaldo.

235. STJ, *DJe*, [xx], EREsp 435835/SC, rel. p/ acórdão Min. José Delgado. No sentido acima, vale destacar voto proferido pelo Min. Teori Zavascki no caso, julgado quando ainda integrava o STJ: "(...) não se pode justificar, do ponto de vista constitucional, a orientação segundo a qual, relativamente à repetição de tributos inconstitucionais, o prazo prescricional somente corre a partir da data da decisão do STF que declara a sua inconstitucionalidade. Isso significaria, conforme já se disse, atribuir eficácia constitutiva àquela declaração. Significaria, também, atrelar o início do prazo prescricional não a um termo (= fato futuro e certo), mas a uma condição (= fato futuro e incerto). Não haveria termo "a quo" do prazo, e sim condição suspensiva. Isso equivale a eliminar a própria existência do prazo prescricional de cinco anos previsto no art. 168 do CTN, já que, sem termo "a quo", o termo "ad quem" será indeterminado. O prazo prescricional será incerto, aleatório e eventual, já que, se ninguém tomar a iniciativa de provocar jurisdicionalmente a declaração de inconstitucionalidade, não estará em curso prazo prescricional algum, mesmo que o recolhimento do tributo indevido tenha ocorrido há cinco, dez ou vinte anos".

236. Em 2018, a Segunda Turma do STF entendeu que a aplicação imediata do novo entendimento do STJ aos processos já em curso representava afronta ao princípio da segurança jurídica e atribuiu eficácia prospectiva (efeitos *ex nunc*) à nova orientação (STF, ARE 951533/ES, rel. p/ acórdão Min. Dias Toffoli, acórdão pendente de publicação). A mesma questão é objeto, ainda, da ADPF 248, rel. Min. Cármen Lúcia, ainda pendente de julgamento, em que se postula a atribuição de interpretação conforme a Constituição ao art. 168, I, do CTN, de forma a que o prazo prescricional seja contado a partir da decisão do STF que declara a inconstitucionalidade da lei ou, sucessivamente, que a nova orientação do STJ somente possa ser aplicada às demandas iniciadas após a data da publicação ou do julgamento do EREsp n.435835/SC.

assim, deverá alcançar os atos pretéritos praticados com base na lei ou ato normativo rejeitados, por sua inaptidão para produzir efeitos válidos. É bem de ver, no entanto, que nem sempre será possível, ou mesmo legítima, a automática desconstituição das situações jurídicas que se formaram e consolidaram anteriormente à manifestação judicial, como se demonstra a seguir.

6.1. Distinção entre os efeitos da decisão no plano abstrato e no plano concreto

A decisão do Supremo Tribunal Federal que pronuncia a inconstitucionalidade de uma norma produz efeitos imediatos no plano normativo: atuando como legislador negativo, o Tribunal priva a lei de eficácia e aplicabilidade[237]. Distinto é o plano das situações concretas já constituídas em decorrência de atos jurídicos individuais, tanto entre partes privadas como os que envolvem o Poder Público. É certo que também essas relações deverão sofrer os reflexos da decisão, mas se impõem certas cautelas e temperamentos.

Em múltiplas hipóteses, os efeitos da decisão abstrata sobre o plano concreto deverão produzir-se por mero ato de ofício da autoridade administrativa. Por exemplo: declarada inconstitucional a lei instituidora de um tributo, não só o Estado não deverá mais cobrá-lo como deverá invalidar todos os autos de infração pendentes, que se haviam fundado na norma rejeitada. Parece razoável sustentar, no entanto, que a restituição do valor já recebido, ainda que indevidamente, deva ser precedida de pedido administrativo do contribuinte, com a comprovação do pagamento[238].

Pode haver casos, no entanto, em que o desfazimento de situações constituídas com base no ato considerado inválido exija um devido processo legal, administrativo ou judicial. Um contrato que vigore de longa data entre particulares ou uma relação entre administrado e Administração na qual o primeiro já tenha cumprido sua parte na obrigação podem conter elementos que

---

237. A propósito da eficácia imediata, o STF já decidiu que a declaração da constitucionalidade ou inconstitucionalidade de uma lei surte efeitos a partir da publicação da decisão no *DJU*, ainda que esta não tenha transitado em julgado. O julgamento de mérito da ação direta revoga a decisão cautelar que suspendera a lei, mesmo que pendentes embargos de declaração. V. *Inf. STF* n. 353, Rcl 2.576-SC, relª Minª Ellen Gracie.

238. A boa-fé que deve presidir as relações entre a Administração e os administrados milita em desfavor da exigência de que o contribuinte ingresse em juízo para demonstrar um direito já reconhecido pelo Supremo Tribunal Federal.

imponham temperamento a sua desconstituição sumária. À parte afetada tocará o direito subjetivo de procurar demonstrar que, na hipótese, deverá ser resguardada sua boa-fé, ou prevalecer o princípio da segurança jurídica, ou ser impedido o enriquecimento ilícito, dentre outros argumentos[239].

6.2. Decisão em controle abstrato e coisa julgada

Derivada do princípio da segurança jurídica, a proteção constitucional da coisa julgada materializa-se na regra do art. 5º, XXXVI, da Constituição: "a lei não prejudicará o direito adquirido, o ato jurídico perfeito e a coisa julgada". Sem embargo da ausência de previsão expressa, sempre se considerou que o respeito às situações protegidas pela autoridade da *res iudicata* figurava como limite à retroatividade do julgado, a menos que haja a possibilidade legítima de desconstituí-la por via de ação rescisória[240]. De fato, o instituto constitucional e processual da coisa julgada não é incompatível com a disciplina, em sede infraconstitucional, de hipóteses de rescisão da sentença ou do acórdão, mesmo após o trânsito em julgado[241]. Daí

---

239. Sobre o tema, v. Clèmerson Merlin Clève, Declaração de inconstitucionalidade de dispositivo normativo em sede de juízo abstrato e efeitos sobre os atos singulares praticados sob sua égide, *RF, 337*:163, 1997, parecer em cuja ementa averbou: "Eficácia ocorrente no plano normativo (abstrato) e no plano normado (singular/concreto). A declaração de inconstitucionalidade por via de ação direta não é capaz, por si só, de desconstituir, automaticamente, as relações jurídicas e os atos singulares praticados sob a égide da lei nulificada. Necessidade, no direito brasileiro da prática de atos de desconstituição ou de invalidação". A propósito do mesmo assunto, Hugo de Brito Machado, Declaração de inconstitucionalidade e direito intertemporal, *RDDT, 57*:72, 2000, p. 86-7, após afirmar que, no plano do direito intertemporal, os efeitos da decisão que declara a inconstitucionalidade devem ser os mesmos de qualquer norma jurídica nova, conclui: "Assim, quando o restabelecimento da norma que fora revogada pela lei declarada inconstitucional implica gravame para o contribuinte, atribuir efeitos retroativos à decisão que declara a inconstitucionalidade é o mesmo que admitir a retroatividade de lei que institui ou majora tributo". V. também Gilmar Ferreira Mendes, *Direitos fundamentais e controle de constitucionalidade*, 1998, p. 416.

240. V. nesse sentido antiga decisão do STF, *DJU*, 24 set. 1969, RMS 17.976-SP, rel. Min. Amaral Santos: "A suspensão da vigência da lei por inconstitucionalidade torna sem efeito todos os atos praticados sob o império da lei inconstitucional. Contudo, a nulidade da decisão judicial transitada em julgado só pode ser declarada por via de ação rescisória, sendo impróprio o mandado de segurança".

241. V. José Afonso da Silva, *Curso de direito constitucional positivo*, 1999, p. 437: "A proteção constitucional da coisa julgada não impede, contudo, que a lei preordene regras para a sua rescisão mediante atividade jurisdicional. Dizendo que a lei não prejudicará a coisa julgada, quer-se tutelar esta contra a atuação direta do legislador, contra ataque direto da lei. A lei não pode desfazer (rescindir ou anular ou tornar ineficaz) a coisa julgada. Mas

a previsão expressa do Código de Processo Civil nesse sentido, no qual se contempla como causa de rescisão a circunstância de a decisão rescindenda "violar literal disposição de lei"[242].

Como consequência, vem-se admitindo ação rescisória tendo por objeto decisão que, mesmo transitada em julgado, haja aplicado lei que veio posteriormente a ser considerada inconstitucional[243]. Pela mesma lógica, tem-se defendido a possibilidade inversa: a rescisão do julgado que tenha deixado de aplicar, por inconstitucional, lei que veio a ser proclamada constitucional em ação direta[244]. Não importa, consoante jurisprudên-

---

pode prever licitamente, como o fez no art. 485 do Código de Processo Civil, sua rescindibilidade por meio de ação rescisória". No texto constitucional, há referência à ação rescisória em diversos dispositivos, como os arts. 102, I, *j*, 105, I, *e*, e 108, I, *b*.

242. CPC/2015, art. 966: "A decisão de mérito, transitada em julgado, pode ser rescindida quando: I — se verificar que foi proferida por força de prevaricação, concussão ou corrupção do juiz; II — for proferida por juiz impedido ou por juízo absolutamente incompetente; III — resultar de dolo ou coação da parte vencedora em detrimento da parte vencida ou, ainda, de simulação ou colusão entre as partes, a fim de fraudar a lei; IV — ofender a coisa julgada; V — violar manifestamente norma jurídica; VI — for fundada em prova cuja falsidade tenha sido apurada em processo criminal ou venha a ser demonstrada na própria ação rescisória; VII — obtiver o autor, posteriormente ao trânsito em julgado, prova nova cuja existência ignorava ou de que não pôde fazer uso, capaz, por si só, de lhe assegurar pronunciamento favorável; VIII — for fundada em erro de fato verificável do exame dos autos".

243. O art. 525, § 15, do CPC/2015 prevê expressamente que o prazo para o ajuizamento de ação rescisória contra decisão transitada em julgado, mas baseada em lei posteriormente declarada inconstitucional pelo Supremo Tribunal Federal, deve ser contado a partir do trânsito em julgado desta última decisão.

244. STJ, *DJU*, 18 jun. 2001, p. 252, AR 1.365-SC, rel. Min. J. Arnaldo: "Declaração de inconstitucionalidade, pelo Supremo Tribunal Federal, de preceito legal no qual se louvara o acórdão rescindendo. Cabível a desconstituição, pela via rescisória, de decisão com trânsito em julgado que deixa de aplicar uma lei por considerá-la inconstitucional ou a aplica por tê-la de acordo com a Carta Magna". No mesmo sentido, *DJU*, 1º dez. 1997, REsp 128.239-RS, rel. Min. Ari Pargendler. Em sentido diverso, vejam-se: José Carlos Barbosa Moreira, *Direito aplicado II (Pareceres)*, 2000, p. 238-9 e 246: "A norma declarada constitucional continuará a viger tal qual vigia antes, e os efeitos da respectiva incidência não serão mais intensos, nem de qualquer sorte diversos, daqueles que até então se vinham produzindo. O art. 102, n. I, § 2º, da Carta Federal (acrescentado pela Emenda n. 3) estatui, é certo, que a decisão definitiva do Supremo Tribunal Federal, em ação declaratória de constitucionalidade, tem 'efeito vinculante, relativamente aos demais órgãos do Poder Judiciário'. Não faz, porém, remontar ao passado semelhante efeito. A redação adotada aponta no sentido oposto. Os outros órgãos judiciais ficam vinculados a observar o que haja decidido a Suprema Corte: não lhes será lícito contrariar o pronunciamento desta, para deixar de aplicar, por

cia do Supremo Tribunal Federal e do Superior Tribunal de Justiça, a circunstância de que, na época em que prolatada a decisão, fosse controvertida a questão de sua compatibilidade com a Constituição, haja vista que a restrição contida na Súmula 343[245] incide somente quando o dissídio envolver a interpretação de dispositivo legal, e não constitucional[246]. Indo além, o STF vem entendendo que cabe rescisória quando a decisão transitada em julgado tenha simplesmente divergido da interpretação constitucional fixada pela Corte, mesmo que esta interpretação seja posterior ao julgado rescindendo[247]. Entretanto, a Corte assentou que, quando a decisão rescindenda coincide com o entendimento vigente no STF à época em que foi proferida, não é cabível ação rescisória para pleitear a aplicação do novo entendimento que se firmou posteriormente ao trânsito em julgado[248].

---

inconstitucionalidade, a lei declarada compatível com a Constituição. Mas isso apenas daí por diante! Não se concebe vínculo capaz de obrigar um órgão jurisdicional a observar decisão ainda não proferida. O vínculo atua para o futuro, não para o passado. Da sentença anterior ao pronunciamento do Supremo Tribunal Federal não seria próprio dizer que infringiu o vínculo decorrente da declaração... posterior da constitucionalidade. O mesmo vale para o eventual julgamento de improcedência que a Corte Suprema profira em ação declaratória de inconstitucionalidade. (...) Posto que houvesse decisão do STF a declarar que o diploma se harmoniza com a Carta da República, isso não seria suficiente para tornar rescindível o acórdão proferido no julgamento da apelação" (texto ligeiramente editado); Sacha Calmon Navarro Coêlho, Da impossibilidade jurídica de ação rescisória de decisão anterior à declaração de constitucionalidade pelo Supremo Tribunal Federal no direito tributário, *RT-CDTFP, 15*:197, 1996; e também Bruno Noura de Moraes Rêgo, *Ação rescisória e a retroatividade das decisões de controle de constitucionalidade das leis no Brasil*, 2001, p. 583.

245. Súmula 343 do STF: "Não cabe ação rescisória por ofensa a literal disposição de lei, quando a decisão rescindenda se tiver baseado em texto legal de interpretação controvertida nos tribunais".

246. STF, *DJU*, 11 abr. 2003, AgRg no RE 328.812-AM, rel. Min. Gilmar Mendes: "2. Ação Rescisória. Matéria constitucional. Inaplicabilidade da Súmula 343. 3. A manutenção de decisões das instâncias ordinárias divergentes da interpretação constitucional revela-se afrontosa à força normativa da Constituição e ao princípio da máxima efetividade da norma constitucional". No mesmo sentido: STJ, *DJU*, 30 nov. 1998, p. 55, REsp 140.947-RS, rel. Min. Humberto Gomes de Barros; *DJU*, 22 out. 2001, p. 261, AgRg na AR 1.459-PR, rel. Min. Eliana Calmon.

247. STF, *DJE*, 30 abr. 2008, RE 328.812-AM, rel. Min. Gilmar Mendes.

248. STF, *DJe*, 24 nov. 2014, RE 590.809, rel. Min. Marco Aurélio. Nesse caso, a Fazenda ajuizou ação rescisória com o propósito de desconstituir decisão que reconheceu a possibilidade de creditamento de IPI em caso de aquisição de insumos isentos, não tributados ou sujeitos à alíquota zero. De fato, à época em que a decisão rescindenda transitou em julgado, este era o entendimento do Supremo Tribunal Federal sobre a matéria. Tal enten-

O entendimento que prevaleceu na doutrina, ao menos até a edição do novo Código de Processo Civil, é o de que, transcorrido o prazo decadencial de dois anos para a propositura de ação rescisória, já não será possível desfazer a decisão, ainda quando se constate posteriormente sua inconstitucionalidade[249], salvo em se tratando de matéria penal[250]. O tema vem sendo intensamente revisitado, como se verá no tópico seguinte, com forte tendência à flexibilização desse ponto de vista. O novo Código de Processo estabeleceu que a coisa julgada inconstitucional poderá ser rescindida no prazo de dois anos, contados da decisão do Supremo Tribunal Federal que reconheceu a inconstitucionalidade da lei em que se fundou a decisão (CPC/2015, art. 525, §§ 12 e 15). A constitucionalidade do dispositivo é controvertida, uma vez que permite a reabertura do prazo decadencial para a propositura de ação rescisória tempos depois da sua extinção (v., *supra*).

---

dimento foi alterado posteriormente, tendo a Corte rejeitado a atribuição de eficácia meramente prospectiva ao novo julgado. A despeito disso, o STF deu provimento ao recurso extraordinário do particular para julgar improcedente a rescisória, ao fundamento de que se estava diante de decisão transitada em julgado e de que seria necessário respeitar a posição vigente no Supremo à época em que o acórdão rescindindo foi proferido, a fim de preservar a segurança jurídica e a autoridade das suas decisões. A ementa do acórdão tem o seguinte teor: "O verbete n. 343 da Súmula do Supremo deve ser observado em situação jurídica na qual, inexistente controle concentrado de constitucionalidade, haja entendimentos diversos sobre o alcance da norma, mormente quando o Supremo tenha sinalizado, num primeiro passo, óptica coincidente com a revelada na decisão rescindenda". O exame dos debates, sobretudo das manifestações do Min. Marco Aurélio, indica que a rescisória possuía certa particularidade porque suscitava o questionamento quanto à possibilidade de aplicação da Súmula 343 em caso de controvérsia no próprio STF quanto ao entendimento sobre matéria constitucional. E, de fato, a melhor interpretação do acórdão parece indicar que a aplicação do verbete e, portanto, o não cabimento de ação rescisória em matéria constitucional ocorrerá apenas quando a controvérsia sobre a interpretação ocorrer no próprio STF e desde que o acórdão rescindindo seja compatível com o entendimento da Corte vigente à época. Não se discutiu a aplicação da súmula em caso de controvérsia sobre matéria constitucional nos demais tribunais apenas.

249. V. Gilmar Ferreira Mendes, *Controle de constitucionalidade*, 1990, p. 280: "Não há dúvida, assim, de que, decorrido *in albis* o prazo decadencial para a propositura da ação rescisória, a superveniência da declaração de inconstitucionalidade já não mais logra afetar, de qualquer modo, a decisão judicial". Aderindo a essa posição, v. Clèmerson Merlin Clève, *A fiscalização abstrata de constitucionalidade no direito brasileiro*, 2000, p. 252.

250. Assim como a lei penal deverá retroagir para beneficiar o réu (CF, art. 5º, XL), também a declaração de inconstitucionalidade da lei incriminadora deverá operar retrospectivamente. O Código de Processo Penal admite a revisão criminal (art. 521) e prevê que ela poderá ser requerida "em qualquer tempo" (art. 522).

A jurisprudência do Supremo Tribunal Federal não admitia a possibilidade de oferecimento de embargos à execução de sentença, quando baseada em lei posteriormente declarada inconstitucional[251]. Todavia, a Medida Provisória n. 2.180, de 27 de agosto de 2001 (desde a reedição como MP n. 1.984-17, de 7-4-2000), acrescentou ao art. 741 do antigo Código de Processo Civil, que enumera as hipóteses de cabimento de embargos à execução, um parágrafo único considerando "inexigível o título judicial fundado em lei ou ato normativo declarados inconstitucionais pelo Supremo Tribunal Federal ou em aplicação ou interpretação tidas como incompatíveis com a Constituição Federal".

A redação do comando, contudo, dava ensejo a alguma ambiguidade. Embora houvesse referência a uma declaração de inconstitucionalidade realizada pelo STF, a parte final do enunciado poderia — ainda que de forma um tanto contraditória — sugerir que bastaria o convencimento do próprio juiz da execução acerca da ocorrência de *aplicação ou interpretação tidas por incompatíveis com a Constituição Federal*" para a desconstituição da coisa julgada, mesmo que o STF não se houvesse pronunciado sobre o tema.

Ainda que textualmente possível, tal interpretação esvaziaria gravemente a garantia constitucional da coisa julgada e, não por acaso, a doutrina especializada rechaçou essa possibilidade interpretativa[252]. Com efeito, seria manifestamente inadequado que o juiz da execução pudesse, em cir-

---

251. *DJU*, 1º jul. 1977, RE 86.056-SP, rel. Min. Rodrigues Alckmin: "Embargos à execução de sentença porque baseada a decisão transitada em julgado em lei posteriormente declarada inconstitucional. A declaração da nulidade da sentença só é possível via da ação rescisória".

252. Paulo Cezar Pinheiro Carneiro, Desconsideração da coisa julgada. Sentença inconstitucional, *RF*, v. 384, 2006: "Restringir a aplicação do art. 741, parágrafo único, do Código de Processo Civil, às decisões fundadas em lei ou ato normativo que tenha sido alvo de declaração de inconstitucionalidade (total ou parcial) em controle abstrato ou incidental (este, desde que suspensa a norma pelo Senado) é uma maneira de evitar a sucessão — talvez interminável — de quebras de coisa julgada, dando ao Supremo Tribunal Federal, como convém, a palavra final sobre o assunto". No mesmo sentido, v. Eduardo Talamini, Embargos à execução de título judicial eivado de inconstitucionalidade (CPC, art. 741, parágrafo único), *RP, 106*:38, 2002, p. 57, e Teori Albino Zavascki, Sentenças inconstitucionais: inexigibilidade. In: Adroaldo Furtado Fabrício (org.), *Meios de impugnação ao julgado civil — Estudos em homenagem a José Carlos Barbosa Moreira*, 2007, p. 515. Em sentido contrário, v. Humberto Theodoro Júnior, A reforma do processo de execução e o problema da coisa julgada inconstitucional, *RBEP*, 89:94, 2004, p. 94-5.

cunstâncias ordinárias, negar exigibilidade ao título executivo judicial (i. e., à decisão produzida no processo de conhecimento) sob o fundamento de suposta inconstitucionalidade. O juízo da execução transformar-se-ia em nova instância recursal e em sucedâneo extemporâneo do STF, a quem compete o julgamento de recursos extraordinários. A garantia constitucional da coisa julgada ficaria subordinada ao livre convencimento de mais uma autoridade judicial, mesmo após o fim do processo de conhecimento, já caracterizado por possibilidade de discussão ampla das partes e fartura de oportunidades de impugnação recursal.

A referida ambiguidade foi sanada, afinal, pela Lei n. 11.832/2005, que modificou a redação do art. 741, explicitando que apenas a manifestação específica do STF acerca da questão constitucional suscitada autorizaria a superação da coisa julgada no caso concreto[253]. Além disso, a lei inseriu um novo dispositivo no Código de Processo Civil de 1973, estendendo a previsão ao processo de execução de sentenças em geral. Trata-se do art. 475-L, que enunciava as matérias que podem ser deduzidas em sede de embargos à execução. O inciso II referia-se à inexigibilidade do título. O sistema era complementado pelo § 1º desse mesmo artigo, cuja redação era idêntica à do parágrafo único do art. 741, já transcrito.

Isto é: havendo pronunciamento específico do STF a respeito da questão constitucional suscitada pelo executado, a decisão judicial transitada em julgado poderá ser considerada título inexigível por vício de inconstitucionalidade no âmbito do processo de execução[254]. Registre-se, por fim,

---

253. CPC, art. 741, parágrafo único: "Para efeito do disposto no inciso II do *caput* deste artigo, considera-se também inexigível o título judicial fundado em lei ou ato normativo declarados inconstitucionais pelo Supremo Tribunal Federal, ou fundado em aplicação ou interpretação da lei ou ato normativo tidas pelo Supremo Tribunal Federal como incompatíveis com a Constituição Federal".

254. Vale registrar, porém, a opinião de Cândido Rangel Dinamarco. Embora o autor seja um dos principais defensores da relativização da coisa julgada inconstitucional, sua posição acerca da desconstituição da coisa julgada em sede de embargos à execução é bastante restritiva. Para Dinamarco, o art. 741, parágrafo único, do CPC só será constitucional se interpretado de modo a permitir que o juiz da execução desconsidere somente decisões proferidas após manifestação do STF e com ela incompatíveis. Confira-se em Cândido Rangel Dinamarco, *Instituições de direito processual civil*, 2004, t. 4, p. 672: "Pelo aspecto substancial, essa arbitrária disposição ao menos resvala na inconstitucionalidade por atentar contra garantia constitucional da coisa julgada. Sua única salvação consistirá em interpretá--lo restritivamente, no sentido de que não há título com eficácia para a execução forçada

que tanto o parágrafo único do art. 741 quanto o § 1º do art. 475-L, ambos do Código de Processo Civil de 1973, tiveram a sua constitucionalidade questionada perante o STF, sob o argumento de que a superação da coisa julgada no âmbito do processo de execução de sentença seria *sempre* inconstitucional, mesmo após manifestação específica do STF. Entretanto, a ação foi julgada improcedente, tendo o tribunal concluído pela constitucionalidade dos dispositivos, ao fundamento de que eles buscavam harmonizar a garantia da coisa julgada com o primado da Constituição[255].

O novo Código de Processo Civil previu expressamente a inexigibilidade da obrigação fundada em lei ou ato normativo declarado inconstitucional pelo Supremo Tribunal Federal, desde que tal declaração tenha ocorrido anteriormente ao trânsito em julgado da decisão exequenda (CPC/2015, art. 525, §§ 12 e 14)[256]. Dispôs, ainda, sobre o cabimento de

---

quando a sentença houver sido proferida: (a) depois de declarada a inconstitucionalidade pelo Supremo Tribunal Federal ao cabo de um controle concentrado (ação direta), porque esse julgamento produz a ineficácia da norma inconstitucional, retirando-a incontinenti da ordem jurídica; ou b) depois de suspensa a eficácia da norma inconstitucional pelo Senado Federal, em caso de controle difuso (Const., art. 52, inc. X). Nesses dois casos, subtraída a eficácia da lei pelo órgão máximo encarregado da vigilância constitucional, é até natural que se repute privado de eficácia um julgado com apoio na lei declarada inconstitucional. Se porém a sentença condenatória foi proferida antes, passou em julgado e só depois disso sobreveio a declaração de inconstitucionalidade por um daqueles meios, o parágrafo do art. 741 não pode ter aplicação, porque seria inconstitucional ele próprio (garantia constitucional da coisa julgada: Const., art. 5º, XXXVI — supra, n. 995)". Note-se que o texto foi escrito antes da introdução do art. 475-L no CPC; todavia, parece evidente que o argumento seria aplicável também a esse dispositivo, dada a identidade entre as situações.

255. V. STF, *DJe*, 17 nov. 2016, ADI 2.418-DF, rel. Min. Teori Zavascki.

256. CPC/2015, art. 525: "Transcorrido o prazo previsto no art. 523 sem o pagamento voluntário, inicia-se o prazo de 15 (quinze) dias para que o executado, independentemente de penhora ou nova intimação, apresente, nos próprios autos, sua impugnação. § 1º Na impugnação, o executado poderá alegar: (...) III — inexequibilidade do título ou inexigibilidade da obrigação; (...) § 12. Para efeito do disposto no inciso III do § 1º deste artigo, considera-se também inexigível a obrigação reconhecida em título executivo judicial fundado em lei ou ato normativo considerado inconstitucional pelo Supremo Tribunal Federal, ou fundado em aplicação ou interpretação da lei ou do ato normativo tido pelo Supremo Tribunal Federal como incompatível com a Constituição Federal, em controle de constitucionalidade concentrado ou difuso. (...) § 14. A decisão do Supremo Tribunal Federal referida no § 12 deve ser anterior ao trânsito em julgado da decisão exequenda. § 15. Se a decisão referida no § 12 for proferida após o trânsito em julgado da decisão exequenda, caberá ação rescisória, cujo prazo será contado do trânsito em julgado da decisão proferida pelo Supremo Tribunal Federal". No mesmo sentido, v. art. 535, III, §§ 5º a 8º, aplicável à Fazenda Pública.

ação rescisória para desconstituir decisão transitada em julgado baseada em norma posteriormente declarada inconstitucional pela Corte, estabelecendo que, neste caso, o prazo para a propositura da rescisória começa a correr a partir da data em que a decisão declaratória da inconstitucionalidade, por parte do Supremo, transitar em julgado (CPC/2015, art. 525, §§ 12 e 15)[257].

Uma parcela importante da doutrina entende, contudo, que o dispositivo é inconstitucional. De fato, em um contexto em que o entendimento dominante é de que as ações diretas são imprescritíveis (v. *supra*), a possibilidade de reabertura do prazo decadencial para a propositura de ação rescisória sempre que houver declaração de inconstitucionalidade faz com que um grande conjunto de decisões transitadas em julgado esteja sujeito a uma possível rediscussão. Trata-se de situação que não parece compatível com a proteção constitucional à segurança jurídica e à própria coisa julgada (art. 5º, *caput* e XXXVI).

6.3. O debate acerca da relativização da coisa julgada[258]

A coisa julgada, como já assinalado, consiste na situação jurídica de imutabilidade da sentença e de seus efeitos. O tipo de autoridade de que se reveste é atributo específico dos atos praticados no desempenho da função jurisdicional: atos legislativos e administrativos não são aptos a produzi-la[259]. A coisa julgada tem por finalidade assegurar a estabilidade do ato estatal

---

257. CPC/2015, art. 525, §15: "Se a decisão referida no § 12 [no sentido da constitucionalidade ou inconstitucionalidade da norma] for proferida após o trânsito em julgado da decisão exequenda, caberá ação rescisória, cujo prazo será contado do trânsito em julgado da decisão proferida pelo Supremo Tribunal Federal.

258. Sobre o tema, v. Paulo Otero, *Ensaio sobre o caso julgado inconstitucional*, 1993; Carlos Valder do Nascimento (org.), *Coisa julgada inconstitucional*, 2002, onde se encontram reunidos os seguintes trabalhos: Cândido Rangel Dinamarco, Relativizar a coisa julgada; Humberto Theodoro Júnior e Juliana Cordeiro de Faria, A coisa julgada inconstitucional e os instrumentos processuais para seu controle; José Augusto Delgado, Efeitos da coisa julgada e os princípios constitucionais; e Carlos Valder Nascimento, Coisa julgada inconstitucional. E também: Ivo Dantas, Coisa julgada inconstitucional: declaração judicial de inexistência, *FA, 15*:588, 2002.

259. Eduardo Couture, *Fundamentos del derecho procesal civil*, 1976, p. 304: "La cosa juzgada es el atributo de la jurisdicción. Ninguna otra actividad del orden jurídico tiene la virtud de reunir los dos caracteres arriba mencionados: la irrevisibilidad, la inmutabilidad y la coercibilidad. Ni la legislación ni la administración pueden expedir actos con estas modalidades, ya que, por su propia naturaleza, las leyes se derogan con otras leyes y los actos administrativos se revocan y se modifican con otros actos".

que soluciona o litígio, imunizando os efeitos da decisão, não apenas no âmbito do processo (coisa julgada formal) como também, e sobretudo, aqueles que se projetam para fora do processo, atingindo as partes em suas relações (coisa julgada material)[260].

Como se depreende intuitivamente, a proteção da coisa julgada é a materialização, sob a forma de uma regra explícita, do princípio da segurança jurídica, em cujo âmbito se resguardam a estabilidade das relações jurídicas, a previsibilidade das condutas e a certeza jurídica que se estabelece acerca de situações anteriormente controvertidas[261]. De fato, o fim da situação litigiosa e o restabelecimento da paz social são valores relevantes para a sociedade e para o Estado, e em seu nome se impede a reabertura da discussão, mesmo diante da alegada injustiça da decisão[262]. Daí por que, no Brasil, a coisa julgada, de longa data, deixou de ser apenas um instituto de direito processual para adquirir *status* constitucional[263].

No entanto, a doutrina tem debatido a primazia dogmática da proteção da coisa julgada, notadamente diante de injustiças flagrantes[264] ou de casos

---

260. Cândido Rangel Dinamarco, Relativizar a coisa julgada material, in Carlos Valder do Nascimento (org.), *Coisa julgada inconstitucional*, 2002, p. 34-8: "A distinção entre coisa julgada material e formal consiste, portanto, em que a) a primeira é a imunidade dos *efeitos* da sentença, que os acompanha na vida das pessoas ainda depois de extinto o processo, impedindo qualquer ato estatal, processual ou não, que venha a negá-los; enquanto que b) a coisa julgada formal é fenômeno interno ao processo e refere-se à sentença como ato processual, imunizada contra qualquer substituição por outra".

261. Sobre o tema, v. Luís Roberto Barroso, A segurança jurídica na era da velocidade e do pragmatismo, in *Temas de direito constitucional*, t. 1, 2002.

262. Pontes de Miranda, *Comentários ao Código de Processo Civil*, t. 5, 1997, p. 100: "A atribuição de coisa julgada põe acima da ordem jurídica, das regras jurídicas, o interesse social de paz, de fim à discussão, mesmo se foi injusta a decisão".

263. A primeira Constituição a consagrar expressamente a proteção à coisa julgada foi a de 1934, em seu art. 113, 3: "A lei não prejudicará o direito adquirido, o acto jurídico perfeito e a coisa julgada". Salvo por variação ortográfica, foi repetida em todas as Constituições que se seguiram, inclusive a de 1988.

264. O Ministro José Augusto Delgado, em seu trabalho doutrinário Efeitos da coisa julgada e os princípios constitucionais, in Carlos Valder do Nascimento (org.), *Coisa julgada inconstitucional*, 2002, p. 97, formula um exemplo: "A sentença trânsita em julgado, em época alguma pode ser considerada definitiva e produtora de efeitos concretos, quando determinar, com base exclusivamente em provas testemunhais e documentais, que alguém é filho de determinada pessoa e, posteriormente, exame de DNA comprove o contrário" (texto ligeiramente editado). Assinale-se, contudo, que há decisão do próprio STJ no sentido condenado pelo Ministro: "Seria terrificante para o exercício da jurisdição que fosse abandonada a regra

teratológicos[265]. Para os fins relevantes deste capítulo, cabe enfrentar a seguinte questão: é possível rever uma decisão, fundada em lei que veio a ser posteriormente declarada inconstitucional, quando já não caiba mais ação rescisória (por ter-se operado a decadência do direito de propô-la) nem seja caso de oferecimento de embargos do devedor (CPC/2015, art. 526, §§ 12, 14 e 15)? A resposta, como regra geral, será negativa.

Todavia, pode haver hipótese em que se deva considerar a relativização da coisa julgada, quando ocorra a superveniente pronúncia de inconstitucionalidade da lei[266]. É que o princípio da segurança jurídica, como os princí-

---

absoluta da coisa julgada que confere ao processo judicial força para garantir a convivência social, dirimindo os conflitos existentes. Se, fora dos casos nos quais a própria lei retira a força da coisa julgada, pudesse o magistrado abrir as comportas dos feitos já julgados para rever as decisões não haveria como vencer o caos social que se instalaria. (...) Assim, a existência de um exame pelo DNA posterior ao feito já julgado, com decisão transitada em julgado, reconhecendo a paternidade, não tem o condão de reabrir a questão com uma declaratória para negar a paternidade, sendo certo que o julgado está coberto pela certeza jurídica conferida pela coisa julgada" (STJ, *RSTJ*, *113*:217, 1999, REsp 107.248-GO, rel. Min. Menezes Direito). Posteriormente, o Tribunal voltou a apreciar a questão, tendo proferido decisão na linha flexibilizadora: "A coisa julgada, em se tratando de ações de estado, como no caso de investigação de paternidade, deve ser interpretada *modus in rebus*. Nas palavras de respeitável e avançada doutrina, quando estudiosos hoje se aprofundam no reestudo do instituto, na busca sobretudo da realização do processo justo, 'a coisa julgada existe como criação necessária à segurança prática das relações jurídicas e as dificuldades que se opõem à sua ruptura se explicam pela mesmíssima razão. Não se pode olvidar, todavia, que numa sociedade de homens livres, a Justiça tem de estar acima da segurança, porque sem Justiça não há liberdade'" (STJ, *RSTJ, 154*:403, 2002, REsp 226.436-PR, rel. Min. Sálvio de Figueiredo).

265. Um caso real, julgado pelo Superior Tribunal de Justiça: o Estado de São Paulo foi condenado a pagar indenização pela desapropriação de um terreno que, posteriormente, descobriu-se não ser do particular, mas do próprio Estado. O prazo para ajuizamento de rescisória já havia expirado (REsp 240.712, j. 15-2-2000, rel. Min. José Augusto Delgado). O STJ restabeleceu, por 3 a 2, a antecipação de tutela que o juiz de primeiro grau concedera e o Tribunal de Justiça cassara.

266. E mesmo quando ocorra superveniente declaração de constitucionalidade, em relação às decisões que hajam negado aplicação à lei sob o fundamento de sua inconstitucionalidade. É esse o entendimento do STF e do STJ, para os quais caberá a desconstituição do julgado tanto num como noutro caso. V. STF, *DJU*, 11 abr. 2003, AgRg no RE 328.812, rel. Min. Gilmar Mendes: "2. Ação Rescisória. Matéria constitucional. Inaplicabilidade da Súmula 343. 3. A manutenção de decisões das instâncias ordinárias divergentes da interpretação constitucional revela-se afrontosa à força normativa da Constituição e ao princípio da máxima efetividade da norma constitucional". Disso se infere que, para o STF, a não aplicação de norma constitucional a pretexto de inconstitucionalidade também vulnera a supremacia da Constituição, como aliás consta explicitamente da seguinte passagem de voto do Min. Sepúlveda Pertence em questão de ordem na ADC 1-DF (*RTJ*,

pios em geral, não tem caráter absoluto. É possível cogitar, portanto, da necessidade de fazer sua *ponderação*[267] com outros princípios de igual estatura, como o da justiça ou da moralidade, mediante a utilização do princípio instrumental da razoabilidade-proporcionalidade. Essa será, no entanto, uma situação excepcionalíssima. Até porque a coisa julgada, como já mencionado, é uma *regra* de concretização de um princípio (o da segurança jurídica), o que reduz a margem de flexibilidade do intérprete. Somente

---

157:371, 1996): "*Data Venia*, tanto se ofende a Constituição aplicando lei inconstitucional quanto negando aplicação, a pretexto de inconstitucionalidade, à lei que não o seja. Em ambos os casos, fere-se a supremacia da Constituição". Em sentido contrário, v. Humberto Theodoro Júnior e Juliana Cordeiro de Faria, A coisa julgada inconstitucional e os instrumentos processuais para seu controle, in *Coisa julgada inconstitucional*, p. 156: "No caso, porém, de não aplicação da lei ordinária, por alegado motivo de ordem constitucional que mais tarde vem a ser afastado por mudança de orientação jurisprudencial, a ofensa que poderia ser divisada não é à Constituição, mas sim à lei ordinária a que a sentença não reconheceu eficácia. (...) A recusa de aplicar lei constitucionalmente correta representa, quando muito, um problema de inconstitucionalidade reflexa, o qual, porém, não é qualificado pela jurisprudência reiterada do Supremo Tribunal Federal, como questão constitucional. Disso decorre que a hipótese deva se submeter ao regime comum das ações rescisórias por ofensa à lei ordinária e não ao regime especial de invalidação ou rescisão das sentenças inconstitucionais".

267. A denominada *ponderação de valores* ou *ponderação de interesses* é a técnica pela qual se procura estabelecer o peso relativo de cada um dos princípios contrapostos. Como não existe um critério abstrato que imponha a supremacia de um sobre o outro, deve-se, à vista do caso concreto, fazer concessões recíprocas, de modo a produzir um resultado socialmente desejável, sacrificando o mínimo de cada um dos princípios ou direitos fundamentais em oposição. O legislador não pode, arbitrariamente, escolher um dos interesses em jogo e anular o outro, sob pena de violar o texto constitucional. Seus balizamentos devem ser o princípio da razoabilidade e a preservação, tanto quanto possível, do núcleo mínimo do valor que esteja cedendo passo. Não há, aqui, superioridade formal de nenhum dos princípios em tensão, mas a simples determinação da solução que melhor atende ao ideário constitucional na situação apreciada. V. Luís Roberto Barroso, Fundamentos teóricos e filosóficos do novo direito constitucional brasileiro, in *Temas de direito constitucional*, t. 2, 2003. Na doutrina alemã, v. Robert Alexy: *Teoría de los derechos fundamentales*, 1997, e *Colisão e ponderação como problema fundamental da dogmática dos direitos fundamentais*, mimeografado, palestra proferida na Fundação Casa de Rui Barbosa, no Rio de Janeiro, em 11 de dezembro de 1998; Karl Larenz, *Metodologia da ciência do direito*, 1997, p. 164 e s.; Klaus Stern, *Derecho del Estado de la República Federal Alemana*, 1987, p. 295. Na doutrina nacional, vejam-se Luís Roberto Barroso, *Interpretação e aplicação da Constituição*, 1999, p. 192; Ana Paula de Barcellos, *Ponderação, racionalidade prática e atividade jurisdicional*, 2005, e Ricardo Lobo Torres, *Da ponderação de interesses ao princípio da ponderação*, 2001, mimeografado. E, ainda, as dissertações de mestrado de Daniel Sarmento, *A ponderação de interesses na Constituição Federal*, 2000, e de Marcos Antonio Maselli de Pinheiro Gouvêa, *O controle judicial das omissões administrativas*, 2003.

em situações-limite, de quase ruptura do sistema, será legítima a superação da garantia constitucional da coisa julgada[268].

Quanto à via a ser adotada para obter o desfazimento da coisa julgada, a doutrina processualista tem sido surpreendentemente liberal: admite a ação rescisória, sem sujeição ao prazo decadencial de dois anos, sob o fundamento de que a coisa julgada inconstitucional é *nula*, e, como tal, não se subordina a prazos decadenciais ou prescricionais[269]. E admite, também, a propositura de qualquer ação comum destinada a reexaminar a mesma relação jurídica litigiosa, reconhecendo ao juiz um poder geral de controle incidental da constitucionalidade da coisa julgada[270]. Toda tese inovadora, para romper o cerco do conhecimento consolidado, precisa ser afirmada com ímpeto, por vezes até com certo exagero. O intérprete constitucional, contudo, deverá operar essas ideias sem preconceito, mas com cautela, para não produzir uma indesejável banalização da coisa julgada.

---

268. A teoria dos princípios, fundada na distinção qualitativa entre regra e princípio, é um dos pilares da moderna dogmática constitucional. Desenvolvida e sistematizada por Ronald Dworkin (*Taking rights seriously*, 1977) e Robert Alexy (*Teoría de los derechos fundamentales*, 1997), pode ser sumariamente resumida nas ideias abaixo. Regras são proposições normativas aplicáveis sob a forma de *tudo ou nada* (*"all or nothing"*). Se os fatos nela previstos ocorrerem, a regra deve incidir, de modo direto e automático, produzindo seus efeitos. Uma regra somente deixará de incidir sobre a hipótese de fato que contempla se for inválida, se houver outra mais específica ou se não estiver em vigor. Sua aplicação se dá, predominantemente, mediante *subsunção*. Princípios contêm, normalmente, maior carga valorativa, um fundamento ético, uma decisão política relevante, e indicam determinada direção a seguir. Ocorre que, em uma ordem pluralista, existem outros princípios que abrigam decisões, valores ou fundamentos diversos, por vezes contrapostos. A colisão de princípios, portanto, não só é possível, como faz parte da lógica do sistema, que é dialético. Por isso sua incidência não pode ser posta em termos de *tudo ou nada*, de validade ou invalidade. Deve-se reconhecer aos princípios uma dimensão de peso ou importância. À vista dos elementos do caso concreto, o intérprete deverá fazer escolhas fundamentadas, quando se defronte com antagonismos inevitáveis, como os que existem entre a liberdade de expressão e o direito de privacidade, a livre iniciativa e a intervenção estatal, o direito de propriedade e sua função social. A aplicação dos princípios se dá, predominantemente, mediante *ponderação*.

269. Humberto Theodoro Júnior e Juliana Cordeiro de Faria, A coisa julgada inconstitucional e os instrumentos processuais para seu controle, in Carlos Valder do Nascimento (org.), *Coisa julgada inconstitucional*, 2002, p. 152; STJ, *RSTJ*, 25:439, 1991, REsp 7.556-RO, rel. Min. Eduardo Ribeiro. Outra forma de enfrentar o problema seria considerar a data da declaração de inconstitucionalidade como o termo *a quo* do prazo para propositura da ação.

270. Humberto Theodoro Júnior e Juliana Cordeiro de Faria, A coisa julgada inconstitucional e os instrumentos processuais para seu controle, in Carlos Valder do Nascimento (org.), *Coisa julgada inconstitucional*, 2002, p. 154 e 159; Cândido Rangel Dinamarco, Relativizar a coisa julgada material, in Carlos Valder do Nascimento (org.), *Coisa julgada inconstitucional*, 2002, p. 69.

A esse respeito, registre-se movimento de reação à "relativização da coisa julgada", integrado por nomes como José Carlos Barbosa Moreira, Nelson Nery Jr. e Luiz Guilherme Marinoni[271]. Em linhas gerais, enumeram como impedimentos à dita relativização: (i) a possibilidade *ad infinitum* de novo julgamento da causa, com multiplicação de processos com idêntico objeto (se o Estado-juiz errou no primeiro julgamento, pode igualmente errar no segundo e assim por diante); (ii) o esvaziamento do próprio direito de acesso à justiça, que restaria substancialmente prejudicado caso não houvesse solução *definitiva* da lide pelo Poder Judiciário; (iii) a previsão já existente, no ordenamento jurídico, das hipóteses em que a coisa julgada pode ser rescindida (art. 485, CPC) que, em última análise, são exemplos de relativização propriamente dita[272].

III — A AÇÃO DECLARATÓRIA DE CONSTITUCIONALIDADE[273]

1. Generalidades

O sistema de controle por via principal ou ação direta, como visto, surgiu no Brasil com a denominada representação interventiva (CF/34, art. 12,

---

271. V. José Carlos Barbosa Moreira, Considerações sobre a chamada "relativização" da coisa julgada material, *RF, 377*:43, 2005, Luiz Guilherme Marinoni, Sobre a chamada "relativização" da coisa julgada material, *Revista do IAP, 33*:9, 2004 e Nelson Nery Jr., A polêmica sobre a relativização (desconsideração) da coisa julgada e o Estado Democrático de Direito, in: Fredie Didier Jr. (org.), *Relativização da coisa julgada: enfoque crítico*, 2004, p. 187 e s.

272. *De lege ferenda*, propõe José Carlos Barbosa Moreira que o termo inicial do prazo para a ação rescisória, em caso de exame de DNA não existente à época do julgamento e capaz de alterar a decisão, seja a data em que o interessado obtém o laudo (e não o trânsito em julgado da sentença rescindenda). E, na hipótese de decisão violadora de dispositivo constitucional, em razão da gravidade do vício, sustenta a inexistência de prazo decadencial para propositura de ação rescisória do julgado. V. José Carlos Barbosa Moreira, Considerações sobre a chamada "relativização" da coisa julgada material, *RF, 377*:43, p. 61.

273. Ives Gandra da Silva Martins e Gilmar Ferreira Mendes (coords.), *Ação declaratória de inconstitucionalidade*, 1994; Nagib Slaibi Filho, *Ação declaratória de constitucionalidade*, 1998; Mauro Cappelletti, *O controle judicial de constitucionalidade das leis no direito comparado*, 1984; José Carlos Barbosa Moreira, *Direito aplicado II (pareceres)*, 2000; Clèmerson Merlin Clève, *A fiscalização abstrata de constitucionalidade no direito brasileiro*, 2000; Jorge Miranda, *Manual de direito constitucional*, t. 6, 2001; Lenio Luiz Streck, *Jurisdição constitucional e hermenêutica*, 2002; Alexandre de Moraes, *Direito constitucional*, 2001; Gilmar Ferreira Mendes, *Direitos fundamentais e controle de constitucionalidade*, 1998; Gustavo Binenbojm, *A nova jurisdição constitucional brasileira*, 2001; Daniel Sarmento (org.), *O controle de constitucionalidade e a Lei 9.868/99*, 2001; Geraldo Ataliba, Ação declaratória de constitucionalidade, *RDA, 192*:361, 1993; Hugo de Brito Machado, Ação declaratória de constitucionalidade, *RT, 697*:34, 1993.

§ 2º), tendo sido significativamente ampliado pela introdução da ação genérica de inconstitucionalidade (EC n. 16/65). Sob a vigência da Constituição de 1967-69 foram previstas, por via de emenda (EC n. 7/77), a representação interpretativa[274] e a avocatória[275], que não subsistiram na Constituição de 1988. Já sob a vigência dessa Carta, a Emenda Constitucional n. 3, de 17 de março de 1993, criou a ação declaratória de constitucionalidade, mediante alteração e introdução de dispositivos no corpo permanente da Constituição[276].

A ação declaratória de constitucionalidade não apresenta similar rigorosamente próximo no direito comparado[277], embora alguns autores procurem

---

274. Tanto a representação interpretativa quanto a avocatória foram introduzidas pela Emenda Constitucional n. 7, de 1977, que, juntamente com a Emenda Constitucional n. 8, integrou o denominado *Pacote de Abril*. O apelido pejorativo identificava a reforma do Judiciário e a reforma política outorgadas por Geisel, com base no Ato Institucional n. 5, de 1968, após haver decretado o recesso do Congresso Nacional. A *representação interpretativa* consistia em uma ação direta destinada à fixação, em tese, do sentido de determinada norma. A iniciativa era reservada privativamente ao Procurador-Geral da República, e a decisão era dotada de efeito vinculante, nos termos do art. 187 do então Regimento do Supremo Tribunal Federal. Disso decorria o efeito de fixar um sentido único para a norma que lhe servia de objeto, ao contrário do que ocorre na ação declaratória de constitucionalidade, cuja procedência apenas veda que outro órgão jurisdicional deixe de aplicar a norma sob o fundamento de inconstitucionalidade, mas não impõe determinada interpretação.

275. A avocatória permitia ao Supremo Tribunal Federal, a requerimento do Procurador-Geral da República, suspender decisões judiciais proferidas em qualquer instância, desde que presentes os fundamentos de "perigo de grave lesão à ordem, à saúde, à segurança ou às finanças públicas". A matéria era então integralmente devolvida ao Supremo, para que dela conhecesse novamente.

276. Os dispositivos relevantes na matéria, introduzidos ou modificados pela EC n. 3/93, são o art. 102, I, *a*, e § 2º, e art. 103, § 4º, cuja dicção é a seguinte: "Art. 102. Compete ao Supremo Tribunal Federal, precipuamente, a guarda da Constituição, cabendo-lhe: I — processar e julgar, originariamente: a) a ação direta de inconstitucionalidade de lei ou ato normativo federal ou estadual e a ação declaratória de constitucionalidade de lei ou ato normativo federal". "Art. 102, § 2º: As decisões definitivas de mérito, proferidas pelo Supremo Tribunal Federal, nas ações declaratórias de constitucionalidade de lei ou ato normativo federal, produzirão eficácia contra todos e efeito vinculante, relativamente aos demais órgãos do Poder Judiciário e ao Poder Executivo". "Art. 103, § 4º: A ação declaratória de constitucionalidade poderá ser proposta pelo Presidente da República, pela Mesa do Senado Federal, pela Mesa da Câmara dos Deputados ou pelo Procurador-Geral da República".

277. Jorge Miranda, *Manual de direito constitucional*, t. 6, 2001, p. 72: "A declaração de não inconstitucionalidade não tem, na generalidade dos países, qualquer eficácia. Quando muito, produz caso julgado formal relativamente ao respectivo processo de fiscalização. Ao Tribunal Constitucional ou a órgão homólogo compete declarar — e somente lhe pode ser pedido que declare — a inconstitucionalidade, não a constitucionalidade ou a não inconstitucionalidade. (...)

demonstrar ter ela antecedentes no próprio direito brasileiro[278]. Sua criação se deveu à constatação de que, sem embargo da presunção de constitucionalidade que acompanha os atos normativos do Poder Público, essa questão se torna controvertida em uma variedade de situações. Previu-se, assim, um mecanismo pelo qual se postula ao Supremo Tribunal Federal o reconhecimento expresso da compatibilidade entre determinada norma infraconstitucional e a Constituição, em hipóteses nas quais esse ponto tenha se tornado objeto de interpretações judiciais conflitantes. Trata-se de uma ratificação da presunção.

A finalidade da medida é muito clara: afastar a incerteza jurídica e estabelecer uma orientação homogênea na matéria. É certo que todos os operadores jurídicos lidam, ordinariamente, com a circunstância de que textos normativos se sujeitam a interpretações diversas e contrastantes. Por vezes, até câmaras ou turmas de um mesmo tribunal firmam linhas jurisprudenciais divergentes. Porém, em determinadas situações, pelo número de pessoas envolvidas ou pela sensibilidade social ou política da matéria, impõe-se, em nome da segurança jurídica, da isonomia ou de outras razões de interesse público primário, a pronta pacificação da controvérsia[279].

Contudo, na Alemanha admite-se declaração de constitucionalidade e no Brasil foi-se ao ponto de criar uma ação declaratória de lei ou acto normativo federal (...) Voltado para a certeza do direito e a economia processual, o instituto brasileiro apresenta-se bastante vulnerável: desde logo, porque, para tanto, bastaria atribuir força obrigatória geral à não declaração de inconstitucionalidade; depois, porque diminui o campo de fiscalização difusa; e, sobretudo, porque o seu sentido útil acaba por se traduzir num acréscimo de legitimidade, numa espécie de sanção judiciária, a medidas legislativas provenientes dos órgãos (salvo o Procurador-Geral da República) a quem se reserva a iniciativa. Não admira que seja controvertido". Para uma breve análise comparativa, v. Lenio Luiz Streck, *Jurisdição constitucional e hermenêutica*, 2002, p. 601 e s.

278. Gilmar Ferreira Mendes, *Direitos fundamentais e controle de constitucionalidade*, 1998, p. 254 e s.; Clèmerson Merlin Clève, *A fiscalização abstrata de constitucionalidade no direito brasileiro*, 2000, p. 290. A ideia se baseia no argumento de que a ação de inconstitucionalidade era também uma ação de constitucionalidade, na medida em que o STF tanto podia declarar a inconstitucionalidade como a constitucionalidade do ato impugnado. A tese é reforçada pela invocação de dispositivo do Regimento Interno do STF, na versão de 1970, prevendo que o Procurador-Geral da República, em matéria de representação de inconstitucionalidade, "entendendo improcedente a fundamentação da súplica, poderá encaminhá-la com parecer contrário". Nada obstante, o STF entendeu não ser possível utilizar a ação de inconstitucionalidade para fins diversos, como a obtenção da declaração de constitucionalidade (*RTJ, 129*:41, 1989, Rep 1.349, rel. Aldir Passarinho).

279. Acerca do propósito da ação declaratória de constitucionalidade, averbou o Ministro Néri da Silveira, em seu voto no julgamento da ADC 1 (*RTJ, 157*:371, 1996, p. 408) destinar-se ela a "tornar mais rápida a definição do Poder Judiciário, em abstrato, sobre

Quando da promulgação da EC n. 3/93, a ação declaratória de constitucionalidade foi amplamente contestada pela doutrina, inclusive no tocante a sua não conformação às limitações materiais ao poder de emenda à Constituição[280]. Arguiu-se violação à separação de Poderes, ao acesso ao Judiciário, ao devido processo legal, ao contraditório e à ampla defesa. Embora a ação direta de inconstitucionalidade versando essas questões não tivesse sido conhecida[281], o Supremo Tribunal Federal enfrentou a discussão por ocasião do julgamento de questão de ordem na Ação Direta de Constitucionalidade n. 1. Todas as objeções foram rejeitadas, tendo como um dos argumentos principais do julgado o fato de que o controle concentrado de constitucionalidade é processo de natureza objetiva, ao qual não se aplicam os preceitos constitucionais que dizem respeito aos processos subjetivos[282].

Também no julgamento da ADC n. 1-DF definiu-se o procedimento a ser adotado na tramitação da nova ação. A matéria, no entanto, foi posteriormente disciplinada pela Lei n. 9.868, de 10 de novembro de 1999, que dispôs sobre o processo e julgamento da ação direta de inconstitucionalidade e da ação declaratória de constitucionalidade perante o Supremo Tribunal Federal.

2. Competência

A ação declaratória de constitucionalidade é modalidade de controle por via principal, concentrado e abstrato, cabendo ao Supremo Tribunal Federal processá-la e julgá-la. É o que decorre da literalidade da regra de competência inscrita no art. 102, I, *a*, da Constituição Federal, na redação da EC n. 3/93:

---

a validade ou não de lei ou ato normativo federal, evitando-se, pois, se prolonguem, no tempo, com prejuízo à Justiça, as dúvidas sobre a constitucionalidade da norma, com autêntico tumulto nos Juízes e Tribunais que houverem de aplicá-la, pelo volume de demandas e divergências, em torno do mesmo tema".

280. V. Geraldo Ataliba, ADC — ou como agredir o Estado de direito, in *Folha de S. Paulo*, 9 ago. 1993. E também, dentre muitos outros: Ives Gandra da Silva Martins, A ação declaratória de constitucionalidade, e Marcelo Figueiredo, A ação declaratória de constitucionalidade — inovação infeliz e inconstitucional, ambos em Ives Gandra da Silva Martins e Gilmar Ferreira Mendes (coord.), *Ação declaratória de constitucionalidade*, 1995.

281. STF, *DJU*, 5 maio 1995, ADInMC 913, rel. Min. Moreira Alves. Entendeu a Corte faltar legitimação à Associação dos Magistrados Brasileiros, autora da ação.

282. STF, *RTJ*, *157*:371, 1996, QO na ADC 1-DF, rel. Min. Moreira Alves.

"Art. 102. Compete ao Supremo Tribunal Federal, precipuamente, a guarda da Constituição, cabendo-lhe:

I — processar e julgar, originariamente:

a) a ação direta de inconstitucionalidade de lei ou ato normativo federal ou estadual *e a ação declaratória de constitucionalidade de lei ou ato normativo federal*".

O texto constitucional não prevê expressamente a legitimidade de instituição dessa modalidade de ação direta em âmbito estadual, como faz em relação à representação de inconstitucionalidade (art. 125, § 2º)[283]. Nada obstante, a doutrina majoritária tem-se inclinado por admitir essa possibilidade, tendo por objeto do controle lei ou ato normativo estadual ou municipal[284], o que faz ainda mais sentido para os que sustentam que a ação declaratória de constitucionalidade equivale à ação direta de inconstitucionalidade "com o sinal trocado"[285]. Na realidade, todavia, a relativa desimportância do constitucionalismo estadual reduz o alcance prático da controvérsia[286].

3. Legitimação

A Emenda Constitucional n. 3/93 acrescentou ao texto constitucional o § 4º do art. 103, no qual se enunciava o elenco dos legitimados ativos para

---

283. CF, art. 125, § 2º: "Cabe aos Estados a instituição de representação de inconstitucionalidade de leis ou atos normativos estaduais ou municipais em face da Constituição Estadual, vedada a atribuição de legitimação a um único órgão".

284. Nesse sentido, Nagib Slaibi Filho, *Ação declaratória de constitucionalidade*, 1998, p. 75; Regina Maria Macedo Nery Ferrari, *Controle da constitucionalidade das leis municipais*, 2003, p. 153-4; Alexandre de Moraes, *Direito constitucional*, 2001, p. 624: "Assim, e desde que seguissem o modelo federal, nada estaria a impedir que o legislador constituinte-reformador estadual criasse por emenda constitucional uma *ação declaratória de constitucionalidade de lei ou ato normativo estadual, em face da Constituição Estadual, a ser ajuizada no Tribunal de Justiça e tendo como colegitimados o Governador do Estado, a Mesa da Assembleia Legislativa e o Procurador-Geral de Justiça*" (grifo no original). Aparentemente em sentido contrário, v. José Afonso da Silva, *Curso de direito constitucional positivo*, 2001, p. 60 e 616.

285. V. Gilmar Ferreira Mendes, A ação declaratória de constitucionalidade, a inovação da Emenda Constitucional 3, de 1993, in Ives Gandra da Silva Martins e Gilmar Ferreira Mendes (coord.), *Ação declaratória de constitucionalidade*, 1994.

286. Sérgio Ferrari, *A Constituição estadual no federalismo brasileiro e sua (des) importância atual*, dissertação de mestrado defendida na Universidade do Estado do Rio de Janeiro, publicada em edição comercial sob o título *Constituição estadual e federação*, 2003.

a propositura de ação direta de constitucionalidade, que eram: o Presidente da República, as Mesas do Senado Federal e da Câmara dos Deputados e o Procurador-Geral da República. Nesta versão inicial, como se constata singelamente, o elenco de legitimados era muito mais limitado que o da ação direta de inconstitucionalidade, funcionando a nova ação como um mecanismo de atuação dos órgãos estatais, um instrumento de governo e não propriamente da sociedade.

Com a promulgação da Emenda Constitucional n. 45, de 8-12-2004, o § 4º do art. 103 foi revogado e o *caput* recebeu nova redação. Nele passou-se a prever que a ação declaratória de constitucionalidade teria os mesmos legitimados ativos da ação direta de inconstitucionalidade[287]. A modificação atendeu a antiga reivindicação da doutrina, além de superar a jurisprudência restritiva que se formara na matéria[288].

Quanto à legitimação passiva, a rigor ela inexiste. Se na ação direta de inconstitucionalidade é possível atribuir tal condição aos órgãos dos quais emanou o ato impugnado, na declaratória de constitucionalidade isso não faria sentido. No Projeto de Lei n. 2.960, de 1977, que veio a resultar na Lei n. 9.868/99, previa-se a publicação de edital no Diário da Justiça e no Diário Oficial contendo informações sobre a propositura da ação (art. 17)[289] e a possibilidade de os legitimados do art. 103 manifestarem-se por escrito, apresentarem memorial e pedirem a juntada de documentos (art. 18, § 1º)[290]. Ambos

---

287. Esta a redação dada ao art. 103 pela EC n. 45/2004, com destaque para o acréscimo feito: "Art. 103. Podem propor a ação direta de inconstitucionalidade *e a ação declaratória de constitucionalidade*: I — o Presidente da República; II — a Mesa do Senado Federal; III — a Mesa da Câmara dos Deputados; IV — a Mesa de Assembleia Legislativa ou da Câmara Legislativa do Distrito Federal; V — o Governador de Estado ou do Distrito Federal; VI — o Procurador-Geral da República; VII — o Conselho Federal da Ordem dos Advogados do Brasil; VIII — partido político com representação no Congresso Nacional; IX — confederação sindical ou entidade de classe de âmbito nacional".

288. STF, *DJU*, 26 out. 1999, p. 47480, ADC 2-9-SP, rel. Min. Carlos Mário Velloso, rejeitando legitimidade à Associação Brasileira de Embalagens Plásticas Flexíveis; *DJU*, 18 maio 1998, ADC 6-9-DF, rel. Min. Moreira Alves, negando legitimidade à Confederação dos Servidores Públicos do Brasil; e *DJU*, 20 abr. 1999, ADC 7-0-CE, rel. Min. Maurício Corrêa, dando pela falta de legitimidade do Prefeito e da Câmara Municipal de Chorozinho.

289. PL n. 2.960/77, art. 17: "O relator determinará a publicação de edital no Diário da Justiça e no Diário Oficial contendo informações sobre a propositura da ação declaratória de constitucionalidade, o seu autor e o dispositivo da lei ou do ato questionado".

290. PL n. 2.960/77, art. 18: "§ 1º Os demais titulares referidos no art. 103 da Constituição Federal poderão manifestar-se, por escrito, sobre o objeto da ação declaratória de constitucionalidade no prazo de trinta dias a contar da publicação do edital a que se refere

os dispositivos foram vetados pelo Presidente da República. Parece razoável crer, no entanto, que esta última norma tenha sido vetada por fazer menção ao edital (objeto do veto do art. 17), subsistindo, contudo, a plena possibilidade de manifestação dos órgãos e entidades com direito de propositura da ação direta. Até porque poderiam eles deduzir seus argumentos em ação direta de inconstitucionalidade contra o mesmo dispositivo ou meramente valendo-se do exercício do direito de petição (CF, art. 5º, XXXIV, *a*)[291].

Desde o julgamento da Ação Declaratória de Constitucionalidade n. 1 assentou-se que a manifestação do Procurador-Geral da República, como *custos legis*, era obrigatória, tese que foi encampada pela Lei n. 9.868/99, em seu art. 19. Naquele mesmo julgamento estabeleceu-se que o Advogado-Geral da União não atua, pois aqui não há como desempenhar o papel que se lhe reserva na ADIn de curador da presunção de constitucionalidade da norma impugnada.

4. Objeto

O pedido na ação declaratória de constitucionalidade é o de que se reconheça a compatibilidade entre determinada norma infraconstitucional e a Constituição. Por força de previsão constitucional expressa (art. 102, I, *a*, e seu § 2º), somente poderá ser objeto de ação declaratória de constitucionalidade a lei ou ato normativo *federal*. Tal como no tocante à legitimação, também aqui a opção foi restritiva, com exclusão das normas estaduais. Sem prejuízo, todavia, como já assinalado, de o Estado-membro, no exercício de sua autonomia política e observado o modelo federal, instituir uma ação análoga, com tramitação perante o Tribunal de Justiça, tendo por objeto lei estadual ou municipal e como paradigma a Constituição do Estado.

---

o artigo anterior, podendo apresentar memoriais ou pedir a juntada de documentos reputados úteis para o exame da matéria".

291. Na linha aqui defendida, v. o voto do Min. Sepúlveda Pertence, por ocasião do julgamento da QO na ADC 1-DF, *DJU*, 16 jun. 1995, rel. Min. Moreira Alves: "Entre os pontos mais relevantes dessa imitação do processo de partes no processo político de exercício de uma função política, como é o controle direto de constitucionalidade, está a criação de oportunidades à contradição dialética de argumentos, para propiciar decisão mais amadurecida do Tribunal. (...) A partir daí, a solução adequada a assegurar o contraditório, que tem reunido as opiniões mais expressivas (e até a ela aderiu, como sugestão ao legislador, o eminente Relator), é possibilitar a intervenção, para contrariar o pedido de declaração de constitucionalidade, de quantos estejam legitimados para propor a ação direta de inconstitucionalidade".

Os atos normativos em espécie, cuja constitucionalidade pode vir a ser declarada, são substancialmente os mesmos que se sujeitam a impugnação na ação direta de inconstitucionalidade (v., *supra*): emenda à Constituição, lei complementar, lei ordinária, lei delegada, medida provisória, decreto legislativo, resolução e decretos autônomos. Da mesma forma, não serão passíveis de discussão em ação declaratória de constitucionalidade os mesmos atos em relação aos quais o Supremo Tribunal Federal excluiu a possibilidade de controle concentrado e abstrato quando do julgamento de ações de inconstitucionalidade, entre os quais se incluem atos normativos secundários, leis e atos de efeitos concretos, leis anteriores à Constituição em vigor, lei que tenha sido revogada, proposta de emenda constitucional ou projeto de lei e súmula.

Pressuposto do cabimento da ação é que exista controvérsia relevante acerca da constitucionalidade de determinada norma infraconstitucional federal. Essa divergência deverá ser judicial, e não apenas doutrinária. O requisito da divergência judicial relevante já havia sido estabelecido em precedente jurisprudencial e foi ratificado com a superveniência da Lei n. 9.868/99[292]. Com ele se afasta a objeção de que o Tribunal estaria desempenhando uma função consultiva ou homologadora da legislação, em violação da separação de Poderes. De fato, dentro das características peculiares à jurisdição abstrata e ao processo objetivo, a decisão terá por finalidade harmonizar a aplicação do direito nos casos concretos. A exigência do dissenso se justifica, ainda, em razão da presunção de constitucionalidade que acompanha os atos emanados do Poder Público. Tal presunção tem a função instrumental de garantir a imperatividade e autoexecutoriedade desses atos. Logo, somente diante da fundada ameaça à segurança jurídica e à isonomia, decorrente de decisões contraditórias, é que haverá interesse em agir e estará legitimada a intervenção do Supremo Tribunal Federal.

5. Processo e julgamento

5.1. Procedimento

O procedimento da ação declaratória de constitucionalidade foi inicialmente definido por ocasião do julgamento da Questão de Ordem na ADC n. 1[293]. Posteriormente foi promulgada a Lei n. 9.868, de 10 de novembro de 1999, que, como já assinalado, dispôs sobre o processo e julgamento da ação direta de inconstitucionalidade e da ação declaratória de constitucio-

---

292. Lei n. 9.868/99, art. 14: "A petição inicial indicará: III — a existência de controvérsia judicial relevante sobre a aplicação da disposição objeto da ação declaratória".
293. *RTJ*, *157*:371, 1996, ADC 1-DF, rel. Min. Moreira Alves.

nalidade perante o Supremo Tribunal Federal. A lei, na verdade, ratificou o procedimento definido pela Corte.

A petição inicial deverá indicar o dispositivo questionado, expondo o pedido, com suas especificações, e demonstrando a existência de controvérsia judicial relevante sobre a aplicação da norma objeto da ação (art. 14). Deverá ser apresentada em duas vias, contendo cópia do ato normativo questionado e dos documentos necessários à comprovação da procedência do pedido. Quando subscrita por advogado, a peça inaugural deverá ser acompanhada de instrumento de procuração (art. 14, parágrafo único). Se a petição inicial for inepta, não fundamentada ou manifestamente improcedente, será liminarmente indeferida pelo relator, cabendo agravo dessa decisão (art. 15 e parágrafo único).

Proposta a ação declaratória, não se admitirá desistência (art. 16), não sendo cabível a intervenção de terceiros (art. 18). O Procurador-Geral da República oficiará no prazo de quinze dias (art. 19) e, após, o relator lançará o relatório, com cópia a todos os Ministros, e pedirá dia para julgamento (art. 20). A exemplo do que se passa na ADIn, o relator, em caso de necessidade de esclarecimentos de matéria ou circunstância de fato ou de notória insuficiência das informações existentes nos autos, poderá requisitar informações adicionais, designar perito ou comissão de peritos para que emita parecer sobre a questão ou fixar data para, em audiência pública, ouvir depoimentos de pessoas com experiência e autoridade na matéria (art. 20, § 1º).

O relator poderá solicitar, ainda, informações aos Tribunais Superiores, aos Tribunais federais e aos Tribunais estaduais acerca da aplicação da norma questionada no âmbito de sua jurisdição (art. 20, § 2º). As informações, perícias e audiências deverão ser realizadas no prazo de trinta dias, contados da solicitação do relator (art. 20, § 3º).

5.2. Medida cautelar

Diversamente do que se passa com a ação direta de inconstitucionalidade, a Constituição não prevê, em relação à ação declaratória de constitucionalidade, a possibilidade de concessão de medida cautelar. É certo, porém, que no regime constitucional anterior, a despeito da ausência de previsão análoga à do art. 102, I, p[294], do texto atual, o Supremo Tribunal Federal

---

294. CF 1988: "Art. 102. Compete ao Supremo Tribunal Federal, precipuamente a guarda, da Constituição, cabendo-lhe: I — processar e julgar, originariamente: p) pedido de medida cautelar das ações diretas de inconstitucionalidade".

admitiu a suspensão cautelar de ato normativo impugnado por meio de representação de inconstitucionalidade, com fundamento no *poder geral de cautela* do Tribunal[295].

Após a introdução da ação declaratória de constitucionalidade, pela EC n. 3/93, o Supremo Tribunal Federal discutiu amplamente a possibilidade de deferimento de medida cautelar nessa espécie de ação. Por maioria, entendeu a Corte ser possível sua concessão, para o fim de sustar, até o julgamento definitivo da ação, a prolação de qualquer decisão que tenha como pressuposto a declaração de constitucionalidade ou inconstitucionalidade da lei sob exame[296]. Não prevaleceu a orientação de se afirmar, liminarmente e com efeito vinculante, a constitucionalidade da norma impugnada, o que implicaria o dever de sua aplicação pelos juízes na apreciação dos casos concretos a eles submetidos, sob pena do cabimento de reclamação[297].

A Lei n. 9.868/99 cuidou especialmente da questão, prevendo a suspensão do julgamento de processos envolvendo a aplicação da norma impugnada e determinando que, concedida a cautelar, o julgamento da ação deverá se dar em até cento e oitenta dias, sob pena de perda da eficácia da medida. Confira-se a dicção expressa do art. 21 e seu parágrafo único:

"Art. 21. O Supremo Tribunal Federal, por decisão da maioria absoluta de seus membros, poderá deferir pedido de medida cautelar na ação declaratória de constitucionalidade, consistente na determinação de que os juízes e os Tribunais suspendam o julgamento dos processos que envolvam a aplicação da lei ou do ato normativo objeto da ação até seu julgamento final.

Parágrafo único. Concedida a medida cautelar, o Supremo Tribunal Federal fará publicar em seção especial do Diário Oficial

---

295. *RTJ, 76*:342, 1976, MC na Rep. 933-RJ, rel. Min. Thompson Flores.

296. *RTJ, 169*:383, 1999, ADCMC 4-DF, rel. Min. Sydney Sanches: "Em ação dessa natureza, pode a Corte conceder medida cautelar que assegure, temporariamente, tal força e eficácia à futura decisão de mérito. E assim é, mesmo sem expressa previsão constitucional da medida cautelar na ADC, pois o poder de acautelar é imanente ao de julgar. (...) Medida cautelar deferida, em parte, por maioria de votos para se suspender, *ex nunc*, e com efeito vinculante, até o julgamento final da ação, a concessão de tutela antecipada contra a Fazenda Pública, que tenha por pressuposto a constitucionalidade ou inconstitucionalidade do art. 1º da lei n. 9.494, de 10.9.97, sustando-se, igualmente *ex nunc*, os efeitos futuros das decisões já proferidas nesse sentido". Votaram vencidos os Ministros Marco Aurélio e Ilmar Galvão.

297. Nesse sentido fora o voto do Min. Néri da Silveira na referida ADCMC 4-DF (*RTJ, 169*:383, 1999, rel. Min. Sydney Sanches, p. 432-3).

da União a parte dispositiva da decisão, no prazo de dez dias, devendo o Tribunal proceder ao julgamento da ação no prazo de cento e oitenta dias, sob pena de perda de sua eficácia".

5.3. Decisão final

Como assinalado, a Lei n. 9.868/99 trata conjuntamente da decisão proferida na ação direta de inconstitucionalidade e na ação declaratória de constitucionalidade. Considera que ambas fazem parte de uma unidade conceitual — juízo concentrado e abstrato acerca da constitucionalidade de uma lei ou ato normativo —, com variação apenas do pedido. O *quorum* de deliberação exige a presença de pelo menos oito Ministros (art. 22).

A lei estabelece que, quer se trate de uma ou de outra ação, efetuado o julgamento, será proclamada a constitucionalidade ou inconstitucionalidade da disposição ou da norma impugnada, se num sentido ou noutro houverem se manifestado pelo menos seis Ministros (art. 23)[298]. Nessa linha, proclamada a constitucionalidade, será julgada improcedente a ação direta ou procedente eventual ação declaratória; e vice-versa: proclamada a inconstitucionalidade, será julgada procedente a ação direta ou improcedente eventual ação declaratória (art. 24).

A decisão será irrecorrível em qualquer caso, comportando apenas a interposição de embargos declaratórios, e não podendo ser objeto de ação rescisória (art. 26). O reconhecimento da constitucionalidade da norma reitera a presunção que já a acompanhava desde o nascimento, não se colocando, em princípio, a questão intertemporal da retroatividade ou não da decisão. A norma era válida e continua sendo, apenas tendo reafirmada sua força impositiva[299]. A declaração de constitucionalidade, assim como a de inconstitucionalidade, produz efeitos *erga omnes* e vinculantes, consoante dicção expressa do § 2º do art. 102 da Constituição Federal, e do parágrafo único do art. 28 da Lei n. 9.868/99:

---

298. A propósito do número de Ministros participantes de sessão, dispõe o parágrafo único do art. 23: "Se não for alcançada a maioria necessária à declaração de constitucionalidade ou de inconstitucionalidade, estando ausentes Ministros em número que possa influir no julgamento, este será suspenso a fim de aguardar-se o comparecimento dos Ministros ausentes, até que atinja o número necessário para prolação da decisão num ou noutro sentido".

299. Sobre o ponto, v. Teori Albino Zavascki, *Eficácia das sentenças na jurisdição constitucional*, 2001, p. 104.

"Art. 102. § 2º As decisões definitivas de mérito, proferidas pelo Supremo Tribunal Federal, nas ações diretas de inconstitucionalidade e nas ações declaratórias de constitucionalidade produzirão eficácia contra todos e efeito vinculante, relativamente aos demais órgãos do Poder Judiciário e à administração pública direta e indireta, nas esferas federal, estadual e municipal".

"Art. 28. Parágrafo único. A declaração de constitucionalidade ou de inconstitucionalidade, inclusive a interpretação conforme a Constituição e a declaração parcial de inconstitucionalidade sem redução de texto, têm eficácia contra todos e efeito vinculante em relação aos órgãos do Poder Judiciário e à Administração Pública federal, estadual e municipal".

6. Efeitos da decisão

Os conceitos fundamentais acerca da coisa julgada já foram desenvolvidos no capítulo dedicado à ação direta de inconstitucionalidade (v., *supra*), ao qual se remete o leitor. O certo é que também em relação à ação declaratória de constitucionalidade se colocam as questões atinentes aos limites objetivos e subjetivos da decisão, a sua eficácia preclusiva e vinculativa, bem como a seus efeitos temporais.

6.1. Limites objetivos da coisa julgada e efeitos objetivos da decisão

O limite objetivo da coisa julgada segue a regra geral, cingindo-se à matéria decidida, tal como enunciada na parte dispositiva da decisão[300]. O conteúdo do dispositivo em uma ação declaratória de constitucionalidade que venha a ser acolhida terá teor análogo ao seguinte: "O Tribunal, por maioria (ou por unanimidade), julga procedente a ação declaratória, para declarar a constitucionalidade dos arts. *x* e *y* da Lei n. W/00"[301].

---

300. V. *RTJ, 157*:371, 1996, QO na ADC 1-DF, rel. Min. Moreira Alves, p. 382. V. também Clèmerson Merlin Clève, *A fiscalização abstrata de constitucionalidade no direito brasileiro*, 2000, p. 307.

301. Exemplos da parte conclusiva de algumas ações declaratórias de constitucionalidade julgadas procedentes: ADC 1-DF: "Por votação unânime, o Tribunal conheceu em parte da ação e, nessa parte, julgou-a procedente, para declarar, com os efeitos vinculantes previstos no § 2º do art. 102 da Constituição Federal, na redação da Emenda Constitucional n. 3/93, a constitucionalidade dos arts. 1º, 2º e 10º, bem como da expressão 'A contribuição

Por força da eficácia *preclusiva* da coisa julgada, uma vez decidida a ação declaratória, já não será mais possível obter novo pronunciamento judicial acerca da mesma matéria. De fato, se o pedido tiver sido julgado improcedente, isso significará que a norma objeto de apreciação era inconstitucional, hipótese em que terá deixado de integrar validamente o sistema jurídico, não sendo possível ressuscitá-la. E, se o pedido tiver sido julgado procedente, não haveria sequer interesse em nova manifestação judicial, ainda que ela fosse cabível. Já a eficácia *vinculativa* impede que juízes e tribunais, ao julgar os casos que lhes são submetidos, deixem de observar, como premissa lógica e necessária, a constitucionalidade ou inconstitucionalidade estabelecida no julgado do Supremo Tribunal Federal.

Nada obstante, como já se estudou detidamente em capítulo anterior, a decisão que por maioria absoluta venha a considerar constitucional a norma apreciada — como a que julga procedente a ação declaratória ou improcedente a ação direta de inconstitucionalidade — não impede que mais adiante se venha a impugnar, em controle por via principal, concentrado e abstrato, sua validade. É que, como assentado, podem sobrevir mudanças no ordenamento constitucional, na situação de fato subjacente à norma ou até mesmo na própria percepção do direito que deve prevalecer em relação a determinada matéria[302]. Por essa razão, não preclui para o

---

social sobre o faturamento de que trata esta lei complementar não extingue as atuais fontes de custeio da Seguridade Social', contida no art. 9º, e também da expressão 'Esta lei complementar entra em vigor na data de sua publicação, produzindo efeitos a partir do primeiro dia do mês seguinte aos noventa dias posteriores, àquela publicação,...', constante do art. 13, todos da Lei Complementar n. 70, de 30-12-91 (...)" (*RTJ, 156*:721, 1996, rel. Min. Moreira Alves); ADC 3-DF: "O Tribunal, por maioria, julgou procedente a ação e declarou a constitucionalidade, com força vinculante, com eficácia *erga omnes* e com efeito *ex tunc*, do art. 15, § 1º, incisos I e II, e § 3º da Lei n. 9.424, de 24.12.96 (...)" (*DJU*, 9 maio 2003, rel. Min. Nelson Jobim). Na ADC 4-DF, foi concedida medida cautelar, em decisão do seguinte teor: "O Tribunal, por votação majoritária, deferiu, em parte, o pedido de medida cautelar, para suspender, com eficácia *ex nunc* e com efeito vinculante, até final julgamento da ação a prolação de qualquer decisão sobre pedido de tutela antecipada, contra a Fazenda Pública, que tenha por pressuposto a constitucionalidade ou inconstitucionalidade do art. 1º, da Lei n. 9.494, de 10/9/97, sustando ainda, com a mesma eficácia, os efeitos futuros dessas decisões antecipatórias de tutela já proferidas contra a Fazenda Pública (...)" (*DJU*, 21 maio 1999, rel. Min. Sydney Sanches).

302. Nesse sentido, veja-se significativa passagem do voto do Ministro Carlos Mário Velloso no julgamento de QO na ADC 1-DF (*RTJ*, 157:371, 1996, p. 401): "Alterando-se a constituição substancial, a esta há de ajustar-se a constituição formal. Daí por que interpreto a norma inscrita na Emenda Constitucional n. 3, de 1993, que estabelece a eficácia *erga*

próprio Supremo Tribunal Federal a possibilidade de voltar a se manifestar sobre a matéria, se assim alvitrar[303].

Ao contrário do que se passa com o reconhecimento da inconstitucionalidade de determinada norma, a declaração de sua constitucionalidade não produz qualquer efeito objetivo. De fato, a lei inconstitucional deixa de integrar o sistema ou perde sua eficácia. Mas a lei declarada constitucional continua seu ciclo normal de vida, dotada de vigência e validade, já agora remarcadas pela certeza jurídica que se formou.

6.2. Limites subjetivos da coisa julgada e efeitos subjetivos da decisão

A decisão proferida na ação declaratória de constitucionalidade tem eficácia em relação a todos. As pessoas e instituições legitimadas a sua propositura — Presidente da República, Mesa da Câmara dos Deputados, Mesa do Senado Federal e Procurador-Geral da República — atuam mediante substituição processual, em nome da coletividade e na tutela do interesse público primário. Do caráter *erga omnes* do julgado resulta que qualquer pessoa a quem aproveite a invocação da decisão poderá fazê-lo, sem que seja necessário novo reconhecimento judicial da tese jurídica estabelecida.

O efeito vinculante, consoante dicção do parágrafo único do art. 28, produz-se em relação aos órgãos do Poder Judiciário e à Administração Pública federal, estadual e municipal. Assentada, portanto, a constituciona-

---

omnes para a decisão que resolve em definitivo a ação declaratória de constitucionalidade, *cum grano salis*. Quer dizer, a declaração de constitucionalidade da lei não impede, a meu ver, diante de alteração das circunstâncias fáticas ou da realidade normativa, a propositura da ação direta de inconstitucionalidade. Penso que esta é uma posição que a Corte constitucional deve assentar. É que, como foi dito: hoje, a lei pode ser constitucional, amanhã, não". Em sede doutrinária, na mesma linha, v. Gilmar Ferreira Mendes, A ação declaratória de constitucionalidade: a inovação da Emenda Constitucional n. 3, de 1993. In: Ives Gandra da Silva Martins e Gilmar Ferreira Mendes (coords.), *A ação declaratória de constitucionalidade*, 1996, e Lenio Luiz Streck, *Jurisdição constitucional e hermenêutica*, 2002, p. 439, onde se reproduz acórdão do Tribunal Constitucional de Portugal chancelando igual entendimento.

303. Vale observar, contudo, que, em julgado recente, o Supremo Tribunal Federal decidiu que a nova ação direta deverá atacar a constitucionalidade da norma com base em fundamentos diversos daqueles já apreciados pelo Tribunal, sob pena de não cabimento. Segundo o Tribunal, entendimento diverso abriria caminho à propositura de ações diretas que funcionariam como verdadeiras ações rescisórias da decisão anterior, vedadas pelo art. 26 da Lei n. 9.868/99. V. STF, j. 9 mar. 2022, ADI 6.630, red. p/ acórdão Min. Alexandre de Moraes. O entendimento acaba antecipando para o juízo de admissibilidade um juízo que mais se aproxima do mérito da ação, que tem causa de pedir aberta. De todo modo, foi o entendimento que prevaleceu na Corte.

lidade ou inconstitucionalidade de determinado ato normativo, figurará ele como premissa lógica necessária das decisões judiciais e administrativas subsequentes. A não submissão ao efeito vinculante ensejará a utilização do instituto da reclamação (CF, art. 102, I, *l*). Sustenta-se, igualmente, que atos normativos de igual teor, emanados do Judiciário ou do Executivo (mas não do Legislativo, que não está sujeito à vinculação), independentemente de nova ação, serão tidos como constitucionais ou inconstitucionais, na linha do que tenha sido declarado na ação[304].

6.3. Efeitos temporais

A decisão que acolhe o pedido tem, como a designação da ação sugere, natureza declaratória. Consequentemente, não inova ela na ordem jurídica, limitando-se a estabelecer certeza jurídica acerca de situação preexistente. É possível afirmar que os efeitos da decisão se produzem *ex tunc* no sentido de que a lei será tida como constitucional desde seu nascimento. É certo, no entanto, que a questão aqui será muito menos relevante do que na ação direta de inconstitucionalidade, onde a decisão poderá envolver o desfazimento de situações que se constituíram.

De fato, como a lei ou ato normativo objeto da declaração de constitucionalidade já desfrutava, a exemplo dos atos emanados do Poder Público em geral, de presunção de validade, seus efeitos regulares já deveriam estar se produzindo desde a publicação. A ação declaratória de constitucionalidade existe apenas para reafirmar o que já se presumia, em hipóteses nas quais tenha surgido controvérsia judicial relevante. De ordinário, portanto, seu acolhimento não afetará as situações jurídicas preexistentes. Por

---

304. Veja-se, a propósito, o voto do Ministro Moreira Alves, na Questão de Ordem suscitada na ADC 1-DF, da qual foi relator (*RTJ, 157*:371, 1996, p. 382): "[D]o efeito vinculante que lhe é próprio resulta: a) se os demais órgãos do Poder Judiciário, nos casos concretos sob seu julgamento, não respeitarem a decisão prolatada nessa ação, a parte prejudicada poderá valer-se do instituto da reclamação para o Supremo Tribunal Federal, a fim de que este garanta a autoridade dessa decisão; e b) essa decisão (e isso se restringe ao dispositivo dela, não abrangendo — como sucede na Alemanha — os seus fundamentos determinantes, até porque a Emenda Constitucional n. 3 só atribui efeito vinculante à própria decisão definitiva de mérito), essa decisão, repito, alcança os atos normativos de igual conteúdo daquele que deu origem a ela mas que não foi seu objeto, para o fim de, independentemente de nova ação, serem tidos como constitucionais ou inconstitucionais, adstrita essa eficácia aos atos normativos emanados dos demais órgãos do Poder Judiciário e do Poder Executivo, uma vez que ela não alcança os atos editados pelo Poder Legislativo".

essa razão, o art. 27 da Lei n. 9.868/99 somente se refere à flexibilização dos efeitos temporais em relação à decisão que declara a inconstitucionalidade. No entanto, é possível especular que em uma hipótese na qual haja ocorrido ampla controvérsia judicial acerca da constitucionalidade de determinado dispositivo — com sua inaplicação em larga escala — se possa estabelecer uma eficácia puramente prospectiva da decisão ou de algum outro modo restringir seus efeitos, com base no mesmo tipo de raciocínio ponderativo previsto naquela norma, levando-se em conta a segurança jurídica ou excepcional interesse social[305].

7. Repercussão da decisão em controle abstrato sobre as situações já constituídas

7.1. Distinção entre os efeitos da decisão no plano abstrato e no plano concreto

De algum tempo vem se consolidando, como conhecimento convencional, a ideia de que a interpretação jurídica não é uma atividade que possa

---

305. O STF tem um precedente nessa linha. A decisão afirma que, do ponto de vista teórico, a declaração de constitucionalidade parece estar naturalmente associada à eficácia *ex tunc*, mas reconhece que pode haver situações concretas em que, tendo a norma sido violada, será impossível ou indesejável determinar seu cumprimento retroativo, em homenagem à segurança jurídica. V. STF, *DJe*, 23 nov. 2007, ED na ADIn 3.756-DF, rel. Min. Carlos Britto: "No julgamento da ADI 3.756, o Supremo Tribunal Federal deu pela improcedência do pedido. Decisão que, no campo teórico, somente comporta eficácia *ex tunc* ou retroativa. No plano dos fatos, porém, não há como se exigir que o Poder Legislativo do Distrito Federal se amolde, de modo retroativo, ao julgado da ADI 3.756, porquanto as despesas com pessoal já foram efetivamente realizadas, tudo com base na Decisão n. 9.475/00, do TCDF, e em sucessivas leis de diretrizes orçamentárias. 3. Embargos de declaração parcialmente acolhidos para esclarecer que o fiel cumprimento da decisão plenária na ADI 3.756 se dará na forma do art. 23 da LC n. 101/2000, a partir da data de publicação da ata de julgamento de mérito da ADI 3.756, e com estrita observância das demais diretrizes da própria Lei de Responsabilidade Fiscal". Em sentido semelhante, v. STF, *DJe*, ADIn 4.167 ED, *DJe,* 9 out. 2013, rel. Min. Joaquim Barbosa. No caso, a Corte conferiu efeitos meramente prospectivos à decisão que declarou a constitucionalidade do piso salarial dos profissionais da educação básica, tal como previsto na Lei n. 11.738/2008, tendo em vista que, ao apreciar o pedido de medida cautelar na aludida ação direta, havia deferido parcialmente a medida para estabelecer que a remuneração global — e não o vencimento base — não poderia ser inferior ao piso. A liminar só foi revogada quando da prolação da decisão de mérito, que determinou que é o vencimento base que não pode ser inferior ao piso. Assim, a modulação dos efeitos da decisão foi necessária para não surpreender os jurisdicionados e evitar problemas orçamentários.

ser desenvolvida de modo pleno e satisfatório no plano puramente abstrato, sem ter em conta uma situação concreta e um contexto de fato[306]. Por certo é possível ter um início de interpretação a partir do relato da norma, mas essa revelação em tese de seu sentido e alcance pode não ser compatível com determinada situação da vida real. Essa questão assume particular destaque no âmbito da ação declaratória de constitucionalidade[307].

De fato, é perfeitamente possível que uma norma tida como constitucional em ação direta ajuizada para esse fim não deva ser aplicada a determinada situação concreta submetida à apreciação judicial. Isso ocorrerá, por exemplo, quando sua incidência provoque um resultado indesejado pelo sistema constitucional, assim como quando violar o próprio objeto que vise a tutelar ou o fim que pretenda promover[308]. Nessas hipóteses, os efeitos *erga omnes* e vinculantes da declaração de constitucionalidade deverão ser temperados *cum grano salis*, sujeitando-se à ponderação com outros bens e va-

---

306. A não identidade entre norma e texto normativo, entre o "programa normativo" (correspondente ao comando jurídico) e o "domínio normativo" (a realidade social), é postulado básico da denominada metódica "normativo-estruturante" de Friedrich Müller (*Discourse de la méthode juridique*, 1996; a 1ª ed. do original *Juristische Methodik* é de 1993). Sobre o tema, v. J. J. Gomes Canotilho, *Direito constitucional e teoria da Constituição*, 2001, p. 1179: "O facto de o texto constitucional ser o primeiro elemento do processo de interpretação-concretização constitucional (= processo metódico) não significa que o *texto* ou a *letra* da lei constitucional contenha já a *decisão do problema* a resolver mediante a aplicação das normas constitucionais. Diferentemente dos postulados da metodologia dedutivo-positivista, deve considerar-se que: (1) a letra da lei não dispensa a *averiguação de seu conteúdo semântico*; (2) a *norma constitucional* não se identifica com o *texto*; (3) a delimitação do âmbito normativo, feita através da atribuição de um significado à norma, deve ter em atenção elementos de concretização relacionados com o *problema* carecido de decisão". V. também Friedrich Müller, *Modernas concepções de interpretação dos direitos humanos*, XV Conferência Nacional de Advogados, 1994. V., especialmente, Karl Larenz, *Metodologia da ciência do direito*, 1997. O trabalho de Karl Larenz continua a ser um marco fundamental para a compreensão das características dessa nova hermenêutica.

307. Sobre o tema, v. Ana Paula Ávila, Razoabilidade, proteção do direito fundamental à saúde e antecipação da tutela contra a Fazenda Pública, *Ajuris*, 86:361, 2003, bem como seu projeto de tese de doutorado, *Determinação dos efeitos do controle de constitucionalidade: possibilidades e limites*, 2002.

308. Na mesma linha, v. Humberto Ávila, *Teoria dos princípios: da definição à aplicação dos princípios jurídicos*, 2003, p. 97-8: "Uma regra é aplicável a um caso se, e somente se, suas condições são satisfeitas e sua aplicação não é excluída pela razão motivadora da própria regra ou pela existência de um princípio que institua uma razão contrária. Nessas hipóteses, as condições de aplicação da regra são satisfeitas, mas a regra, mesmo assim, não é aplicada".

lores, tendo como medida o princípio instrumental de interpretação que é a razoabilidade.

Dois exemplos reais ajudam a demonstrar o argumento. No julgamento de ação direta de inconstitucionalidade tendo por objeto a Medida Provisória n. 173/90, que vedava a concessão de medida liminar em ações decorrentes do denominado Plano Collor (instituído, igualmente, por um conjunto de medidas provisórias), o Supremo Tribunal Federal julgou improcedente o pedido. Vale dizer: considerou constitucional em tese a vedação. Nada obstante, o acórdão fez a ressalva de que tal pronunciamento não impedia o juiz do caso concreto de conceder a liminar, se em relação à situação que lhe competisse julgar não fosse razoável a aplicação da norma proibitiva[309]. O raciocínio subjacente é o de que uma norma pode ser constitucional em tese e inconstitucional em concreto, à vista das circunstâncias de fato sobre as quais deverá incidir.

Um segundo precedente. Em ação declaratória de constitucionalidade, o Supremo Tribunal Federal considerou constitucional a lei que veda

---

309. STF, *DJU,* 29 jun. 1990, ADInMC 223-DF, rel. Min. Paulo Brossard: "Generalidade, diversidade e imprecisão de limites do âmbito de vedação de liminar da MP 173, que, se lhe podem vir, a final, a comprometer a validade, dificultam demarcar, em tese, no juízo de delibação sobre o pedido de sua suspensão cautelar, até onde são razoáveis as proibições nela impostas, enquanto contenção ao abuso do poder cautelar, e onde se inicia, inversamente, o abuso das limitações e a consequente afronta à plenitude da jurisdição e ao Poder Judiciário. Indeferimento da suspensão liminar da MP 173, que não prejudica, segundo o relator do acórdão, o exame judicial em cada caso concreto da constitucionalidade, incluída a razoabilidade, da aplicação da norma proibitiva da liminar. Considerações, em diversos votos, dos riscos da suspensão cautelar da medida impugnada". V., a propósito, o bem fundamentado voto do Min. Sepúlveda Pertence, aderindo ao relator, do qual se transcreve breve passagem: "O que vejo, aqui, embora entendendo não ser de bom aviso, naquela medida de discricionariedade que há na grave decisão a tomar, da suspensão cautelar, em tese, é que a simbiose institucional a que me referi, dos dois sistemas de controle da constitucionalidade da lei, permite não deixar ao desamparo ninguém que precise de medida liminar em caso onde — segundo as premissas que tentei desenvolver e melhor do que eu desenvolveram os Ministros Paulo Brossard e Celso de Mello — a vedação da liminar, porque desarrazoada, porque incompatível com o art. 5º, XXXV, porque ofensiva do âmbito de jurisdição do Poder Judiciário, se mostra inconstitucional.

Assim, creio que a solução estará no manejo do sistema difuso, porque nele, em cada caso concreto, nenhuma medida provisória pode subtrair ao juiz da causa um exame da constitucionalidade, inclusive sob o prisma da razoabilidade, das restrições impostas ao seu poder cautelar, para, se entender abusiva essa restrição, se a entender inconstitucional, conceder a liminar, deixando de dar aplicação, no caso concreto, à medida provisória, na medida em que, em relação àquele caso, a julgue inconstitucional, porque abusiva (fls. 12)".

a concessão de antecipação de tutela em face da Fazenda Pública[310]. Nada obstante tal declaração em tese, o Tribunal de Justiça do Rio Grande do Sul — que, como os demais órgãos do Poder Judiciário, sujeitava-se ao efeito vinculante da decisão —, ao apreciar uma demanda individual, deferiu antecipação de tutela contra o Estado para determinar o fornecimento de determinado medicamento vital para a sobrevivência da autora da ação[311]. Embora a norma tivesse sido considerada constitucional em jurisdição abstrata, ela era inconstitucional na consequência que produzia *in concreto*: a morte de uma pessoa, que dependia de providência imediata e satisfativa.

7.2. Decisão em controle abstrato e coisa julgada

A coisa julgada, como é corrente, encontra-se protegida constitucionalmente na cláusula do art. 5º, XXXVI, da Constituição: "a lei não prejudicará o direito adquirido, o ato jurídico perfeito e a coisa julgada". Nada obstante isso, é possível em determinadas hipóteses desconstituí-la, mediante ação rescisória, desde que presentes os pressupostos legais (CPC/2015, art. 966). O prazo decadencial para sua propositura é de dois anos (CPC/2015, art. 975). Veja-se, então, como se relacionam a declaração de constitucionalidade e a coisa julgada.

Suponha-se a decisão de um caso concreto que houvesse tido por fundamento a inconstitucionalidade de determinada norma que, posteriormente, viesse a ser pronunciada constitucional pelo Supremo Tribunal Federal, em ação declaratória de constitucionalidade. Diante desse fato, abrem-se as seguintes possibilidades. Se a decisão comportar ainda recurso, seja ordinário ou extraordinário, o Tribunal deverá revê-la, tomando como premissa lógica a constitucionalidade da norma em que se fundou o julgado. Caso já tenha se operado o trânsito em julgado, mas ainda couber ação rescisória, o fato de a norma ter sido declarada constitucional será fundamento para sua propositura[312]. Por fim, se já não for possível ajuizar

---

310. *RTJ, 169*:383, 1999, ADCMC 4, rel. Min. Sydney Sanches.
311. AI 598.398.600, TJRS, 4ª CC, rel. Des. Araken de Assis.
312. STJ, *DJU*, 18 jun. 2001, p. 252, AR 1.365-SC, rel. Min. J. Arnaldo; e STJ, *DJU*, 1º dez. 1997, p. 62712, REsp 128.239-RS, rel. Min. Ari Pargendler. Em sentido diverso, vejam-se José Carlos Barbosa Moreira, *Direito aplicado II (Pareceres)*, 2000, p. 238-9, 246, e Sacha Calmon Navarro Coêlho, Da impossibilidade jurídica de ação rescisória de decisão anterior à declaração de constitucionalidade pelo Supremo Tribunal Federal no direito tributário, *RT-CDTFP, 15*:197, 1996.

ação rescisória, prevalecerá a coisa julgada que se formou, salvo as situações extremas e excepcionais que possam legitimar sua relativização, com base em um juízo de ponderação de valores (v., *supra*).

O Código de Processo Civil de 2015 estabeleceu, contudo, que o prazo decadencial para a propositura de ação rescisória (que, como regra, tem por termo inicial o trânsito em julgado da decisão rescindenda), em caso de declaração de inconstitucionalidade, será contado a partir do trânsito em julgado da decisão do STF que a proferir (CPC/2015, art. 525, §15). Trata-se de norma que vem tendo a sua constitucionalidade questionada por parte da doutrina, por violação à segurança jurídica e à coisa julgada (v. *supra*).

IV — A AÇÃO DIRETA DE INCONSTITUCIONALIDADE POR OMISSÃO[313]

1. Generalidades

A experiência constitucional brasileira, da Independência até o início da vigência da Constituição de 1988, é uma crônica da distância entre intenção e gesto, do desencontro entre norma e realidade. A marca da falta de efetividade, impulsionada pela insinceridade normativa, acompanhou o constitucionalismo brasileiro pelas décadas afora, desde a promessa de

---

313. J. J. Gomes Canotilho, *Constituição dirigente e vinculação do legislador*, 1994; Jorge Miranda, *Manual de direito constitucional*, t. 6, 2001; Luís Roberto Barroso, *O direito constitucional e a efetividade de suas normas*, 2003; Flávia Piovesan, *Proteção judicial contra omissões legislativas*, 2003; Regina Quaresma, *O mandado de injunção e a ação de inconstitucionalidade por omissão*, 1995; Gilmar Ferreira Mendes, *Jurisdição constitucional*, 1996; Clèmerson Merlin Clève, *A fiscalização abstrata de constitucionalidade no direito brasileiro*, 2000; Regina Maria Macedo Nery Ferrari, *Efeitos da declaração de inconstitucionalidade*, 1999; Marcelo Figueiredo, *O mandado de injunção e a inconstitucionalidade por omissão*, 1991; Jorge Hage, *Inconstitucionalidade por omissão e direito subjetivo*, 1999; Victor Bazán (coord.), *Inconstitucionalidad por omisión*, 1997; Paulo Modesto, Inconstitucionalidade por omissão: categoria jurídica e ação constitucional específica, *RDP, 99*:116, 1991; Adhemar Ferreira Maciel, *Mandado de injunção e inconstitucionalidade por omissão*, *RILSF, 101*:115, 1989; Roque Antonio Carrazza, Ação de inconstitucionalidade por omissão e mandado de injunção, *RT-CDCCP, 3*:120, 1993; Homero Freire, A Constituição e sua regulamentação, *RT, 662*:240, 1990; Luiz Rodrigues Wambier, Ação direta de inconstitucionalidade por omissão na Constituição Federal e nas Constituições dos Estados-membros, *RT, 685*:49, 1992; Luiz Alberto Gurgel de Faria, Mandado de injunção e ação direta de inconstitucionalidade por omissão: aspectos distintivos, *RF, 322*:45, 1993; Agassiz Almeida Filho, Controle de inconstitucionalidade por omissão em Portugal, *RILSF, 152*:115, 1995.

igualdade de todos na lei, feita pela Carta imperial de 1824 — a do regime escravocrata —, até a garantia a todos os trabalhadores do direito a colônia de férias e clínicas de repouso, constante da Carta de 1969 — a do regime militar. Destituídas de normatividade, as Constituições desempenhavam o papel menor, mistificador, de proclamar o que não era verdade e de prometer o que não seria cumprido. Boa parte da responsabilidade por essa disfunção pode ser creditada à omissão dos Poderes Públicos em dar cumprimento às normas constitucionais.

No período que antecedeu os trabalhos da Assembleia Constituinte eleita em 1986, parte da doutrina[314] e os círculos políticos mais consequentes debateram amplamente a questão da omissão inconstitucional. Disso resultou que a Constituição promulgada em 5 de outubro de 1988 enfrentou diretamente o tema, notadamente na vertente da omissão *legislativa*, concebendo dois mecanismos diversos. O primeiro foi o *mandado de injunção* (v., *supra*), cuja intenção inequívoca, embora frustrada, era a de permitir a tutela *in concreto* da omissão, mediante pedido formulado pelo titular do direito paralisado pela ausência da norma. O segundo foi a *ação direta de inconstitucionalidade*, referida expressamente no art. 103, § 2º, da Constituição:

"Declarada a inconstitucionalidade por omissão de medida para tornar efetiva norma constitucional, será dada ciência ao Poder competente para a adoção das providências necessárias e, em se tratando de órgão administrativo, para fazê-lo em trinta dias".

A ação direta de inconstitucionalidade por omissão configura, como se depreende singelamente, modalidade de controle abstrato de constitucionalidade. Trata-se de processo objetivo de guarda do ordenamento constitucional, afetado pela alegada lacuna normativa ou pela existência de um ato normativo reputado insatisfatório ou insuficiente. Não se destina, portanto, à solução de controvérsia entre partes em litígio, operando seus efeitos tão somente no plano normativo[315]. A rigor, como se verá adiante, a decisão

---

314. V. Luís Roberto Barroso, *Por que não uma Constituição para valer?*, tese apresentada ao Congresso Nacional de Procuradores do Estado, Brasília, 1987. Esse texto foi o embrião de tese de livre-docência, apresentada em 1988, intitulada *Elementos para a efetividade das normas constitucionais*, depois publicada como livro, sob o título *O direito constitucional e a efetividade de suas normas*, 7. ed., 2003.

315. STF, *DJU,* 19 set. 1997, AgRg na ADInMC 1.254, rel. Min. Celso de Mello: "O controle normativo abstrato constitui processo de natureza objetiva — A importância

repercute em um plano quase estritamente político. É bem de ver, ademais, que o constituinte não instituiu ação autônoma para a tutela da omissão normativa, distinta da ação direta de inconstitucionalidade, limitando-se a prever que o objeto dessa ação pode incluir a declaração de inconstitucionalidade por omissão.

A fiscalização das omissões constitucionais assume maior destaque nos sistemas baseados em constituições compromissórias e dirigentes[316]. É o caso da Constituição brasileira, que, mais do que organizar e limitar o poder político, institui direitos consubstanciados em prestações materiais exigíveis e impõe metas vinculantes para os poderes constituídos, muitas vezes carentes de densificação[317]. Naturalmente, não se deve acreditar na

---

de qualificar o controle normativo abstrato de constitucionalidade como processo objetivo — vocacionado, exclusivamente, à defesa, em tese, da harmonia do sistema constitucional — encontra apoio na própria jurisprudência do Supremo Tribunal Federal, que, por mais de uma vez, já enfatizou a objetividade desse instrumento de proteção 'in abstracto' da ordem constitucional. (...) Admitido o perfil objetivo que tipifica a fiscalização abstrata de constitucionalidade, torna-se essencial concluir que, em regra, não se deve reconhecer, como pauta usual de comportamento hermenêutico, a possibilidade de aplicação sistemática, em caráter supletivo, das normas concernentes aos processos de índole subjetiva (...)".

316. Sem embargo da perda de prestígio político e acadêmico da ideia de Constituição dirigente, objeto de revisão crítica por parte de um dos seus principais formuladores, o jurista português J. J. Gomes Canotilho, no texto Rever ou romper com a Constituição dirigente? Defesa de um constitucionalismo moralmente reflexivo, *RT-CDCCP* 15:7, 1996, e no prefácio à 2ª ed. de seu célebre *Constituição dirigente e vinculação do legislador*, 2002, onde escreveu: "Em jeito de conclusão, dir-se-ia que a Constituição dirigente está morta se o dirigismo constitucional for entendido como normativismo constitucional revolucionário capaz de, por si só, operar transformações emancipatórias. (...) Alguma coisa ficou, porém, da programaticidade constitucional. Contra os que ergueram as normas programáticas a 'linha de caminho de ferro' neutralizadora dos caminhos plurais da implantação da cidadania, acreditamos que os textos constitucionais devem estabelecer as premissas materiais fundantes das políticas públicas num Estado e numa sociedade que se pretendem continuar a chamar de direito, democráticos e sociais". Sobre o tema, v. Jacinto de Miranda Coutinho (coord.), *Canotilho e a Constituição dirigente*, 2002.

317. V. Flávia Piovesan, *Proteção judicial contra omissões legislativas*, 2003, p. 103-4: "Infere-se que a inconstitucionalidade por omissão é reflexo e consequência jurídica do próprio perfil da Constituição de 1988 que, enquanto Constituição Dirigente, exige a vinculação dos Poderes Públicos à sua realização. Tal vinculação só seria possível se se conferisse à omissão destes mesmos poderes um sentido juridicamente negativo. E esse sentido juridicamente negativo identifica-se com a noção de inconstitucionalidade por omissão". Na mesma linha, Jorge Miranda, *Manual de direito constitucional*, t. 6, p. 276: "Mas a sua importância (a da inconstitucionalidade por omissão de atos legislativos) varia

juridicização plena da política, sendo certo que um espaço relevante relacionado aos meios e modos de realização da vontade constitucional deve ser reservado ao processo majoritário, conduzido pelos agentes públicos eleitos. Mas nos extremos, quando a inefetividade se instala, frustrando a supremacia da Constituição, cabe ao Judiciário suprir o déficit de legitimidade democrática da atuação do Legislativo[318].

2. O fenômeno da inconstitucionalidade por omissão[319]

O tema já foi exposto em capítulo anterior (v., *supra*). Para efeito de encadeamento do raciocínio, algumas ideias são revisitadas. A Constituição é composta de normas jurídicas dotadas de superlegalidade. Atributo das normas constitucionais, como das normas jurídicas em geral, é sua imperatividade. Descumpre-se a imperatividade de uma norma constitucional quer quando se adota uma conduta por ela vedada — em violação de uma norma proibitiva —, quer quando se deixa de adotar uma conduta por ela determinada — em violação de uma norma preceptiva. Porque assim é, a Constituição é suscetível de violação tanto por ação como por omissão[320].

A omissão inconstitucional pode se dar no âmbito dos três Poderes, pela inércia ilegítima em adotar-se uma providência (i) normativa, (ii) político-administrativa ou (iii) judicial. Relativamente às omissões de natureza político-administrativa, existem remédios jurídicos variados, com

---

de harmonia com as concepções políticas e jurídicas dominantes: nas Constituições liberais não se reveste de grande interesse, embora não deixe de se manifestar; e nas Constituições de feição programática tende a avultar".

318. O ponto de equilíbrio aqui é delicado, sob pena de caracterizar-se o déficit democrático do próprio Judiciário, ao tornar-se legislador positivo excessivamente largo, sem ter o batismo do processo eletivo.

319. Para o aprofundamento teórico da questão da inconstitucionalidade por omissão, inclusive com exame mais detalhado de precedentes no direito comparado, v. Luís Roberto Barroso, *O direito constitucional e a efetividade de suas normas*, 2003, p. 159-78.

320. STF, *RDA*, 206:248, 1996, ADIn 1.458-DF, rel. Min. Celso de Mello: "Se o Estado deixar de adotar as medidas necessárias à realização concreta dos preceitos da Constituição, em ordem a torná-los efetivos, operantes e exequíveis, abstendo-se, em consequência, de cumprir o dever de prestação que a Constituição lhe impôs, incidirá em violação negativa do texto constitucional. Desse *non facere*, ou *non praestare*, resultará a inconstitucionalidade por omissão, que pode ser total, quando é nenhuma a providência adotada, ou parcial, quando é insuficiente a medida efetivada pelo Poder Público".

destaque para o mandado de segurança e a ação civil pública. As omissões judiciais, por sua vez, deverão encontrar reparação no sistema de recursos instituídos pelo direito processual, sendo sanadas no âmbito interno do Judiciário. Por essa razão, em edições anteriores deste livro, afirmou-se que o tratamento constitucional da inconstitucionalidade por omissão refere-se às omissões de cunho normativo[321], imputáveis tanto ao Legislativo, na edição de normas primárias, quanto ao Executivo, quando lhe toque expedir atos secundários de caráter geral, como regulamentos, instruções ou resoluções. Em tese, é possível igualmente conceber uma omissão normativa do Judiciário, nas hipóteses em que a Constituição lhe confira competência dessa natureza (como no caso do regimento interno dos tribunais: CF, art. 96, I, *a*). De todo modo, com a edição da Lei n. 12.063/2009, passou a haver uma tendência progressiva na doutrina à admissão da inconstitucionalidade por omissão também quanto a medidas administrativas desprovidas de caráter normativo[322].

Como regra geral, o legislador tem a faculdade discricionária de legislar, e não um dever jurídico de fazê-lo. Todavia, há casos em que a Constituição impõe ao órgão legislativo uma atuação positiva, mediante a edição de norma necessária à efetivação de um mandamento constitucional. Nesta hipótese, sua inércia será ilegítima e configurará caso de inconstitucionalidade por omissão[323]. Adotando-se a tríplice divisão das normas constitucionais quanto

---

321. STF, *DJU*, 14 abr. 1989, ADIn 19, rel. Min. Aldir Passarinho: "A ação direta de inconstitucionalidade por omissão de que trata o § 2º do art. 103 da nova CF, não é de ser proposta para que seja praticado determinado ato administrativo em caso concreto, mas sim visa a que seja expedido ato normativo que se torne necessário para o cumprimento de preceito constitucional que, sem ele, não poderia ser aplicado".

322. O entendimento apoia-se na redação do art. 12-B da Lei n. 9.868/99, incluído pela Lei n. 12.063/2009. De acordo com o dispositivo, a inicial da ação indicará a omissão inconstitucional "quanto ao cumprimento do dever constitucional de legislar *ou quanto à adoção de providência de índole administrativa*" (grifou-se). Nesse sentido, afirma-se que, com a expressão "providência de índole administrativa", o legislador teria pretendido abrir caminho ao cabimento de ADOs pela omissão de atos administrativos concretos. Nesse sentido: André Ramos Tavares, O controle abstrato de constitucionalidade por omissão e análise histórico comparativa entre Brasil e México, *RBEC*, n. 35, p. 43-62, maio/ago., 2016. Na mesma linha, parecem posicionar-se Ingo Wolfgang Sarlet, Luiz Guilherme Marinoni e Daniel Mitidiero, *Curso de direito constitucional*, 10. ed., 2021, p. 1379. Trata-se de entendimento em consolidação. De todo modo, o ponto será retomado adiante.

323. Luís Roberto Barroso, *O direito constitucional e a efetividade de suas normas*, 2003, p. 164; Nicolò Trocker, Le omissioni del legislatore e la tutela giurisdizionale del diritto di libertà, *Archivio Giuridico*, 178, fascioli 1-2, 1969; J. J. Gomes Canotilho, *Cons-*

a seu conteúdo[324], a omissão, como regra, ocorrerá em relação a uma norma de organização ou em relação a uma norma definidora de direito. As normas programáticas, normalmente, não especificam a conduta a ser adotada, ensejando margem mais ampla de discricionariedade aos poderes públicos. As ordens constitucionais de legislar podem ser descumpridas por inércia absoluta ou pela atuação insuficiente ou deficiente. Diante disso, a omissão inconstitucional classifica-se em espécies ou graus diversos, podendo ser total ou parcial. Haverá inconstitucionalidade por omissão *total* quando o legislador, convocado pelo constituinte a agir, simplesmente não edita lei alguma. Dois exemplos na prática constitucional brasileira: a) art. 192, § 3º: a previsão constitucional de que as taxas reais de juros não poderiam ser superiores a doze por cento ao ano jamais se tornou efetiva, à vista da não edição da lei complementar disciplinadora do sistema financeiro, considerada pelo Supremo Tribunal Federal como indispensável para a aplicação desse dispositivo[325]; b) art. 37, VII: o direito de greve dos

---

tituição dirigente e vinculação do legislador, 1994, p. 331; Jorge Miranda, *Manual de direito constitucional*, t. 6, p. 276.

324. A Constituição, ao instituir o Estado, (a) organiza o exercício do poder político, (b) define os direitos fundamentais do povo e (c) estabelece determinados princípios e fins públicos a serem alcançados. Por via de consequência, as normas materialmente constitucionais podem ser agrupadas em três categorias. As normas constitucionais de *organização* traçam a estrutura do Estado, cuidando, essencialmente, da repartição do poder público e da definição da competência dos órgãos públicos; as normas constitucionais *definidoras de direitos* são as que tipicamente geram direitos subjetivos, investindo o jurisdicionado no poder de exigir do Estado — ou de outro eventual destinatário da norma — prestações positivas ou negativas, que proporcionem o desfrute dos bens jurídicos nelas consagrados; e as normas constitucionais *programáticas* traçam fins públicos a serem alcançados pela atuação futura dos poderes públicos. Sobre o tema, v. Luís Roberto Barroso, *O direito constitucional e a efetividade de suas normas*, 2003, cap. V: "Uma tipologia das normas constitucionais", p. 91 e s.

325. STF, *RDA, 195*:86, 1994, ADIn 4-DF, rel. Min. Sydney Sanches: "Tendo a Constituição Federal, no único artigo em que trata do sistema financeiro nacional (art. 192), estabelecido que este será regulado por lei complementar, com observância do que determinou no *caput*, nos seus incisos e parágrafos, não é de se admitir a eficácia imediata e isolada do disposto em seu § 3º, sobre taxa de juros reais (12% ao ano), até porque estes não foram conceituados. Só o tratamento global do sistema financeiro nacional, na futura lei complementar, com a observância de todas as normas do *caput*, dos incisos e parágrafos do art. 192, é que permitirá a incidência da referida norma sobre juros reais e desde que estes também sejam conceituados em tal diploma". Essa disposição, como os demais incisos e parágrafos do art. 192, foram revogados pela Emenda Constitucional n. 40, de 29 de maio de 2003.

servidores públicos ficou condicionado, por força de orientação do Supremo Tribunal Federal, à edição de lei específica que jamais foi editada[326].

A omissão parcial poderá ser identificada como relativa ou parcial propriamente dita. Na omissão *parcial propriamente dita*, a norma existe, mas não satisfaz plenamente o mandamento constitucional, por insuficiência ou deficiência de seu texto. É o que ocorre, por exemplo, com a lei que institui o salário mínimo em patamar incapaz de atender aos parâmetros impostos pelo art. 7º, IV, da Constituição. Por outro lado, a omissão será *relativa* quando um ato normativo outorgar a alguma categoria de pessoas determinado benefício, com exclusão de outra ou outras categorias que deveriam ter sido contempladas, em violação ao princípio da isonomia. Exemplo típico é a concessão de reajuste a servidores militares, sem estendê-lo aos civis, ao tempo em que a Constituição impunha o tratamento paritário[327].

Sem embargo de ter figurado entre as preocupações da doutrina e do constituinte de 1988, o fenômeno da inconstitucionalidade por omissão não é eficientemente resolvido no sistema constitucional brasileiro. Aliás, em todos os países nos quais se pretendeu equacionar o problema — aí incluídos Portugal, Alemanha e Itália —, a questão da inércia inconstitucional se debate com dificuldades decorrentes do esforço de conciliação entre o princípio da supremacia da Constituição e a separação de Poderes[328].

3. Competência

Consoante se deixou consignado linhas atrás, a declaração de inconstitucionalidade por omissão dá-se no âmbito da própria ação direta de incons-

---

326. STF, *DJU,* 19 maio 1994, MI 20-DF, rel. Min. Celso de Mello: "Direito de greve no serviço público: o preceito constitucional que reconheceu o direito de greve ao servidor público civil constitui norma de eficácia meramente limitada, desprovida, em consequência, de autoaplicabilidade, razão pela qual, para atuar plenamente, depende da edição da lei complementar (N.A.: após a EC n. 19/98 passou a ser lei ordinária) exigida pelo próprio texto da Constituição".

327. Anteriormente à Emenda Constitucional n. 19, de 4 de junho de 1998, o inciso X do art. 37 vedava a distinção de índices na revisão geral de remuneração de servidores públicos civis e militares. Essa regra foi suprimida.

328. V. Flávia Piovesan, *Proteção constitucional contra omissões legislativas*, 2003, p. 125: "Em prol, certamente, do princípio da separação dos poderes (a sistemática da ação direta de inconstitucionalidade por omissão), acaba por comprometer o princípio da prevalência da Constituição".

titucionalidade. O constituinte procurou tratar a jurisdição constitucional abstrata como uma unidade, variando apenas o pedido, que poderá ser a declaração de inconstitucionalidade, de constitucionalidade ou de inconstitucionalidade por omissão. Nas três hipóteses, a regra de competência vem inscrita no mesmo dispositivo constitucional:

"Art. 102. Compete ao Supremo Tribunal Federal, precipuamente, a guarda da Constituição, cabendo-lhe:

I — processar e julgar, originariamente:

a) a ação direta de inconstitucionalidade de lei ou ato normativo federal ou estadual e a ação declaratória de constitucionalidade de lei ou ato normativo federal"[329].

No plano infraconstitucional, a matéria também é disciplinada de forma conjunta pela Lei n. 9.868/99. Em sua redação original, o diploma não dispunha expressamente sobre a ação direta de inconstitucionalidade por omissão, o que não impediu sua aplicação, baseada na já referida identidade substancial entre a ação direta por ação e por omissão. Com a edição da Lei n. 12.063, de 27 de outubro de 2009, foi acrescido à Lei n. 9.868/99 um capítulo II-A, dedicado especificamente ao processo e julgamento da ação direta de inconstitucionalidade por omissão. Em linhas gerais, a nova lei apenas positivou as linhas jurisprudenciais já assentadas pelo STF, sem prejuízo de algumas particularidades que serão objeto de comentário adiante.

Conquanto não haja previsão expressa de mecanismo análogo à ação direta de inconstitucionalidade por omissão no plano estadual, a doutrina em geral admite essa possibilidade. Sua instituição harmoniza-se com a autonomia reconhecida ao Estado em matéria de auto-organização e autogoverno, desde que observado o modelo federal. Em favor da tese há também a ideia acima enunciada da unicidade do fenômeno da inconstitucionalidade, de modo que, existindo a previsão de representação de inconstitucionalidade, em seu âmbito deve ser compreendido o reconhecimento da omissão violadora da Constituição. Sem mencionar que a declaração de inconstitucionalidade por omissão, que se resolve em mera comunicação ao órgão omisso, é um *minus* em relação à declaração de inconstitucionalidade por ação, que

---

[329]. No caso da ação direta de inconstitucionalidade por omissão esse dispositivo há de ser combinado com o art. 103, § 2º.

paralisa a eficácia da norma[330]. A questão, todavia, não assume maior destaque, como já assinalado, devido à relativa desimportância do constitucionalismo estadual no direito brasileiro.

4. Legitimação

A exemplo do que se passa com as outras modalidades de controle abstrato, o exercício da jurisdição constitucional na fiscalização das omissões ilegítimas apresenta singularidades. De fato, também aqui o conceito de legitimação deve ser visto com atenuações, à vista da natureza objetiva do processo. A referência a partes, portanto, assume um caráter apenas formal, porque não se está diante da tutela de situações jurídicas individuais, mas da guarda da própria Constituição, situada no topo do ordenamento[331].

No tocante à legitimação ativa, colhe-se no art. 103 da Constituição o rol de pessoas e órgãos que desfrutam do direito de propositura de ação direta de inconstitucionalidade e de ação declaratória de constitucionalidade, sem distinção se o objeto é a impugnação de um ato existente ou de uma omissão ilegítima. A aplicabilidade desse rol à ação direta de inconstitucio-

---

330. No sentido do texto, v. Clèmerson Merlin Clève, *A fiscalização abstrata de constitucionalidade no direito brasileiro*, 2000, p. 393-5. Confiram-se, exemplificativamente, os dispositivos pertinentes de duas Constituições estaduais que instituem representação de inconstitucionalidade por omissão: Constituição do Estado do Rio de Janeiro, art. 162, § 2º: "Declarada a inconstitucionalidade, por omissão de medida para tornar efetiva norma constitucional, será dada ciência ao Poder competente para adoção das providências necessárias e, em se tratando de órgão administrativo, para fazê-lo em 30 (trinta) dias"; Constituição do Estado de São Paulo, art. 74: "Compete ao Tribunal de Justiça, além das atribuições previstas nesta Constituição, processar e julgar originariamente: VI — a representação de inconstitucionalidade de lei ou ato normativo estadual ou municipal, contestados em face desta Constituição, o pedido de intervenção em Município e ação de inconstitucionalidade por omissão, em face de preceito desta Constituição".

331. STF, *DJU*, 19 set. 1997, AgRg na ADInMC 1.254, rel. Min. Celso de Mello: "Não se discutem situações individuais no âmbito do controle abstrato de normas, precisamente em face do caráter objetivo de que se reveste o processo de fiscalização concentrada de constitucionalidade. O círculo de sujeitos processuais legitimados a intervir na ação direta de inconstitucionalidade revela-se extremamente limitado, pois nela só podem atuar aqueles agentes ou instituições referidos no art. 103 da Constituição, além dos órgãos de que emanaram os atos normativos questionados. A tutela jurisdicional de situações individuais — uma vez suscitada controvérsia de índole constitucional — há de ser obtida na via do controle difuso de constitucionalidade, que, supondo a existência de um caso concreto, revela-se acessível a qualquer pessoa que disponha de legítimo interesse (CPC, art. 3º)".

nalidade por omissão foi confirmada pela Lei n. 12.063/2009[332]. Na dicção expressa da norma constitucional:

> "Art. 103. Podem propor a ação de inconstitucionalidade e a ação declaratória de constitucionalidade:
> I — o Presidente da República;
> II — a Mesa do Senado Federal;
> III — a Mesa da Câmara dos Deputados;
> IV — a Mesa de Assembleia Legislativa ou da Câmara Legislativa do Distrito Federal;
> V — o Governador de Estado ou do Distrito Federal;
> VI — o Procurador-Geral da República;
> VII — o Conselho Federal da Ordem dos Advogados do Brasil;
> VIII — partido político com representação no Congresso Nacional;
> IX — confederação sindical ou entidade de classe de âmbito nacional".

Em todos os casos, está-se diante de legitimação extraordinária, pois a atuação não se dá na defesa de um direito próprio, mas do interesse geral, que se materializa no princípio da supremacia da Constituição. Situando-se o controle de constitucionalidade no âmbito das atribuições do Poder Judiciário, cujos órgãos não atuam de ofício, é indispensável a iniciativa da parte à qual a Constituição reconheceu representatividade adequada para agir em nome de todos.

A legitimação ativa ou direito de propositura, em relação ao Presidente da República, às Mesas do Senado Federal e da Câmara dos Deputados, ao Procurador-Geral da República, ao Conselho Federal da Ordem dos Advogados do Brasil e aos partidos políticos, independe da demonstração de interesse jurídico próprio especificamente afetado pela omissão, como, aliás, é natural em se tratando de processo objetivo. Esses são os chamados legitimados ativos universais. Dentre esses agentes, merecem destaque os partidos políticos e o Conselho Federal da OAB, por não integrarem a estrutura estatal.

---

332. A Lei n. 12.063/2009 introduziu, na Lei n. 9.868/99, o art. 12-A, que tem a seguinte dicção: "Podem propor a ação direta de inconstitucionalidade por omissão os legitimados à propositura da ação direta de inconstitucionalidade e da ação declaratória de constitucionalidade".

Já a Mesa de Assembleia Legislativa, o Governador de Estado e as confederações sindicais ou entidades de classe de âmbito nacional sujeitam-se a outros requisitos, notadamente a demonstração da denominada *pertinência temática*. Embora tal exigência se afaste das características de um processo objetivo, a jurisprudência exige que se comprove a existência de uma relação entre a omissão inconstitucional que se pretende ver reconhecida e suas respectivas atribuições ou áreas de atuação. Dá-se aqui uma aproximação com a condição para o legítimo exercício do direito de ação, típica dos processos subjetivos, que é o interesse em agir. A exigência, que não consta do texto constitucional e foi instituída pelo próprio Supremo Tribunal Federal, funda-se no fato de que esses órgãos não dispõem de interesse genérico para a guarda da Constituição[333].

No tocante à legitimidade *passiva*, recai ela sobre a pessoa ou órgão responsável pela produção do ato exigido pela Constituição e que não foi editado. A definição dessa responsabilidade, no caso de omissão inconstitucional, tem mais relevância do que na hipótese de inconstitucionalidade por ação, na medida em que a superação da situação de ilegitimidade constitucional depende de uma atuação comissiva de quem estava inerte. Já nos casos de declaração de inconstitucionalidade, não há qualquer ato a ser praticado pelo sujeito passivo.

5. Objeto

Por objeto da ação direta de inconstitucionalidade por omissão deve-se entender, em primeiro lugar, o tipo de providência que o autor pode postular. Pela literalidade da previsão do art. 103, § 2º, são duas as possibilidades. Se o sujeito passivo na ação for um dos *Poderes*, o pedido estaria limitado a que lhe seja dada *ciência* da ocorrência da omissão inconstitucional, para a adoção das providências necessárias. Embora o STF já tenha admitido a fixação de prazo, ressaltou que se tratava de mera indicação, sem estabelecer consequências para o caso de eventual descumprimento[334]. Por outro

---

333. STF, *DJU,* 22 set. 1995, ADIn 1.096-RS, rel. Min. Celso de Mello: "A jurisprudência do STF erigiu o vínculo da pertinência temática à condição objetiva de requisito, qualificador da própria legitimidade ativa *ad causam* do Autor, somente naquelas hipóteses de ação direta ajuizada por confederações sindicais, por entidades de classe de âmbito nacional, por Mesas das Assembleias Legislativas estaduais ou da Câmara Legislativa do Distrito Federal e, finalmente, por Governadores dos Estados-membros e do Distrito Federal".

334. V. STF, *DJU,* 6 set. 2007, p. 37, ADIn 3.682-MT, rel. Min. Gilmar Mendes. O tema será abordado novamente *infra*.

lado, sendo a omissão imputável a um *órgão administrativo*, a decisão terá caráter de uma verdadeira *ordem*, cabendo a ele adotar as providências necessárias no prazo de trinta dias, sob pena de responsabilização[335]. O interesse final visado pelo autor, ainda que insatisfatoriamente atendido pela disciplina do instituto, é sanar a lacuna do ordenamento, promovendo o cumprimento da vontade constitucional na matéria.

Cabe agora identificar o tipo de omissão impugnável pela via da ação direta. Em outras edições desta obra, se consignou que deverá ser ela de cunho normativo: omissões de outras espécies são atacáveis por mecanismos jurídicos diversos. O termo normativo tem alcance mais amplo do que legislativo, porque nele se compreendem atos gerais, abstratos e obrigatórios de outros Poderes e não apenas daquele ao qual cabe, precipuamente, a criação do direito positivo[336]. Por certo são impugnáveis, no controle abstrato da omissão, a inércia ilegítima em editar quaisquer dos atos normativos primários suscetíveis de impugnação em ação direta de inconstitucionalidade (v., *supra*). O objeto aqui, porém, é mais amplo: também caberá a fiscalização da omissão inconstitucional em se tratando de atos normativos secundários, como regulamentos ou instruções, de competência do Executivo, e até mesmo, eventualmente, de atos próprios dos órgãos judiciários.

Vale observar, como assinalado em nota anterior, que, com a edição da Lei n. 12.063/2009, passou a haver uma tendência de parte da doutrina a admitir o cabimento de ação direta de inconstitucionalidade por omissão também em relação a medidas administrativas desprovidas de caráter normativo. O entendimento tem por base o art. 12-B da Lei n. 9.868/99, incluído pela Lei n. 12.063/2009, que previu o cabimento de ADO "*quanto à adoção de providência de índole administrativa*". Argumenta-se que a expressão abrangeria atos administrativos normativos e concretos[337]. Trata-se de entendimento em consolidação, com reflexo

---

335. V. Michel Temer, *Elementos de direito constitucional*, 2002, p. 52.

336. Diferentemente do que se passa em Portugal, onde a referência a "medida legislativa necessária", feita pelo art. 283º, tem sido interpretada no sentido de que "terá de ser sempre um acto legislativo ou lei em sentido formal — lei, decreto-lei ou decreto legislativo regional — pela própria natureza das coisas" (Jorge Miranda, *Manual de direito constitucional*, t. 6, 2001, p. 285).

337. André Ramos Tavares é explícito quanto ao ponto (O controle abstrato de constitucionalidade por omissão e análise histórico comparativa entre Brasil e México, *RBEC*, n. 35, p. 43-62, maio/ago., 2016). Na mesma linha, parecem posicionar-se Ingo Wolfgang

em poucas decisões do Supremo Tribunal Federal[338]. De todo modo, dada a tendência de ampliação do controle concentrado, não é improvável que venha a se confirmar.

A jurisprudência se firmou, ainda, no sentido de ocorrer a perda do objeto da ação na hipótese de revogação da norma constitucional que necessitava de regulamentação para a sua efetividade[339]. O mesmo entendimento prevalecia quando o Executivo encaminhava ao Congresso o projeto referente à lei reclamada[340], mas essa orientação foi alterada, tornando-se possível caracterizar omissão inconstitucional nos casos em que a tramita-

---

Sarlet, Luiz Guilherme Marinoni e Daniel Mitidiero, ainda que em termos mais brandos (*Curso de direito constitucional*, 10. ed., 2021, p. 1379). Por outro lado, Gilmar Ferreira Mendes não inclui a omissão concreta entre as hipóteses de ADO em sua obra doutrinária, mas já mencionou tal possibilidade em voto, como o *obiter dictum* (STF, *DJU*, 6 set. 2007, ADI 3.682, rel. Min. Gilmar Mendes, p. 308-309).

338. Nesse sentido, vale assinalar que a ADO n. 59, rel. Min. Rosa Weber, tem por objeto: "A adoção de providência de índole administrativa", necessária ao restabelecimento da operação do Fundo Amazônia, postulando-se a aplicação e o repasse de recursos entre outras providências concretas. A ação foi admitida e está sendo processada como ação direta de inconstitucionalidade por omissão, mas ainda não houve manifestação do Pleno do STF a respeito do seu cabimento como ADO. Na mesma linha, em ação direta de inconstitucionalidade que não tinha por objeto omissão quanto a ato administrativo e que é anterior à Lei n. 12.063/2009, constou da fundamentação do voto do relator, a título de *obiter dictum*: "No que concerne à omissão administrativa, deverá o órgão administrativo ser cientificado para atuar em 30 dias. Considerando o quadro diferenciado que envolve a omissão do ato administrativo, afigura-se algo ilusório o prazo fixado. Se se tratar da edição de ato administrativo de caráter regulamentar, muito provavelmente esse prazo há de revelar-se extremamente exíguo. Em outros casos, que demandem realização de medidas administrativas concretas (construção de escolas, hospitais, presídios, adoção de determinadas políticas complexas etc.), esse prazo mostra-se ainda mais inadequado". V. STF, *DJU*, 6 set. 2007, ADI 3.682, rel. Min. Gilmar Mendes, p. 308-309.

339. STF, *DJU*, 4 dez. 1998, p. 10, QO na ADIn 1.836-SP, rel. Min. Moreira Alves: "Esta corte já firmou o entendimento, em face da atual Constituição, de que, quando há revogação do ato normativo atacado como inconstitucional em ação direta de inconstitucionalidade, esta fica prejudicada por perda de seu objeto. Essa orientação, por identidade de razão, se aplica tanto à ação direta de inconstitucionalidade de ato normativo quanto à ação direta de inconstitucionalidade por omissão de medida destinada a tornar efetiva norma constitucional, sendo que, neste último caso, isso ocorrerá quando a norma revogada for a que necessitava de regulamentação para a sua efetividade".

340. STF, *DJU*, 1º fev. 1990, p. 275, ADIn 130-DF, rel. Min. Sepúlveda Pertence: "Há a prejudicialidade do pedido de inconstitucionalidade por omissão quando o Executivo já houver encaminhado ao Congresso o projeto de lei sobre a matéria em análise, como se decidiu em relação ao art. 29, § 2º, do ADCT".

ção legislativa se arrasta por tempo irrazoável[341]. Embora pareça admitir a cumulação (ou, pelo menos, a alternatividade) de pedidos de declaração de inconstitucionalidade por omissão e por ação[342], o STF considerava ser impossível a conversão de ação direta de inconstitucionalidade por omissão em ação direta genérica, à vista da diversidade de pedido entre uma e outra[343]. Esta última linha jurisprudencial afigurava-se excessivamente formalista, em desarmonia com o entendimento dominante na doutrina e até na jurisprudência do próprio Tribunal, que sustenta a unidade entre o controle por ação e por omissão, salvo onde haja impossibilidade de conciliação entre as regras aplicáveis a cada um deles.

Em precedente de 2010, o STF modificou sua jurisprudência e reconheceu a relativa fungibilidade entre as ações diretas de inconstitucionalidade por ação e por omissão. Isso porque a declaração de que o legislador teria atuado de forma insatisfatória não deixa de constituir um juízo de reprovação do ato editado. Em outras palavras, a produção de uma lei que contenha omissão parcial não deixa de constituir uma *ação* incompatível com a Constituição. Não haveria, portanto, uma distinção radical entre as duas situações, cabendo ao próprio STF selecionar a técnica de decisão mais adequada à hipótese, que poderá envolver a tradicional declaração da in-

---

341. STF, *DJU,* 6 set. 2007, p. 37, ADIn 3.682-MT, rel. Min. Gilmar Mendes: "Apesar de existirem no Congresso Nacional diversos projetos de lei apresentados visando à regulamentação do art. 18, § 4º, da Constituição, é possível constatar a omissão inconstitucional quanto à efetiva deliberação e aprovação da lei complementar em referência. As peculiaridades da atividade parlamentar que afetam, inexoravelmente, o processo legislativo não justificam uma conduta manifestamente negligente ou desidiosa das Casas Legislativas, conduta esta que pode pôr em risco a própria ordem constitucional. A *inertia deliberandi* das Casas Legislativas pode ser objeto da ação direta de inconstitucionalidade por omissão".

342. STF, *DJU,* 6 fev. 1998, p. 2, ADInMC 1.600-UF, rel. Min. Sydney Sanches: "A um primeiro exame, a petição inicial parece conter a cumulação de pedidos de declaração de inconstitucionalidade por omissão e por ação. (...) Ação conhecida como direta de inconstitucionalidade por ação (e não por omissão)".

343. *Inf. STF* n. 32, maio 1996, ADIn 1.439-DF, rel. Min. Celso de Mello: "Não se conheceu da ação ao fundamento de que o pedido, fundado embora na tese da inconstitucionalidade *por omissão parcial* em face do disposto no art. 7º, IV, visava à exclusão da norma impugnada do ordenamento jurídico, e não, como decorreria logicamente de sua motivação, a que o Poder competente fosse cientificado da decisão que declarasse a inconstitucionalidade por omissão, nos termos do art. 103, § 2º, da CF. Impossibilidade de conversão da ADIn em ação direta de inconstitucionalidade por omissão" (texto ligeiramente editado). E tb. *Inf. STF* n. 127, out. 1998, ADInMC 1.755-DF, rel. Min. Nelson Jobim: "Não há possibilidade de se converter ação direta de inconstitucionalidade em ação direta de inconstitucionalidade por omissão".

constitucionalidade, a declaração de inconstitucionalidade sem a pronúncia da nulidade ou mesmo uma decisão de perfil aditivo (v. *supra*)[344]. Por outro lado, é provável que se mantenha a jurisprudência tradicional no sentido de não ser admissível a conversão de mandado de injunção em ação direta de inconstitucionalidade por omissão, dada a diferença entre os pressupostos processuais das duas figuras[345].

6. Processo e julgamento

6.1. Procedimento

A única menção feita pela Constituição à ação direta de inconstitucionalidade por omissão é a que consta do art. 103, § 2º. Como referido, por meio da Lei n. 12.063, de 27 de outubro de 2009, foi acrescentado o Capítulo II-A à Lei n. 9.868/99, que dispõe sobre o processo e julgamento da ação direta de inconstitucionalidade e da ação declaratória de constitucionalidade perante o Supremo Tribunal Federal. O novo capítulo trata especificamente da disciplina processual da ação direta de inconstitucionalidade por omissão. No geral, o procedimento para o controle abstrato da omissão inconstitucional manteve-se substancialmente o mesmo da ação direta de inconstitucionalidade[346], na linha do que já fora estabelecido pela jurisprudência do Supremo Tribunal Federal[347]. É importante ressaltar que,

---

344. STF, *DJe*, 30 abr. 2010, ADIn 875-DF, rel. Min. Gilmar Mendes: "Fungibilidade entre as ações diretas de inconstitucionalidade por ação e por omissão. Fundo de Participação dos Estados — FPE (art. 161, inciso II, da Constituição). Lei Complementar n. 62/89. Omissão inconstitucional de caráter parcial. Descumprimento do mandamento constitucional constante do art. 161, II, da Constituição, segundo o qual lei complementar deve estabelecer os critérios de rateio do Fundo de Participação dos Estados, com a finalidade de promover o equilíbrio socioeconômico entre os entes federativos. Ações julgadas procedentes para declarar a inconstitucionalidade, sem a pronúncia da nulidade, do art. 2º, incisos I e II, §§ 1º, 2º e 3º, e do Anexo Único, da Lei Complementar n. 62/89, assegurada a sua aplicação até 31 de dezembro de 2012".

345. STF, *RT*, *691*:218, 1993, MI 395-PR, rel. Min. Moreira Alves: "Devido à inexistência do instituto da fungibilidade de ações, é de se reconhecer a impossibilidade jurídica do pedido de conversão de mandado de injunção em ação direta de inconstitucionalidade por omissão".

346. Na mesma linha, v. Maria Isabel Galloti, A declaração de inconstitucionalidade das leis e seus efeitos, *RDA, 193*:33, 1993, p. 38; e Clèmerson Merlin Clève, *A fiscalização abstrata de constitucionalidade no direito brasileiro*, 2000, p. 340.

347. Foi o que fez a Corte ao exigir o aditamento do pedido nas hipóteses de omissão parcial imputada a medida provisória que sofra reedição. V. STF, *DJU*, 9 jun. 2000, QO na

embora os efeitos imediatos das ações sejam diversos — declaração de nulidade de ato normativo e reconhecimento de omissão inconstitucional —, há uma unidade quanto ao efeito mediato pretendido, consistente na preservação da supremacia da Constituição. Esse é o valor que informa a instituição do controle abstrato, e é em função dele que as normas que disciplinam seu procedimento devem ser interpretadas, visando a sua máxima realização.

O art. 12-B da Lei n. 9.868/99 enuncia os requisitos da inicial. No inciso I, prevê a indicação da omissão inconstitucional parcial ou total quanto ao cumprimento de dever constitucional de legislar ou quanto à adoção de providência de índole administrativa. O inciso II refere-se à indicação do pedido — com suas especificações —, que consistirá na comunicação ao agente omisso ou na ordem para que seja sanada a lacuna normativa. O parágrafo único determina que a petição inicial seja acompanhada de cópias dos documentos necessários para comprovar a omissão e seja subscrita por advogado dotado de procuração. A exceção fica por conta dos casos em que se reconheça capacidade postulatória ao próprio legitimado, tal como ocorre na ação direta de inconstitucionalidade (v. *supra*).

A petição inicial inepta, a não fundamentada e a manifestamente improcedente serão liminarmente indeferidas pelo relator, cabendo agravo da decisão (art. 12-C e parágrafo único). De acordo com o disposto no art. 12-E, aplicam-se ao procedimento da ação direta de inconstitucionalidade por omissão, no que couber, as disposições constantes da Seção I do Capítulo II da Lei n. 9.868/99. Assim, nos termos do art. 6º da lei, deverão ser pedidas informações aos órgãos e autoridades aos quais se imputa a omissão ilegítima, as quais deverão ser prestadas no prazo de trinta dias. Não se admite a intervenção de terceiros (art. 7º). O relator, todavia, considerando a relevância da matéria e a representatividade dos

---

ADIn 2.162, rel. Min. Moreira Alves: "Esta Corte já firmou o entendimento, em se tratando de ação direta de inconstitucionalidade, que, havendo reedição de Medida Provisória contra a qual foi proposta ação direta de inconstitucionalidade, e não sendo a inicial desta aditada para abarcar a nova Medida Provisória, fica prejudicada a ação proposta. Essa orientação é de aplicar-se, também, quando se trata, como no caso presente, de ação direta de inconstitucionalidade por omissão parcial de Medida Provisória — e parcial porque não atendeu integralmente o disposto em preceito constitucional para lhe dar efetividade plena —, porquanto a omissão parcial alegada tem de ser examinada em face da Medida Provisória vigente quando do seu julgamento para verificar a ocorrência, ou não, nela dessa omissão parcial. Questão de ordem que se resolve dando-se por prejudicada a presente ação direta de inconstitucionalidade por omissão".

postulantes, poderá, por despacho irrecorrível, admitir a manifestação de outros órgãos ou entidades como o *amicus curiae* (art. 7º, § 2º). A lei permite ainda que, no prazo das informações, os demais legitimados para a ação se manifestem por escrito ou peçam a juntada de documentos que considerem úteis para o exame da matéria, podendo ainda apresentar memoriais (art. 12-E, § 1º). A exemplo das demais ações para controle abstrato, não se admite a desistência (art. 12-D).

O art. 12-E, § 2º, prevê que o relator poderá solicitar a manifestação do Advogado-Geral da União, a qual deverá ser encaminhada no prazo de quinze dias. Na linha da jurisprudência consolidada antes da edição da nova lei, é provável que o tribunal dispense a participação do Advogado-Geral da União nos casos de omissão total, pela inexistência de ato a ser defendido[348]. Seria razoável, no entanto, admitir sua participação caso a inércia seja imputada ao Poder Executivo. Nos casos de omissão parcial, como existe um ato normativo ao qual se imputa deficiência ou insuficiência, parece lógica e necessária a audiência do Advogado-Geral da União, na medida em que o pedido envolverá um juízo acerca da constitucionalidade da norma em vigor[349]. Já o Procurador-Geral da República, após o decurso do prazo para informações, terá vista do processo nas ações em que não for autor, pelo prazo de quinze dias (art. 12-E, § 3º).

6.2. Medida cautelar

Antes da edição da Lei n. 12.063/2009, a doutrina e a jurisprudência do Supremo Tribunal Federal convergiam para o entendimento de que não seria cabível a concessão de medida liminar em ação direta de inconstitucionalidade por omissão. O fundamento principal era o de que o Supremo Tribunal Federal não tem admitido a possibilidade de expedir provimento normativo

---

348. É a posição de longa data estabelecida pelo STF. V. *DJU,* 25 nov. 1994, ADIn 480, rel. Min. Paulo Brossard: "Não é necessária a manifestação do Advogado-Geral da União, art. 103, par. 3º, da Constituição, em ação direta de inconstitucionalidade por omissão".

349. V. no mesmo sentido a manifestação doutrinária de Clèmerson Merlin Clève, *A fiscalização abstrata de constitucionalidade no direito brasileiro,* 2000, p. 342-3: "Sim, porque em semelhantes situações há um ato normativo que ou descumpre o princípio da isonomia (omissão relativa) ou não atende satisfatoriamente uma imposição constitucional concreta (omissão absoluta parcial). A posição do Supremo, acima referida, para ser coerente com a determinação constitucional, não poderia ser aplicada às hipóteses de omissão parcial (relativa, material e absoluta)".

com o objetivo de suprir a inércia do órgão inadimplente, nem mesmo em sua decisão final na matéria. Diante disso, menos ainda poderia fazê-lo em medida cautelar que antecipasse efeitos positivos inalcançáveis pela decisão de mérito[350]. Em edições anteriores deste livro constava o registro de que a matéria só ganharia em interesse se e quando se viesse a entender que o Supremo Tribunal Federal pode e deve, dentro de certos limites, ir além da mera comunicação, procedendo a alguma forma de integração da lacuna inconstitucional[351].

A Lei n. 12.063/2009 parece anunciar essa evolução, prevendo expressamente a possibilidade de medida cautelar nos casos de excepcional urgência e relevância da matéria. A medida poderá consistir na determinação de que seja suspensa a aplicação da lei ou do ato normativo questionado, no caso de omissão parcial, bem como na suspensão de processos judiciais ou de procedimentos administrativos, ou ainda em outra providência a ser fixada pelo tribunal (art. 12-F, § 1º). Essa última previsão, de conteúdo aberto, parece abrir caminho para eventuais decisões de conteúdo aditivo, não apenas em sede de liminar, mas também nos provimentos finais. O tema será retomado mais à frente.

Do ponto de vista processual, o julgamento dos pedidos de cautelar obedecerá ao disposto na Lei n. 9.868/99, com as alterações introduzidas

---

350. Vejam-se, dentre muitas outras decisões, STF, *DJU*, 19 maio 1995, ADInMC 267-8, rel. Min. Celso de Mello: "A suspensão liminar de eficácia de atos normativos, questionados em sede de controle concentrado, não se revela compatível com a natureza e a finalidade da ação direta de inconstitucionalidade por omissão, eis que, nesta, a única consequência político-jurídica possível traduz-se na mera comunicação formal, ao órgão estatal inadimplente, de que está em mora constitucional"; e STF, ADIn 361-5, Rel. Min. Carlos Velloso: "É incompatível com o objeto mediato da referida demanda a concessão de liminar. Se nem mesmo o provimento judicial último pode implicar o afastamento da omissão, o que se dirá quanto ao exame preliminar".

351. STF, *RTJ, 133*:569, 1990, ADInMC 361-DF, rel. Min. Marco Aurélio. Vale a pena transcrever trecho do voto do Min. Sepúlveda Pertence, no qual, embora negando a liminar com base na jurisprudência firmada no Tribunal, acena com a possibilidade de solução diferente, caso o pedido se dirigisse à obtenção de uma tutela inibitória, tal como aventada pelo Min. Moreira Alves no julgamento de questão de ordem no MI 107 (no caso, a possibilidade em tese de suspensão de processos judiciais ou administrativos, para cuja solução fosse relevante a norma constitucional ineficaz em virtude de omissão inconstitucional): "No caso, realmente, o que se pretende é a antecipação de efeitos positivos da lei futura reclamada. Aí, como o eminente Relator, entendo-a inadmissível. Se se tratasse de uma liminar negativa, de uma liminar inibitória, com o sentido cautelar aventado no voto do Ministro Moreira Alves, no Mandado de Injunção 107, o problema seria mais sério e, sobre ele, reservo-me para exame oportuno".

pela Lei n. 12.063/2009. A concessão da medida, mediante decisão da maioria absoluta dos membros do tribunal, deverá ser realizada após a audiência dos órgãos ou autoridades responsáveis pela omissão inconstitucional, que deverão se pronunciar em cinco dias (art. 12-F). O relator poderá ouvir o Procurador-Geral da República, que terá o prazo de três dias para se manifestar (art. 12-F, § 2º). No julgamento do pedido, será facultada sustentação oral aos representantes judiciais do requerente e das autoridades e órgãos responsáveis pela omissão inconstitucional (art. 12-F, § 3º).

6.3. Decisão final

O art. 103, § 2º, da Constituição prevê o conteúdo e alcance da declaração de inconstitucionalidade por omissão, que serão objeto do tópico seguinte. Por ora interessam as questões procedimentais, que foram objeto de algumas poucas disposições específicas. No entanto, de acordo com o novo art. 12-H, § 2º, da Lei n. 9.868/99, aplicam-se à decisão da ação direta de inconstitucionalidade por omissão, no que couber, as disposições do Capítulo IV do mesmo diploma, referente à ação direta de inconstitucionalidade e à ação declaratória de constitucionalidade. Tal aproximação, que já era realizada pela jurisprudência do STF, justifica-se pela já mencionada identidade substancial entre as ações de que se trata. A seguir são destacados os principais pontos do regime aplicável à hipótese.

A decisão acerca da inconstitucionalidade por omissão somente poderá ser tomada se presente na sessão o número mínimo de oito Ministros (art. 22), sendo necessária a manifestação de pelo menos seis deles para que o pedido seja julgado procedente, suspendendo-se o julgamento se estiverem ausentes Ministros em número que possa influir no resultado (art. 23 e parágrafo único). A decisão será irrecorrível, ressalvada a interposição de embargos declaratórios, não podendo, igualmente, ser objeto de ação rescisória (art. 26). O julgado terá eficácia contra todos e efeito vinculante (art. 28), como próprio das declarações de inconstitucionalidade em tese. Assim que declarada a omissão inconstitucional, será dada ciência ao poder competente para a adoção das providências necessárias (art. 12-H). Na hipótese de omissão imputável a órgão administrativo, as providências deverão ser adotadas em trinta dias — termo fixado pelo art. 103, § 2º, da Constituição — ou em prazo razoável a ser estipulado, de forma excepcional, pelo Tribunal (art. 12-H, § 1º).

Em tese, seria possível questionar a constitucionalidade de se permitir ao STF que estabeleça prazo diverso daquele indicado pela norma constitucional. Na prática, porém, é possível que omissões envolvendo matéria complexa venham a exigir prazo superior a trinta dias para a produção de soluções adequadas e eficazes. Da mesma forma, determinadas situações podem exigir solução imediata, ainda que paliativa, sob pena de produzir danos graves e irreparáveis. Sendo assim, parece razoável o desenvolvimento que o legislador deu ao art. 103, § 2º, ainda mais pela previsão de excepcionalidade.

7. Efeitos da decisão

Embora a Constituição não faça qualquer distinção entre a omissão total e a parcial, constituem elas categorias diversas de infringência da vontade constitucional, sendo adequado o tratamento destacado de cada uma delas.

7.1. Da omissão inconstitucional total

O pressuposto para o reconhecimento e declaração da inconstitucionalidade por omissão é o decurso de prazo razoável para a edição da norma exigida pelo texto constitucional. Portanto, a decisão que pronuncia a inconstitucionalidade por omissão total conterá sempre a constituição em mora do Poder ou órgão administrativo que permaneceu inerte quando deveria ter atuado. Intuitivamente, passados mais de 20 anos da promulgação da Constituição de 1988, há inequívoca mora em relação às normas reclamadas pelo texto constitucional e ainda não criadas. Uma típica decisão de acolhimento do pedido, tal como publicada no *Informativo STF*, terá redação análoga à seguinte:

> "O Tribunal julgou procedente o pedido, declarou a inconstitucionalidade por omissão de medida para tornar efetiva a norma constitucional *Y*, assentou a mora do Poder Executivo (Legislativo) em encaminhar (aprovar) o projeto de lei necessário e determinou a ciência ao Presidente da República (Congresso Nacional)".

Além de estabelecer a mora, a decisão na ação direta de inconstitucionalidade por omissão (a) dará *ciência* ao Poder competente ou (b) dará *ordem* ao órgão administrativo para a adoção das providências necessárias. No primeiro caso, a Constituição não prevê a fixação de prazo para agir, silêncio que vinha sendo interpretado pelo STF como autocontenção, cujo fundamento seria o respeito à separação dos Poderes[352]. Em decisão proferida em 2007, tratando da omissão do legislador em editar a lei complementar prevista no art. 18, § 4º, da Constituição[353], o Tribunal admitiu a possibilidade de estabelecer um "prazo" para a atuação do Congresso Nacional, ressalvando, contudo, que se tratava mais de um parâmetro a indicar o lapso de tempo que a Corte entende razoável para o suprimento da omissão[354]. Não foi estabelecida consequência para o caso de eventual descumprimento, de modo que a comunicação continua tendo uma valia essencialmente política, tal como antes[355]. Nessa mesma decisão, além de fixar prazo, o STF entendeu que poderia estabelecer também uma exigência a ser preenchida pela futura legislação: o reconhecimento, como fato consolidado, da existência dos municípios criados de forma irregular no período em que o Congresso per-

---

352. Os precedentes diziam respeito tanto ao Legislativo como ao Executivo. A título de exemplo, v. STF, *DJU,* 29 jun. 2001, p. 33, ADIn 2.061-DF, rel. Min. Ilmar Galvão: "A norma constitucional do art. 37, X, impõe ao Presidente da República o dever de desencadear o processo de elaboração da lei anual de revisão geral da remuneração dos servidores da União (...). Porém não se compreende a providência nas atribuições de natureza administrativa do Chefe do Poder Executivo, não havendo cogitar, por isso, da aplicação, no caso, da norma do art. 103, § 2º, *in fine,* que prevê a fixação de prazo para o mister".

353. CF/88, art.18, § 4º: "A criação, a incorporação, a fusão e o desmembramento de Municípios far-se-ão por lei estadual, dentro do período determinado por lei complementar federal, e dependerão de consulta prévia, mediante plebiscito, às populações dos Municípios envolvidos, após divulgação dos Estudos de Viabilidade Municipal, apresentados e publicados na forma da lei" (redação dada pela EC n. 15, de 1996).

354. STF, *DJU,* 6 set. 2007, ADIn 3.682-MT, rel. Min. Gilmar Mendes: "(...) Ação julgada procedente para declarar o estado de mora em que se encontra o Congresso Nacional, a fim de que, em prazo razoável de 18 (dezoito) meses, adote ele todas as providências legislativas necessárias ao cumprimento do dever constitucional imposto pelo art. 18, § 4º, da Constituição, devendo ser contempladas as situações imperfeitas decorrentes do estado de inconstitucionalidade gerado pela omissão. Não se trata de impor um prazo para a atuação legislativa do Congresso Nacional, mas apenas da fixação de um parâmetro temporal razoável, tendo em vista o prazo de 24 meses determinado pelo Tribunal nas ADI ns. 2.240, 3.316, 3.489 e 3.689 para que as leis estaduais que criam municípios ou alterem seus limites territoriais continuem vigendo, até que a lei complementar federal seja promulgada contemplando as realidades desses municípios".

355. Apenas se pode dizer que, decorrido o prazo sem atuação do Poder omisso, restará caracterizado, com intensidade ainda maior, o desrespeito à decisão do STF. Em última instância, a decisão do STF reconhece, com definitividade jurídica, que outro Poder está violando a Constituição de forma reiterada. Isso deveria bastar para criar um ambiente político em que a manutenção da inércia fosse insustentável.

maneceu omisso[356]. Vale o registro de que a decisão foi parcialmente cumprida, tendo o Congresso Nacional editado a Emenda Constitucional n. 57, de 18 de dezembro de 2008, pela qual foram convalidadas as leis de criação de município publicadas até 31 de dezembro de 2006, desde que tivessem sido produzidas em harmonia com a legislação estadual pertinente[357].

Em se tratando de omissões de órgão administrativo, a própria Constituição determina a fixação de prazo, que é de trinta dias. Como visto, a Lei n. 9.868/99, com a nova redação dada pela Lei n. 11.063/2009, passou a admitir, em casos excepcionais, que o STF venha a fixar outro prazo segundo um critério de razoabilidade. De qualquer forma, em se tratando de omissão atribuída a órgão administrativo, a decisão assume verdadeiro caráter mandamental, podendo acarretar a responsabilização do agente público que não a cumpra. Após mais de vinte anos de vigência da Constituição, não havia ainda nenhum precedente do Supremo Tribunal Federal em relação a esta segunda hipótese.

A literalidade do § 2º do art. 103 e a resistência do STF em dar-lhe sentido mais abrangente, sob o fundamento de que não pode tornar-se legislador positivo[358], têm tornado a ação direta de inconstitucionalidade por

---

356. Veja-se que, em outras decisões, o STF reconheceu que diversas leis estaduais de criação de municípios eram inconstitucionais, uma vez que o art. 18, § 4º, da Constituição vedou a instituição de novos entes municipais antes do advento da lei complementar federal ali referida. Nada obstante, por razões de segurança jurídica, o Tribunal optou por reconhecer a inconstitucionalidade dessas leis sem a declaração de sua nulidade, resguardando a infinidade de relações jurídicas já estabelecidas sob o amparo das ordens jurídicas municipais. Como se vê, o STF admitiu a existência desses municípios como um fato consolidado, entendendo que a reversão ao *status quo ante* produziria mais danos à Constituição do que a manutenção dos entes criados de forma irregular. Ao julgar a ADIn 3.684-MT, o STF manteve tal orientação e impôs a sua observância ao Congresso Nacional, na lei complementar que deverá ser editada nos termos do que exige o art. 18, § 4º, do texto constitucional.

357. A Emenda introduziu o art. 96 ao ADCT, com a seguinte redação: "Ficam convalidados os atos de criação, fusão, incorporação e desmembramento de Municípios, cuja lei tenha sido publicada até 31 de dezembro de 2006, atendidos os requisitos estabelecidos na legislação do respectivo Estado à época de sua criação''.

358. A posição do STF na matéria, diversas vezes reiterada, vem sintetizada no *DJU*, 20 set. 1996, ADInMC 1.458-DF, rel. Min. Celso de Mello: "A procedência da ação direta de inconstitucionalidade por omissão, importando em reconhecimento judicial do estado de inércia do Poder Público, confere ao STF, unicamente, o poder de cientificar o legislador inadimplente, para que este adote as medidas necessárias à concretização do texto constitucional. Não assiste ao STF, contudo, em face dos próprios limites fixados pela Carta Política em tema de inconstitucionalidade por omissão (CF, art. 103, § 2º), a prerrogativa de expedir provimentos normativos com o objetivo de suprir a inatividade do próprio órgão le-

omissão um remédio jurídico de baixa eficácia e, consequentemente, de uso limitado. A reduzida valia da mera *ciência* dá ao instituto um efeito essencialmente moral ou político, próprio para quem busca uma declaração de princípios, mas insuficiente para a tutela objetiva do ordenamento constitucional, quando vulnerado na sua supremacia[359]. Por essa razão, autores diversos propõem uma redefinição do alcance do controle abstrato das omissões constitucionais[360].

Em considerável medida, o STF avançou na matéria, ao admitir, em sede de mandado de injunção, a possibilidade de estabelecer um regramento provisório para evitar que a omissão inconstitucional paralise a eficácia de normas constitucionais (v. *supra*). Embora a decisão não tenha sido produzida em controle abstrato, o Tribunal reconheceu a possibilidade de que tal regime provisório seja estabelecido em caráter geral, evitando que situações semelhantes venham a receber tratamento diverso. A rigor, não

---

gislativo inadimplente"; e tb. *DJU*, 19 maio 1995, p. 13990, ADInMC 267-DF, rel. Min. Celso de Mello: "O reconhecimento dessa possibilidade implicaria transformar o STF, no plano do controle concentrado de constitucionalidade, em legislador positivo, condição que ele próprio se tem recusado a exercer".

359. Diversos autores assinalam que a declaração da omissão inconstitucional, que pressupõe a mora do Poder Público, pode dar ensejo à responsabilização civil, com pedido de indenização pelos danos suportados em razão da inércia ilegítima do órgão competente. Vejam-se: Luiz Alberto David Araújo, *A proteção constitucional das pessoas portadoras de deficiência*, 1994, p. 187-90; Paulo Modesto, Inconstitucionalidade por omissão: categoria jurídica e ação constitucional específica, *RDP, 99*:115, 1991; e Maurício Jorge Pereira da Motta, *Responsabilidade civil do Estado legislador*, 1999, p. 174: "A esse dever jurídico rigoroso [de tomar as medidas necessárias para tornar exequível a norma constitucional], fruto do princípio maior de efetividade da Constituição, corresponde, como seu corolário necessário, a responsabilidade no caso de descumprimento daquilo que foi constitucionalmente preceituado. A responsabilidade civil agasalhada na Constituição é ampla e abrange todos os danos resultantes da ação ou omissão dos agentes do Estado. (...) O ato de legislar ou deixar de fazê-lo não é livremente discricionário, está vinculado aos preceitos constitucionais e, assim, está juridicizado, não tendo a característica de ato exclusivamente político que o tornaria insuscetível de responsabilização".

360. Durante a fase de trabalhos da Assembleia Constituinte, diversos autores apresentaram sugestões na matéria, que não foram acolhidas. V. José Afonso da Silva, *Curso de direito constitucional positivo*, 1992, p. 49 e 56; Anna Cândida da Cunha Ferraz, Inconstitucionalidade por omissão: uma proposta para a constituinte, *RILSF,* 89:49, 1986; e Luís Roberto Barroso, *O direito constitucional e a efetividade de suas normas*, 2003, p. 174 e s. Já após a Constituição de 1988, Flávia Piovesan (*Proteção judicial contra as omissões legislativas*, 2003, p. 126 e s.) apresentou proposta bem fundamentada de atribuição de competência ao STF para expedir provimento normativo temporário se, após o prazo fixado, a omissão não vier a ser sanada.

haveria impedimento teórico a que esse tipo de solução viesse a ser adotado também em sede de ação direta de inconstitucionalidade por omissão. Em voto vencedor proferido em decisão de 2010, o Ministro Gilmar Mendes cogitou essa possibilidade de forma expressa, fazendo referência, justamente, ao avanço já produzido em sede de mandado de injunção. Essa indicação — que não foi objeto de questionamento pelos demais Ministros — e a previsão de medida cautelar introduzida pela Lei n. 11.063/2009 parecem apontar para a possibilidade real de que o tribunal venha a adotar decisões aditivas também em sede de ação direta de inconstitucionalidade por omissão.

De fato, há ao menos um precedente do Supremo Tribunal Federal em tal sentido. Ao apreciar, conjuntamente, ação direta de inconstitucionalidade e mandado de injunção que questionavam a omissão do Congresso Nacional em criminalizar a homotransfobia, o Tribunal deu provimento a ambas as ações. Em sua decisão, reconheceu a mora do legislador e supriu a lacuna normativa, determinando a aplicação à hipótese da Lei n. 7.716/89, que dispõe sobre o crime de racismo, até que se legisle sobre a matéria[361]. Entendeu, na esteira da sua jurisprudência, que o comportamento poderia ser enquadrado como espécie de "racismo social"[362]. Portanto, também em sede de ação direta o STF está avançando, ainda que tardiamente, para assegurar uma regulamentação provisória que permita o exercício de direitos violados[363].

Na experiência brasileira sob a Constituição de 1988, dois casos de inefetividade de normas constitucionais por omissão total ou absoluta tornaram-se emblemáticos: a) o do art. 192, § 3º, que previa que as taxas de juros reais não poderiam ser superiores a 12%; e b) o do art. 37, VII, que dispunha sobre o direito de greve dos servidores públicos. Em ambos os casos o Su-

---

361. STF, ADO 26, rel. Min. Celso de Mello, e MI 4.733, rel. Min. Edson Fachin, j. 13 jun. 2019.

362. O conceito de racismo, com tal alcance, foi formulado em: STF, *DJU*, 19 mar. 2004, HC 82.424, red. p/ acórdão Min. Maurício Corrêa.

363. A decisão do STF no caso relacionado à homotransfobia não foi unânime e trouxe algum grau de controvérsia. Os que se opuseram entenderam que ela teria implicado em criminalização de uma conduta por analogia, em violação ao princípio da legalidade estrita em matéria penal. A maioria, porém, este autor incluído, aplicou a lógica do precedente conhecido como "caso Ellwanger", referido na nota anterior, que envolvia uma hipótese de criminalização do antissemitismo. Prevaleceu o entendimento de que, diante da inexistência científica de *raças*, a ideia de racismo se aplica à discriminação contra *grupos vulneráveis*, vítimas de preconceito e de violência histórica. E essse é tipicamente o caso da perseguição a *gays* e transgêneros: o Brasil é recordista mundial de homicídios e agressões a integrantes desse grupo social.

premo Tribunal Federal reconheceu a ocorrência de mora legislativa, mas entendeu, inicialmente, que na falta de norma regulamentadora o direito não poderia ser exercido. No caso do art. 192, § 3º, a questão se resolveu pela revogação do dispositivo, efetuada pela EC n. 40/2003. Já a questão do direito de greve do servidor foi equacionada, como referido acima, por meio de mandado de injunção, tendo o STF determinado a aplicação provisória da lei que regula o exercício desse direito pelos trabalhadores em geral.

7.2. Da omissão inconstitucional parcial

A omissão parcial propriamente dita é a que se verifica quando o legislador atua de modo insuficiente ou deficiente em relação à obrigação que lhe cabia. O precedente que se invoca quase como padrão é o da lei de fixação do salário mínimo. Constatado que o valor estabelecido não atende ao balizamento constitucional, as possibilidades de atuação judicial são limitadas.

De fato, a declaração de inconstitucionalidade da lei geraria uma situação mais grave do que a de sua manutenção no sistema, pois restabeleceria o valor anterior, evidentemente inferior. A fixação, pelo próprio Judiciário, do valor que estimasse como adequado é tida como incompatível com o princípio da separação dos Poderes e enfrenta dificuldades no mundo jurídico e na vida real, como os princípios orçamentários e a reserva do possível. Na discussão doutrinária, foi proposta a utilização de categorias conceituais do direito alemão, como a declaração de inconstitucionalidade sem redução de texto e a declaração de inconstitucionalidade sem pronúncia de nulidade. Na nomenclatura e sistemática brasileiras, a fórmula adotada é a da declaração da inconstitucionalidade por omissão parcial, comumente ciência ao Poder competente. Confira-se o pronunciamento do Supremo Tribunal Federal na matéria:

"SALÁRIO MÍNIMO — VALOR INSUFICIENTE — SITUAÇÃO DE INCONSTITUCIONALIDADE POR OMISSÃO PARCIAL.

— A insuficiência do valor correspondente ao salário mínimo, definido em importância que se revele incapaz de atender às necessidades vitais básicas do trabalhador e dos membros de sua família, configura um claro descumprimento, ainda que parcial, da Constituição da República, pois o legislador, em tal hipótese, longe de atuar como o sujeito concretizante do postulado constitucional, estará realizando, de modo imperfeito, o programa social assumido pelo Estado na ordem jurídica.

— As situações configuradoras de omissão inconstitucional — ainda que se cuide de omissão parcial, derivada da insuficiente concretização, pelo Poder Público, do conteúdo material da norma impositiva fundada na Carta Política, de que é destinatário — refletem comportamento estatal que deve ser repelido, pois a inércia do Estado qualifica-se, perigosamente, como um dos processos informais de mudança da Constituição, expondo-se, por isso mesmo, à censura do Poder Judiciário.

— A procedência da ação direta de inconstitucionalidade por omissão, importando em reconhecimento judicial do estado de inércia do Poder Público, confere ao Supremo Tribunal Federal, unicamente, o poder de cientificar o legislador inadimplente, para que este adote as medidas necessárias à concretização do texto constitucional"[364].

Em precedente de 2010, porém, o Tribunal introduziu uma inovação a essa fórmula, admitindo a possibilidade de se fixar um prazo para a superação da omissão parcial, após o qual o ato perderia vigência. Tratava-se de um conjunto de quatro ações diretas de inconstitucionalidade em que alguns Estados da Federação arguíam a inconstitucionalidade da Lei Complementar n. 62/89, que fixa critérios de repartição do FPE — Fundo de Participação dos Estados. A Constituição Federal, em seu art. 161, II, determina que o rateio seja feito de forma a promover o equilíbrio socioeconômico, o que pressupõe a adoção de critérios baseados na efetiva realidade socioeconômica dos entes federativos. Os estados arguentes sustentavam que os critérios estabelecidos pela lei, em 1989, já não correspondiam à realidade. Com base nisso, alguns pediam a declaração da sua inconstitucionalidade, ao passo que outros pediam o reconhecimento da omissão inconstitucional parcial, sem a pronúncia da nulidade.

Na decisão, o STF assentou a relativa fungibilidade entre os pedidos e atribuiu a si mesmo a prerrogativa de decidir qual seria o provimento mais adequado à hipótese. Na prática, optou por declarar a inconstitucio-

---

364. STF, *DJU*, 20 set. 1996, p. 34531, ADInMC 1.458-DF, rel. Min. Celso de Mello (o texto transcrito foi editado, com supressão de algumas passagens).

nalidade sem a pronúncia da nulidade, mantendo-se a norma em vigor até o fim do exercício fiscal de 2012, que ocorreria em 31 de dezembro daquele ano. A votação foi conduzida pelo voto do relator, Ministro Gilmar Mendes, que destacou a necessidade de se manter a lei em vigor a fim de evitar uma *lacuna constitucional ameaçadora*, que inviabilizaria a repartição dos recursos do Fundo e produziria, portanto, um resultado mais inconstitucional do que o decorrente da manutenção provisória do ato impugnado[365]. No caso concreto, alguns Ministros chegaram a cogitar a possibilidade de que os próprios Estados se mobilizassem para apressar o processo legislativo e evitar o surgimento da lacuna, que poderia ameaçar a distribuição dos recursos do Fundo de Participação. A fixação de um prazo terminativo, no caso, parece ter produzido maior efeito prático do que o estabelecimento de um *prazo de razoabilidade*, meramente indicativo para o legislador. De fato, em 18 de julho de 2013, foi publicada a Lei Complementar n. 143, dispondo sobre novos critérios para o rateio dos recursos do FPE.

A questão torna a se colocar nas hipóteses de omissão relativa, que é aquela em que a lei exclui do seu âmbito de incidência determinada categoria, privando-a de um benefício, em violação ao princípio da isonomia. O tema já foi debatido mais de uma vez perante o Supremo Tribunal Federal, em questões envolvendo reajuste na remuneração de servidores públicos, quando se alegaram discriminações arbitrárias entre categorias de servidores ou diferenciação, à época vedada, entre civis e militares. A rigor, é possível distinguir as situações em que a lei decorre de imperativo constitucional daquelas em que se trata da liberdade de conformação do legislador[366].

---

365. STF, *DJe*, 30 abr. 2010, ADI 875-DF, rel. Min. Gilmar Mendes.

366. No comum dos casos, o legislador é livre para legislar, mas, em o fazendo, deve pautar-se integralmente pela Constituição, inclusive não procedendo a discriminações irrazoáveis. Em tese, as omissões relativas podem surgir ainda que o ato não seja editado em atendimento a um dever constitucional concreto e específico, nos termos em que foi caracterizado. Pode se tratar de uma norma criada em conformidade com o dever geral de legislar, no âmbito de discricionariedade do legislador. Todavia, uma vez instituído um direito, através de norma compatível com a Constituição, salvo por ser menos abrangente do que deveria, há um forte interesse em sua não invalidação, o que poderia até mesmo enquadrar-se na ideia de vedação do retrocesso. Sobre vedação do retrocesso, v. Ana Paula de Barcellos, *A eficácia jurídica dos princípios constitucionais — o princípio da dignidade da pessoa humana*, 2002, p. 68 e s. *A contrario sensu*, em linha de princípio, as normas gravosas para o indivíduo que incorrerem em vício de omissão inconstitucional relativa, sem que tivessem

A primeira solução que se coloca é a declaração positiva de inconstitucionalidade da norma que concedeu reajuste a uns e não a outros. Nesse caso, com a paralisação de sua eficácia, restabelecer-se-ia a isonomia, não com a melhoria dos excluídos, mas com a generalização da situação menos favorável. Embora tecnicamente possível, não é uma fórmula que satisfaça ao espírito[367]. A outra possibilidade é a já mencionada declaração de nulidade sem redução do texto, que se materializaria na declaração de inconstitucionalidade por omissão parcial, com ciência ao Poder competente. Nessa fórmula, todavia, se a inércia não fosse rompida, a injustiça persistiria. Tampouco esta é uma fórmula elevada ao espírito.

Por fim, resta cogitar da hipótese de a decisão judicial estender ao grupo excluído o benefício do qual foi injustamente privado. No direito brasileiro, a exemplo do direito comparado, essa fórmula, sobretudo quando envolva a geração de despesas, costuma ser afastada[368]. Embora haja precedentes alhures de decisões *aditivas*, elas não são corriqueiras e normalmente não envolvem gastos públicos. A rejeição a essa solução, portanto, tem prevalecido no direito brasileiro. Há, no entanto, um precedente em que o Supremo Tribunal Federal, afastando-se de sua jurisprudência tradi-

---

sido editadas em atenção a um dever constitucional concreto e individualizado, deveriam ter esse vício declarado em sede de controle de constitucionalidade por ação (do que decorreria sua nulidade). Em sentido semelhante, v. manifestação do Min. Sepúlveda Pertence na ADIn 529-4-DF, que apenas não faz distinção entre a norma gravosa editada em atenção a dever constitucional específico — cuja anulação determinaria o retorno à situação de inconstitucionalidade absoluta — e a norma decorrente da mera liberdade de conformação do legislador, recomendando a declaração da nulidade de forma indiscriminada nessas hipóteses de omissão relativa.

367. Foi o que constatou o Min. Sepúlveda Pertence, em voto na ADInMC 526-DF, da qual foi relator (*DJU*, 5 mar. 1993, p. 2896): "Se, entretanto, admitida a plausibilidade da arguição assim dirigida ao art. 1º da MP 296/91, se entende ser o caso de inconstitucionalidade por ação e se defere a suspensão do dispositivo questionado, o provimento cautelar apenas prejudicaria o reajuste necessário dos vencimentos da parcela mais numerosa do funcionalismo civil e militar, sem nenhum benefício para os excluídos do seu alcance. Se, ao contrário, se divisa, no caso, inconstitucionalidade por omissão parcial, jamais se poderia admitir a extensão cautelar do benefício aos excluídos, efeito que nem a declaração definitiva da invalidade da lei poderá gerar (CF, art. 103, § 2º)".

368. STF, *RTJ, 146*:424, 1993, ADIn 529-DF, rel. Min. Sepúlveda Pertence; *DJU*, 20 maio 1994, RMS 21.662-DF, rel. Min. Celso de Mello: "A extensão jurisdicional em favor dos servidores preteridos do benefício pecuniário que lhes foi indevidamente negado pelo legislador encontra obstáculo no princípio da separação dos poderes. A disciplina jurídica da remuneração devida aos agentes públicos em geral está sujeita ao princípio da reserva legal absoluta".

cional, estendeu aos servidores civis um reajuste que havia sido concedido aos militares. A decisão não foi proferida em sede de ação de inconstitucionalidade por omissão, mas sim em mandado de segurança[369].

Nos casos de patente injustiça, há uma fórmula que se pode alvitrar para legitimar a decisão aditiva, que estende determinado benefício a quem tenha sido indevidamente excluído. Nas hipóteses extremas, o Supremo Tribunal Federal poderia estabelecer um prazo — e.g., início do exercício financeiro seguinte — para que se procedesse à inclusão ou se desse outra solução constitucionalmente legítima. Desse modo, estar-se-ia buscando uma forma de conciliação entre princípios como o da supremacia da Constituição e da isonomia, de um lado, e os princípios orçamentários, da separação de Poderes e da legalidade, de outro.

7.3. Efeitos objetivos, subjetivos e temporais

Do ponto de vista objetivo, a declaração da inconstitucionalidade por omissão não afeta, por si só, o ordenamento jurídico em vigor. Somente haverá alguma modificação do direito posto se e quando o Poder ou órgão administrativo vierem a editar o ato normativo faltante. Veja-se que nas hipóteses em que a norma constitucional tenha densidade jurídica suficiente para sua aplicação direta, ainda quando tenha previsto regulamentação ulterior, deverá o intérprete fazê-la incidir imediatamente, no máximo de suas potencialidades. Vale dizer: se a norma é autoaplicável, não haverá necessidade de ação de inconstitucionalidade por omissão, que consequentemente será descabida[370]. Haverá, contudo, alteração do orde-

---

369. STF, *DJU*, 13 jun. 1997, RMS 22.307, rel. Min. Marco Aurelio: "[S]ob pena de caminhar-se para verdadeiro paradoxo, fulminando-se princípio tão caro às sociedades que se dizem democráticas, como é o da isonomia, não vejo como adotar óptica diversa em relação ao pessoal civil do Executivo Federal, já que o militar foi contemplado. As premissas assentadas por esta Corte quando da deliberação administrativa continuam de pé e mostram-se adequadas ao caso vertente. Houve revisão geral de vencimentos, deixando-se de fora os servidores civis. Apanhada esta deficiência em face da autoaplicabilidade do preceito constitucional, Legislativo, Judiciário e Ministério Público determinaram a inclusão do reajuste nas folhas de pagamento, tendo como data-base janeiro de 1993. Nisso, deram fidedigna observância ao preceito constitucional que prevê a revisão a ser feita na mesma data sem distinção entre civis e militares. Assim, ato omissivo exsurge contrário à ordem jurídico-constitucional em vigor, valendo notar que de duas uma: ou Judiciário, Legislativo e Ministério Público agiram em homenagem à Carta da República, e então procede a irresignação das recorrentes, ou a vulneraram. Excluo essa última conclusão pelas razões acima lançadas".

370. STF, *DJU*, 8 nov. 1996, p. 43199, ADInMC 297-DF, rel. Min. Octávio Gallotti:

namento jurídico, caso o STF preencha a lacuna normativa ainda que provisoriamente[371].

Do ângulo subjetivo, os efeitos se produzem em relação a todos e com caráter vinculante. Isso significa que, em um processo no qual uma das partes invoque como argumento ou como fundamento do pedido o fato de existir omissão inconstitucional na matéria, declarada pelo Supremo Tribunal Federal, não poderá o órgão jurisdicional trabalhar sobre premissa diversa. Quanto aos efeitos temporais, como assinalado, não há analogia precisa com os da declaração de inconstitucionalidade por ação, que como regra retroagem ao momento de ingresso do ato no mundo jurídico. No caso de omissão, é preciso aguardar um período razoável para sua caracterização. Existe razoabilidade na tese de que, à vista da natureza constitutiva da decisão relativa à mora do Poder Público, este seria o termo inicial a partir do qual a omissão produziria seus efeitos. Mas haveria margem para controvérsia. No caso de lei que deva ser aprovada anualmente, como a de revisão geral da remuneração dos servidores públicos, a mora se caracteriza pelo decurso do prazo de doze meses sem encaminhamento da mensagem pelo Executivo[372].

"Ação direta de inconstitucionalidade por omissão de que não se conhece, por ser autoaplicável o dispositivo constitucional (art. 20 do ADCT), cuja possibilidade de cumprimento pretende o requerente ver suprida". E também STF, *DJU,* 25 nov. 1994, p. 32298, ADIn 480, rel. Min. Paulo Brossard.

371. Recentemente, o STF parece ter evoluído para admitir tal possibilidade também na ADO. V. ADO 26, rel. Min. Celso de Mello, j. 13 jun. 2019.

372. STF, *DJU,* 29 jun. 2001, p. 33, ADIn 2.061-DF, rel. Min. Ilmar Galvão: "AÇÃO DIRETA DE INCONSTITUCIONALIDADE POR OMISSÃO. ART. 37, X, DA CONSTITUIÇÃO FEDERAL (REDAÇÃO DA EC N. 19, DE 4-6-1998). Norma constitucional que impõe ao Presidente da República o dever de desencadear o processo de elaboração da lei anual de revisão geral da remuneração dos servidores da União, prevista no dispositivo constitucional em destaque, na qualidade de titular exclusivo da competência para iniciativa da espécie, na forma prevista no art. 61, § 1º, II, *a,* da CF. Mora que, no caso, se tem por verificada, quanto à observância do preceito constitucional, desde junho de 1999, quando transcorridos os primeiros doze meses da data da edição da referida EC n. 19/98".

Capítulo IV
DUAS HIPÓTESES ESPECIAIS DE CONTROLE CONCENTRADO: ARGUIÇÃO DE DESCUMPRIMENTO DE PRECEITO FUNDAMENTAL E AÇÃO DIRETA INTERVENTIVA

I — Arguição de descumprimento de preceito fundamental[1]

1. Generalidades

A arguição de descumprimento de preceito fundamental foi prevista no

---

1. Gilmar Ferreira Mendes, *Arguição de descumprimento de preceito fundamental — Comentários à Lei n. 9.882, de 3-12-1999*, 2007; André Ramos Tavares e Walter Claudius Rothenburg (orgs.), *Arguição de descumprimento de preceito fundamental: análises à luz da Lei n. 9.882/99*, 2001; André Ramos Tavares, *Tratado da arguição de preceito fundamental*, 2001; Zeno Veloso, *Controle jurisdicional de constitucionalidade*, 1999; Gustavo Binenbojm, *A nova jurisdição constitucional brasileira*, 2001; Lenio Luis Streck, *Jurisdição constitucional*, 2002; Bruno Noura de Moraes Rego, *Arguição de descumprimento de preceito fundamental*, 2003; Gilmar Ferreira Mendes, *Arguição de descumprimento de preceito fundamental* e *Arguição de descumprimento de preceito fundamental: demonstração de inexistência de outro meio eficaz*, obtido via Internet: http://www.jusnavigandi.com.br; Juliano Taveira Bernardes, *Lei 9.882/99: arguição de descumprimento de preceito fundamental*, obtido via Internet: www.jusnavigandi.com.br; Clèmerson Merlin Clève, Algumas considerações em torno da arguição de descumprimento de preceito fundamental, in José Adércio Leite Sampaio e Álvaro Ricardo de Souza Cruz, *Hermenêutica e jurisdição constitucional*, 2001; José Afonso da Silva, Comentário de acórdãos, *Cadernos de Soluções Constitucionais*, n. 1, 2003; Carlos Mário da Silva Velloso, A arguição de descumprimento de preceito fundamental, *FA*, 24:1849, 2003; Luís Roberto Barroso, Arguição de descumprimento de preceito fundamental. Hipótese de cabimento, in *Temas de direito constitucional*, t. 2, 2003; Manoel Gonçalves Ferreira Filho, O sistema constitucional brasileiro e as recentes inovações no controle de constitucionalidade (Leis n. 9.868, de 10 de novembro e n. 9.982, de 3 de dezembro de 1999), *RDA*, 220; Thomas Rosa de Bustamante, *Notas sobre a arguição de descumprimento de preceito fundamental e sua lei regulamentar*, obtido via Internet: www.jusnavigandi.com.br; Carlos Antonio de Almeida Melo, Alguns apontamentos sobre a arguição de descumprimento de preceito fundamental, *RILSF*, 145:113, 2000; Ivo Dantas, A arguição de descumprimento de preceito fundamental: a CF e a Lei n. 9.882/99, in José Ronald Cavalcante Soares, *Estudos de direito constitucional em homenagem a Paulo Bonavides*, 2001; Murilo Andrade de Carvalho, Arguição de descumprimento de preceito fundamental. Lei n. 9.882/99: uma leitura crítica, André Gustavo de Andrade (org.), *A constitucionalização do direito*, 2003; Pedro Loula e Teresa Melo, Arguição de descumprimento de

359

texto original da Constituição de 1988[2], somente vindo a ser regulamentada onze anos depois, com a Lei n. 9.882, de 3 de dezembro de 1999, que dispôs sobre seu processo e julgamento. Anteriormente à promulgação desse diploma legal, a posição do Supremo Tribunal Federal era pela não autoaplicabilidade da medida[3]. A ADPF inseriu-se no já complexo sistema brasileiro de controle de constitucionalidade sob o signo da singularidade, não sendo possível identificar proximidade imediata com outras figuras existentes no direito comparado, como o recurso de amparo do direito espanhol, o recurso constitucional do direito alemão ou o *writ of certiorari* do direito norte-americano[4]. E, apesar de fundado temor inicial[5], é certo também que ela não se prestou, ao menos nesses primeiros anos, a uso análogo ao da extinta avocatória, existente no direito constitucional brasileiro do regime militar.

Há razoável consenso doutrinário de que a Lei n. 9.882/99 não apenas deixou de explicitar de forma clara o sentido e alcance da arguição de des-

---

preceito fundamental: novo mecanismo de tutela das normas constitucionais?, *RF, 357:*417, 2001; Flávia Piovesan e Renato Stanziola Vieira, Arguição de descumprimento de preceito fundamental: inovações e aspectos polêmicos, in André Ramos Tavares e Walter Claudius Rothenburg, *Aspectos atuais do controle de constitucionalidade no Brasil*, 2003.

2. A ADPF foi inicialmente instituída no parágrafo único do art. 102, depois convertido em § 1º pela EC n. 3, de 13 de março de 1993, conservando a mesma redação: "A arguição de descumprimento de preceito fundamental decorrente desta Constituição será apreciada pelo Supremo Tribunal Federal, na forma da lei".

3. *DJU*, 31 maio 1996, AgRg na PET 1.140, rel. Min. Sydney Sanches: "1. O § 1º do art. 102 da Constituição Federal de 1988 é bastante claro ao dispor (...). 2. Vale dizer, enquanto não houver lei estabelecendo a forma pela qual será apreciada a arguição de descumprimento de preceito fundamental, decorrente da Constituição, o Supremo Tribunal Federal não poderá apreciá-la".

4. Nesse sentido, v. Daniel Sarmento, Apontamentos sobre a arguição de descumprimento de preceito fundamental, in André Ramos Tavares e Walter Claudius Rothenburg (orgs.), *Arguição de descumprimento de preceito fundamental: análises à luz da Lei n. 9.882/99*, 2001, p. 88-90; Bruno Noura de Moraes Rêgo, *Arguição de descumprimento de preceito fundamental*, 2003, p. 71. V. breve levantamento das posições a respeito em Lenio Luiz Streck, *Jurisdição constitucional e hermenêutica*, 2002, p. 635 e s. Para um estudo de direito comparado na matéria, v. André Ramos Tavares, *Tratado da arguição de preceito fundamental*, 2001, p. 35 e s.

5. V. Manoel Gonçalves Ferreira Filho, O sistema constitucional brasileiro e as recentes inovações no controle de constitucionalidade, *RDA*, 220, p. 14: "[S]eu objetivo real, disfarçado embora, é introduzir uma forma de avocatória, concentrando nas mãos do Supremo Tribunal Federal questões de inconstitucionalidade, suscitadas incidentalmente perante outras instâncias"; no mesmo sentido, Gustavo Binenbojm, *A nova jurisdição constitucional brasileira*, 2001, p. 189 e 192-3.

cumprimento de preceito fundamental — acerca da qual havia amplo desencontro doutrinário[6] — como, ademais, ainda criou algumas perplexidades adicionais[7]. Tal fato foi agravado pelo veto presidencial a dispositivos do projeto aprovado, desfigurando a proposta original. De todo modo, a despeito de certas dificuldades apresentadas pelo texto, a disciplina lacônica dada pela lei transferiu para o Supremo Tribunal Federal um amplo espaço de conformação do instituto por via de construção jurisprudencial. É possível supor, assim, que esse remédio constitucional possa ser projetado para uma dimensão mais elevada, superadora, inclusive, de suas motivações iniciais[8].

Em sua concepção original, materializada no Projeto de Lei n. 17, de 1999 (n. 2.872/97 na Câmara dos Deputados), aprovado pelo Congresso Nacional, a ADPF tinha dupla função institucional: (i) a de instrumento de governo, consubstanciada na possibilidade de os legitimados do art. 103 alçarem diretamente ao conhecimento do Supremo Tribunal Federal a discussão de questões sensíveis, envolvendo risco ou lesão a preceito fundamental ou relevante controvérsia constitucional (Lei n. 9.882/99, art. 1º e parágrafo único, c/c o art. 2º, I); e (ii) a de instrumento de cidadania, de defesa de direitos fundamentais, ao admitir a propositura da arguição por qualquer pessoa lesada ou ameaçada por ato do Poder Público (art. 2º, II, do PL n. 17/99). Este último dispositivo, todavia, foi vetado pelo Presidente da

---

6. V., por todos, Bruno Noura de Moraes Rêgo, *Arguição de descumprimento de preceito fundamental*, 2003, p. 15-6.
7. Sem embargo da qualificação pessoal dos juristas que integraram a comissão que elaborou o projeto, presidida por Celso Ribeiro Bastos, falecido em 2003, e composta por Gilmar Ferreira Mendes, Arnoldo Wald, Ives Gandra da Silva Martins e Oscar Dias Corrêa.
8. Além da referência constante ao combate à "indústria de liminares", algumas das finalidades do remédio constitucional, nas palavras de Gilmar Ferreira Mendes, *Arguição de descumprimento de preceito fundamental*, p. 8: "O novo instituto, sem dúvida, introduz profundas alterações no sistema brasileiro de controle de constitucionalidade. Em primeiro lugar, porque permite a antecipação de decisões sobre controvérsias constitucionais relevantes, evitando que elas venham a ter um desfecho definitivo após longos anos, quando muitas situações já se consolidaram ao arrepio da 'interpretação autêntica' do Supremo Tribunal Federal. Em segundo lugar, porque poderá ser utilizado para — de forma definitiva e com eficácia geral — solver controvérsia relevante sobre a legitimidade do direito ordinário pré-constitucional em face da nova Constituição que, até o momento, somente poderia ser veiculada mediante a utilização do recurso extraordinário. Em terceiro, porque as decisões proferidas pelo Supremo Tribunal Federal nesses processos, haja vista a eficácia *erga omnes* e o efeito vinculante, fornecerão a diretriz segura para o juízo sobre a legitimidade ou a ilegitimidade de atos de teor idêntico, editados pelas diversas entidades municipais".

República, sob o fundamento de que franqueava de forma desmedida o acesso ao Supremo Tribunal Federal[9].

O conhecimento convencional em matéria de controle de constitucionalidade reafirma, rotineiramente, que a regra no direito brasileiro é a fiscalização incidental e difusa[10]. A verdade, no entanto, é que a Lei n. 9.882/99 vem reforçar uma tendência que se tem manifestado nos últimos anos de ampliação do papel da jurisdição constitucional concentrada e abstrata[11].

---

9. As razões de veto do Presidente da República, encaminhadas por via da Mensagem n. 1.807, de 3 de dezembro de 1999, assim se manifestavam no particular: "A disposição insere um mecanismo de acesso direto, irrestrito e individual, ao Supremo Tribunal Federal sob a alegação de descumprimento de preceito fundamental por 'qualquer pessoa lesada ou ameaçada por ato do Poder Público'. A admissão de um acesso individual e irrestrito é incompatível com o controle concentrado de legitimidade dos atos estatais — modalidade em que se insere o instituto regulado pelo projeto de lei sob exame. A inexistência de qualquer requisito específico a ser ostentado pelo proponente da arguição e a generalidade do objeto da impugnação fazem presumir a elevação excessiva do número de feitos a reclamar apreciação pelo Supremo Tribunal Federal, sem a correlata exigência de relevância social e consistência jurídica das arguições propostas. Dúvida não há de que a viabilidade funcional do Supremo Tribunal Federal consubstancia um objetivo ou princípio implícito da ordem constitucional, para cuja máxima eficácia devem zelar os demais poderes e as normas infraconstitucionais. De resto, o amplo rol de entes legitimados para a promoção do controle abstrato de normas inscrito no art. 103 da Constituição Federal assegura a veiculação e a seleção qualificada das questões constitucionais de maior relevância e consistência, atuando como verdadeiros agentes de representação social e de assistência à cidadania".

10. V., a propósito, passagem do voto do Min. Moreira Alves, no julgamento de questão de ordem na ADC 1 (*RTJ, 157*:371, 1996, rel. Min. Moreira Alves, p. 383-4): "Este (*o controle difuso*), apesar da expansão dada ao controle concentrado (...), *continua a ser a regra*, só não podendo ser utilizado legitimamente com relação aos atos normativos que, anteriormente, tenham sido declarados, pelo controle concentrado em abstrato, constitucionais ou inconstitucionais, ou que hajam tido sua execução suspensa pelo Senado quando a declaração de inconstitucionalidade resulte do controle difuso exercido pelo Supremo Tribunal Federal" (grifo acrescentado).

11. V. passagem do voto do Min. Sepúlveda Pertence, também no julgamento da ADC 1, *RTJ, 157*:371, 1996, p. 389: "Esta convivência [entre o sistema difuso e o sistema concentrado] não se faz sem uma permanente tensão dialética na qual, a meu ver, a experiência tem demonstrado que será inevitável o reforço do sistema concentrado, sobretudo nos processos de massa; na multiplicidade de processos que inevitavelmente, a cada ano, na dinâmica da legislação, sobretudo da legislação tributária e matérias próximas, levará, se não se criam mecanismos eficazes de decisão relativamente rápida e uniforme, ao estrangulamento da máquina judiciária, acima de qualquer possibilidade de sua ampliação e, progressivamente, ao maior descrédito da Justiça, pela sua total incapacidade de responder à demanda de centenas de milhares de processos rigorosamente idênticos, porque reduzidos a uma só questão de direito".

Essa tensão entre as duas modalidades de controle encontra-se subjacente à discussão acerca da constitucionalidade da própria lei que disciplina a ADPF, objeto de ação direta de inconstitucionalidade proposta pelo Conselho Federal da Ordem dos Advogados do Brasil e ainda em fase de processamento[12]. Inicialmente, em razão da pendência dessa ação, o Supremo Tribunal Federal vinha suspendendo o julgamento de diversas ADPFs[13], sem prejuízo da eventual concessão de medida liminar em algumas hipóteses (v. *infra*). Posteriormente, porém, o Tribunal iniciou o julgamento de duas arguições[14] e proferiu julgamento de mérito, destacando que a Lei n. 9.882/99 se encontrava plenamente em vigor, a despeito da impugnação a sua constitucionalidade[15].

2. Espécies

A doutrina, de maneira praticamente unânime, tem extraído da Lei n. 9.882/99 a existência de dois tipos de arguição de descumprimento de preceito fundamental: a) a arguição autônoma e b) a arguição incidental. A autônoma tem sua previsão no art. 1º, *caput*: "A arguição prevista no § 1º do art. 102 da Constituição Federal será proposta perante o Supremo Tri-

---

12. V. ADInMC 2.231-DF, rel. Min. Néri da Silveira, tendo por objeto a íntegra da Lei n. 9.882/99. O julgamento foi iniciado em 5 de dezembro de 2001 e, após o voto do relator, pediu vista o Min. Sepúlveda Pertence. O *Informativo STF* n. 253, de dezembro de 2001, assim noticiou o voto proferido: "O Min. Néri da Silveira, relator, em face da generalidade da formulação do parágrafo único do art. 1º, considerou que esse dispositivo autorizaria, além da arguição autônoma de caráter abstrato, a arguição incidental em processos em curso, a qual não poderia ser criada pelo legislador ordinário, mas, tão só, por via de emenda constitucional, e, portanto, proferiu voto no sentido de dar ao texto interpretação conforme à CF a fim de excluir de sua aplicação controvérsias constitucionais concretamente já postas em juízo (transcrição do par. ún.). Consequentemente, o Min. Néri da Silveira também votou pelo deferimento da liminar para suspender a eficácia do § 3º do art. 5º, por estar relacionado com a arguição incidental em processos em concreto (transcrição do § 3º)".

13. No julgamento da ADPF 18-CE, rel. Min. Néri da Silveira, *DJU*, 19 out. 2001, foi proferida a seguinte decisão: "Apresentado o feito em mesa, pelo Senhor Ministro-Relator, que procedeu ao relato, o Tribunal deliberou aguardar o julgamento da ação direta de inconstitucionalidade que impugna a lei de regência da ação". Em consequência, diversas outras ADPFs tiveram seu julgamento suspenso, e.g., as de n. 6, 8, 14, 16, 18 e 26.

14. Trata-se da ADPF 46-DF e da ADPF 54-DF, ambas relatadas pelo Min. Marco Aurélio, cujos julgamentos foram interrompidos por pedidos de vista.

15. STF, *DJU*, 27 out. 2006, ADPF 33-PA, rel. Min. Gilmar Mendes: "Existência de ADI contra a Lei n. 9.882/99 não constitui óbice à continuidade do julgamento de arguição de descumprimento de preceito fundamental ajuizada perante o Supremo Tribunal Federal".

bunal Federal, e terá por objeto evitar ou reparar lesão a preceito fundamental, resultante de ato do Poder Público". E a incidental decorreria do mesmo art. 1º, parágrafo único, I: "Caberá também arguição de descumprimento de preceito fundamental quando for relevante o fundamento da controvérsia constitucional sobre a lei ou ato normativo federal, estadual ou municipal, incluídos os anteriores à Constituição", combinado com o art. 6º, § 1º, da mesma lei: "Se entender necessário, poderá o relator ouvir as partes nos *processos que ensejaram a arguição*, requisitar informações adicionais, designar perito ou comissão de peritos para que emita parecer sobre a questão, ou ainda, fixar data para declarações, em audiência pública, de pessoas com experiência e autoridade na matéria" (grifo acrescentado).

No caso da arguição *autônoma*, além do pressuposto geral da inexistência de qualquer outro meio eficaz de sanar a lesividade (o que lhe dá um caráter de subsidiariedade), exige-se (i) a ameaça ou violação a preceito fundamental e (ii) um ato estatal ou equiparável capaz de provocá-la. Trata--se, inequivocamente, de uma ação, análoga às ações diretas já instituídas na Constituição, por via da qual se suscita a jurisdição constitucional abstrata e concentrada do Supremo Tribunal Federal. A legitimação é a mesma da ação direta de inconstitucionalidade, o parâmetro de controle é mais restrito — não é qualquer norma constitucional, mas apenas preceito fundamental — e o objeto do controle é mais amplo, pois não se limita aos atos normativos e estende-se aos três níveis de poder.

Já a arguição batizada — não sem certa impropriedade — como *incidental*[16] pressupõe, em primeiro lugar, a existência de um litígio, de uma demanda concreta já submetida ao Poder Judiciário. Seus outros requisitos, que são mais numerosos que os da arguição autônoma, incluem, além da

---

16. O caráter incidental da arguição sugere que ela seja suscitada no âmbito de um processo, por uma das partes, por terceiro com legitimidade para intervir ou de ofício pelo órgão judicial. Nenhuma dessas hipóteses está presente aqui. André Ramos Tavares emprega alternativamente o termo *paralela* (*Arguição de descumprimento de preceito constitucional fundamental: aspectos essenciais do instituto na Constituição e na lei*, p. 62), que melhor identifica a situação, mas não foi seguido por outros autores. O termo *incidental* também não identifica adequadamente a natureza da arguição, que é suscitada em ação própria, na qual se exerce jurisdição abstrata e concentrada. Para um paralelo com o incidente de inconstitucionalidade do direito europeu e com a declaração incidental de inconstitucionalidade já existente no direito brasileiro (CF, art. 97, CPC/1973, arts. 480 e 482 e CPC/2015, arts. 949 e 950), v. Bruno Noura de Moraes Rêgo, *Arguição de descumprimento de preceito fundamental*, 2003, p. 33 e s.

subsidiariedade e da ameaça ou lesão a preceito fundamental[17], a necessidade de que (i) seja relevante o fundamento da controvérsia constitucional e (ii) se trate de lei ou ato *normativo* — e não qualquer ato do Poder Público. No caso da arguição incidental, eventuais processos em tramitação ficarão sujeitos à suspensão liminar de seu andamento ou dos efeitos da decisão acaso já proferida (art. 5º, § 3º), bem como à tese jurídica que venha a ser firmada, pelo Supremo Tribunal Federal, no julgamento final da ADPF, que terá eficácia *erga omnes* e vinculante (art. 10, § 3º)[18]. O caso concreto pendente será julgado pelo juiz ou tribunal competente e que já exerça jurisdição sobre a causa; nem um nem outro poderá, todavia, ignorar a premissa lógica estabelecida na decisão da arguição.

Com o veto ao dispositivo que previa a possibilidade de ajuizamento da ação por qualquer pessoa lesada ou ameaçada (art. 2º, II, do PL n. 17/99), o direito de propositura de ambas as arguições concentrou-se no mesmo elenco de legitimados: as pessoas e órgãos que podem propor a ação direta de inconstitucionalidade (art. 2º, I, da lei), que são aqueles previstos no art. 103 da Constituição. Diante disso, o emprego da arguição incidental fica muito limitado: se os legitimados são os mesmos, não se vislumbra por qual razão não optariam pela via autônoma, cujos requisitos são menos rígidos[19]. Na prática, após alguma indefinição inicial no âmbito do próprio STF acerca dos contornos reais da modalidade incidental[20], a questão acabou relegada

---

17. Embora o inciso I do parágrafo único do art. 1º não mencione a expressão *preceito fundamental*, essa exigência é de caráter constitucional (art. 102, § 1º), não podendo ser dispensada pelo legislador ordinário.

18. Na verdade, a repercussão da liminar e da decisão final sobre as ações em curso dar-se-á tanto na arguição incidental como na autônoma. Com efeito, os dispositivos relevantes não distinguem, para esse fim, entre uma e outra.

19. Esse argumento trabalha sobre a premissa de que a relevância do fundamento da controvérsia constitucional, prevista no art. 1º, parágrafo único, I, da lei, é cumulativa — e não alternativa — com a lesão a preceito fundamental prevista no *caput* do art. 1º e no dispositivo constitucional (art. 102, § 1º). Poder-se-ia especular que, sempre que houvesse processos subjetivos discutindo a mesma questão, impor-se-ia a via da arguição incidental. Tal entendimento, todavia, afastaria o regime jurídico da ADPF daquele que se aplica à ação direta de inconstitucionalidade e à declaratória de constitucionalidade.

20. No julgamento do pedido de medida liminar na ADIn 2.231-DF (*DJU*, 17 jan. 2001), que versa sobre a constitucionalidade da Lei n. 9.882/99, o relator, Min. Néri da Silveira, votou pela suspensão parcial da eficácia do art. 1º, parágrafo único, I, da referida lei, para excluir a possibilidade de ajuizar ADPF incidental tendo como objeto controvérsia constitucional concretamente já deduzida em juízo. O fundamento da medida seria eventual

ao quase esquecimento em face das hipóteses de cabimento mais amplas da ADPF autônoma.

Restaria a via da arguição incidental, eventualmente, na situação prevista no art. 2º, § 1º, da lei: o Procurador-Geral da República, acolhendo a representação do interessado, formularia a arguição nessa modalidade, sustentando ser relevante o fundamento da controvérsia constitucional sobre a lei ou ato normativo (art. 1º, parágrafo único, I, da lei). Não se exclui a possibilidade de outro legitimado proceder da mesma forma.

3. Pressupostos de cabimento[21]

Além do pressuposto do descumprimento de preceito fundamental, que decorre da própria dicção do texto constitucional, a Lei n. 9.882/99 acrescentou um conjunto de outros requisitos, aplicáveis à ADPF em geral, ou, especificamente, à arguição incidental. Ausentes esses pressupostos, a ação não poderá ser admitida.

3.1. Pressupostos gerais

3.1.1. Descumprimento de preceito fundamental

Nem a Constituição nem a lei cuidaram de precisar o sentido e o alcance da locução "preceito fundamental", transferindo tal tarefa para a especulação da doutrina e a casuística da jurisprudência. Intuitivamente, preceito fundamental não corresponde a todo e qualquer preceito da Constituição. Por outro lado, impõe-se reconhecer, por força do princípio da unidade, que inexiste hierarquia jurídica entre as normas constitucionais. Nada obstante, é possível distinguir entre os conceitos de Constituição material e Constituição formal, e, mesmo entre as normas materialmente constitucionais, haverá aquelas que se singularizam por seu caráter estrutural ou por sua estatura axiológica. A expressão *preceito fundamental* importa o reconhecimento de que a violação de determinadas normas — mais co-

---

lesão aos princípios do devido processo legal e do juiz natural. O julgamento foi suspenso por pedido de vista do Min. Sepúlveda Pertence, não tendo sido retomado desde então.

21. V. Luís Roberto Barroso e Ana Paula de Barcellos, Direitos fundamentais, questões ordinárias e jurisdição constitucional: limites e possibilidades da arguição de descumprimento de preceito fundamental, *Revista de Direito do Estado, 1*:37, 2006. O desenvolvimento desse tópico beneficiou-se da pesquisa e da troca de ideias com Ana Paula de Barcellos.

mumente princípios, mas eventualmente regras — traz consequências mais graves para o sistema jurídico como um todo.

Embora conserve a fluidez própria dos conceitos indeterminados, existe um conjunto de normas que inegavelmente devem ser abrigadas no domínio dos preceitos fundamentais. Nessa classe estarão os fundamentos e objetivos da República, assim como as decisões políticas estruturantes, todos agrupados sob a designação geral de princípios fundamentais, objeto do Título I da Constituição (arts. 1º a 4º). Também os direitos fundamentais se incluem nessa categoria, o que abrangeria, genericamente, os individuais, coletivos, políticos e sociais (arts. 5º e s.). Aqui se travará, por certo, a discussão acerca da fundamentalidade ou não de determinados direitos contemplados na Constituição brasileira, não diretamente relacionados à tutela da liberdade ou do mínimo existencial. Devem-se acrescentar, ainda, as normas que se abrigam nas cláusulas pétreas (art. 60, § 4º) ou delas decorrem diretamente. E, por fim, os princípios constitucionais ditos *sensíveis* (art. 34, VII), que são aqueles que por sua relevância dão ensejo à intervenção federal.

Não se trata de um catálogo exaustivo, como natural, mas de parâmetros a serem testados à vista das situações da vida real e das arguições apreciadas pelo Supremo Tribunal Federal.

Nesse ponto, convém fazer uma ressalva. Como regra, não será difícil reconduzir argumentativamente qualquer discussão jurídica a alguma das matérias listadas acima no rol de preceitos fundamentais, ainda que de forma indireta ou remota. É preciso, portanto, definir elementos mais precisos para aferir o cabimento de ADPF, sob pena de se banalizar o mecanismo, transformando-o em mais uma via para a discussão de qualquer controvérsia, de direito ou mesmo de fato. Caso sirva para tudo, é bem provável que a ADPF acabe não servindo para nada. Para evitar essa malversação do mecanismo, parece possível enunciar alguns parâmetros para que se reconheça a possibilidade de sua utilização[22]. Assim, a questão constitucional discutida: (a) deve interferir com a necessidade de fixação do conteúdo e do alcance do preceito fundamental; (b) não pode depender de definição prévia de fatos controvertidos; e (c) deve ser insuscetível de resolução a partir da interpretação do sistema infraconstitucional. Aprofunde-se cada uma dessas proposições.

---

22. Luís Roberto Barroso e Ana Paula de Barcellos, Direitos fundamentais, questões ordinárias e jurisdição constitucional: limites e possibilidades da arguição de descumprimento de preceito fundamental, *RDE, 1*:37, 2006.

a) A violação alegada deve interferir com a fixação do conteúdo e do alcance do preceito fundamental

A locução *preceito fundamental*, como visto, descreve um conjunto de disposições constitucionais que, embora ainda não conte com uma definição precisa, certamente inclui as decisões sobre a estrutura básica do Estado, o catálogo de direitos fundamentais e os chamados princípios sensíveis[23]. A ADPF, portanto, é um mecanismo vinculado à proteção dos preceitos constitucionais considerados fundamentais.

Porém, para o cabimento da ADPF, não basta a alegação de não observância de um preceito fundamental existente na Constituição. Considerando o texto de 1988, não haveria grande dificuldade em associar um tema ou uma discussão a preceitos fundamentais como, e.g., a igualdade, a legalidade, a liberdade, a dignidade humana, dentre outros. A rigor, a discordância acerca da interpretação conferida a uma lei poderia dar margem à alegação de violação à legalidade — embora caiba ao STJ, e não ao STF, uniformizar a interpretação da ordem infraconstitucional. Da mesma forma, o fato de existirem interpretações diversas proferidas por diferentes órgãos jurisdicionais sobre uma mesma lei poderia ser descrito como ameaça à isonomia — nada obstante, mais uma vez, a competência do STJ na matéria.

Portanto, para o cabimento da ADPF, a suposta ameaça ou lesão ao preceito constitucional fundamental deve ser real e direta. Por tal razão, o art. 10 da Lei n. 9.882/99 dispõe que, *"julgada a ação, far-se-á comunicação às autoridades ou órgãos responsáveis pela prática dos atos questionados, fixando-se as condições e o modo de interpretação e aplicação do preceito fundamental"*. Este, portanto, o primeiro aspecto fundamental: o pedido formulado perante o STF no âmbito de uma ADPF deverá envolver a fixação do conteúdo e do alcance do preceito fundamental, não bastando a mera invocação de uma violação reflexa.

b) A questão não pode depender da definição prévia de fatos controvertidos

Do exame das funções estabelecidas na Constituição para os diferentes órgãos do Poder Judiciário pode-se concluir que, como regra, cabe aos

---

23. Nesse sentido, v., na jurisprudência, STF, *DJU*, 6 ago. 2004, p. 20, MC na ADPF 33-PA, rel. Min. Gilmar Mendes: "Preceito Fundamental: parâmetro de controle a indicar os preceitos fundamentais passíveis de lesão que justifiquem o processo e o julgamento da arguição de descumprimento. Direitos e garantias individuais, cláusulas pétreas, princípios sensíveis: sua interpretação, vinculação com outros princípios e garantia de eternidade".

juízos de primeiro e segundo graus prestar jurisdição, solucionando os casos concretos. Para isso, dentre outras atribuições, examinam provas a fim de apurar que fatos efetivamente ocorreram e qual das versões narradas pelas partes corresponde à realidade. A solução de controvérsias fáticas, portanto, é própria dos processos subjetivos e, de todo modo, está circunscrita às instâncias ordinárias de jurisdição. A ocupação central do STF é diversa: compete-lhe definir em caráter geral o sentido e o alcance das normas constitucionais.

Essa distinção de papéis se manifesta, por exemplo, nos requisitos exigidos pelo próprio STF para o cabimento de recurso extraordinário. Embora se trate de recurso no âmbito de um processo subjetivo, este não será admitido (i) para o fim de rever questão de fato ou prova; (ii) para rediscutir a interpretação de cláusula contratual; (iii) ou ainda na hipótese de a decisão recorrida haver solucionado a questão por fundamento diverso do constitucional[24]. Vale dizer: a jurisprudência do STF busca reservar ao próprio Tribunal a definição, em abstrato, do sentido e alcance da Constituição, evitando a revisão do ofício da jurisdição ordinária.

É certo que, eventualmente, o STF poderá necessitar de esclarecimentos sobre fatos relevantes para as questões jurídicas a serem decididas, motivo pelo qual a Lei n. 9.882/99 permite a realização de perícias e a oitiva de especialistas, assim como já fizera a Lei n. 9.868/99[25]. Situação diversa, porém, é aquela em que as partes ou interessados controvertem acerca de determinado fato e pretendem trazer a disputa ao STF, no âmbito de uma ADPF. Nessa hipótese, não cabe ao STF levar a cabo uma instrução específica para decidir qual das versões relatadas corresponde à verdade. Mesmo porque, em princípio, se remanesce dúvida acerca dos elementos fáticos, não é possível ainda determinar se há — ou mesmo se haverá — violação a preceito fundamental.

---

24. A matéria é pacífica na jurisprudência do STF, estando, inclusive, cristalizada em algumas Súmulas da Corte: 279: "Para simples reexame de prova não cabe recurso extraordinário"; 283: "É inadmissível o recurso extraordinário quando a decisão recorrida assenta em mais de um fundamento suficiente e o recurso não abrange todos eles"; 454: "Simples interpretação de cláusulas contratuais não dá lugar a recurso extraordinário".

25. Lei n. 9.882/99, art. 6º, § 1º: "Se entender necessário, poderá o relator ouvir as partes nos processos que ensejaram a arguição, requisitar informações adicionais, designar perito ou comissão de peritos para que emita parecer sobre a questão, ou ainda, fixar data para declarações, em audiência pública, de pessoas com experiência e autoridade na matéria".

Alguns exemplos ilustram o ponto. A Constituição garante o direito de herança, mas isso não faz com que a jurisdição constitucional seja o ambiente adequado para determinar a existência ou não de relações de filiação. A Constituição garante o direito de propriedade, mas nem por isso se pode exigir que o STF conheça de ADIn ou ADPF para definir a interpretação correta de cláusulas contratuais de compra e venda ou para verificar a ocorrência concreta dos requisitos de aquisição da propriedade por usucapião.

Em suma: a solução de controvérsias de fato deve ser alcançada no âmbito de um processo subjetivo. Quanto à tese jurídico-constitucional, ela poderá vir a ser apreciada pelo STF no âmbito de um recurso extraordinário. A rigor, nem mesmo no curso de um recurso extraordinário a revisão de fatos ou provas é admitida, tendo em conta o papel institucional do STF como guardião da Constituição. Ou seja: se não cabe ao STF presidir fase instrutória para resolução de fatos controvertidos, não seria pertinente utilizar a ADPF se, para produzir uma conclusão acerca da violação de preceito fundamental, fosse necessária dilação probatória.

c) A resolução da questão controvertida não pode depender da mera interpretação do sistema infraconstitucional

Como se referiu acima, não basta que o interessado associe sua pretensão genericamente a um preceito fundamental para que lhe seja autorizado o uso da ADPF. É necessário que a violação alegada seja direta e, de fato, interfira com o sentido e o alcance do preceito fundamental. Tal aspecto envolve o tema da interpretação jurídica contemporânea e merece um esclarecimento.

Ao longo das últimas décadas, as Constituições passaram ao centro dos sistemas jurídicos nacionais e o mesmo se verificou — e se verifica — com a Carta brasileira de 1988[26]. Nesse passo, é correto afirmar que toda interpretação jurídica é, em alguma medida, interpretação constitucional, já que será necessário verificar se a norma objeto de interpretação é ou não compatível com o texto da Constituição[27]. Isso não significa, porém, que

---

26. V. Konrad Hesse, La fuerza normativa de la Constitución. In: *Escritos de derecho constitucional*, 1983, e Eduardo García de Enterría, *La Constitución como norma y el Tribunal Constitucional*, 1985. V. tb. Luís Roberto Barroso, Neoconstitucionalismo e constitucionalização do Direito, *Revista de Direito Administrativo, 240*:1, 2005.

27. J. J. Gomes Canotilho e Vital Moreira, *Fundamentos da Constituição*, 1991, p. 45: "A principal manifestação da preeminência normativa da Constituição consiste em que toda a ordem jurídica deve ser *lida à luz dela* e passada pelo seu crivo". V. também Paulo Ricardo Schier, *Filtragem constitucional*, 1999.

toda interpretação jurídica se resuma à interpretação constitucional, ou que o ofício de cada juiz se confunda com o ofício próprio de uma Corte Constitucional. Explica-se melhor.

Ao deparar-se com as disposições jurídicas infraconstitucionais, o intérprete percorre um itinerário lógico que inclui três etapas[28]. Na primeira, cabe-lhe verificar a compatibilidade entre a norma a aplicar e o sistema constitucional em vigor. Apurada a validade do enunciado normativo, passa ele à segunda fase, na qual interpretará o sistema infraconstitucional propriamente dito. Note-se que, embora a Constituição exerça influência na determinação do sentido e alcance de qualquer norma, a interpretação legal tem categorias e conceitos específicos. De fato, a Constituição não esgota a disciplina de todos os temas, reservando ao legislador um espaço próprio de conformação. Boa parte da interpretação jurídica, portanto, envolverá essas decisões, que formam a ordem jurídica infraconstitucional.

A terceira etapa do raciocínio desenvolvido pelo intérprete, que na prática se conjuga com a segunda, envolve a identificação e a apreciação dos fatos do caso concreto. A missão principal da jurisdição ordinária é conferir solução juridicamente adequada a uma lide concreta, real, que apresenta características fáticas particulares. Assim, cabe ao juiz definir — finda a instrução probatória — que fatos considerará verdadeiros, qual o sentido deles e, diante do quadro fático apresentado, qual a solução jurídica adequada.

A circunstância de toda interpretação traduzir, em maior ou menor medida, interpretação constitucional (e, eventualmente, de um preceito fundamental) precisa ser considerada com prudência e razoabilidade. Do contrário, justificaria um sem-número de ADPFs, o que desnaturaria o seu papel e inviabilizaria o Supremo Tribunal Federal, já sobrecarregado. É preciso, portanto, distinguir as hipóteses em que a discussão constitucional é realmente relevante para a determinação do conteúdo e do alcance do preceito fundamental e que, por isso mesmo, autorizam o manejo da ADPF.

Pois bem. Considerando as três fases de raciocínio envolvidas na interpretação da ordem infraconstitucional — (i) a interpretação constitucional, (ii) a interpretação do sistema legal em si e (iii) a definição e valoração dos fatos —, é necessário fazer algumas distinções. Se o tema da ADPF for a invalidade da norma infraconstitucional —, isto é, se o confronto se esta-

---

28. Tais etapas, por evidente, não são estanques ou incomunicáveis, mas a divisão tem fins didáticos e, de toda forma, facilita a compreensão do ponto.

belecer de forma direta entre a norma legal e o preceito constitucional fundamental —, a discussão estará concentrada, não há dúvida, naquela primeira etapa da interpretação e, atendidos os demais requisitos, poderá em tese ser suscitada no âmbito de uma ADPF. Ou, em outras palavras: uma lei ou ato normativo que viola de forma direta um preceito fundamental poderá justificar o ajuizamento de uma ADPF.

Situação diversa será aquela em que, ultrapassado o juízo preliminar de validade, a questão envolva a interpretação do dispositivo legal tendo em conta o sistema infraconstitucional do qual ele faz parte. Ou ainda quando o debate se relacione com a definição da solução mais adequada à vista das particularidades de determinado caso concreto. Como já se referiu, a interpretação da ordem infraconstitucional e sua aplicação aos fatos é o ofício próprio dos órgãos judiciários de natureza ordinária, bem como, em parte, do Superior Tribunal de Justiça. Ao revés, não é essa a função do Supremo Tribunal Federal[29], principalmente diante de ações constitucionais que consubstanciam processos objetivos.

Assim, se a lesão a preceito fundamental puder ser solucionada pela interpretação própria da ordem infraconstitucional, ou por sua aplicação aos fatos do caso concreto — vale dizer, se a discussão estiver inserida na terceira ou segunda fases de raciocínio referidas acima —, não será o caso de propor ADPF. Não cabe atribuir ao STF, em detrimento de suas atribuições como Corte Constitucional, a competência própria das instâncias ordinárias, ou mesmo do STJ em matéria de interpretação da ordem infraconstitucional, até porque não se estaria no caso discutindo o sentido e o alcance de preceito fundamental.

Em resumo: a violação a preceito fundamental que autoriza o cabimento da ADPF é aquela que interfere de forma direta com a fixação do

---

29. Ao STF incumbe, precipuamente, a guarda da Constituição (art. 102). Órgão de cúpula do Poder Judiciário, exerce, de modo concentrado, a fiscalização em via principal da constitucionalidade de leis e atos normativos federais e estaduais, tendo como paradigma a Constituição Federal. Cabe-lhe, também, e privativamente, o controle abstrato de normas federais. Nada obstante essa primazia no controle mediante ação direta (isto é, principal, concentrado e, como regra, abstrato), o Supremo Tribunal Federal, a exemplo de todos os demais órgãos judiciais, também realiza o controle incidental e difuso de constitucionalidade. Poderá fazê-lo em processos de sua competência originária (art. 102, I) ou no julgamento de recursos ordinários (art. 102, II). Todavia, é em sede de recurso extraordinário que a Corte Suprema desempenha, normalmente e em grande volume, a fiscalização concreta de constitucionalidade de leis e atos normativos.

conteúdo e alcance do preceito e independe da definição prévia acerca de fatos controvertidos. De parte isso, não caberá a ADPF se a questão suscitada, a despeito do rótulo que se lhe atribua, puder ser solucionada pela interpretação do sistema infraconstitucional.

3.1.2. Inexistência de outro meio idôneo (subsidiariedade)

O segundo pressuposto genérico para o cabimento da ADPF é a inexistência de outro meio idôneo. Assim dispõe, em sua literalidade, o art. 4º, § 1º, da Lei n. 9.882/99: *"Não será admitida arguição de descumprimento de preceito fundamental quando houver qualquer outro meio eficaz de sanar a lesividade"*.

Institui-se, dessa forma, em matéria de ADPF, o princípio (na verdade, uma regra) da subsidiariedade. A determinação, que não decorre da matriz constitucional do instituto, foi inspirada por dispositivos análogos, relativamente ao recurso constitucional alemão[30] e ao recurso de amparo espanhol[31]. A doutrina e a própria jurisprudência do Supremo Tribunal Federal têm oscilado na compreensão desse dispositivo, gerando manifestações antagônicas. A matéria não é singela.

A primeira posição em relação a esse tema, desenvolvida em sede doutrinária, rejeita o caráter subsidiário ou residual que a lei pretendeu reservar para a ADPF. O argumento central é o de que o art. 102, § 1º, da Constituição somente autorizou a lei a dar *forma*, ou seja, a disciplinar o processo da arguição, e não a restringir o seu conteúdo. Assim, não se deve interpretar a norma constitucional com subordinação à vontade do legislador. Nessa linha, sustenta-se a autonomia da ADPF em relação às ações objetivas

---

30. A Lei sobre o Tribunal Constitucional Federal exige, em seu § 90, alínea 2, que antes da interposição de um recurso constitucional seja esgotada regularmente a via judicial. A esse propósito, v. Konrad Hesse, *Elementos de direito constitucional da República Federal da Alemanha*, 1998, p. 272: "Essa prescrição contém um cunho do princípio geral da subsidiariedade do recurso constitucional, que na jurisprudência recente ganha significado crescente. Segundo isso, um recurso constitucional só é admissível se o recorrente não pôde eliminar a violação de direitos fundamentais afirmada por interposição de recursos jurídicos, ou de outra forma, sem recorrer ao Tribunal Constitucional Federal".

31. Lei Orgânica 2, de 3-10-79, do Tribunal Constitucional, art. 44, 1, *a*: "Las violaciones de los derechos y libertades susceptibles de amparo constitucional que tuvieran su origen inmediato y directo en un acto ou omisión de un órgano judicial podrán dar lugar a este recurso siempre que se cumplan los requisitos seguientes: a) Que se hayan agotado todos los recursos utilizables dentro de la vía judicial".

e subjetivas existentes no sistema, sendo ela cabível sempre que se verificar violação de preceito constitucional de natureza fundamental por ato do Poder Público (e, no caso da incidental, estiverem presentes os demais requisitos). Mais que a admissão de eventual duplicidade ou pluralidade de vias, reivindica-se preferência para a arguição, quando cabível, com exclusão das demais ações[32].

Sem embargo da respeitabilidade dos argumentos e da autoridade de seus defensores, a tese prova demais. Não é incomum no direito brasileiro a disciplina infraconstitucional de direitos e garantias constitucionais, à vista de outras situações subjetivas igualmente protegidas e do interesse público de maneira geral. Mais que isso, a legislação ordinária provê amplamente acerca de outras ações de base constitucional, dentre as quais o mandado de segurança, a ação popular e a ação civil pública, contendo regras sobre cabimento, decadência do direito, direito de propositura, objeto, efeitos da decisão, dentre outros aspectos que não são estritamente processuais. É claro que a subsidiariedade será ilegítima se for tomada em sentido literal radical, tornando imprestável a arguição. Trata-se, portanto, de questão de razoabilidade da interpretação e não de invalidade da norma.

A segunda posição em relação à regra da subsidiariedade tende para o extremo oposto da primeira. Fundada na dicção expressa do dispositivo legal (art. 4º, § 1º, da lei), sustenta a inadmissibilidade da ADPF sempre que cabível outro processo objetivo — como a ação direta de inconstitucionalidade por ação ou omissão e a ação declaratória de constitucionalidade — ou mesmo ações individuais ou recursos. Essa linha, que tem igualmente suporte da doutrina[33] e de precedentes do Supremo Tribunal Federal, rejei-

---

32. Nesse sentido, vejam-se José Afonso da Silva, Comentários de acórdãos, *Cadernos de Soluções Constitucionais*, n. 1, 2003, p. 257-60, e, especialmente, André Ramos Tavares, Arguição de descumprimento de preceito constitucional fundamental: aspectos essenciais do instituto na Constituição e na lei, in André Ramos Tavares e Walter Claudius Rothenburg (orgs.), *Arguição de descumprimento de preceito fundamental: análise à luz da Lei n. 9.882/99*, 2001, p. 42-8: "Verificar-se-á que a arguição é cabível sempre, e absolutamente sempre, que se observar a violação de preceito constitucional de natureza fundamental. (...) Não obstante admitir-se a possibilidade de que mais de uma ação preste-se ao mesmo objetivo, a verdade é que, com a introdução da arguição, para ela desviam-se todos os descumprimentos de preceitos fundamentais da Constituição. (...) As hipóteses de cabimento da arguição, no que se refere à exigência de violação da Carta Constitucional, não podem depender de lei. Já vem traçada pela própria Constituição".

33. Vejam-se: Zeno Veloso, *Controle judicial de constitucionalidade*, 1999, p. 327, escrito anteriormente à promulgação da lei: "[A] lei a ser editada deverá estabelecer o pro-

ta a arguição sempre que seja possível enfrentar o ato por via de mandado de segurança, ação popular, reclamação ou recursos ordinários e extraordinários, pelo menos antes que eles sejam esgotados[34].

Como se pode verificar nos precedentes citados em nota ao parágrafo anterior, a interpretação estrita do art. 4º, § 1º, conduzirá, na grande maioria dos casos, à inadmissibilidade da arguição. A ADPF teria, assim, um papel marginal e inglório, tal como antes ocorrera com o mandado de injunção. É que, na prática, dificilmente deixará de haver no arsenal do controle concentrado ou do controle difuso a possibilidade, em tese, de utilizar-se alguma ação ou recurso contra o ato a ser questionado. E a demora inevitável no esgotamento de todas as outras vias comprometerá, naturalmente, os objetivos visados pela arguição, dentre os quais o de evitar a incerteza trazida por decisões contraditórias e de promover segurança jurídica. É necessária, portanto, uma interpretação mais aberta e construtiva da regra da subsidiariedade.

A questão central aqui parece estar na *eficácia* do "outro meio" referido na lei, isto é, no tipo de solução que ele é capaz de produzir[35]. Consi-

---

cedimento da arguição, indicando os casos em que a mesma poderá ocorrer, evidentemente, num campo residual, numa situação especial e excepcional, quando tenham sido esgotadas as vias normais do controle jurisdicional de constitucionalidade, que, entre nós, já são muitas e diversificadas" (texto ligeiramente editado); e Alexandre de Moraes, Comentários à Lei n. 9.882/99 — arguição de descumprimento de preceito fundamental, in André Ramos Tavares e Walter Claudius Rothenburg, *Arguição de descumprimento de preceito fundamental: análise à luz da Lei n. 9.882/99*, 2001, p. 26-7: "[A ADPF] não substitui as demais previsões constitucionais que tenham semelhante finalidade, tais como o *habeas corpus*, *habeas data*; mandado de segurança individual e coletivo; mandado de injunção; ação popular; ações diretas de inconstitucionalidade genérica, interventiva e por omissão e ação declaratória de constitucionalidade (...). [P]orém, o cabimento da ADPF não exige a inexistência de outro mecanismo jurídico, mas seu prévio esgotamento sem real efetividade, ou seja, sem que tenha havido cessação à lesividade a preceito fundamental, pois a lei não previu exclusividade de hipóteses para a utilização da arguição de descumprimento de preceito fundamental, mas subsidiariedade" (texto ligeiramente editado).

34. V. ADPF 3-QO-CE, rel. Min. Sydney Sanches (*Inf. STF n. 189*, maio 2000, e Carlos Mário Velloso, A arguição de descumprimento de preceito fundamental, *Fórum Administrativo*, 24:1852, 2003); ADPF 12, rel. Min. Ilmar Galvão (STF, *DJU*, 26 mar. 2001); ADPF 13, rel. Min. Ilmar Galvão (STF, *DJU*, 5 abr. 2001); ADPF 17, rel. Min. Celso de Mello (STF, *DJU*, 28 set. 2001).

35. Embora na ADPF 17 (*DJU*, 28 set. 2001) o relator Min. Celso de Mello não tenha conhecido da arguição, por aplicação da regra da subsidiariedade, esse ponto não lhe passou despercebido, como se vê da transcrição da seguinte passagem de seu voto: "É claro que a mera possibilidade de utilização de outros meios processuais não basta, só por si, para jus-

derando que a decisão na ADPF é dotada de caráter vinculante e contra todos, quando esses efeitos forem decisivos para o resultado que se deseja alcançar, dificilmente uma ação individual ou coletiva de natureza subjetiva poderá atingi-los. É por esse fundamento que merece adesão a posição intermediária e melhor, que vem conquistando a doutrina e a jurisprudência, no sentido de que, tendo em vista a natureza objetiva da ADPF, o exame de sua subsidiariedade deve levar em consideração os demais processos objetivos já consolidados no sistema constitucional. Isso porque, embora seja possível imaginar exceções pontuais[36], os efeitos da atuação judicial nas vias ordinárias limitam-se, como regra, às partes.

Desse modo, não sendo cabível a ação direta de inconstitucionalidade ou declaratória de constitucionalidade, por se tratar, por exemplo, de controle relativo a direito pré-constitucional, norma municipal em face da Constituição Federal, disposição regulamentar ou lei pós-constitucional já revogada, pode ser admissível a ADPF[37]. Inversamente, se couber uma daquelas ações, não será possível o ajuizamento da arguição. Por outro lado, a simples possibilidade de propositura de ações de natureza subjetiva ou o cabimento de recursos processuais não é, de per si, impedimento à arguição,

---

tificar a invocação do princípio da subsidiariedade, pois, para que esse postulado possa legitimamente incidir, revelar-se-á essencial que os instrumentos disponíveis mostrem-se aptos a sanar, de modo eficaz, a situação da lesividade. (...) Daí a prudência com que o Supremo Tribunal Federal deve interpretar a regra inscrita no art. 4º, § 1º, da Lei n. 9.882/99, em ordem a permitir que a utilização da nova ação constitucional possa efetivamente prevenir ou reparar lesão a preceito fundamental, causada por ato do Poder Público".

36. Como ocorre, por exemplo, em certas hipóteses de ação popular ou de ação civil pública.

37. No caso de normas municipais, o STF pode adotar jurisprudência restritiva capaz de reduzir sensivelmente as hipóteses de cabimento de ADPF perante a Corte. Isso porque entendeu que estará ausente o requisito da subsidiariedade sempre que for cabível, em tese, o ajuizamento de representação de inconstitucionalidade perante o Tribunal de Justiça local, ainda quando a norma da Constituição estadual supostamente violada limite-se a remeter a dispositivos da Carta Federal. V. STF, *Inf. STF*, 532, 2008, ADPF 100-TO, rel. Min. Celso de Mello. Embora a representação de inconstitucionalidade seja efetivamente um meio idôneo para suspender a eficácia de normas municipais, é preciso ter em conta que todos os legitimados para a propositura da ação estão inseridos no âmbito local ou estadual e não coincidem exatamente com o elenco de legitimados para o manejo da ADPF. É possível que a norma municipal produza repercussões negativas em outros entes federativos, como no caso de dispositivos que introduzam restrições ou exigências ao livre trânsito, produção ou comércio na municipalidade. No entanto, a partir da orientação do STF, nem sempre a questão poderá ser levada à Corte em sede de controle abstrato.

se aquelas medidas não forem idôneas a produzir solução imediata e abrangente, nas hipóteses em que o interesse público relevante ou a segurança jurídica assim o exijam[38].

Contudo, a tese demanda observações, aqui desenvolvidas em duas assertivas: uma envolvendo a convivência da ADPF com as demais ações abstratas de controle de constitucionalidade, e a outra relacionando a convivência da mesma ação com os processos subjetivos em geral.

a) Não caberá ADPF apenas porque não cabem ADIn ou ADC. A jurisdição constitucional abstrata não abrange todas as disputas subjetivas

O descabimento de outros mecanismos concentrados de controle de constitucionalidade, como assinalado, é um elemento necessário para caracterizar a presença da subsidiariedade que justifica a ADPF. Não se trata, porém, de elemento suficiente. Além da presença dos demais requisitos referidos acima, é preciso que os mecanismos subjetivos existentes sejam insatisfatórios, justificando uma intervenção concentrada por parte do STF. Se tais mecanismos forem adequados para afastar eventual lesão, não se justifica o uso da ADPF.

O sistema brasileiro de controle concentrado de constitucionalidade não se destina a absorver toda e qualquer discussão subjetiva envolvendo questões constitucionais. Por tal razão, os jurisdicionados não detêm a expectativa legítima de verem todas as suas disputas apreciadas pelo STF *em sede de uma ação abstrata*. Para conhecer as lides e dar-lhes solução, existe um complexo sistema orgânico e processual que, eventualmente, poderá até mesmo chegar ao STF — pelas vias recursais próprias de natureza subjetiva.

Nesse contexto, portanto, a ADPF não é uma ação abstrata *subsidiária*, no sentido de que seria cabível *sempre* que a ação direta de inconstitucionalidade ou a ação declaratória de constitucionalidade não o fossem. Como explicitado acima, a *subsidiariedade* significa apenas que *não* caberá ADPF se outro meio idôneo capaz de sanar a lesividade estiver disponível, não podendo ser extraída da regra da subsidiariedade a conclusão de que seria possível o ajuizamento de ADPF *sempre* que não coubesse ADIn ou ADC.

---

38. Nesse sentido, v. STF, *DJU,* 27 out. 2006, ADPF 33-PA, rel. Min. Gilmar Mendes: "Princípio da subsidiariedade (art. 4º, § 1º, da Lei n. 9.882/99): inexistência de outro meio eficaz de sanar a lesão, compreendido no contexto da ordem constitucional global, como aquele apto a solver a controvérsia constitucional relevante de forma ampla, geral e imediata. 14. A existência de processos ordinários e recursos extraordinários não deve excluir, *a priori*, a utilização da arguição de descumprimento de preceito fundamental, em virtude da feição marcadamente objetiva dessa ação".

b) O esgotamento do sistema recursal não caracteriza, por si só, a "ausência de outro meio eficaz de sanar a lesividade"

Já se mencionou que o fato de existir ação subjetiva ou possibilidade recursal não basta para descaracterizar a admissibilidade da ADPF — já que a questão realmente importante será a capacidade do meio disponível de sanar ou evitar a lesividade ao preceito fundamental. Por isso mesmo, se as ações subjetivas forem suficientes para esse fim, não caberá a ADPF. O ponto que se quer destacar aqui, no entanto, é outro. Como é corrente, o sistema recursal existente no Brasil é bastante amplo, sendo inclusive criticado por essa razão. Ainda assim, em algum momento ele encerrará a disputa entre as partes.

Pois bem. O encerramento da disputa entre as partes por esgotamento dos recursos existentes no sistema não configura a *"ausência de outro meio eficaz de sanar a lesividade"*, nos termos do art. 4º, § 1º, da Lei n. 9.882/99. Ao contrário, se as partes já discutiram amplamente suas razões ao longo de um processo que chegou ao fim, houve farta oportunidade de definir os fatos e o direito na hipótese e sanar ou evitar qualquer lesão. A circunstância de uma das partes continuar inconformada — e não haver mais recurso no âmbito do processo subjetivo — não autoriza, por isso só, o cabimento da ADPF. Parece certo que a ADPF não se destina a funcionar como uma nova modalidade de ação rescisória, ou um recurso último, com objetivo de rever, mais uma vez, as decisões proferidas em sede concreta.

3.2. Pressuposto específico da arguição incidental: relevância da controvérsia constitucional sobre lei ou ato normativo

Como se assinalou anteriormente, o papel da arguição incidental de descumprimento de preceito fundamental restou minimizado na Lei n. 9.882/99. Não sendo suscitável pelas partes do processo ou por qualquer pessoa lesada ou ameaçada por ato do Poder Público, a legitimação para essa arguição recai sobre as mesmas pessoas e órgãos que podem propor a arguição autônoma. Como regra, portanto, dificilmente optarão elas pela via incidental. Nada obstante, a arguição incidental permanece vigente no ordenamento e, para seu cabimento, a lei exige um requisito adicional: a relevância do fundamento da controvérsia constitucional sobre lei ou ato normativo, que pode ser de qualquer uma das três esferas de Poder, incluindo os editados anteriormente à Constituição. Como regra, estará em discussão a constitucionalidade do ato normativo em questão, em caráter geral ou em alguma de suas incidências específicas.

Embora a motivação imediata de quaisquer dos legitimados possa ser a eventual tutela de uma situação específica — agindo, portanto, como um substituto processual do verdadeiro interessado —, deverá ele demonstrar ser relevante a controvérsia constitucional em discussão. Será relevante a controvérsia quando o seu deslinde tiver uma repercussão geral, que transcenda o interesse das partes do litígio, seja pela existência de um número expressivo de processos análogos, seja pela gravidade ou fundamentalidade da tese em discussão, por seu alcance político, econômico, social ou ético. Por vezes, a reparação imediata de uma injustiça individual terá uma valia simbólica decisiva para impedir novas violações. Seja como for, na arguição incidental, mesmo que estejam em jogo direitos subjetivos, haverá de estar envolvida uma situação que afete o ordenamento constitucional de maneira objetiva.

Estabelecida a noção de relevância, e visando contribuir para o aprofundamento do tema, passa-se ao estudo de uma hipótese especial, qual seja a necessidade de caracterizar a relevância da controvérsia quando o ato impugnado é decisão judicial que discute ato normativo federal, estadual ou municipal. É certo que *decisão judicial* é um tipo particular de ato do Poder Público, originalmente associado à modalidade incidental, para a qual se exigia o requisito adicional da relevância. Muito embora se tenha verificado o esvaziamento da modalidade incidental, o requisito da relevância da controvérsia constitucional continua pertinente — agora em caráter geral — nas arguições que envolvam atos normativos das três esferas de poder, discutidos no âmbito de decisões judiciais.

Em verdade, o requisito atende a dois propósitos principais. Em primeiro lugar, a especial *relevância* presta-se a justificar o afastamento da competência dos demais órgãos jurisdicionais e a transferência da discussão para o STF. Nos termos da ordem jurídica vigente, o juízo competente para conhecer e processar as diferentes demandas, bem como para conhecer e processar os recursos cabíveis, é definido por leis abstratas e que independem dos fatos concretos. Ora, interpretar a ADPF de modo a transferir para o STF a competência própria das instâncias ordinárias — sem que para tanto concorra o requisito da relevância — consiste em violação direta à regra do juiz natural, prevista no art. 5º, LIII, da Constituição.

Em segundo lugar, apreciar a *"relevância da controvérsia constitucional"* sugere que o STF deve restringir sua atuação aos casos em que estejam em jogo questões relacionadas, por exemplo, ao núcleo dos direitos fundamentais, à estrutura essencial do Estado, e com grande repercussão social. Essa a vocação de uma ação destinada a tutelar os preceitos fundamentais da Constituição. Ao fazer essa opção, o legislador seguiu tendência observada nos principais sistemas constitucionais estrangeiros, que reservam à Corte Constitucional certa margem de discricionariedade na escolha dos casos que serão julgados[39]. O objetivo de tal fórmula é concentrar a atuação desses órgãos nos casos de maior projeção — tanto para que eles possam receber um tratamento específico por parte do Tribunal como para que as decisões proferidas em tais casos obtenham maior repercussão social. No Brasil, previsão semelhante foi introduzida no regramento constitucional do recurso extraordinário[40], ingressando definitivamente na lógica do sistema de controle de constitucionalidade.

4. Competência

A ADPF é, em suas duas espécies, modalidade de processo objetivo, submetido à jurisdição concentrada do Supremo Tribunal Federal. Tal competência decorre da letra expressa do art. 102, § 1º, da Constituição ("A arguição de descumprimento de preceito fundamental, decorrente desta Constituição, será apreciada pelo Supremo Tribunal Federal"), reiterada, como não poderia deixar de ser, pelo art. 1º da Lei n. 9.882/99 ("A arguição prevista no § 1º do art. 102 da Constituição Federal será proposta perante o Supremo Tribunal Federal, e terá por objeto evitar ou reparar lesão a preceito fundamental, resultante de ato do Poder Público").

A Constituição Federal não previu a arguição no âmbito dos Estados-membros — como fez com a ação direta de inconstitucionalidade (art. 125, § 2º) —, mas, a exemplo do que se passa com a ação direta de constitucionalidade, pode ser instituída pelo constituinte estadual, com base no princípio da simetria com o modelo federal. Sua importância, todavia, será limitada, por pelo menos duas razões: (i) os preceitos fundamentais haverão de ser os que decorrem da Constituição Federal; (ii) os atos municipais e os estaduais já são passíveis de ADPF federal. Portanto, a arguição em âmbi-

---

39. É o caso dos Estados Unidos e da Alemanha, para citar os dois principais referenciais contemporâneos. Os principais mecanismos de acesso à jurisdição constitucional nesses países — respectivamente o *writ of certiorari* e a *Verfassungsbeschwerde* — envolvem um juízo de admissibilidade marcado por considerável dose de discricionariedade.

40. CF/88, art. 102, § 3º: "No recurso extraordinário o recorrente deverá demonstrar a repercussão geral das questões constitucionais discutidas no caso, nos termos da lei, a fim de que o Tribunal examine a admissão do recurso, somente podendo recusá-lo pela manifestação de dois terços de seus membros" (parágrafo acrescentado pela EC n. 45, de 8-12-2004).

to estadual não terá nem paradigma nem objeto próprio[41]. Ignorada pela maioria dos Estados, foi instituída em alguns deles, como Mato Grosso do Sul, Rio Grande do Norte e Alagoas[42].

5. Legitimação

Reconhecido o caráter de processo objetivo à ADPF, a ideia de legitimados ativo e passivo deve ser vista com temperamento, sujeitando-se às mesmas ressalvas consignadas quando do estudo da ação direta de inconstitucionalidade — por ação e por omissão — e da ação declaratória de constitucionalidade. Arguente e arguido são partes apenas em sentido formal, já que não atuam na defesa de interesses próprios, mas sim da higidez objetiva do ordenamento jurídico[43].

A legitimação ativa para a arguição, tanto autônoma quanto incidental, recai sobre os que têm direito de propositura da ação direta de inconstitu-

---

41. V. Walter Claudius Rothenburg, Arguição de descumprimento de preceito fundamental, in André Ramos Tavares e Walter Claudius Rothenburg (orgs.), *Arguição de descumprimento de preceito fundamental: análise à luz da Lei 9.882/99*, 2001, p. 214: "Nada impediria o constituinte decorrente de estabelecer mecanismo similar, tal como poderia fazê-lo em relação à ação declaratória de constitucionalidade. Todavia, se a vinculação à Constituição da República já não deixava muito espaço a uma tal previsão — pois os preceitos fundamentais da Constituição da República, a serem reconhecidos, muito provavelmente haverão de ser aceitos como fundamentais para toda a federação, e a decisão do Supremo Tribunal Federal será impositiva para todas as unidades federadas — a Lei n. 9.882/99 esvaziou ainda mais as possibilidades de uma arguição em âmbito estadual, pois os atos municipais já estão compreendidos no objeto da arguição 'federal'". Em sentido contrário, sustentando a possibilidade de preceitos fundamentais de âmbito estadual, v. André Ramos Tavares, *Tratado da arguição de preceito fundamental*, 2001, p. 249-50: "Decorrência imediata da desatenção para com o instituto revela-se na sua escassa previsão pelos entes estaduais, em suas respectivas constituições, o que se impõe em atenção ao princípio da simetria. Teria sido necessário que o poder constituinte decorrente, quer dizer, aquele pertencente aos Estados membros de uma federação, tivesse atentado para a magnitude do instituto e, assim, previsse na totalidade das cartas estaduais um instrumento similar, que se prestaria, à semelhança do instituto federal, para preservar os preceitos fundamentais de cada Carta estadual, com rito próprio e preferência, inclusive, sobre o julgamento da própria ação direta de inconstitucionalidade".

42. André Ramos Tavares, *Tratado da arguição de preceito fundamental*, 2001, p. 251.

43. Em sentido diverso, v. Bruno Noura de Moraes Rêgo, *Arguição de descumprimento de preceito fundamental*, 2003, p. 68 e 71: "[N]as ADPFs fica difícil advogar a inexistência de partes em sentido estrito (ainda mais na chamada arguição incidental), quando se sabe que o descumprimento de preceito fundamental se dará num caso concreto. (...) [A] ADPF não se enquadra na moldura de processo objetivo estabelecida pelo Supremo Tribunal Federal".

cionalidade (art. 2º, I, da lei), constantes do elenco do art. 103 da Constituição Federal[44]. O claro paralelismo instituído pelo legislador relativamente à autoria da ação leva à aplicabilidade da distinção existente entre legitimados universais — que podem propor a ação em qualquer circunstância — e os legitimados não universais ou especiais, aos quais se aplica o requisito da pertinência temática (v., *supra*)[45]. Note-se que, a despeito da inclusão da possibilidade de controle de atos municipais, não se estendeu a legitimidade ativa aos Prefeitos ou às Câmaras de Vereadores[46].

O inciso II do mesmo art. 2º, conjugado com seu § 2º, conferia legitimidade também a qualquer pessoa que se visse lesada ou ameaçada de lesão em virtude de ato do Poder Público[47]. Os dispositivos acabaram sendo vetados pelo Presidente da República, nos termos das razões já transcritas

---

44. CF, art. 103: "Pode propor a ação de inconstitucionalidade: I — o Presidente da República; II — a Mesa do Senado Federal; III — a Mesa da Câmara dos Deputados; IV — a Mesa de Assembleia Legislativa; V — o Governador de Estado; VI — o Procurador-Geral da República; VII — o Conselho Federal da Ordem dos Advogados do Brasil; VIII — partido político com representação no Congresso Nacional; IX — confederação sindical ou entidade de classe de âmbito nacional".

45. São legitimados universais: o Presidente da República, as Mesas do Senado e da Câmara, o Procurador-Geral da República, o Conselho Federal da Ordem dos Advogados do Brasil e partido político com representação no Congresso Nacional. Os legitimados especiais compreendem o Governador de Estado, a Mesa de Assembleia Legislativa, confederação sindical ou entidade de classe de âmbito nacional.

46. V., a propósito, Gustavo Binenbojm, *A nova jurisdição constitucional brasileira*, 2001, p. 194: "Faz-se mister, todavia, ponderar que a Lei n. 9.882/99 não conferiu legitimidade aos Prefeitos Municipais, nem tampouco às Mesas de Câmaras Municipais ou a qualquer entidade pública ou privada de âmbito municipal, para manejarem o novo instrumento. Resta saber a quem interessará deflagrar, via arguição de descumprimento de preceito fundamental, a jurisdição da Suprema Corte para o exercício do controle de constitucionalidade de leis e atos normativos municipais. Espera-se que a Lei n. 9.882/99 não tenha criado — como diria Barbosa Moreira — *um sino sem badalo*". Em linha inversa de preocupações, escreveu o Ministro Carlos Mário Velloso, A arguição de descumprimento de preceito fundamental, *FA*, 24:1852, 2003: "[O] Supremo Tribunal Federal, na construção da doutrina dessa arguição, deverá proceder com cautela, sob pena de consagrar, por exemplo, a ação direta de inconstitucionalidade de ato normativo municipal em face da Constituição Federal, inclusive dos atos anteriores a esta. E isto o constituinte não quis nem seria suportável pelo Supremo Tribunal, dado que temos mais de cinco mil municípios".

47. Esta a redação dos dispositivos vetados: "II — qualquer pessoa lesada ou ameaçada por ato do Poder Público. (...) § 2º Contra o indeferimento do pedido, caberá representação ao Supremo Tribunal Federal, no prazo de cinco dias, que será processada e julgada na forma estabelecida no Regimento Interno do Supremo Tribunal Federal".

(v., *supra*). Tal legitimação individual estava relacionada à hipótese de ADPF incidental, na medida em que se exigia a demonstração de lesão ou ameaça de lesão a direito[48]. Com o veto, manteve-se apenas a possibilidade de os interessados representarem ao Procurador-Geral da República para que ele exerça sua competência para deflagrar a ação. Diante de sua eventual falta de iniciativa, a parte interessada nada poderá fazer.

Existe manifestação doutrinária densamente fundamentada em sentido diametralmente oposto. Nela se sustenta que a legitimação de qualquer interessado para a arguição incidental teria subsistido. O argumento central é o de que o veto não teria produzido efeitos práticos, tendo em vista que, independentemente do dispositivo legal, a natureza da arguição incidental exigiria um sistema de legitimados diverso do da ação autônoma[49]. Há algumas adesões a essa tese[50]. Parece indiscutível a constatação de que a interpretação que prevaleceu — inclusive em sede jurisprudencial — conduz a um esvaziamento da arguição incidental. Contudo, o meritório esforço de argumentação desenvolvido não é capaz de derrotar a conse-

---

48. "Ademais, a regra supratranscrita da legislação de regência, que fora vetada, estava vocacionada a regular a chamada arguição prejudicial (incidental), e, nessa medida, como adiante se poderá verificar, o veto surtiu poucos efeitos práticos, dada a exigência procedimental (de legitimidade) exigida pela própria estrutura desta segunda modalidade de arguição" (André Ramos Tavares, *Tratado da arguição de preceito fundamental*, 2001, p. 321-2).

49. V. André Ramos Tavares, *Arguição de descumprimento de preceito constitucional fundamental: aspectos essenciais do instituto na Constituição e na lei*, p. 66-72; também, André Ramos Tavares, *Tratado da arguição de preceito fundamental*, 2001, p. 406: "Pode-se afirmar que o veto aposto pelo Executivo, quanto à possibilidade de propositura da arguição por qualquer pessoa lesada ou ameaçada, não alcançou seu objetivo, na medida em que a natureza da arguição incidental exigia, independentemente da previsão legal expressa, um sistema que contemplasse autores diversos daqueles previstos para a ação autônoma de arguição".

50. V. Celso Ribeiro Bastos, Arguição de descumprimento de preceito fundamental e legislação regulamentadora, in André Ramos Tavares e Walter Claudius Rothenburg (orgs.), *Arguição de descumprimento de preceito fundamental: análise à luz da Lei 9.882/99*, 2001, p. 89: "Já a solução apresentada por André Ramos Tavares, indicando a existência de duas modalidades de arguição, uma autônoma, proposta diretamente perante o Supremo Tribunal Federal e outra incidental, amplia a restritiva legitimidade que advém da legislação, sem necessidade de recorrer-se à legitimidade ampla. (...) Para o caso dessa arguição, já que se trata de modalidade que surge necessariamente no curso de uma demanda judicial qualquer (consoante o parágrafo único do art. 1º), tem-se que a legitimidade será de qualquer pessoa, desde que seja parte dessa demanda originária"; também Lenio Luiz Streck, *Jurisdição constitucional e hermenêutica*, 2002, p. 639-42.

quência inexorável do veto presidencial, sem embargo da preferência que a doutrina, de maneira geral, nutria pela fórmula constante do projeto aprovado[51].

No tocante à legitimação passiva, embora não se possa falar, naturalmente, em réus, caberá ao órgão ou agente ao qual se imputa a violação do preceito fundamental a prestação de informações, a exemplo do que ocorre com os demais processos objetivos. Remarque-se, aqui, que no caso da ADPF as informações podem se revelar de especial importância, à vista da possibilidade de seu objeto consistir em violação resultante da prática de atos materiais pelo Poder Público. Assinale-se, por fim, que mesmo na arguição incidental os litigantes dos processos que a tenham originado não figurarão nela como partes. A lei prevê, no entanto, que o relator poderá determinar a sua manifestação[52].

6. Objeto

Nos termos da Lei n. 9.882/99, o objeto da ADPF é evitar ou reparar lesão a preceito fundamental (art. 1º). Consequentemente, a arguição poderá ter caráter *preventivo* ou *repressivo*. No caso da arguição incidental, além da tutela do preceito fundamental, visa-se também à proteção da segurança jurídica, da ordem social ou à reparação de injustiça dramática, mediante demonstração da relevância do fundamento da controvérsia constitucional (art. 1º, parágrafo único, I). Mesmo na arguição incidental, o pedido não versará acerca da providência material em última análise desejada, mas terá por conteúdo a fixação das "condições e do modo de interpretação e aplicação do preceito fundamental" (art. 10). O presente tópico destina-se, sobretudo, à identificação dos atos que podem ser objeto do pedido, isto é, aqueles que são passíveis de ataque mediante ADPF.

---

51. Inúmeros precedentes do STF rejeitaram a legitimidade de pessoa que não conste do elenco do art. 103 da Constituição. V. ADPF 11 (*DJU*, 6 fev. 2001, rel. Min. Sydney Sanches); ADPF 20 (*DJU*, 15 out. 2001, rel. Min. Maurício Corrêa); ADPF 29 (*DJU*, 11 mar. 2002, rel. Min. Carlos Velloso); ADPF 30 (*DJU*, 19 mar. 2002, rel. Min. Carlos Velloso); ADPF 31 (*DJU*, 19 mar. 2002, rel. Min. Maurício Corrêa).

52. Lei n. 9.882/99, art. 6º, § 1º: "Se entender necessário, poderá o relator ouvir as partes nos processos que ensejaram a arguição, requisitar informações adicionais, designar perito ou comissão de peritos para que emita parecer sobre a questão, ou ainda, fixar data para declarações, em audiência pública, de pessoas com experiência e autoridade na matéria".

6.1. Atos do Poder Público e atos privados

Como decorre do relato explícito do art. 1º da lei, os atos que podem ser objeto de ADPF são os emanados do Poder Público. Com base em doutrina e em jurisprudência desenvolvidas, sobretudo em relação ao mandado de segurança, determinados atos privados devem ser equiparados aos praticados por autoridades públicas[53]. Incluem-se nessa categoria aqueles executados por entidades privadas que agem mediante delegação do Poder Público, sejam as controladas pelo Estado[54] ou as titularizadas exclusivamente por particulares[55]. É o que se passa, por exemplo, com os concessionários de serviços públicos, não por seus atos de gestão, mas por aqueles que envolvem o desempenho de parcela de competência pública. Também os dirigentes de entidades privadas de ensino praticam, em determinadas circunstâncias, atos de natureza pública[56].

A despeito do instigante debate doutrinário em curso no Brasil acerca da aplicação dos direitos fundamentais às relações privadas[57] — e, conse-

---

53. A Lei n. 1.533, de 31 de dezembro de 1951, que disciplina o mandado de segurança, dispõe no § 1º de seu art. 1º: "Consideram-se autoridades, para os efeitos desta lei, os representantes ou administradores das entidades autárquicas e das pessoas naturais ou jurídicas com funções delegadas do Poder Público, somente no que entender com essas funções".

54. As empresas públicas e as sociedades de economia mista, embora controladas pelo Poder Público, têm personalidade jurídica de direito privado. Nada obstante, em determinadas circunstâncias praticam ato de autoridade, mediante delegação, e nesses casos tais atos são equiparáveis aos atos de autoridade pública. V. *RTJ, 113*:309, 1985, RE 101.109-PR, rel. Min. Moreira Alves; *RSTJ, 89*:94, 1997, REsp 84.082-RS, rel. Min. Demócrito Reinaldo.

55. *RTJ, 151*:591, 1995, RE 116.339-PR, rel. Min. Moreira Alves.

56. Theotonio Negrão, *Código de Processo Civil e legislação em vigor*, 2000, nota 54 ao art. 1º da Lei n. 1.533/51, p. 1582: "É hoje pacífica a admissibilidade de mandado de segurança contra diretor de estabelecimento particular de ensino superior, no exercício de função delegada do poder público (*RT, 496*:77, 1977, *497*:69, 1977, *498*:84, 1977, *499*:92, 1977, *499*:97, 1977, *502*:55, 1977, *504*:95, 1977)".

57. Sobre esse tema, v. José Carlos Vieira de Andrade, *Os direitos fundamentais na Constituição portuguesa de 1976*, 2001, p. 238-73; Ingo Wolfgang Sarlet, *A eficácia dos direitos fundamentais*, 1998, p. 333-40; Gilmar Ferreira Mendes, *Direitos fundamentais e controle de constitucionalidade*, p. 207-25, 1998; Carlos Roberto de Siqueira Castro, Aplicação dos direitos fundamentais às relações privadas, in Antônio Celso Alves Pereira e Celso Renato D. de Albuquerque Mello (orgs.), *Estudos em homenagem a Carlos Alberto Menezes Direito*, 2003, p. 227; Daniel Sarmento, *Direitos fundamentais e relações privadas*, 2003; e Luís Roberto Barroso (org.), *A nova interpretação constitucional: ponderação, direitos fundamentais e relações privadas*, 2004.

quentemente, à vinculação direta dos particulares ao que dispõe a Constituição —, atos normativos ou negociais envolvendo particulares não estão sujeitos, em princípio, à ADPF, mas sim a outras formas de impugnação. Se uma empresa privada, por exemplo, adotar uma política de recrutamento que favoreça os candidatos mais jovens ou os originários de determinadas instituições de ensino, tal política não será questionável mediante arguição[58].

Anote-se que os atos do Poder Público passíveis de arguição autônoma incluem os de natureza normativa, administrativa e judicial. Relativamente à arguição incidental, o cabimento ficaria restrito aos casos nos quais, em processos judiciais anteriores, tenha surgido controvérsia constitucional relevante acerca de lei ou ato normativo. Vale lembrar, contudo, a observação já feita a respeito do esvaziamento prático da modalidade incidental (v. *supra*).

6.2. Atos normativos

A locução "atos normativos" compreende os atos estatais dotados dos atributos de generalidade, abstração e obrigatoriedade, destinados a reger a vida social. Para os fins da ADPF, estão abrangidos todos os atos infraconstitucionais, da lei complementar aos atos normativos emanados da Administração Pública.

6.2.1. Direito federal, estadual e municipal

A lesão a preceito fundamental e a controvérsia constitucional relevante podem envolver tanto direito federal como estadual e municipal. É certo que, diante do cabimento de ação direta de inconstitucionalidade para controle da validade de lei ou ato normativo federal e estadual em face da Constituição Federal, normalmente não será o caso de propositura de arguição autônoma envolvendo essas duas espécies de norma, à vista da regra da subsidiariedade (art. 4º, § 1º). Relativamente ao controle de atos *municipais*, aí repousa uma das mais significativas inovações trazidas pela ADPF.

---

58. No mesmo sentido, v. Eduardo Rocha Dias, Alterações no processo de controle abstrato de constitucionalidade e a extensão do efeito vinculante à ação direta de inconstitucionalidade e à arguição de descumprimento de preceito fundamental, *RDDT, 55*:50, 2000, p. 67-8: "Afasta-se, a princípio, a possibilidade de se alegar descumprimento de preceito fundamental face a entidades privadas, como seria a hipótese de uma política discriminatória de recrutamento de pessoal quanto a sexo, raça ou orientação sexual adotada por alguma empresa privada. A atitude lesiva deve decorrer, portanto, de ato do poder público, o que por si só constitui uma limitação às virtualidades do instituto".

É que, consoante jurisprudência antiga e pacífica do Supremo Tribunal Federal, não cabe ação direta de inconstitucionalidade contrapondo lei municipal à Constituição Federal[59] (v., *supra*). O mesmo vale para a ação direta de constitucionalidade, instituída pela Emenda Constitucional n. 3, de 17 de março de 1993, cujo objeto restringe-se à lei ou ato normativo federal. De modo que, até a edição da Lei n. 9.882/99, o direito municipal somente comportava o controle incidental ou difuso de constitucionalidade, salvo a hipótese de representação de inconstitucionalidade em âmbito estadual, por contraste com a Constituição do Estado-membro. Já agora, se a norma municipal envolver ameaça ou lesão a preceito fundamental ou houver controvérsia constitucional relevante quanto a sua aplicação, sujeitar-se-á ao controle abstrato e concentrado do Supremo Tribunal Federal, mediante ADPF[60].

Também por aplicação da regra da subsidiariedade, será cabível, em tese, a arguição de descumprimento de preceito fundamental tendo por objeto o reconhecimento da constitucionalidade de lei ou ato normativo estadual ou municipal. É que, como assinalado, a ação declaratória de constitucionalidade somente poderá ter por objeto lei ou ato normativo federal, havendo espaço, portanto, para a arguição, sem que haja superposição.

Por fim, cabe um registro referente à possibilidade de controle preventivo de constitucionalidade pela via da ADPF. A especulação teria cabimento em razão da inadmissibilidade de ação direta de inconstitucionalidade contra ato legislativo em fase de formação, como a proposta de emenda constitucional ou o projeto de lei[61]. A despeito da redação aberta do *caput* do art. 1º, que fala em "ato do Poder Público", sem qualquer limitação, a verdade é que os dispositivos da Lei n. 9.882/99 que expressamente previam

---

59. STF, *DJU*, 11 set. 1998, ADIn 209-DF, rel. Min. Sydney Sanches.

60. Parte da doutrina interpretou essa inovação como tentativa de superar a jurisprudência restritiva do STF na matéria, por via de lei ordinária, o que seria inconstitucional. V. Alexandre de Moraes, *Jurisdição constitucional e tribunais constitucionais*, 2001, p. 267-8. O ponto de vista é respeitável. Afigura-se melhor, no entanto, o entendimento de que o legislador exerceu, legitimamente, a delegação recebida no art. 102, § 1º, da Constituição, instituindo hipóteses específicas de arguição. Esta é, igualmente, a convicção de Daniel Sarmento (Apontamentos sobre a arguição de descumprimento de preceito fundamental, in André Ramos Tavares e Walter Claudius Rothenburg (orgs.), *Arguição de descumprimento de preceito fundamental: análises à luz da Lei 9.882/99*, 2001, p. 93-4), que lembra que também as normas do Distrito Federal — que não pode dividir-se em Municípios (CF, art. 32, e § 1º) —, de índole municipal, sujeitam-se à ADPF.

61. STF, *RDA, 183*:158, 1991, ADIn 466, rel. Min. Celso de Mello.

a ingerência no processo legislativo por via de ADPF — § 4º do art. 5º e art. 9º — foram vetados pelo Presidente da República, sob o fundamento de que se permitiria ao Supremo Tribunal Federal interferir em questões *interna corporis* do Legislativo[62].

6.2.2. Direito pré-constitucional

No direito brasileiro, as relações entre uma nova Constituição (ou uma emenda constitucional) e o direito infraconstitucional preexistente regem-se por duas regras. A primeira: toda a legislação ordinária anterior, naquilo em que for compatível com a nova ordem constitucional, subsiste validamente e continua em vigor, ainda que com um novo fundamento de validade. Segunda: toda a normatização infraconstitucional preexistente incompatível com a Constituição fica automaticamente revogada. Portanto, entre nós, o contraste entre a nova Constituição e o direito anterior se coloca no plano da vigência e não da validade das normas[63].

À vista de tais premissas, a jurisprudência do Supremo Tribunal Federal estabeleceu, de longa data, o entendimento de que não cabe ação direta de inconstitucionalidade tendo por objeto o direito pré-constitucional (v., *supra*). De fato, se a incompatibilidade conduz à revogação — isto é, à

---

62. Este o teor dos dispositivos vetados: "Art. 5º, § 4º. Se necessário para evitar lesão à ordem constitucional ou dano irreparável ao processo de produção da norma jurídica, o Supremo Tribunal Federal poderá, na forma do *caput*, ordenar a suspensão do ato impugnado ou do processo legislativo a que se refira, ou ainda da promulgação ou publicação do ato legislativo dele decorrente"; "Art. 9º Julgando procedente a arguição, o Tribunal cassará o ato ou decisão exorbitante e, conforme o caso, anulará os atos processuais legislativos subsequentes, suspenderá os efeitos do ato ou da norma jurídica decorrente do processo legislativo impugnado, ou determinará medida adequada à preservação do preceito fundamental decorrente da Constituição". Nas razões de veto, o Presidente da República transcreveu acórdão espelhando a posição do STF na matéria: "Essa orientação restou assentada pelo Supremo Tribunal Federal no julgamento do Mandado de Segurança n. 22503-DF, Relator para o Acórdão Ministro Maurício Corrêa, DJ 06.06.97, p. 24872. Do mesmo modo, no julgamento do Mandado de Segurança n. 22183-DF, Relator Ministro Marco Aurélio, o Supremo Tribunal Federal assentou: '3. Decisão fundada, exclusivamente, em norma regimental referente à composição da Mesa e indicação de candidaturas para seus cargos (art. 8º). 3.1 O fundamento regimental, por ser matéria *interna corporis*, só pode encontrar solução no âmbito do Poder Legislativo, não ficando sujeito à apreciação do Poder Judiciário. 3.2 Inexistência de fundamento constitucional (art. 58, § 1º), caso em que a questão poderia ser submetida ao Judiciário' (DJ 12-12-97, p. 65569)".

63. Para uma ampla discussão acerca dessa matéria, v. Luís Roberto Barroso, *Interpretação e aplicação da Constituição*, 2003, p. 67-82.

perda de vigência — e se a declaração abstrata de inconstitucionalidade visa a retirar a norma impugnada do sistema jurídico, não haveria sentido em admitir uma ação direta destinada a retirar do ordenamento uma norma que já não o integra. Embora pareça impecável a lógica desse raciocínio, na prática surgem inúmeras situações em que a dúvida acerca da compatibilidade ou não da norma anterior com a Constituição conduz à incerteza. Diante disso, já se procurou, inclusive no âmbito do próprio Supremo Tribunal Federal, alterar a jurisprudência consolidada[64]. A Corte, todavia, permaneceu fiel ao entendimento tradicional[65].

Daí a razão de a ADPF preencher um vazio relativamente à sindicabilidade dos atos normativos anteriores à Constituição, como explicitado na parte final do art. 1º, parágrafo único, II, mas válido para a arguição autônoma e incidental. Sendo descabida a ação direta de inconstitucionalidade, abre-se espaço, através da arguição, para o controle abstrato e concentrado, em processo objetivo, da validade da norma precedente[66].

---

64. O esforço foi liderado pelo Ministro Sepúlveda Pertence, com a adesão dos Ministros Néri da Silveira e Marco Aurélio. Na vigorosa sustentação de seu voto, escreveu ele: "Não nego a paridade de efeitos substanciais entre a concepção da inconstitucionalidade superveniente e a da ab-rogação pela Constituição nova do direito pré-constitucional ordinário, com ela incompatível. (...) Prefiro-a (a tese da inconstitucionalidade superveniente) àquela da simples revogação, porque entendendo que a consequência básica da sua adoção — o cabimento da ação direta —, é a que serve melhor às inspirações do sistema brasileiro de controle de constitucionalidade. Reduzir o problema às dimensões da simples revogação da norma infraconstitucional pela norma constitucional posterior — se é alvitre que tem por si a sedução da aparente simplicidade —, redunda em fechar-lhe a via da ação direta. E deixar, em consequência, que o deslinde das controvérsias suscitadas flutue, durante anos, ao sabor dos dissídios entre juízes e tribunais de todo o país, até chegar, se chegar, à decisão da Alta Corte, ao fim de longa caminhada, pelas vias frequentemente tortuosas do sistema de recursos" (STF, *DJU,* 21 nov. 1997, p. 60585, ADIn 2, rel. Min. Paulo Brossard).
65. STF, *DJU,* 21 nov. 1997, p. 60585, ADIn 2, rel. Min. Paulo Brossard: "O vício da inconstitucionalidade é congênito à lei e há de ser apurado em face da Constituição vigente ao tempo de sua elaboração. Lei anterior não pode ser inconstitucional em relação à Constituição superveniente; nem o legislador poderia infringir Constituição futura. A Constituição sobrevinda não torna inconstitucionais leis anteriores com ela conflitantes: revoga-as. Pelo fato de ser superior, a Constituição não deixa de produzir efeitos revogatórios. Seria ilógico que a lei fundamental, por ser suprema, não revogasse, ao ser promulgada, leis ordinárias. A lei maior valeria menos que a lei ordinária. Reafirmação da antiga jurisprudência do STF, mais que cinquentenária. Ação direta de que se não conhece por impossibilidade jurídica do pedido".
66. A exemplo do que sucedeu com o cabimento da ADPF em relação a atos normativos municipais, também aqui não se vislumbra inconstitucionalidade, mas exercício regular da

Há quem defenda, ainda, o cabimento de ADPF, tendo por objeto norma produzida na vigência da Constituição de 1988, mas revogada posteriormente, ao fundamento de que se trata de situação análoga àquela da norma pré-constitucional[67]. As hipóteses não são idênticas. No caso da norma pré-constitucional, é preciso aferir sua compatitiblidade material com a Constituição para avaliar se a norma foi realmente suprimida ou permanece em vigor. Há, portanto, incerteza sobre os efeitos que produz e a possibilidade de violação atual à higidez objetiva da ordem constitucional. No caso da lei pós-constitucional revogada, é certo que a norma não produz mais efeitos. Portanto, a discussão sobre a sua compatibilidade com a Constituição já não se refere a uma potencial violação atual à Constituição. Como a norma já foi revogada, a violação deixou de existir. A discussão sobre a (in)validade dos efeitos que produziu no passado, segundo a jurisprudência consolidada a respeito das demais ações diretas, não justificaria a deflagração do controle concentrado, de caráter objetivo. Eventuais prejudicados devem buscar o controle difuso e subjetivo da constitucionalidade para esse fim.

Entretanto, o Supremo Tribunal Federal não aplica tal interpretação para as arguições de descumprimento de preceito fundamental. Quanto a elas, a Corte vem decidindo que não será cabível ADPF contra lei revogada, salvo se demonstrado que persistem, no ordenamento, efeitos residuais "relevantes" decorrentes da aplicação da norma revogada. Nessa situação, o Tribunal admite o seu processamento e julgamento, mesmo que se demonstre a revogação do ato[68]. Trata-se de entendimento que se alinha com a tendência de expansão do controle concentrado, mas que exige cautela, para

---

delegação outorgada pelo constituinte ao legislador ordinário, no art. 102, § 1º, da Constituição. Nessa linha, o STF já decidiu: "A ADPF, fórmula processual subsidiária do controle concentrado de constitucionalidade, é via adequada à impugnação de norma pré-constitucional. Situação de concreta ambiência jurisdicional timbrada por decisões conflitantes. Atendimento das condições da ação" (*DJe*, 6 nov. 2009, ADPF 130, rel. Min. Ayres Britto).

67. Nesse sentido, v. voto do Min. Marco Aurélio, na ADPF 324, rel. Min. Luís Roberto Barroso, acórdão pendente de publicação.

68. STF, *DJe*, 5 maio 2021, ADPF 753 AgR, rel. Ricardo Lewandowski: "Esta Suprema Corte entende ser inadmissível o ajuizamento de arguição de descumprimento de preceito fundamental contra ato do poder público já revogado, *exceto quando a controvérsia é relevante quanto aos efeitos jurídicos residuais*, o que não se vislumbra no presente caso" (grifou-se). No mesmo sentido: STF, *DJe*, 17 nov. 2021, ADPF 793, rel. Min. Rosa Weber: "Ainda permanece a lesão a preceito fundamental alegada em razão da continuidade dos pagamentos, a ser sanada na presente via, o que permite o conhecimento da ação, mesmo que a lei tenha sido *revogada*".

não dar margem a casuísmos. Normas que vigoraram e que, depois, são revogadas, de modo geral geram efeitos subjetivos residuais. E nem sempre haverá critério objetivo para considerar (ou não) "relevantes" tais efeitos.

Recentemente, o Supremo Tribunal Federal apreciou, ainda, uma situação assemelhada àquela acima. A Corte foi chamada a se pronunciar sobre um conjunto de decisões da Justiça do Trabalho que vedariam a terceirização de atividades. Afirmava-se, na inicial, que não havia qualquer norma que impedisse a prática, e que tal interpretação ensejava violação aos preceitos fundamentais da legalidade e da livre iniciativa. Após o requerimento de pauta para julgamento, sobreveio a Lei n. 13.467, de 13 de julho de 2017 (Lei da Reforma Trabalhista), que previu expressamente a possibilidade de terceirização de atividades meio ou fim. Em razão da superveniência da norma, alguns entenderam que a ADPF teria perdido seu objeto, uma vez que a alegada vedação à terceirização havia deixado de existir. Demonstrou-se, contudo, que a Justiça do Trabalho vinha entendendo que a Lei n. 13.467/2017 só seria aplicável aos contratos de trabalho celebrados após o início da sua vigência. Os contratos anteriores, mesmo que ainda vigentes, permaneceriam submetidos ao entendimento antigo. Em razão disso, a Corte reconheceu a atualidade do debate e rejeitou a alegação de perda de objeto, julgando o mérito da ação[69].

6.2.3. Atos infralegais

Jurisprudência antiga e constante do Supremo Tribunal Federal rejeita o cabimento de ação direta de inconstitucionalidade contra atos normativos secundários, como são os regulamentos, resoluções, instruções, portarias e outros. Tais atos não podem inovar na ordem jurídica, estando subordinados às leis que legitimam sua expedição. A lógica seguida pelo Tribunal é a de que ou a lei na qual se baseia o ato é inconstitucional — e, nesse caso, deveria ser ela, como ato normativo primário, o objeto da ação — ou o conteúdo do ato regulamentar afastou-se dos limites autorizados pela lei, configurando hipótese de ilegalidade e não de inconstitucionalidade[70]. A existência

---

69. STF, Pleno, ADPF 324, rel. Min. Luís Roberto Barroso, acórdão pendente de publicação.

70. Atos administrativos normativos — como decretos regulamentares, instruções normativas, resoluções, atos declaratórios —, sendo secundários em relação à lei, não ensejam controle de constitucionalidade por ação direta. De fato, estando subordinados à lei, que é o ato normativo primário, não se estabelece o confronto direto entre eles e a Constituição. Ha-

de crítica doutrinária a esse entendimento jamais abalou a sólida jurisprudência da Corte[71], que só admite a ação direta quando, sob a aparência formal de secundário, tem caráter autônomo, criando direito novo.

Ainda uma vez, pela regra da subsidiariedade, a inadmissibilidade de outros meios de controle através de processo objetivo tornaria cabível, em tese, a arguição de descumprimento de preceito fundamental contra atos normativos secundários ou infralegais. Há, inclusive, precedente de admissão de arguição contra provimento de Tribunal de Justiça[72]. Veja-se que, nessa categoria de atos normativos infralegais, o projeto aprovado pelo Congresso Nacional contemplava o cabimento de ADPF "em face de interpretação ou aplicação dos regimentos internos das respectivas Casas, ou regimento comum do Congresso Nacional, no processo legislativo de elaboração das normas previstas no art. 59 da Constituição Federal" (art. 1º, parágrafo único, II). O dispositivo foi vetado, com a invocação de discutível jurisprudência do Supremo Tribunal Federal que considera insuscetíveis de controle jurisdicional as questões referentes à alegação de violação das normas regimentais relativas ao processo legislativo[73]. De todo modo, a

---

vendo a contrariedade, deve-se verificar: a) se o ato administrativo não está em desconformidade com a lei que lhe cabia regulamentar, hipótese que caracteriza ilegalidade, e não inconstitucionalidade; b) se a lei não está em desconformidade com a Constituição, hipótese em que deverá ser ela o objeto da arguição de inconstitucionalidade (STF, *RDA, 183*:132, 1991, *184*:202, 1991, *185*:163, 1991, *185*:179, 1991, *185*:184, 1991, *188*:201, 1992, *188*:215, 1992, e *191*:214, 1993; *RTJ, 99*:1362; 1982, *RT, 655*:215, 1990, *661*:208, 1990 e *683*:200, 1992).

71. V., por todos, Clèmerson Merlin Clève, *A fiscalização abstrata de constitucionalidade no direito brasileiro*, 2000, p. 212: "[O] regulamento pode ofender a Constituição não apenas na hipótese de edição de normativa autônoma, mas também quando o exercente da atribuição regulamentar atue inobservando os princípios da reserva legal, da supremacia da lei e, mesmo, o da separação de poderes. É incompreensível que o maior grupo de normas existente num Estado caracterizado como social e interventor fique a salvo do contraste vantajoso operado por via de fiscalização abstrata".

72. ADPF 41-6, j. 24-4-2003, rel. Min. Gilmar Mendes.

73. Confira-se trecho pertinente das razões de veto: "Não se faculta ao Egrégio Supremo Tribunal Federal a intervenção ilimitada e genérica em questões afetas à 'interpretação ou aplicação dos regimentos internos das respectivas casas, ou regimento comum do Congresso Nacional' prevista no inciso II do parágrafo único do art. 1º. Tais questões constituem antes matéria *interna corporis* do Congresso Nacional. A intervenção autorizada ao Supremo Tribunal Federal no âmbito das normas constantes de regimentos internos do Poder Legislativo restringe-se àquelas em que se reproduzem normas constitucionais. (...) Dito isso, impõe-se o veto da referida disposição por transcender o âmbito constitucionalmente autorizado de intervenção do Supremo Tribunal Federal em matéria *interna cor-*

jurisprudência da Corte parece ter se firmado em sentido contrário ao cabimento da ADPF contra ato regulamentar[74].

6.3. Atos administrativos

Atos administrativos são atos de individualização do direito e, normalmente, repercutirão limitadamente sobre a esfera jurídica das partes interessadas. Portanto, no geral, poderão ser impugnados satisfatoriamente mediante ações subjetivas, como o mandado de segurança, a ação popular, ou mesmo por remédios de natureza coletiva, como a ação civil pública e o mandado de segurança coletivo. Há atos administrativos, todavia, de alcance mais amplo e até de repercussão geral, como editais de licitação, contratos administrativos, concursos públicos, decisões de tribunais de contas[75]. É possível supor, assim, que em determinadas situações de descumprimento de preceito fundamental e de relevância do fundamento da controvérsia constitucional que venha se instalar seja possível superar a regra da subsidiariedade, tornando-se admissível a ADPF.

No julgamento da ADPF 1, o Supremo Tribunal Federal apreciou a questão do veto imotivado do Prefeito do Município do Rio de Janeiro a projeto de lei aprovado pela Câmara. A Corte considerou que o veto é ato político, insuscetível de apreciação judicial, e que não pode ser enquadrado no conceito de ato do Poder Público para o fim de cabimento da arguição[76].

---

poris do Congresso Nacional. No que toca à intervenção constitucionalmente adequada do Supremo Tribunal Federal, seria oportuno considerar a colmatação de eventual lacuna relativa a sua admissão, em se tratando da estrita fiscalização da observância das normas constitucionais relativas a processo legislativo".

74. V. STF, *DJe*, 14 out. 2013, ADPF 169 AgR, rel. Min. Ricardo Lewandowski: "A jurisprudência desta Suprema Corte, não reconhece a possibilidade de controle concentrado de atos que consubstanciam mera ofensa reflexa à Constituição, tais como o ato regulamentar consubstanciado no decreto presidencial ora impugnado". No mesmo sentido, cf. STF, *DJe*, 21 jun. 2013, ADPF 210 AgR, rel. Min. Teori Zavascki: "A jurisprudência do Supremo Tribunal Federal (STF) firmou-se no sentido de que a ADPF é, via de regra, meio inidôneo para processar questões controvertidas derivadas de normas secundárias e de caráter tipicamente regulamentar".

75. V. Daniel Sarmento, Apontamentos sobre a arguição de descumprimento de preceito fundamental, in André Ramos Tavares e Walter Claudius Rothenburg (orgs.), *Arguição de descumprimento de preceito fundamental: análises à luz da Lei 9.882/99*, 2001, p. 91.

76. *Inf. STF, 176*, fev. 2000, ADPF 1-RJ, rel. Min. Néri da Silveira, j. 3-2-2000: "O Tribunal, examinando questão de ordem apresentada pelo Min. Néri da Silveira, relator, não conheceu da arguição de descumprimento de preceito fundamental (CF, art. 102, § 1º) ajui-

Entretanto, em decisão monocrática proferida na ADPF n. 45 — que questionava veto presidencial ao § 2º do art. 55 da Lei n. 10.707/2003 (LDO) —, o Ministro Celso de Mello parece ter se afastado de tal precedente, ao afirmar que a ADPF seria um meio idôneo a viabilizar a concretização de políticas públicas, quando previstas na Constituição Federal e descumpridas pelas instâncias governamentais[77]. O STF admitiu, ainda, arguição de descumprimento de preceito fundamental contra ato de governador de estado que, de forma unilateral, reduziu proposta orçamentária da Defensoria Pública compatível com a Lei de Diretrizes Orçamentárias, antes de encaminhá-la para análise do Poder Legislativo. Em juízo cautelar, a Corte entendeu que tal ato violava preceito fundamental correspondente à autonomia administrativa e financeira das Defensorias Públicas estaduais (art. 134, § 2º, CF)[78]. Admitiu, igualmente, arguição de descumprimento de preceito fundamental que questionava a nomeação de ministro de Estado pela Presidente da República[79]. Conheceu, por fim, de ADPF que impugnava a

---

zada pelo Partido Comunista do Brasil — PC do B, contra ato do Prefeito do Município do Rio de Janeiro que, ao vetar parcialmente, de forma imotivada, projeto de lei aprovado pela Câmara Municipal — que eleva o valor do IPTU para o exercício financeiro de 2000 — teria violado o princípio constitucional da separação de Poderes (CF, art. 2º). Considerou-se ser incabível na espécie a arguição de descumprimento de preceito fundamental, dado que o veto constitui ato político do Poder Executivo, insuscetível de ser enquadrado no conceito de ato do Poder Público, previsto no art. 1º da Lei n. 9.882/99". Tal entendimento não parece se harmonizar com o texto expresso do art. 66, § 1º, que faz referência à comunicação dos "motivos do veto".

77. V. *DJU*, 4 maio 2005, ADPF 45-DF, rel. Min. Celso de Mello.
78. STF, *DJe*, 27 mar. 2014, ADPF 307 MC, rel. Min. Dias Toffoli.
79. STF, *DJe*, 1º ago. 2016, ADPF 388, rel. Min. Gilmar Mendes. O caso versava sobre a possibilidade de nomeação de membros do Ministério Público como ministros de Estado, questão que poderia vir a se repetir e que justificava uma decisão com efeitos vinculantes e gerais. A despeito do precedente, em caso subsequente, que também tinha por objeto a nomeação de ministro de Estado, o Tribunal inadmitiu a ADPF, por entender que havia outros meios de impugnar o ato e que, por essa razão, ela não atendia ao requisito da subsidiariedade. Observou, ainda, que não havia necessidade de uma decisão com efeitos gerais para dirimir a questão, "dada a singularidade do ato atacado, cujo potencial de reprodução é praticamente nulo". O critério de distinção utilizado pelo STF foi, portanto, a percepção de que a primeira situação poderia vir a se repetir e sua decisão teria aplicabilidade a casos semelhantes (outras nomeações de membros do Parquet), ao passo que a segunda situação era particular (alegada nomeação de ministro motivada por desvio de finalidade) e, a seu respeito, não havia propriamente uma tese a firmar, aplicável a situações futuras. A esse fundamento somou-se, ainda, a circunstância de o ato de nomeação ter sido revogado no curso da ação. V. STF, *DJe*, 8 ago. 2017, Agr na ADPF 390, rel. Min. Alexandre de Moraes.

omissão do Executivo em aplicar e fazer funcionar o Fundo Nacional sobre Mudança do Clima[80].

6.4. Atos jurisdicionais

Relativamente aos atos jurisdicionais, em princípio, deverão eles ser impugnados mediante os recursos cabíveis. Como regra, será necessário esgotá-los sem sucesso para se superar o óbice do art. 4º, § 1º, quanto à inexistência de outro meio para sanar a lesividade. Todavia, em casos gravíssimos de erro *in procedendo* e *in iudicando*, com ameaça ou lesão a preceito fundamental e havendo relevância na controvérsia constitucional, não sendo possível produzir o resultado constitucionalmente adequado pelos mecanismos do processo subjetivo, será possível cogitar do cabimento de ADPF. Gilmar Mendes faz referência a duas possibilidades, coligidas na experiência alemã: lesão a preceito decorrente de mera interpretação judicial[81] e contrariedade à Constituição decorrente de decisão judicial sem base legal (ou fundada em uma falsa base legal)[82]. De fato, a jurisprudência do STF firmou-se no sentido da possibilidade de impugnação de decisões judiciais por meio da ADPF, desde que não tenham transitado em julgado[83]. A título ilustrativo, a Corte admitiu e julgou o mérito de ADPF que tinha por objeto decisões judiciais que tratavam da interrupção da gestação de

---

80. STF, *DJe*, 18 set. 2020, ADPF 708 ED, rel. Min. Luís Roberto Barroso (monocrática).

81. Gilmar Ferreira Mendes, *Arguição de descumprimento de preceito fundamental: parâmetro de controle e objeto*, p. 143: "Não parece haver dúvida de que, diante dos termos amplos do art. 1º, da Lei n. 9.882/99, essa hipótese poderá ser objeto de arguição de descumprimento — lesão a preceito fundamental resultante de ato do Poder Público —, até porque se cuida de uma situação trivial no âmbito de controle de constitucionalidade difuso".

82. Gilmar Ferreira Mendes, Arguição de descumprimento de preceito fundamental: parâmetro de controle e objeto, in André Ramos Tavares e Walter Claudius Rothenburg (orgs.), *Arguição de descumprimento de preceito fundamental: análises à luz da Lei 9.882/99*, 2001, p. 144-5, transplantando os critérios adotados pelo Tribunal Constitucional Federal alemão em relação ao recurso constitucional, averbou: "Sua admissibilidade dependeria, fundamentalmente, da demonstração de que, na interpretação e aplicação do direito, o Juiz desconsiderou por completo ou essencialmente a influência dos direitos fundamentais, que a decisão revela-se grosseira e manifestamente arbitrária na interpretação e aplicação do direito ordinário ou, ainda, que se ultrapassaram os limites da construção jurisprudencial".

83. STF, *DJe*, 29 ago. 2014, ADPF 249 AgR, rel. Min. Ricardo Lewandowski; *DJe*, 30 out. 2014, ADPF 97, rel. Min. Rosa Weber; *DJe*, 6 ago. 2009, ADPF 134 AgR, rel. Min. Ricardo Lewandowski.

fetos anencefálicos[84]. Recentemente, apreciou também ADPF voltada ao exame de um conjunto de decisões da Justiça do Trabalho acerca da terceirização de atividades[85].

6.5. Controle da omissão legislativa

Já existem, no direito brasileiro, dois mecanismos de base constitucional cujo objeto é enfrentar o fenômeno da inconstitucionalidade por omissão: o mandado de injunção e a ação direta de inconstitucionalidade (v., *supra*). Nenhum dos dois teve carreira notável originalmente, devido à timidez da jurisprudência do Supremo Tribunal Federal em explorar as potencialidades dos dois institutos. Na verdade, na linha do entendimento professado na maior parte dos países, manteve-se fidelidade a uma visão mais tradicional do princípio da separação de Poderes, recusando-se a Corte a desempenhar o papel de legislador positivo, bem como o de engajar-se em uma *judicialização* da política. Entretanto, mais recentemente, o STF evoluiu em sua jurisprudência sobre o mandado de injunção e sinalizou a intenção de fazer o mesmo com relação à ação direta de inconstitucionalidade por omissão, passando a suprir a norma faltante, até que sobrevenha manifestação do Legislativo.

Antes de tais viradas jurisprudenciais, subsistiam dificuldades sistêmicas no enfrentamento da omissão inconstitucional. A deficiência funcional dos dois mecanismos existentes, tal como desenvolvidos pela jurisprudência do Supremo Tribunal Federal, permitia afirmar não serem eles meios eficazes de sanar a lesividade a preceito fundamental decorrente da inércia do legislador. Como consequência natural da aplicação do § 1º do art. 4º da Lei n. 9.882/99, afirmou-se, então, o cabimento da ADPF. A matéria foi amplamente debatida pelo Supremo Tribunal Federal por ocasião do julgamento da ADPF n. 4, na qual se discutiu o cabimento da arguição contra a Medida Provisória n. 2.019, de 20 de abril de 2000, que fixava o valor do salário-mínimo em desarmonia com o preceito fundamental do art. 7º, IV, da Constituição, configurando hipótese de omissão parcial (v., *supra*). Em votação dividida (6 a 5), o Tribunal conheceu do pedido, sob o fundamento de que a ação direta de inconstitucionalidade por omissão não era eficaz para sanar a lesividade[86].

---

84. STF, *DJe*, 30 abr. 2013, ADPF 54, rel. Min. Marco Aurélio.
85. STF, ADPF 324, rel. Min. Luís Roberto Barroso, acórdão pendente de publicação.
86. *Inf. STF, 264*, abr. 2002, ADPF 4-DF, rel. Min. Octávio Gallotti, j. 17-4-2002: "Concluído o julgamento de preliminar sobre a admissibilidade da arguição de descumpri-

Admitida a ação, a questão que se coloca é saber qual o tipo de provimento que o Supremo Tribunal considerará adequado. É bem de ver que a Lei n. 9.882/99 prevê, expressamente, a fixação de condições e o modo de interpretação e aplicação do preceito fundamental. Se se admitir essa previsão como um diferencial em relação aos outros mecanismos de tutela da omissão, pode-se imaginar a possibilidade do apelo ao legislador, com a fixação de prazo, seguido da aplicação concreta de determinada medida estabelecida pela Corte ou até mesmo a edição de norma geral, que prevaleceria até a efetiva atuação do órgão competente.

Merece menção, ainda, a admissão pelo Supremo Tribunal Federal de arguição de descumprimento de preceito fundamental por meio da qual foram definidas as normas aplicáveis ao processo de *impeachment* do presidente da República. Muito embora a ação pretendesse a apreciação da recepção da Lei n. 1.079/50 pela Constituição de 1988, na prática, a decisão de mérito proferida pelo Tribunal implicou em detalhada regulamentação do rito, no âmbito da Câmara dos Deputados e do Senado Federal. A decisão, com tal alcance, foi motivada pela omissão parcial do legislador quanto às normas aplicáveis ao julgamento à luz da Constituição de 1988[87].

Em tal contexto, há que se aguardar a evolução dos institutos do mandado de injunção e, especialmente, da ação direta de inconstitucionalidade por omissão, para avaliar se persiste a subsidiariedade experimentada no

---

mento de preceito fundamental, ajuizada pelo Partido Democrático Trabalhista — PDT, contra a MP 2.019/2000, que fixa o valor do salário mínimo. O Tribunal, colhido o voto de desempate do Min. Néri da Silveira, conheceu da arguição por entender que a medida judicial existente — ação direta de inconstitucionalidade por omissão — não seria, em princípio, eficaz para sanar a alegada lesividade, não se aplicando à espécie o § 1º do art. 4º da Lei 9.882/99. Vencidos os Ministros Octávio Gallotti, relator, Nelson Jobim, Maurício Corrêa, Sydney Sanches e Moreira Alves, que não conheciam da ação. Em seguida, suspendeu-se a conclusão do julgamento para que os autos sejam encaminhados, por sucessão, à Ministra Ellen Gracie".

87. STF, *DJe*, 3 mar. 2016, ADPF 378 MC, rel. p/ o acórdão Min. Luís Roberto Barroso: "A presente ação tem por objeto central analisar a compatibilidade do rito de *impeachment* de Presidente da República previsto na Lei n. 1.079/50 com a Constituição de 1988. A ação é cabível, mesmo se considerarmos que requer, indiretamente, a declaração de inconstitucionalidade de norma posterior à Constituição e que pretende superar omissão parcial inconstitucional. Fungibilidade das ações diretas que se prestam a viabilizar o controle de constitucionalidade abstrato e em tese. Atendimento ao requisito da subsidiariedade, tendo em vista que somente a apreciação cumulativa de tais pedidos é capaz de assegurar o amplo esclarecimento do rito do *impeachment* por parte do STF".

passado pela ADPF para enfrentar tais omissões. A depender dos novos contornos que a jurisprudência do STF dará aos dois primeiros, talvez não haja mais fundamento para a admissão de ADPF. Por outro lado, a ADPF será cabível quando a ação tiver por objeto um conjunto de ações e omissões do Poder Público que violem preceito fundamental. Isso porque apenas a arguição de descumprimento de preceito fundamental presta-se à impugnação conjunta de ações e omissões[88].

7. Processo e julgamento

7.1. Procedimento

O procedimento da ADPF é regido pela Lei n. 9.882/99, com aplicação subsidiária da Lei n. 9.868/99, que rege a ação direta e a ação declaratória. A petição inicial deverá conter a indicação do preceito fundamental que se considera violado e do ato questionado, a prova da violação, o pedido, com suas especificações, e, se for o caso, a comprovação da existência de controvérsia relevante sobre a aplicação do preceito fundamental que se considera violado. Quando próprio, a inicial deverá ser acompanhada de instrumento de mandato[89], será apresentada em duas vias e deverá trazer cópia do ato questionado e dos documentos necessários para comprovar a impugnação (art. 3º e parágrafo único).

A petição inicial será indeferida liminarmente pelo relator quando não for o caso de ADPF, faltar-lhe algum dos requisitos legais ou for inepta. Do indeferimento caberá agravo, no prazo de cinco dias (art. 4º e § 2º). Uma vez apreciado o pedido liminar (v., *infra*), o relator solicitará informações às autoridades responsáveis pela prática do ato questionado, no prazo de

---

88. A invocação conjunta de ações e de omissões da União, que comprometiam o funcionamento do Fundo Nacional sobre Mudança do Clima, foi o argumento que me conduziu à admissão, como ADPF, de ação originalmente proposta como ADO. V. STF, *DJe*, 1º jul. 2020, ADO 60, rel. Min. Luís Roberto Barroso (monocrática).

89. Aplica-se aqui, por analogia, a jurisprudência desenvolvida em relação à ADIn. O STF entende que o Governador de Estado e as demais autoridades e entidades referidas no art. 103, I a VII, da CF possuem capacidade processual plena e dispõem, *ex vi* da própria norma constitucional, de capacidade postulatória (*RTJ, 144*:3, 1993, QO na ADInMC 127-AL, rel. Min. Celso de Mello). De modo que somente os partidos políticos, as confederações sindicais e entidades de classe necessitam de patrocínio por advogado. Nesta última hipótese, exige-se procuração com poderes especiais para a propositura da ação e específicos para atacar a norma objeto do pedido. STF, *DJU*, 27 jun. 2000, p. 3, ADIn 2.187-7-BA, rel. Min. Octavio Gallotti.

dez dias. Se entender necessário, o relator poderá ouvir as partes nos processos que ensejaram a arguição, que, como visto, não são partes no processo objetivo da ADPF[90]. Poderá também o relator designar perito ou comissão de peritos para emitir parecer sobre a questão, ou, ainda, fixar data para declarações, em audiência pública, de pessoas com experiência e autoridade na matéria (art. 6º e § 1º).

Decorrido o prazo das informações, o relator lançará o relatório, com cópia a todos os ministros, e pedirá dia para julgamento. O Ministério Público, nas arguições que não houver formulado, terá vista do processo, por cinco dias, após o decurso do prazo para informações (art. 7º e parágrafo único). Poderão ser autorizadas, a critério do relator, sustentação oral e juntada de memoriais, por requerimento dos interessados no processo (art. 6º, § 2º).

7.2. Medida liminar

A lei prevê expressamente a possibilidade de deferimento de pedido liminar na ADPF, por decisão da maioria absoluta dos membros do Tribunal. Admite, contudo, a concessão diretamente pelo relator, em caso de extrema urgência ou de recesso, *ad referendum* do Plenário. Se entender necessário, o relator, antes de pronunciar-se sobre a medida, poderá ouvir os órgãos ou autoridades responsáveis pelo ato questionado, bem como o Advogado-Geral da União ou o Procurador-Geral da República, no prazo comum de cinco dias (art. 5º e §§ 1º e 2º). Merece destaque o conteúdo que a lei faculta seja dado à liminar:

> "Art. 5º, § 3º. A liminar poderá consistir na determinação de que juízes e tribunais suspendam o andamento de processo ou os efeitos de decisões judiciais, ou de qualquer outra medida que apresente relação com a matéria objeto da arguição de descumprimento de preceito fundamental, salvo se decorrentes da coisa julgada"[91].

---

90. Sobre o ponto, v. o comentário de Gustavo Binenbojm, *A nova jurisdição constitucional brasileira*, 2001, p. 198-9: "Inobstante o caráter marcadamente objetivo que a arguição de descumprimento de preceito fundamental assumiu com a sua disciplina pela Lei n. 9.882/99, quando se tratar de arguição incidental, com reflexos diretos e imediatos da decisão sobre as partes do processo original, é imperioso que se assegure a possibilidade de sua participação no incidente".

91. Rememore-se que, no julgamento da ADInMC 2.231-8, rel. Min. Néri da Silveira (*Inf. STF, 253*, dez. 2001), o relator votou pelo deferimento de liminar suspendendo esse

O STF já deferiu medidas liminares em diversas oportunidades. Em uma delas, em ADPF proposta pelo Governador do Estado de Alagoas, foram suspensos dispositivos do Regimento Interno do Tribunal de Justiça do Estado, bem como reclamações que tramitavam com base neles, em razão da existência de grave risco de lesão às finanças estaduais[92]. Em outra arguição, apresentada pelo Governador do Estado do Pará, impugnou-se ato de autarquia estadual vinculando a remuneração de seus servidores ao salário mínimo, em violação à regra expressa da Constituição e ao princípio federativo. A decisão deferindo a medida liminar determinou a suspensão de todos os processos em curso e dos efeitos das decisões judiciais que versavam sobre a aplicação do dispositivo questionado[93].

Em decisão proferida na ADPF n. 54, que trata da antecipação de parto de fetos anencefálicos, o Ministro Marco Aurélio concedeu medida liminar que provocou amplo debate público. Nela se determinava tanto o sobrestamento dos processos ainda não transitados em julgado, quanto o reconhecimento do direito constitucional de as gestantes submeterem-se ao parto terapêutico. Esta última parte veio a ser revogada pelo Plenário do Supremo Tribunal Federal, tendo prevalecido apenas a suspensão dos pro-

---

dispositivo, por entender que o legislador ordinário não poderia prever medida que interferisse com os processos em curso.

92. MC na ADPF 10-6, rel. Min. Maurício Corrêa, http://www.stf.gov.br (*DJU*, 13 set. 2001): "O Governador do Estado de Alagoas ajuizou a presente ADPF, com pedido de concessão de medida liminar, objetivando a suspensão imediata da eficácia dos arts. 353 a 360 do Regimento Interno do Tribunal de Justiça estadual, e, em decorrência, que fosse determinado o sobrestamento de todas as reclamações em tramitação naquele juízo e sustadas as decisões e procedimentos proferidos com base nos referidos dispositivos. 2. Iniciado o julgamento do pedido cautelar na sessão do dia 30 de agosto de 2001, o Pleno do STF houve por bem adiar sua apreciação, até o julgamento da ADIn 2231-9-DF, distribuída ao eminente Ministro Néri da Silveira. 3. Resta evidente, contudo, o risco de dano irreparável ou de difícil reparação e o fundado receio de que, antes do julgamento deste processo, ocorra grave lesão ao direito do requerente, em virtude das ordens de pagamento e de sequestro de verbas públicas, desestabilizando-se as finanças do Estado de Alagoas. 4. Ante tais circunstâncias, com base no art. 5º, § 1º, da Lei n. 9.882/99, defiro, 'ad referendum' do Tribunal Pleno, o pedido cautelar e determino a suspensão da vigência dos arts. 353 a 360 do RITJAL, de 30.04.81, e, em consequência, ordeno seja sustado o andamento de todas as reclamações ora em tramitação naquela Corte e demais decisões que envolvam a aplicação dos preceitos ora suspensos e que não tenham ainda transitado em julgado, até o julgamento final desta arguição".

93. STF, *DJU*, 2 dez. 2002, ADPF 33-5, rel. Min. Gilmar Mendes.

cessos[94]. O reconhecimento ou não do direito de a gestante realizar a antecipação do parto foi adiado para o momento da decisão de mérito.

Já nos autos da ADPF 709, que tem por objeto omissões da União na adoção de medidas de proteção à saúde e à vida dos povos indígenas durante a pandemia da COVID-19, e dada a urgência da questão, o relator deferiu monocraticamente diversas cautelares, determinando: a produção de plano geral de enfrentamento à COVID-19 para povos indígenas; a extensão do serviço especial de saúde indígena aos povos indígenas localizados em terras não homologadas; a criação de barreiras sanitárias voltadas a evitar o trânsito de terceiros em terras de povos indígenas isolados e de recente contato, bem como a criação de sala de situação para gerir a pandemia entre tais povos; e, por fim, o isolamento de invasores localizados em algumas áreas, que funcionariam como mecanismo de transmissão da enfermidade. As cautelares foram referendadas pelo Plenário[95].

7.3. Decisão final

A decisão sobre a arguição de descumprimento de preceito fundamental será tomada com a presença na sessão de pelo menos dois terços dos Ministros que compõem o Tribunal, sendo a deliberação tomada por maioria simples (art. 8º)[96]. A decisão fixará as condições e o modo de interpretação e aplicação do preceito fundamental (art. 10), podendo fazer cessar o ato ou decisão exorbitante ou determinar medida adequada à preservação do preceito fundamental decorrente da Constituição[97]. Após o julgamento, será feita comunicação às autoridades ou órgãos responsáveis pela prática dos atos questionados e determinado o cumprimento imediato da decisão, lavrando-se acórdão

---

94. STF, *DJe*, 31 ago. 2007, ADPF 54 QO, rel. Min. Marco Aurélio.

95. STF, *DJe*, 7 out. 2020, ADPF 708, rel. Min. Luís Roberto Barroso.

96. Houve veto presidencial, baseado em interesse público, aos §§ 1º e 2º do art. 8º do projeto aprovado pelo Congresso Nacional, que previam que a decisão pela procedência ou improcedência do pedido deveria ser tomada por *quorum* mínimo de dois terços. O fundamento foi o de que tal exigência superaria até mesmo a do julgamento da ação direta de inconstitucionalidade, configurando "restrição desproporcional à celeridade, à capacidade decisória e a eficiência na prestação jurisdicional pelo Supremo Tribunal Federal".

97. O art. 9º do projeto aprovado fazia menção expressa a tais conteúdos decisórios. O veto presidencial que sofreu deveu-se à referência que continha à impugnação de "atos processuais legislativos", em linha de coerência com o veto ao inciso II do parágrafo único do art. 1º e ao § 4º do art. 5º, não interferindo com a possibilidade de a decisão fazer cessar o ato ou decisão ou determinar outra medida adequada.

posteriormente (art. 10 e parágrafo único). Dentro de dez dias a partir do trânsito em julgado, a parte dispositiva do acórdão será publicada na imprensa oficial (art. 10 e §§ 1º a 3º). A decisão que julgar procedente ou improcedente o pedido é irrecorrível, não podendo ser objeto de ação rescisória (art. 12), e caberá reclamação contra seu descumprimento (art. 13).

Embora ainda se encontre pendente de julgamento a ADIn 2.231 — que questiona a constitucionalidade da Lei n. 9.882/99 como um todo —, o STF proferiu a primeira decisão de mérito em ADPF no ano de 2006. Impugnava-se o art. 34 do Regulamento de Pessoal do Instituto de Desenvolvimento Econômico-Social do Pará (IDESP), que atrelava a remuneração do pessoal de autarquia estadual ao salário mínimo. O Tribunal julgou a ADPF procedente para declarar a não recepção do preceito, invocando o princípio federativo e a proibição de vinculação ao salário mínimo, contida no art. 7º, IV, da Constituição Federal[98]. Desde então, a arguição de descumprimento de preceito fundamental tem permitido ao STF julgar casos de grande repercussão, como, por exemplo, a possibilidade de interrupção da gestação em caso de anencefalia do feto[99], o reconhecimento das uniões estáveis homoafetivas[100], a afirmação da constitucionalidade de sistema de cotas, com base em critérios étnico-raciais, para seleção e ingresso em instituição pública de ensino superior[101], o rito aplicável ao processo de *impeachment* do presidente da República[102] e a terceirização em matéria trabalhista[103], medidas de proteção à saúde e à vida dos povos indígenas durante a pandemia[104].

8. Efeitos da decisão

No tocante aos efeitos *subjetivos*, a decisão proferida em ADPF terá eficácia contra todos e efeito vinculante relativamente aos demais órgãos

---

98. STF, *DJU*, 27 out. 2006, ADPF 33-PA, rel. Min. Gilmar Mendes: "Arguição de descumprimento de preceito fundamental julgada procedente para declarar a ilegitimidade (não recepção) do Regulamento de Pessoal do extinto IDESP em face do princípio federativo e da proibição de vinculação de salários a múltiplos do salário mínimo (art. 60, § 4º, I, c/c art. 7º, inciso IV, *in fine*, da Constituição Federal)".

99. STF, *DJe*, 30 abr. 2013, ADPF 54, rel. Min. Marco Aurélio.

100. STF, *DJe* 30 abr. 2013, ADPF 54, rel. Min. Marco Aurélio.

101. STF, *DJe*, 20 out. 2014, ADPF 186, rel. Min. Ricardo Lewandowski.

102. STF, *DJe*, 3 mar. 2016, ADPF 378 MC, rel. p/ o acórdão Min. Luís Roberto Barroso.

103. STF, ADPF 324, rel. Min Luís Roberto Barroso, acórdão pendente de publicação.

104. STF, *DJe*, 7 out. 2020, ADPF 708, rel. Min. Luís Roberto Barroso.

do Poder Público (art. 10, § 3º), como próprio ao exercício da jurisdição constitucional em processo objetivo e concentrado. Será assim, inclusive, no tocante à arguição incidental[105]. A previsão é bem próxima da que consta da parte final do art. 28, parágrafo único, da Lei n. 9.868/99, que disciplina a ação direta de inconstitucionalidade e a ação declaratória de constitucionalidade. Também quanto ao efeito vinculante, aplicam-se os mesmos comentários já feitos em relação àquelas duas ações[106] (v., *supra*). Parece razoável sustentar que, ao menos em determinadas hipóteses inequívocas, a vinculação deva se estabelecer em relação à tese jurídica firmada pelo Supremo Tribunal Federal no tocante à matéria objeto da arguição, de modo a colher todas as situações idênticas[107].

---

105. Gustavo Binenbojm, *A nova jurisdição constitucional brasileira*, 2001, p. 193: "[O] acórdão proferido pelo Supremo Tribunal Federal na arguição de descumprimento alcança os mesmos efeitos de uma decisão proferida em ação direta de inconstitucionalidade".

106. Note-se que a referência a "órgãos do Poder Público" e não aos "órgãos do Poder Judiciário e à Administração Pública", como faz a Lei n. 9.868/99, poderia sugerir uma vinculação do legislador, o que não é o caso, salvo se se der a tal possibilidade um sentido muito restrito. V., a propósito, Walter Claudius Rothenburg, Arguição de descumprimento de preceito fundamental, in André Ramos Tavares e Walter Claudius Rothenburg (orgs.), *Arguição de descumprimento de preceito fundamental: análises à luz da Lei 9.882/99*, 2001, p. 229: "Quando a inconstitucionalidade é declarada, a invalidade do ato impõe-se tanto ao próprio Supremo Tribunal Federal (que não mais poderá rever sua decisão) quanto ao Legislativo (que não poderá, por exemplo, revogar o ato normativo já invalidado). Quando, porém, for declarada a constitucionalidade, então o próprio Supremo Tribunal Federal e o Legislativo são poupados da força vinculante, aquele porque poderá modificar sua decisão diante de uma futura reapreciação sob circunstâncias diferentes, e este porque não fica limitado em sua atividade legiferante (podendo, por exemplo, revogar o ato declarado constitucional, por outro em sentido oposto, correndo o provável risco de ver este declarado inconstitucional em seguida); é o que também se dá em sede de ação declaratória de constitucionalidade".

107. Trata-se, ademais, do que determina o novo Código de Processo Civil, em seu art. 988, inc. III e § 4º, ao prescrever: "Caberá reclamação da parte interessada ou do Ministério Público para: (...); II — garantir a observância de enunciado de súmula vinculante e de decisão do Supremo Tribunal Federal em controle concentrado de constitucionalidade;(...). § 4º As hipóteses dos incisos III e IV compreendem a aplicação indevida da tese jurídica e sua não aplicação aos casos que a ela correspondam". No mesmo sentido: Gilmar Ferreira Mendes (Arguição de descumprimento de preceito fundamental: parâmetro de controle e objeto, in André Ramos Tavares e Walter Claudius Rothenburg (orgs.), *Arguição de descumprimento de preceito fundamental: análises à luz da Lei 9.882/99*, 2001, p. 142) refere-se a "fundamentos determinantes da decisão", expressão que se afigura demasiado abrangente. O conceito de *tese jurídica* firmada pelo Tribunal, quando esta seja induvidosa e passível de generalização, afigura-se mais objetivo. De todo modo, o exemplo que fornece parece bem adequado: [S]e o Supremo Tribunal afirmar, em um processo de arguição de

Quanto aos efeitos *objetivos*, se a arguição tiver resultado de um ato normativo, serão eles análogos aos da declaração de inconstitucionalidade ou constitucionalidade. Se se tratar de ato administrativo — disposição de edital de licitação ou de concurso público, por exemplo —, se acolhido o pedido, deverá ela ser retirada do regime jurídico do certame, ou, se este já tiver ocorrido, poderá ser declarado nulo. No tocante à decisão judicial, se a simples afirmação da tese jurídica não produzir consequência apta a evitar ou reparar a lesão a preceito fundamental, uma decisão específica deverá ser proferida pelo juiz natural (isto é, o órgão judicial competente para apreciar a questão concreta), levando em conta a premissa lógica estabelecida pelo Supremo Tribunal Federal.

Quanto aos efeitos *temporais*, a lei que rege a ADPF contempla a mesma possibilidade já incluída na Lei n. 9.868/99 relativamente à não retroatividade da decisão. Por essa razão, remete-se o leitor à discussão mais ampla já empreendida quando do estudo da ação direta de inconstitucionalidade e da ação declaratória de constitucionalidade (v., *supra*)[108]. Na Lei n. 9.882/99, a previsão vem assim redigida:

---

descumprimento, que a lei 'X', do Município de São Paulo, que prevê a instituição do IPTU progressivo é inconstitucional, essa decisão terá efeito não apenas em relação a esse texto normativo, mas também em relação aos textos normativos de teor idêntico editados por todos os demais entes comunais".

108. Apenas pela singularidade do antagonismo das posições, vejam-se duas passagens de autores que escreveram especificamente sobre ADPF. De um lado, André Ramos Tavares, *Tratado da arguição de preceito fundamental*, 2001, p. 389: "A graduação (dimensionamento) temporal das decisões proferidas pelo Supremo Tribunal Federal em sede de descumprimento de preceito fundamental e, de resto, em sede de qualquer processo objetivo, é poder que se insere, naturalmente, nas prerrogativas do Tribunal, sendo desnecessário previsão constitucional expressa. Se a Constituição omitiu-se em matéria dessa relevância, há de se considerar que relegou a questão à prudente discricionariedade do Tribunal"; de outro, Ives Gandra da Silva Martins, Descumprimento de preceito fundamental: eficácia das decisões, in André Ramos Tavares e Walter Claudius Rothenburg (orgs.), *Arguição de descumprimento de preceito fundamental: análise à luz da Lei 9.882/99*, 2001, p. 179: "Se uma norma tiver sido afastada do cenário jurídico nacional pelo vício maior da inconstitucionalidade, não há como considerar seus efeitos válidos, como se constitucional fosse no passado ou — o que é pior — mantê-los com validade ainda por certo período de tempo, como ocorre no Direito germânico, de conformação diversa do Direito brasileiro. (...) Parece-me, pois, inconstitucional o art. 11, que pretende, contra a jurisprudência da Suprema Corte e toda a tradição do Direito brasileiro, dar eficácia de norma constitucional à lei declarada definitivamente inconstitucional, atribuindo efeito *ex nunc* à decisão que declara a inconstitucionalidade ou ainda postergando tal efeito para o futuro".

"Art. 11. Ao declarar a inconstitucionalidade de lei ou ato normativo, no processo de arguição de descumprimento de preceito fundamental, e tendo em vista razões de segurança jurídica ou de excepcional interesse social, poderá o Supremo Tribunal Federal, por maioria de dois terços de seus membros, restringir os efeitos daquela declaração ou decidir que ela só tenha eficácia a partir de seu trânsito em julgado ou de outro momento que venha a ser fixado".

9. Estudo de casos: as ADPFs 45, 54, 347 e 709

Merecem aqui registro especial quatro arguições de descumprimento de preceito fundamental propostas, pela importância dos temas que veiculam: a ADPF 45, rel. Min. Celso de Mello, a ADPF 54 e a ADPF 347, rel. Min. Marco Aurélio. Na primeira discute-se um tema complexo e de grande atualidade: a legitimidade constitucional do controle e da intervenção do Poder Judiciário em tema de implementação de políticas públicas, além da viabilidade instrumental da arguição de descumprimento no processo de concretização das liberdades positivas (direitos constitucionais de segunda geração).

Já a ADPF 54 traduz hipótese específica de constitucionalização do direito penal[109] e suscitou candente debate na sociedade e no Supremo Tribunal Federal: a da legitimidade ou não da interrupção da gestação nas hipóteses de feto anencefálico. Na ação constitucional ajuizada, pediu-se a interpretação conforme a Constituição dos dispositivos do Código Penal que tipificam o crime de aborto, para declarar sua não incidência naquela situação de inviabilidade fetal. A grande questão teórica em discussão consiste em saber se, ao declarar a não incidência do Código Penal a uma determinada situação, porque isso provocaria um resultado inconstitucional, estaria o STF interpretando a Constituição — que é o seu papel — ou criando uma nova hipótese de não punibilidade do aborto, em invasão da competência do legislador.

A ADPF 347 volta-se ao tema da legitimidade da intervenção do Poder Judiciário em tema de implementação de políticas públicas, em circunstância em que a atuação deficiente do Poder Público enseja uma violação massiva e prolongada a direitos fundamentais de primeira e segunda geração, de um grupo especialmente vulnerável de cidadãos (a população carcerária). O ineditismo da ação está na utilização do instituto do estado de coisas

---

109. Sobre o tema da constitucionalização do Direito, v. Luís Roberto Barroso, Neoconstitucionalismo e constitucionalização do Direito, *RDA* n. 240, 2005.

inconstitucional, criado pela Corte Constitucional da Colômbia, para o enfrentamento desse tipo de falha estrutural em políticas públicas, e na pretensão de provocar, por intermédio do Supremo Tribunal Federal, a atuação de múltiplas autoridades, de distintas atribuições, para sanar a situação de inconstitucionalidade.

Por fim, a ADPF 709 tem por objeto omissões da União na adoção de medidas de proteção à saúde e à vida dos povos indígenas durante a pandemia da COVID-19. Nela, os requerentes demonstram a maior vulnerabilidade dos povos indígenas ao contágio por doenças infectocontagiosas, bem como a atuação insuficiente da União na adoção de medidas de proteção à sua saúde e à sua vida. O traço distintivo deste caso reside no emprego da ADPF para veicular um litígio estrutural (sem a invocação de um estado de coisas inconstitucional). Por meio dela cabe ao Supremo Tribunal Federal promover um diálogo interinstitucional (entre o Executivo, seus órgãos e o Judiciário), bem como um diálogo intercultural (com a representação dos povos indígenas), de modo a assegurar o desenvolvimento e a implementação de políticas públicas adequadas[110].

9.1. A ADPF 45/DF

Caso apreciada apenas quanto à decisão efetivamente prolatada, a ADPF 45 não se destacaria, já que considerada prejudicada pela perda superveniente de seu objeto[111]. A relevância da decisão está nas observações do rel. Min. Celso de Mello, claramente indicadoras de que a ADPF seria instrumento idôneo para viabilizar a concretização de políticas públicas quando, apesar de previstas na Constituição Federal, fossem total ou parcialmente descumpridas pelas instâncias governamentais destinatárias do comando constitucional. Assim, o Poder Judiciário estaria realizando papel garantidor da eficácia e da integridade de direitos individuais e/ou coletivos, ainda que consagrados em dispositivos de conteúdo programático. Além disso, admite a possibilidade de controle do veto do Poder Executivo a projeto de lei aprovado, o que na ADPF (QO) 1/RJ foi considerado inviável, dada a natureza política do ato. A ementa da decisão foi assim lavrada:

---

110. STF, *DJe*, 7 out. 2020, ADPF 708, rel. Min. Luís Roberto Barroso.

111. V. *DJU*, 4 maio 2005, ADPF 45-DF, rel. Min. Celso de Mello. Na situação específica, questionava-se o veto presidencial a um dispositivo da Lei de Diretrizes Orçamentárias (LDO). O pedido foi considerado prejudicado, ante a edição da Lei n. 10.777/2003, de idêntico teor ao dispositivo vetado.

"Arguição de descumprimento de preceito fundamental. A questão da legitimidade constitucional do controle e da intervenção do Poder Judiciário em tema de implementação de políticas públicas, quando configurada hipótese de abusividade governamental. Dimensão política da jurisdição constitucional atribuída ao Supremo Tribunal Federal. Inoponibilidade do arbítrio estatal à efetivação dos direitos sociais, econômicos e culturais. Caráter relativo da liberdade de conformação do legislador. Considerações em torno da cláusula da reserva do possível. Necessidade de preservação, em favor dos indivíduos, da integridade e da intangibilidade do núcleo consubstanciador do mínimo existencial. Viabilidade instrumental da arguição de descumprimento no processo de concretização das liberdades positivas (direitos constitucionais de segunda geração)"[112].

9.2. A ADPF 54/DF

Nesta ADPF pretende-se que o STF declare não aplicável à hipótese de antecipação do parto de feto anencefálico os preceitos dos arts. 124, 126, *caput*, e 128, I e II, do Código Penal. Vale dizer: deseja-se um provimento jurisdicional que afirme que o parto de fetos anencefálicos não constitui crime de aborto, por intermédio de declaração de inconstitucionalidade *parcial*, sem redução do texto, dos dispositivos já referidos. Não se objetiva criar uma nova exceção a ser acrescida ao elenco do art. 128 do Código Penal (aborto em caso de estupro ou de risco de vida da gestante), mas simplesmente que se reconheça que os enunciados dos arts. 124 e 126 do CP (que criminalizam as condutas da gestante e de terceiro na hipótese de aborto consentido), não incidem no caso de antecipação de parto de feto anencefálico.

No caso, os três requisitos legais para o cabimento da arguição de descumprimento de preceito fundamental estão presentes: (i) há preceitos fundamentais sendo vulnerados (dignidade, liberdade e saúde da gestante); (ii) a lesão resulta de ato do Poder Público (imposição, sobre a hipótese, de uma incidência inconstitucional de normas do Código Penal); e (iii) não há outro meio eficaz de sanar a lesividade.

O Ministro Marco Aurélio, relator do caso, deferiu a medida liminar requerida para determinar o sobrestamento dos processos e decisões não

---

112. V. *DJU*, 4 maio 2005, ADPF 45-DF, rel. Min. Celso de Mello.

transitadas em julgado acerca da matéria, como também para reconhecer o direito constitucional da gestante de se submeter à operação terapêutica de parto de fetos anencefálicos, a partir do laudo médico atestando a deformidade. Em questão de ordem, o Ministério Público Federal sustentou o não cabimento da ADPF para o tratamento do tema, mas o STF, por maioria, entendeu admissível a arguição.

A liminar, todavia, foi referendada apenas na parte referente ao sobrestamento dos processos não transitados em julgado. O reconhecimento ou não do direito de a gestante realizar a antecipação do parto foi adiado para o momento da decisão de mérito. Entre o final de agosto e o começo de setembro de 2008, foi realizada audiência pública sobre o tema. Ao longo de quatro sessões, manifestaram-se membros eminentes da comunidade científica, de entidades religiosas e do movimento social, enunciando argumentos a favor e contra a antecipação do parto na hipótese.

9.3. A ADPF 347 MC

A ação foi ajuizada contra atos comissivos e omissivos das múltiplas autoridades responsáveis pelo funcionamento do sistema carcerário brasileiro, que confeririam aos detentos tratamento que afronta: o princípio da dignidade da pessoa humana (art. 1º, III CF), a vedação de tortura e de tratamento desumano ou degradante (art. 5º, III), a proibição de sanções cruéis (art. 5º, XLVII, "e"), a garantia de respeito à integridade física e moral do preso (art. 5º, XLIX), o direito de acesso à Justiça (art. 5º, XXXV), o devido processo legal (art. 5º, LIV e LV), a presunção de inocência (art. 5º, LVII) e os direitos sociais à saúde, educação, trabalho e segurança (art. 6º). São exemplos de tais atos comissivos e omissivos, na visão do requerente: a oferta de número de vagas prisionais muito inferior à população carcerária; a não adoção de medidas necessárias à segurança física dos detentos; e a não promoção do acesso adequado de tais detentos à jurisdição, à saúde, à alimentação, à educação, ao trabalho e à assistência material, deixando de assegurar-lhes condições mínimas de subsistência digna.

O requerente atribuiu tal situação a uma falha estrutural da política pública carcerária brasileira e reconheceu que a solução do problema não poderia ser produzida apenas por uma decisão judicial, mas dependeria de medidas abrangentes, de natureza normativa, administrativa e orçamentária. Diante desse quadro, recorreu ao instituto do "estado de coisas inconstitucional", desenvolvido pela Corte Constitucional da Colômbia. Tal instituto, na experiência colombiana, possibilita a determinação, a múltiplas autoridades, de medidas tendentes à superação de violações graves e massivas de direitos fundamentais, bem como a contínua supervisão de tais medidas pela corte, até a sua efetiva implementação. Postulou-se que providência semelhante fosse adotada pelo Supremo Tribunal Federal. A postulação era inédita, por envolver a adoção de um instituto estrangeiro, para controle de falhas estruturais em matéria de políticas públicas, permitindo ao STF uma solução que envolvesse uma atuação conjunta com as demais autoridades e/ou com os demais Poderes.

O Supremo decretou o estado de coisas inconstitucional do sistema carcerário brasileiro e acolheu parcialmente o pedido de cautelar para: (i) determinar aos juízes e tribunais que realizem, em até 90 dias, audiências de custódia, viabilizando o comparecimento do preso perante a autoridade judiciária, no prazo máximo de 24 horas, contados do momento da prisão, nos termos do Pacto dos Direitos Civis e Políticos e da Convenção Americana de Direitos Humanos; (ii) determinar à União que libere o saldo acumulado do Fundo Penitenciário Nacional, abstendo-se de realizar novos contingenciamentos; (iii) determinar à União e aos Estados, e especificamente ao Estado de São Paulo, que encaminhem ao STF informações sobre a situação prisional.

Justificou-se a intervenção mais ativa do STF na hipótese, com base no fato de que os presos são uma minoria estigmatizada, impopular e sem direito de voto, de forma que faltariam incentivos às instâncias representativas para a promoção dos seus direitos, o que autorizaria o Supremo a agir na sua defesa. O mérito da ação ainda aguarda julgamento.

9.4. A ADPF 709 MC

A ADPF 709 foi ajuizada contra ações e omissões da União que estariam comprometendo a adequada proteção dos direitos dos povos indígenas à saúde (art. 6º), à vida (art. 5º) e à proteção territorial (art. 231), durante a pandemia de COVID-19. De acordo com o que narram os requerentes, tais povos possuem maior vulnerabilidade epidemiológica, quer porque foram menos expostos a enfermidades infectocontagiosas e vacinas, comuns na sociedade envolvente; quer porque, de modo geral, vivem uma vida comunitária, com o compartilhamento de casas e objetos; ou, ainda, porque têm menor acesso à saúde, por se localizarem em áreas de difícil acesso. Por tais razões, a pandemia gera grave risco para a sua sobrevivência e enseja a necessidade de adoção de medidas específicas que observem suas particularidades.

Entretanto, os requerentes observam que a União não teria elaborado um plano geral de enfrentamento à COVID-19 para povos indígenas que verificasse as necessidades específicas de tais povos. Ao contrário, o plano apresentado pela União seria genérico, vago e incompleto. Quanto aos povos indígenas localizados em terras não homologadas, observam, ainda, que o ente não estaria assegurando seu atendimento pelo serviço especial de saúde indígena, o que é imprescindível para comunidades geograficamente muito distantes, isoladas ou com baixa interação cultural com a sociedade envolvente. Com relação aos povos indígenas isolados ou de recente contato, tampouco foram instaladas barreiras sanitárias que impedissem o trânsito de terceiros em suas terras ou instalou-se uma sala de situação para gerir a pandemia em suas áreas. Por fim, relatam a ocorrência de progressivas invasões em terras indígenas, para o desenvolvimento de atividades ilícitas (*i.e.*, mineração e exploração ilegal de madeira), com a movimentação de grande contingente de não indígenas, que entram em contato com tais povos, levando-lhes enfermidades, entre elas a COVID-19, bem como expondo-os à violência e a práticas criminosas de toda ordem.

O STF deferiu parcialmente as cautelares postuladas, determinando: a produção pela União de um plano geral de enfrentamento à COVID-19 para povos indígenas, com a participação de sua representação; a extensão do serviço especial de saúde indígena aos povos indígenas localizados em terras não homologadas; a criação de barreiras sanitárias voltadas a evitar o trânsito de terceiros em terras de povos indígenas isolados e de recente contato; a criação de uma sala de situação, com o objetivo de integrar autoridades e representação dos indígenas na gestão da pandemia nas terras de povos isolados e de recente contato; e, por fim, o isolamento de invasores localizados em algumas áreas[113].

O cumprimento da cautelar envolve a necessidade de persistente acompanhamento e interlocução entre o STF, o Executivo, múltiplos órgãos da administração pública e entidades representativas dos povos indígenas, desenvolvendo-se por meio do que se denominou, nos autos, "diálogo interinstitucional e intercultural". Tanto quanto possível, o STF atua, no caso, menos como decisor, e mais como um facilitador do diálogo que possibilita a definição de políticas públicas mais adequadas, à luz das possibilidades da União e das necessidades específicas das diferentes comunidades. Tem competido ao Tribunal, ainda, desbloquear processos decisórios e

---

113. STF, *DJe*, 7 out. 2020, ADPF 708, rel. Min. Luís Roberto Barroso.

resistências no âmbito do Executivo federal. Também neste caso, a atuação da Corte se justifica diante da acentuada vulnerabilidade de tais povos, que constituem uma minoria historicamente sub-representada e estigmatizada nas instâncias políticas.

Os casos expostos demonstram que, a despeito das desconfianças iniciais e do longo lapso de tempo decorrido até sua regulamentação, a arguição de descumprimento de preceito fundamental vem se tornando um instrumento valioso de tutela dos direitos fundamentais. Por outro lado, novas dificuldades passam a ser percebidas, em especial quanto ao acompanhamento e a efetiva implementação das políticas públicas, em seus múltiplos aspectos, dada a difícil interlocução entre órgãos e instituições e alegados limites orçamentários.

II — A AÇÃO DIRETA INTERVENTIVA[114]

1. Generalidades

1.1. A intervenção federal

A intervenção federal consiste em mecanismo excepcional de limitação da autonomia do Estado-membro. Destina-se ela à preservação da soberania nacional, do pacto federativo e dos princípios constitucionais sobre os quais se erige o Estado Democrático de Direito[115]. Não se trata,

---

114. Alfredo Buzaid, *Da ação direta de declaração de inconstitucionalidade no direito brasileiro*, 1958; Pontes de Miranda, *Comentários à Constituição de 1967, com a Emenda n. 1, de 1969*, t. 2, 1970; Gilmar Ferreira Mendes, *Controle de constitucionalidade — aspectos jurídicos e políticos*, 1990; Enrique Ricardo Lewandowski, *Pressupostos materiais e formais da intervenção federal no Brasil*, 1994; Clèmerson Merlin Clève, *A fiscalização abstrata de constitucionalidade no direito brasileiro*, 2000; José Afonso da Silva, *Curso de direito constitucional positivo*, 2001; Alexandre de Moraes, *Jurisdição constitucional e tribunais constitucionais*, 2000; Rogério Tadeu Romano, A representação interventiva federal no direito brasileiro, *RPGR*, 4:135, 1993.

115. STF, *DJU*, 16 set. 1998, IF 591-9-BA, rel. Min. Celso Mello: "O mecanismo de intervenção constitui instrumento essencial à viabilização do próprio sistema federativo, e, não obstante o caráter excepcional de sua utilização — necessariamente limitada às hipóteses taxativas definidas na Carta Política —, mostra-se impregnado de múltiplas funções de ordem político-jurídica, destinadas (a) a tornar efetiva a intangibilidade do vínculo federativo; (b) a fazer respeitar a integridade territorial das unidades federadas; (c) a promover a unidade do Estado Federal e (d) a preservar a incolumidade dos princípios fundamentais proclamados pela Constituição da República".

por evidente, de providência rotineira nem está sujeita a juízos políticos arbitrários. Medida extrema, exige a presença de elementos materiais inequívocos e a observância de requisitos formais para que possa ser legitimamente decretada. Somente caberá a intervenção nas hipóteses taxativas previstas na Constituição, enunciadas no art. 34[116].

Em levantamento retrospectivo sumário e sem pretensão de ser exaustivo, contabilizam-se, entre 1920 e 1930, decretos de intervenção nos Estados da Bahia, Espírito Santo, Rio de Janeiro e Pernambuco. Entre 1936 e 1937, houve intervenção no Maranhão, Mato Grosso, Distrito Federal, Rio Grande do Sul e Rio de Janeiro. Sob a Constituição de 1946, houve intervenções nos Estados de Alagoas (1957), Goiás (1964) e de novo Alagoas (1966). Na vigência da Constituição de 1967-1969 não houve intervenção. Sob o regime da Constituição de 1988, após quase trinta anos de vigência, decretou-se intervenção federal no Estado do Rio de Janeiro[117], com o objetivo de pôr termo a grave comprometimento da ordem pública (CF, art. 34, III). No mesmo ano, decretou-se igualmente intervenção federal em Rondônia, pelo mesmo fundamento[118]. Como se constata singelamente, a ocorrência de intervenção federal em Estados encontra diversos precedentes na experiência brasileira.

---

116. CF: "Art. 34. A União não intervirá nos Estados nem no Distrito Federal, exceto para: I — manter a integridade nacional; II — repelir invasão estrangeira; III — pôr termo a grave comprometimento da ordem pública; IV — garantir o livre exercício de qualquer dos Poderes nas unidades da Federação; V — reorganizar as finanças da unidade da Federação que: (...) VI — prover a execução de lei federal, ordem ou decisão judicial; VII — assegurar a observância dos seguintes princípios constitucionais: a) forma republicana, sistema representativo e regime democrático; b) direitos da pessoa humana; c) autonomia municipal; d) prestação de contas da administração pública, direta ou indireta; e) aplicação do mínimo exigido da receita resultante de impostos estaduais, compreendida a proveniente de transferências, na manutenção e desenvolvimento do ensino e nas ações e serviços públicos de saúde".

117. Decreto n. 9.288, 16 de fevereiro de 2018: "Decreta intervenção federal no Estado do Rio de Janeiro com o objetivo de pôr termo ao grave comprometimento da ordem pública". A constitucionalidade do decreto foi objeto de ação direta de inconstitucionalidade tendo-se alegado, entre diversos fundamentos (inclusive de índole formal), que foi editado com desvio de finalidade, por ter sido inspirado por propósitos puramente eleitorais. A ação foi julgada extinta, sem julgamento do mérito, por perda de objeto, em razão da superveniência do termo final da intervenção. V. STF, *DJe*, 1º abr. 2019, ADI 5.915, rel. Min. Ricardo Lewandowski.

118. Decreto n. 9.602, de 10 de dezembro de 2018: "Decreta intervenção federal no Estado de Roraima com o objetivo de pôr termo a grave comprometimento da ordem pública".

Com exceção das hipóteses previstas no art. 36 da Constituição de 1988, que estabelecem alguma condição para a decretação da intervenção, nos demais casos do art. 34 ela decorrerá de ato discricionário privativo do Presidente da República, não dependendo de apreciação prévia do Poder Legislativo nem de pronunciamento judicial. Compete, portanto, ao Chefe do Poder Executivo a verificação da ocorrência do pressuposto de grave comprometimento da ordem pública e a expedição do decreto respectivo, que especificará a amplitude, o prazo e as condições de execução da medida, bem como nomeará o interventor (CF, art. 36, § 1º).

Todavia, nas hipóteses do art. 34, VII, a decretação de intervenção depende de provimento, pelo Supremo Tribunal Federal, de representação do Procurador-Geral da República, cujo juízo quanto ao cabimento da ação é igualmente discricionário. O fundamento da intervenção, nesse caso, é a defesa da ordem constitucional, tanto que dependerá de um controle concreto de constitucionalidade a ser empreendido por via da ação direta interventiva.

O provimento da ação pelo Supremo Tribunal Federal não tem como efeito direto nem a intervenção efetiva nem a suspensão do ato impugnado. A singularidade dessa hipótese é que a Constituição atribuiu ao Supremo Tribunal Federal o juízo quanto à ocorrência do pressuposto motivador da intervenção, retirando-o do Presidente. Mas é ao Chefe do Executivo que caberá, mediante decreto, sustar a execução do ato ou executar a intervenção propriamente dita.

1.2. A ação direta interventiva

A ação direta interventiva surge com a Constituição de 1934, tendo sido a primeira hipótese de controle concentrado existente no direito brasileiro[119]. Foi prevista, igualmente, pela Constituição de 1946, que lhe deu o perfil básico que conserva até hoje[120], e pela Carta de 1967-69. Apesar de

---

119. No regime constitucional da época, a decretação de intervenção federal por descumprimento de princípio constitucional sensível era competência do Congresso Nacional. A ação interventiva prestava-se, então, à aferição da constitucionalidade da lei que a decretava, e não propriamente do ato motivador reputado inconstitucional.

120. Foi a partir dela que o objeto da ação passou a ser o pronunciamento acerca do ato impugnado, e não da lei que a decretava. Até a Carta de 1967-69, no entanto, a execução da medida, quando decorrente de ação interventiva, era da competência do Congresso Nacional e não do Presidente da República.

não ter tido aplicação significativa nos regimes anteriores, pareceu bem ao constituinte de 1988 mantê-la no sistema, como condição da intervenção federal nos Estados nas hipóteses de inobservância dos denominados princípios constitucionais sensíveis. Sua configuração atual decorre da combinação dos seguintes dispositivos:

> "Art. 36. A decretação da intervenção federal dependerá: (...)
>
> III — de provimento, pelo Supremo Tribunal Federal, de representação do Procurador-Geral da República, na hipótese do art. 34, VII, e no caso de recusa à execução de lei federal".
>
> "Art. 34. A União não intervirá nos Estados nem no Distrito Federal, exceto para: (...)
>
> VII — assegurar a observância dos seguintes princípios constitucionais:
>
> a) forma republicana, sistema representativo e regime democrático;
>
> b) direitos da pessoa humana;
>
> c) autonomia municipal;
>
> d) prestação de contas da administração pública, direta ou indireta;
>
> e) aplicação do mínimo exigido da receita resultante de impostos estaduais, compreendida a proveniente de transferências, na manutenção e desenvolvimento do ensino e nas ações e serviços públicos de saúde".

A despeito da manutenção da nomenclatura *representação*, há consenso de que se trata de verdadeira ação[121]. E mais: embora seja formulado um juízo de certa forma abstrato acerca da constitucionalidade do ato normativo estadual — nas hipóteses em que o ato impugnado tenha essa natureza —, não se trata de um processo objetivo, sem partes ou sem um caso concreto subjacente. Cuida-se, sim, de um litígio constitucional, de uma relação

---

121. A doutrina não controverte acerca da posição de longa data definida por Alfredo Buzaid, *Da ação direta de declaração de inconstitucionalidade no direito brasileiro*, 1958, p. 103-4: "Entendemos que o poder de submeter ao julgamento do Supremo Tribunal Federal o ato arguido de inconstitucionalidade representa o exercício do *direito de ação*, que o art. 1º da Lei n. 2.271 atribuiu *privativamente* ao Procurador-Geral da República".

processual contraditória, contrapondo União e Estado-membro, cujo desfecho pode resultar em intervenção federal[122].

Na atual configuração do modelo brasileiro de controle de constitucionalidade, a ação direta interventiva ocupa um papel de relativa desimportância. É que as leis e os atos normativos de âmbito estadual são passíveis de fiscalização por via de ação direta de inconstitucionalidade, igualmente titularizada pelo Procurador-Geral da República, cuja consequência é retirar do sistema jurídico (ou, pelo menos, paralisar a eficácia com alcance contra todos) as disposições impugnadas. Essa via, portanto, mais ampla e menos traumática, esvazia a opção pela intervenção federal.

2. Competência

A regra de competência para a ação, quando se tratar de intervenção da União em Estado-membro, vem explícita no art. 36, III, já transcrito: cabe ao Supremo Tribunal Federal apreciar a ação proposta pelo Procurador-Geral da República. Note-se que a jurisprudência não admite a possibilidade de intervenção federal nos Municípios[123]. Com relação a eles, a Constituição somente contempla a hipótese de intervenção dos Estados, inclusive com a previsão de prévio acolhimento de representação pelo Tribunal de Justiça, para assegurar a observância de princípios indicados na Constituição Estadual, ou para prover a execução de lei, de ordem ou de decisão judicial[124].

---

122. V., a propósito, Gilmar Ferreira Mendes, *Controle de constitucionalidade*, 1990, p. 222: "Não se tem aqui, pois, um processo objetivo (*objektives Verfahren*), mas a *judicialização* de conflito federativo atinente à observação de deveres jurídicos especiais, impostos pelo ordenamento federal ao Estado-membro. Daí considerar Bandeira de Mello, com acerto, que, no caso, se trata de exercício do direito de ação, cuja autora seria a União, representada pelo Procurador-Geral da República, e o réu, o Estado federado, atribuindo-se-lhe ofensa a princípio constitucional da União".

123. STF, *DJU*, 16 set. 1998, IF 591-9, rel. Min. Celso de Mello: "Os Municípios situados no âmbito territorial dos Estados-membros não se expõem à possibilidade constitucional de sofrerem intervenção decretada pela União Federal, eis que, relativamente aos entes municipais, a única pessoa política ativamente legitimada a neles intervir é o Estado-membro". Não assim, porém, nos casos de Municípios localizados em território federal (situação que atualmente inexiste), a teor do disposto no *caput* do art. 35 da CF.

124. CF: "Art. 35. O Estado não intervirá em seus Municípios, nem a União nos Municípios localizados em Território Federal, exceto quando: I — deixar de ser paga, sem motivo de força maior, por dois anos consecutivos, a dívida fundada; II — não forem prestadas contas devidas, na forma da lei; III — não tiver sido aplicado o mínimo exigido

3. Legitimação

A legitimidade ativa para a propositura da ação direta interventiva é exclusivamente do Procurador-Geral da República. Boa parte da doutrina sustenta que sua atuação não se dá como substituto processual[125] — que atuaria em nome da coletividade —, nem exatamente como parte autônoma, mas sim como representante judicial da União[126]. Tal entendimento não parece compatível com o papel institucional do Ministério Público[127] nem com a gravidade constitucional da intervenção federal.

De fato, o Procurador-Geral da República deverá agir, na hipótese, não como advogado da parte, mas como defensor da ordem jurídica (CF, art. 127), no caso, do equilíbrio federativo. Se fosse mero representante da União, não poderia recusar o patrocínio. Mas não é assim. Se, por exemplo, o Presidente da República entender que é caso de instauração da ação e o Procurador-Geral entender diversamente, não deverá propô-la. Se fosse um *representante*, um advogado, deveria promover o interesse de seu cliente, nos limites da lei e da ética, desde que a tese fosse plausível. O Procurador-

---

da receita municipal na manutenção e desenvolvimento do ensino e nas ações e serviços públicos de saúde; IV — *o Tribunal de Justiça der provimento à representação para assegurar a observância de princípios indicados na Constituição Estadual, ou para prover a execução de lei, de ordem ou decisão judicial*". A Constituição Federal não faz menção à autoridade legitimada para a propositura da ação, salvo referência implícita do art. 129, IV. Todavia, a Lei n. 5.778/72 faz referência expressa ao Chefe do Ministério Público estadual em seu art. 2º, atribuindo-lhe competência para requerer ao relator a suspensão liminar do ato impugnado.

125. Essa é a tese defendida por Alfredo Buzaid, *Da ação direta de declaração de inconstitucionalidade no direito brasileiro*, 1958, p. 107, e que se afigura como a melhor: "O Procurador-geral da República é o autor da ação e opera como *substituto processual*, isto é, age em nome próprio, mas por interêsse alheio. Não o move um interêsse *pessoal*; êle representa tôda a coletividade, empenhada em expurgar da ordem jurídica os atos políticos, manifestamente inconstitucionais e capazes de pôr em risco a estrutura do Estado".

126. Gilmar Ferreira Mendes, *Controle de constitucionalidade*, 1990, p. 217-8: "A fórmula adotada parece revelar que, na ação direta interventiva, menos que um *substituto processual*, ou *parte*, o Procurador-Geral exerce o mister de representante judicial da União". No mesmo sentido, Oswaldo Aranha Bandeira de Mello, *Teoria das Constituições rígidas*, 1980, p. 192.

127. Embora defendendo que o Procurador-Geral da República atua representando os interesses da União, Clèmerson Merlin Clève reconhece que o adequado seria ter transferido tal competência para o Advogado-Geral da União, já que na Constituição de 1988 o Chefe do Ministério Público Federal já não acumula mais a função de defesa dos interesses da União (*A fiscalização abstrata de constitucionalidade no direito brasileiro*, 2000, p. 131).

-Geral, no entanto, somente deverá propor a ação direta interventiva se estiver pessoalmente convencido do acerto dessa opção[128].

A legitimação passiva, por seu turno, recai no ente federativo ao qual se imputa a alegada inobservância de princípio sensível, representado, em qualquer dos casos, pelo chefe da respectiva Procuradoria-Geral, órgão ao qual incumbe com exclusividade a representação judicial e a consultoria jurídica das respectivas unidades federadas, nos termos do art. 132 da Constituição. Assim deve ser na medida em que a intervenção se dá em detrimento da autonomia do ente como um todo, pessoa jurídica de direito interno, ainda quando incida apenas sobre órgãos de um de seus Poderes[129]. Infeliz nesse ponto a redação do parágrafo único do art. 4º da Lei n. 4.337/64, ao fazer menção ao "Procurador dos órgãos estaduais interessados"[130]. A intervenção em qualquer dos Poderes excepciona a autonomia do ente como um todo e não apenas do Poder envolvido, até porque deixa de existir verdadeira autonomia se o ente é impedido de exercer por si próprio alguma de suas funções institucionais típicas. Impõe-se, portanto, que a representação do ente em juízo seja exercida sempre pelo respectivo Procurador-Geral do Estado ou do Distrito Federal[131].

---

128. Em igual sentido, Alexandre de Moraes, *Jurisdição constitucional e tribunais constitucionais*, 2000, p. 248: "O procurador-geral, no exercício de suas atribuições e com base na independência funcional do Ministério Público, não está obrigado nem poderá ser compelido a ajuizar, perante o STF, a citada ação, tornando-se, como lembra Celso de Mello, 'perfeitamente lícito ao PGR determinar o *arquivamento* de qualquer representação que lhe tenha sido dirigida. O PGR atua discricionariamente' (José Celso Mello Filho, *Constituição Federal Anotada*, 1985, p. 344)".

129. Em sentido aparentemente contrário: "Têm legitimidade passiva os órgãos estaduais que editaram o ato questionado" (Gilmar Ferreira Mendes, *Controle de constitucionalidade — aspectos jurídicos e políticos*, 1990, p. 232).

130. Lei n. 4.337/64, art. 4º, parágrafo único: "Na sessão de julgamento, findo o relatório, poderão usar da palavra, na forma do Regimento Interno do Tribunal, o Procurador-Geral da República, sustentando a arguição, e o Procurador dos órgãos estaduais interessados, defendendo a constitucionalidade do ato impugnado".

131. O Supremo admite a criação de Procuradorias especiais ligadas aos órgãos legislativos ou judiciários, apesar de estes não possuírem personalidade jurídica e excepcionando a regra geral de exclusividade da representação do Estado pela respectiva Procuradoria-Geral, mas com funções restritas à defesa da autonomia constitucional do Poder que representem (STF, *DJU,* 8 out. 1993, ADIn 175-PR, rel. Min. Octávio Gallotti). A hipótese, contudo, parece dizer respeito mais propriamente à defesa da autonomia de um Poder estadual em face dos demais. No caso de intervenção federal, trata-se, na verdade, de defender a autonomia do ente globalmente considerado, o que deve ficar a cargo exclusivamente da Procuradoria-Geral do Estado, único órgão constitucionalmente legitimado para representar em juízo a pessoa jurídica de direito público.

4. Objeto

O objeto da ação direta interventiva é a obtenção de um pronunciamento do Supremo Tribunal Federal acerca da violação de algum princípio constitucional sensível por parte de Estado-membro da Federação. Trata-se, portanto, de um mecanismo de solução do litígio constitucional que se instaurou entre a União e uma entidade federada. Com a decisão, declara-se se houve ou não infringência da Constituição, formando-se certeza jurídica na matéria.

Acolhido o pedido, se o Estado não desfizer o ato impugnado, sujeitar-se-á à intervenção. Sua efetiva decretação ou não submete-se a outra instância de atuação, não mais de caráter judicial. A decisão do Supremo Tribunal Federal será apenas uma condição jurídica, um requisito para a prática de ato posterior. Note-se que a declaração de inconstitucionalidade da lei ou ato normativo estadual não é o objeto da demanda, embora seja uma questão prejudicial a sua solução. Nesse sentido, há uma declaração incidental de inconstitucionalidade, embora com consequências distintas das que se produzem nas ações subjetivas em geral[132].

Por longo tempo prevaleceu o entendimento, firmado em sede jurisprudencial, de que somente atos normativos estariam sujeitos à ação direta interventiva[133], sem embargo da crítica doutrinária a essa posição[134]. Poste-

---

132. V., quanto ao ponto, Clèmerson Merlin Clève, *A fiscalização abstrata de constitucionalidade no direito brasileiro*, 2000, p. 130: "Inocorre, na ação direta interventiva, declaração incidental de inconstitucionalidade ou declaração de inconstitucionalidade como objeto principal (declaração em tese). A declaração de inconstitucionalidade (ou constitucionalidade) constitui apenas mecanismo de resolução de uma controvérsia envolvendo a União e o Estado-membro. A decisão final não nulifica a lei, como na fiscalização abstrata, nem autoriza o arguente a subtrair-se da esfera de incidência do ato normativo viciado (nulidade aplicada ao caso), como na fiscalização incidental. Na ação interventiva incumbe ao Supremo Tribunal Federal não mais do que resolver o conflito federativo julgando-a (a ação referida) procedente ou improcedente ou, como prefere a Constituição, dando provimento ou negando provimento à representação".

133. STF, Rep 94, *Arquivo Judiciário*, 85:31, 1948, rel. Min. Castro Nunes, p. 34: "O n. VII contém um elenco de princípios, e o que aí se pressupõe é a ordem jurídica comprometida, não por fatos, mas por atos legislativos destoantes daquelas normas fundamentais. Esses princípios são somente os enumerados para o efeito da intervenção, que é a sanção prevista para os efetivar. Não serão outros, que os há na Constituição, mas cuja observância está posta sob a égide dos tribunais, em sua função normal". V. Gilmar Ferreira Mendes, *Controle de constitucionalidade — aspectos jurídicos e políticos*, 1990, p. 221.

134. Alfredo Buzaid, *Da ação direta de declaração de inconstitucionalidade no direito brasileiro*, 1958, p. 120: "O ato, a que alude a regra constitucional, é qualquer ato,

riormente, o próprio Supremo Tribunal Federal sinalizou em sentido diverso, e com melhor razão[135]. Além de não mais se exigir que o ato impugnado tenha caráter normativo, evoluiu-se no sentido de que também as omissões do Poder Público, presentes determinadas circunstâncias, podem dar ensejo à intervenção federal. Esses dois pontos de vista — o de que o ato não precisa necessariamente ser normativo e o de que a omissão também dá ensejo a essa modalidade de controle — tornaram-se especialmente relevantes em relação a um dos princípios sensíveis previstos no art. 34, VII: a proteção dos direitos da pessoa humana.

A possibilidade de intervenção federal para a proteção dos direitos humanos é uma inovação trazida pela Constituição de 1988 e suscitou debate acerca da natureza da conduta do Poder Público estadual que poderia ensejá-la. Parte da doutrina sustentava que somente um ato emanado do Poder Público do Estado-membro poderia deflagrar a ação interventiva, ao passo que, para outros, uma omissão ou mesmo a incapacidade flagrante, por parte das autoridades locais, de garantir os direitos da pessoa humana bastaria para justificar a propositura da ação. Parece fora de dúvida que a inobservância dos princípios asseguradores dos direitos da pessoa humana pode decorrer não diretamente de uma ação concreta das autoridades, mas de sua impossibilidade, incapacidade ou omissão em fazer respeitar tais direitos.

Esse foi, aliás, o entendimento firmado pelo Supremo Tribunal Federal, na Intervenção Federal n. 114-5/MT, de relatoria do Min. Néri da Silveira,

---

oriundo de qualquer dos poderes do Estado, contanto que ofenda os princípios assegurados no art. 7º, VII, da Constituição. O intérprete não pode, portanto, limitar onde o legislador manifestamente ampliou, incluindo apenas a *lei* como objeto de apreciação, quando atos dos demais poderes também podem ofender os referidos princípios constitucionais". No mesmo sentido, Pontes de Miranda, *Comentários à Constituição de 1967, com a Emenda n. 1 de 1969*, 1970, p. 258: "A ação de representação interventiva destina-se a integrar ou a preestabelecer o elemento integrativo da decretação de intervenção, que é sempre por lei especial. Tal ação é instrumento para se defender alguém, em se tratando de princípio constitucional *sensível* contra atos dos poderes públicos locais, qualquer que seja o poder de que emane".

135. STF, *DJU*, 16 jun. 1965, RMS 14.691, rel. Min. Victor Nunes Leal: "o efeito normativo da decisão de inconstitucionalidade proferida no processo especial de representação (art. 8º, parágrafo único), constitui, realmente, a grande inovação da Carta Política vigente, no tocante à observância, pelos Estados, dos princípios fundamentais da Constituição, sob o controle do Supremo Tribunal.

Esse efeito normativo, entretanto, não exclui a possibilidade de estar envolvida no julgamento a apreciação de um ato específico. Em tal hipótese, também esse ato estará alcançado pela decisão judiciária".

que constitui *leading case* na matéria[136]. Naquela oportunidade, tratava-se de representação do Procurador-Geral da República com vistas à decretação de intervenção federal no Mato Grosso, tendo por fundamento a violação aos direitos da pessoa humana. No caso, não se questionava ato comissivo das autoridades locais, mas sua negligência ou inépcia em assegurar os mencionados direitos. Tal omissão ou incapacidade teria ficado evidente em um episódio em que presos foram tomados da guarda de policiais locais e linchados. O pedido foi conhecido por maioria de votos[137].

O ponto de vista que prevaleceu, por ampla maioria, foi o de que a mera omissão ou ainda a incapacidade de lidar com situações de fato atentatórias aos direitos da pessoa humana já bastariam para que se desse provimento à ação interventiva calcada no art. 34, VII, *b*, da Constituição Federal. Vale destacar o seguinte trecho do voto do Min. Sepúlveda Pertence:

> "Pode haver anormalidade de fato, a cuja cessação não baste a suspensão de um ato estatal determinado. A consequência é que então se imporá a intervenção efetiva, com as medidas necessárias à superação da anormalidade, óbvio, então, já não dispensada a participação do Congresso na homologação do ato presidencial que a decretar.
>
> O que é necessário, a meu ver, é que haja uma situação de fato de insegurança global dos direitos humanos, desde que imputável não apenas a atos jurídicos determinados, mas à ação material ou à omissão por conivência, por negligência ou por impotência, dos poderes estaduais, responsáveis".

Todavia, quanto ao mérito daquele caso sob análise, decidiu a Corte, por unanimidade, negar provimento ao pedido. Entenderam os ministros que não estava configurada omissão por parte do Poder Público local, que estava apurando o caso na medida de suas possibilidades. E que, embora lamentável, não bastava um fato isolado para justificar a excepcionalidade da intervenção, devendo demonstrar-se situação de sistemático desrespeito aos direitos da pessoa humana.

---

136. STF, *DJU*, 27 set. 1996, IF 114-5-MT, rel. Min. Néri da Silveira.

137. Ficaram vencidos na ocasião os Ministros Celso de Mello e Moreira Alves, que se filiaram à tese de que somente um ato comissivo do Estado-membro poderia motivar a ação interventiva.

5. Processo e julgamento

5.1. Procedimento

O procedimento da ação direta interventiva é regulado pela Lei n. 12.562, de 23 de dezembro de 2011, aplicando-se subsidiariamente o Regimento Interno do Supremo Tribunal Federal (art. 6º, §2º)[138]. A Lei n. 12.562/2011 prevê a iniciativa privativa do Procurador-Geral da República (art. 2º), cuja petição inicial deverá conter: (i) a indicação da norma violada; (ii) a delimitação do ato ou da omissão questionada; (iii) a prova da violação e (iv) o pedido, com suas especificações (art. 3º)[139]. A inicial será indeferida pelo relator quando não for o caso de representação interventiva, quando os aludidos requisitos não forem atendidos ou, ainda, se considerada inepta, cabendo agravo no prazo de cinco dias contra a decisão de indeferimento (art. 4º).

A relatoria da ação competirá ao Presidente do Supremo Tribunal Federal (art. 352, RISTF). Recebida a inicial, o relator ouvirá, em dez dias, os órgãos aos quais se imputa a elaboração ou prática do ato questionado, e, sucessivamente, o Advogado-Geral da União e o Procurador-Geral da República, também no prazo de dez dias (art. 6º, § 1º). O relator poderá, ainda, requisitar informações adicionais, designar perito ou comissão de peritos e autorizar a manifestação e a juntada de documentos por parte de interessados (art. 7º)[140]. Na sequência, lançará relatório, com cópia para todos os Ministros, e pedirá para julgamento.

O julgamento da ação, segundo a Lei n. 12.562/2011, só será realizado se presentes na sessão pelo menos oito ministros (art. 9º). A procedência ou improcedência do pedido dependerá da manifestação, num ou noutro senti-

---

138. RISTF, arts. 175, parágrafo único, 350, IV, e s.

139. Lei n. 12.562, de 23 de dezembro de 2011: "Art. 3º A petição inicial deverá conter: I — a indicação do princípio constitucional que se considera violado ou, se for o caso de recusa à aplicação de lei federal, das disposições questionadas; II — a indicação do ato normativo, do ato administrativo, do ato concreto ou da omissão questionados; III — a prova da violação do princípio constitucional ou da recusa de execução de lei federal; IV — o pedido, com suas especificações.

140. Enrique Ricardo Lawandowski. *Pressupostos materiais e formais da intervenção federal no Brasil*, 2018, p. 149: "A leitura do referido dispositivo revela tratar-se, na verdade, de desdobramento do art. 6º, da Lei n. 12.562/2011 e do art. 352, I, do RISTF, os quais dispõem que o Presidente do STF deve tomar as providências necessárias para dirimir o conflito que dá causa à solicitação. Nesta senda é forçoso reconhecer, na espécie, uma atuação eminentemente política do Presidente da Suprema Corte na resolução de um conflito que pode colocar em xeque a harmonia federativa".

do, de pelo menos seis ministros (art. 10). Caso não esteja presente número suficiente para prolação da decisão, o julgamento será suspenso até que se atinja o quórum necessário (art. 10, parágrafo único). O art. 352 do RISTF faz menção à possibilidade de sessão secreta, o que, todavia, dificilmente deverá ocorrer, à vista da regra constitucional do art. 93, IX[141].

Após julgada a ação, serão comunicadas as autoridades ou órgãos responsáveis pela prática dos atos questionados e, se a decisão for no sentido da procedência do pedido formulado, o Presidente do Supremo Tribunal Federal levará o acórdão ao conhecimento do Presidente da República para, no prazo improrrogável de quinze dias, dar cumprimento aos §§ 1º e 3º do art. 36 da Constituição Federal (art. 11). A decisão de mérito proferida na ação interventiva é irrecorrível e insuscetível de impugnação por ação rescisória (art. 12)[142].

A intervenção dos Estados nos Municípios é objeto da Lei n. 5.778, de 16 de maio de 1972, que remete a disciplina do instituto, no que couber, à antiga Lei n. 4.337/64, norma que regulou a intervenção federal até a publicação da Lei n. 12.562/2011. Com a revogação da Lei n. 4.337/64, as intervenções nos municípios passam a ter também por paradigma normativo a Lei n. 12.562/2011.

5.2. Medida cautelar

Em versão anterior desta obra, defendi que a natureza e a finalidade da ação direta interventiva não seriam compatíveis com a possibilidade de concessão de medida liminar, pois não seria possível antecipar qualquer tipo de efeito, como a eventual suspensão do ato impugnado, uma vez que a própria decisão de mérito tem como consequência apenas a determinação de que o Chefe do Executivo execute a intervenção[143]. Observei, ainda, que,

---

141. CF, art. 93, IX: "Todos os julgamentos dos órgãos do Poder Judiciário serão públicos, e fundamentadas todas as decisões, sob pena de nulidade, podendo a lei limitar a presença, em determinados atos, às próprias partes e a seus advogados, ou somente a estes, em casos nos quais a preservação do direito à intimidade do interessado no sigilo não prejudique o interesse público à informação" (redação dada pela EC n. 45/2004). A Lei n. 5.778, de 16 de maio de 1972, determina que a ação direta para intervenção dos Estados nos Municípios seja regida, no que for aplicável, pela Lei n. 4.337/64.

142. Lei n. 12.562/2001, art. 12: "A decisão que julgar procedente ou improcedente o pedido da representação interventiva é irrecorrível, sendo insuscetível de impugnação por ação rescisória".

143. No mesmo sentido, Clèmerson Merlin Clève, *A fiscalização abstrata de constitucionalidade no direito brasileiro*, 2000, p. 134: "Cumpre reafirmar: a ação direta inter-

paradoxalmente, a medida era autorizada em sede de ação interventiva estadual, de acordo com a Lei n. 5.778/72.

Com a edição da Lei n. 12.562/2011, não há mais dúvida quanto à viabilidade de cautelar também no caso da intervenção federal. A norma prevê que o Supremo Tribunal Federal poderá, por decisão da maioria absoluta de seus membros, deferir pedido de medida liminar na ação interventiva (art. 5º). A liminar poderá consistir na determinação de que se suspenda o andamento de processo, os efeitos de decisões judiciais ou administrativas ou, ainda, em qualquer outra medida que apresente relação com a matéria objeto da ação (art. 5º, §2º)[144].

5.3. Decisão final

A decisão na ação direta interventiva limita-se a solver o conflito federativo que se estabeleceu entre a União e o Estado-membro, pronunciando-se acerca da violação ou não de princípio constitucional sensível. A eventual declaração de inconstitucionalidade de ato normativo estadual não o torna automaticamente nulo nem lhe retira a eficácia, pois este é o objeto de outra modalidade de ação: a direta de inconstitucionalidade. Mas, naturalmente, não se pode impedir a produção de determinados efeitos jurídicos, inclusive os relativos à responsabilidade civil do Estado pela prática de ato ilegítimo, quando venham a lesar direitos subjetivos.

6. Efeitos da decisão

A ação interventiva, como já foi visto, caracteriza-se como modalidade especial de controle concentrado, uma vez que não visa à declaração de inconstitucionalidade em si mesma, constituindo mero pressuposto para a consecução da intervenção federal. Não se trata, portanto, reitera-se, de processo objetivo, como ocorre em sede de fiscalização abstrata, mas sim da apreciação de um

---

ventiva não se compatibiliza com a medida liminar. Deveras, a sustação liminar do ato impugnado é suficiente para transformar a ação direta interventiva, modelo de fiscalização concreta da constitucionalidade, em mecanismo de provocação da fiscalização abstrata da constitucionalidade, embora voltado exclusivamente para a proteção dos princípios constitucionais sensíveis".

144. Lei n. 12.562/2011, art. 5º: "O Supremo Tribunal Federal, por decisão da maioria absoluta de seus membros, poderá deferir pedido de medida liminar na representação interventiva. (...). § 2º A liminar poderá consistir na determinação de que se suspenda o andamento de processo ou os efeitos de decisões judiciais ou administrativas ou de qualquer outra medida que apresente relação com a matéria objeto da representação interventiva".

conflito federativo entre a União — a quem se atribui a guarda dos princípios sensíveis que sustentam o pacto federativo — e um ente federado. Do ponto de vista *subjetivo*, a decisão tem um caráter mandamental. Julgado improcedente o pedido, a União fica impedida de intervir no Estado sob o fundamento de que o ato motivador da ação viola princípio sensível; se julgada procedente, fica obrigada a intervir para pôr fim à situação reconhecida como gravemente inconstitucional[145]. Ao contrário do que ocorre em outras hipóteses do art. 34 da Constituição, em que a intervenção é uma competência política discricionária, aqui o ato do Presidente é vinculado, não havendo espaço para que formule juízo de conveniência e oportunidade. E é natural que seja assim, uma vez que a providência tem por fim assegurar a observância de princípios constitucionais basilares, cuja guarda incumbe precipuamente ao STF (CF, art. 102, *caput*). O desatendimento da requisição pode configurar crime de responsabilidade, nos termos do art. 85, VII, da Constituição. Parece decorrer da lógica do sistema, à luz da dicção do art. 36, § 3º[146], que nas hipóteses em que haja pronunciamento judicial prévio, como requisito para a intervenção, dispensa-se o da Casa Legislativa. A redação da Lei n. 12.562/2011 reforça essa percepção, pois prevê que, em caso de procedência da ação interventiva, será dada ciência da decisão ao Presidente da República para "no prazo improrrogável de 15 (quinze) dias, dar cumprimento aos §§ 1º e 3º do art. 36 da Constituição Federal" (art. 11)[147].

---

145. V. Manoel Gonçalves Ferreira Filho, *Comentários à Constituição Brasileira de 1988*, v. 1, 1990, p. 233: "[T]al intervenção será requisitada pelo STF, devendo portanto ser obrigatoriamente decretada pelo Presidente, no exercício de uma competência vinculada". Enrique Ricardo Lewandowski, *Pressupostos materiais e formais da intervenção federal no Brasil*, 1994, p. 126: "Outra hipótese de requisição judicial da intervenção é a prevista no art. 36, III. (...) Provida a representação ministerial e requisitada a intervenção, incumbe ao Presidente decretá-la, sem maiores delongas, por constituir, no que lhe concerne, ato vinculado, que independe de apreciação quanto ao mérito". Rogério Tadeu Romano, A representação interventiva federal no direito brasileiro, *RPGR*, 4:135, 1993, p. 137: "Após requisição do Tribunal ou após provimento de representação interventiva, o ato de intervenção é obrigatório".

146. CF, art. 36: "§ 3º Nos casos do art. 34, VI e VII, ou do art. 35, IV, dispensada a apreciação pelo Congresso Nacional ou pela Assembleia Legislativa, o decreto limitar-se-á a suspender a execução do ato impugnado, se essa medida bastar ao restabelecimento da normalidade".

147. V. José Afonso da Silva, *Curso de direito constitucional positivo*, 2001, p. 489; Michel Temer, Elementos de direito constitucional, 2003, p. 80; Wolgran Junqueira Ferreira, *O Município à luz da Constituição Federal de 1988*, 1993, p. 264; e Manoel Gonçalves

Do ponto de vista *objetivo*, já se assinalou que o acolhimento do pedido não importa na declaração de nulidade ou de ineficácia do ato que motivou a representação. De modo que a decisão, por si só, não altera o ordenamento jurídico objetivamente considerado. É possível, no entanto, que, diante dela, a própria autoridade competente em âmbito estadual suspenda o ato impugnado. Caso não se passe assim, é certo que, como desdobramento da intervenção, a execução do ato impugnado será suspensa, como simples efeito do decreto, se isso bastar ao restabelecimento da normalidade (CF, art. 36, § 3º), ou, muito provavelmente, na sequência da atuação do interventor.

Como regra, a intervenção federal se opera em relação ao Poder Executivo. A rigor, no entanto, dependendo de qual órgão estatal provenha a ameaça à soberania nacional, ao pacto federativo ou aos princípios constitucionais sensíveis, ela poderá consumar-se em relação a qualquer dos três Poderes. Há precedente de intervenção federal em Assembleia Legislativa[148], mas não no Poder Judiciário. A intervenção, por óbvio, somente pode se

---

Ferreira Filho, Comentários à Constituição Brasileira de 1988, v. 1, 1990, p. 242. Esses autores estabelecem uma distinção: a manifestação do Congresso seria dispensada quando o decreto de intervenção se limitasse a sustar o ato reputado inconstitucional, sendo necessária quando se tratasse de intervenção efetiva. No mesmo sentido há voto do Min. Sepúlveda Pertence, proferido na IF 114-5-MT (DJU, 27 set. 1996, rel. Min. Néri da Silveira): "Pode haver anormalidade de fato, a cuja cessação não baste a suspensão de um ato estatal determinado. A consequência é que então se imporá a intervenção efetiva, com as medidas necessárias à superação da anormalidade, óbvio, então, já não dispensada a participação do Congresso na homologação do ato presidencial que a decretar". Michel Temer e Manoel Gonçalves, contudo, chegam a esse resultado partindo de uma premissa discutível: a de que a mera sustação do ato não configuraria de *per si* intervenção. Em sentido diverso, entendendo dispensada a manifestação do Congresso num ou noutro caso, v. Luís Roberto Barroso, parecer de 30 de junho de 1998, elaborado no âmbito da Procuradoria Geral do Estado do Rio de Janeiro. A hipótese era de decisão do Tribunal de Justiça servindo de pressuposto para intervenção efetiva em Município, mas a conclusão então firmada é plenamente extensível às hipóteses de intervenção da União em Estado-membro igualmente fundadas em decisão judicial: "Vale dizer: *onde há pronunciamento judicial prévio, dispensa-se o da Casa Legislativa*. Normalmente, a intervenção é um ato político, e, portanto, dotado de discricionariedade plena. Não assim, porém, no caso de efetivação de decisão judicial, quando então o ato a ser praticado pela Chefia do Executivo tem caráter vinculado, ou seja, de cumprimento de decisão judicial. Por conseguinte, na questão concreta em apreço o Exmo. Sr. Governador *não precisa submeter o decreto de intervenção à Assembleia Legislativa*". No mesmo sentido, v. Alexandre de Moraes, *Direito constitucional*, 2003, p. 308, e Enrique Ricardo Lewandowski, *Pressupostos formais e materiais da intervenção federal no Brasil*, 2018, p. 150-153.

148. Decreto n. 42.266, de 14 de setembro de 1957: "Decreta a intervenção federal no Estado de Alagoas para assegurar o livre exercício dos poderes da Assembleia Legislativa".

dar nos órgãos de direção, não sendo compatível com a Constituição a nomeação para o desempenho de função judicial de quem não seja magistrado concursado, tampouco a indicação para o exercício de função legislativa de quem não seja titular de mandato eletivo. Há, ainda, precedente de intervenção federal no Poder Executivo estadual, mas limitada "à área de segurança pública", prevendo-se que as demais atribuições do chefe do Executivo permaneceriam sob a titularidade do governador[149].

Quanto ao aspecto *temporal*, a própria limitação dos efeitos objetivos da decisão faz com que, na prática, a decisão tenha eficácia *ex nunc*. Assim é porque o provimento da ação interventiva não produz por si mesmo consequências sobre a situação inconstitucional levada ao conhecimento da Corte, funcionando como pressuposto material — e mandamento, conforme demonstrado — para que o Poder Executivo decrete a intervenção, cujas providências extrapolam a esfera de efeitos próprios da ação interventiva.

De toda forma, convém analisar também os eventuais efeitos decorrentes da intervenção propriamente dita, uma vez que sua produção é decorrência inafastável do acolhimento da ação interventiva. Caso a intervenção se limite à sustação do ato impugnado, o natural será que a medida tenha eficácia *ex tunc*, em consonância com o entendimento, amplamente majoritário no direito brasileiro, de que os atos inconstitucionais são nulos (v., *supra*). A hipótese comporta certa assemelhação com a suspensão pelo Senado Federal de lei declarada inconstitucional por decisão definitiva do Supremo em sede de controle difuso — inclusive quanto à terminologia empregada —, em relação à qual a melhor doutrina reconhece efeitos *ex*

---

149. Foi o que ocorreu no caso da intervenção federal decretada no âmbito do Estado do Rio de Janeiro, por meio do Decreto n. 9.288/2018: "Art. 1º Fica decretada intervenção federal no Estado do Rio de Janeiro até 31 de dezembro de 2018. § 1º A intervenção de que trata o *caput* se limita à área de segurança pública, conforme o disposto no Capítulo III do Título V da Constituição e no Título V da Constituição do Estado do Rio de Janeiro. (...). Art. 3º As atribuições do Interventor são aquelas previstas no art. 145 da Constituição do Estado do Rio de Janeiro necessárias às ações de segurança pública, previstas no Título V da Constituição do Estado do Rio de Janeiro. § 4º As atribuições previstas no art. 145 da Constituição do Estado do Rio de Janeiro que não tiverem relação direta ou indireta com a segurança pública permanecerão sob a titularidade do Governador do Estado do Rio de Janeiro. (...). § 5º O Interventor, no âmbito do Estado do Rio de Janeiro, exercerá o controle operacional de todos os órgãos estaduais de segurança pública previstos no art. 144 da Constituição e no Título V da Constituição do Estado do Rio de Janeiro".

tunc[150], da mesma forma que o Supremo Tribunal Federal, em entendimento já há muito sedimentado[151]. Em ambos os casos há uma declaração de inconstitucionalidade proferida pelo Supremo Tribunal Federal, embora dependente de ato de outro Poder para produzir os efeitos que lhe são inerentes, decorrentes da própria natureza do vício que se reconhece.

---

150. Gilmar Ferreira Mendes, O controle incidental de normas no direito brasileiro, RT-CDCCP, 23:30, 1998, p. 47: "A suspensão constitui ato político que retira a lei do ordenamento jurídico, de forma definitiva e com efeitos retroativos".

151. "A suspensão da vigência da lei por inconstitucionalidade torna sem efeito todos os atos praticados sob o império da lei inconstitucional" (STF, RTJ, 55:744, 1971, RMS 17.796, rel. Min. Amaral Santos).

CONCLUSÃO

Ao final dessa exposição, é possível compendiar, de forma sumária, alguns dos conceitos apresentados e ideias desenvolvidas, enunciados nas proposições objetivas abaixo.

1. **Conceito e pressupostos.** O controle de constitucionalidade consiste na verificação da compatibilidade entre uma lei ou ato infraconstitucional e a Constituição. Ocorrendo o contraste, o ordenamento jurídico provê um conjunto de mecanismos destinados à pronúncia de invalidade da norma e paralisação de sua eficácia. Os pressupostos do controle são a supremacia da Constituição e a rigidez constitucional.

2. **Norma inconstitucional, como regra, será nula.** A inconstitucionalidade é um fenômeno que se manifesta, primariamente, no plano da validade dos atos jurídicos. Norma inconstitucional existe e pode eventualmente ser eficaz, mas é inválida. A sanção para a inconstitucionalidade, como regra, será a nulidade do ato, e a decisão que a reconhece terá caráter declaratório e efeito retroativo. Essa regra comporta exceções, admitidas pela jurisprudência e, mais recentemente, previstas em lei.

3. **Sistema brasileiro de controle.** O sistema brasileiro de controle de constitucionalidade é eclético ou híbrido, conjugando elementos do sistema americano e do sistema europeu. Em relação ao órgão que o realiza, o controle poderá ser difuso ou concentrado, conforme a competência para desempenhá-lo seja reconhecida a todos os juízes e tribunais ou a um único órgão ou a um número limitado deles. Quanto à forma ou modo de controle, poderá ele ser por via incidental — que se dá no exercício normal da atividade jurisdicional — ou por via principal, mediante ação específica destinada a esse fim.

4. **Controle incidental.** O controle de constitucionalidade por via incidental, adotado desde a Constituição de 1891, caracteriza-se por ser exercido na apreciação de um caso concreto, no qual a constitucionalidade ou não de determinada norma é questão prejudicial à solução da lide. Pode ser exercido por qualquer juiz ou tribunal, que deverá deixar de aplicar à hipótese norma que considere inconstitucional. Os efeitos da decisão se produzem apenas entre as partes do processo, sem afetar a validade geral da norma. Não se forma coisa julgada em relação à matéria constitucional tratada na decisão. Entretanto, quando a inconstitucionalidade da norma for afirmada em sede de recurso extraordinário com repercussão geral reconhecida, a tese firmada pelo STF deve ser observada por todo o Judiciário.

5. **Controle principal.** O controle de constitucionalidade por via principal (ação direta) envolve o pronunciamento, em tese e em abstrato, acerca da validade ou não de determinada norma ou, eventualmente, da omissão em editá-la. Essa é a questão principal do processo, que tem natureza objetiva. A competência para processar e julgar a ação direta será do Supremo Tribunal Federal, como regra, havendo hipóteses de cabimento da ação perante Tribunal de Justiça estadual. Os efeitos da decisão se produzem em face de todos, com caráter vinculante.

6. **Ações diretas.** São modalidades de ação direta no direito constitucional brasileiro vigente: a ação direta de inconstitucionalidade, a ação declaratória de constitucionalidade e a ação direta de inconstitucionalidade por omissão. Existem, ademais, duas hipóteses especiais de controle concentrado: a arguição de descumprimento de preceito fundamental e a ação direta interventiva.

7. **Ação direta de inconstitucionalidade.** A ação direta de inconstitucionalidade (ADIn), criada pela EC n. 16/65, teve a legitimação ativa para sua propositura significativamente ampliada pela Constituição de 1988. Pode ter por objeto todos os atos normativos primários, federais ou estaduais, editados posteriormente à Constituição em vigor. A ação comporta medida cautelar para suspensão da norma impugnada, e a decisão final terá, como regra, efeitos *erga omnes*, vinculantes e retroativos. A lei admite expressamente, embora em caráter excepcional, que se modulem os efeitos temporais do julgado.

8. **Ação declaratória de constitucionalidade.** A ação declaratória de constitucionalidade (ADC), instituída pela EC n. 3/93, tem legitimação ativa idêntica à da ADIn, por força da EC n. 45/2004, que alterou a redação do art. 103, *caput*, da Constituição Federal. Seu objeto é o reconhecimento da compatibilidade entre determinada norma infraconstitucional federal e a Constituição, nos casos em que exista controvérsia jurisprudencial relevante acerca da matéria. A ação comporta medida cautelar para sustar, até seu julgamento definitivo, a prolação de decisões em qualquer processo que tenha como pressuposto a questão constitucional em discussão. A decisão final terá efeitos *erga omnes* e vinculantes, embora não preclua para o próprio Supremo Tribunal Federal a possibilidade de apreciar a eventual inconstitucionalidade superveniente da mesma norma.

9. **Ação direta de inconstitucionalidade por omissão.** A ação direta de inconstitucionalidade por omissão foi introduzida com a Constituição de 1988 e teve por inspiração superar a crônica inércia dos órgãos legislativos

na regulamentação de dispositivos constitucionais. Na prática, o objeto da ação tem sido limitado à ciência a ser dada ao responsável pela não produção da norma reclamada pela Constituição, com limitados efeitos práticos. Entretanto, alguns precedentes mais recentes vêm introduzindo inovações que podem vir a aumentar a efetividade do mecanismo, como a fixação de prazos para edição do ato e a admissão de decisões de cunho aditivo. Superando jurisprudência vigente, a Lei n. 12.063/2009 previu expressamente a possibilidade de medida cautelar, que poderá suspender a aplicação da lei ou do ato normativo questionado, no caso de omissão parcial, bem como suspender os processos judiciais ou procedimentos administrativos em que a matéria seja discutida. A lei admite, ainda, que seja determinada outra providência a critério da Corte. Essa última previsão, de conteúdo aberto, parece confirmar a viabilidade de eventuais decisões de conteúdo aditivo, não apenas em sede de liminar, mas também nos provimentos finais.

10. **Arguição de descumprimento de preceito fundamental.** A arguição de descumprimento de preceito fundamental (ADPF) foi prevista no texto original da Constituição de 1988, havendo permanecido ineficaz até o advento da Lei n. 9.882/98. A deficiente regulamentação legal da medida transferiu para a jurisprudência o ônus da demarcação dos contornos do instituto. Trata-se de mecanismo destinado à tutela, autônoma ou incidental, de princípios e direitos fundamentais que vêm sendo identificados pela doutrina, quando inexista outro meio idôneo. Em seu objeto incluem-se a impugnação de atos federais, estaduais ou municipais, emanados dos três Poderes, incluindo o direito pré-constitucional, as decisões judiciais e até as omissões legislativas. A ADPF comporta medida liminar para o fim de suspender o andamento de processo ou os efeitos de decisões relacionadas à matéria objeto da arguição. A exemplo do que se passa na ADIn e na ADC, os efeitos da decisão terão caráter *erga omnes* e vinculante passíveis de modulação quanto ao tempo.

11. **Ação direta interventiva.** A ação direta interventiva foi criada pela Constituição de 1934, tendo sido a primeira hipótese de controle concentrado no direito brasileiro. A legitimação para a ação é privativa do Procurador-Geral da República, e seu objeto é a obtenção de um pronunciamento do Supremo Tribunal Federal acerca da violação de algum princípio constitucional sensível por parte do Estado-membro. O procedimento comporta medida cautelar, e a decisão final funciona como requisito para a decretação da intervenção federal. Acolhida a ação, o ato do Presidente da República que concretiza a intervenção terá natureza vinculada, não lhe cabendo formular juízo de conveniência ou oportunidade.

12. **Efeitos da decisão de inconstitucionalidade no plano abstrato e no plano concreto.** É importante, em matéria de controle de constitucionalidade, distinguir os efeitos da decisão no plano abstrato e no plano concreto. Por vezes, a repercussão do reconhecimento em tese da inconstitucionalidade de uma norma não atingirá, direta e automaticamente, situações já constituídas. Por outro lado, pode ocorrer de certa norma ser constitucional em abstrato, mas inconstitucional em determinada incidência, por provocar, à vista da conjuntura de fato existente, consequência indesejada pela Constituição.

13. **Jurisdição constitucional e legitimidade democrática.** A legitimidade democrática da jurisdição constitucional enfrenta algumas objeções consistentes, dentre as quais se destaca a denominada *dificuldade contramajoritária*. De fato, o Poder Judiciário, integrado por agentes públicos não eleitos, pode invalidar atos do Executivo e do Legislativo, cujos membros têm o batismo do voto popular. Nada obstante, é certo que a democracia não se assenta apenas no princípio majoritário, mas também na realização de valores substantivos, na concretização dos direitos fundamentais e na observância de procedimentos que assegurem a participação livre e igualitária das pessoas. A tutela desses valores, direitos e procedimentos é o fundamento de legitimidade da jurisdição constitucional.

POST SCRIPTUM
POPULISMO, AUTORITARISMO E RESISTÊNCIA DEMOCRÁTICA: AS CORTES CONSTITUCIONAIS NO JOGO DO PODER

I — Introdução

O texto que se segue procura fazer uma reflexão objetiva acerca do estado da arte da democracia no mundo e no Brasil. De início, assenta-se a ideia de democracia constitucional, com a demonstração de que foi ela a ideologia vitoriosa do século XX. Em seguida passa-se à análise do desgaste da democracia no mundo contemporâneo, num contexto que vem sendo referido como recessão democrática, democracias iliberais e constitucionalismo abusivo, em meio a outras qualificações depreciativas. O diagnóstico dos problemas do momento atual passa pela identificação de três fenômenos conceitualmente distintos, mas frequentemente associados, que são o populismo, o extremismo e o autoritarismo, bem como suas causas políticas, econômico-sociais e culturais-identitárias. Na sequência, abre-se um capítulo específico sobre o estado da democracia no Brasil, notadamente após as eleições de 2018 e, já agora, às vésperas das eleições de 2022. O capítulo final discute como as democracias sobrevivem, com ênfase no papel das cortes supremas ou cortes constitucionais, narrando histórias de sucesso e de fracasso. Em desfecho, procura-se identificar os fatores por trás dos casos em que as cortes constitucionais foram capazes de proteger a democracia em face do populismo autoritário.

II — A democracia no mundo: a ascensão do populismo autoritário

1. A democracia e suas três dimensões

O constitucionalismo democrático foi a ideologia vitoriosa do século XX. Nesse arranjo institucional fundiram-se duas ideias que não se confundem, quer nas suas origens, quer no seu conteúdo: constitucionalismo e democracia. *Constitucionalismo* remonta às revoluções liberais dos séculos XVII e XVIII e significa, essencialmente, Estado de direito, poder limitado e respeito aos direitos fundamentais. Sua consolidação nos países da Europa e nos Estados Unidos se deu ao longo do século XIX. No Brasil, a

Constituição de 1824 possuía alguns traços liberais, mas, na sua essência, trazia a marca da origem absolutista imprimida por D. Pedro I, ainda que atenuada, substancialmente, ao longo do segundo reinado. *Democracia*, por sua vez, desde suas origens gregas, significa participação popular no exercício do poder, soberania do povo, governo da maioria. O ideal democrático apenas se consolida, verdadeiramente, quando já avançado o século XX, com a consagração do sufrágio universal. Somente então viram-se inteiramente superadas as restrições à participação de todos no processo eleitoral, como as de renda, religião, raça e gênero.

Nada obstante, a maior parte das democracias do mundo reserva uma parcela de poder político para um órgão que não é eleito, mas que extrai sua legitimidade da competência técnica e da imparcialidade. Trata-se do Poder Judiciário, em cujo topo, no caso brasileiro, está o Supremo Tribunal Federal. Desde o final da 2ª Guerra Mundial, praticamente todos os Estados democráticos adotaram um modelo de *supremacia da Constituição*, tal como interpretada por uma suprema corte ou por um tribunal constitucional encarregados do controle de constitucionalidade das leis e atos do Poder Executivo. Foi a prevalência do modelo americano de constitucionalismo, com a superação da fórmula que predominara na Europa até então, que era a *supremacia do Parlamento*. Tais cortes e tribunais podem declarar a inconstitucionalidade de atos do Legislativo e do Executivo, tendo como um de seus principais papéis arbitrar as tensões que muitas vezes existem entre constitucionalismo e democracia — *i.e.*, entre direitos fundamentais e soberania popular. Cabe a essas cortes e tribunais protegerem as regras do jogo democrático e os direitos de todos contra eventuais abusos de poder por parte da maioria, bem como resolver impasses entre os Poderes. Em muitas partes do planeta, elas têm sido um importante antídoto contra o autoritarismo[1].

Em suma: o *Estado democrático de direito*, como referido no art. 1º da Constituição brasileira, é um regime político fundado na soberania popular, com eleições livres e governo da maioria, bem como em poder limitado, Estado de direito e respeito aos direitos fundamentais de todos, aí incluído o mínimo existencial. Sem terem as suas necessidades vitais satisfeitas, as pessoas não têm condições de ser verdadeiramente livres e iguais. Há também um elemento emocional, humanístico, na democracia, que é o sentimento de pertencimento, de participação efetiva em um projeto coletivo de autogoverno, em que todos e cada um merecem igual consideração

---

1. Samuel Issacharoff, *Fragile democracies:* contested power in the era of Constitutional Courts. Cambridge: Cambridge University Press, 2015, p. i.

e respeito[2]. Quem se sente excluído não tem razão para apoiá-la e é presa fácil de tentações populistas e autoritárias.

A democracia contemporânea é feita de votos, direitos e razões. Isso dá a ela três dimensões diversas: a) a *democracia representativa*, que tem como elemento central o voto e como protagonistas o Congresso Nacional e o Presidente da República, que são agentes públicos eleitos pela vontade popular; b) a *democracia constitucional*, que tem como elemento central os direitos fundamentais e como protagonista o Poder Judiciário, em cuja cúpula está o Supremo Tribunal Federal[3]; e c) a *democracia deliberativa*, que tem como elemento central o debate público, o oferecimento de razões, de justificações para as decisões políticas, e como protagonista a sociedade civil[4]. De fato, a democracia não se limita ao momento do voto. Ela se manifesta, também, no respeito aos direitos fundamentais de todos, inclusive das minorias. Os derrotados no processo político majoritário não perdem a condição de sujeitos de direito e de participantes do processo político-social. Além disso, a democracia é feita de um debate público contínuo, que deve acompanhar as decisões políticas. Um debate aberto a todas as instâncias da sociedade, o que inclui movimentos sociais, imprensa, universidades, sindicatos, associações, cidadãos comuns, autoridades etc.

2. A democracia como ideologia vitoriosa do século XX e a recessão democrática atual

Como assinalado logo ao início, o constitucionalismo democrático prevaleceu historicamente, em boa parte do mundo, sobre os projetos alter-

---

2. Ronald Dworkin. *Is democracy possible here*. Princeton: Princeton University Press, 2008, p. iii; e Ronald Dworkin. *Taking rights seriously*. Cambridge: Harvard University Press, 1997, p. 131.

3. Para deixar claro, a corte suprema dá a última palavra, mas não é a "dona" da Constituição: sua interpretação deve levar em conta os demais atores institucionais e o sentimento social. V. Luís Roberto Barroso. Contramajoritário, representativo e iluminista: os papeis das cortes constitucionais nas democracias, *Revista Direito e Práxis 9*:2171, 2018, p. 2219: "A jurisdição constitucional deve funcionar como uma etapa da interlocução mais ampla com o legislador e com a esfera pública, sem suprimir ou oprimir a voz das ruas, o movimento social e os canais de expressão da sociedade. Nunca é demais lembrar que o poder emana do povo, não dos juízes".

4. Luís Roberto Barroso. Contramajoritário, representative e iluminista: os papeis dos tribunais constitucionais nas democracias contemporâneas. *Revista Direito e Práxis 9*:2171, 2017, p. 2200.

nativos que com ele concorreram ao longo do século XX. Foram eles o comunismo, após a Revolução Russa de 1917; o fascismo, irradiado a partir da Itália de Mussolini, com início nos anos 1920; o nazismo, sob a liderança de Hitler na Alemanha, a partir dos anos 1930; os regimes militares, que dominaram a América Latina, a Ásia, a África e mesmo alguns países europeus no Segundo Pós-Guerra; e o fundamentalismo religioso, que teve como marco a revolução dos aiatolás no Irã, em 1979. O modelo vencedor consagrou a centralidade e a supremacia da Constituição — e não do partido, das Forças Armadas ou das escrituras religiosas. Alguns autores chegaram mesmo a falar no *fim da história*, celebrando a democracia liberal como o ponto culminante da evolução institucional da humanidade[5].

De fato, foram diversas as ondas de democratização[6]. Uma delas se deu ao final da Segunda Guerra Mundial, num ciclo que incluiu a Alemanha, a Itália, o Japão e mesmo o Brasil, que, no entanto, voltou a cair no autoritarismo nos anos 1960. A segunda onda veio nos anos 1970, atingindo países como Portugal, Espanha e Grécia. Uma terceira onda se formou nos anos 1980, em países da América Latina, como Brasil, Chile, Argentina, Uruguai. E, logo à frente, com a queda do muro de Berlim, os anos 1990 assistiram à democratização e reconstitucionalização dos países da Europa Central e Oriental, incluindo Hungria, Polônia e Tchecoslováquia. Também nos anos 1990, com o fim do *Apartheid*, veio a democratização da África do Sul e de outros países no continente. Na virada para o século XXI, mais de uma centena de países adotara esse modelo, de acordo com a Freedom House[7].

Apesar do sucesso narrado na breve retrospectiva feita acima, nos últimos tempos alguma coisa parece não estar indo bem. Há uma onda populista,

---

5. Francis Fukuyama. The end of history. *The National Interest*, Verão de 1989; e Francis Fukuyama. *The end of history and the last man*, N. York: Free Press, 1992. V. tb. Yascha Mounk. The end of history revisited. *Journal of Democracy 31:22*, 2020.

6. V. Samuel P. Huntington. The third wave: democratization in the late twentieth century. *Journal of Democracy 2:12*, 1991. Huntington foi o primeiro a utilizar a ideia de "ondas de democratização": a primeira onda teria ocorrido na primeira metade do século XIX, quando os países crescentemente foram adotando a ideia de sufrágio universal; a segunda se deu após o fim da Segunda Guerra Mundial; e a terceira a partir dos anos 1970. O texto é anterior ao florescimento de democracias após o fim do modelo comunista.

7. Em 1900, nenhum país do mundo tinha seus governantes eleitos por sufrágio universal. Em dezembro de 1999, 119 países poderiam ser identificados como democráticos. V. Freedom House, End of century survey finds dramatic gains for democracy. 7 dec. 1999. Disponível em: <https://freedomhouse.org/article/end-century-survey-finds-dramatic-gains--democracy>. V. tb., Luís Roberto Barroso. *Constitucionalismo democrático:* a ideologia vitoriosa do século XX. Ribeirão Preto: Migalhas, 2019.

extremista e autoritária atingindo inúmeras partes do mundo, levando muitos autores a se referirem a uma *recessão democrática*[8] ou a um *retrocesso democrático*[9], *como já mencionado anteriormente*. Os exemplos foram se acumulando ao longo dos anos: Hungria, Polônia, Turquia, Rússia, Geórgia, Ucrânia, Bielorrússia, Filipinas, Venezuela, Nicarágua e El Salvador, entre outros. Em todos esses casos, a erosão da democracia não ocorreu por golpe de Estado, sob as armas de algum general e seus comandados. Nos exemplos acima, o processo de subversão democrática se deu pelas mãos de presidentes e primeiros-ministros inicialmente eleitos pelo voto popular[10].

Em seguida, paulatinamente, vêm as medidas que pavimentam o caminho para o autoritarismo: concentração de poderes no Executivo, perseguição a líderes de oposição, mudanças nas regras eleitorais, cerceamento da liberdade de expressão, enfraquecimento das cortes supremas com nomeação de juízes submissos e expurgo dos independentes, novas constituições ou emendas constitucionais com abuso de poder pelas maiorias, inclusive para ampliação do período de permanência no poder, com reeleições sucessivas[11]. O grande problema com a construção dessas *democracias iliberais*[12] é que cada tijolo, individualmente, é colocado sem violação direta à ordem constitucional vigente. O conjunto final, porém, resulta em supressão de liberdades, de eleições verdadeiramente livres e competitivas, bem como a fragilização das instituições independentes e dos árbitros imparciais. Este processo tem sido caracterizado como *constitucionalismo abusivo*[13] ou *legalismo autocrático*[14].

---

8. Larry Diamond. Facing up to the democratic recession. *Journal of Democracy 26:*141, 2015.

9. Aziz Huq e Tom Ginsburg. How to lose a constitutional democracy. *UCLA Law Review 65:*78, 2018, p. 91 e s.

10. Steven Levitsky e Daniel Ziblatt. *How democracies die*. N. York: Crown, 2018, p. 3.

11. Sobre o tema, v. o amplo levantamento feito por Mila Versteeg et al. The law and politics of presidential term limit evasion, *Columbia Law Review 120:*173, 2020, onde registrou: "Globally, no fewer than one-third of the incumbents who reached the end of their prescribed term pursued some strategy to remain in office".

12. Aparentemente, o termo foi utilizado pela primeira vez por Fareed Zakaria. The rise of illiberal democracies. *Foreign Affairs 76:*22, 1997. Na prática política contemporânea, foi encampado pelo líder autoritário húngaro Viktor Orbán.

13. David Landau. *Abusive Constitutionalism. University of California, Davis Law Review 47:*189, 2013.

14. Kim Lane Scheppele. Autocratic legalism. *The University of Chicago Law Review 85:*545, 2018.

3. Três fenômenos diversos: populismo, extremismo e autoritarismo

Há três fenômenos distintos em curso em diferentes partes do mundo: a) o populismo; b) o extremismo; e c) o autoritarismo. Eles não se confundem entre si, apesar de muitas superposições, mas quando se manifestam simultaneamente — o que tem sido frequente — trazem graves problemas para a democracia constitucional. *Populismo* é um conceito que vem sendo intensamente revisitado nos últimos tempos, com a conotação frequentemente negativa de manipulação de medos, necessidades e anseios da população. Como regra, oferece soluções simplórias — e erradas — para problemas complexos, atendendo demandas imediatas que cobram preço alto no futuro[15]. O *extremismo* caracteriza-se pela intolerância, pela inaceitação do diferente e pela rejeição ao pluralismo político, valendo-se comumente de ameaças de violência. E o *autoritarismo* envolve a repressão truculenta aos opositores, a intimidação ou cooptação das instituições de controle e diferentes formas de censura, permitindo o mando autoritário e sem *accountability*. A seguir, uma breve nota sobre cada uma dessas disfunções.

O *populismo* tem um núcleo ideológico bastante tênue, que é a divisão artificial da sociedade em "nós, o povo" e "eles, a elite". Na maioria dos casos, tem a marca de lideranças personalistas e carismáticas, que chegam ao poder com um discurso *anti-establishment* — mesmo quando claramente fazem parte dele — e se apresentando como "diferentes de tudo isso que está aí". O populismo possui, ademais, uma natureza antipluralista, na medida em que seus líderes se apresentam como os únicos representantes legítimos do povo, com exclusão de todas as outras forças políticas. Em rigor, não se trata de uma ideologia, verdadeiramente, porque é imperativo que venha acompanhado de alguma doutrina política que lhe é externa, seja conservadora, liberal ou socialista. De fato, populismos podem ser de esquerda (Perón, Evo Morales, Rafael Correa) ou de direita (Orbán, Erdogan, Duterte). Dentro dessa visão, o populismo é um arremedo de ideologia, que precisa ser combinada com outra, constituindo antes uma estratégia de discurso e de ação. Com frequência, vem associado a uma postura nacionalista e à exploração do sentimento religioso. Outra característica é a necessidade de apontar um inimigo, para embasar o discurso antagônico e beligerante, seja contra o comunismo,

---

15. A esse propósito, escreveu Samuel Issackaroff, The corruption of popular sovereignty, *International Journal of Constitutional Law 18:*1109, 2020, p. 1135: "Populism tends to pitch itself to base impulses, to desires for immediate reward, to disregard for the future, whether it be the destruction of the rainforest, the prorogation of Parliament, or the momentary inflation of the currency".

a globalização, os judeus, a imigração, os muçulmanos, um partido, um líder político ou qualquer outro que a ocasião ofereça[16].

O *extremismo político*[17] *se manifestou, ao longo da história, em ambos os campos ideológicos*[18]. *Na quadra atual, o mundo assiste a uma onda radical de direita. Três dos países mais populosos do mundo — Índia, Estados Unidos e Brasil — estão ou estiveram, recentemente, sob lideranças com essa identidade doutrinária.* Não figura sob esse rótulo, naturalmente, o conservadorismo político, cuja filosofia não entra em tensão com as instituições democráticas tradicionais[19]. O extremismo ameaçador é o que prega medidas como, por exemplo, fechamento do Legislativo, substituição integral dos juízes das supremas cortes, demonização da imprensa "elitista", das ONGs "esquerdistas" e que veem comunistas em toda parte. Intolerância, agressividade e violência frequentemente acompanham o ideário marcado por nativismo (nacionalismo mais xenofobia), machismo, misoginia, homofobia, racismo, negacionismo científico e ambiental, rejeição a organismos internacionais de direitos humanos, exploração abusiva da religião e discursos de ódio de naturezas diversas[20]. Com exceção de regimes ditatoriais, como o de Franco, na Espanha, e Pinochet, no Chile, a extrema direita, desde a 2ª Guerra Mundial, havia ficado confinada a minorias situadas na margem da história. Nos últimos anos, porém, ela vem ingressando no *mainstream* da política, chegando ao poder pelo voto popular e minando a democracia "por dentro"[21].

---

16. Sobre a definição e caracterização do populismo, v. Benjamin Moffitt. *Populism*, Cambridge: Polity, 2020, p. 10 e s.; Cas Mudde. The populist zeitgeist. *Government and Opposition 39:*541, p. 543; e Jan-Werner Muller. *What is populism?* Philadelphia: University of Pennsylvania Press, 2016. ProQuest Ebook Central, disponível em: <http://ebookcentral.proquest.com/lib/harvard-ebooks/detail.action?docID=4674419>. Created from harvard-ebooks on 2022-01-07 14:01:50.

17. O extremismo pode se manifestar em diferentes domínios da vida, inclusive no plano religioso, como documentam inúmeros eventos históricos, da Inquisição ao Jihadismo.

18. À esquerda, por exemplo, com Stalin e Pol Pot, e à direita, com Mussolini e Hitler.

19. Conservadorismo, no sentido de preservação dos valores tradicionais, prudência nos processos de transformação social e ênfase no individual sobre o coletivo é uma das opções legítimas do *mainstream* político, estando ou tendo estado no poder em democracias consolidadas, como Alemanha, Reino Unido, França e Estados Unidos.

20. Sobre o apelo emocional das teorias conspiratórias e sobre a degeneração do conservadorismo em extremismo, v. Anne Applebaum. *Twilight of democracy*. N. York, Doubleday, 2020, p. 45 e s.

21. Sobre o tema e as ideias deste parágrafo, v. Cass Mudde.*The far right today*. Cambridge: Polity, 2019, especialmente p. 2, 3, 18, 20, 168 e 172.

O *autoritarismo*, por sua vez, é recorrente na vida dos povos, desde o início do processo civilizatório. Com exceção dos breves e limitados períodos da era de ouro de Atenas e da República, em Roma, o despotismo, o mando feudal e o absolutismo acompanharam toda a trajetória humana. Esse quadro só começa a se alterar com as revoluções liberais do final dos séculos XVII e XVIII, sendo que a democracia só veio a se estabelecer, verdadeiramente, ao longo do século XX, como já assinalado. Ainda assim, houve recaídas dramáticas. Após a 2ª Guerra Mundial, a democracia se generaliza pelo mundo ocidental, em processos históricos ocorridos em diferentes partes do planeta, sucessivamente, incluindo Europa continental, América Latina, Europa Central e Oriental e África, como já detalhado. Não obstante essas ondas de democratização na segunda metade do século passado, o autoritarismo subsiste como uma tentação permanente em todos os continentes. Regimes autoritários implicam concentração de poder, com baixo ou nenhum grau de controle, enfraquecimento do Estado de direito e da separação de Poderes, perseguição a adversários políticos, censura à imprensa e ausência de eleições livres e competitivas. No mundo do populismo extremista, um fenômeno que tem se espalhado é a apropriação abusiva — porque formal, e não substantiva — do desenho institucional, conceitos e doutrinas da democracia constitucional para encobrir projetos autoritários[22].

Como se procurou demonstrar acima, populismo, extremismo e autoritarismo são fenômenos distintos, apesar de eventuais superposições. Ultimamente, porém, têm andado juntos, ameaçando a subsistência de inúmeras democracias. Em casos mais agudos, podem degenerar em fascismo[23]. Episódios como o Brexit, a eleição de Donald Trump e a reação à sua derrota mostram que nem mesmo democracias consolidadas escapam dos vendavais contemporâneos. Em países como Turquia, Hungria e Polônia, há mesmo dificuldade em se afirmar que a democracia tenha sobrevivido em todos os seus elementos essenciais. O populismo extremista e autoritário se utiliza de

---

22. Rosalind Dixon e David Landau. Abusive constitutional borrowing: legal globalization and the subversion of liberal democracy. Oxford: Oxford University Press, 2021, p. 3 e 176: "[A]busive constitutional borrowing is a significant phenomenon, serving as a dark side of liberal democratic discourse and of comparative constitutional law".

23. O fascismo se caracteriza por líderes que dividem em vez de unir, pela supressão de direitos dos não alinhados, pela exaltação exacerbada da grandeza da nação e pela disposição de utilizar da violência e quaisquer outros meios para atingir seus objetivos. Sobre o tema, v. Madeleine Albright. *Fascism:* a warning. N. York: HarpersCollins, 2018, p. 11, 118 e 245.

estratégias semelhantes nos diferentes países em que procura se instalar, e que incluem: a) comunicação direta com seus apoiadores, mais recentemente utilizando as mídias sociais; b) *by-pass* ou cooptação das instituições intermediárias, que fazem a interface do povo com o governo, como o Legislativo, a imprensa e organismos da sociedade civil; e c) ataques às supremas cortes e tribunais constitucionais, com a tentativa de capturá-las e ocupá-las com juízes submissos. Tais cortes têm, precisamente, o papel constitucional de limitar o poder. Na verdade, as constituições institucionalizam e limitam o poder político, atribuindo a tais tribunais o papel de fazê-la valer.

Impossível não registrar, nesse contexto, o impacto da revolução tecnológica ou digital sobre a vida contemporânea, com destaque para o papel desempenhado pelas mídias sociais. A internet revolucionou o mundo da comunicação interpessoal e social, ampliou exponencialmente o acesso à informação e ao conhecimento e, ademais, criou um espaço público onde qualquer pessoa pode manifestar suas ideias, opiniões e divulgar fatos. Nesse sentido, é impossível exagerar sua importância para a democratização da sociedade em escala global, universalizando bens e utilidades que anteriormente constituíam privilégios de alguns. No plano político, ela foi igualmente fundamental para processos históricos importantes — ainda que não inteiramente bem-sucedidos — como foi, por exemplo, a *Primavera Árabe*.

Anteriormente à internet, a difusão de notícias e de opiniões dependia, em grande medida, da imprensa profissional. Cabia a ela apurar fatos, divulgar notícias e filtrar opiniões pelos critérios da ética jornalista. Havia, assim, um controle editorial mínimo de qualidade e de veracidade do que se publicava. Não que não houvesse problemas: o número de veículos de comunicação é limitado e nem sempre plural, as empresas jornalísticas têm seus próprios interesses e, além disso, nem todos distinguiam, com o cuidado que se impõe, fato de opinião. Ainda assim, havia um grau mais apurado de controle sobre aquilo que se tornava público. A internet, com o surgimento de sites, blogs pessoais e, sobretudo, das mídias sociais, possibilitou a ampla divulgação e circulação de ideias, opiniões e informações sem qualquer filtro. A consequência negativa, porém, foi que também permitiu a difusão da ignorância, da mentira e de atentados à democracia.

Em todo o mundo, plataformas tecnológicas como Facebook, Instagram, YouTube, WhatsApp, Twitter e TikTok passaram a ter um peso importante no processo político-eleitoral[24]. Embora haja variação de país para país, as

---

24. No Brasil, de acordo com pesquisa realizada pela Câmara dos Deputados e pelo Senado Federal em 2019, 79% da população tem como principal fonte de informação o

mídias sociais tiveram papel decisivo em eleições nos Estados Unidos, Índia, Hungria e Brasil, entre outras, bem como no processo de votação do Brexit. Um dos grandes problemas da atualidade tem sido o uso da internet e seus instrumentos para a disseminação de ódio, notícias falsas, desinformação e teorias conspiratórias por movimentos populistas, extremistas e autoritários, como estratégia para chegada ao poder e sua manutenção. Por isso mesmo, em diversas partes do mundo, legisladores e reguladores discutem a melhor forma de exercer o controle da internet, sem comprometer a liberdade de expressão[25]. Os alvos são os comportamentos coordenados inautênticos — uso de robôs, perfis falsos e outros esquemas para forjar engajamento e afogar manifestações de terceiros — e as campanhas de desinformação, além da prática de crimes (terrorismo, pedofilia etc.). Cria-se um ambiente no qual as pessoas já não divergem apenas quanto às suas opiniões, mas também quanto aos próprios fatos. *Pós-verdade* e *fatos alternativos* são palavras que ingressaram no vocabulário contemporâneo. Uma das manifestações do autoritarismo é a tentativa de desacreditar o processo eleitoral para, em caso de derrota, poder alegar fraude e deslegitimar o vencedor.

4. Algumas causas da erosão democrática

Há um conjunto de fatores que conduziram ao avanço do populismo de direita em países diversos, incluindo os Estados Unidos, a Grã-Bretanha (Brexit) e o Brasil. É possível sistematizar esses diferentes fatores em três categorias: políticas, econômico-sociais e culturais-identitárias[26]. As causas *políticas* estão na crise de representatividade das democracias contemporâneas, em que o processo eleitoral não consegue dar suficiente voz e relevância à cidadania. "Não nos representam", é o bordão da hora[27]. Em parte,

---

WhatsApp. Em segundo lugar vem a televisão (50%), seguido do YouTube (49%), Facebook (44%) e portais de notícias (38%). Jornais impressos, apenas 8%. Disponível em: <https://agenciabrasil.ebc.com.br/geral/noticia/2019-12/whatsapp-e-principal-fonte-de-informacao-do-brasileiro-diz-pesquisa>.

25. Sobre mídias sociais e seu impacto sobre a vida e as democracias contemporâneas, v. Luna van Brussel Barroso. *Liberdade de expressão e democracia na era digital*. Belo Horizonte: Fórum, 2022 (no prelo). V. tb. Francis Fukuyama. Making the internet safe for democracy, *Journal of Democracy 32:*37, 2021.

26. Sobre o tema, v. Luís Roberto Barroso., Revolução tecnológica, crise da democracia e mudança climática: limites do Direito num mundo em transformação. *Revista Estudos Institucionais 5:*1262, 2019.

27. V. Manuel Castells. *Ruptura:* a crise da democracia liberal, 2018, digital, loc. 103.

porque a classe política se tornou um mundo estanque, descolado da sociedade civil, e em parte pelo sentimento de que o poder econômico-financeiro globalizado é que verdadeiramente dá as cartas. Daí a ascensão dos que fazem o discurso antielite, antiglobalização e contra a "velha política".

As causas *econômico-sociais* estão no grande contingente de trabalhadores e profissionais que perderam seus empregos[28] ou viram reduzidas as suas perspectivas de ascensão social[29], quer pela pobreza endêmica quer porque se tornaram pouco relevantes[30] no mundo da globalização, da nova economia do conhecimento e da automação, que enfraquecem as indústrias e atividades mais tradicionais[31]. Sem mencionar as políticas de austeridade pregadas por organizações internacionais e países com liderança econômica mundial[32], que reduzem as redes de proteção social. Por fim, as causas *culturais identitárias*: há um contingente de pessoas que não professam o credo cosmopolita, igualitário e multicultural que impulsiona a agenda progressista de direitos humanos, igualdade racial, políticas feministas, casamento gay, defesa de populações nativas, proteção ambiental e descriminalização de drogas, utilização da ciência como critério informador de políticas públicas, entre outras modernidades. Estas pessoas, que se sentem desfavorecidas ou excluídas no mundo do "politicamente correto", apegam-

---

28. Em final de 2018, quando se realizaram as eleições presidenciais no Brasil, por exemplo, a taxa de desemprego estava em torno de 12%, alcançando mais de 13 milhões de pessoas. Rodrigo Polito e Ana Conceição. Desemprego no Brasil atinge maisde 12 milhões no fim de 2018. *Valor Econômico*, 31 jan. 2019.

29. Samuel Issacharoff. Populism versus democratic governance. In: Mark A. Graber, Sanford Levinson e Mark Tushnet, *Constitutional democracy in crisis?* Oxford: Oxford University Press, 2018, p. 447: "A combinação da desaceleração econômica depois de 2008 e o impacto do comércio globalizado nos salários nos países industrializados avançados manchou a legitimidade dos regimes democráticos como um jogo interno, um meio de institucionalizar as prerrogativas da elite"; e também Fernando Canzian. Em 40 anos, metade dos EUA ganhou só US$ 200 a mais. Fonte: Global Inequality. *Folha de S.Paulo*, 29 jul. 2019.

30. V. Yuval Noah Harari. *21 lessons for the 21st century*. N. York: Spiegel & Grau, 2018, p. 34 e s.

31. Ronald F. Inglehart e Pippa Norris. Trump, Brexit, and the rise of populism: economic have-nots and cultural backlash. Working Paper Series 16-026, Harvard University, John F. Kennedy School of Government, 2016, p. 2. V. tb. Pipa Norris e Ronald Inglehart. *Cultural backlash:* Trump, Brexit and authoritarian populism. Cambridge: Cambridge University Press, 2019.

32. Andrew Trotman. Angela Merkel: 'Austerity makes it sound evil, I call it balancing the budget'. *The Telegraph* 23 abr. 2013; Laurens Cerulus, Sigmar Gabriel: 'Merkel's austerity is driving EU to brink of collapse'. *Politico* 8 jan. 2017.

-se a valores tradicionais que lhes dão segurança e o sonho da recuperação de uma hegemonia perdida[33].

Em interessante *insight*, Yascha Mounk observa que a democracia liberal padece de duas disfunções: (i) as democracias iliberais ou democracias sem direitos; e (ii) o liberalismo sem democracia ou direitos sem democracias. Ao analisar as *democracias iliberais*, em que líderes populistas eleitos vão paulatinamente suprimindo direitos, identifica três fatores que lhes dão causa: a estagnação social, a perda da hegemonia racial e a perda do filtro da mídia na comunicação social, pelo advento das redes sociais. Por outro lado, identifica ele, também, o que denominou liberalismo sem democracia. Trata-se de fenômeno associado à maior complexidade da vida moderna, com perda do protagonismo do Legislativo como órgão de representação popular. De fato, nas últimas décadas, assistiu-se à ascensão de órgãos não eletivos na tomada de decisões que influenciam drasticamente a vida das pessoas, como, por exemplo, as agências reguladoras, os bancos centrais, as cortes constitucionais e órgãos e agências internacionais, que concretizam tratados e convenções internacionais[34].

III — A democracia no Brasil: ameaças, resistência e superação

Assentadas algumas bases teóricas e descrito o cenário mundial, cumpre agora analisar como o processo histórico do populismo extremista autoritário impactou o Brasil. Em 1º de janeiro de 2019, Jair Bolsonaro assumiu a Presidência da República, após derrotar Fernando Haddad, do Partido dos Trabalhadores, obtendo quase 58 milhões de votos (55,13%). O ex-Presidente Luís Inácio Lula da Silva não pôde concorrer em razão da Lei da Ficha Limpa, por possuir, na ocasião, condenação criminal em 2º grau. Capitão reformado do Exército, o Presidente eleito se apresentou como o candidato anti-*establishment*, apesar de ter sido Deputado Federal por sete mandatos, entre 1991 e 2018. Seus três filhos maiores também tinham carreiras políticas. Apesar da ironia, não é incomum membros da tradicional elite política, econômica ou empresarial se apresentarem como "verdadeiros" representantes do povo. Viktor Orbán, da Hungria, por exemplo, estudou na Universidade de Oxford com bolsa de estudo (*scholarship*) custeada por ninguém menos do que George Soros, de quem se tornaria arqui-inimigo.

---

33. V. Manuel Castells. *Ruptura:* a crise da democracia liberal, 2018, digital, loc. 178.

34. Yascha Mounk. *The people vs. democracy*. Cambridge: Harvard University Press, 2018, Edição Kindle, Partes I e II.

E Donald Trump, ícone populista, é um herdeiro bilionário que frequentou algumas das mais afamadas universidades americanas (*Ivy league schools*)[35].

1. O cenário da ascensão de Jair Bolsonaro

A Presidente Dilma Rousseff foi temporariamente afastada do cargo em 12 de maio de 2016, após autorizada a instauração do procedimento de *impeachment*, sendo definitivamente destituída pelo Senado Federal em 31 de agosto de 2016. A justificativa formal foram as denominadas "pedaladas fiscais" — violação de normas orçamentárias —, embora o motivo real tenha sido a perda de sustentação política. O Vice-Presidente Michel Temer assumiu o cargo até a conclusão do mandato, tendo procurado implementar uma agenda liberal cujo percurso foi abalado por sucessivas acusações de corrupção. Em duas oportunidades a Câmara dos Deputados impediu a instauração de ações penais contra o Presidente.

Até a queda da Presidente Dilma Rousseff, o Partido dos Trabalhadores havia permanecido 14 anos no governo. Não é o caso de se fazer aqui o balanço de realizações e desacertos do período. O fato inexorável é que, como não é incomum acontecer, após uma década e meia no poder o desgaste político se tornara inevitável. Havia na sociedade expressiva demanda por alternância no poder. Escândalos ao longo do período incluíram o Mensalão, o Petrolão, os Sanguessugas e outros episódios de corrupção, relatados em diversas colaborações premiadas de agentes públicos e empresários. A tudo se somou o descontrole fiscal revelado a partir do final de 2014, dando lugar a um quadro grave de recessão, desemprego e desinvestimento, com a perda pelo país do grau de investimento atribuído por agências internacionais. Na verdade, o país chegou a sonhar que o futuro havia chegado, com indicadores extremamente favoráveis, que levaram a revista *The Economist* de 12 de novembro de 2009 a celebrar a decolagem e a perspectiva de o Brasil se tornar a quinta maior economia do mundo. Não aconteceu. E em 24 de setembro de 2013, quatro anos depois, a mesma revista noticiou que o Brasil, ainda uma vez, desperdiçara uma chance. A queda foi traumática.

Foi nesse contexto que surgiu e ganhou corpo a improvável candidatura de Jair Bolsonaro. Político que jamais estivera no *mainstream* ou no centro dos processos decisórios, era conhecido por manifestações retóricas

---

35. Nick Friedman. *The impact of populism on courts*: institutional legitimacy and the popular will. Oxford: The Foundation for Law, Justice and Society, 2019, p. 2.

radicais, como a defesa da ditadura, da tortura e a declaração de que se pudesse fuzilaria o ex-Presidente Fernando Henrique Cardoso. Ao votar a favor do *impeachment* da Presidente Dilma, prestou homenagem a um militar acusado de ser notório torturador durante o período ditatorial. A ascensão de Bolsonaro coincidiu com o sucesso de movimentos da direita radical em diferentes partes do mundo, capturando parte significativa das bases conservadoras, dos Estados Unidos à Hungria. Com utilização profissional e eficiente das mídias sociais, o candidato conseguiu catalisar o eleitorado que já não queria mais o PT no poder. Muitas das visões radicais acabaram encobertas por promessas que atendiam demandas importantes da sociedade, como enfrentamento da corrupção, liberalismo econômico e supressão da *velha política* do "toma lá dá cá".

Iniciado o governo, o combate à corrupção foi simbolizado pela indicação do ex-juiz Sergio Moro para o Ministério da Justiça. Não durou. Moro deixou o Ministério, pouco mais de um ano após o início do governo, acusando o Presidente de interferir na Polícia Federal, inibindo o enfrentamento da corrupção. Para tocar a agenda liberal, foi indicado o economista Paulo Guedes, formado na Escola de Chicago, apelidado de "Posto Ipiranga", pois resolveria todos os problemas. A agenda liberal tampouco durou. Passada a Reforma da Previdência, houve relaxamento da responsabilidade fiscal e paralisia das privatizações, gerando inúmeras baixas na equipe ministerial. Quanto à superação da *velha política*, o Presidente aliou-se ao tradicional *Centrão*, estigmatizado pela imprensa pela voracidade por cargos e verbas públicas. É célebre a frase de Stephen Holmes de que "a democracia é feita de promessas, decepções e da administração da decepção"[36].

2. Ameaças às instituições

Bolsonaro se elegeu seguindo a cartilha populista tradicional: o povo simples, puro e conservador contra as elites sofisticadas, corrompidas e "esquerdistas". Como inevitável, logo se colocou o conflito que marca as relações entre o populismo e a democracia: não há como cumprir as promessas de campanha sem se confrontar com as instituições supostamente ocupadas pelos representantes dessas elites. Na verdade, o populismo tem uma falha conceitual de origem: *elites* não são uma categoria homogênea, não correspondem a um bloco social único. Justamente ao contrário, existem

---

36. Palestra no YouTube sobre "How democracies die". Disponível em: <https://www.youtube.com/watch?v=nHr6Mcqq-Ek>. Acesso em: 12 jul. 2019.

diversas "elites". Existem, é certo, elites extrativistas que precisam ser enfrentadas, porque colocam o Estado a serviço dos seus interesses. Elas são poderosas no Brasil. Mas existem elites qualificadas e indispensáveis no serviço público, da carreira diplomática aos pesquisadores de instituições de ponta; existem elites intelectuais que pensam e indicam rumos para o país, nas universidades e em diversos *think tanks*; existem elites empresariais verdadeiramente empreendedoras, decisivas para o emprego e para a geração de riquezas. Na prática, o discurso antielite acaba se transformando num discurso antidemocrático, anticientífico e antiempreendedorismo. Além disso, *povo* tampouco é um conceito unitário[37]. Num mundo plural, qualquer grupo que se apresente como *único* representante do povo assume um viés excludente e autoritário.

Os ataques às instituições vieram articuladamente, de *sites*, *blogs* e canais de extrema direita, pregando invasão e fechamento do Congresso Nacional e do Supremo Tribunal Federal, com retirada à força de seus membros. Revelou-se a existência de esquemas profissionais de desestabilização democrática, com suspeita de financiamento público em alguns casos, potencializados pelo uso massivo das redes sociais, alimentadas por fanáticos, mercenários (que monetizam o ódio e a mentira), *trolls*[38] e seguidores acríticos. A participação pessoal do Presidente em manifestações antidemocráticas gerou preocupações até mesmo em setores que o apoiavam politicamente. Os exemplos foram se multiplicando: a) comparecimento a uma manifestação na porta da sede do comando do Exército, onde se pedia a volta da ditadura militar; b) ataques diários à Justiça Eleitoral, ofensas pessoais aos seus integrantes e acusações falsas de fraude eleitoral em pleitos anteriores; c) desfile de tanques de guerra na Praça dos Três Poderes, com claros propósitos intimidatórios; d) pedido de *impeachment* de Ministro do Supremo Tribunal Federal, em razão de decisões judiciais que desagradavam o Presidente; e) mudança de diretor-geral e de superintendentes da Polícia Federal por atuarem com independência; e f) ataques reiterados a jornalistas e órgãos de imprensa, assim como uso da verba publicitária oficial para cooptar apoios de conglomerados de comunicação social.

---

37. David Prendergast. The judicial role in protecting democracy from populism. *German Law Journal 20:*245, 2019, p. 246: "Populist claims are misconceived to begin with in presupposing a definitive unitary people".

38. *Troll*, na linguagem da internet, identifica o usuário que veicula mensagens inflamatórias, agressivas e frequentemente falsas para produzir engajamento pela raiva, indignação, ódio e radicalismo.

Curiosa e paradoxalmente, o momento que gerou maior temor para a estabilidade do regime democrático foi, também, o ponto de reversão do golpismo institucional. Tratou-se da grande manifestação convocada para o 7 de setembro, Dia da Independência. Com aluguel de centenas de ônibus no interior e pagamento de refeições, os organizadores concentraram as manifestações em São Paulo e Brasília, com a expectativa de mais de um milhão de pessoas em cada uma delas. As bandeiras das manifestações eram heterogêneas e incluíam o fechamento do Supremo Tribunal Federal, o *impeachment* de Ministros da Corte e o voto impresso com contagem pública manual. Alguns manifestantes defendiam a volta do regime militar, com manutenção do Presidente no poder. Outros exigiam o fechamento da representação diplomática da China, fora outras idiossincrasias. O Presidente compareceu a ambas as manifestações, ofendeu diretamente um Ministro do STF, acusou outro de pretender fraudar as eleições e afirmou que não mais cumpriria decisões judiciais com as quais não concordasse.

O comparecimento popular, todavia, foi menos de um décimo do esperado, demonstrando o tamanho diminuto da direita radical. Também causou frustração a muitos na militância a não adesão das Polícias Militares à manifestação, tendo as tropas estaduais permanecido disciplinadas. Nenhum oficial militar graduado fez qualquer sinal de apoio. Além disso, houve reação imediata das instituições e da imprensa. Em suma, não havia respaldo popular nem de qualquer setor relevante à quebra da legalidade. A verdade surpreendente é que 48 horas após a manifestação, o Presidente modificou inteiramente o discurso, justificando-se pelo "calor do momento"[39] e procurando aqueles a quem havia ofendido para se explicar como podia. Dias depois, em entrevista à revista *Veja*, negou qualquer intenção de golpe e, subitamente, passou a afirmar ter confiança nas urnas eletrônicas e no processo eleitoral, que havia atacado por meses a fio[40].

3. A resistência democrática

As repetidas ameaças à legalidade constitucional e à estabilidade das instituições geraram firme reação de múltiplos setores. Em primeiro lugar,

---

39. Bolsonaro recua e diz que fala golpista no 7 de setembro decorreu do calor do momento. *UOL*, 9 set. 2021. Disponível em: <https://noticias.uol.com.br/politica/ultimas-noticias/2021/09/09/jair-bolsonaro-nota-stf.htm>.

40. "A chance de um golpe é zero", diz Bolsonaro em entrevista à *Veja*. Disponível em: <https://veja.abril.com.br/politica/a-chance-de-um-golpe-e-zero-diz-bolsonaro-em-entrevista-a-veja/>.

a imprensa, a despeito de boicotes publicitários e das próprias dificuldades contemporâneas do seu modelo de negócios, foi um bastião de resistência. Distinguindo com propriedade fato de opinião, manteve o tom crítico e desempenhou com desassombro o papel fiscalizador que lhe cabe. Apesar dos muitos temores de envolvimento das Forças Armadas, também as suas lideranças souberam resistir a seduções indevidas. O Ministro da Defesa e os comandantes militares deixaram o cargo com altivez, por não concordarem, segundo divulgado, com o uso político e intimidatório da instituição[41]. O Supremo Tribunal Federal, que vinha dividido no tema do combate à corrupção, uniu-se na defesa da democracia. Nessa linha, reiterou compromissos com a liberdade de expressão, com a preservação de conselhos da sociedade civil, com o devido processo legal legislativo e, sobretudo, confrontando os ataques às instituições desferidos por grupos extremistas. Em diferentes investigações, que vieram a ser reunidas em um único inquérito, que apura a atuação de organizações criminosas, o Tribunal coibiu, com oitivas, buscas e apreensões e mesmo prisões preventivas, as ameaças de violência contra seus Ministros e suas instalações[42].

Relativamente à pandemia, diante de posições de autoridades que negavam ou minimizavam sua importância e consequências, o Supremo Tribunal Federal produziu uma longa série de decisões que preservaram a saúde da população e salvaram milhares de vida. De fato, o Tribunal (i) assegurou o poder dos Estados e dos Municípios tomarem medidas para proteger a população; (ii) impediu o lançamento da campanha convocando a população a voltar para as ruas e para o trabalho, quando todas as entidades médicas recomendavam recolhimento; (iii) afirmou constituir erro grosseiro, para fins de responsabilização de agentes públicos, a não observância dos consensos médico-científicos; (iv) determinou a divulgação do

---

41. Segundo o ex-Ministro da Defesa e da Segurança Pública, Raul Jungmann, o Presidente da República teria determinado que jatos da Força Aérea Brasileira sobrevoassem o prédio do Supremo Tribunal Federal acima da velocidade do som para estourar os vidros do prédio, em ameaça aos juízes da Corte. A recusa teria motivado a demissão. Jungmann: Bolsonaro determinou que jatos sobrevoassem STF para quebrar vidros. *Poder 360*, 20 ago. 2021. Disponível em: <https://www.poder360.com.br/brasil/jungmann-bolsonaro-determinou-que-jatos-sobrevoassem-stf-para-quebrar-vidros/>.

42. Também o Tribunal Superior Eleitoral, integrado por três Ministros do STF, enfrentou os comportamentos antidemocráticos instaurando procedimentos para apurar falsas alegações de fraude contra o sistema eletrônico de votação, bem como determinando a "desmonetização" de sites e canais que difundiam desinformação contra o processo eleitoral e contra a democracia.

plano de vacinação; (v) ordenou a vacinação compulsória; e (vi) a proteção das comunidades indígenas, entre outros julgados. Em ação movida por Senadores, o STF determinou, igualmente, a instauração de Comissão Parlamentar de Inquérito (CPI) pelo Senado Federal para apurar a atuação do governo federal durante a pandemia. Nos termos da Constituição, se um terço dos parlamentares da Casa Legislativa requererem, a instauração é obrigatória, por constituir direito das minorias parlamentares. O relatório final da CPI foi devastador para o governo.

Finalmente, após as manifestações de 7 de setembro, com as graves ameaças do Presidente da República às instituições, houve duros pronunciamentos do Presidente do Congresso Nacional, do Presidente do Supremo Tribunal Federal e, igualmente, do Presidente do Tribunal Superior Eleitoral.

Feita a análise do contexto mundial de ascensão do populismo autoritário e do seu impacto específico no Brasil, cabe, por fim, analisar como as democracias têm reagido ao fenômeno, com foco especial no papel desempenhado por supremas cortes e cortes constitucionais.

IV. Como as democracias sobrevivem

1. O papel decisivo (e ambíguo) das supremas cortes e cortes constitucionais

Já se encontra assentado de longa data na teoria constitucional que as supremas cortes e as cortes constitucionais, ao exercerem o controle de constitucionalidade (*judicial review*), desempenham dois grandes papéis que legitimam sua atuação: (i) a proteção das regras de funcionamento da democracia e (ii) a proteção dos direitos fundamentais de todos. O desempenho de tais tribunais é um antídoto contra o abuso de poder por parte das maiorias. Governos populistas, no entanto, com frequência, são hostis aos valores constitucionais[43], por defenderem o poder ilimitado das maiorias políticas, atacarem os mecanismos de *checks and balances*, desprezarem as minorias (políticas, raciais, religiosas, sexuais) e até mesmo subordinarem os direitos fundamentais à "vontade do povo". Sem surpresa, é comum a

---

43. Jan-Werner Muller. *What is populism?* Philadelphia: University of Pennsylvania Press, 2016. ProQuest Ebook Central. Disponível em: <http://ebookcentral.proquest.com/lib/harvard-ebooks/detail.action?docID=4674419>. Created from harvard-ebooks on 2022-01-07 14:01:50.

existência de uma exacerbada tensão entre governos populistas e cortes supremas, cujo papel é, precisamente, manter o poder político nos limites da Constituição. Não por acaso, são elas — juntamente com as autoridades eleitorais — alvos frequentes de ataques do populismo autoritário.

Supremas cortes e cortes constitucionais têm um papel decisivo em governos populistas, às vezes para bem e outras para mal. Quando conseguem preservar sua efetiva independência, elas funcionam como importante anteparo contra o avanço sobre as instituições democráticas. Há algumas histórias de sucesso no desempenho dessa função. É certo, por outro lado, que lideranças autoritárias procuram capturar ou enfraquecer as supremas cortes, atacando-as verbalmente e, também, mediante dois comportamentos replicados mundo afora: (i) "empacotamento" das cortes com juízes submissos, forçando a abertura de vagas com mudanças nas regras de aposentadoria, *impeachments* ou aumento no número de cadeiras; e (ii) aprovação de emendas constitucionais e legislação que retiram poderes jurisdicionais e administrativos dos tribunais ou dificultam sua atuação. Na verdade, atores antidemocráticos se valem dessas duas estratégias para colocar os tribunais a serviço dos propósitos governamentais, beneficiando-se da legitimidade que o endosso do Judiciário pode dar às suas ações[44]. Em diferentes países essas duas estratégias funcionaram, transformando as cortes em linhas auxiliares do poder político autoritário. Nesse cenário, elas deixam, por exemplo, de declarar a inconstitucionalidade de emendas, leis e atos que claramente afrontam a Constituição, em razão de sua posição de subordinação aos outros Poderes. Ou, em quadro ainda mais grave, assumem um papel proativo no autoritarismo, banindo partidos adversários do governo de plantão e contribuindo para a persecução de membros da oposição[45]. Em suma: no combate ao populismo extremista e antidemocrático, cortes supremas e tribunais constitucionais podem ser parte da solução ou parte do problema. Alguns exemplos ilustram o ponto.

---

44. Rosalind Dixon e David Landau. *Abusive constitutional borrowing:* legal globalization and the subversion of liberal democracy, 2021, p. 92 e 177.

45. Foi o que ocorreu, por exemplo, em países como Camboja e Tailândia, onde as cortes superiores se valeram da doutrina "da democracia militante para suprimir a competição eleitoral" (*militant democracy to suppress electoral competition*), e na Venezuela, país no qual a suprema corte atuou para neutralizar e paralisar o Congresso de oposição. V. Rosalind Dixon e David Landau. *Abusive constitutional borrowing:* legal globalization and the subversion of liberal democracy, 2021, p. 178.

2. Histórias de sucesso e de derrota na resistência democrática

O Brasil tem sido um caso de sucesso na resistência democrática ao populismo extremista e autoritário, como já noticiado acima. O Supremo Tribunal Federal reagiu energicamente aos ataques contra as instituições e contra o próprio tribunal, com decisões que preservaram a democracia, com procedimentos criminais e com pronunciamentos incisivos de seu presidente. Da mesma forma, o Tribunal Superior Eleitoral (TSE), órgão do Poder Judiciário que organiza e supervisiona nacionalmente as eleições no país, também teve papel decisivo na reação a ataques antidemocráticos. O Brasil adota, desde 1996, um sistema de votação por urnas eletrônicas que eliminou um passado de fraudes eleitorais que ocorriam com o voto de papel. Pois o Presidente da República, por meses a fio, acusou falsamente o sistema de ser fraudulento, na velha lógica do populismo autoritário de se antecipar a eventual derrota acusando o sistema de não ser idôneo. No caso brasileiro, dando um toque de surrealismo ao enredo, o Presidente atacava o sistema pelo qual se elegera por larga margem. O TSE se opôs fortemente, e com sucesso, à proposta de retorno ao voto impresso "com contagem pública manual", apresentada ao Congresso Nacional, com apoio do Presidente, e que veio a ser rejeitada. Como o voto de papel com contagem manual sempre foi o caminho para a fraude eleitoral no Brasil, muitos suspeitavam de intenções ocultas e golpistas na tentativa de retroceder ao modelo antigo. Isso num momento em que o Presidente aparecia em larga desvantagem nas pesquisas de intenção de voto para as eleições de 2022.

Nos Estados Unidos, nas eleições de 2020, o Presidente Donald Trump, candidato à reeleição, alegou sem provas a existência de fraude, mesmo antes do início da votação. Foi derrotado por Joe Biden no Colégio Eleitoral — 306 votos a 232 — e na contagem nacional por mais de 7 milhões de votos. Ainda assim, Trump jamais reconheceu a vitória do adversário. Antes pelo contrário, seus apoiadores propuseram mais de 60 ações judiciais procurando anular eleições em diferentes Estados, sem êxito em qualquer delas. A própria Suprema Corte rejeitou duas ações endossadas pelo Presidente[46]. Em 6 de janeiro de 2021, centenas de pessoas invadiram e vandalizaram o Capitólio, sede do Congresso, tentando impedir a proclamação do resultado das eleições. Houve sete mortos e mais de uma centena de

---

46. William Cummings, Joey Garrison and Jim Sergent. By the numbers: President Donald Trump's failed efforts to overturn the elections. *USA Today*, 6 jan. 2021. Disponível em: <https://www.usatoday.com/in-depth/news/politics/elections/2021/01/06/trumps-failed-efforts-overturn-election-numbers/4130307001/>.

feridos. Uma semana após o ataque, Trump sofreu *impeachment* na Câmara dos Deputados, por incitação à insurreição. Foi igualmente condenado no Senado, por 57 votos a 43, número que não atingiu a maioria de 2/3 necessária para o seu afastamento, que seria de 67 votos. O ponto que se quer ressaltar aqui, no entanto, é que o Judiciário, inclusive a Suprema Corte, não cedeu aos apelos do líder populista inconformado com a derrota, tendo preservado o resultado eleitoral e a democracia. No aniversário de um ano do episódio, em 6 de janeiro de 2022, ainda subsistiam uma guerra de narrativas e muitas cicatrizes abertas[47].

Alguns anos antes, em cenário menos dramático, mas em decisão de grande importância histórica, a Corte Constitucional da Colômbia, em 2010, declarou inconstitucional emenda à Constituição que permitia a reeleição do Presidente da República para um terceiro mandato, emenda que beneficiaria o incumbente Álvaro Uribe[48]. A decisão seguiu a linha de um precedente antigo da Suprema Corte da Índia[49] e veio a reforçar uma tendência que se consolidaria mais à frente — para bem e para mal — do reconhecimento de inconstitucionalidade de emendas constitucionais, por fundamentos processuais ou substantivos[50]. Tal inconstitucionalidade se caracteriza por emendas que rompem com a identidade do texto constitucional originário, em violação a princípios estruturantes, caracterizando verdadeira *substituição* da Constituição, como enfatizou a Corte Constitucional colombiana[51]. O primeiro precedente na matéria, relativamente à vedação da

---

47. The Editorial Board, Everyday is Jan. 6 now. *The New York Times*, 1º jan. 2022. Disponível em: <https://www.nytimes.com/2022/01/01/opinion/january-6-attack-committee.html>; Jimmy Carter, I fear for our democracy>. *New York Times*, 6 jan. 2022. Disponível em: <https://www.nytimes.com/2022/01/05/opinion/jan-6-jimmy-carter.html>.

48. Corte Constitucional da Colômbia. Sentencia C-141/10. Comunicado de 26 fev. 2010. Disponível em: <https://www.corteconstitucional.gov.co/comunicados/No.%2009%20 Comunicado%2026%20de%20febrero%20de%202010.php>. Sobre o tema, v. Carlos Bernal Pulido, Unconstitutional Constitutional Amendments in the case study of Colombia: an analysis of the justification and meaning of the constitutional replacement doctrine. *International Journal of Constitutional Law 11*:339, 2013.

49. *Kesavananda v State of Kerala* (1973) SCR (Supp) 1 (India). Disponível em: <https://indiankanoon.org/doc/257876/>.

50. Um dos pioneiros na discussão doutrinária desse tema foi Richard Albert, em Nonconstitutional amendments. *Canadian Journal of Law and Jurisprudence 22*:5, 2009, p. 21-31.

51. Sobre o tema, v. Luís Roberto Barroso. The life and death of Constitutions in Latin America: constitutional amendments, the role of courts and democracy. Apresentação (*Foreword*) do livro de Richard Albert, Carlos Bernal Pulido e Juliano Zaiden Benvindo (eds.), *Constitutional Change and Transformation in Latin America*. Oxford: Hart Publishing, 2019.

possibilidade de reeleição, ocorrera na Costa Rica, em situação inversa: a Sala Constitucional da Suprema Corte, em 2003, afirmou que a proibição absoluta de reeleição, mesmo que para mandato não consecutivo, interferia de maneira inconstitucional com um direito político fundamental. Com isso, o ex-Presidente Oscar Arias pôde voltar a concorrer, dezesseis anos depois de haver deixado o cargo. Tal decisão, no entanto, que era razoável e foi proferida em um país de democracia estável, viria a ser invocada por populistas autoritários para derrubar vedações à reeleição e perpetuarem-se no cargo[52]. A prática populista de esvaziar, capturar e aparelhar supremas cortes tem como marco histórico o expurgo de quatro dos cinco juízes da Suprema Corte da Argentina por Juan Domingo Perón, logo após sua eleição em 1946[53]. Ali teve início uma longa tradição de interferência do Executivo na corte daquele país[54]. Na história recente, são muitos os casos que seguiram esse caminho. Um dos exemplos mais emblemáticos é o da Corte Constitucional da Hungria, que desfrutou de poder, prestígio e independência após a redemocratização do país, com a dissolução da União Soviética. Após a chegada ao poder de Viktor Orbán e de seu partido Fidez, em 2010, esse quadro se deteriorou progressivamente. O roteiro seguido foi o previsível: empacotamento, retirada de poderes relevantes e captura. Nessa linha, emendas constitucionais e ampla legislação aprovadas no Parlamento dominado pelo Fidez aumentaram o número de juízes da Corte de 11 para 15, reduziram a idade de aposentadoria para abrir novas vagas[55], alteraram critérios de nomeação de juízes aumentando a ingerência político-partidária e retiraram competências de controle de constitucionalidade (*judicial review*), especialmente em relação às emendas constitucionais. Em 2013, o

---

52. V. Yaniv Roznai, Constitutional Unamendability in Latin America gone wrong? In Richard Albert, Carlos Bernal Pulido e Juliano Zaiden Benvindo (eds.), *Constitutional Change and Transformation in Latin America*, p. 93-116.

53. Andrew Arato, *Populism, the Courts and Civil Society* (December 4, 2017). Disponível em SSRN: <https://ssrn.com/abstract=3082596>, p. 1: "Admittedly, no current populist government has gone as far as Peron's in 1947 when he has initiated the impeachment and trial of 4 out of 5 Supreme Court justices, with one of them resigning before impeachment succeeded".

54. Andrea Castagnola. M*anipulating courts in new democracies:* forcing judges off the bench in Argentina. Milton: Routledge, 2018.

55. O Tribunal de Justiça da União Europeia considerou que a lei que reduzia a idade de aposentadoria de juízes, procuradores e notários públicos de 70 para 62 anos incompatível com as normas que regeu a União Europeia. Comissão Europeia, *Court of Justice rules Hungarian forced early retirement of judges incompatible with EU law*. 6 nov. 2012. Disponível em: <https://ec.europa.eu/commission/presscorner/detail/mt/MEMO_12_832>.

governo já detinha total controle da Corte e de outras instituições, como o Parlamento, a mídia e as universidades. Ícone do populismo autoritário de direita no mundo, Orbán é considerado por alguns estudiosos um "típico ditador do século XXI" (*the ultimate twenty-first-century dictator*)[56].

O Tribunal Constitucional da Polônia também passou por vicissitudes análogas, até ser inteiramente controlado pelo Partido Lei e Justiça (*Law and Justice Party*). As tensões entre o Tribunal e o governo começaram ainda em 2015, quando se deu a recusa em dar posse a cinco juízes que haviam sido indicados pelo *Sejm* (Câmara dos Deputados) que se encontrava em final de mandato[57]. Na sequência, vieram leis que antecipavam a aposentadoria dos juízes[58], limitavam sua jurisdição, exigiam supermaioria para a invalidação de leis (de maioria passou para 2/3) e, mais grave ainda, davam poder discricionário ao Executivo para publicar ou não as decisões do Tribunal[59]. Em fevereiro de 2020, uma carta aberta assinada por mais de duas dezenas de ex-juízes que o haviam integrado, inclusive diversos de seus ex-presidentes, denunciou que o Tribunal "havia sido virtualmente abolido" (*has virtually been abolished*)[60].

O Tribunal Constitucional da Turquia, a seu turno, era conhecido por sua importante atuação na promoção de um Estado laico e de um governo

---

56. Kim Lane Scheppele em entrevista a Isaac Chotiner, Why conservatives around the world have embraced Hungary's Viktor Orbán. *The New Yorker*, 21 ago. 2021. Sobre a deterioração institucional da Hungria, v. Kim Lane Scheppele, Autocratic legalism. *The University of Chicago Law Review 85:*545, 2018, p. 549 e s.; e Rosalind Dixon e David Landau, Abusive constitutional borrowing: legal globalization and the subversion of liberal democracy, 2021, p. 89 e 92; e Yascha Mounk, The end of history revisited. *Journal of Democracy 31*:22, 2020, p. 31.

57. A manobra do Partido Civic Platform era de fato questionável, uma vez que três dos cinco juízes substituídos somente concluiriam seus mandatos após as eleições. V. Andrew Arato, *Populism, the Courts and Civil Society* (December 4, 2017). Disponível em SSRN: <https://ssrn.com/abstract=3082596>, p.6.

58. Tal como se passou com procedimento análogo na Hungria, o Tribunal de Justiça da União Europeia considerou que tal legislação violava princípios da União Europeia, com destaque para a inamovibilidade de juízes. TJUE, *Commission vs. Poland*, j. 24-6-2019. Disponível em: <https://eur-lex.europa.eu/legal-content/EN/TXT/?uri=ecli%3AECLI%3AEU%3AC%3A2019%3A531>.

59. Rosalind Dixon e David Landau. Abusive constitutional borrowing: legal globalization and the subversion of liberal democracy, 2021, p. 93.

60. Rule of Law, *Constitutional Tribunal has virtually been abolished, announce retired judges*. 20 fev. 2020. Disponível em: <https://ruleoflaw.pl/constitutional-tribunal-has-virtually-been-abolished-announce-retired-judges/>.

secular. Em 2010, no entanto, quando Recep Tayyp Erdogan era Primeiro-Ministro, uma emenda constitucional alterou as normas referentes à composição do Tribunal, ao processo de seleção de juízes e às regras de votação[61]. Segundo críticos, o Tribunal foi "domesticado" (*tamed*), passando a ser controlado pelo governo[62]. Raras e eventuais decisões desfavoráveis ao Executivo despertam ameaças de retaliação, como o fechamento do Tribunal[63] e a limitação ou fragmentação de seus poderes por uma nova Constituição[64].

Na América Latina, os casos de retaliação às cortes constitucionais e tentativas de captura se sucedem. Um precedente mais remoto ocorreu em 1997, no Peru, quando três juízes do Tribunal Constitucional que votaram contra a interpretação que permitia um terceiro mandato ao Presidente Alberto Fujimori foram afastados[65]. Nos dias atuais, o caso mais dramático e emblemático que é o da República Bolivariana da Venezuela. Hugo Chávez foi eleito presidente em 1998, tomou posse em 1999, mesmo ano em que fez aprovar uma nova Constituição, tendo permanecido no poder, em sucessivas reeleições, até sua morte, em 2013. Em 2002, sofreu uma tentativa de golpe de Estado, tendo logrado retornar ao poder dois dias depois. Em 2004, em retaliação ao Tribunal Supremo de Justiça, que havia absolvido os comandantes militares rebeldes, o Congresso dominado por Chávez aumentou o número de juízes do Tribunal de 20 para 32, na primeira intervenção de "empacotamento" do órgão de cúpula do Judiciário. A mesma lei facilitou o afastamento de juízes pelo Congresso, o que logo foi posto em prática com a remoção do vice-presidente do

---

61. Andrew Arato. *Populism, the Courts and Civil Society*, 2017, p. 5.

62. İlker Gökhan Şen. The final death blow to the Turkish Constitutional Court. *VerfBlog*, 28 jan. 2021. Disponível em: <https://verfassungsblog.de/death-blow-tcc/>.

63. Arab News. *Erdogan allies call for closure of Turkey's Constitutional Court*. 2 abr. 2021. Disponível em: <https://www.arabnews.com/node/1836056/middle-east>.

64. Erdogan's nationalist ally prepares draft Turkish constitution. *Reuters*, 4 mai. 2021. Disponível em: <https://www.reuters.com/world/middle-east/erdogans-nationalist-ally-prepares-draft-turkish-constitution-2021-05-04/>.

65. Calvin Sims. Peru's Congress is assailed over its removal of judges. *New York Times*, 31 mai. 1997. Disponível em: <https://www.nytimes.com/1997/05/31/world/peru-s-congress-is-assailed-over-its-removal-of-judges.html>. A Corte Interamericana de Direitos Humanos, em 31 jan. 2001, condenou o Peru por violação às garantias da magistratura (*the right to judicial protection*) e ao pagamento de indenização aos três juízes afastados. *Case of the Constitutional Court v. Peru*. Disponível em: <https://www.corteidh.or.cr/docs/casos/articulos/seriec_71_ing.pdf>.

Tribunal. Desde então, Chávez e seu governo assumiram o controle da corte suprema[66].

Entre 2005 e 2014, não houve sequer uma decisão desfavorável ao governo central[67-68]. Após a morte de Chávez, em 2013, e a ascensão de Nicolau Maduro, a deterioração econômica levou a uma expressiva vitória da oposição na eleição parlamentar de 2015. Antes da posse do novo Congresso, no entanto, o Legislativo que concluía o seu termo nomeou, em 23 de dezembro de 2015, 13 novos juízes titulares e 21 substitutos para o Tribunal, sem a observância do procedimento próprio previsto na Constituição e na legislação[69]. A partir daí, o Tribunal Supremo de Justiça desempenhou o seu pior papel: tornou-se aliado do Presidente para neutralizar e paralisar o Congresso oposicionista. Por entender descumprida uma decisão de afastamento de parlamentares eleitos, o Tribunal considerou o Congresso em desacato (*contempt*) e declarou inconstitucionais todas as leis e atos que praticava. Em 2017, o Tribunal validou a convocação de uma Assembleia Constituinte, que não produziu Constituição alguma, mas concentrou em si os principais Poderes da República, inclusive antecipando uma eleição presidencial de cartas marcadas, da qual foram excluídos os principais partidos de oposição. Em suma: na Venezuela, o Tribunal Supremo de Justiça foi um ator proativo na desconstrução do Estado democrático.

Outro país latino-americano que tomou o rumo desvirtuado da ditadura foi a Nicarágua. Também aqui tendo a Corte Suprema de Justiça como aliada. Daniel Ortega, líder dos sandinistas, já havia sido Presidente no período revolucionário, iniciado em 1979, vindo a ser eleito pelo voto popular em 1984. Em 1990 foi derrotado, não se reelegendo. Em 1995, a Assembleia Nacional aprovou emenda constitucional à Constituição de

---

66. Venezuela: Chávez allies pack Supreme Court. *Human Rights Watch*, 13 dez. 2004.

67. V. Javier Corrales, Autocratic legalism in Venezuela. *Journal of Democracy 26:37*, 2015, p. 44.

68. Nesse período, o Tribunal validou inúmeras leis que transformavam a Venezuela em um regime ditatorial, por cercearem a liberdade de expressão, perseguirem adversários, mudarem regras eleitorais em favor do governo e retirarem a concessão de veículos de mídia de oposição. V. Raul A. Sanchez Urribarri. Courts between democracy and hybrid authoritarianism: Evidence from the Venezuelan Supreme Court. *Law & Social Inquiry 36:854*, 2011, p. 876.

69. Diego Ore. Venezuela's outgoing Congress names 23 Supreme Court Justices. *Reuters*, 23 dez. 2015. Disponível em: <https://www.reuters.com/article/us-venezuela-politics-idUSKBN0U626820151223>. V. Constituição da Venezuela, art. 264 e Lei Orgânica do Tribunal Supremo de Justiça, art. 38.

1987, proibindo reeleições sucessivas. Em 2007, Ortega voltou a ser eleito presidente. Foi então que, em 2009, obteve de uma Corte Suprema altamente partidarizada a eliminação sem limite da restrição à reeleição, num procedimento considerado ardiloso, quando não desonesto: juízes que não apoiavam a medida não foram convocados adequadamente para a sessão de julgamento e foram substituídos *ad hoc* por aliados do Presidente[70]. Com a manobra e inúmeras medidas de perseguição a adversários, foi reeleito em 2011, em 2016 e em 2021. Organismos internacionais denunciaram as eleições na Nicarágua como sendo uma farsa antidemocrática[71].

A onda de banimento à vedação de reeleições sucessivas, que já atingira anteriormente a Venezuela, estendeu-se à Bolívia, onde a Corte Suprema de Justiça, em decisão de 2017, aboliu a proibição, abrindo caminho para a candidatura de Evo Morales a um quarto mandato. Isso a despeito de texto expresso da Constituição vedando a possibilidade de mais de dois mandatos e da expressa rejeição da proposta em consulta popular[72]. Ao final, Morales foi levado a afastar-se do cargo em novembro de 2019 e novas eleições foram convocadas.

Também em Honduras, a Constituição de 1982 somente permitia um mandato presidencial, previsão contida em cláusula pétrea e, consequentemente, insuscetível de emenda[73]. Nada obstante, em decisão de 2015, a Corte Suprema de Justiça derrubou, por inconstitucional, a cláusula constante do texto *original* da Constituição, o que, naturalmente, refoge à hipótese que ganhou curso mais recentemente de se considerar determinadas *emendas* constitucionais inconstitucionais[74]. A decisão abriu caminho para

---

70. Associated Press, Nicaragua court allows Ortega to seek new term in 2011. *The Guardian*, 20 out. 2009. Disponível em: <https://www.theguardian.com/world/2009/oct/20/nicaragua-ortega-sandinista-reelection>.

71. IDEA — Institute for Democracy and Electoral Assistance, *The election has greatly aggravated the crisis*, 7 nov. 2021. Disponível em: <https://www.idea.int/news-media/news/election-has-greatly-aggravated-crisis-nicaragua>.

72. Daniel Ramos. Bolivia Morales' defies term limits, launches bid for fourth term. *Reuters*, 18 mai. 2019.

73. Constituición de Honduras: "Art. 374. No podrán reformarse, en ningun caso, el articulo anterior, el presente articulo, los articulos constitucionales que se refieren a la forma de gobierno, al territorio nacional, al periodo presidencial, a la prohibicion para ser nuevamente Presidente de la Republica, el ciudadano que lo haya desempenado bajo cualquier titulo y el referente a quienes no pueden ser Presidentes de la Republica por el periodo subsiguiente".

74. David Landau, Honduras: Term limits drama 2.0 — how the Supreme court declared the Constitution unconstitutional. *Constitutionet*, 27 mai. 2015.

a reeleição de Juan Orlando Hernandez no controvertido pleito de 2017. Ironicamente, na eleição presidencial de 2021, foi eleita a candidata de oposição, Xiomara Castro, esposa do ex-Presidente Manuel Zelaya, que havia sido deposto por um golpe de Estado, em 2009, sob a acusação de procurar, pela via transversa de uma emenda à Constituição, burlar a proibição de reeleição.

Finalmente, no Equador, Rafael Correa permaneceu no poder de 2007 a 2017. Em um referendo validado pela Corte Constitucional em 2011, ele adquiriu amplos poderes no processo de nomeação de juízes, o que permitiu que substituísse integralmente os membros do Tribunal[75]. Em 2015, Correa conseguiu aprovar, por um questionável procedimento simplificado, que veio a ser validado pela Corte, emenda constitucional permitindo a reeleição sem limites do Presidente[76]. Após uma onda de protestos, foi incluída na emenda uma cláusula pela qual a regra não valeria para a eleição imediatamente subsequente, de 2017. Na sequência histórica, no governo do novo Presidente eleito, Lenín Moreno, um plebiscito voltou a limitar a dois mandatos a permanência no poder[77].

3. As cortes constitucionais no jogo do poder

Como se constata da narrativa acima, não é fácil para as cortes supremas cumprirem bem o papel de resistência democrática. De um lado, uma atitude passiva ou omissiva de cautela, para evitar o embate com líderes populistas, frustra a sua missão. De outra parte, o confronto aberto e solitário não costuma ter final feliz para os tribunais. É exemplar o que se passou na Rússia. Em 1989, após a queda do Muro de Berlim e já próximo do final da União Soviética, a Corte Constitucional ascendeu como um ator importante na transição democrática. Proferiu, assim, decisões de alto relevo, inclusive quanto à dissolução do Partido Comunista e a reorganização partidária. Em 1993, contudo, a Corte entrou em confronto com Boris

---

75. José Luis Castro-Montero e Gijs van Dijck. Judicial politics in unconsolidated democracies: an empirical analysis of the Ecuadorian Constitutional Court. *Justice System Journal 38*:380, 2017, p. 384; e Rosalind Dixon e David Landau. Abusive constitutional borrowing: legal globalization and the subversion of liberal democracy, 2021, p. 95.

76. BBC News, *Ecuador legislature lifts presidential re-election limit*. 4 dez. 2015.

77. Associated Press, Ecuador votes do limit presidents' term in blow to Rafael Correa. *The Guardian*, 5 fev. 2018. Disponível em: <https://www.theguardian.com/world/2018/feb/05/ecuador-votes-to-limit-presidents-terms-in-blow-to-rafael-correa>.

Yeltzin a propósito de decretos que suspendiam o Parlamento, entendendo que o Presidente excedera os seus poderes. Yeltzin convocou, então, um referendo popular e conseguiu apoio para dissolver tanto o Parlamento quanto a própria Corte. Ao final de 1993, a Rússia tinha uma nova Constituição, mas não mais uma Corte Constitucional. Ela só veio a ser restabelecida em 1995, com um papel bem menor, e já submissa ao novo Presidente, Vladimir Putin[78].

Quando existe um partido hegemônico, que controle o Legislativo, tenha apoio amplo nas instituições da sociedade civil e da população, impedir movimentos majoritários autoritários se torna muito mais difícil. Quando, por outro lado, há maior equilíbrio e competição política entre partidos e segmentos diversos, o papel de contenção dos processos antidemocráticos é mais viável. Na verdade, a conjuntura específica e a cultura constitucional do povo fazem toda a diferença. E, também, o grau de independência e credibilidade da própria corte constitucional. Nos Estados Unidos, a tentativa de golpe pela invasão do Capitólio gerou reação imediata do Congresso e da imprensa. Embora, surpreendentemente, um número bastante relevante de eleitores do Partido Republicano, insuflados pelo Presidente derrotado, acredite que houve fraude, a despeito da falta de provas[79]. No Brasil, embora uma democracia bem mais jovem — o regime militar expirou em 1985 e a Constituição em vigor é de 1988 –, também houve reação maciça das instituições, da imprensa e da sociedade, contendo as veleidades de golpe.

Portanto, a capacidade de cortes supremas e cortes constitucionais impedirem a escalada autoritária de líderes populistas depende de múltiplos fatores: pluralismo político efetivo na sociedade, com partidos fortes de situação e de oposição; eleições livres e competitivas; cortes com tradição de independência e reconhecimento da sociedade; apoio das demais instituições à democracia e à própria corte; e sociedade que tenha uma cultura constitucional capaz de repudiar aventuras ditatoriais. Vale dizer: tribunais são importantes, mas não são capazes de fazer o trabalho sozinhos. E, por evidente, devem escapar da armadilha de se tornarem eles próprios atores

---

78. V. Samuel Issacharoff, *Fragile democracies:* contested power in the era of constitutional courts, 2015, p. 273.

79. Lane Cuthbert and Alexander Theodoridis, Do republicans really believe Trump won the 2020 election? Our research suggest that they do. *Washington Post*, 7 jan. 2022: "[A]mong a nationally representative sample of the U.S. voting-age population, only 21 percent of Republicans say Joe Biden's victory was legitimate".

movidos por preferências ou sentimentos intrinsecamente políticos, quando não partidarizados, deixando de fundamentar suas decisões, genuinamente, em valores e princípios constitucionais.

V — Conclusão

A democracia contemporânea vem enfrentando inúmeras adversidades. Algumas decorrem de sua própria incapacidade de solucionar problemas graves, que vêm de longe e a enfraquecem. Embora o cenário possa variar substancialmente de país para país, alguns desses problemas incluem: (i) a pobreza extrema, as desigualdades injustas e outros fatores que levam à exclusão ou à estagnação sociais; (ii) a apropriação privada do Estado por elites políticas e econômicas extrativistas, que o colocam a serviço dos seus interesses, alienando a maioria da população; e (iii) o sentimento de não pertencimento de muitos, seja pela exclusão social, seja porque os sistemas de representação política já não conseguem mais dar suficiente voz e relevância aos cidadãos. Num mundo marcado por inovações e destruição criativa, a democracia precisa encontrar novos desenhos institucionais que a preservem e reavivem os valores que a tornaram a ideologia vitoriosa do século XX.

Ao mesmo tempo que enfrenta velhos fantasmas, a democracia constitucional se depara com as novas ameaças trazidas pelo populismo extremista e autoritário. Tudo isso num mundo em que boa parte da comunicação social e política migrou dos meios de comunicação tradicionais — imprensa, televisão e rádio — para mídias sociais que operam com poucos filtros, abrindo espaço para a desinformação, as teorias conspiratórias ou o ódio puro e simples. Alguns países têm conseguido resistir, embora não sem sequelas, a esse processo de deterioração democrática. Em outros, no entanto, as instituições sucumbiram à hegemonia de líderes e partidos populistas, de viés antidemocrático. Nesse ambiente, as cortes supremas e as cortes constitucionais têm protagonizado histórias de sucesso e histórias de fracasso. Em alguns casos, elas foram pilares de resistência. Em outros, foram incapazes de reação. E em situações mais dramáticas, foram parte do problema. Não se deve ter a ingenuidade de crer que tribunais, por si sós, consigam manter de pé o edifício constitucional. Como um projeto coletivo, a democracia precisa de povo participante e leal a ela, governantes idôneos e um conjunto de instituições inclusivas.

BIBLIOGRAFIA

ACKERMAN, Bruce. Beyond Carolene Products. *Harvard Law Review*, v. 98, 1985.

_____. Discovering the Constitution. *Yale Law Journal*, v. 93, 1984.

ALENCAR, Ana Valderez Ayres de. A competência do Senado Federal para suspender a execução dos atos declarados inconstitucionais. *Revista de Informação Legislativa*, v. 57, 1978.

ALEXY, Robert. *Teoría de la argumentación jurídica*. Madrid, Centro de Estudios Constitucionales, 1997.

_____. *Teoría de los derechos fundamentales*. Madrid, Centro de Estudios Constitucionales, 1997.

ALMEIDA FILHO, Agassiz. Controle de inconstitucionalidade por omissão em Portugal, *Revista de Informação Legislativa do Senado Federal*, v. 152, 1995.

ALVIM, Arruda. A declaração concentrada de inconstitucionalidade pelo STF e os limites impostos à ação civil pública e ao Código de Proteção e Defesa do Consumidor. *Revista de Processo*, v. 81, 1996.

ANDRADE, André. *A constitucionalização do direito: a Constituição como lócus da hermenêutica jurídica*. Rio de Janeiro, Lumen Juris, 2003.

ARANTES, Rogério Bastos. *Ministério Público e política no Brasil*. São Paulo, Ed. Sumaré, 2002.

ARAUJO, Luiz Alberto David. *A proteção constitucional das pessoas portadoras de deficiência*. Brasília, Corde, 1994.

_____. *Curso de direito constitucional*. 7. ed. São Paulo, Saraiva, 2003.

ATALIBA, Geraldo. ADC — Ou como agredir o Estado de direito. *Folha de S. Paulo*, 9 ago. 1993.

_____. Ação declaratória de constitucionalidade. *Revista de Direito Administrativo*, v. 192, 1993.

ÁVILA, Ana Paula Oliveira. Razoabilidade, proteção do direito fundamental à saúde e antecipação da tutela contra a Fazenda Pública. *Revista da Ajuris*, v. 86, 2003.

_____. *Determinação dos efeitos do controle de constitucionalidade: possibilidades e limites*. Mimeografado, 2002.

_____. *A modulação de efeitos temporais pelo STF no controle de constitucionaliade*. Porto Alegre, Livraria do Advogado, 2009.

ÁVILA, Humberto. *Teoria dos princípios: da definição à aplicação dos princípios jurídicos*. 2. ed. São Paulo, Malheiros, 2003.

AZEVEDO, Antonio Junqueira de. *Negócio jurídico: existência, validade e eficácia*. 4. ed. São Paulo, Saraiva, 2002.

BANDEIRA DE MELLO, Celso Antônio. O princípio do enriquecimento sem causa em direito administrativo. *Revista de Direito Administrativo*, v. 210, 1997.

_____. Leis originariamente inconstitucionais compatíveis com emenda constitucional superveniente. *Revista de Direito Administrativo e Constitucional*, v. 5, 2000.

_____. *Curso de Direito Administrativo*. 27. ed. São Paulo, Malheiros, 2010.

BANDEIRA DE MELLO, Oswaldo Aranha. *A teoria das constituições rígidas*. 2. ed. São Paulo, Bushatsky, 1980.

_____. *Princípios gerais de direito administrativo*. 2. ed. Rio de Janeiro, Forense, 1979.

BARACHO, José Alfredo de Oliveira. Teoria geral do veto. *Revista de Informação Legislativa*, v. 83, 1984.

BARBI, Celso Agrícola. Mandado de injunção. In: TEIXEIRA, Sálvio de Figueiredo (org.). *Mandado de segurança e de injunção*. São Paulo, Saraiva, 1990.

_____. Ainda o mandado de injunção. *Jornal do Brasil*, 2 dez. 1988.

BARBOSA, Ruy. *Os actos inconstitucionaes do Congresso e do Executivo ante a justiça federal*. Rio de Janeiro, Companhia Impressora, 1893.

BARBOSA MOREIRA, José Carlos. *O novo processo civil brasileiro*. 21. ed. Rio de Janeiro, Forense, 2000.

_____. *Comentários ao Código de Processo Civil*. 11. ed. Rio de Janeiro, Forense, 2003. v. 5.

_____. *Direito aplicado II (pareceres)*. Rio de Janeiro, Forense, 2000.

_____. A eficácia preclusiva da coisa julgada material no sistema do processo civil brasileiro. In: *Temas de direito processual*. São Paulo, Saraiva, 1977.

_____. Coisa julgada e declaração. In: *Temas de direito processual*. São Paulo, Saraiva, 1977.

_____. Os limites objetivos da coisa julgada no sistema do novo Código de Processo Civil. In: *Temas de direito processual*. São Paulo, Saraiva, 1977.

_____. Eficácia da sentença e autoridade da coisa julgada. In: *Temas de direito processual*; terceira série. São Paulo, Saraiva, 1984.

_____. Mandado de injunção. *Revista de Processo*, v. 56, 1989.

_____. Considerações sobre a chamada "relativização" da coisa julgada material. *Revista Forense*, v. 377, 2005.

BARCELLOS, Ana Paula de. *A eficácia jurídica dos princípios constitucionais. O princípio da dignidade da pessoa humana*. Rio de Janeiro-São Paulo, Renovar, 2002.

_____. Constitucionalização das políticas públicas em matéria de direitos fundamentais: o controle político-social e o controle jurídico no espaço democrático. *Revista de Direito do Estado*, v. 3, 2006.

_____. *Ponderação, racionalidade e atividade jurisdicional*. Rio de Janeiro-São Paulo, Renovar, 2005.

_____. Neoconstitucionalismo, direitos fundamentais e controle das políticas públicas. *Revista de Direito Administrativo*, v. 240, 2005.

BARROSO, Luís Roberto. Mudança da jurisprudência do Supremo Tribunal Federal em matéria tributária. Segurança jurídica e modulação dos efeitos temporais das decisões judiciais. *Revista de Direito do Estado*, v. 2, 2006.

BARROSO, Luís Roberto (org.). *A nova interpretação constitucional: ponderação, direitos fundamentais e relações privadas*. Rio de Janeiro-São Paulo, Renovar, 2004.

_____. *Curso de direito constitucional contemporâneo*. São Paulo, Saraiva, 2009.

_____. *Interpretação e aplicação da Constituição*. 5. ed. São Paulo, Saraiva, 2003.

_____. *O direito constitucional e a efetividade de suas normas*. 7. ed. Rio de Janeiro-São Paulo, Renovar, 2003.

_____. Neoconstitucionalismo e constitucionalização do Direito. *Revista de Direito Administrativo*, v. 240, 2005.

_____. Colisão de direitos fundamentais. Liberdade de expressão e direitos da personalidade. Critérios de ponderação. *Revista Trimestral de Direito Civil*, v. 16, 2003.

_____. O começo da história. A nova interpretação constitucional e o papel dos princípios no direito brasileiro. In: BARROSO, Luís Roberto. *Temas de direito constitucional*. Rio de Janeiro-São Paulo-Recife, Renovar, 2005. t. 3 e *Revista de Direito Administrativo*, v. 232, 2003.

_____. Da falta de efetividade à constitucionalização excessiva: direito à saúde, fornecimento gratuito de medicamentos e parâmetros para a atuação judicial. In: *Temas de direito constitucional*. Rio de Janeiro, Renovar, 2009, t. 4.

_____. A prescrição administrativa no direito brasileiro antes e depois da Lei n. 9.873/99. In: BARROSO, Luís Roberto. *Temas de direito constitucional*. 2. ed. Rio de Janeiro-São Paulo, Renovar, 2002. t. 1.

_____. A segurança jurídica na era da velocidade e do pragmatismo. In: BARROSO, Luís Roberto. *Temas de direito constitucional*. 2. ed. Rio de Janeiro-São Paulo, Renovar, 2002. t. 1.

_____. Arguição de descumprimento de preceito fundamental. Hipótese de cabimento. Decreto estadual anterior à Constituição de 1988 vinculando remuneração de servidores ao salário mínimo. In: BARROSO, Luís Roberto. *Temas de direito constitucional*. Rio de Janeiro-São Paulo, Renovar, 2003. t. 2.

_____. Fundamentos teóricos e filosóficos do novo direito constitucional brasileiro. In: BARROSO, Luís Roberto. *Temas de direito constitucional*. Rio de Janeiro-São Paulo, Renovar, 2003. t. 2.

_____. Mandado de injunção: o que foi sem nunca ter sido. Uma proposta de reformulação. In: DIREITO, Carlos Alberto Menezes (org.). *Estudos em homenagem ao Prof. Caio Tácito*. 1997.

_____. Norma incompatível com a Constituição. Não aplicação pelo Poder Executivo, independentemente de pronunciamento judicial. Legitimidade. *Revista de Direito Administrativo*, v. 181-2, 1990.

BARROSO, Luís Roberto & BARCELLOS, Ana Paula de. Direitos fundamentais, questões ordinárias e jurisdição constitucional: limites e possibilidades da arguição de descumprimento de preceito fundamental. *Revista de Direito do Estado*, v. 1, 2006.

BARTHOLOMEW, Paul & MENEZ, Joseph. *Summaries of leading cases on the constitution*. 12. ed. Totowa, Rowman & Allanheld, 1983.

BASTOS, Celso Ribeiro. *Lei complementar — teoria e comentários*. 2. ed. São Paulo, Celso Bastos Editor, 1999.

_____. *Curso de direito constitucional*. São Paulo, Celso Bastos Editor, 2002.

_____. Arguição de descumprimento de preceito fundamental e legislação regulamentadora. In: TAVARES, André Ramos & ROTHENBURG, Walter Claudius (orgs.). *Arguição de descumprimento de preceito fundamental: análise à luz da Lei 9.882/99*. São Paulo, Atlas, 2001.

BAZÁN, Victor (coord.). *Inconstitucionalidad por omisión*. Santa Fe de Bogotá, Temis, 1997.

BÉGUIN, Jean-Claude. *Le contrôle de la constitutionnalité des lois en Republique Fedérale d'Allemagne*. Paris, Economica, 1982.

BERMUDES, Sergio. O mandado de injunção. *Revista dos Tribunais*, v. 642, 1989.

BERNARDES, Juliano Taveira. *Lei 9.882/99: arguição de descumprimento de preceito fundamental*. Obtido via internet: http://www.jusnavigandi.com.br.

BICKEL, Alexander. *The least dangerous branch*. 2. ed. New Haven, Yale University Press, 1986.

BINENBOJM, Gustavo. *A nova jurisdição constitucional brasileira*. Rio de Janeiro, Renovar, 2001.

_____. *A nova jurisdição constitucional brasileira*. 2. ed. Rio de Janeiro, Renovar, 2004.

BITTENCOURT, Lúcio. *O controle jurisdicional da constitucionalidade das leis*. Reimp. Brasília, Ministério da Justiça, 1997.

BLACK JR., Charles. *The people and the court*. New York, Macmillan, 1960.

BLOCH, Susan & MARCUS, Maeva. John Marshall's selective use of history in Marbury v. Madison. *Wisconsin Law Review*, v. 301, 1986.

BONAVIDES, Paulo. *Curso de direito constitucional*. 10. ed. São Paulo, Malheiros, 2000.

BORGES, José Souto Maior. *Lei complementar tributária*. São Paulo, Revista dos Tribunais, 1975.

BORK, Robert. *The tempting of America: The political seduction of the Law*. New York, Touchstone/Simon & Schuster, 1990.

_____. Neutral principles and some first amendment problems. *Indiana Law Journal*, v. 47, 1971.

BROSSARD, Paulo. O Senado e as leis inconstitucionais. *Revista de Informação Legislativa*, v. 50, 1976.

BROWN, Rebecca I. Accountability, liberty, and the Constitution. *Columbia Law Review*, v. 98, 1998.

BUSTAMANTE, Thomas Rosa de. *Notas sobre a arguição de descumprimento de preceito fundamental e sua lei regulamentar*. Obtido via internet: www.jusnavigandi.com.br.

BUZAID, Alfredo. *Da ação de declaração de inconstitucionalidade no direito brasileiro*. São Paulo, Saraiva, 1958.

CÂMARA, Alexandre. *Lições de direito processual civil*. 3. ed. Rio de Janeiro, Lumen Juris, 2000. 3 v.

_____. A coisa julgada no controle direto da constitucionalidade. In: SARMENTO, Daniel (org.). *O controle de constitucionalidade e a Lei n. 9.868/99*. Rio de Janeiro, Lumen Juris, 2001.

CAMPOS, Francisco. *Direito constitucional*. Rio de Janeiro, Freitas Bastos, 1956. v. 1.

CAMPOS MELLO, Patrícia Perrone. *Precedentes: o desenvolvimento judicial do direito no constitucionalismo contemporâneo*. Rio de Janeiro, Renovar, 2008.

CANARIS, Claus-Wilhelm. *Pensamento sistemático e conceito de sistema na ciência do direito*. 2. ed. Lisboa, Calouste-Gulbenkian, 1996.

CANOTILHO, J. J. Gomes. *Constituição dirigente e vinculação do legislador*. Coimbra, Livr. Almedina, 1994.

_____. *Direito constitucional e teoria da Constituição*. 5. ed. Coimbra, Almedina, 2001.

_____. Rever ou romper com a Constituição dirigente? Defesa de um constitucionalismo moralmente reflexivo. *Revista dos Tribunais — Cadernos de Direito Constitucional e Ciência Política*, v. 15, 1996.

CAPPELLETTI, Mauro. *O controle judicial de constitucionalidade das leis no direito comparado*. Porto Alegre, Sergio A. Fabris Editor, 1984.

CARNEIRO, Paulo Cezar Pinheiro. Desconsideração da coisa julgada. Sentença inconstitucional. *Revista Forense*, v. 384, 2006.

CARRAZZA, Roque Antonio. Ação de inconstitucionalidade por omissão e mandado de injunção. *Revista dos Tribunais — Cadernos de Direito Constitucional e Ciência Política*, v. 3, 1993.

CARVALHO, Murilo Andrade de. Arguição de descumprimento de preceito fundamental. Lei n. 9.882/99: uma leitura crítica. In: André Gustavo de Andrade (org.). *A constitucionalização do direito*. Rio de Janeiro, Lumen Juris, 2003.

CARVALHO FILHO, José dos Santos. Imprescritibilidade da pretensão ressarcitória do Estado e patrimônio público. *Revista do Ministério Público*, n. 45, 2012.

CARVALHO NETTO, Menelick de. *A sanção no procedimento legislativo*. Belo Horizonte, Del Rey, 1992.

CASTILHO NETO, Arthur. Reflexões críticas sobre a ação direta de constitucionalidade no Supremo Tribunal Federal. *Revista da Procuradoria Geral da República*, v. 2, 1993.

CASTRO, Carlos Roberto de Siqueira. Aplicação dos direitos fundamentais às relações privadas. In: PEREIRA, Antônio Celso Alves & MELLO, Celso Renato D. de Albuquerque (orgs.). *Estudos em homenagem a Carlos Alberto Menezes Direito*. Rio de Janeiro-São Paulo, Renovar, 2003.

CASTRO NUNES, José de. *Teoria e prática do Poder Judiciário*. Rio de Janeiro, Forense, 1943.

CAVALCANTI, Amaro. *Responsabilidade civil do Estado*. Rio de Janeiro, Borsoi, 1956. t. 2.

CLÈVE, Clèmerson Merlin. *Fiscalização abstrata de constitucionalidade no direito brasileiro*. 2. ed. São Paulo, Revista dos Tribunais, 2000.

_____. Algumas considerações em torno da arguição de descumprimento de preceito fundamental. In: SAMPAIO, José Adércio Leite & CRUZ,

Álvaro Ricardo de Souza. *Hermenêutica e jurisdição constitucional.* Belo Horizonte, Del Rey, 2001.

_____. Declaração de inconstitucionalidade de dispositivo normativo em sede de juízo abstrato e efeitos sobre os atos singulares praticados sob sua égide. *Revista Forense*, v. 337, 1997.

COÊLHO, Sacha Calmon Navarro. *O controle da constitucionalidade das leis e do poder de tributar na Constituição de 1988.* 3. ed. Belo Horizonte, Del Rey, 1999.

_____. Da impossibilidade jurídica de ação rescisória de decisão anterior à declaração de constitucionalidade pelo Supremo Tribunal Federal no direito tributário. *Revista dos Tribunais — Cadernos de Direito Constitucional e Ciência Política*, v. 15, 1996.

COUTINHO, Jacinto de Miranda (coord.). *Canotilho e a Constituição dirigente.* Rio de Janeiro-São Paulo, Renovar, 2002.

COUTURE, Eduardo. *Fundamentos del derecho procesal civil.* Buenos Aires, Depalma, 1976.

DANTAS, Ivo. A arguição de descumprimento de preceito fundamental: a CF e a Lei n. 9.882/99. In: SOARES, José Ronald Cavalcante. *Estudos de direito constitucional em homenagem a Paulo Bonavides.* São Paulo, Malheiros, 2001.

_____. Coisa julgada inconstitucional: declaração judicial de inexistência. *Fórum Administrativo*, v. 15, 2002.

DIAS, Eduardo Rocha. Alterações no processo de controle abstrato de constitucionalidade e a extensão do efeito vinculante à ação direta de inconstitucionalidade e à arguição de descumprimento de preceito fundamental. *Revista Dialética de Direito Tributário*, v. 55, 2000.

DICEY, Albert. *Introduction to the study of the law of the Constitution.* 9. ed. London, Macmillan and Co., 1950.

DINAMARCO, Cândido Rangel. *Fundamentos do processo civil moderno.* 3. ed. São Paulo, Malheiros, 2000. v. 1.

_____. *Instituições de direito processual civil.* São Paulo, Malheiros, 2001. 3 v.

DINO, Flávio, MELO FILHO, Hugo, BARBOSA, Leonardo & DINO, Nicolao. *Reforma do Judiciário — Comentários à Emenda n. 45/2004.* Niterói, Impetus, 2005.

DI PIETRO, Maria Sylvia Zanella. *Direito administrativo.* 15. ed. São Paulo, Atlas, 2002.

DIZ, Nelson Nascimento & GAENSLY, Marina. Apontamentos sobre o controle judicial da constitucionalidade das leis e a legitimação das entidades de classe de âmbito nacional. *Revista Forense*, v. 367, 2003.

DOLINGER, Jacob. *Direito internacional privado.* 7. ed. Rio de Janeiro, Renovar, 2003.

DÓRIA, Sampaio. *Curso de direito constitucional.* 2. ed. São Paulo, Companhia Editora Nacional, 1946. v. 1.

DUXBURY, Neil. *The nature and authority of precedent.* New York, Cambridge University Press, 2008.

DWORKIN, Ronald. *O império do direito.* São Paulo, Martins Fontes, 1999.

_____. *Taking rights seriously.* Cambridge, Harvard University Press, 1997.

_____. *Freedom's Law.* Cambridge, Harvard University Press, 1996.

_____. The forum of principle. In: *A matter of principle.* Cambridge, Harvard University Press, 1985.

ELY, John Hart. *Democracy and distrust.* Cambridge, Harvard University Press, 1980.

ENTERRÍA, Eduardo García de. *La constitución como norma y el tribunal constitucional.* 3. ed. 2. reimp. Madrid, Civitas, 1985.

ESMEIN, A. *Élements de droit constitutionnel français et comparé.* 8. ed. Paris, Sirey, 1921. v. 1.

FAGUNDES, Miguel Seabra. *O controle dos atos administrativos pelo Poder Judiciário.* 4. ed. Rio de Janeiro, Forense, 1967.

FAIRFIELD, Roy P. (editor). *The Federalist Papers.* 2. ed. New York, Anchor Books, 1981.

FARIA, Luiz Alberto Gurgel de. Mandado de injunção e ação direta de inconstitucionalidade por omissão: aspectos distintivos. *Revista Forense*, v. 322, 1993.

FAVETTI, Rafael Thomaz. *Controle de constitucionalidade e política fiscal.* Porto Alegre, Sergio A. Fabris Editor, 2003.

FAVOREU, Louis et alii. *Tribunales constitucionales europeos y derechos fundamentales.* Madrid, Centro de Estudios Constitucionales, 1984.

FERNANDES, Bianca Stamato. *Jurisdição constitucional.* Rio de Janeiro, Lumen Juris, 2004.

FERRARI, Regina Maria Macedo Nery. *Controle da constitucionalidade das leis municipais.* 3. ed. São Paulo, Revista dos Tribunais, 2003.

_____. *Efeitos da declaração de inconstitucionalidade.* 4. ed. São Paulo, Revista dos Tribunais, 1999.

FERRARI, Sérgio. *Constituição estadual e federação.* Rio de Janeiro, Lumen Juris, 2003.

FERRAZ, Anna Cândida da Cunha. Inconstitucionalidade por omissão: uma proposta para a constituinte. *Revista de Informação Legislativa*, v. 89, 1986.

FERREIRA, Sérgio de Andréa. Invalidade de norma. *Revista de Direito Público*, v. 57, 1981.

FERREIRA, Wolgran Junqueira. *O Município à luz da Constituição Federal de 1988*. 2. ed. São Paulo, Edipro, 1993.

FERREIRA FILHO, Manoel Gonçalves. *Comentários à Constituição Brasileira de 1988*. São Paulo, Saraiva, 1990. v. 1.

_____. O sistema constitucional brasileiro e as recentes inovações no controle de constitucionalidade (Leis n. 9.868, de 10 de novembro e n. 9.982, de 3 de dezembro de 1999). *Revista de Direito Administrativo*, v. 220.

_____. Notas sobre o mandado de injunção. *Repertório IOB de Jurisprudência*, 2ª quinzena de outubro de 1988.

FIGUEIREDO, Marcelo. *O mandado de injunção e a inconstitucionalidade por omissão*. São Paulo, Revista dos Tribunais, 1991.

_____. *Probidade administrativa*. 4. ed. São Paulo, Malheiros, 2000.

_____. A ação declaratória de constitucionalidade — inovação infeliz e inconstitucional. In: MARTINS, Ives Gandra da Silva & MENDES, Gilmar Ferreira (coord.). *Ação declaratória de constitucionalidade*. São Paulo, Saraiva, 1995.

FLAKS, Milton. Instrumentos processuais de defesa coletiva. *Revista de Direito Administrativo*, v. 190, 1992.

FRANKFURTER, Felix. John Marshall and the judicial function. *Harvard Law Review*, v. 69, 1955.

FREIRE, Homero. A Constituição e sua regulamentação. *Revista dos Tribunais*, v. 662, 1990.

GALLOTI, Maria Isabel. A declaração de inconstitucionalidade das leis e seus efeitos. *Revista de Direito Administrativo*, v. 193, 1993.

GARNER, Bryan A. (editor). *Black's law dictionary*. St. Paul, West Group, 1996.

GLENNON, Michael, LIVELY, Donald, HADDON, Phoebe, ROBERTS, Dorothy & WEAVER, Russel. *A constitutional law anthology*. 2. ed. Ohio, Anderson Publishing Company, 1997.

GOMES JUNIOR, Luiz Manoel. A repercussão geral da questão constitucional no recurso extraordinário. *Revista Forense,* v. 378, 2005.

GORDILHO, Pedro. Aspectos da Emenda Constitucional n. 45, de 8 de dezembro de 2004. *Revista de Direito Administrativo,* v. 240, 2005.

GOUVÊA, Marcos Antonio Maselli de Pinheiro. *O controle judicial das omissões administrativas*. Rio de Janeiro, Forense, 2003.

GRAU, Eros Roberto. *Ensaio e discurso sobre a interpretação/aplicação do direito*. São Paulo, Malheiros Editores, 2002.

GRIFFIN, Stephen. *American constitutionalism.* Princeton, Princeton University Press, 1996.

GRINOVER, Ada Pellegrini. Da ação direta de representação de inconstitucionalidade. In: *O processo em sua unidade.* Rio de Janeiro, Forense, 1984. v. 2.

GUERRA FILHO, Willis Santiago. Derechos fundamentales, proceso y principio da proporcionalidad. *Ciência Tomista,* t. 124, n. 404, 1997.

_____. *Processo constitucional e direitos fundamentais.* São Paulo, Celso Bastos, 1999.

GUNTHER, Gerald. *Constitutional law.* 11. ed. New York, The Foundation Press, 1985.

GÜNTHER, Klaus. *The sense of appropriateness — application discourses in morality and law.* Albany, Suny Press, 1993.

HÄBERLE, Peter. El recurso de amparo en el sistema germano-federal de jurisdicción constitucional. In: BELAUNDE, Domingo García & SEGADO, Francisco Fernández (coords.). *La jurisdicción constitucional en Iberoamerica.* Madrid, Dykinson, 1997.

_____. *Hermenêutica constitucional: a sociedade aberta dos intérpretes da Constituição.* Porto Alegre, Sergio A. Fabris Editor, 1997.

HABERMAS, Jürgen. *Direito e democracia: entre faticidade e validade.* Rio de Janeiro, Tempo Brasileiro, 1997. 2 v.

HAGE, Jorge. *Omissão inconstitucional e direito subjetivo.* Brasília, Brasília Jurídica, 1999.

HALL, Kermit L. (editor). *The Oxford guide to United States Supreme Court decisions.* Oxford, Oxford University Press, 1999.

_____. *The Oxford companion to the Supreme Court of the United States.* Oxford, Oxford University Press, 1992.

HESSE, Konrad. *Elementos de direito constitucional da República Federal da Alemanha.* Porto Alegre, Sergio A. Fabris Editor, 1998.

_____. La fuerza normativa de la Constitución. In: *Escritos de derecho constitucional.* Madrid, Centro de Estudios Constitucionales, 1983.

HIRSCHL, Ran. The judicialization of politics. In: WHITTINGTON, Keith E., KELEMEN, R. Daniel & CALDEIRA, Gregory A. (eds.). *The Oxford Handbook of Law and Politics.* New York, Oxford University Press, 2008.

_____. *A autonomia do Estado-membro no direito constitucional brasileiro.* Belo Horizonte, 1964.

HORTA, Raul Machado. *Direito constitucional.* Belo Horizonte, Del Rey, 2003.

HORWITZ, Morton J. The constitution of change: legal fundamentality without fundamentalism. *Harvard Law Review*, v. 107, 1993.

JACKSON, Vicki C. & TUSHNET, Mark. *Comparative constitutional law*. New York, Foundation Press, 1999.

KAHN, Paul. Comparative constitutionalism in a new key. *Michigan Law Review*, v. 101, 2002-3.

KELSEN, Hans. *Teoria pura do direito*. 5. ed. Coimbra, Arménio Amado, Editor, 1979.

KOMMERS, Donald. *The constitutional jurisprudence of the Federal Republic of Germany*. Durham, Duke University Press, 1997.

LARENZ, Karl. *Metodologia da ciência do direito*. 3. ed. Lisboa, Calouste Gulbenkian, 1997.

LEWANDOWSKI, Enrique Ricardo. *Pressupostos materiais e formais da intervenção federal no Brasil*. São Paulo, Revista dos Tribunais, 1994.

LIEBMAN, Enrico Tullio. *Efficacia ed autorità della sentenza*. Milano, Giuffrè, 1962.

LOCKARD, Duane & MURPHY, Walter. *Basic cases in constitutional law*. 3. ed. Washington, D.C., Congressional Quarterly Inc., 1992.

LOCKHART, William, KAMISAR, Yale, CHOPER, Jesse, FALLON JR., Richard & SHIFFRIN, Steve. *Constitutional law* (com Suplemento de 2000). 6. ed. St. Paul, West Group, 1986.

LOULA, Pedro & MELO, Teresa. Arguição de descumprimento de preceito fundamental: novo mecanismo de tutela das normas constitucionais?. *Revista Forense*, v. 357, 2001.

LOURENÇO, Rodrigo Lopes. *Controle de constitucionalidade à luz da jurisprudência do Supremo Tribunal Federal*. Rio de Janeiro, Forense, 1999.

LUCHAIRE, François. *Le Conseil Constitutionnel*. 2. ed. Paris, Economica, 1997. 4 v.

MACEDO FILHO, Cícero Martins. Ressarcimento por dano ao erário e prescrição. *Revista Eleitoral TRE/RN*, v. 26, 2012.

MACHADO, Carlos Augusto Alcântara. *Mandado de injunção*. São Paulo, Atlas, 1999.

MACHADO, Hugo de Brito. *Curso de direito tributário*. 21. ed. São Paulo, Malheiros, 2001.

_____. Ação declaratória de constitucionalidade. *Revista dos Tribunais*, v. 697, 1993.

_____. Declaração de inconstitucionalidade e direito intertemporal. *Revista Dialética de Direito Tributário*, v. 57, 2000.

MACIEL, Adhemar Ferreira. Mandado de injunção e inconstitucionalidade por omissão. *Revista de Informação Legislativa*, v. 101, 1989.

MACIEL, Débora Alves & KOERNER, Andrei. Sentidos da judicialização da política: duas análises. *Lua nova*, v. 57, 2002.

MARINHO, Josaphat. Inconstitucionalidade de lei — Representação ao STF. *Revista de Direito Público*, v. 12, 1970.

MARINONI, Luiz Guilherme. Sobre a chamada "relativização" da coisa julgada material. *Revista do Instituto dos Advogados do Paraná*, v. 33, 2004.

MARQUES, José Frederico. *Manual de direito processual civil*. 11. ed. 1987. v. 3.

MARTINES, Temistocle. *Diritto costituzionale*. 2. ed. Milano, Giuffrè, 1986.

MARTINS, Ives Gandra da Silva. Descumprimento de preceito fundamental: eficácia das decisões. In: TAVARES, André Ramos & ROTHENBURG, Walter Claudius (orgs.). *Arguição de descumprimento de preceito fundamental: análise à luz da Lei 9.882/99*. São Paulo, Atlas, 2001.

MARTINS, Ives Gandra da Silva & MENDES, Gilmar Ferreira (coords.). *Ação declaratória de inconstitucionalidade*. São Paulo, Saraiva, 1994.

MEESE III, Edwin. The law of the Constitution. *Tulane Law Review*, v. 61, 1987.

MEIRELLES, Hely Lopes. *Mandado de segurança, ação popular, ação civil pública, mandado de injunção, "habeas data", ação direta de inconstitucionalidade, ação declaratória de constitucionalidade e arguição de descumprimento de preceito fundamental*. 25. ed. Atualização de Arnoldo Wald e Gilmar Ferreira Mendes. São Paulo, Malheiros, 2003.

_____. *Mandado de segurança, ação popular, ação civil pública, mandado de injunção, "habeas data"*. São Paulo, Malheiros, 1989.

MELLO, Cláudio Ari. *Democracia constitucional e direitos fundamentais*. Porto Alegre, Livraria do Advogado, 2004.

MELLO, Marcos Bernardes de. *Teoria do fato jurídico — plano da existência*. 12. ed. São Paulo, Saraiva, 2003.

_____. *Teoria do fato jurídico — plano da eficácia, 1ª parte*. São Paulo, Saraiva, 2003.

MELLO FILHO, José Celso de. *Constituição Federal Anotada*. São Paulo, Saraiva, 1985.

MELO, Carlos Antonio de Almeida. Alguns apontamentos sobre a arguição de descumprimento de preceito fundamental. *Revista de Informação Legislativa*, v. 145, 2000.

MENDES, Gilmar Ferreira. *Controle de constitucionalidade: aspectos jurídicos e políticos*. São Paulo, Saraiva, 1990.

_____. *Direitos fundamentais e controle de constitucionalidade*. São Paulo, Celso Bastos Editor, 1998.

_____. *Jurisdição constitucional*. 3. ed. São Paulo, Saraiva, 1999.

_____. *Jurisdição constitucional*. 5. ed. São Paulo, Saraiva, 2005.

_____. *Moreira Alves e o controle de constitucionalidade no Brasil*. São Paulo, Saraiva, 2004.

_____. A ação declaratória de constitucionalidade, a inovação da Emenda Constitucional 3, de 1993. In: MARTINS, Ives Gandra da Silva & MENDES, Gilmar Ferreira (coord.). *Ação declaratória de constitucionalidade*. São Paulo, Saraiva, 1994.

_____. A declaração de inconstitucionalidade sem pronúncia da nulidade e a declaração de inconstitucionalidade de caráter restritivo ou limitativo no direito brasileiro. In: MARTINS, Ives Gandra da Silva (coord.). *As vertentes do direito constitucional contemporâneo*. Rio de Janeiro, América Jurídica, 2002.

_____. Arguição de descumprimento de preceito fundamental: parâmetro de controle e objeto. In: TAVARES, André Ramos; ROTHENBURG, Walter Claudius (orgs.). *Arguição de descumprimento de preceito fundamental: análise à luz da Lei 9.882/99*. São Paulo, Atlas, 2001.

_____. *Arguição de descumprimento de preceito fundamental: demonstração de inexistência de outro meio eficaz*. Obtido na Internet: http://www.jusnavigandi.com.br.

_____. O controle incidental de normas no direito brasileiro. *Revista dos Tribunais — Cadernos de Direito Constitucional e Ciência Política*, v. 23, 1998.

MENDES, Gilmar Ferreira; COELHO, Inocêncio Mártires & BRANCO, Paulo Gustavo Gonet. *Curso de direito constitucional*. São Paulo, Saraiva, 2007.

MENDONÇA, Eduardo. *A inserção da jurisdição constitucional na democracia: algum lugar entre o direito e a política*. Mimeografado, 2007.

MIRANDA, Jorge. *Manual de direito constitucional*. 3. ed. Coimbra, Coimbra Ed., 1996. t. 2.

_____. *Manual de direito constitucional*. 7. ed. Coimbra, Coimbra Ed., 2003. t. 6.

MODESTO, Paulo. Inconstitucionalidade por omissão: categoria jurídica e ação constitucional específica. *Revista de Direito Público*, v. 99, 1991.

MORAES, Alexandre de. *Constituição do Brasil interpretada e legislação constitucional*. São Paulo, Atlas, 2002.

_____. *Direito constitucional administrativo*. São Paulo, Atlas, 2002.

_____. *Direito constitucional*. 14. ed. São Paulo, Atlas, 2003.

_____. *Jurisdição constitucional e tribunais constitucionais*. São Paulo, Atlas, 2000.

_____. *Comentários à lei n. 9.882/99 — arguição de descumprimento de preceito fundamental*. In: TAVARES, André Ramos & ROTHENBURG, Walter Claudius (orgs.). *Arguição de descumprimento de preceito fundamental: análise à luz da Lei 9.882/99*. São Paulo, Atlas, 2001.

MOREIRA, Vital & CANOTILHO, J. J. Gomes. *Fundamentos da Constituição*. Coimbra, Coimbra Ed., 1991.

MOREIRA ALVES, José Carlos. A evolução do controle de constitucionalidade no Brasil. In: Sálvio de Figueiredo Teixeira (coord.). *Garantias do cidadão na justiça*. São Paulo, Saraiva, 1993.

MOTTA, Maurício Jorge Pereira da. *Responsabilidade civil do Estado legislador*. Rio de Janeiro, Lumen Juris, 1999.

MÜLLER, Friedrich. *Discourse de la méthode juridique*. Paris, PUF, 1996.

_____. *Métodos de trabalho do direito constitucional*. Rio de Janeiro, Renovar, 2005.

_____. Modernas concepções de interpretação dos direitos humanos. *XV Conferência Nacional de Advogados*, 1994.

MURPHY, FLEMING & HARRIS, II. *American constitutional interpretation*. New York, The Foundation Press, 1986.

NASCIMENTO, Carlos Valder do (org.). *Coisa julgada inconstitucional*. Rio de Janeiro, América Jurídica, 2002.

NEGRÃO, Theotonio. *Código de Processo Civil e legislação em vigor*. 19. ed. São Paulo, Saraiva, 2000.

NERY JR., Nelson. A polêmica sobre a relativização (desconsideração) da coisa julgada e o Estado Democrático de Direito. In: DIDIER JR., Fredie (org.). *Relativização da coisa julgada: enfoque crítico*. Salvador, Edições Juspodivm, 2004.

NEVES, Marcelo. *Teoria da inconstitucionalidade das leis*. São Paulo, Saraiva, 1988.

NINO, Carlos Santiago. *La Constitución de la democracia deliberativa*. Barcelona: Gedisa, 1997.

NOVECK, Scott M. Is judicial review compatible with democracy?. *Cardozo Public Law, Policy & Ethics*, v. 6, 2008.

NOVELLI, Flávio Bauer. A eficácia do ato administrativo. *Revista de Direito Administrativo*, v. 60, 1960.

NOWAK, John E. & ROTUNDA, Ronald D. *Constitucional law*. 5. ed. St. Paul, West Publishing Co., 2000.

OSÓRIO, Fábio Medina. *Direito administrativo sancionador*. São Paulo, Revista dos Tribunais, 2000.

OTERO, Paulo. *Ensaio sobre o caso julgado inconstitucional*. Lisboa, Lex, 1993.

PACHECO, José da Silva. *O mandado de segurança e outras ações constitucionais típicas*. São Paulo, Revista dos Tribunais, 1990.

PASSOS, J. J. Calmon de. *Mandado de segurança coletivo, mandado de injunção, "habeas data". Constituição e processo*. Rio de Janeiro, Forense, 1989.

PEREIRA, Caio Mário da Silva. A competência do Procurador-Geral da República no encaminhamento de ação direta ao Supremo Tribunal Federal. *Arquivos do Ministério da Justiça*, v. 118, 1971.

_____. *Instituições de direito civil*. Rio de Janeiro, Forense, 1974. v. 1.

PIOVESAN, Flávia. *Direitos humanos e o direito constitucional internacional*. 5. ed. São Paulo, Max Limonad, 2002.

_____. *Proteção judicial contra omissões legislativas*. 2. ed. São Paulo, Revista dos Tribunais, 2003.

POLETTI, Ronaldo. *Controle da constitucionalidade das leis*. 2. ed. Rio de Janeiro, Forense, 2001.

PONTES DE MIRANDA. *Comentários à Constituição de 1967, com a Emenda n. 1, de 1969*. 2. ed. São Paulo, Revista dos Tribunais, 1970. t. 2 e 3.

_____. *Comentários à Constituição de 1967, com a Emenda n. 1, de 1969*. 3. ed. São Paulo, Revista dos Tribunais, 1987. t. 4.

_____. *Comentários ao Código de Processo Civil*. 3. ed. Rio de Janeiro, Forense, 1997. t. 5.

_____. *Tratado de direito privado*. Rio de Janeiro, Borsoi, 1954. t. 1.

_____. *Tratado de direito privado*. 3. ed. Rio de Janeiro, Borsoi, 1970. t. 4.

QUARESMA, Regina. *O mandado de injunção e a ação de inconstitucionalidade por omissão*. Rio de Janeiro, Forense, 1995.

QUEIROZ, Luís Cesar Souza de. Mandado de injunção e inconstitucionalidade por omissão. *Revista dos Tribunais — Cadernos de Direito Constitucional e Ciência Política*, v. 23, 1998.

QUINTANA, Linares. *Derecho constitucional y instituciones políticas*. Buenos Aires, Depalma, 1960. v. 1.

RAMOS, Elival da Silva. *A inconstitucionalidade das leis: vício e sanção*. São Paulo, Saraiva, 1994.

RAWLS, John. *Liberalismo político*. México, Fondo de Cultura Económica, 1996.

_____. *O liberalismo político*. São Paulo, Ática, 2000.

_____. *Uma teoria da justiça*. São Paulo, Martins Fontes, 1997.

REALE, Miguel. *Filosofia do direito*. 20. ed. São Paulo, Saraiva, 2002.

_____. *Lições preliminares de direito*. 27. ed. São Paulo, Saraiva, 1990.

_____. *Teoria tridimensional do direito*. São Paulo, 1968.

RECK, Melina Breckenfeld. *Constitucionalização superveniente?* Obtido na internet: www.migalhas.com.br.

RÊGO, Bruno Noura de Moraes. *Arguição de descumprimento de preceito fundamental*. Porto Alegre, Sergio A. Fabris, Editor, 2003.

_____. *Ação rescisória e a retroatividade das decisões de controle de constitucionalidade das leis no Brasil*. Porto Alegre, Sergio A. Fabris Editor, 2001.

REHNQUIST, William. The notion of a living Constitution. *Texas Law Review*, v. 54, 1976.

REZEK, José Francisco. *Direito dos tratados*. Rio de Janeiro, Forense, 1984.

ROCHA, Cármen Lúcia Antunes. *Constituição e constitucionalidade*. Belo Horizonte, Editora Lê, 1991.

ROCHA, Fernando Luiz Ximenes. *Controle de constitucionalidade das leis municipais*. 2002.

ROMANO, Rogério Tadeu. A representação interventiva federal no direito brasileiro. *Revista da Procuradoria Geral da República*, v. 4, 1993.

ROSENN, Keith S. *The effects of judicial determinations of constitutionality in the United States, Canada, and Latin America in comparative perspective*. Mimeografado, 2003.

ROTHENBURG, Walter Claudius. Arguição de descumprimento de preceito fundamental. In: TAVARES, André Ramos & ROTHENBURG, Walter Claudius (orgs.). *Arguição de descumprimento de preceito fundamental: análise à luz da Lei 9.882/99*. São Paulo, Atlas, 2001.

SAMPAIO, José Adércio Leite. *A Constituição reinventada pela jurisdição constitucional*. Belo Horizonte, Del Rey, 2002.

_____. Discurso de legitimidade da jurisdição constitucional e as mudanças legais do regime de constitucionalidade no Brasil. In: SARMENTO, Daniel. *O controle de constitucionalidade e a Lei 9.868/99*. Rio de Janeiro, Lumen Juris, 2001.

SAMPAIO, José Adércio Leite & CRUZ, Álvaro Ricardo de Souza (orgs.). *Hermenêutica e jurisdição constitucional*. Belo Horizonte, Del Rey, 2001.

SANCHES, Sydney. Arguição de relevância da questão federal. *Revista de Processo*, v. 627, 1988.

SARLET, Ingo Wolfgang. *A eficácia dos direitos fundamentais*. Porto Alegre, Livr. do Advogado Ed., 1998.

SARMENTO, Daniel. *A ponderação de interesses na Constituição Federal*. Rio de Janeiro, Lumen Juris, 2000.

_____. *Direitos fundamentais e relações privadas*. Rio de Janeiro, Lumen Juris, 2003.

_____. Apontamentos sobre a arguição de descumprimento de preceito fundamental. In: TAVARES, André Ramos & ROTHENBURG, Walter Claudius (orgs.). *Arguição de descumprimento de preceito fundamental: análises à luz da Lei 9.882/99*. São Paulo, Atlas, 2001.

_____. A eficácia temporal das decisões no controle de constitucionalidade. In: SARMENTO, Daniel (org.). *O controle de constitucionalidade e a Lei 9.868/99*. Rio de Janeiro, Lumen Juris, 2001.

_____. Ubiquidade constitucional: os dois lados da moeda, *Revista de Direito do Estado*, v. 2, 2006.

SCHIER, Paulo Ricardo. *Filtragem constitucional*. 1999.

SCHMITT, Carl. Das Reichsgericht als Hüter der Verfassung. In: SCHMITT, Carl. *Verfassungsrechtliche Aufsätze aus den Jahren 1924-1954*. Berlin, Duncker & Humblot, 1958.

_____. *La defensa de la Constitución*. 2. ed. Madrid, Tecnos, 1998.

SEGADO, Francisco Fernández. Evolución histórica y modelos de control de constitucionalidad. In: BELAUNDE, D. García & SEGADO, F. Fernández (coords.). *La jurisdicción constitucional en Iberoamerica*. Madrid, Dykinson, 1997.

_____. La jurisdicción constitucional en España. In: BELAUNDE, D. García & SEGADO, F. Fernández (coords.). *La jurisdicción constitucional en Iberoamerica*. Madrid, Dykinson, 1997.

SIDOU, J. M. Othon. *"Habeas data", mandado de injunção, "habeas corpus", mandado de segurança, ação popular. As garantias ativas dos direitos coletivos segundo a nova Constituição*. 4. ed. Rio de Janeiro, Forense, 1992.

SILVA, José Afonso da. *Aplicabilidade das normas constitucionais*. 3. ed. São Paulo, Malheiros, 1999.

_____. *Curso de direito constitucional positivo*. 19. ed. São Paulo, Malheiros, 2001.

_____. Comentário de acórdãos. *Cadernos de Soluções Constitucionais*, v. 1, 2003.

SILVA, Paulo Napoleão Nogueira da. *O controle da constitucionalidade e o Senado*. 2. ed. Rio de Janeiro, Forense, 2000.

SLAIBI FILHO, Nagib. *Ação declaratória de constitucionalidade*. 2. ed. Rio de Janeiro, Forense, 1998.

_____. *Anotações à Constituição de 1988*. Rio de Janeiro, Forense, 1989.

SOARES, Humberto Ribeiro. Pode o Executivo deixar de cumprir uma lei que ele próprio considere inconstitucional?. *Revista de Direito da Procuradoria Geral do Estado do Rio de Janeiro*, v. 50, 1997.

SOARES, José Ronald Cavalcante (coord.). *Estudos de direito constitucional: homenagem a Paulo Bonavides*. São Paulo, LTr, 2001.

SOUZA NETO, Cláudio Pereira de. *Jurisdição constitucional, democracia e racionalidade prática*. Rio de Janeiro, Renovar, 2002.

_____. *Teoria constitucional e democracia deliberativa: um estudo sobre o papel do direito na garantia das condições para a cooperação na deliberação democrática*. Rio de Janeiro, Renovar, 2005.

_____. Mandado de injunção: efeitos da decisão e âmbito de incidência. *Boletim de Direito Administrativo*, v. 6, 2007.

_____. Verticalização, cláusula de barreira e pluralismo político: uma crítica consequencialista à decisão do STF na ADIN 3685. *Interesse público*, v. 37, 2006.

STERN, Klaus. *Derecho del Estado de la República Federal alemana*. Porto Alegre, Sergio A. Fabris Editor, 1987.

STONE, Geoffrey, SEIDMAN, Louis, SUNSTEIN, Cass & TUSHNET, Mark. *Constitutional law*. 3. ed. Boston-Toronto, Little, Brown and Company, 1996.

STRECK, Lenio Luiz. *Jurisdição constitucional e hermenêutica*. 2. ed. Rio de Janeiro, Forense, 2004.

_____. *Súmulas no direito brasileiro — eficácia, poder e função*. 2. ed. Porto Alegre, Livr. do Advogado Ed., 1998.

SUNDFELD, Carlos Ari. Mandado de injunção. *Revista de Direito Público*, v. 94, 1990.

SUNSTEIN, Cass. *One case at a time — Judicial minimalism on the Supreme Court*. Cambridge, Harvard University Press, 2001.

_____. & VERMEULLE, Adrian. Interpretation and institutions. *Public Law and Legal Theory Working Paper n. 28*, 2002.

TÁCITO, Caio. Desvio de poder legislativo. *Revista Trimestral de Direito Público*, v. 1, 1993.

TALAMINI, Eduardo. Embargos à execução de título judicial eivado de inconstitucionalidade (CPC, art. 741, par. ún.). *Revista de Processo*, v. 106, 2002.

TAVARES, André Ramos. *Tratado da arguição de preceito fundamental*. São Paulo, Saraiva, 2001.

_____. *Curso de direito constitucional*. 5. ed. São Paulo, Saraiva, 2007.

TAVARES, André Ramos & ROTHENBURG, Walter Claudius (orgs.). *Arguição de descumprimento de preceito fundamental: análises à luz da Lei 9.882/99*. São Paulo, Atlas, 2001.

_____. *Aspectos atuais do controle de constitucionalidade no Brasil*. Rio de Janeiro, Forense, 2003.

TEMER, Michel. *Elementos de direito constitucional*. 19. ed. São Paulo, Revista dos Tribunais, 2003.

TEPEDINO, Gustavo. *Temas de direito civil*. Rio de Janeiro, Renovar, 1999.

THEODORO JÚNIOR, Humberto. *Curso de direito processual civil*. 22. ed. Rio de Janeiro, Forense, 1997. v. 1.

_____. A reforma do processo de execução e o problema da coisa julgada inconstitucional. *Revista Brasileira de Estudos Políticos*, v. 89, 2004.

TORRES, Ricardo Lobo. Da ponderação de interesses ao princípio da ponderação. In: ZILLES, Urbano (coord.). *Miguel Reale. Estudos em homenagem a seus 90 anos*. Porto Alegre: EDIPUCRS, 2000.

TRIBE, Laurence. *American constitutional law*. 3. ed. New York, The Foundation Press, 2000.

TROCKER, Nicolò. Le ommissioni del legislatore. *Archivio Giuridico*, v. 178, fascioli 1-2, 1969.

TUCCI, José Rogério Cruz e. A "repercussão geral" como pressuposto de admissibilidade do recurso extraordinário. *Revista dos Tribunais*, v. 848, 2006.

TUSHNET, Mark. *Taking the Constitution away from the courts*. Princeton, Princeton University Press, 1999.

VALLE, Vanice Lírio do. *A construção de uma garantia constitucional — compreensão da Suprema Corte quanto ao mandado de injunção*. Rio de Janeiro, Lumen Juris, 2005.

VASCONCELLOS, Rita. A nova competência recursal do STF para o recurso extraordinário (CF, art. 102, III, *d*). In: WAMBIER, Teresa Arruda Alvim; WAMBIER, Luiz Rodrigues; GOMES JR., Luiz Manoel; FISCHER, Octavio Campos & FERREIRA, William Santos (orgs.). *Reforma do Judiciário — Primeiras reflexões sobre a Emenda Constitucional n. 45/2004*. São Paulo, Revista dos Tribunais, 2005.

VELLOSO, Carlos Mário da Silva. *Temas de direito público*. Belo Horizonte, Del Rey, 1997.

_____. A arguição de descumprimento de preceito fundamental. *Fórum Administrativo*, v. 24, 2003.

_____. As novas garantias constitucionais. *Revista dos Tribunais*, v. 644, 1989.

VELOSO, Zeno. *Controle jurisdicional de constitucionalidade*. Belo Horizonte, Del Rey, 2003.

VIANNA, Luiz Werneck (org.). *A democracia e os três Poderes no Brasil*. Belo Horizonte, UFMG, 2002.

VIANNA, Luiz Werneck; BURGOS, Marcelo Baumann & SALLES, Paula Martins. Dezessete anos de judicialização da política. *Cadernos CEDES*, v. 8, 2007.

VIANNA, Luiz Werneck, CARVALHO, Maria Alice de, MELO, Manuel Cunha & BURGOS, Marcelo Baumann. *A judicialização da política e das relações sociais no Brasil*. Rio de Janeiro, Revan, 1999.

VIEIRA, Oscar Vilhena. *A Constituição e sua reserva de justiça: um ensaio sobre os limites materiais ao poder de reforma*. São Paulo, Malheiros, 1999.

_____. Supremocracia. *Revista de Direito do Estado*, v. 12, 2008.

VIEIRA DE ANDRADE, José Carlos. *Os direitos fundamentais na Constituição portuguesa de 1976*. 2. ed. Coimbra, Livr. Almedina, 2001.

WAMBIER, Luiz Rodrigues. Ação direta de inconstitucionalidade por omissão na Constituição Federal e nas Constituições dos Estados-membros. *Revista dos Tribunais*, v. 685, 1992.

WAMBIER, Teresa Arruda Alvim, WAMBIER, Luiz Rodrigues & MEDINA, José Miguel Garcia. *Breves comentários à nova sistemática processual civil*. São Paulo, Revista dos Tribunais, 2005.

_____. A EC n. 45 e o instituto da repercussão geral. In: WAMBIER, Teresa Arruda Alvim, WAMBIER, Luiz Rodrigues, GOMES JR., Luiz Manoel, FISCHER, Octavio Campos & FERREIRA, William Santos (orgs.). *Reforma do Judiciário — Primeiras reflexões sobre a Emenda Constitucional n. 45/2004*. São Paulo, Revista dos Tribunais, 2005.

WECHSLER, Herbert. Towards neutral principles of constitutional law. *Harvard Law Review*, v. 73, 1959.

ZAVASCKI, Teori Albino. *Eficácia das sentenças na jurisdição constitucional*. São Paulo, Revista dos Tribunais, 2001.

_____. Sentenças inconstitucionais: inexigibilidade. In: Adroaldo Furtado Fabrício (org.). *Meios de impugnação ao julgado civil — estudos em homenagem a José Carlos Barbosa Moreira*. 2007.